Führer
Grimmer
Versicherungsbetriebslehre

umweltfreundlich

... weil auf chlor- und säurefrei
gefertigtem Papier gedruckt

Sie finden uns im Internet unter: www.kiehl.de

www.kiehl.de

Versicherungsbetriebslehre

Von Professor Dr. Christian Führer und
Professor Dr. Arnd Grimmer

ISBN 978-3-470-**58421**-8 · 1. Auflage · 2009

Herstellung: Präzis-Druck GmbH, Karlsruhe – aw

Vorwort

Bei der Gestaltung der eigenen Lebensplanung spielt das Versicherungswesen naturgemäß eine wichtige Rolle, da es auch schwerwiegende Risiken im privaten und beruflichen Umfeld für den Einzelnen finanziell tragbar und kalkulierbar macht. Neben staatlich organisierten Sozialversicherungssystemen kommt dabei der marktwirtschaftlich ausgerichteten Individualversicherung in allen Lebensbereichen eine wachsende Bedeutung zu. Der vorliegende Titel widmet sich daher einer einführenden Darstellung des privatwirtschaftlichen Versicherungsbetriebs, die als schneller Einstieg für Studenten der Betriebswirtschaftslehre an Fachhochschulen, Akademien und Universitäten sowie für interessierte Praktiker konzipiert ist.

Das Buch beginnt mit einigen Bemerkungen zum Wesen von Versicherung und ihren Grundlagen, die in wesentlichen Teilen mathematischer und philosophischer Natur sind. Es folgen Abschnitte zur Typisierung von Versicherungen, die einen kurzen Abriss der wichtigsten Versicherungszweige enthalten. Ein weiteres Kapitel widmet sich den umfangreichen gesetzlichen Bestimmungen zur Gestaltung von Versicherungsverträgen. Besonderer Wert wurde dabei auf eine Präsentation der Grundzüge des erst kürzlich novellierten Versicherungsvertragsgesetzes (VVG) gelegt.

Es folgt der Hauptteil des Buches, der sich den vielseitigen Facetten des Versicherungsbetriebs und -geschäfts widmet, wobei sowohl die allgemeine betriebswirtschaftliche Begriffsbildung als auch ihre spezielle Anwendung auf die Versicherungswirtschaft ausführlich gewürdigt werden. Beispielhaft genannt seien nur die möglichen Rechtsformen, Aufbau- und Ablauforganisation, Vertriebswege und die Regularien der Rechnungslegung.

In einem vierten Kapitel wenden wir den Blick schließlich auf die Branche in ihrer Gesamtheit, wozu insbesondere die aufsichtsrechtliche Flankierung, ein Überblick über wirtschaftliche Eckdaten und zukünftige Trends gehören. Kontrollfragen zu allen Kapiteln und ein umfangreicher Übungsteil mit vertiefenden Fragestellungen runden das Werk ab.

Wie immer gilt, dass ein solches Projekt nicht ohne eine kompetente Verlagsmannschaft verwirklicht werden kann, weshalb unser besonderer Dank Herrn Dr. Torsten Hahn und seinen Mitarbeitern gilt. Dankbar erwähnt werden muss auch Herr Günther Berger, der uns manch schwierige Klippe zu umschiffen half. Schließlich gilt unser Dank jetzt schon der hoffentlich zahlreichen Leserschaft und ihren konstruktiven Anmerkungen.

Mannheim und Wiesbaden, im Januar 2009

Prof. Dr. Christian Führer
Prof. Dr. Arnd Grimmer

Inhaltsverzeichnis

Vorwort 5
Inhaltsverzeichnis 7

A. Risiko und Versicherung 13

1. Begriff des Risikos 13

2. Umgang mit Risiken 14

3. Quantifizierung von Risiken 15
   3.1 Risiko als Wahrscheinlichkeitsverteilung 15
   3.2 Erwartungswert, Streuung und Schiefe 17
   3.3 Schadenzahl und Schadenhöhe 19

4. Begriff und Wesensmerkmale einer Versicherung 19
   4.1 Risikotransfer 20
   4.2 Formen des Risikoausgleichs 21
       4.2.1 Risikoausgleich im Kollektiv 21
       4.2.2 Risikoausgleich in der Zeit 23
   4.3 Versicherbarkeit 24

5. Versicherungstechnisches Risiko 25
   5.1 Irrtumsrisiko 26
   5.2 Schwankungsrisiko 26
   5.3 Änderungsrisiko 27

6. Typisierung von Versicherungen 29
   6.1 Sozialversicherung 31
       6.1.1 Ziele und Prinzipien der Sozialversicherung 32
       6.1.2 Finanzierung der Sozialversicherung 33
       6.1.3 Gliederung der Sozialversicherung 35
   6.2 Erstversicherung 38
       6.2.1 Versicherungszweige 39
       6.2.2 Formen versicherter Gefahren 40
       6.2.3 Formen der Versicherungsleistung 42
       6.2.4 Beschreibung der wichtigsten Versicherungszweige 46
           6.2.4.1 Lebensversicherung 46
           6.2.4.2 Private Krankenversicherung 50
           6.2.4.3 Schaden- und Unfallversicherung 54
               6.2.4.3.1 Sachversicherung 54
               6.2.4.3.2 HUK und sonstige Versicherungszweige 61
   6.3 Rückversicherung 69
       6.3.1 Grundbegriffe der Rückversicherung 69
       6.3.2 Formen der Rückversicherung 72

7. Beitragskalkulation in der Individualversicherung... 75
   7.1 Versicherungstechnisches Äquivalenzprinzip.. 76
   7.2 Komponenten des Versicherungsbeitrages 77
   7.3 Beitragskalkulation in den einzelnen Sparten.. 80
      7.3.1 Beitragskalkulation in der Sach- und Vermögensversicherung............ 82
      7.3.2 Beitragskalkulation in der Lebensversicherung 84
      7.3.3 Beitragskalkulation in der Krankenversicherung................................ 86

8. Kontrollfragen 88

B. Versicherungsvertrag 93

1. Vertragsbeteiligte und Rechtsgrundlagen 94
   1.1 Vertragsbeteiligte.. 94
   1.2 Rechtsgrundlagen des Versicherungsgeschäfts... 95

2. Recht der Versicherungsvermittlung 97
   2.1 Recht des Versicherungsvertreters 97
   2.2 Recht des Versicherungsmaklers 98
   2.3 Beratungs- und Dokumentationspflichten, Haftung 99

3. Aspekte der Vertragsgestaltung 101
   3.1 Zustandekommen des Versicherungsvertrages 104
      3.1.1 Beratungs- und Informationspflichten.. 105
      3.1.2 Antrag.. 106
      3.1.3 Rücktritts- und Widerrufsrechte 108
      3.1.4 Versicherungsschein 109
   3.2 Beginn und Ende des Versicherungsvertrages 109
      3.2.1 Beginn des Versicherungsvertrages.. 109
      3.2.2 Vorläufige Deckung, Rückwärtsversicherung 110
      3.2.3 Ende des Versicherungsvertrages 112
   3.3 Vertragsänderungen 113
   3.4 Beitragszahlung 114
   3.5 Obliegenheiten des Versicherungsnehmers und Risikoausschlüsse 116
      3.5.1 Risikoausschlüsse... 117
      3.5.2 Vorvertragliche Obliegenheiten.. 118
      3.5.3 Obliegenheiten vor Eintritt des Versicherungsfalles 120
      3.5.4 Obliegenheiten nach Eintritt des Versicherungsfalles.................... 122
      3.5.5 Zurechnung des Verhaltens Dritter... 124
   3.6 Leistungspflicht des Versicherungsunternehmens 125
   3.7 Regelungen für einzelne Versicherungszweige 130
      3.7.1 Haftpflichtversicherung.. 130
      3.7.2 Lebensversicherung.. 132
      3.7.3 Berufsunfähigkeitsversicherung 137
      3.7.4 Unfallversicherung 138
      3.7.5 Krankenversicherung 139
   3.8 Zwingende und halbzwingende Vorschriften.. 143

    3.8.1   Zwingende Vorschriften 143
    3.8.2   Halbzwingende Vorschriften 143

4. Kontrollfragen 146

C. Versicherungsunternehmen 149

1. Ziele des Versicherungsunternehmens 150
   1.1   Unternehmensziel als betriebswirtschaftlicher Begriff 150
   1.2   Unternehmensziele in der Versicherungswirtschaft 153

2. Aufgaben des Versicherungsunternehmens 159
   2.1   Einzelwirtschaftliche Aufgaben 159
   2.2   Gesamtwirtschaftliche Aufgaben 161

3. Rechtlicher Rahmen des Versicherungsunternehmens 162
   3.1   Verbot versicherungsfremder Geschäfte 162
   3.2   Spartentrennungsgebot 163
   3.3   Verantwortlicher Aktuar und Treuhänder 164
   3.4   Weitere Rechtsgrundsätze für Versicherungsunternehmen 165

4. Rechtsformwahl bei Versicherungsunternehmen 167
   4.1   Begriff und Charakteristika einer Rechtsform 168
   4.2   Rechtsformen von Versicherungsunternehmen 169
         4.2.1   Versicherungs-Aktiengesellschaften 169
         4.2.2   Versicherungsvereine auf Gegenseitigkeit 174
         4.2.3   Kleinere Versicherungsvereine 178
         4.2.4   Öffentlich-rechtliche Versicherungsunternehmen 179
         4.2.5   Niederlassungen ausländischer Versicherungsunternehmen 182
   4.3   Umwandlung von Rechtsformen in der Versicherungswirtschaft 184
   4.4   Angleichungshypothese 187

5. Aufbau- und Ablauforganisation im Versicherungsunternehmen 189
   5.1   Grundlagen der Aufbau- und Ablauforganisation 190
   5.2   Aufbauorganisation im Versicherungsunternehmen 197
         5.2.1   Abgrenzung von Außen- und Innendienststrukturen 197
         5.2.2   Aufbauorganisation des Außendienstes 198
         5.2.3   Aufbauorganisation des Innendienstes 201
   5.3   Ablauforganisation in Versicherungsunternehmen 204
         5.3.1   Besonderheiten der Ablauforganisation in Versicherungsunternehmen 205
         5.3.2   Fallbeispiele zur Ablauforganisation in Versicherungsunternehmen 207

6. Vertriebswege im Versicherungsunternehmen 211
   6.1   Absatz- und Beschaffungsorgane 211
   6.2   Charakteristika von Vertriebswegen 213
   6.3   Vertriebswege im Überblick 216
         6.3.1   Direktvertrieb 216
         6.3.2   Ausschließlichkeitsorganisationen 217
         6.3.3   Makler 218

      6.3.4 Mehrfachagenten 220
      6.3.5 Bancassurance 220
      6.3.6 Strukturvertriebe 221
      6.3.7 Captives 222
      6.3.8 Sonstige Vertriebswege 222
   6.4 Bedeutung und Entwicklung der Vertriebswege im Überblick 224

7. Zusammenschlüsse von Versicherungsunternehmen 226
   7.1 Konzerne als betriebswirtschaftliche Gebilde 227
      7.1.1 Ursachen der Konzernbildung 227
      7.1.2 Gleichordnungs- und Unterordnungskonzerne 229
   7.2 Versicherungskonzerne 231
      7.2.1 Spezielle Ursachen der Konzernbildung bei Versicherungsunternehmen 231
      7.2.2 Ausprägungen von Versicherungskonzernen 232
   7.3 Weitere Formen des Zusammenschlusses von Versicherungsunternehmen 236
   7.4 Finanzdienstleistungskonzerne 237
      7.4.1 Formen der Finanzdienstleistung 237
      7.4.2 Spezielle Ursachen der Konzernbildung bei Finanzdienstleistungs-
            konzernen 239
      7.4.3 Ausprägungen von Finanzdienstleistungskonzernen 240

8. Rechnungslegung im Versicherungsunternehmen 243
   8.1 Rechtliche Grundlagen der Rechnungslegung im Versicherungswesen 244
   8.2 Jahresabschluss im Versicherungsunternehmen 245
      8.2.1 Bilanz 246
      8.2.2 Gewinn-und-Verlustrechnung 251
      8.2.3 Anhang und Lagebericht 254
   8.3 Jahresabschlussanalyse im Versicherungsunternehmen 256
      8.3.1 Kennzahlen zur Sicherheitslage 257
      8.3.2 Kennzahlen zum wirtschaftlichen Erfolg 259
      8.3.3 Kennzahlen zum Versicherungsbestand 261
      8.3.4 Solvabilitätsbegriff 263
   8.4 Wertorientierte Unternehmenssteuerung im Versicherungsunternehmen 266
      8.4.1 Shareholder Value-Ansatz 266
      8.4.2 Deckungsbeitragsrechnung 269
      8.4.3 Customer Value Management 270
      8.4.4 Asset-Liability-Management 273
   8.5 Jahresabschluss im Versicherungskonzern 275
   8.6 Solvency II 277

9. Kontrollfragen 281

D. Versicherungswirtschaft 287

1. Wettbewerb in der Versicherungswirtschaft 287
   1.1 Wettbewerb in einem marktwirtschaftlichen System 288
   1.2 Wettbewerbsstrategien in der Versicherungswirtschaft 289

   1.3 Instrumente des Wettbewerbsrechts.. 296

2. Versicherungsaufsicht.. 298
   2.1 Ziele der Versicherungsaufsicht... 298
   2.2 Geltungsbereich der Versicherungsaufsicht... 301
   2.3 Instrumente der Versicherungsaufsicht.. 303

3. Branchenüberblick.. 307
   3.1 Eckdaten der deutschen Versicherungswirtschaft... 307
   3.2 Versicherungsunternehmen im Überblick... 313
   3.3 Trends in der Versicherungswirtschaft.. 316
   3.4 Verbandswesen in der Versicherungswirtschaft.. 317

4. Geschichte des Versicherungswesens.. 320

5. Kontrollfragen 323

Übungsteil... 325

Lösungen... 333

Literaturverzeichnis 353

Stichwortverzeichnis... 357

A. Risiko und Versicherung

Das Geschäft von **Versicherungsunternehmen** befasst sich mit dem materiellen Schutz vor **Risiken**. Der Begriff des Risikos steht für die Möglichkeit von **Schadenereignissen**, die zwar nicht exakt vorhergesagt, trotzdem aber mathematisch beschrieben und dadurch messbar gemacht werden können. Im ersten Abschnitt dieses Kapitels wird diese Definition verfeinert und anschließend gezeigt, wie Risiken beschrieben und gemessen werden können (Abschnitte A.2 und A.3).

Im Rest des Kapitels geht es um die Klärung des Begriffs der **Versicherung**. Im Mittelpunkt steht dabei die Beziehung zwischen dem kundenseitigen Risiko und der vom **Versicherungs-unternehmen** zu erbringenden Dienstleistung, dieses individuelle Risiko tragfähig zu gestalten. Die beiden Prinzipien des **Risikoausgleichs** bilden ein Wesensmerkmal für die Funktionsweise von Versicherungsprodukten (Abschnitt A.4).

Von dort gelangt man zum **versicherungstechnischen Risiko** und dessen Abbildung (Abschnitt A.5) über die verschiedenen Möglichkeiten, für dieses Risiko einen angemessenen Preis (**Beitrag** oder **Prämie**) zu bestimmen (Abschnitt A.7). **Erstversicherung** und **Rückversicherung**, im Kontrast dazu die gesetzliche **Sozialversicherung**, beleuchten verschiedene Varianten der Aufteilung versicherungstechnischer Risiken. Eher beschreibenden Charakter hat demgegenüber Abschnitt A.6 zur Typisierung von Versicherungen.

1. Begriff des Risikos

Risiko oder **Wagnis** bezeichnet die **Möglichkeit**, dass ein **Ereignis** mit nachteiligen wirtschaftlichen Folgen eintritt. Das Wort „Risiko" ist hergeleitet vom altitalienischen „risco", welches in der Sprache der Seefahrt eine gefährliche Klippe bezeichnet, die es zu umfahren gilt: Im Umfeld der Seefahrt entstanden bereits in vorchristlicher Zeit die frühesten gewerblichen Versicherungsformen.

Der Begriff des Risikos, wie er in der Versicherungswirtschaft gebraucht wird, lässt sich wie folgt genauer abgrenzen:

- Als mögliches Ereignis ist ein Risiko **nicht sicher vorhersagbar**. Es wird also nur mit einer gewissen **Wahrscheinlichkeit** eintreten. Das bedeutet nicht notwendig, dass das Ereignis Resultat eines chaotischen Prozesses ist. Vielfach sind die zugrundeliegenden Mechanismen aber zu komplex, als dass man eine eindeutige **Ursache-Wirkungs-Beziehung** angeben könnte.

- Ereignisse können aus **menschlichem Handeln** hervorgehen: Einen Fön ins Wasser fallen lassen, mit dem Auto gegen einen Baum fahren, auf der Gartenleiter das Gleichgewicht verlieren, mit einer brennenden Zigarette im Bett einschlafen. Sie können auch vom menschlichen Handeln unabhängig eintreten: Hagelschlag beschädigt Autos, Unwetter verursachen Überschwemmungen, aus einem alten Wasserrohr tritt Wasser und durchnässt das Mauerwerk, ein Marder durchbeißt elektrische Kabel. Oftmals fällt die Einordnung schwerer: Liegt die Ursache für den geplatzten Schlauch der Waschmaschine primär im morschen Material oder dem Einschalten der Waschmaschine, das den Wasserzufluss auslöst?

• In der Versicherungswirtschaft interessieren aus Sicht des Endkunden überwiegend nachteilige, das heißt so genannte **reine Risiken**, im Unterschied zu **spekulativen Risiken**, bei denen das Ereignis auch vorteilhafte Folgen – etwa hohe Renditen bei Kapitalanlagen – haben kann. Aus Unternehmenssicht hat die Übernahme von Risiken auch spekulativen Charakter, indem durch vorteilhafte Preisgestaltung Gewinne erwirtschaftet werden.

• Die Folgen des Ereignisses müssen **wirtschaftlicher Natur** sein, um in der Versicherung eine Rolle zu spielen. Der Tod eines Familienvaters verursacht Trauer und menschlichen Schmerz; eine Versicherung kann jedoch nur einen **materiellen Ausgleich** bieten, vorzugsweise durch Zahlung eines Geldbetrages.

Eingehendere Untersuchungen berücksichtigen auch die Abgrenzung des Risikobegriffs gegenüber dem Begriff der **Gefahr** als konkreter Erscheinungsform für ein Risikoereignis oder sie beziehen die subjektive Wahrnehmung ein: Nur wer ein ausreichend hohes Maß an **Unsicherheit** empfindet, wird sich gegen ein Risiko überhaupt absichern wollen (vgl. *Helten et al.*).

2. Umgang mit Risiken

Gegenüber Risiken sind verschiedene Verhaltensweisen denkbar. Keine von ihnen ist zwingend: Vielmehr hängt es von der jeweiligen Einschätzung des Risikos und den jeweiligen Zielen ab, wie man mit ihnen umgeht.

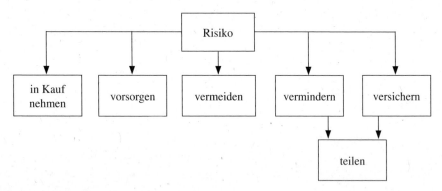

Abbildung 1: Möglichkeiten des Umgangs mit Risiken

Vor allem als unbedeutend oder sehr unwahrscheinlich empfundene Risiken wird man häufig **in Kauf nehmen**, so beispielsweise keine aufwändigen Vorkehrungen gegen den Verlust eines Papiertaschentuchs treffen. Häufig wird man auch für den Eintritt eines Risikos **vorsorgen** und beispielsweise noch eine Packung Papiertaschentücher in die Jackentasche stecken.

Im Vorfeld kann man sich bemühen, ein Risiko durch vorbeugende Maßnahmen zu **vermeiden**, indem man zum Beispiel als Fußgänger nicht bei Rot die Straße überquert. Vielfach lässt sich dadurch das Risiko jedoch nicht völlig ausschalten, zum Beispiel wenn sich andere Verkehrs-teilnehmer weniger risikobewusst verhalten als man selbst, es lässt sich aber doch mehr oder weniger stark **vermindern**.

Schließlich kann man sich gegen Risiken **versichern**, die man als bedrohlich empfindet oder deren Realisierung man für wahrscheinlich hält (siehe dazu die Abschnitte A.4 und A.5).

Durch die Kombination der Versicherung gegen Risiken mit dem Ansatz, sie zu vermindern, entsteht die Idee, Risiken zu **teilen**. Dies wird vor allem in der **Rückversicherung** praktiziert, indem mehrere Versicherungsunternehmen die Abdeckung eines Risikos untereinander aufteilen (vgl. Abschnitt A.6.3).

In den meisten Fällen wird man versuchen, mehrere der genannten Strategien zu kombinieren. So gewähren Versicherungsunternehmen Risikodeckung vielfach nur, wenn zugleich vorbeugende Maßnahmen zur Risikovermeidung und -verminderung ergriffen werden. Auch die Verbindung von Versicherung und Vorsorge durch Sparprozesse gehört zu den Kopplungsstrategien bei der Risikobewältigung (vgl. *Koch*).

3. Quantifizierung von Risiken

Die Quantifizierung von Risiken bedient sich intensiv **mathematischer Methoden**, vor allem aus dem Umfeld der **Wahrscheinlichkeitstheorie**. Diese Methoden können hier nur in Grundzügen vorgestellt werden.

3.1 Risiko als Wahrscheinlichkeitsverteilung

Wichtig für wirtschaftlich tragfähige Kalkulation von Versicherungsprodukten ist eine möglichst gute Übereinstimmung von beobachteten und gemessenen Schadendaten einerseits und einem mathematischen Modell, mit dem man mögliche Schadenverteilungen beschreiben kann, andererseits.

Der Eintritt eines Risikoereignisses bedeutet eine Verschlechterung der wirtschaftlichen Lage. Man kann also einen **Schaden** als Abweichung von einer ursprünglichen (neutralen) Ausgangslage interpretieren. Mögliche Schäden können in ihrer Höhe fixiert sein oder aber beliebige Werte annehmen. Im ersten Fall spricht man von **Summenrisiken**, im zweiten von **Schadenrisiken**; die korrespondierenden Versicherungen heißen dementsprechend **Summenversicherungen** oder **Schadenversicherungen**.

*Beispiel: In der **Lebensversicherung** kann der Schaden nur einen oder wenige positive Werte annehmen. Bei Versicherung eines Todesfallrisikos (üblicherweise Todesfallversicherung oder Risikolebensversicherung genannt) wird die vereinbarte Summe dann und nur dann ausgezahlt, wenn der Versicherte während der Laufzeit des Versicherungsvertrages stirbt. In der Invaliditätsversicherung kann beim Erreichen eines vertraglich vereinbarten Mindestgrades an Arbeitsunfähigkeit die volle Leistung oder ein bestimmter Teil davon (meist 50 %) zur Auszahlung kommen.*

Beispiel: *Der Schaden in der Kraftfahrtversicherung besteht unter anderem in den Reparaturkosten für beschädigte Fahrzeuge, medizinischen Behandlungskosten, wenn Personen verletzt wurden, oder Schmerzensgeldern. Diese Kosten können im Prinzip jeden Wert bis zu einer vereinbarten Höchstsumme annehmen.*

Bei echten Summenrisiken lässt sich das Risiko durch eine Zahl beschreiben, nämlich durch die eigentliche **Schadenwahrscheinlichkeit** (auch Eintrittswahrscheinlichkeit genannt) und die Gegen- oder **Komplementärwahrscheinlichkeit** dafür, dass der Schaden nicht eintritt.

Beispiel: *In der Todesfallversicherung bezeichnet man traditionell die Wahrscheinlichkeit des Todes im Alter von x Jahren mit q_x. Nach Erhebungen des Statistischen Bundesamtes betrug im Jahr 2004 die Wahrscheinlichkeit für 60-jährige Männer, binnen Jahresfrist zu sterben, etwa 1,14 %. Dementsprechend erlebten 100 % – 1,14 % = 98,86 % der 60-jährigen Männer den 61. Geburtstag. Die Überlebenswahrscheinlichkeit ist also Komplementärwahrscheinlichkeit zur Sterbewahrscheinlichkeit.*

Schadenrisiken sind nicht so knapp zu beschreiben. Da Schäden, wie im Beispiel der Kraftfahrtversicherung, jeden Geldbetrag annehmen können, liefern hier kontinuierliche **Wahrscheinlichkeitsverteilungen** eine angemessene Beschreibung. Bei konkreten Schadenereignissen entsprechen sie statistisch den beobachteten **Schadenverteilungen**. Sie geben zu den Schadenhöhen in einem bestimmten Intervall, beispielsweise zwischen 4.900 und 5.000 €, die jeweiligen **Schadenhäufigkeiten** an. Hat man keine beobachteten Schadenverteilungen zur Verfügung, muss die Wahrscheinlichkeitsverteilung des Risikos durch Analogieschlüsse oder Plausibilitätsbetrachtungen geschätzt werden.

Die folgende Grafik veranschaulicht die Beziehung zwischen der Wahrscheinlichkeitsverteilung eines Risikos und der beobachteten Schadenverteilung. Einer allgemeinen Konvention folgend, indiziert der Kleinbuchstabe s eine kontinuierliche Schadendichte, wie sie im mathematischen Modell betrachtet wird; der Großbuchstabe S steht für die diskreten Schadenhöhen aus der beobachteten Schadenverteilung.

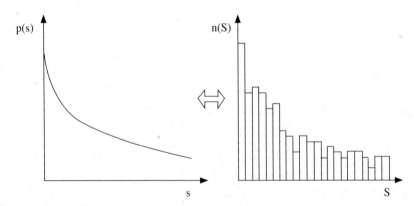

Abbildung 2: Kontinuierliche Wahrscheinlichkeitsverteilung des Schadenrisikos (links) im Vergleich zur beobachteten Schadenverteilung (rechts) – p(s): Schadenwahrscheinlichkeitsdichte, n(S): Schadenhäufigkeit (genauer: Schadenhäufigkeitsdichte, vgl. *Kohn*)

3.2 Erwartungswert, Streuung und Schiefe

Eine **Wahrscheinlichkeitsverteilung** (kurz: **Verteilung**) bietet gegenüber einer beobachteten Schadenverteilung den Vorteil, dass man damit vielfach die Struktur von Risiken mathematisch analysieren kann. Auf das mathematische Grundproblem, Verteilungen anzugeben, die zu realen Schadenverläufen und damit zu einem Risikoprofil passen, gehen wir hier nicht ein. Dies ist jedoch eine wichtige Aufgabe bei der Beurteilung des versicherungstechnischen Risikos (vgl. *Mack*).

Es ist keineswegs selbstverständlich, für Risiken der realen Welt eine mathematische Beschreibung und damit im Rahmen der **Wahrscheinlichkeitstheorie** und der **mathematischen Risikotheorie** Vorhersagen zu gewinnen. Glücklicherweise gelingt dies in sehr vielen Fällen aber doch. Man nennt eine solche Wahrscheinlichkeitsverteilung (oder auch die gesamte damit gewonnene mathematische Beschreibung des Risikos) **Risikomodell**. Es setzt voraus, dass hinreichend große Mengen beobachteter **Daten** vorliegen. Ist allerdings wegen der Größe der Risiken oder der Seltenheit entsprechender Ereignisse (zum Beispiel schwere Naturkatastrophen) die Datenbasis zu klein oder nicht repräsentativ, stößt die mathematische Risikotheorie an Grenzen.

Wurde eine Wahrscheinlichkeitsverteilung als geeignetes Risikomodell identifiziert, lassen sich anhand bestimmter Kenngrößen einzelne Eigenschaften der Verteilung beschreiben, ohne diese vollständig angeben zu müssen. Die wichtigsten drei Kenngrößen seien hier kurz erläutert. Dabei ergibt sich zumeist eine Korrespondenz zwischen den Kenngrößen der Verteilung und solchen Kenngrößen, die aus beobachteten Schäden berechnet werden können.

• **Erwartungswert** E(s): Er gibt an, mit welcher Schadenhöhe man im Mittel zu rechnen hat. Bei großer Datenbasis, die relativ vielen beobachteten Schäden entspricht, nähert sich der **Mittelwert** (auch **Durchschnittswert** genannt) der Schadenhöhen dem Erwartungswert der Verteilung an. Diesen Sachverhalt formuliert präzise das **Gesetz der großen Zahlen**, eine der zentralen Aussagen der Wahrscheinlichkeitstheorie (siehe etwa *Kohn*). Den Mittelwert der Schadenhöhe bezeichnet man auch als **mittlere** oder **durchschnittliche Schadenhöhe**. Er berechnet sich, indem man die Höhe aller Schäden aufsummiert und durch die Anzahl der Schäden teilt. Von Interesse ist oft auch der **Maximalwert** einer Verteilung. Er entspricht dem häufigsten Wert der Schadenverteilung und wird als **Modus** bezeichnet.

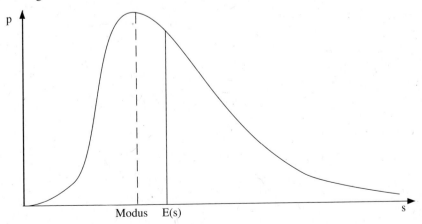

Abbildung 3: Erwartungswert E(s) und Modus einer Wahrscheinlichkeitsverteilung

- **Streuung** σ(s) (σ: griechischer Buchstabe sigma): Die Streuung (auch: Standardabweichung) liefert ein Maß für die **Abweichung** der einzelnen Schadenhöhen vom Erwartungswert bzw. vom Mittelwert. Eine große Streuung bedeutet, dass es viele Schäden gibt, die deutlich größer oder deutlich kleiner sind als der Erwartungswert. Aus diesem Grund definiert man das Verhältnis VK(s) = σ(s)/E(s) als so genannten **Variationskoeffizienten** oder **Streukoeffizienten**. Bei Wahrscheinlichkeitsverteilungen $p_1(s)$ und $p_2(s)$, die sich nur um einen konstanten Faktor c unterscheiden, stimmen die Variationskoeffizienten überein.

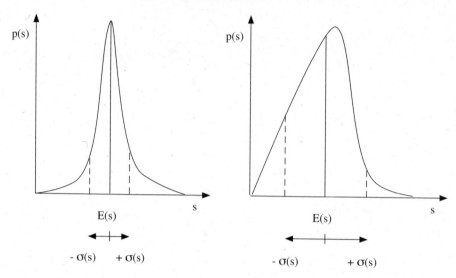

Abbildung 4: Beispiele für Wahrscheinlichkeitsverteilungen mit unterschiedlich großer Streuung

- **Schiefe**: Dieser Parameter stellt ein Maß dafür dar, wie **unsymmetrisch** eine Verteilung aussieht. Typischerweise ist die Verteilung bei Schadenhöhen unterhalb des Erwartungswertes steiler als bei Schadenhöhen oberhalb. Das liegt daran, dass es bei reinen Risiken keine negativen Schäden geben kann. Solche Verteilungen nennt man **rechtsschief**, bisweilen auch **linkssteil**.

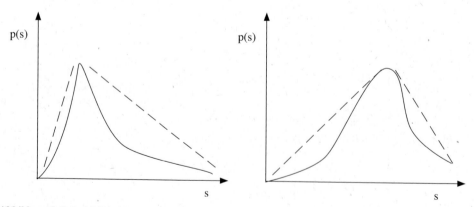

Abbildung 5: Beispiel für eine rechtsschiefe (links) und eine linksschiefe Verteilung (rechts)

3.3 Schadenzahl und Schadenhöhe

Entscheidend für die Beurteilung von Risiken ist die Frage der **Unabhängigkeit** möglicher Schadenereignisse. Unabhängigkeit bedeutet, dass die Wahrscheinlichkeit für das Eintreten des einen nicht von der Eintrittswahrscheinlichkeit des anderen Ereignisses abhängt und umgekehrt.

Kritischer ist der gegenteilige Sachverhalt, dass nämlich ein Schadenereignis häufig weitere nach sich zieht. In diesem Fall spricht man von **Risikoakkumulation**, was einer **Anhäufung von Risiken** entspricht. Sie ist oft kennzeichnend für **Großrisiken**, also Risiken geringer Eintrittswahrscheinlichkeit, deren Schadenumfang aber den Rahmen des Üblichen weit übersteigt.

Beispiel: Im Straßenverkehr geht man davon aus, dass auf 100 gefahrene Pkw-Kilometer mit geringer Wahrscheinlichkeit ein Verkehrsunfall stattfindet. Normalerweise löst ein Unfall keine weiteren Unfälle aus. Folgeunfälle, etwa durch Schaulustige, beobachtet man zwar, sie sind aber selten im Vergleich zu „normalen" Unfällen.

Beispiel: Die Wahrscheinlichkeit für einen Flugzeugabsturz oder einen schweren Sturm ist gering. Tritt ein solches Ereignis aber ein, ist dieses mit der Entstehung vieler gleichartiger Einzelschäden verbunden: Das Risiko eines Flugpassagiers, bei einem Absturz ums Leben zu kommen, ist begreiflicherweise eng an das entsprechende Risiko der mitreisenden Passagiere gekoppelt. Ebenso wird bei schweren Stürmen in der Regel nicht nur ein Dach abgedeckt, sondern gleich mehrere im betroffenen Gebiet.

Hat man es mit (annähernd) unabhängigen Risiken zu tun, bewährt sich oftmals die zusätzliche Modellannahme, dass Schadenhäufigkeit und Schadenhöhe ebenfalls voneinander unabhängig sind und deshalb getrennt modelliert werden können. Die zum Risiko gehörende Wahrscheinlichkeitsverteilung wird also durch je eine Verteilung für **Schadenzahl** und **Schadenhöhe** beschrieben, die durch eine komplizierte mathematische Operation miteinander zur Gesamtschadenverteilung verknüpft werden (siehe dazu *Heilmann* oder *Mack*).

Die Verteilungen der Schadenhöhen klassifiziert man noch dahin gehend, dass man den Beitrag sehr großer Schadenhöhen besonders berücksichtigt. Ist dieser bedeutend oder sogar dominierend, spricht man von **Großschadenverteilungen**.

4. Begriff und Wesensmerkmale einer Versicherung

Der Tod des Haupteinkommensbeziehers einer Familie tritt in einem bestimmten Zeitraum mit einer bestimmten, in der Regel kleinen Wahrscheinlichkeit ein. Die Wahrscheinlichkeit betrifft jedoch nicht das konkrete Schadenereignis selbst: Dieses tritt entweder ein, dann mit der Gesamtheit seiner materiellen Folgen, oder es tritt nicht ein. Das individuelle Risiko ist also durch ein hohes Maß an **Unberechenbarkeit** im umgangssprachlichen Sinn des Wortes gekennzeichnet.

Dieser Unberechenbarkeit entspringt der Bedarf, das Risiko „kalkulierbar" zu machen und sich durch ein geeignetes Wirtschaftsprodukt dagegen zu schützen. Dies ist bereits der Grundgedanke einer **Versicherung**:

> Durch Zusammenfassung einer Vielzahl gleichartiger Risiken wird das ungewisse Einzelrisiko durch die theoretische Wahrscheinlichkeit seines Eintretens geschätzt und auf Basis dieser Schätzung ein angemessener Preis dafür bestimmt, das Risiko vom Einzelnen auf eine große Zahl von Versicherten zu übertragen.

4.1 Risikotransfer

In Abschnitt A.3 wurden Risiken durch Wahrscheinlichkeitsverteilungen möglicher Schäden beschrieben. Das Versicherungsgeschäft besteht in der Übertragung des **individuellen Risikos** auf ein **Versichertenkollektiv** (repräsentiert durch ein **Versicherungsunternehmen**) gegen Zahlung eines Versicherungsbeitrages.

Der **Versicherungsnehmer**, der ein individuelles Risiko absichern möchte, zahlt den **Versicherungsbeitrag**, wenn er den damit erkauften Schutz vor den ungewissen Risikofolgen höher bewertet als die Höhe der Beiträge. Für das Versicherungsunternehmen ist umgekehrt die Zeichnung des Risikos vorteilhaft, wenn seine Beitragseinnahmen die zu erwartende Leistung der bei Eintritt des Risikos entstehenden Schäden in betriebswirtschaftlich vernünftiger Weise (Deckung der allgemeinen Betriebskosten, Erzielung eines Unternehmensgewinns) übersteigen. Das Versicherungsgeschäft kommt nur zustande, wenn beide Seiten ihren Nutzen positiv bewerten.

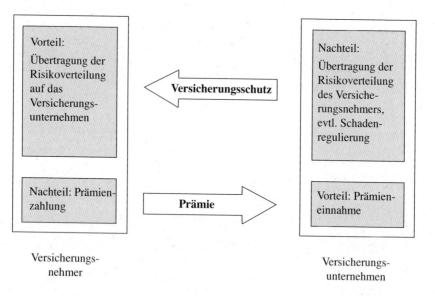

Abbildung 6: Prinzip des Risikotransfers zwischen Versicherungsnehmer und Versicherungsunternehmen

4.2 Formen des Risikoausgleichs

Der Übertragung eines individuellen Risikos auf einen Versicherer entspricht aus der Perspektive des Versicherers die Zusammenführung verschiedener, in ihren Merkmalen aber vergleichbarer Risiken. Die unter Umständen sehr vielschichtige Struktur des Einzelrisikos wird im Bestand vieler Risiken geglättet.

Beispiel: In Abschnitt A.3.1 wurde bereits die der Kalkulation von Lebensversicherungen zugrunde liegende Sterbewahrscheinlichkeit (kurz: Sterblichkeit) q_x eingeführt. Sie kann nur über eine große Zahl beobachteter Todesfälle geschätzt werden. In den Statistiken des Statistischen Bundesamtes etwa erscheint die Sterblichkeit als Verhältnis der im Beobachtungszeitraum gestorbenen Personen einer Altersgruppe und der Größe dieser Altersgruppe zu Beginn des Beobachtungszeitraums. Damit ergibt sich eine Prognosemöglichkeit zumindest für solche Personengruppen, die in ihrer Struktur den Altersgruppen der Gesamtbevölkerung ähneln, also als repräsentativ gelten können.

Die Bevölkerungsstatistik der Bundesrepublik verzeichnet für den Zeitraum 2002 bis 2004 eine mittlere Zahl an 62-Jährigen von 1.090.000. Aus dieser Altersgruppe starben im Dreijahreszeitraum 37.380 Personen, was zu einer geschätzten Sterblichkeit von $q_{62} = 37.380 : (3 \cdot 1.090.000) = 0{,}0114 = 1{,}14\,\%$ führt. Daraus kann man nun als Schätzwert für einen Bestand von 10.000 repräsentativen 62-Jährigen auf ungefähr $10.000 \cdot q_{62} = 114$ zu erwartende Todesfälle in einem Jahr schließen.

Für das Einzelrisiko besteht ebenfalls eine Sterblichkeit, doch kann diese – bezogen auf eine einzelne Person – keinen brauchbaren Prognosewert liefern: Menschen sterben nicht zu 1,14 %. Die Wahrscheinlichkeit liefert also keine deterministische Aussage über den konkreten Eintritt einzelner Risiken, was im Grunde nur eine andere Formulierung für deren ungewissen Charakter darstellt.

Den Glättungseffekt, den der Transfer von Einzelrisiken auf einen Versicherungsbestand bewirkt, bezeichnet man als **Risikoausgleich**. Dieser vollzieht sich einerseits zwischen den Einzelrisiken eines Bestandes, andererseits zwischen aufeinanderfolgenden Betrachtungszeiträumen. Man spricht daher auch vom **Risikoausgleich im Kollektiv** und vom **Risikoausgleich in der Zeit**.

Für die genauere, auch quantitative Beschreibung des Risikoausgleichs werden vor allem die beiden Ansätze der individuellen und der kollektiven Risikotheorie verwendet (vgl. *Hipp* oder *Mack*). In der **individuellen Risikotheorie** werden den Einzelrisiken individuelle Schadenverteilungen zugeordnet. Davon ausgehend versucht man, zu Aussagen über die Gesamtschadenverteilung des aus den Einzelrisiken gebildeten Versicherungsbestandes zu gelangen. Demgegenüber geht die **kollektive Risikotheorie** in ihren Modellen bereits vom Schadenprofil eines gesamten Versicherungsbestandes aus, ohne sich um die Beschaffenheit der Einzelrisiken zu kümmern.

4.2.1 Risikoausgleich im Kollektiv

Im Beispiel der Todesfallversicherung hatten wir mit q_x die empirisch ermittelte Wahrscheinlichkeit eines x Jahre alten Mannes bezeichnet, vor seinem nächsten Geburtstag zu sterben. Identifiziert man den Schaden des Todesfallrisikos mit der vereinbarten **Versicherungssumme** VS, die bei Tod fällig wird, so wird mit Wahrscheinlichkeit $(1 - q_x)$ kein Schaden eintreten, mit Wahrscheinlichkeit q_x tritt hingegen der volle Schaden VS ein.

Der **Schadenerwartungswert** beträgt demgegenüber $q_x \cdot VS$. Der Schaden eines Einzelrisikos liegt also entweder um $q_x \cdot VS$ unter dem Erwartungswert (**Unterschaden**) oder um den Betrag $VS - q_x \cdot VS = (1 - q_x) \cdot VS$ darüber (**Überschaden**). Eine individuelle Absicherung des Risikos mit einem Betrag zwischen 0 und VS wird daher im Regelfall, wenn also der Tod nicht eintritt, zu hoch ausfallen, andernfalls zu niedrig. Für vollen Risikoschutz muss für das Einzelrisiko daher immer die volle Summe VS bereitgestellt werden, obwohl diese Summe mit hoher Wahrscheinlichkeit nicht benötigt wird.

Betrachtet man nun eine größere Zahl (ein **Kollektiv**) von N gleichartigen Todesfallrisiken mit gleicher Versicherungssumme VS, so ergibt sich für den Erwartungswert des Gesamtschadens der Wert $N \cdot q_x \cdot VS$. Im Jahr der Untersuchung wird wiederum für jedes einzelne der N Risiken der Todesfall eintreten oder nicht. Der **Risikoausgleich im Kollektiv** beruht daher auf dem Umstand, dass man nicht mehr die volle Summe VS für jedes Einzelrisiko bereitstellen muss, also den Gesamtbetrag $N \cdot VS$ für alle N Risiken.

Die mathematische Formulierung hierfür liefert der so genannte **zentrale Grenzwertsatz**. Dieser besagt, dass die Standardabweichung der beobachteten, also tatsächlich eingetretenen Schäden um den Erwartungswert des Gesamtschadens mit zunehmendem N deutlich langsamer wächst (proportional zur Quadratwurzel aus N) als der Erwartungswert selbst (proportional zu N). Über- und Unterschäden werden sich im Verhältnis zum Gesamtschaden mit wachsendem N zunehmend neutralisieren. Es wird daher immer unwahrscheinlicher, dass der Gesamtschaden den theoretischen Maximalschaden $N \cdot VS$ erreicht oder ihm nahekommt. Es lässt sich zeigen, dass der Gesamtschaden für große N seinen Erwartungswert mit einer Wahrscheinlichkeit von über 97,7 % um höchstens zwei Standardabweichungen überschreitet. Für die Grundlagen der hierbei verwendeten mathematischen Verfahren sei beispielsweise auf *Bleymüller* et al. verwiesen.

Folgende Tabelle zeigt die Entwicklung verschiedener Zahlenwerte für einige Werte von N, wobei eine Versicherungssumme VS von 100.000 Geldeinheiten je Einzelrisiko angenommen wurde. Außerdem wurde wieder die konkrete Sterblichkeit $q_{62} = 1,14$ % zu Grunde gelegt.

N	$E(S_{ges})$	$\sigma(S_{ges})$	Individueller Risikobetrag	$VK(S_{ges})$
1	1.140,00	10.616,04	100.000,00	9,312
100	114.000,00	106.160,44	3.263,21	0,931
1.000	1.140.000,00	335.708,80	1.811,42	0,294
10.000	11.400.000,00	1.061.604,45	1.352,32	0,093
100.000	114.000.000,00	3.357.088,02	1.207,14	0,029

Die zweite Spalte zeigt den Erwartungswert des Gesamtschadens, der sich zu $N \cdot q_x \cdot VS$ errechnet. In der dritten Spalte ist die Standardabweichung des Gesamtschadens aufgetragen. Wie oben erwähnt, wächst diese Standardabweichung lediglich um den Faktor $\sqrt{10}$, wenn sich der Erwartungswert des Gesamtschadens verzehnfacht. Dabei wird ein Gesamtschaden von $E(S_{ges})$ + $2 \cdot \sigma(S_{ges})$ mit 97,7-prozentiger Wahrscheinlichkeit nicht überschritten. In der vorletzten Spalte wird der N-te Teil dieses Wertes angegeben. Wird für jedes Einzelrisiko dieser **individuelle Risikobetrag** gestellt, reicht die Gesamtsumme mit 97,7-prozentiger Wahrscheinlichkeit zur Deckung des Gesamtschadens aus.

Man sieht, dass der individuelle Risikobetrag mit wachsender Anzahl der Risiken rasch in die Nähe des individuellen Erwartungswertes von 1.140 fällt. Die Absicherung gegen Überschreitungen des Schadenerwartungswertes wird also bei größer werdenden Kollektiven immer günstiger. Ein Restrisiko bleibt dabei immer bestehen, solange nicht die mögliche Höchstschadensumme zur Verfügung steht. Es betrifft aber nicht das Einzelrisiko, sondern das Risiko des Kollektivs.

4.2.2 Risikoausgleich in der Zeit

Das Beispiel in Abschnitt A.4.2.1 beschränkt sich auf einjährige Todesfallversicherungen. Tatsächlich sind aber wesentliche Teile des Versicherungsgeschäfts langfristiger Natur. Große Teile der Bestände sind über mehrere Jahre oder sogar Jahrzehnte hinweg vorhanden, sodass sich dem Risikoausgleich im Kollektiv ein zeitlicher Glättungsprozess überlagert.

Der mathematische Prozess der zeitlichen Glättung entspricht dem der Glättung über eine große Zahl von Risiken, wirkt allerdings wegen der normalerweise begrenzten Zahl der Betrachtungsperioden schwächer. Man spricht analog zum Risikoausgleich im Kollektiv vom **Risikoausgleich in der Zeit**. Er besagt intuitiv, dass neben Perioden mit Gesamtüberschäden, das heißt Gesamtschäden oberhalb des Gesamtschadenerwartungswertes, auch immer Perioden mit Gesamtunterschäden auftreten werden. Der Mehrbedarf oder Minderbedarf einer Periode wird also früher oder später durch Minderbedarf oder Mehrbedarf späterer Perioden ganz oder teilweise ausgeglichen.

Beispiel: Über einen Zeitraum von fünf Jahren wird die tatsächliche Schadenentwicklung mit dem hier als konstant angenommen Schadenerwartungswert verglichen. In der letzten Spalte werden die Differenzen über die Jahre aufsummiert:

Jahr	Gesamtschaden-erwartungswert	Tatsächlicher Gesamtschaden	Jährliche Gesamt-schadendifferenz	Kumulierte Gesamtschaden-differenz
1	100.000.000	101.200.000	1.200.000	1.200.000
2	100.000.000	98.350.000	-1.650.000	-450.000
3	100.000.000	99.220.000	-780.000	-1.230.000
4	100.000.000	101.470.000	1.470.000	240.000
5	100.000.000	99.040.000	-960.000	-720.000

Diverse Faktoren schwächen den zeitlichen Glättungsmechanismus allerdings ab:

- Schadenhöhen und deren Häufigkeit, damit aber auch die Schadenerwartungswerte und deren Standardabweichung, sind zeitlich veränderbar, sodass **Änderungen der Risikostruktur** dem zeitlichen Risikoausgleich entgegenwirken.

- Verbesserte **Schadenprävention** oder Anpassungen von Beitragsverläufen an den beobachteten Schadenverlauf (**Erfahrungstarifierung**) verändern die Erwartungswerte zusätzlich. Hierbei handelt es sich im Grunde um eine Verletzung der Unabhängigkeitsannahme der

Risiken, da Erfahrungswerte einer Periode Auswirkungen auf die Risikozusammensetzung nachfolgender Perioden haben.

- Aktuelle, also bereits realisierte, Über- oder Unterschäden sind wirtschaftlich höher zu bewerten als bloß mögliche Über- und Unterschäden der Zukunft. Der Vergleich betriebswirtschaftlicher Größen zu verschiedenen Zeitpunkten geschieht durch **Barwerte**. Mit Barwertkalkülen arbeitet man jedoch versicherungstechnisch nur bei langfristigem Risikotransfer, wie er in der Lebens- und Krankenversicherung üblich ist. Zum Barwertbegriff sei auf Abschnitt A.7.3.2 verwiesen.

4.3 Versicherbarkeit

Man bezeichnet ein Risiko als **versicherbar**, wenn es einem Versicherer ermöglicht, dafür einen adäquaten **Versicherungsbeitrag** festzusetzen, der eine insgesamt hinlänglich ertragreiche Durchführung des Versicherungsgeschäfts erlaubt. Andererseits müssen sich Versicherungsnehmer finden, die diesen Beitrag als Preis für den **Risikotransfer** aufzubringen bereit sind.

Im weiteren Verlauf wird noch genauer gezeigt, was unter „adäquaten" Beiträgen und „hinlänglich ertragreicher Durchführung des Versicherungsgeschäfts" zu verstehen ist. Hier interessieren vorerst qualitative Faktoren, die die **Versicherbarkeit** eines Risikos beeinflussen.

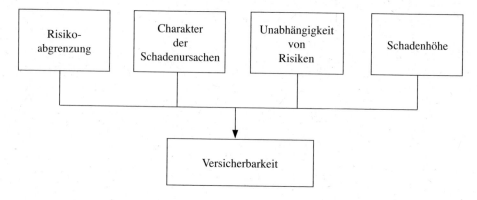

Abbildung 7: Einflussfaktoren für Versicherbarkeit

- **Risikoabgrenzung**: Im Idealfall handelt es sich bei einem Einzelrisiko um den möglichen Eintritt eines konkret benennbaren Schadens. In der Praxis sind daneben aber auch Risiken von Interesse, die einen größeren Bereich betreffen, zum Beispiel Schäden „am Haus" durch Sturm, Feuer oder Wasser. Nicht mehr versicherungstechnisch fassbar sind dagegen Risiken, wie das allgemeine Lebensrisiko oder das Risiko fehlerhaften Wirtschaftens im Geschäftsleben, die im Prinzip jede denkbare Gefahr beinhalten.

- **Charakter der Schadenursachen**: Schäden können einerseits **unwillkürlich** auftreten, wie zum Beispiel Unfälle (siehe dazu Abschnitt A.6.2.4.3), andererseits auch infolge leichter

Fahrlässigkeit, wie zum Beispiel Waschmaschinenbetriebsschäden in der Hausratversicherung oder sogar **Vorsatz**, beispielsweise bei Selbstmord in der Lebensversicherung nach einer zumeist mehrjährigen Wartezeit. Offensichtlich gelten Risiken als um so schwerer versicherbar, je stärker vom reinen Zufallscharakter abgewichen wird und menschliche Verhaltensweisen die Entstehung eines Schadens fördern können.

- **Unabhängigkeit von Risiken**: Der Risikotransfer beruht auf einem Glättungseffekt großer Bestände ähnlicher Risiken oder durch längere Zeitskalen (Ausgleich im Kollektiv und in der Zeit, siehe Abschnitt A.4.2). Dieser Glättungseffekt wird gestört, wenn Einzelrisiken zu gehäuften Schadenereignissen führen. Diese **Kumulrisiken** können räumlich geschehen, etwa bei Unwetterschäden in einer Region, oder zeitlich, wie die Ausbreitung tödlicher Krankheiten. Die Versicherbarkeit wird dabei bestehen bleiben, sofern derartige Störungen ein zu definierendes Ausmaß nicht übersteigen.

- Obergrenze der **Schadenhöhe**: In engem Zusammenhang mit der Unabhängigkeit der Einzelrisiken steht die Frage nach den Höchstgrenzen der Schadenhöhen, die noch als tragbar gelten, also die noch versicherbaren Großrisiken. Auch sehr kleine Schäden sind zumeist wirtschaftlich nicht sinnvoll versicherbar, da die Kosten der Schadenabwicklung im Vergleich zum eigentlichen Schaden zu hoch sind. Derartige Schäden lassen sich oft durch Bagatellgrenzen oder Selbstbehalte aus dem Risikoprofil ausblenden.

5. Versicherungstechnisches Risiko

Die im letzten Abschnitt am Beispiel der einfachen Todesfallversicherung entwickelten Mechanismen des **Risikoausgleichs** lassen sich prinzipiell auf beliebige Risikoprofile mit komplexeren **Wahrscheinlichkeitsverteilungen** übertragen.

Durch die Bündelung von Einzelrisiken entsteht ein **Gesamtrisikoprofil**. Dieses ist unter anderem gekennzeichnet durch eine **Gesamtschadenerwartung** und eine **Streuung des Gesamtschadens** (vgl. Abschnitt A.3.2). Die Streuung gibt an, mit welchen Abweichungen vom Erwartungswert gerechnet werden muss, wenn sich der Gesamtschaden einer Beobachtungsperiode realisiert. Große Streuungen bedeuten, dass mit großen Überschäden gerechnet werden muss. Die Streuung des Gesamtrisikos kann man daher auch als Maß für das **Überschadenrisiko** auffassen. Die Prozesse des Risikoausgleichs im Kollektiv und in der Zeit senken das Überschadenrisiko im Verhältnis zur Gesamtschadenerwartung.

Die Ausgleichsmechanismen basieren auf Annahmen (Unabhängigkeit der Risiken, zeitliche Konstanz der Risikostruktur und der Bestandszusammensetzung etc.), die in der Praxis nicht oder nicht vollständig erfüllt sind. Das Auftreten von Unter- und Überschäden zeigt konkret, dass der Risikoausgleich nur eingeschränkt funktioniert, da Schäden immer eine positive Streuung aufweisen.

Dieses Risiko lässt sich nicht dadurch ausschalten, dass Versicherungsleistungen allein nach der theoretischen Schadenerwartung tarifiert werden. Es stellt vielmehr eine wesentliche wirtschaftliche Aufgabe eines Versicherungsunternehmens dar, dieses Risiko zu beherrschen. Wir bezeichnen es im Folgenden als **versicherungstechnisches Risiko**. Das versicherungstechni-sche Risiko setzt sich aus verschiedenen Komponenten zusammen. Die Wichtigsten betreffen das Irrtumsrisiko (Abschnitt A.5.1), das Schwankungsrisiko (Abschnitt A.5.2) und das Ände-rungsrisiko (Abschnitt A.5.3). Diese Unterscheidung hat vorwiegend theoretischen Charakter; eine klare Abgrenzung ist in der Praxis selten möglich. Dennoch liefern diese Komponenten Ansatzpunkte für die Abschätzung des gesamten versicherungstechnischen Risikos und seine angemessene Berücksichtigung bei der Prämiengestaltung.

5.1 Irrtumsrisiko

Die Kalkulation von Erwartungswerten und Streuungen bzw. Standardabweichungen für die Einzelrisiken und das Gesamtrisiko basieren auf Wahrscheinlichkeitsverteilungen. Dies sind **Modelle**, die aufgrund von beobachteten Schadenverläufen und Plausibilitäts- oder Analogie-annahmen über Struktur und Charakter der Risiken gewählt werden. Man kann aber in der Realität nicht von der Existenz von „Risikogesetzen" ausgehen, die exakt formuliert werden können. Zudem basieren alle risikotheoretischen Überlegungen auf begrenzten statistischen Informationen. Die Modelle liefern daher immer nur eine näherungsweise Beschreibung der Realität.

Diese Risikokomponente wird als **Irrtumsrisiko** oder **Modellrisiko** bezeichnet. Es ist umso höher zu veranschlagen, je beschränkter die Datenbasis ist, die für die Modellbildung verwen-det worden ist, je weniger Schadenereignisse also in die Modellwahl einfließen. Es ist auch größer für neuartige und wenig erforschte Risikoarten. Als Beispiele für solche **Emerging Risks** können die weitgehend unbekannten körperlichen Auswirkungen elektromagnetischer Strahlung beim Einsatz von Mobiltelefonen oder neuer Materialien im Rahmen der Nanotech-nologie dienen.

Mit wachsender Bestandsgröße und steigendem Erfahrungswissen über die Zusammensetzung derartiger Risikobestandteile verliert das Irrtumsrisiko gegenüber den anderen Komponenten des versicherungstechnischen Risikos an Bedeutung.

5.2 Schwankungsrisiko

Wie schon in Abschnitt A.4.2.1 demonstriert, treten gegenüber den Erwartungswerten für Ein-zel- und Gesamtschäden zufällige Schwankungen in Form von Unter- oder Überschäden auf, deren Ausmaß von der Streuung der Wahrscheinlichkeitsverteilung abhängt.

Das **Schwankungsrisiko** kann quantitativ beschrieben werden, indem man eine Gesamtscha-denverteilung aus Einzelrisiken zusammensetzt, wie dies in der **individuellen Risikotheorie** geschieht. Unabhängigkeit der Einzelrisiken R_i voraussetzend, legt man dabei eine **Binomial-verteilung** für den Gesamtschaden zugrunde. Für den Erwartungswert des Gesamtschadens $R_{ges.}$ von N gleichartigen Risiken mit einheitlicher Wahrscheinlichkeit des Schadeneintritts p gilt dann:

$$E(R_{ges.}) = \sum_i R_i = N \cdot p$$

Die Streuung errechnet sich zu

$$\sigma(R_{ges.}) = \sqrt{N \cdot p \cdot (1 - p)}$$

und für den Variationskoeffizienten ergibt sich

$$VK(R_{ges.}) = \frac{\sigma(R_{ges.})}{E(R_{ges.})} = \sqrt{\frac{1 - p}{N \cdot p}} \;.$$

Dies zeigt, wie in Abschnitt A.4.2.1 erwähnt, dass die Gesamtstreuung zwar mit der Quadratwurzel der Zahl der Einzelrisiken wächst; gleichzeitig nimmt aber die Streuung im Verhältnis zum Schadenerwartungswert, gemessen durch den **Variationskoeffizienten**, mit gleicher Geschwindigkeit ab. Dies drückt der Faktor N im Nenner unter der Wurzel aus.

Steigernd auf das Schwankungsrisiko kann es sich auswirken, wenn zwischen Einzelrisiken Abhängigkeiten bestehen oder sich im Zeitverlauf entwickeln. Solche Abhängigkeiten können sich in der schon erwähnten **Akkumulation** von Risiken äußern. Spektakuläre Beispiele für Schäden, die aus solchen **Kumulrisiken** erwachsen, sind das Elbehochwasser im Sommer 2002 mit einem Gesamtschaden von annähernd 10 Mrd. € oder der Hurrikan Katrina im Süden der USA im August 2005.

Sondereffekte beeinflussen das Schwankungsrisiko weiter. Wenn etwa ein Schadenfall zu einer sprunghaften Erhöhung des Schadenerwartungswertes anderer Risiken führt, liegt ein so genanntes **Ansteckungsrisiko** vor. In diese Kategorie fallen nicht nur „echte" Ansteckungen bei der Ausbreitung von Krankheiten, sondern zum Beispiel auch die Entwicklung von Großbränden, die mehrere Gebäude umfassen (vgl. *Farny*).

Vergleicht man weiterhin zwei Risikotypen mit unterschiedlichen Schadeneintrittswahrscheinlichkeiten $p_1 < p_2$, so besteht zwischen den Variationskoeffizienten die umgekehrte Beziehung $VK_1 > VK_2$. Das Schwankungsrisiko nimmt also ab, wenn die Schadeneintrittswahrscheinlichkeit zunimmt. Es fällt zum Beispiel in der einjährigen Todesfallversicherung aus Abschnitt A.3.1 größer aus, wenn statt der Altersgruppe der 60-Jährigen eine jüngere Altersgruppe mit niedrigerer Sterblichkeit untersucht wird.

5.3 Änderungsrisiko

Struktur, Rahmenbedingungen und Ursachen der Risiken eines Versicherungsbestandes unterliegen selbst einer zeitlichen Änderung, die über zufallsabhängige Schwankungen hinausgeht. Diese Änderung betrifft die Einzelrisiken, wie auch das Kollektivrisiko. Sie bewirkt, dass sich die tatsächliche Gesamtschadenverteilung mit der Zeit von einem zunächst geeigneten Modell entfernt.

Dadurch tritt neben der zufallsbedingten Schwankung der Unter- und Überschäden eine systematische Verschiebung des realisierten Gesamtschadens gegenüber der Gesamtschadenerwartung auf. Das **Änderungsrisiko** bezeichnet die Möglichkeit einer solchen Verschiebung zulasten des Versicherungsunternehmens. Die Verschiebung ist ihrem Wesen nach unkalkulierbar, da sie andernfalls natürlich bereits in den Beitrag einkalkuliert würde.

Das Änderungsrisiko erfordert **risikopolitische Maßnahmen** in Form von **Risikozuschlägen** bei der Beitragskalkulation, **Beitragsanpassungen** bei offenkundig gewordenen Änderungen der Schadeneintrittswahrscheinlichkeiten oder Schadenhöhen, sofern die Vertragsgestaltung diese zulässt, oder die Bildung von **Sicherheitsreserven** bei langfristiger Beitragsbindung.

*Beispiel: In der **Lebensversicherung** besteht seit vielen Jahrzehnten der Trend eines allmählichen Anstiegs der durchschnittlichen **Lebenserwartung**. In der privaten Rentenversicherung kann dieser Trend durch einen Altersabschlag bei der Beitragskalkulation berücksichtigt werden, der um so größer ausfällt, je jünger der Versicherungsnehmer ist. Dadurch müssen jüngere Versicherte gewissermaßen zusätzliche Lebensjahre versichern.*

*Seit Ende der 90er Jahre zeigt die Bestandsentwicklung, dass der tatsächlich beobachtete Trend zu höherer Lebenserwartung größer ausfiel als kalkulatorisch berücksichtigt. Deshalb wurden 2004 neue **Rentensterbetafeln** eingeführt, die diesen stärkeren Trend berücksichtigen. Zudem mussten zusätzlich Reserven gestellt werden, um die längeren Rentenbezugszeiten der bestehenden Verträge finanzieren zu können.*

Abschließend seien noch einige Faktoren genannt, die das Änderungsrisiko aus Sicht des Versicherers beeinflussen können.

- **Biometrische Veränderungen**: In Erweiterung des obigen Beispiels gilt, dass nicht nur die Lebenserwartung, sondern auch „weiche" Risiken, wie Pflegebedürftigkeit, Berufsunfähigkeit oder neuartige Krankheiten – wie etwa AIDS seit Mitte der 80er Jahre – das versicherungstechnische Risiko beeinflussen. Diese Änderungen können sich teilweise neutralisieren. Die steigende Lebenserwartung erhöht beispielsweise das Risiko in der Rentenversicherung, weil Privatrenten lebenslang gezahlt werden, sie reduziert es dagegen in der Todesfallversicherung.

- **Rechtliche Veränderungen**: Die **Gesetzgebung** wie auch die **Rechtsprechung** haben unmittelbare Auswirkungen auf Gesellschaft, Wirtschaft und Verwaltung. Dies kann so weit gehen, dass bestehende Vertragsgrundlagen durch Gesetzgeber oder Gerichte geändert werden. Beispielsweise entschied der Bundesgerichtshof per Urteil vom 12. Oktober 2005, dass die bisherige Praxis der kalkulatorischen Berücksichtigung von Abschlusskosten in der Lebensversicherung für manche Bestände unzulässig ist und die Lebensversicherungsunternehmen deshalb ihren Kunden bei Vertragskündigungen höhere **Rückkaufswerte** zahlen müssen.

- **Soziale Veränderungen**: Verschiebungen in den Wert- und Moralvorstellungen haben Auswirkungen auf das Risikoverhalten. Beispielsweise kann das moralische Risiko zunehmen, dass in der Gesellschaft die Bereitschaft zum **Versicherungsbetrug** steigt. Auch die Entwicklung neuartiger Kriminalitätsformen ist möglich, die auf Versicherungsbetrug in organisierter Form beruhen. Entsprechende Tendenzen beobachtet die Versicherungswirtschaft zum Beispiel in der Kraftfahrzeug-Haftpflichtversicherung seit den 90er Jahren.

- **Technische Veränderungen**: Dies betrifft so unterschiedliche Bereiche wie die Medizintechnik oder das Verkehrs- und Transportwesen. Die Tendenz der Risikoänderung ist dabei nicht einheitlich: Neue medizinische Verfahren können zum Beispiel selbst höhere Kosten verursachen, aber auch Kosten für Rehabilitationsmaßnahmen senken. Technische Neuerungen, wie neuartige Werkstoffe und Produktionsverfahren (wie Asbest, Nanotechnologie), sind in ihren Auswirkungen oft erst nach Jahrzehnten abschätzbar und werden daher in ihrer Entstehungsphase auch als **Phantomrisiken** bezeichnet.

- **Wirtschaftliche Veränderungen**: Durch Verschiebungen zwischen Wirtschaftssektoren und Branchen können sich Risiken nicht nur ändern, sondern auch ganz verschwinden oder neu entstehen. **Inflations- und Wechselkursrisiken** gehören ebenfalls in diese Kategorie.

6. Typisierung von Versicherungen

Das Versicherungsgeschäft kann anhand verschiedener Kriterien nach Typen zusammengefasst werden. Die Abgrenzung ist dabei in den wenigsten Fällen trennscharf, es treten also innerhalb der nachfolgend vorgestellten Begriffspaare Überschneidungen auf. Trotzdem haben sich diese Begriffe für praktische Belange durchgesetzt.

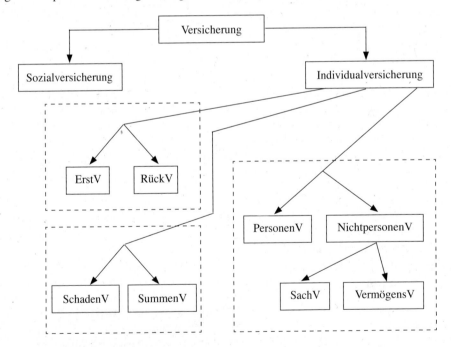

Abbildung 8: Kriterien der Typisierung von Versicherungen (V)

- Das wichtigste Kriterium betrifft die Unterscheidung nach der **sozialpolitischen Zielsetzung**; demnach sind hier einander die gesetzliche **Sozialversicherung** und die **Individualversicherung** gegenüberzustellen. Die wesentlichen Merkmale der Sozialversicherung werden im Abschnitt A.6.1 dargestellt. Ansonsten wird ausschließlich die privatwirtschaftlich organisierte Individualversicherung dargestellt.

- Eine Vertragsbeziehung zum Endkunden von Versicherungsschutzleistungen unterhalten Unternehmen, die im Bereich der so genannten **Erstversicherung** (Abschnitt A.6.2) agieren. Eine spezielle Versicherungsform zwischen verschiedenen Versicherungsunternehmen stellt demgegenüber die **Rückversicherung** (Abschnitt A.6.3) dar. Großrisiken der in den Abschnitten A.3 und A.4 genannten Art können die Leistungsfähigkeit eines einzelnen Versicherungsunternehmens übersteigen. Ebenso kann es erforderlich sein, Elemente des in Abschnitt A.5 beschriebenen versicherungstechnischen Risikos auf mehr als ein Unternehmen zu verteilen. Rückversicherung stellt also ein Verfahren dar, Risiken tragbar zu gestalten, indem sie auf mehrere Unternehmen verteilt und so für jedes Unternehmen deutlich verkleinert werden.

- Versicherungsrisiken können sich auf die körperliche Sphäre von Personen beziehen; in diesen Fällen spricht man folgerichtig von **Personenversicherung**. Beispiele sind Versicherungen gegen das Todesfallrisiko, Krankheit oder Unfälle. Alle anderen Versicherungszweige befassen sich mit der Versicherung von Gütern im weitesten Sinne. Diese Zweige der so genannten **Nichtpersonenversicherung** unterteilt man weiter in die **Sachversicherung**, deren Gegenstand Realgüter sind, also beispielsweise Feuerversicherung oder Transportversicherung, und die auf so genannte Nominalgüter bezogene **Vermögensversicherung**, die zum Beispiel in der Haftpflichtversicherung erfolgt.

- Die Art der Bedarfsdeckung kann **konkret** oder **abstrakt** erfolgen. Konkret ist der Ausgleich eines Schadens in der tatsächlich eingetretenen Höhe, wie er etwa in der Hausratversicherung oder der Kraftfahrtversicherung stattfindet. In diesen Fällen spricht man von **Schadenversicherung**. Demgegenüber bietet die **Summenversicherung** einen abstrakten Schadenausgleich in Form einer vorher vereinbarten Geldleistung. Die früher übliche Identifizierung von Summenversicherung und Personenversicherung ist heute in dieser Form nicht mehr zutreffend, da etwa bestimmte Versicherungen gegen Krankheitskosten nach Art der Schadenversicherung betrieben werden.

In der Versicherungspraxis haben sich, historisch bedingt, teilweise weniger systematische Einteilungen durchgesetzt. Diesen folgen wir daher auch bei der Übersicht über wichtige Versicherungszweige in Abschnitt A.6.2.4.

Die Personenversicherung wird dabei in die **Lebensversicherung** (Abschnitt A.6.2.4.1) und die **Krankenversicherung** (Abschnitt A.6.2.4.2) unterteilt. Die **Unfallversicherung** wird üblicherweise jedoch – obwohl Personenversicherung – mit dem übrigen, nicht der Personenversicherung zugeordneten Geschäft unter dem Oberbegriff der **Schaden- und Unfallversicherung** (Abschnitt A.6.2.4.3) zusammengefasst. Hierbei ist der Begriff Schadenversicherung nicht im Sinne des formalen Gegensatzes zur Summenversicherung zu verstehen, sondern als inhaltlicher Bündelbegriff.

Die weitere Unterteilung der Schaden- und Unfallversicherung unterscheidet einerseits die auf reale Güter bezogene **Sachversicherung** (Abschnitt A.6.2.4.3.1), andererseits unter dem Sammelbegriff der **HUK-Versicherung** und sonstiger Versicherungszweige alle übrigen Versicherungsarten, unter denen **Vermögensversicherungen** wie die Haftpflichtversicherung dominieren (Abschnitt A.6.2.4.3.2). Berücksichtigung finden in der letztgenannten Kategorie auch die Rechtsschutzversicherung und das Kreditversicherungsgeschäft, die beide bis 1990 durch eigenständige Versicherungsunternehmen betrieben werden mussten.

Daneben hat sich für das Schaden- und Unfallversicherungsgeschäft die Bezeichnung **Kompositversicherung** etabliert, vor allem, wenn von den jeweiligen Unternehmen die Rede ist.

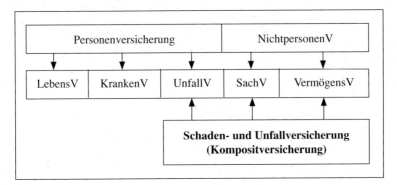

Abbildung 9: Zusammensetzung der Schaden- und Unfallversicherung

6.1 Sozialversicherung

Historisch betrachtet hat sich das Versicherungswesen in enger Wechselwirkung mit staatlicher **Versicherungspolitik** entwickelt. Neben der Versicherungsaufsicht, auf die in Abschnitt D.2 eingegangen wird, betrifft dies vor allem die Festlegung der rechtlichen Rahmenbedingungen, innerhalb derer sich Versicherung vollzieht. Neben den Rechtsgrundsätzen, die die privatwirtschaftliche Entfaltung der Individualversicherung regeln und auch begrenzen, geschieht dies vor allem durch Maßnahmen, welche die Ziele und Geschäftsgestaltung bestimmter Versicherungsformen in einer Art und Weise festlegen, die unter Umständen von marktwirtschaftlichen Grundsätzen abweicht.

Zum einen kann der Staat dabei direkt als **Versicherungsträger** auftreten. Dies geschah in Deutschland bis zur Deregulierung 1994 in unterschiedlicher Gestalt, die vom eng reglementierten Monopolversicherer – etwa in der Gebäudeversicherung der Länder – bis zu weitgehend autonom unter Wettbewerbsbedingungen wirtschaftenden öffentlich-rechtlichen Versicherern reichte. Dieser Bereich staatlicher und staatsnaher Versicherungsunternehmen ist seither tiefgreifendem Wandel unterworfen; Näheres hierzu findet sich in Abschnitt C.4.2.4.

Andererseits hat sich in Deutschland ein umfangreiches **Sozialversicherungswesen** entwickelt, das von speziellen Rechtsträgern unter dem Dach der Sozialversicherungsgesetzgebung betrieben wird.

6.1.1 Ziele und Prinzipien der Sozialversicherung

Die **gesetzliche Sozialversicherung** entstand in Deutschland im Zuge von Bemühungen des Staates, unter politischer Aufsicht Risiken abzudecken, die im Zusammenhang mit der Erhaltung oder Wiederherstellung der menschlichen Arbeitskraft stehen. Demzufolge standen am Anfang die Gründung (1883) der **gesetzlichen Krankenversicherung** und der **gesetzlichen Unfallversicherung** (1884).

Beschränkte sich der gesetzlich sozialversicherte Personenkreis zunächst auf die Industriearbeiterschaft, wurden im Lauf der Zeit weitere Gruppen einbezogen, so etwa Angestellte (1911) und Handwerker (1938), also auch selbstständige Berufsgruppen. Auch die Zielsetzung erweiterte sich stetig, beispielsweise durch Hinzunahme der Altersabsicherung mittels der **Arbeiterrentenversicherung** (1891) oder ab 1927 durch die **Arbeitslosenversicherung**.

Gesetzliche Stellung und Umfang der Sozialversicherung unterscheiden sich von Land zu Land. In Deutschland hat sich infolge der Erfahrung mit den Währungsreformen von 1923 und 1948 sowie einer sicherheitsbedürftigen Grundeinstellung der Bürger die staatsnahe Sozialversicherung nicht nur behaupten, sondern ihre Position stetig ausweiten können. Diese Tendenz manifestiert sich in der Einführung einer gesetzlichen Pflegeversicherung im Jahre 1995.

Hierzulande bildet das **Sozialgesetzbuch (SGB)**, dessen Einführung sukzessiv seit 1973 geschieht, die Grundlage für die gesetzliche Sozialversicherung. Neben allgemeinen Grundsätzen der Sozialversicherung in den Büchern I und IV regelt es vor allem die Krankenversicherung (SGB V) und die Rentenversicherung (SGB VI), die 1989 bzw. 1992 aus der im Jahr 1911 erlassenen **Reichsversicherungsordnung (RVO)** ausgegliedert wurden. Die Pflegeversicherung wurde bei ihrer Verabschiedung 1995 in SGB XI übernommen. Für die Unfallversicherung wurde 1997 SGB VII verabschiedet. SGB III behandelt seit 1998 die Leistungen der Bundesagentur für Arbeit. Als vorläufig letzte Ergänzung folgte im Jahr 2005 SGB XII mit der Neufassung des Sozialhilferechts („**Hartz IV**“).

Während bereits Anfang der 80er Jahre damit begonnen wurde, Leistungen vor allem in der gesetzlichen Krankenversicherung einzuschränken oder ganz zu streichen, nahmen andererseits die Ausgaben der Sozialversicherung, ebenso wie die Belastung der Beitragszahler – bis auf kurzzeitige Ausnahmen – zu. Inwieweit die daran erkennbare Überdehnung der gesetzlichen Sozialversicherung durch die Tendenz zum Abbau sozialversicherungspflichtiger Beschäftigungsverhältnisse und die ab 2010 spürbar werdenden demografischen Verwerfungen diesen Trend umkehren oder hingegen sogar verstärken werden, bleibt abzuwarten.

Gegenwärtig lassen sich vor allem folgende materielle Kriterien anführen, um die gesetzliche Sozialversicherung gegenüber der Individualversicherung abzugrenzen:

• Konzentriert sich die Sozialversicherung immer noch auf Risiken, die sich auf die menschliche Arbeitskraft beziehen, deckt die Individualversicherung alle Risiken ab, die nach ökonomischen Kriterien überhaupt versicherbar sind. Kann zudem in der Individualversicherung nahezu jeder gewünschte Leistungsstandard versichert werden, gewährt die Sozialversicherung in der Regel eine standardisierte **Grundversorgung**.

- Die gesetzlichen Sozialversicherungen sind **Pflichtversicherungen**, das heißt, die einbezogenen Personengruppen müssen sich bei einem der zugelassenen Träger versichern. Dies geht über eine reine Versicherungspflicht, wie etwa derjenigen für Kraftfahrzeughalter, hinaus, da nicht nur die Versicherung an sich zwangsweise erfolgt, sondern auch der Trägerkreis auf die gesetzlichen Sozialversicherungträger begrenzt ist. Allerdings gibt es Ausnahmen.

Beispiele: Die gesetzliche Krankenversicherung kann bei Überschreiten bestimmter Einkommensgrenzen zugunsten privater Krankenversicherungsunternehmen verlassen werden. Umgekehrt können Bezieher höherer Einkommen der gesetzlichen Krankenversicherung als freiwillig Versicherte beitreten. In der gesetzlichen Rentenversicherung gab es bis in die 70er Jahre die Möglichkeit, sich von der Versicherung befreien zu lassen, wenn ersatzweise eine mindestens wertgleiche private Altersvorsorge finanziert wurde (so genannte **Befreiungsversicherung**).

- In der Individualversicherung erfolgt die Beitragsfestsetzung auf der Grundlage des individuellen Risikos; es gilt das individuelle versicherungsmathematische **Äquivalenzprinzip** von Beitrag und Leistung (siehe Abschnitt A.7.1). In der Sozialversicherung hingegen orientiert sich die Beitragsbemessung in erster Linie an der wirtschaftlichen Leistungsfähigkeit – sprich: Einkommenshöhe – des Versicherten.

6.1.2 Finanzierung der Sozialversicherung

Die Finanzierung der Sozialversicherung gehorcht näherungsweise dem Prinzip der kollektiven periodenbezogenen **Äquivalenz**. Dies bedeutet, dass in einem begrenzten Zeitraum von typischerweise einem oder wenigen Jahren die Gesamtheit der gezahlten Versicherungsleistungen, einschließlich der Aufwendungen für den Versicherungsbetrieb und die Verwaltung der Gesamtsumme, den eingezahlten Beiträgen der Versicherten entsprechen muss. Aus drei Gründen ist das jedoch nicht gleichbedeutend mit der Gültigkeit des individuellen **Äquivalenzprinzips** im Sinne von Abschnitt A.7.1.

- Auch als Barwert über die gesamte Lebenszeit betrachtet, müssen Beiträge und beanspruchte Leistungen versicherungsmathematisch nicht übereinstimmen. Die Beitragszahlung orientiert sich vielmehr am **Prinzip des sozialen Ausgleichs**, nach dem die Leistungen für geringverdienende Versicherte durch Beitragszahlungen von besserverdienenden Versicherten mitfinanziert werden.

- Im Betrachtungszeitraum kann von der Äquivalenz abgewichen werden, wenn sich Leistungen und Beitragseinnahmen auseinanderentwickeln. In diesem Fall steht, wie in manchen Zweigen der Individualversicherung, das Instrument der Beitragserhöhung zur Verfügung; vielfach werden Fehlbeträge auch über **Zuschüsse aus Steuermitteln** ausgeglichen. So wird etwa ein Drittel der laufenden Zahlungen der gesetzlichen Rentenversicherung über diverse steuerfinanzierte Bundeszuschüsse gedeckt; begründet werden diese Zuschüsse mit dem Charakter von Teilleistungen als versicherungsfremd, das heißt, einzelne Leistungen der gesetzlichen Rentenversicherung wie die Witwenrente orientieren sich nicht an zuvor gezahlten Versicherungsbeiträgen.

- Der Gesetzgeber kann jederzeit maßgeblich in die Gestaltung der Leistungsstruktur eingreifen. So wurde über Jahrzehnte immer wieder der Leistungskatalog der gesetzlichen Krankenversicherung eingeschränkt oder in Versicherungskomponenten ausgelagert, für die ein besonderer Beitrag erhoben wird, zuletzt geschehen 2005 bei der Versicherung von Zahnersatzleistungen.

Langfristige Versicherungsverträge werden in der Individualversicherung nach dem Prinzip der **Kapitaldeckung** oder **Anwartschaftsdeckung** finanziert. Für zukünftige Leistungen werden also Rückstellungen aufgebaut, die in späteren Vertragsphasen wieder aufgezehrt werden. Demgegenüber ist der dominierende Finanzierungsmechanismus in der Sozialversicherung das **Umlageverfahren**. Hierbei werden die laufenden Beitragseinnahmen zur Finanzierung der in der gleichen Periode fälligen Leistungen verbraucht.

Der Vorteil **kapitalgedeckter Finanzierungsmechanismen** liegt im risikobezogenen Sparvorgang, bei dem die erwarteten Leistungen durch Beitragszahlungen in frühen Jahren vorfinanziert werden. Auf diese Weise lassen sich zeitlich auseinanderfallende Beitragszahlung und Leistungserbringung koppeln. Nachteilig ist demgegenüber die Unkalkulierbarkeit der Geldwertentwicklung. Kapitaldeckungen werden einerseits verzinst, verlieren andererseits aber inflationsbedingt kontinuierlich an Wert, was bei turbulenten Währungsentwicklungen etwa infolge von Kapitalmarktkrisen oder staatlicher Überschuldung nicht mehr durch die Zinserträge ausgeglichen werden kann.

Umlagefinanzierte Systeme sind gegenüber Geldwertverlusten weniger anfällig, da die laufenden Beiträge unmittelbar zur Leistungserbringung verwendet werden und so immer eine Anbindung dieser Leistungen an die aktuelle Wirtschafts- und Kaufkraftentwicklung möglich ist. Andererseits wird dadurch die wertmäßige Beziehung zwischen individuellen Beiträgen und individuellen Leistungen stark gelockert, sodass diese Finanzierungsart auf die eher kollektiv ausgerichtete Risikodeckung der Sozialversicherung beschränkt bleibt.

Zur Abdeckung des Schwankungs- und Änderungsrisikos, also statistischer Abweichungen der tatsächlichen Leistungsentwicklung von der vorhergesagten, sollen wie in der Individualversicherung **Schwankungsreserven** vorgehalten werden. Deren Höhe unterliegt aber keiner risikotheoretischen Kalkulation, sondern richtet sich in starkem Maße nach politischen Erwägungen. So wurde die Mindestschwankungsrückstellung der gesetzlichen Rentenversicherung mehrfach abgesenkt, um Anhebungen der Beitragssätze zu vermeiden; sie betrug zuletzt (2007) 0,2 durchschnittliche Monatsausgaben.

Die **Beitragsbemessung** geschieht in aller Regel in Prozent des beitragspflichtigen Einkommens versicherungspflichtiger Arbeitnehmer. Die Beitragspflicht endet bei einer bestimmten **Beitragsbemessungsgrenze**, die jährlich der allgemeinen Einkommensentwicklung angepasst wird. Für Einkommensbestandteile, die oberhalb der Bemessungsgrenze liegen, sind keine Sozialversicherungsbeiträge zu entrichten. Ein Teil des Beitrages wird vom Arbeitgeber getragen. Dieser Anteil beträgt zumeist 50 %, in der gesetzlichen Krankenversicherung wird darüber hinaus seit 2007 ein Beitrag von 0,9 % zur Finanzierung von Zahnersatzleistungen erhoben. Für die Beitragsberechnung und Beitragszahlung bei geringfügig Beschäftigten und Arbeitslosen gelten Sonderregelungen.

6.1.3 Gliederung der Sozialversicherung

Die deutsche Sozialversicherung gliedert sich im Wesentlichen in fünf Zweige. Sie unterscheiden sich vor allem hinsichtlich ihres **Leistungskataloges**, der Höhe des **Beitragssatzes** und der **Beitragsbemessungsgrenzen**. Für die Versicherten von geringerer Bedeutung sind Unterschiede bei den **Trägern** und **Organisationsformen**.

a) Krankenversicherung:

Die Krankenversicherung ist schwerpunktmäßig für die **Krankenbehandlung** zuständig, **Vorsorge**- und **Präventionsmaßnahmen** gewinnen erst allmählich größere Bedeutung. Neben den versicherungspflichtigen Arbeitnehmern sind Ehepartner, die selbst weder gesetzlich versicherungspflichtig noch privat krankenversichert sind, sowie Kinder im Rahmen der **Familienversicherung** kostenlos leistungsberechtigt. Für Krankenhausaufenthalte, quartalsweise Arztbesuche und Medikamente müssen die Versicherten Zuzahlungen leisten, ebenso für Hilfs- und Heilmittel. Es gibt Überforderungsklauseln, die die Gesamtzuzahlungen während eines Jahres auf maximal 2 % des Bruttoeinkommens begrenzen.

Versicherungspflicht besteht bis zur **Versicherungspflichtgrenze** der gesetzlichen Krankenversicherung. Wessen Einkommen seit mindestens drei zusammenhängenden Jahren oberhalb dieser Grenze liegt, kann sich ersatzweise privat versichern. Bis zur Höhe der **Beitragsbemessungsgrenze** wird ein einheitlicher Prozentsatz des Bruttoeinkommens als Versicherungsbeitrag fällig (14,6 %, je zur Hälfte von Arbeitgeber und Arbeitnehmer zu tragen [Stand 1. Januar 2009]). Hinzu kommt ein 0,9-prozentiger Beitrag für die Versicherung von Zahnersatzleistungen, der vom Arbeitnehmer allein zu tragen ist. Ein **Risikostrukturausgleich** soll durch Transferzahlungen zwischen den Kassen Unterschiede in der Krankenstruktur ausgleichen. Die von den Kassen erhobenen Beiträge werden seit 2009 in einem **Gesundheitsfonds** gesammelt, der diese zentral verwaltet und zur Finanzierung medizinischer Leistungen nach Risikoklassen bemessene Pauschalbeträge an die Kassen zurück überweist. Kassen, die damit nicht auskommen, dürfen aber nach definierten Spielregeln einen Zusatzbeitrag erheben.

Die Festlegung eines für alle Kassen einheitlichen Beitragssatzes geht zurück auf das Gesundheitsreformgesetz (eigentlich: **Gesetz zur Stärkung des Wettbewerbs in der Gesetzlichen Krankenversicherung**, bzw. kürzer: **GKV-Wettbewerbsstärkungsgesetz, GKV-WSG**) vom Frühjahr 2007.

Bereits seit 1. April 2007 sind die Kassen verpflichtet, **Kooperations- und Hausarztmodelle** anzubieten, durch deren Nutzung die Versicherten sich Beitragsnachlässe oder Prämien sichern können. Die Kassen dürfen darüber hinaus Tarife mit Selbstbehalten oder reduziertem Leistungsspektrum anbieten. Zum 1. Juli 2007 wurde eine **allgemeine Krankenversicherungspflicht** eingeführt, sodass alle früher schon einmal gesetzlich Versicherten wieder einer gesetzlichen Krankenkasse beitreten müssen.

Die Versicherungspflichtgrenze liegt (2008) bei 48.150 € Jahreseinkommen, die Beitragsbemessungsgrenze beträgt 43.200 €. Träger der Krankenversicherung sind neben den **Allgemeinen Ortskrankenkassen** (AOK) vor allem **Ersatzkassen**, **Betriebskrankenkassen** und **Innungs-**

krankenkassen. Seit den 90er Jahren nutzen vorher geschlossene, das heißt auf bestimmte Personengruppen beschränkte, Kassen (vor allem **Betriebskrankenkassen**) die gesetzlichen Möglichkeiten zur Öffnung für alle Versicherten und zur Fusion, sodass ihre Zahl sich auf rund 240 (2008) reduziert hat und die frühere Bindung an bestimmte Betriebe oder Berufsgruppen nur noch eine geringe Rolle spielt.

b) Rentenversicherung:

Die gesetzliche Rentenversicherung zahlt in der Hauptsache **Altersrenten** an ehemals rentenversicherungspflichtige Rentenbezieher, daneben auch **Hinterbliebenen-** und **Erwerbsminderungsrenten**. **Berufsunfähigkeitsrentenzahlungen** erfolgen nur noch an Versicherte, die vor 1961 geboren wurden. Weiterer Schwerpunkt der Leistungserbringung sind Rehabilitationsmaßnahmen, soweit sie nicht von der Krankenversicherung getragen werden. Seit 2005 ist die Trennung der **gesetzlichen Rentenversicherung** der Arbeiter und derjenigen der Angestellten aufgehoben. Seither sind die Träger der gesetzlichen Rentenversicherung unter dem Dach der **Deutschen Rentenversicherung Bund** zusammengefasst.

Die Leistungshöhe errechnet sich in Abhängigkeit von der gegenüber dem Durchschnittsbeitrag aller Arbeitnehmer gewichteten eigenen Beitragszahlung; dafür werden jährlich **Entgeltpunkte** dem Versicherungskonto des Arbeitnehmers gutgeschrieben. Die Entgeltpunkte stellen eine fiktive Verrechnungseinheit und keinen Anspruch im Sinne eines Sparguthabens dar. Seit dem Rentenreformgesetz von 2002 soll ein **demografischer Korrekturfaktor** die Steigerung der Rentenansprüche begrenzen, um die sich verschlechternde Relation zwischen aktiven Beitragszahlern und Rentenbeziehern zu berücksichtigen. Die Anpassung an die aktuelle Lohnentwicklung geschieht mithilfe des **aktuellen Rentenwertes**, der jährlich angepasst wird.

Die Finanzierung erfolgt einerseits durch **paritätische**, also hälftige Beitragszahlung von Arbeitnehmern und Arbeitgebern, andererseits durch Bundeszuschüsse aus allgemeinen Steuermitteln. Beitragspflichtig ist ein Jahreseinkommen bis zum Höchstbetrag (**Beitragsbemessungsgrenze**) von 64.800 € in den alten und 54.600 € in den neuen Bundesländern mit einem Beitragssatz von 19,9 % (2008).

c) Arbeitslosenversicherung:

Hauptaufgaben der gesetzlichen **Arbeitslosenversicherung** sind zum einen die Zahlung von **Arbeitslosengeld** bei fehlender Beschäftigungsmöglichkeit, zum anderen die Unterstützung der Arbeitslosen bei der Suche nach einem neuen Arbeitsplatz durch Vermittlung von Information zwischen arbeitsplatzanbietenden Unternehmen und Arbeitslosen, aber auch durch die Förderung von Qualifizierungsmaßnahmen und die Finanzierung von Maßnahmen, die die Schaffung von Arbeitsplätzen stimulieren sollen.

Anspruchsberechtigt ist, wer bereits eine gewisse Zeit lang arbeitslosenversichert war, der Stellenvermittlung tatsächlich zur Verfügung steht und einen Antrag auf Leistungen stellt. So gelten beispielsweise Berufsanfänger, die noch keine versicherungspflichtige Beschäftigung ausgeübt haben, nicht als arbeitslos im Sinne dieser Definition.

Die Zahlung von Arbeitslosengeld ist, je nach Lebensalter, auf die Dauer von maximal 24 Monaten begrenzt. Seit 2005 ist die daran anschließend gezahlte – niedrigere – **Arbeitslosenhilfe** als Leistung der Arbeitslosenversicherung entfallen und im Rahmen der Hartz-IV-Gesetzgebung in einen Bestandteil der allgemeinen **Sozialhilfe** umgewandelt worden (so genanntes **Arbeitslosengeld II**).

Die Beitragsbemessungsgrenze der Arbeitslosenversicherung entspricht der Grenze der gesetzlichen Rentenversicherung. Der zu gleichen Teilen von Arbeitnehmer und Arbeitgeber getragene Beitragssatz liegt bei 3,3 % (2008). Träger der Arbeitslosenversicherung ist die **Bundesagentur für Arbeit** mit Sitz in Nürnberg.

d) Unfallversicherung:

Leistungen der **gesetzlichen Unfallversicherung** werden nur durch Arbeitsunfälle ausgelöst, das sind Unfälle, die in ursächlichem Zusammenhang mit der Berufstätigkeit stehen. Dazu gehören neben Unfällen am Arbeitsplatz auch solche, die auf dem Weg zur und von der Arbeit passieren, ebenso nachteilige Langzeitfolgen in Form von Berufskrankheiten.

Die Leistungen betreffen die **Regeneration der Arbeitsfähigkeit**, wie auch Hilfe für den Verletzten und seine Angehörigen bei längerfristigen Schäden oder Unfalltod. Wichtig ist daneben die Prävention durch Unfallverhütung und die Durchsetzung arbeitsschutzrechtlicher Vorschriften am Arbeitsplatz.

Träger der gesetzlichen Unfallversicherung sind **Berufsgenossenschaften**, denen Betriebe je nach Branchenzugehörigkeit verpflichtend angehören müssen. Die Beiträge bemessen sich auf der Basis von Unternehmenskennzahlen, beispielsweise der Bruttolohnsumme aller Beschäftigten eines Unternehmens.

e) Pflegeversicherung:

Die **gesetzliche Pflegeversicherung** ist der jüngste Zweig der Sozialversicherung. Ihre Leistungen gehörten ursprünglich zum Leistungskatalog der gesetzlichen Krankenversicherung. 1995 wurde die Pflegeversicherung aus der Taufe gehoben. Nach einer Vorlaufphase von fünf Jahren, in denen die Pflichtbeiträge zum Aufbau einer Finanzreserve verwendet wurden, begann die Auszahlung von Leistungsbeihilfen an Pflegebedürftige.

Die Leistungen erfolgen als Geldzahlungen, die die Erbringung von **Pflegeleistungen** unterstützen sollen. Es gibt drei Kategorien der Bedürftigkeit, die über die Höhe der Leistung entscheiden. Die Eingruppierung in eine der drei Kategorien wird anhand eines Punktekatalogs vorgenommen, der die Fähigkeit zur Lebensgestaltung durch standardisierte Alltagsverrichtungen, wie Körperpflege, Ankleiden etc. bewertet. Auch ob externe Hilfe in Anspruch genommen oder die Pflege durch Angehörige geleistet wird, spielt bei der Bemessung der Leistungshöhe eine Rolle.

Die Pflegeleistungen sind seit Wirksamwerden der Pflegeversicherung erstmals zum 1. Juli 2008 angehoben worden, was ihren Charakter als Ergänzungsleistung unterstreicht. Auch deutet die stetig steigende Zahl der Leistungsberechtigten in Verbindung mit der allmählichen Aufzehrung der Finanzreserve auf Finanzierungsprobleme hin.

Der von Arbeitnehmern und Arbeitgebern paritätisch finanzierte Beitragssatz beträgt ab 1. Juli 2008 1,95 %; Kinderlose zahlen einen 0,25-prozentigen Aufschlag. Der Beitrag wird maximal bis zur Beitragsbemessungsgrenze der gesetzlichen Krankenversicherung erhoben.

Im Unterschied zu den anderen Zweigen der Sozialversicherung wird diese nicht nur von den gesetzlichen Trägern, in diesem Falle den gesetzlichen Krankenkassen, angeboten, sondern auch über standardisierte Produkte der **privaten Krankenversicherung** abgedeckt.

Krankenversicherung (inkl. Zusatzbeitrag für Zahnersatz)	15,5 %
Pflegeversicherung (ohne Zuschlag für Kinderlose)	1,95 %
Arbeitslosenversicherung	3,3 %
Rentenversicherung	19,9 %

Tabelle I: Regelbeitragssätze in den Zweigen der gesetzlichen Sozialversicherung (Stand: 1. Januar 2009)

6.2 Erstversicherung

Im weiteren Verlauf betrachten wir ausschließlich das Geschäftsfeld der Individualversicherung, dabei die Typisierung nach **Erst-** und **Rückversicherung** als zentrales Differenzierungsmerkmal aufgreifend.

Im einleitenden Abschnitt zu diesem Kapitel wurden **Erstversicherungsunternehmen** als Unternehmen gekennzeichnet, die Versicherungsschutzleistungen an Endverbraucher liefern. In diesem Sinne ist das Versicherungsgeschäft mit

- Privathaushalten

- öffentlichen Haushalten

- gewerblichen Unternehmen

Erstversicherungsgeschäft. Historisch bedingt haben sich dabei verschiedene **Versicherungszweige** herausgebildet, die sich maßgeblich nach den **versicherten Gefahren**, den dabei zu erbringenden **Versicherungsleistungen** und der Art der **Beitragskalkulation** unterscheiden und demzufolge in diverse **Versicherungsarten** oder Produktklassen weiter untergliedern lassen.

Neben dem Begriff des Versicherungszweiges wird auch der der **Versicherungssparte** synonym verwendet, so etwa bei *Farny* und *Koch*. Daneben wird auch bei der Zusammenfassung von Versicherungszweigen von den **Sparten** der Lebensversicherung, der Krankenversicherung sowie der Schaden- und Unfallversicherung gesprochen. Im vorliegenden Text wird aus Gründen der Einheitlichkeit das Wort „Sparte" in diesem letzten Sinne gebraucht, ansonsten nur, sofern Gesetzestexte auf den Spartenbegriff Bezug nehmen.

Nach einigen allgemeinen Bemerkungen zu den in Deutschland üblichen Versicherungszweigen im folgenden Abschnitt A.6.2.1 wird auf die unterschiedlichen Formen versicherter Gefahren (Abschnitt A.6.2.2) und der Leistungsstruktur (Abschnitt A.6.2.3) eingegangen. Der umfangreiche Abschnitt A.6.2.4 stellt wesentliche Merkmale der wirtschaftlich bedeutendsten Versicherungszweige in Verbindung mit den hauptsächlichen Versicherungsarten dar. Für eine ausführliche Darstellung sei auf das Standardwerk von *Farny* verwiesen.

6.2.1 Versicherungszweige

Die Einteilung nach versichertem Gegenstand in Personen-, Sach- und Vermögensversicherung erlaubt entsprechend eine grobe Kategorisierung der Versicherungszweige. Jedoch gilt für alle Gliederungsschemata gleichermaßen, dass sich aufgrund des historischen Ursprungs der Versicherungszweige keine geschlossene theoretische Klassifizierung angeben lässt, die widerspruchsfrei auf die in der Praxis vorkommenden Zweige übertragen werden könnte (vgl. dazu die Einleitung zu Abschnitt A.6). So ist etwa die Unfallversicherung eine personenbezogene Versicherung, die aber üblicherweise in die Zweige der Kompositversicherung eingereiht wird.

Inhaltlich kann ein **Versicherungszweig** definiert werden als Zusammenfassung etwa gleichartiger Risiken, die gegen die gleiche Gefahr oder das gleiche Bündel von Gefahren versichert sind. Eine feinere Abgrenzung von Versicherungsarten innerhalb der Zweige kann sich ferner durch die unterschiedlichen wirtschaftlichen und rechtlichen Auswirkungen eines möglichen Schadenfalls ergeben.

Beispiel: Im Versicherungszweig der Lebensversicherung werden Risiken zusammengefasst, die das menschliche Leben betreffen. Je nachdem, ob das Todesfallrisiko, das Erlebensfall- oder das Langlebigkeitsrisiko im Vordergrund steht, unterscheidet man die hauptsächlichen Versicherungsarten der Todesfall- und Erlebensfallversicherung sowie der Leibrentenversicherung.

Eine typisierende Zusammenfassung verschiedener Zweige ergibt sich aus dem so genannten **Spartentrennungsgebot** des **Versicherungsaufsichtsgesetzes (VAG)**, demgemäß aus Gründen des Gläubigerschutzes und zur Vermeidung von Quersubventionierung ein Versicherungsunternehmen exklusiv jeweils nur das Lebensversicherungsgeschäft, nur das Geschäft der substitutiven Krankenversicherung oder als Kompositversicherer nur das Geschäft der übrigen Sach- und HUK-Versicherungszweige betreiben darf (vgl. Abschnitt C.3.2). Die früher ebenfalls vorgeschriebene Trennung für das Rechtsschutzversicherungsgeschäft sowie das Kreditversicherungsgeschäft wurde 1990 aufgehoben; diese Geschäfte dürfen heute auch von Kompositversicherern betrieben werden.

Für die Praxis sehr wichtig ist die „Einteilung der Risiken nach Sparten" gemäß Anlage A zum Versicherungsaufsichtsgesetz (VAG), die aktuell (2008) 25 Sparten (im Sinne dieses Textes: Versicherungszweige) auflistet; ihre Bedeutung liegt darin, dass die Erlaubnis zum Geschäftsbetrieb für jede dieser Sparten gesondert erteilt werden muss.

1. Unfall
2. Krankheit
3. Landfahrzeugkasko
4. Schienenfahrzeugkasko
5. Luftfahrzeugkasko
6. See-, Binnensee- und Flussschifffahrtskasko
7. Transportgüter
8. Feuer und Elementarschäden
9. Hagel-, Frost- und sonstige Sachschäden
10. Haftpflicht für Landfahrzeuge mit eigenem Antrieb
11. Luftfahrzeughaftpflicht
12. See-, Binnensee- und Flussschifffahrtshaftpflicht
13. Allgemeine Haftpflicht
14. Kredit
15. Kaution
16. Verschiedene finanzielle Verluste
17. Rechtsschutz
18. Beistandsleistungen zugunsten von Personen, die sich in Schwierigkeiten befinden
19. Leben
20. Heirats- und Geburtenversicherung
21. Fondsgebundene Lebensversicherung
22. Tontinengeschäfte
23. Kapitalisierungsgeschäfte
24. Geschäfte der Verwaltung von Versorgungseinrichtungen
25. Pensionsfondsgeschäfte

Tabelle II: Einteilung der Risiken nach Versicherungszweigen gemäß VAG

In der Unternehmenspraxis ergeben sich in Abhängigkeit von der Produktphilosophie zahlreiche Möglichkeiten, versicherte Risiken durch **Merkmalstrennung** in stärker spezialisierter oder durch **Merkmalskombination** in stärker generalisierter Form abzudecken.

Beispiel: Extreme Spezialisierung liegt bei der klassischen Risikolebensversicherung auf den Todesfall vor, die nur eine versicherte Gefahr und Schadenart umfasst. Extreme Generalisierung ergibt sich hingegen bei Bündelpolicen in der kombinierten Haushaltsversicherung, die Komponenten der Hausrat-, Glas-, Wohngebäude-, Unfall-, Privathaftpflicht- und weiterer Versicherungen in sich vereinigen kann.

6.2.2 Formen versicherter Gefahren

Versicherte Gefahren stellen das mögliche – weil ungewisse – auslösende Moment für den Eintritt eines Versicherungsschadens dar, auch **Versicherungsfall** genannt. Mehrere Schäden können dabei, vor allem in der Haftpflichtversicherung, als ein Versicherungsfall gezählt werden. Ein Ereignis kann umgekehrt auch mehrere Versicherungsfälle in verschiedenen Zweigen auslösen.

Beispiel: Der Münchener Hagelsturm von 1984 schrieb Versicherungsgeschichte, weil hierbei durch ein einzelnes, räumlich sehr begrenztes Unwetter mehrere zehntausend Versicherungsfälle an Kraftfahrzeugen, hervorgerufen durch zum Teil faustgroße Hagelkörner, sowie an Gebäuden entstanden. Davon waren simultan unter anderem die Zweige der Hagelversicherung, Wohngebäudeversicherung, Glas- und Kraftfahrtversicherung betroffen.

Die Zahl der Ereignisse, die als Versicherungsfall dem Versicherungsschutz unterliegen, kann vertraglich begrenzt werden.

Beispiel: In der Lebensversicherung ist die Todesfallversicherung auf verbundene Leben von der Lebenserwartung mehrerer Personen abhängig; in aller Regel handelt es sich dabei um die Partner einer Ehe oder Lebensgemeinschaft. In der häufigsten Form dieser Versicherung wird nach dem Tod eines der beiden Partner die Versicherungssumme fällig, die der Absicherung des hinterbliebenen Partners dient. Dessen Tod löst dann keine erneute Versicherungsleistung aus.

Die versicherte Gefahr stellt historisch das älteste Kriterium dar, dessen Ausprägung zur Ausdifferenzierung verschiedener Versicherungszweige geführt hat. Am Anfang standen schon in vorchristlicher Zeit Versicherungen gegen die Gefahren der **Seefahrt**, die später Ausgangspunkt für die Entwicklung der allgemeinen **Transportversicherung** wurden. Diese Gefahren betreffen vor allem Schäden an Schiff, Fracht und Ladung infolge von Untergang, Strandung, Zusammenstoß, Leckage, Raub auf See usw.

Bereits sehr modern anmutende Begriffsbildungen entstanden dabei unter der Wirtschaftshoheit der stark vom Seehandel abhängigen norditalienischen Stadtrepubliken Genua, Pisa und Venedig. Von dort aus verbreitete sich die Seeversicherung in den folgenden gut hundert Jahren, dem Aufstieg anderer Seefahrernationen folgend, über Spanien, England und die Niederlande zu den Hansestädten des Nord- und Ostseeraumes.

Es folgte die **Feuerversicherung**, deren Entwicklung schubweise, vor allem nach katastrophalen Stadtbränden, erfolgte (London 1666, Hamburg 1842). Brand und Blitzschlag waren die ersten Ursachen, die als Auslöser eines Versicherungsfalls galten, später kamen Explosionen oder der Anprall oder Absturz bemannter Flugkörper hinzu. Auch Gefahren, wie Rauch, Sachbeschädigung, Fahrzeuganprall oder Sprinklerleckage, die nicht im engen Sinne brandbedingt sind, können heute im Rahmen von Produkten gedeckt werden, die die Feuerversicherung erweitern. Dafür hat sich die Bezeichnung **Extended Coverage-Versicherung** (kurz: EC-Versicherung) eingebürgert, was soviel wie „Versicherung mit erweiterter Deckung" bedeutet.

Die **Lebensversicherung** entwickelte sich ab Mitte des 18. Jahrhunderts von England ausgehend, zunächst nur in Form der **Todesfallversicherung**. Voraussetzung war die Entwicklung mathematisch-statistischer Methoden zur Erstellung von Sterbetafeln. In Ermangelung allgemeiner Bevölkerungsstatistiken musste dabei auf die detaillierte Auswertung kirchlicher Sterberegister zurückgegriffen werden, die nur für größere Städte den nötigen Umfang und die nötige Verlässlichkeit der Daten boten. Die **Erlebensfallversicherung**, verbunden mit einem die reine Risikoabsicherung überschreitenden Sparvorgang, trat im 19. Jahrhundert hinzu. Die **lebenslange Leibrentenversicherung** verbreitete sich erst im 20. Jahrhundert, auch wenn rentenähnliche Versorgungsformen, vor allem zur Witwenabsicherung, durch stiftungsähnliche Einrichtungen schon sehr viel älter sind.

Diese klassischen Versicherungszweige der Lebens- und der Feuerversicherung verbindet die Eigenschaft, dass sie sich auf einzeln oder gebündelt auftretende, genau einzugrenzende Risiken beziehen. Die **Transportversicherung**, zu der auch die **Seeversicherung** gehört, deckt dagegen alle oder wenigstens sehr weitreichend die Gefahren ab, denen das versicherte Gut während eines festgelegten Zeitraums ausgesetzt ist.

Die weitere Entwicklung der Versicherungswirtschaft hat vor allem seit Mitte des 19. Jahrhunderts eine große Zahl weiterer Versicherungszweige entstehen lassen. Sie zeichnen sich durch zunehmende Komplexität bei der Gefahrenklassifizierung aus – hervorgerufen durch die Anforderungen infolge von Industrialisierung, Herausbildung moderner Dienstleistungssegmente, technischer Innovation und zunehmender internationaler Verflechtung, vor allem der Kapitalmärkte – sowie durch die Erweiterung des Versicherungsspektrums von kaufmännisch-ökonomischen Anwendungen auf Produkte für private Endverbraucher und Haushalte.

Mehrere Gefahren können im Rahmen generalisierten Versicherungsschutzes zu **kombinierten Versicherungen** zusammengefasst werden, wenn ihnen ein weitgehend einheitliches Bedingungswerk zugrunde gelegt wird. So geschieht es zum Beispiel in der **Wohngebäudeversicherung**, die gegen Feuer, Sturm, Leitungswasserschäden oder Einbruchdiebstahl versichert.

Als **gebündelte Versicherungen** bezeichnet man andererseits die Zusammenfassung von Gefahren, die unterschiedlichen Zweigen zuzurechnen sind. In so genannten **Familienversicherungen** werden etwa **Hausrat-, Privathaftpflicht-** und **Rechtsschutzversicherungen** zusammengefasst. Die einzelnen Komponenten bleiben dabei rechtlich unabhängig und können insofern auch unabhängig voneinander abgeschlossen oder gekündigt werden. Während durch die Kombination von Versicherungen neue, einheitliche Versicherungszweige gestaltet werden können, ist dies bei der Bündelung nicht möglich.

6.2.3 Formen der Versicherungsleistung

Eine Darstellung der verschiedenen Leistungsformen nimmt ihren Ausgangspunkt bei der Abgrenzung von **Summen- und Schadenversicherung** im Sinne **abstrakter** bzw. **konkreter Bedarfsdeckung**. Für die Bildung verschiedener Versicherungszweige war die weitergehende Ausgestaltung des Prinzips der Schadenversicherung, wie die **Gefahrendifferenzierung**, eine wesentliche Ursache: Je spezieller die der Kalkulation zugrunde gelegte Schadenverteilung ist, desto eindeutiger fällt die darauf basierende Risikoeinstufung und -abschätzung aus. Unzureichende Spezialisierungsmöglichkeiten der Schadenverteilung können die Versicherbarkeit eines Risikos ganz oder teilweise infrage stellen (vgl. Abschnitt A.4.3).

Die verschiedenen Leistungsformen werden vielfach auch als **Transformationsregeln** bezeichnet, weil sie ein Verfahren definieren, nach dem Schäden in Versicherungsleistungen umgerechnet werden.

Die Hauptformen von **Versicherungsleistungen** werden nachfolgend kurz skizziert. Die Formen der Schadenversicherung können dabei mit einer **Selbstbeteiligung** des Versicherungsnehmers, auch **Franchise** genannt, verknüpft werden. Die Leistung wird dabei zunächst nach einer der Hauptformen ermittelt, anschließend entsprechend der vereinbarten Selbstbeteiligungsregel gekürzt.

• **Versicherungsform:**

a) **Summenversicherung**:
Die Bedarfsdeckung ist abstrakt, da die Leistung im Versicherungsfall ohne konkreten Nachweis zur tatsächlichen Schadenhöhe erbracht wird. Hauptanwendungsbereich ist die Lebensversicherung.

b) **Schadenversicherung**:
Die Leistung wird im Versicherungsfall als Entschädigung erbracht, da ein konkreter Zusammenhang mit der Höhe des entstandenen Schadens besteht.

Folgende Unterformen werden unterschieden:

ba) **Unbegrenzte Interessenversicherung**: Die Versicherungsleistung entspricht der **Schadensumme S**. Eine Obergrenze für S ist nicht festgelegt, in der Regel aber implizit durch die versicherte Gefahr gegeben, zum Beispiel in der Kraftfahrzeugkaskoversicherung. Hauptanwendungsbereiche sind die Krankheitskostenversicherung und die Kraftfahrzeugkaskoversicherung.

bb) **Erstrisikoversicherung** oder **begrenzte Interessenversicherung**: Die Versicherungsleistung entspricht der Schadensumme, höchstens aber der vereinbarten **Versicherungssumme VS**. Schadenanteile, die die Versicherungssumme übersteigen, bleiben im Risiko des Versicherungsnehmers. Hauptanwendungsbereiche sind die diversen Zweige bzw. Arten der Haftpflichtversicherung und die Rechtsschutzversicherung.

bc) **Vollwertversicherung**: Als dritte Bezugsgröße neben Versicherungssumme VS und Schadensumme S geht bei der Vollwertversicherung der so genannte **Versicherungswert VW** in die Berechnung ein, der im Versicherungsfall aktuell ermittelt wird. Der Versicherungswert entspricht dem Wert der unbeschädigten Sache(n).

Stellt sich im Schadenfall der Versicherungswert als höchstens so groß wie die Versicherungssumme heraus, werden die Schäden wie in der Erstrisikoversicherung entschädigt. Übersteigt der Versicherungswert hingegen die Versicherungssumme, wird die Entschädigung im Verhältnis VS / VW gekürzt. Man spricht in diesem Fall von Unterversicherung. Hauptanwendungsbereiche sind die meisten Sachversicherungszweige wie zum Beispiel die Hausratversicherung.

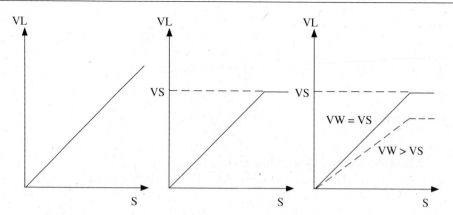

Abbildung 10: Unbegrenzte Interessenversicherung (links), Erstrisikoversicherung (Mitte), Vollwertversicherung (rechts) mit Schadensumme S und Versicherungsleistung VL

bd) **Bruchteilversicherung**: Sie kombiniert die Prinzipien der Erstrisiko- und der Vollwertversicherung. Zu diesem Zweck wird bei Vertragsabschluss zusätzlich ein **angezeigter Wert AW** als Schätzung für den Versicherungswert vereinbart und die Versicherungssumme VS als Bruchteil dieses angezeigten Wertes festgelegt.

Die Entschädigung wird ähnlich wie in der Vollwertversicherung berechnet. Unterversicherung liegt jetzt aber vor, wenn der angezeigte Wert den Versicherungswert unterschreitet. Teilschäden können bis zur Höhe der Versicherungssumme voll ersetzt werden. Diese Versicherungsform reduziert also den Versicherungsbeitrag bei hohen Versicherungswerten, wenn Totalschäden für unwahrscheinlich gehalten werden. Hauptanwendungsbereiche sind die Einbruchdiebstahl- oder Leitungswasserversicherung.

Beispiel: Ein Maschinenbauunternehmen versichert einen großen Lagerbestand gegen Leitungswasserschäden und nennt einen angezeigten Wert AW von 20 Mio. €. Die Versicherungssumme wird auf 1/4 dieses Wertes, also auf 5 Mio. € festgesetzt. Bei einem Versicherungsfall entsteht ein Schaden von 3 Mio. €. Da jedoch ein Versicherungswert VW der Lagergüter von 25 Mio. € ermittelt wird, zahlt der Versicherer dem Maschinenbauer nur eine Entschädigung von AW/VW = 80 % des entstandenen Schadens als Entschädigung, also 2,4 Mio. €. Ohne Unterversicherung würden die 3 Mio. € Schaden in voller Höhe ersetzt.

Ein Schaden von 7 Mio. € würde bei voller Versicherungsdeckung, wenn also AW = VW, nur bis zur Versicherungssumme, also 5 Mio. €, ersetzt werden. Bei gleicher Unterversicherung wie oben betrüge der Schadenersatz sogar noch 20 % weniger, also 4 Mio. €.

• **Selbstbeteiligungsform:**

a) **Absolute Abzugsfranchise**: Der Versicherungsnehmer trägt grundsätzlich alle Schäden bis zur Höhe der vereinbarten Selbstbeteiligung selbst. Übersteigt die Schadensumme die Selbstbeteiligung, werden die Überschäden entsprechend der Versicherungsform entschädigt. Durch diese Form der Selbstbeteiligung wird die für das Versicherungsunternehmen relativ kostenintensive Bearbeitung von Bagatellschäden vermieden. Ein Anwendungsbereich ist zum Beispiel die Selbstbeteiligung in der Privathaftpflichtversicherung.

b) **Relative Abzugsfranchise**: Der Versicherungsnehmer trägt in diesem Fall einen konstanten Prozentsatz der gemäß Versicherungsform bestimmten Entschädigungssumme selbst, nur die Restsumme wird geleistet. Man spricht daher auch von prozentualer Selbstbeteiligung. Ein Anwendungsbereich ist beispielsweise die Versicherung von Zahnersatzleistungen in der Krankenversicherung.

c) **Integralfranchise**: Schäden bis zur Höhe der Selbstbeteiligung trägt der Versicherungsnehmer genau wie bei der absoluten Abzugsfranchise selbst. Höhere Schäden werden dagegen nicht um die Selbstbeteiligung gekürzt, sondern in voller Höhe ersetzt. Für den Versicherungsnehmer kann dadurch ein starker Anreiz entstehen, Schäden über die Selbstbeteiligungsgrenze hinaus zu erhöhen, was intensivere Kontrollmaßnahmen seitens des Versicherungsunternehmens erfordert.

d) **Zeitfranchise**: Der Versicherungsnehmer trägt sämtliche Schäden, die innerhalb einer vereinbarten Frist nach Eintritt des Versicherungsfalls auftreten, selbst. Erst danach greift der Versicherungsschutz. Diese Selbstbeteiligungsform kommt überwiegend in der Betriebsunterbrechungsversicherung vor.

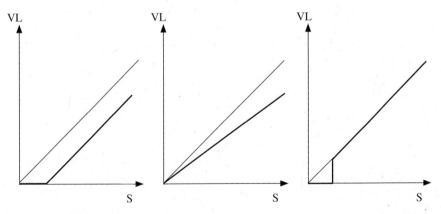

Abbildung 11: Absolute Abzugsfranchise (links), relative Abzugsfranchise (Mitte) und Integralfranchise (rechts) mit Schadensumme S und Versicherungsleistung VL

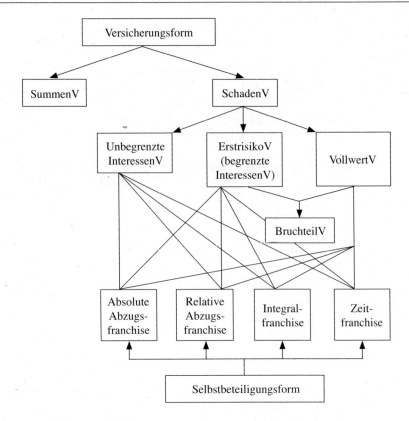

Abbildung 12: Versicherungs- und Selbstbeteiligungsformen im Überblick

6.2.4 Beschreibung der wichtigsten Versicherungszweige

Die folgende Übersicht bietet eine Zusammenstellung der typischen Merkmale der wichtigsten Versicherungszweige und -arten unter Betonung des deutschen Marktes. Die Grobeinteilung folgt dabei der an der Versicherungspraxis orientierten Typisierung im Sinne der Einleitung zu Abschnitt A.6. Obwohl die Versicherungsbedingungen seit 1994 keiner Genehmigungspflicht mehr unterliegen, sind in den meisten Versicherungszweigen unternehmensübergreifend stark vereinheitlichte Leistungsmerkmale weiterhin verbreitet. Für viele Zweige sind vom **Gesamtverband der Deutschen Versicherungswirtschaft e.V. (GDV**, vgl. Abschnitt D.3.4) Vorschläge für **Allgemeine Versicherungsbedingungen** (so genannte **Muster-AVB**) veröffentlicht worden.

6.2.4.1 Lebensversicherung

Die **Lebensversicherung** gehört zur Kategorie der **Summenversicherung**. Tritt der Versicherungsfall ein, wird im Normalfall eine vorher vereinbarte Geldleistung einmalig, mehrmalig oder regelmäßig fällig. Dieses Prinzip der abstrakten Bedarfsdeckung rechtfertigt sich aus der praktischen Schwierigkeit, in der Lebensversicherung den Schaden zum Beispiel beim Tod eines Versicherten konkret zu beziffern; im Falle von Altersrentenzahlungen kann ohnehin nicht sinnvoll von einem Schaden gesprochen werden.

Besonders Lebensversicherungen mit einem gemischten Charakter, die Elemente der Risikovorsorge und der Kapitalbildung verbinden, erfreuen sich in Deutschland als Instrument der Alters- und Hinterbliebenenversorgung trotz steuerlicher Beschränkungen, die seit dem 1. Januar 2005 wirksam geworden sind, traditionell großer Beliebtheit.

Da Verträge in der Lebensversicherung in der Regel langfristig geschlossen werden, sind ihre Geschäftszweige besonderen aufsichts- und vertragsrechtlichen Anforderungen unterworfen. Die Konkurrenz zu gesetzlichen Versicherungssystemen ist in der Lebensversicherung erheblich schwächer ausgeprägt als in der Krankenversicherung, jedoch – von wenigen Ausnahmen abgesehen – stärker als in der Sach- und Vermögensversicherung.

Man differenziert zwischen der **Lebensversicherung im engeren Sinne** und den Zweigen **Invaliditätsversicherung** und **Pflegerentenversicherung**; die übrigen Zweige haben nur geringe Bedeutung.

a) Lebensversicherung im engeren Sinne

In der **Lebensversicherung im engeren Sinne** dient der Leistungscharakter als zentrales Unterscheidungskriterium der einzelnen Versicherungsarten. Bei so genannten **Kapitalversicherungen** erfolgt die Zahlung der vereinbarten Summe höchstens einmalig oder zu wenigen Terminen, bei **Rentenversicherungen** dagegen regelmäßig – zumeist monatlich oder quartalsweise.

Eine andere Klassifizierung betrachtet das aus Sicht des Unternehmens dominierende Risiko, das bei Versicherungen mit **Todesfallcharakter** im frühen Tod des Versicherten, bei Versicherungen mit **Erlebensfallcharakter** hingegen im Erreichen eines überdurchschnittlich hohen Alters besteht. Mischformen sind möglich.

Die Risikobeurteilung wird im Rahmen einer **Gesundheitsprüfung** vorgenommen. Dazu werden dem Kunden, der Versicherungsschutz erhalten möchte, Fragen zu seinem Gesundheitszustand gestellt, die er im Rahmen des Versicherungsantrags beantworten muss. Bei hohen Versicherungssummen oder bei Vorliegen besonderer Gebrechen kann darüber hinaus eine ärztliche Untersuchung vorgenommen werden. Ergibt die Gesundheitsprüfung, dass mit einem erhöhten Sterblichkeitsrisiko zu rechnen ist, werden auf den Tarifbeitrag **Risikozuschläge** erhoben oder der Antrag wird – bei deutlich erhöhtem Risiko – abgelehnt. Alternativ kann auch eine leistungsfreie Wartezeit zu Vertragsbeginn vorgesehen werden. Diese Risikozuschläge sind auf das individuelle Risiko bezogen. Sie haben daher nichts zu tun mit den Risikozuschlägen im Rahmen des Änderungsrisikos (vgl. Abschnitt A.5.3), welche das Kollektiv betreffen.

- **Risikolebensversicherung**: Bei der Risikolebensversicherung handelt es sich um eine Versicherung mit Todesfallcharakter, die daher auch als **Todesfallversicherung** bezeichnet wird. Die vereinbarte Versicherungssumme wird nur beim Tod der versicherten Person fällig. Die Zahlung soll Hinterbliebene absichern, die aus steuerlichen Gründen im Versicherungsvertrag als Bezugsberechtigte genannt sein müssen; andernfalls fällt die Leistung möglicherweise steuerpflichtig unter die Erbmasse.

Oftmals wird die Risikolebensversicherung in jüngeren Jahren abgeschlossen, solange ein angemessener Vermögensaufbau noch nicht erreicht ist oder minderjährige Familienangehörige zu versorgen sind. Die Versicherung läuft dann über einen Zeitraum von meistens zehn bis zwanzig Jahren. Stirbt der Versicherte in diesem Zeitraum nicht, endet die Versicherung danach, ohne eine Zahlung zu leisten.

In höherem Alter werden dagegen vermehrt lebenslang laufende Risikolebensversicherungen abgeschlossen, die als so genannte **Sterbegeldversicherungen** erst mit dem Tod des Versicherten und der Zahlung einer vergleichsweise niedrigen Summe enden. Sie dienen dem Namen entsprechend vornehmlich der Deckung von Begräbniskosten. Ihres kleinsummigen Umfangs wegen bezeichnet man diese Versicherungen auch als **Kleinlebensversicherungen**.

Eine Besonderheit bilden **Risikolebensversicherungen mit fallender Versicherungssumme**. Sie dienen in der Regel als **Restschuldversicherungen** zur Absicherung von Darlehensverbindlichkeiten oder auch als Risikopuffer bei längerfristigen Sparvorgängen und werden daher auch von Banken und Bausparkassen vertrieben.

- **Kapitalbildende Lebensversicherung (gemischte Versicherung)**: Diese Versicherungsart kombiniert den Risikoschutz während der Vertragslaufzeit mit der Zahlung der Versicherungssumme an deren Ende, wenn zuvor keine Todesfallleistung gezahlt wurde. Das Produkt hat in erster Linie Erlebensfallcharakter und beinhaltet daher einen Sparvorgang. Die Zahlung der Versicherungssumme im Erlebensfall erfolgt in der Regel einmalig am Ende der Laufzeit; bei so genannten **Teilauszahlungstarifen** werden auch zu zwischenzeitlichen Terminen bereits Zahlungen fällig.

Auf das Jahr 1891 ging die vor dem 1. Januar 2005 bestehende Steuerbefreiung der Erträge aus kapitalbildenden Lebensversicherungen zurück. Dadurch sollte die Lebensversicherung, die das bedeutendste Instrument der Altersvorsorge für selbstständige Berufe bildete, den Beamtenpensionen gleichgestellt werden. Im Zuge der Neuordnung des **Alterseinkünftegesetzes** 2005 wurde die vollständige Steuerbefreiung langjährig laufender kapitalbildender Versicherungen eingeschränkt. Seither werden nur noch 50 % der Differenz zwischen der Gesamtleistung einschließlich aller Überschüsse und der eingezahlten Beitragssumme von der Besteuerung ausgenommen, und auch nur dann, wenn der Vertrag mindestens zwölf Jahre lang lief und der Steuerpflichtige das 60. Lebensjahr vollendet hat. Eine weitergehende steuerliche Entlastung wird erreicht, wenn die Erlebensfallleistung bei Fälligkeit nicht auf einmal ausgezahlt, sondern verrentet wird. Der Steuer wird dabei nur der **Ertragsanteil** unterworfen, der in Abhängigkeit vom Lebensalter als pauschaler Prozentsatz der Rentenleistung festgelegt ist.

- **Versicherung auf verbundene Leben**: In einem Vertrag werden zwei Risiken zusammengefasst, in der Regel Ehepartner bzw. Lebensgemeinschaften. Die Versicherungssumme wird beim Tod eines Partners an den hinterbliebenen Partner gezahlt, die Versicherung erlischt dann.

- **Fondsgebundene Lebensversicherung**: In der klassischen Form der fondsgebundenen Lebensversicherung wird eine Risikolebensversicherung, wie bei der kapitalbildenden Lebensversicherung, mit einem Sparprodukt verknüpft, um eine Erlebensfallleistung aufzubauen.

Das Risiko bei der Kapitalanlage liegt hier jedoch nicht beim Versicherungsunternehmen, sondern beim Versicherungsnehmer. Die für den Ansparvorgang gezahlten Beitragsanteile fließen in Aktien-, Renten- oder auch Immobilienfonds, deren Kursrisiko in der Regel alleine zulasten des Versicherungsnehmers geht.

Diese Produktklasse wurde geschaffen, um den Kapitalbildungsprozess mit höherer Ertragserwartung über einen Anlagestock in Anteilen von **Investmentfonds** vorzunehmen. In Deutschland konnte sie sich erst seit dem Ende der 90er Jahre durchsetzen. Inzwischen ist die fondsgebundene Lebensversicherung durch Varianten ergänzt worden, bei denen Absicherungsstrategien eine gewisse Mindestrendite oder den Erhalt der eingezahlten Beiträge garantieren sollen, sodass ein Teil des im fondsgebundenen Ansparvorgang liegenden Risikos wieder vom Versicherungsunternehmen übernommen wird.

- **Leibrentenversicherung**: Die Leibrentenversicherung stellt die wichtigste Form wiederkehrender Zahlungen in der Lebensversicherung dar. Da die Rentenzahlung bis zum Tod des Versicherten erfolgt, handelt es sich um eine Versicherung mit Erlebensfallcharakter. Das Risiko besteht aus Sicht des Versicherungsunternehmens also nicht in erhöhter, sondern in niedriger Sterblichkeit; deshalb findet bei dieser Versicherungsart keine Gesundheitsprüfung statt.

Üblicherweise geht der Rentenzahlungsphase eine Beitragszahlungsphase voraus, in der die dafür nötige Deckungsrückstellung (siehe Abschnitt A.7.3.2) angespart wird. Man spricht dann von einer **aufgeschobenen Leibrenteversicherung**. Alternativ kann die Rentenzahlungsphase auch direkt nach der Zahlung der Deckungsrückstellung in Form eines Einmalbeitrages beginnen, weswegen man diese Rentenform auch **sofort beginnende Leibrentenversicherung** nennt.

Die reine Leibrentenversicherung wird oft um Kapitalsicherungskomponenten ergänzt, da sonst beim Tod des Versicherten das gesamte noch unverbrauchte Kapital zugunsten der übrigen Versichertengemeinschaft verfiele. Üblich ist dabei die **Beitragsrückgewähr** im Todesfall, bei der die eingezahlten Beiträge zurückerstattet werden, wenn der Versicherte vor Beginn der Rentenzahlungsphase stirbt, und die **Rentengarantiezeit**, die eine Mindestdauer der Rentenzahlungsphase sicherstellt, wenn der Versicherte bald nach deren Beginn stirbt.

- **Pensionsversicherungen**: Unter diesem Oberbegriff werden Rentenversicherungen zusammengefasst, die mehrere Rentenleistungen umfassen. Üblich ist neben der Leibrentenversicherung die **Hinterbliebenenrentenversicherung** zur Absicherung eines überlebenden Partners, die **Waisenrentenversicherung** – eine auf das Alter 25 begrenzte Zeitrente für hinterbliebene Kinder – und die **Berufsunfähigkeitsversicherung**, eine Form der Invaliditätsversicherung. Die Zusammenfassung verschiedener Versicherungsarten in einem **Versicherungsprodukt** erklärt sich aus dem Wunsch, gleichzeitig mehrere existenzielle Lebensrisiken abzudecken.

b) Invaliditätsversicherung

- **Berufsunfähigkeitsversicherung** und **Erwerbsunfähigkeitsversicherung**: Diese Versicherungen leisten bis zu einem Höchstalter von in der Regel 65 Jahren eine laufende Rentenzahlung, wenn die Arbeitsfähigkeit des Versicherten eine bestimmte Schwelle unterschreitet. Als berufsunfähig gilt dabei sinngemäß eine Person, die ihren Beruf voraussichtlich dauerhaft nicht mehr ausüben kann. Erwerbsunfähig ist hingegen jemand, der überhaupt keiner regelmäßigen Erwerbstätigkeit mehr nachgehen kann. Berufsunfähigkeit ist also die deutlich schwächere Forderung. Diesbezügliche Versicherungstarife sind daher teurer als Erwerbsunfähigkeitsschutz, weil eine Leistung wahrscheinlicher ist.

Seit 2001 gibt es für Geburtsjahrgänge ab 1961 im Rahmen der gesetzlichen Rentenversicherung nur noch die allgemeine **Erwerbsminderungsrente** auf recht niedrigem Niveau. Die Individualversicherungsprodukte schließen einen Teil der dadurch entstandenen Lücke. Während sich die Sterblichkeit in der Lebensversicherung im engeren Sinne normalerweise nur langsam und geringfügig ändert, ist das Invaliditätsrisiko deutlich schwankungsanfälliger und nicht nur vom ausgeübten Beruf, sondern auch von wirtschaftlichen Allgemeinfaktoren wie der Arbeitslosigkeit abhängig.

• **Dread Disease-Versicherung**: Seit einigen Jahren gibt es mit der so genannten Dread Disease-Versicherung ein Produkt, das bei bestimmten schweren Krankheiten, die nicht zwangsläufig zum Tode führen, eine einmalige Kapitalzahlung leistet. Als Beispiel seien Krebserkrankungen, Schlaganfälle oder Angina Pectoris angeführt. Hintergrund für dieses in den angelsächsischen Ländern entstandene Produkt sind die hohen Krankheits- und Krankheitsfolgekosten bei derartigen Erkrankungen, die einen Bedarf an Kapitalzahlungen schon zu Lebzeiten motivieren.

c) Pflegerentenversicherung

Die **Pflegerentenversicherung** spielt stark in den Bereich der Krankenversicherung hinein. Sie kann als selbstständige Versicherung und als Zusatzversicherung abgeschlossen werden. Wird anhand eines Kriterienkataloges, der sich eng an demjenigen der gesetzlichen Pflegeversicherung orientiert, Pflegebedürftigkeit festgestellt, setzt die Zahlung einer monatlichen Pflegerente ein, die nach dem Grad der Pflegebedürftigkeit gestaffelt ist. Ab einem höheren Grenzalter von zum Beispiel 85 Jahren beginnt unabhängig von einer Pflegebedürftigkeit die Zahlung einer lebenslangen Altersrente. Je nach Tarif kann eine Sterbegeldleistung vorgesehen sein.

Die Pflegerentenversicherung wird häufig in Kombination mit einer privaten Krankenversicherung abgeschlossen, um bei Pflegebedürftigkeit oder im Alter deren Beitragszahlung zu entlasten.

6.2.4.2 Private Krankenversicherung

Die private Lebensversicherung steht nicht in direkter Konkurrenz zur gesetzlichen Alterversorgung, sondern ergänzt diese. Die **private Krankenversicherung (PKV)** konkurriert dagegen mit der **gesetzlichen Krankenversicherung (GKV)** um Personen, die zwischen beiden Alternativen wählen können. In diesem Fall spricht man von der ersatzweisen oder **substitutiven Krankenversicherung**. Die nicht-substitutive Krankenversicherung bietet demgegenüber ein vielfältiges Angebot an Krankenzusatzversicherungen, die gesetzlich Pflichtversicherten ergänzenden Schutz zur GKV bieten.

Der Zugang zur substitutiven Krankenversicherung ist auf Selbstständige, Beamte und abhängig Beschäftigte mit einem Einkommen oberhalb der **Versicherungspflichtgrenze** beschränkt. Letztere müssen seit dem Gesundheitsreformgesetz vom Februar 2007 zudem eine mindestens dreijährige Wartezeit erfüllen, in der ihr Einkommen durchgängig die Versicherungspflichtgrenze überschritten hat; sie haben alternativ die Möglichkeit, als **freiwillig Versicherte** in der GKV zu bleiben.

Änderungen der rechtlichen Grundlagen und des Leistungskatalogs in der GKV haben daher meistens auch Auswirkungen auf die Privatversicherung. Das in Abschnitt A.6.1.3 erwähnte **GKV-Wettbewerbsstärkungsgesetz** legt beispielsweise fest, dass ab 1. Juli 2007 der **Standardtarif**, der im Wesentlichen die Leistungsstruktur der GKV nachbildet, allen offensteht, die früher einmal privat krankenversichert waren. Zudem haben Personen, die nicht zweifelsfrei einem System zugeordnet werden können, ebenfalls Zugang zum Standardtarif.

Seit 1. Januar 2009 muss darüber hinaus ein **Basistarif** angeboten werden. Während eines halben Jahres, von Januar bis Juni 2009, dürfen dann auch freiwillig gesetzlich Versicherte, die bis dahin mindestens drei Verdienstjahre oberhalb der Beitragsbemessungsgrenze der Krankenversicherung vorweisen können, ohne **Gesundheitsprüfung** in den Basistarif eines Versicherers ihrer Wahl übertreten. Zudem dürfen bereits privat Versicherte in den Basistarif jedes anderen PKV-Anbieters wechseln. Der **Einheitsbeitrag** des Basistarifs darf versicherungsmathematisch kalkuliert werden, ist aber per Gesetz auf den durchschnittlichen **Höchstbeitrag** der gesetzlichen Krankenversicherung begrenzt.

Bei der Risikobeurteilung privater Krankenversicherungstarife ist es wichtig, den Gesundheitszustand der versicherten Person möglichst genau einzuschätzen. Dabei spielen Vorerkrankungen eine große Rolle, ebenso wie **subjektive Risikofaktoren**. Bei diesen handelt es sich um Hobbys, Ernährungsverhalten oder berufliche Einflüsse, aber auch um Dinge, wie den psychischen Allgemeinzustand oder die Neigung zu Arztbesuchen und Medikamentengebrauch. Durch Selbstbehalte und Beitragsrückgewähr, wenn im Laufe eines Jahres keine Versicherungsleistungen in Anspruch genommen worden sind, lassen sich die Auswirkungen dieser Faktoren auf die Krankheitskosten mildern.

Alle Arten der Krankenversicherung verzeichnen mit zunehmendem Alter stark ansteigende Krankheitskosten. Um die Beitragsentwicklung dennoch kontrollieren zu können, wird in jungen Jahren ein höherer Beitrag als erforderlich erhoben, um damit den voraussichtlichen Mehrbedarf im Alter vorzufinanzieren. Dadurch wird, wie in der Lebensversicherung, zunächst eine **Deckungsrückstellung** (vgl. Abschnitt A.7.3.2) aufgebaut, die später wieder abgebaut wird. Diese Deckungsrückstellung heißt in der Krankenversicherung **Alterungsrückstellung** (vgl. Abschnitt A.7.3.3).

Die traditionelle Beitragskalkulation berücksichtigt **Stornogewinne**, da die Alterungsrückstellung von Versicherten, die ihren Vertrag kündigen, beim Versichertenkollektiv verbleibt. Durch das GKV-Wettbewerbsstärkungsgesetz wird mit Wirkung ab 1. Januar 2009 ein Teil der Alterungsrückstellung von ab diesem Zeitpunkt verkauften Tarifen **portabel** gestaltet. Dieser Teil kann fortan von Versicherten mitgenommen werden, die das Versicherungsunternehmen wechseln möchten. Bis dahin müssen diese Personen beim neuen Versicherer ihre Alterungsrückstellung komplett neu aufbauen, sodass sich ein Wechsel des Krankenversicherers für sie künftig preiswerter gestalten wird. Insgesamt wird das Beitragsniveau allerdings durch den Wegfall eines Teils der Stornogewinne steigen.

Neben dem altersbedingten Kostenanstieg unterliegen die Krankheitskosten einem allgemeinen Trend, der von der **Kostenentwicklung** und dem **technischen Fortschritt** in Medizin und Arznei-mittelforschung ausgeht. Deshalb dürfen Krankenversicherungsunternehmen die Beiträge diesem Kostentrend anpassen, im Regelfall also erhöhen (§ 203 (1) VVG). Zudem wurde im Jahr 2000 ein **10-prozentiger Beitragszuschlag** eingeführt, der nur bis zum 65. Lebensjahr zu bezahlen ist und ebenfalls eine Rückstellung aufbaut, die den infolge des medizinischen Fortschritts vorher-sehbaren Kostenanstieg dämpfen soll.

Die Beitragskalkulation erfolgt wegen des Aufbaus von Alterungsrückstellungen nach Art der Lebensversicherung. Der Leistungscharakter der PKV kann jedoch sowohl dem der Schaden-versicherung entsprechen – mit an der Höhe des Schadens, in diesem Fall den Krankheitskos-ten, orientierten Leistungen – als auch dem der Summenversicherung. Im letzten Fall spricht man von **Tagegeldtarifen**.

Die Leistungen werden nicht nur einmalig gezahlt, sondern im Grundsatz bei jeder Erkrankung. Bestimmte Behandlungsformen können allerdings nach Kostenhöhe und Häufigkeit begrenzt werden.

a) Krankenversicherung im engeren Sinn

Die Leistungsstruktur der privaten Krankenversicherung umfasst grundsätzlich die nachteili-gen materiellen Folgen von als medizinisch notwendig definierten Heilbehandlungen wegen Erkrankungen oder Unfällen, sofern diese nicht vertraglich ausgeschlossen sind. Zum einen betrifft dies die unmittelbaren Behandlungskosten, wie Arzthonorare, Medikamente, Heilmittel und Krankenhauskosten, daneben aber auch den Verdienstausfall während der Erkrankung und Rehabilitationsmaßnahmen.

Im Rahmen der **Krankheitskostenvollversicherung** werden normalerweise verschiedene Ver-sicherungsbausteine angeboten, die aus dem folgenden Katalog von Leistungsarten entnommen werden. Diese Bausteine können teilweise auch selbstständig angeboten werden als **Zusatzta-rife für gesetzlich Krankenversicherte**.

- **Allgemeine ambulante Arztbehandlung**: Im Gegensatz zu gesetzlich Versicherten haben Angehörige der PKV die Möglichkeit der freien Wahl unter niedergelassenen Ärzten und anerkannten Heilpraktikern. Es werden die tatsächlich angefallenen Kosten erstattet, für die der Versicherte zunächst in Vorlage treten muss.

- **Allgemeine stationäre Heilbehandlung**: Auch bei der Wahl von öffentlichen oder privaten Krankenhäusern sind PKV-Versicherte im Gegensatz zu gesetzlich Versicherten frei, sofern diese unter ständiger ärztlicher Leitung stehen und nach wissenschaftlich anerkannten Me-thoden arbeiten. Bei Anstalten, die auch Sanatoriums- und Kurbetrieb durchführen, ist eine Genehmigung durch das Versicherungsunternehmen erforderlich. Es bescheinigt dem Pa-tienten durch eine Versicherungskarte, die dem Krankenhausbetreiber vorzulegen ist, die Kostenübernahme.

- **Zahnbehandlung und Zahnersatz**: Es erfolgt Kostenerstattung für zahnmedizinische Be-handlung, Zahnersatz und kieferorthopädische Leistungen, die je nach Tarif in Qualität und Umfang über gesetzliche Pflichtleistungen deutlich hinausgehen können. Wie in der GKV erfolgt nur die Erstattung für Zahnbehandlung zu 100 %, bei den weitergehenden Leistungen sind Selbstbehalte von mindestens 10 % der Kosten üblich. Mit der Einführung eines Sonderbeitrages in der gesetzlichen Krankenversicherung, der exklusiv Zahnersatzkosten abdecken soll, haben Privatversicherer die Möglichkeit erhalten, diese Leistungen als Zusatzversicherungen auch für gesetzlich Versicherte anzubieten.

- **Krankenhauskostenversicherung**: Mit dieser Zusatzversicherung können gesetzlich Versicherte den Leistungsumfang ihrer Versicherung bei Krankenhausaufenthalten aufstocken; sie kann also nicht im Rahmen der Krankheitskostenvollversicherung abgeschlossen werden. Versichert werden kann privatärztliche oder Chefarztbehandlung und Unterbringung im Ein- oder Zweibettzimmer.

- **Krankenhaustagegeldversicherung**: Versicherte können durch die Leistungen dieser Versicherung über den Krankenhausaufenthalt hinausgehende Kosten decken. Für jeden Tag eines stationären Krankenhausaufenthalts wird ein bestimmter Tagessatz gezahlt, und zwar wie bei jeder Tagegeldversicherung ohne Zweckbindung und unabhängig davon, ob tatsächlich Kosten in entsprechender Höhe anfallen.

- **Krankentagegeldversicherung**: Für jeden Tag, für den eine ärztliche Krankenbescheinigung vorgelegt wird, wird ein vereinbarter Tagessatz geleistet. Der Versicherungsschutz soll den Verdienstausfall im Krankheitsfall ersetzen. Angestellte versichern Krankheitsfälle erst ab dem Ablauf der normalerweise sechswöchigen Frist, während der der Arbeitgeber das Arbeitsentgelt fortzahlt. Beamte benötigen diesen Tarif nicht.

- **Auslandsreisekrankenversicherung**: Die Auslandsreisekrankenversicherung deckt die Kosten akut notwendiger medizinischer Maßnahmen bei Erkrankungen im Ausland, insbesondere einen eventuell nötigen Rücktransport. Die Versicherung wird vor allem von gesetzlich Versicherten abgeschlossen, da der entsprechende Schutz im Rahmen der Krankheitskostenvollversicherung für Privatversicherte mit abgedeckt ist. In der Regel lassen derartige Tarife Versicherte nur bis zu einem Höchstalter von in der Regel 65 oder 70 Jahren zu, die Dauer des Auslandsaufenthaltes ist bei Standardangeboten für Urlaubsreisende auf sechs Wochen begrenzt.

b) Pflegekrankenversicherung

Es handelt sich hierbei um einen erst seit den 80er Jahren weiter verbreiteten Versicherungszweig. Die Einführung der gesetzlichen Pflegepflichtversicherung im Jahre 1995 betraf gesetzlich wie privat Krankenversicherte und schrieb für beide Versicherungssysteme einheitliche Leistungen vor (vgl. Abschnitt A.6.1.3). Freiwillig gesetzlich Versicherte können die Pflegepflichtversicherung wie privat Versicherte im Rahmen der privaten Krankenversicherung abschließen.

Da die Leistungen der Pflichtversicherung begrenzt sind, werden zur Aufstockung Zusatzversicherungen angeboten. Die Leistungsstruktur besteht in Geldleistungen für spezifische Pflege- und Betreuungsmaßnahmen. Sie werden gezahlt bei ärztlich attestierter Pflegebedürftigkeit, also wenn ein voraussichtlich unbefristeter Pflegebedarf besteht.

- **Pflegekostenversicherung**: Bis zu einer vereinbarten Obergrenze werden die tatsächlich anfallenden Kosten für Pflegepersonal erstattet. Eine Betreuung durch Angehörige ist dadurch nicht abgedeckt.

- **Pflegetagegeldversicherung**: Analog zu anderen Tagegeldversicherungen wird im Fall der attestierten Pflegebedürftigkeit für jeden Tag ein vereinbarter Tagessatz geleistet, bei dessen Verwendung der Versicherte frei ist. Die Zahlung erfolgt daher auch, wenn die Pflege durch Angehörige erbracht wird.

6.2.4.3 Schaden- und Unfallversicherung

Entsprechend den Bemerkungen in der Einleitung zu Abschnitt A.6 ist **Schaden- und Unfall-versicherung** ein Oberbegriff für alle nicht der Lebens- und Krankenversicherung zugeordne-ten Versicherungszweige. Er zerfällt in die beiden Kategorien **Sachversicherung** (Abschnitt A.6.2.4.3.1) und die sonstigen Versicherungszweige, deren Schwerpunkt in den auf **Nominal-güter** bezogenen Zweigen der **Vermögensversicherung** (Haftpflicht-, Rechtschutz- und Kre-ditversicherung, Abschnitt A.6.2.4.3.2) liegt.

6.2.4.3.1 Sachversicherung

Versicherungsgegenstand der **Sachversicherung** sind Immobilien und bewegliche Sachen, die gegen Zerstörung, Beschädigung und Verlust versichert werden können. So genannte Vermö-gensfolgeschäden gehören ebenfalls zur Sachversicherung, etwa die Betriebsunterbrechungs-versicherung, die gegen die Folgen eines Produktionsstillstands nach einem Feuer- oder Ma-schinenschaden schützt.

Das Sachversicherungsgeschäft unterscheidet sich erheblich danach, ob es mit Privatkunden oder aber mit gewerblichen und Industriekunden betrieben wird. Das Privatkundengeschäft ist relativ homogen und von kleineren Versicherungs- und Schadensummen geprägt, während in der gewerblichen Sachversicherung das Großschadenrisiko dominiert.

In Ermangelung eines systematischen Kriteriums geht die folgende Aufzählung einzelner Zwei-ge alphabetisch vor.

a) Einbruchdiebstahl- und Raubversicherung

Im Brennpunkt der Versicherungsarten dieses Zweiges stehen die Folgen strafrechtlich relevan-ter Handlungen. Die allgemeine Kriminalitätsentwicklung spiegelt sich daher im Schadenver-lauf wider. Da beeinflussbare individuelle Umstände wesentlichen Einfluss auf Entstehung und Ausmaß von verbrechensbedingten Schäden haben, verändern sich die Vertragsbedingungen nicht nur im Hinblick auf Teilaspekte der versicherten Gefahren, sondern auch, was Sicher-heits- und Vorbeugemaßnahmen betrifft. Die Versicherungsbeiträge richten sich nach der Lage des versicherten Gebäudes und in der gewerblichen Versicherung nach der Art des versicherten Betriebes, zum Beispiel Banken oder Juweliere.

- **Einbruchdiebstahlversicherung**: Versicherbar sind nur die Folgen schweren Diebstahls, bei dem man sich zur Straftatbegehung unter – meistens gewaltsamer – Überwindung von Hindernissen Zutritt zu Gebäuden verschafft. Die Versicherungsleistung wird bei fahrlässi-gem Verhalten wie unverschlossen gelassenen Wohnungstüren oder offenen Fenstern reduziert oder ganz ausgeschlossen. Bei werthaltigen Gegenständen wie Schmuck, Gemälden oder kostbaren Sammlungen sind weitergehende Sicherungseinrichtungen wie gepanzerte Schränke und Alarmanlagen vorgeschrieben.

• **Raubversicherung**: Die versicherten Gefahren umfassen Raub – das ist die gewaltsame Wegnahme von Gegenständen, auch die gewaltlose Wegnahme nach Unfällen – und räuberische Erpressung, bei der die Herausgabe von Gegenständen durch Gewaltandrohung erzwungen werden soll. Werttransporte sind in besonderem Maße abzusichern.

b) Elementarschadenversicherung

Die **Elementarschadenversicherung** deckt Schäden durch Naturereignisse ab, sofern sie nicht unter die eigenständigen Versicherungen gegen Sturm und Hagel fallen, also vor allem Erdbeben, Erdsenkungen, Erdrutsche, Überschwemmungen, Lawinen, Schneedruck, Starkregen oder Vulkanausbrüche. Kennzeichen des Auftretens solcher Schadenereignisse sind hohe zeitliche und regionale Schwankungen. Infolgedessen ist zum Beispiel Schutz gegen Hochwasser- und Überschwemmungsschäden in besonders gefährdeten, flussnahen Gebieten nicht erhältlich oder kaum erschwinglich. Bei derart inhomogenen Risiken wird unter Marktbedingungen eine Grenze der Versicherbarkeit (vgl. Abschnitt A.4.3) erreicht.

Das Segment der Elementarschadenversicherung ist einem sehr dynamischen Wandel unterworfen. Die Intensivierung von Schadenereignissen durch steigende Siedlungs- und Wirtschaftsdichten wird seit wenigen Jahrzehnten durch einen Anstieg klimabedingter Katastrophenschäden verschärft, etwa die Wirbelsturmsaison 2005 in der Karibik und dem Golf von Mexiko. In jedem Fall besteht bei Elementarschäden hoher Rückversicherungsbedarf (siehe Abschnitt A.6.3).

c) Feuerversicherung

Bei der **Feuerversicherung** handelt es sich um einen der ursprünglichsten Sachversicherungszweige. Versicherte Gefahren sind hierbei:

• **Brand** in Gestalt eines so genannten Schadenfeuers, das ist nach branchenüblicher Definition „ein Feuer, das ohne einen bestimmungsgemäßen Herd entstanden ist oder ihn verlassen hat und das sich aus eigener Kraft auszubreiten vermag",

• **Blitzschlag**,

• **Explosion**,

• **Anprall** oder **Absturz** von bemannten Flugkörpern,

• **Folgeschäden** durch Lösch- und Aufräumarbeiten.

Sengschäden und **Schäden durch Nutzfeuer** sind dagegen ausgeschlossen. Man unterscheidet vor allem folgende Arten der Feuerversicherung:

- **Einfache Feuerversicherung**: Sie erstreckt sich vor allem auf Wohn- und Geschäftsgebäude, öffentliche Gebäude und Büro- oder Verwaltungsgebäude und deren Inhalt.

- **Landwirtschaftliche Feuerversicherung**: Hierbei sind vor allem spezifische Betriebsgefahren zu berücksichtigen, wie die erhöhte Brandgefahr bei der Lagerung trockener Pflanzen- und Tierprodukte.

- **Waldbrandversicherung**: Durch diese Versicherung werden Brand- und Blitzschäden an stehendem oder vor Ort geschlagenem Holz versichert.

- **Industrielle Feuerversicherung**: Bei dieser Versicherungsart ist die individuelle Tarifierung von Industriebetrieben üblich, um spezifische Risikosituationen angemessen bewerten zu können. Wesentlich ist der zu versichernde Höchstschaden infolge eines einzelnen Versicherungsfalls, der regelmäßig Großschadencharakter aufweist. Die industrielle Feuerversicherung wird in besonders hohem Umfang rückversichert (siehe Abschnitt A.6.3). Die Beitragsbemessung erfolgt anhand sehr differenzierter Bauart-, Lagerrisiko- und Betriebsklassen.

d) Glasversicherung

Die private **Glasversicherung** versichert Glas, in vielen Tarifen auch Kunststoff, in Form fachgerecht eingesetzter Gebäude- und Mobiliarverglasungen. Versicherungsfall ist der Bruch von Verglasungen, nicht jedoch oberflächliche Beschädigungen oder undicht gewordene Isolierverglasungen. Ersetzt werden Kosten für Notsicherungsmaßnahmen und Aufräumung von Schäden. Der eigentliche Glasschaden wird durch **Naturalrestitution** behoben, was die Lieferung und Montage von Glasersatz auf Kosten des Versicherungsunternehmens beinhaltet. Die Reparatur von Fenster- und Türscheiben darf der Versicherungsnehmer auch selbst veranlassen und dafür Kostenerstattung beanspruchen.

e) Hagelversicherung

Die selbstständige **Hagelversicherung** ist eine Versicherung gegen Ertragsausfälle landwirtschaftlicher Bodenerzeugnisse, die anhand des Schadenbildes aus den tatsächlich erzielten Erträgen geschätzt werden. Sie könnte daher auch unter den in Abschnitt A.6.2.4.4 behandelten Vermögensversicherungen eingeordnet werden. Als Bestandteil der Sturmversicherung bezieht sich die Hagelversicherung auf Schäden an Gebäuden und Fabrikanlagen, die Sturmschäden vergleichbar sind.

f) Hausratversicherung

Bei der **Hausratversicherung** handelt es sich um einen Versicherungszweig mit **Verbundcharakter**, der durch Zusammenfassung von Risiken anderer Zweige in Zusammenhang mit Schäden am Hausrat entstanden ist. Deshalb spricht man oft auch von **verbundener Hausratversicherung**. Der Begriff des Hausrats umfasst alle Gegenstände, die dem Haushalt des Versicherungsnehmers zum privaten Gebrauch dienen. Dazu gehören bis zu festgelegten Obergrenzen – beispielsweise maximal 20 % der Versicherungssumme – auch **Wertgegenstände**, wie Bargeld, Schmuck, Münzen, Urkunden oder Wertpapiere. Schäden am Gebäude selbst sind dagegen weitgehend ausgeschlossen. Schaden und Entschädigung berechnen sich auf der Grundlage des so genannten Wiederbeschaffungswertes.

Der Versicherungsfall wird ausgelöst durch den Eintritt von Gefahren, die im Rahmen der

- Feuerversicherung,

- Einbruchdiebstahl- und Raubversicherung,

- Leitungswasserversicherung,

- Sturm- und Hagelversicherung

versichert sind oder durch Vandalismus hervorgerufen werden. Die bis in die 80er Jahre in der Regel eingeschlossenen Versicherungen gegen einfachen Fahrraddiebstahl sowie Glasbruch müssen heute meist zusätzlich abgeschlossen werden. Durch Einschluss von Unfall- und Haftpflichtversicherungsschutz entsteht ein weiteres Verbundprodukt, das unter dem Begriff **Familienversicherung** verkauft wird.

Die Hausratversicherung ist eine Vollwertversicherung im Sinne von Abschnitt A.6.2.3; Schäden werden also nur im Verhältnis von Versicherungssumme und tatsächlichem Wert des Hausrats ersetzt. Die Versicherungssumme ergibt sich durch Multiplikation der versicherten Gebäudefläche mit einem quadratmeterbezogenen Referenzwert. Die damit verbundene Gefahr der Unterversicherung wird vom Versicherungsunternehmen ausgeschlossen, wenn eine Mindestsumme pro Quadratmeter versichert wird. Summenanpassungen erfolgen nach der vom Statistischen Bundesamt indexierten Preisentwicklung.

Der Versicherungsbeitrag wird in Abhängigkeit von der Versicherungssumme bestimmt, dabei erfolgt eine Abstaffelung nach drei gefahrenabhängigen **Tarifzonen**. Der Referenzbeitrag pro 1.000 € Versicherungssumme wird nach der Schadenentwicklung im Versicherungsbestand von einem Treuhänder festgesetzt.

g) Leitungswasserversicherung

Unter Leitungswasser im Sinne dieses Versicherungstyps ist Wasser zu verstehen, das bestimmungswidrig aus den Leitungen der Wasserversorgung und damit verbundenen Einrichtungen, aus flüssigkeits- oder dampfgestützten Heizungs- und Kühlanlagen, aber auch aus Sprinkler- oder Berieselungsanlagen ausgetreten ist. In der Hauptsache entstehen derartige Schäden durch Rohrbrüche, Frost, undichte Ventile, verstopfte oder korrodierte Rohre und Leitungen. Nicht als Leitungswasserschaden gelten die Folgen von Grundwasser, stehenden oder fließenden Gewässern oder Hochwasser.

h) Sturmversicherung

Als Sturm bezeichnet man wetterbedingte Luftbewegungen von mindestens Windstärke 8. Ist die Windstärke für die Lage des versicherten Grundstücks nicht zu ermitteln, hat der Versicherungsnehmer den Nachweis zu erbringen, dass der Schaden nur durch Sturm entstanden sein kann, beispielsweise durch den Verweis auf gleichartige Schäden in der Umgebung. Die Versicherung erstreckt sich auf Schäden, die

• unmittelbar durch den Sturm hervorgerufen werden, zum Beispiel ein abgedecktes Dach,

• mittelbar durch vom Sturm auf versicherte Sachen geworfene Gebäudeteile, Bäume oder andere Gegenstände entstehen oder

• auf einen Sturmschaden zurückzuführen sind, wie ein Brand infolge herabgeworfener Stromleitungen oder eindringendes Regenwasser.

Die Versicherung umfasst keine Schäden durch Sturmfluten, Lawinen oder Schneedruck.

i) Technische Versicherungen

Dieser Versicherungszweig umfasst Risiken, die sich auf stark technisch geprägte Gegenstände beziehen. Zielgruppe sind gewerbliche Kunden. Ähnlich wie in der industriellen Feuerversicherung steht die individuelle, rückversicherungsintensive Tarifierung im Vordergrund. Wirtschaftlicher und technischer Fortschritt bedingen eine permanente Ausweitung, aber auch Zerfaserung des Versicherungsbedarfs, der vom Kraftwerksbetreiber über petrochemische Unternehmen bis zum Anwender von Mikroelektronik und Nanotechnologie nahezu alle Wirtschaftsbereiche betrifft. Die technische Betriebsunterbrechungsversicherung wird im nächsten Abschnitt mitbehandelt, hier konzentrieren wir uns im Einzelnen auf die

• **Maschinenversicherung**: Die Maschinenversicherung ist die älteste technische Versicherungsart in Deutschland. Die kleinste zu versichernde Einheit ist der gesamte Maschinenpark einer geschlossenen Betriebsabteilung, im Regelfall aber bezieht sich der Versicherungsschutz auf alle Maschinen eines Unternehmens. Versichert sind nicht die Folgen normaler Abnutzung oder Verschleißes, sondern nur plötzlich und nicht vorhersehbar eintretende Schäden an Maschinen, Anlagen und Apparaten, unter anderem infolge

  - unwillkürlichen oder vorsätzlichen menschlichen Versagens,

  - Über- oder Unterdrucks,

  - Elektrizität,

  - fehlerhafter Konstruktion, Fertigung oder Materialeigenschaften,

  - Überhitzung oder

  - versagender Mess-, Schalt- und Regelungs- oder Sicherheitseinrichtungen.

- **Elektronikversicherung**: Dieser zweite bedeutende Zweig der Technikversicherung ging 1985 aus der **Schwachstromanlagenversicherung** hervor. Zusätzlich zu den Festlegungen der Maschinenversicherung umfasst der Versicherungsschutz alle unvorhersehbaren Schäden und Risiken wie Einbruchdiebstahl, Feuer und höhere Gewalt. Die versicherten Anlagen unterliegen nicht der Maschinenversicherung. Es handelt sich um Fernmelde- und sonstige elektronische Technik, auch um elektronische Daten und Datenspeichermedien.

- **Montage- und Maschinengarantieversicherung**: Die **Montageversicherung** stellt die abnahmebereite Montage von Maschinen und Anlagen im Fall eines Schadens aufgrund von Montage, Erprobung, Umbau, Erweiterung und Reparatur sicher. Die **Maschinengarantieversicherung** trägt nur die Kosten für Folgeschäden von nach der Montage entstehenden Gewährleistungsansprüchen. Die auslösenden Fehler selbst hat das Montageunternehmen hingegen auf eigenen Kosten zu beheben.

- **Bauleistungsversicherung**: Diese Versicherung deckt bei Bauleistungen die gleichen Schadenersatzansprüche wie die Montageversicherung bei Maschinen. Bauleistungen sind Resultat von Bauarbeiten jeder Art, die Versicherung greift also während der Errichtung oder des Umbaus von Gebäuden.

j) Tierversicherung

Ursprünglich ausschließlich zur Absicherung landwirtschaftlicher Nutztierbestände konzipiert, wurde die **Tierversicherung** sukzessiv auf andere Haustiere und Tiere ausgedehnt, die zu gewerblichen oder sportlichen Zwecken gehalten werden. Die folgenden Versicherungsarten werden unterschieden.

- **Tierlebensversicherung**: In der Grundform der Tierversicherung werden vor allem Nutz- und Haustiere gegen das Risiko des Todes durch Verenden oder Nottötung versichert. Nottötung bezeichnet die Tötung von Tieren, deren Tod wegen Krankheit oder nach Unfall auch bei sachverständigem Eingriff in kurzer Zeit zu erwarten wäre. Versichert sind auch Schäden, die dadurch entstehen, dass das Tier für Zucht- oder andere vorgesehene Zwecke untauglich ist. Versicherungsschutz kann auch befristet erfolgen, etwa im Zusammenhang mit Trächtigkeit oder Ausstellungen.

- **Tierkrankenversicherung**: Es werden Kosten tierärztlicher Behandlung erstattet, vor allem bei Hunden, Katzen und Pferden.

- **Schlachttierversicherung**: Bei dieser Versicherung wird ausschließlich für menschlichen Verzehr gedachtes Vieh versichert. Ersetzt wird der Ertragsausfall, wenn Schlachtvieh durch die amtliche Fleischbeschau als zum Verzehr ungeeignet erklärt wird. Nach dem Beitragsaufkommen handelt es sich hier um die wichtigste Art der Tierversicherung.

k) Transportversicherung

Im Gegensatz zu den anderen Sachversicherungszweigen handelt es sich bei der nach **See-**

transport und **Binnentransport** gegliederten Transportversicherung um die Versicherung von Gefahren während eines Bewegungsvorgangs. Sie umfasst auch Risiken der Einlagerung vor und nach Transportvorgängen. Grundlegendes Versicherungsprinzip ist die Allgefahrendeckung. Da alle Beteiligten gewerblichen Kenntnis- und Erfahrungshintergrund haben, herrscht Vertragsfreiheit. Tarife und Vertragsbedingungen müssen also der Aufsichtsbehörde BaFin (vgl. Abschnitt D.2.2) nicht vorgelegt werden. Es gibt keine Allgemeinen Versicherungsbedingungen (AVB) im Sinne des Versicherungsvertragsgesetzes.

Die Tarifierung ist wie in anderen gewerblichen Zweigen stark von der individuellen Situation des Versicherungsnehmers abhängig. Sowohl Großschaden- als auch Kumulrisiken sind von besonderer Bedeutung, infolgedessen auch der Rückversicherungsbedarf. Die Transportversicherung gliedert sich in

• **Warenversicherung**: Die Warenversicherung ist der umfangreichste Teil der Transportversicherung. Sie schützt den Eigentümer vor dem Verlust oder der Beschädigung seiner Waren während des Transportes und unterteilt sich weiter in die Seegüterversicherung und die weniger bedeutenden Arten der Fluss- und Landwarenversicherung.

• **Verkehrshaftungsversicherung**: Speditionen und Transportunternehmen sind von Rechts wegen zum Abschluss dieser Versicherung verpflichtet, die sich gegen die Beschädigung oder den Verlust der transportierten Güter richtet. Eine Spezialform ist die Speditionsversicherung.

• **See- und Flusskaskoversicherung**: Bei diesen Versicherungsarten steht die Versicherung der Transportmittel im Zentrum. Sie umfassen auch Risiken des Baus und der Reparatur von Schiffen.

l) Wohngebäudeversicherung

Dem Namen entsprechend versichert dieser Zweig Gebäude, die überwiegend Wohnzwecken dienen. Andere Gebäudetypen werden im Rahmen der Feuerversicherung oder spezieller Versicherungszweige versichert. Die **Wohngebäudeversicherung** ist wie die Hausratversicherung eine **Verbundversicherung**, die mehrere Bestandteile anderer Versicherungszweige zu einem Produkt zusammenfasst. Bei einem Gebäude im Sinne der Versicherung handelt es sich um „ein unbewegliches, allseitig umschlossenes, mit der Erde fest und dauerhaft verbundenes, verschließbares Bauwerk, das geeignet ist, Menschen, Tieren und Sachen Schutz gegen äußere Einflüsse zu bieten" (aus den **Allgemeinen Wohngebäude-Versicherungsbedingungen [VGB]**).

Versichert werden Wohngebäude sowie am oder im Gebäude befindliches Zubehör und zahlreiche Grundstücksbestandteile, die der Instandhaltung oder Nutzung des Gebäudes zu Wohnzwecken dienen. Der Versicherungsschutz umfasst Schäden, die durch die Risiken der Feuer-, Sturm-, Hagel- und Leitungswasserversicherung beschrieben sind, Aufräumungs- und Abbruchkosten und – eingeschränkt – Mietausfall. Sein Umfang betrifft im Versicherungsfall den ortsüblichen Neubauwert, einschließlich Bauvorbereitungs- und Planungskosten.

Die Bestimmung des Versicherungsbeitrages geschieht nach dem Prinzip der **gleitenden Neu-wertversicherung**. Bei Vertragsabschluss ermittelt ein Bausachverständiger die so genannte **Versicherungssumme 1914**, das ist ein fiktiver Wert, der für das Gebäude zum Referenzzeit-punkt 1914 veranschlagt wird. Aus dieser Summe errechnet sich dann der Jahresgrundbeitrag 1914. Dieser wird schließlich anhand der vom Statistischen Bundesamt veröffentlichten Preisin-dizes für die Baupreise für Wohngebäude und für die Tariflohnentwicklung im Baugewerbe in die Gegenwart umgerechnet und kann jährlich angepasst werden. Bei solcherart gestalteter Beitragsberechnung verzichtet das Versicherungsunternehmen auf die sonst im Schadenfall drohende Anwendung einer Unterversicherungsklausel.

6.2.4.3.2 HUK und sonstige Versicherungszweige

Die Zweige dieses Abschnitts unterscheiden sich stark hinsichtlich der versicherten Gefahren und Strukturen, sodass sie keinem gemeinsamen Oberbegriff zugeordnet werden können. Die Unfallversicherung wird hier aufgeführt, weil sie als einziger Personenversicherungszweig gemeinhin nicht der Lebens- oder der Krankenversicherung zugerechnet wird. Ein weiterer Schwerpunkt liegt bei den nominalgüterbezogenen Zweigen der Vermögensversicherung, wie der Haftpflicht-, Rechtsschutz- und Kreditversicherung. Die Kraftfahrtversicherung findet ih-ren Platz in diesem Abschnitt aus historischen Gründen, weil sie traditionell mit der Haftpflicht- und Unfallversicherung zum Komplex der **HUK-Versicherungen** zusammengefasst wird.

a) Betriebsunterbrechungsversicherung

Die **Betriebsunterbrechungsversicherung** soll vor den indirekten Folgen von Schadenereig-nissen schützen, die zu Ertragsausfällen führen. Der Auslöser des Versicherungsfalls ist derselbe wie der zugrundeliegende Sachschaden, also in der Feuer-Betriebsunterbrechungsversicherung zum Beispiel der Brand, der die Leistungspflicht der Feuerversicherung auslöst. Der durch die Betriebsunterbrechung entstandene Schaden ist oftmals deutlich größer als der Sachschaden, der ihm vorausgeht.

- **Feuer-Betriebsunterbrechungsversicherung**: Diese Versicherung deckt für den versicher-ten Zeitraum den entgangenen Unternehmensertrag und die laufenden Kosten, beispielswei-se Gehälter, die nicht erwirtschaftet werden können. Üblich sind Zeitfranchisen unmittelbar nach Eintritt des die Betriebsunterbrechung auslösenden Ereignisses.

- **Technische Betriebsunterbrechungsversicherung**: Ergänzend zur Maschinen- und Elek-tronikversicherung ersetzt die technische Betriebsunterbrechungsversicherung den nicht erzielten Unternehmensertrag, sofern die betreffenden Maschinen bzw. elektronischen Ein-richtungen für den Betriebsablauf ausschlaggebend sind. Es können zudem Mehrkosten ver-sichert werden, die

  - ergänzend zur Maschinenversicherung dadurch entstehen, dass ersatzweise auf unwirt-schaftlichere Produktionsverfahren zurückgegriffen, Fremdprodukte zugekauft oder Auf-träge an Drittunternehmen vergeben werden müssen;

- ergänzend zur Elektronikversicherung entstehen, etwa beim Betrieb von Datenverarbeitungsanlagen, durch Beanspruchung fremder Anlagen oder Auftragsvergabe an Dienstleistungsunternehmen.

b) Haftpflichtversicherung

Ursprünglich wurde die **Haftpflichtversicherung** zur Entlastung von Unternehmen von ihrer gesetzlichen Haftpflicht für Schädigungen ihrer Arbeiter und Angestellten oder dritter Personen eingeführt. Diese Funktion wurde im Lauf der Zeit von der gesetzlichen Unfallversicherung seitens der Berufsgenossenschaften übernommen, während die Haftpflichtversicherung auf immer weitergehende Risiken für gewerbliche wie private Kunden ausgedehnt wurde.

Eine große Rolle spielen so genannte **Phantomrisiken**, die in Art und Ausmaß noch unbekannt sind und durch neuartige naturwissenschaftliche Methoden, technische Verfahren etc. verursacht werden. Aktuelle Beispiele sind Auswirkungen der Nanotechnologie, Gentechnik oder elektromagnetische Strahlungen durch Mobilfunkanlagen. Die Bedeutung der Haftpflicht wächst einerseits durch Verschärfungen des Haftungsrechts seitens des Gesetzgebers, andererseits durch zunehmend verbraucherfreundliche Regelungen von Schadenersatzansprüchen auf dem Wege der Rechtsprechung. Nicht zuletzt ist auch die Bereitschaft potenziell Entschädigungsberechtigter gestiegen, ihre Ansprüche auf dem Klageweg durchzusetzen. Der Trend zu Großschäden aus anderen Zweigen zeigt sich auch in der Haftpflicht, etwa in der **Umwelthaftpflicht** nach Tankerunglücken, in der **Managementhaftpflicht (D&O-Versicherung,** von *Directors and Officers Liability Insurance*) oder in der **Produkthaftpflicht,** vor allem im angelsächsischen Rechtsgebiet.

Die Haftpflichtversicherung schützt nicht nur den Versicherungsnehmer vor Haftungspflichten. Sie ermöglicht oft auch erst die Regulierung berechtigter Ansprüche, da ein direkter Regressanspruch den Haftpflichtigen in vielen Fällen finanziell ruinieren würde. Der Versicherungsschutz besteht, wenn der Versicherungsnehmer wegen eines Versicherungsfalls, der „einen Personen-, Sach- oder sich daraus ergebenden Vermögensschaden zur Folge hatte, aufgrund gesetzlicher Haftpflichtbestimmungen privatrechtlichen Inhalts von einem Dritten auf Schadenersatz in Anspruch genommen wird" (§ 1, **Allgemeine Versicherungsbedingungen für die Haftpflichtversicherung [AHB]**, Musterbedingungen des GDV 2008).

Der Versicherungsschutz ist der Höhe nach durch die vereinbarte **Deckungssumme** begrenzt, die für Vermögensschäden im Allgemeinen niedriger liegt als für Personen- und Sachschäden, aber ergänzend auch höher versichert werden kann. Im Falle mehrerer Versicherungsfälle innerhalb eines Versicherungsjahres ist die gesamte Entschädigungssumme in der Regel auf den doppelten Betrag der vereinbarten Deckungssumme begrenzt.

Verbindendes Element aller Arten der Haftpflichtversicherung ist also das rechtliche Dreiecksverhältnis aus **Versicherungsnehmer, Versicherungsunternehmen** und **geschädigtem Dritten.** Macht der Geschädigte einen Schadenersatzanspruch gegen den Versicherungsnehmer geltend, prüft das Versicherungsunternehmen, ob der Versicherungsschutz überhaupt greift. Ist dies der Fall, tritt es ersatzweise in die Auseinandersetzung mit dem Geschädigten ein, indem es die Berechtigung des Anspruchs und dessen Höhe prüft und den Versicherungsnehmer in gerichtlichen Verfahren vertritt. Berechtigte Ansprüche werden reguliert (**Befreiungsfunk-**

tion der Haftpflichtversicherung), unberechtigte abgewehrt. Während der Dauer der Auseinandersetzung ist der Versicherungsnehmer nicht zu Schuldanerkenntnissen berechtigt (siehe Abschnitt B.3.7.1).

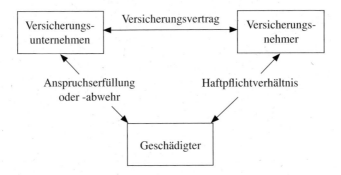

Abbildung 13: Vertragsverhältnis in der Haftpflichtversicherung

Werden neue Rechtsvorschriften erlassen oder bestehende geändert, erstreckt sich der Versicherungsschutz auch auf ein infolgedessen erhöhtes Risiko, doch kann das Versicherungsunternehmen den Vertrag innerhalb eines Monats kündigen. Im Rahmen der Vorsorgeversicherung werden nachträglich hinzugekommene Risiken in die Deckung aufgenommen, müssen jedoch dem Versicherungsunternehmen innerhalb einer Frist angezeigt werden.

Vom Versicherungsschutz ausgeschlossen, sodass sie eventuell gesondert versichert werden müssen, sind normalerweise folgende Risiken:

• Ansprüche von Personen, die vorsätzlich einen Schaden herbeigeführt haben,

• Ansprüche wegen Schadenfällen von Angehörigen des Versicherungsnehmers, die mit ihm in häuslicher Gemeinschaft leben oder mitversichert sind, von gesetzlichen Vertretern oder Betreuern,

• Ansprüche wegen Schäden an gemieteten oder gepachteten Sachen,

• Ansprüche wegen Schäden an fremden Sachen und sich daraus ergebende Vermögensschäden, wenn die Schäden durch eine gewerbliche oder berufliche Tätigkeit des Versicherungsnehmers an oder mithilfe dieser Sachen entstanden sind,

• Ansprüche wegen Schäden, die auf Asbest, Fluorchlorkohlenwasserstoffe, Weichmacher, ionisierende oder elektromagnetische Strahlungen und Felder, gentechnische Arbeiten und Erzeugnisse, Austausch oder Löschen elektronischer Daten oder den Gebrauch von Kraft-, Luft- und Wasserfahrzeugen zurückzuführen sind.

Dem Schutz geschädigter Dritter dient eine Vielzahl **gesetzlich vorgeschriebener Haftpflichtversicherungen**. Die wichtigsten sind die

• **Pflichtversicherung für Kraftfahrzeughalter** (§ 1 Pflichtversicherungsgesetz [PflVG]),

- **Haftpflichtversicherung für Personenschäden aus Arzneimitteln** (§ 94 Arzneimittelgesetz [AMG]),

- **Haftpflichtversicherung für den Betrieb von Atomanlagen** (§ 25 Atomgesetz [AtG]),

- **Haftpflichtversicherung für freiberufliche und gewerbliche Tätigkeiten**, zum Beispiel im Speditions- oder im Bewachungsgewerbe,

- **Vermögensschadenhaftpflichtversicherung** für wirtschafts-, rechts- und steuerberatende Berufe (z. B. § 67 Steuerberatungsgesetz [StBerG]) sowie die

- **Jagdhaftpflichtversicherung** (§ 17 Bundesjagdgesetz [BJagdG]).

Diese Pflichtversicherungen unterliegen meistens einem Kontrahierungszwang, das heißt, das Versicherungsunternehmen darf dem Antragsteller die Erteilung von Versicherungsschutz nicht verweigern.

Die wichtigsten Arten der Haftpflichtversicherung sind die folgenden:

- **Betriebshaftpflichtversicherung**: Als Art der Haftpflichtversicherung mit dem größten Beitragsaufkommen deckt die Betriebshaftpflichtversicherung Haftungsrisiken, die sich aus dem Betrieb eines Handwerks-, Industrie- oder Handelsgewerbes ergeben. Die Beitragsberechnung hängt in der Regel von der Summe der Gehälter ab, die Versicherung des Arbeitgebers schließt dementsprechend die Arbeitnehmer ein. Spezialfälle stellen die **Produkthaftpflichtversicherung** und die **Umwelthaftpflichtversicherung** dar.

- **Privathaftpflichtversicherung**: In der Privathaftpflichtversicherung werden die meisten Gefahren des täglichen Lebens abgedeckt. Der Versicherungsbeitrag wird pro Person oder Haushalt pauschal festgesetzt, verbreitet sind dabei Tarife mit Selbstbehalt. Bauherren, Haus- und Grundbesitzer, Jäger und Tierhalter müssen die diesbezüglichen Risiken separat versichern.

- **Berufshaftpflichtversicherung**: Diese Versicherungsart bietet Freiberuflern, wie Ärzten und Architekten, Schutz gegen Haftungsrisiken aus ihrer selbstständigen Tätigkeit.

- **Vermögensschadenhaftpflichtversicherung**: Diese Versicherung deckt die Haftung für Vermögensschäden ab, die die allgemeine Haftpflichtversicherung ausschließt. Sie ist vor allem für Angehörige freier Berufe und Beamte von Bedeutung. Wirtschafts-, Rechts- und Steuerberater sind zum Abschluss dieser Versicherung verpflichtet. Dem Haftungsfall liegt ein **Verstoß** des Versicherungsnehmers gegen Obliegenheiten korrekter Berufsausübung zugrunde, beispielsweise die fehlerhafte Beurkundung eines Vertrages.

c) Kraftfahrtversicherung

Die **Kraftfahrtversicherung** hat sich durch den starken Bedeutungszuwachs des Straßenverkehrs zum wichtigsten Zweig der Schaden- und Unfallversicherung entwickelt, von dessen Beitragsaufkommen rund 40 % auf sie entfallen, das waren 2007 20,8 Mrd. €. Dieses Aufkommen verteilt sich mit 13,6 Mrd. € auf die **Kraftfahrzeughaftpflichtversicherung** und mit 8,3 Mrd. € auf die **Fahrzeugversicherung** (**Kraftfahrzeugkaskoversicherung**), den Rest beansprucht die **Kraftfahrzeugunfallversicherung**.

Der Wettbewerb ist in diesem Segment der Versicherung besonders hart, da einerseits die Gestaltungsmöglichkeiten der Tarife sehr groß sind, andererseits durch die Versicherungspflicht in der Kraftfahrzeughaftpflichtversicherung sehr viele potenzielle Kunden umworben werden können. Der Preiswettbewerb war zeitweise so ausgeprägt, dass die Versicherungsbranche in der Kraftfahrzeughaftpflichtversicherung zwischen 1997 und 2001 eine **Combined Ratio** von mehr als 100 % zu verzeichnen hatte (vgl. Abschnitt C.8.3.2). Es wurden also mehr Schadenleistungen gezahlt als Beiträge eingenommen.

- **Kraftfahrzeughaftpflichtversicherung**: Vorrangige Aufgabe der Kraftfahrzeughaftpflichtversicherung ist die Wahrung der Interessen von Dritten, die durch den Betrieb des versicherten Fahrzeugs zu Schaden kommen. Das Gesetz geht hierbei von einer **Gefährdungshaftung** aus. Dies bedeutet, dass der Halter des Fahrzeugs auch dann schadenersatzpflichtig ist, wenn ihm bei dessen Betrieb kein Verschulden nachzuweisen ist.

Aus diesem Grund muss in Deutschland seit 1939 für jedes zum Verkehr zugelassene Fahrzeug eine Haftpflichtversicherung abgeschlossen werden, die eine Mindestdeckung für Schäden in Höhe von 25 Mio. € umfasst. Für Kraftverkehrsversicherungsunternehmen gilt dementsprechend ein **Kontrahierungszwang**; Antragstellern kann dieser also nicht verweigert werden. Die Versicherungsbedingungen sind – wie bei Versicherungspflicht üblich – weitgehend standardisiert. In der Praxis sind aber erhöhte Deckungssummen zwischen 50 und 100 Mio. € verbreitet. So genannte **Mallorca-Policen** bieten vollen Haftpflichtschutz auch in vielen Ländern, wenn der Versicherte dort ein Auto mietet.

Seinen umfassenden Anspruch kann ein Geschädigter im Rahmen des **Direktanspruchs** nicht nur gegen den Verursacher des Schadens geltend machen, sondern auch unmittelbar gegenüber dem Versicherungsunternehmen. Bei so genannten **Obliegenheitsverletzungen** (Abschnitt B.3.5), beispielsweise wenn der Fahrer in alkoholisiertem Zustand gefahren ist, ist das Versicherungsunternehmen trotzdem zur Leistung verpflichtet, kann jedoch den Versicherungsnehmer in Regress nehmen. Verursacht ein nicht versichertes Fahrzeug einen Schaden oder kann der Verursacher, zum Beispiel wegen Fahrerflucht, nicht ermittelt werden, tritt der Verein Verkehrsopferhilfe e. V. ein, der einen Hilfsfonds verwaltet.

Zur Erleichterung der Fahrzeugzulassung, für die bereits ein gültiger Versicherungsschutz nachgewiesen werden muss, hat sich das Prinzip der **vorläufigen Deckungszusage** durchgesetzt, bei dem das Versicherungsunternehmen auch ohne formalen Vertragsabschluss für eine Übergangsfrist eine Haftungszusage erteilt. Der Versicherungsnehmer erhielt früher zu diesem Zweck eine **Versicherungsdoppelkarte**. Seit dem 1. März 2008 erfolgt die Umstellung auf die elektronische Versicherungsbestätigung (eVB), die mithilfe einer eVB-Nummer abgewickelt wird und dem Versicherer wie der Zulassungsstelle elektronischen Zugriff auf die Kunden- und Fahrzeugdaten ermöglicht.

- **Fahrzeugversicherung (Kraftfahrzeugkaskoversicherung)**: Die Bezeichnung Kaskoversicherung leitet sich vom spanischen Wort für Schiffsrumpf her, deutet also auf die Ursprün-

ge aller Transport- und Verkehrsmittelversicherungen in der Seefahrt hin. Man unterscheidet
je nach dem Umfang des Versicherungsschutzes die **Fahrzeugteil- und Fahrzeugvollversi-
cherung (Teilkasko- und Vollkaskoversicherung)**.

Die Fahrzeugversicherung deckt Schäden am eigenen Fahrzeug, da diese von der eigenen
Haftpflichtversicherung grundsätzlich nicht getragen werden und von der des Unfallgegners
nur, wenn diesen ein Verschulden trifft. Schäden werden zum Wiederbeschaffungswert ersetzt, für neuere Wagen werden auch Versicherungen zum Neuwert angeboten.

Die **Fahrzeugteilversicherung** leistet bei Schäden infolge von Brand, Unwetter, Diebstahl,
Wildunfall oder Kurzschluss in der Verkabelung. Darüber hinaus greift die **Fahrzeugvoll-
versicherung** auch bei Unfallschäden – wobei normalerweise grobe Fahrlässigkeit und Vorsatz als Unfallursachen ausgeschlossen sind – und bei Vandalismus durch fremde Personen.

• **Kraftfahrzeugunfallversicherung**: Da diese Versicherung für Unfallschäden oder Un-
falltod des Fahrers oder mitfahrender Personen aufkommt, die sich in einem versicherten
Fahrzeug befanden, hat sich auch der Name **Insassenunfallversicherung** durchgesetzt. Der
Unfallbegriff entspricht dem der allgemeinen Unfallversicherung. Üblich ist eine pauschale
Versicherungssumme, die sich nach der Anzahl der Personen richtet; jede Person ist mit dem
gleichen Anteil dieser Summe versichert. Weitgehend auf den Busverkehr begrenzt ist die
Versicherung nach dem Platzsystem, in der jeder Platz im Fahrzeug mit einer festen Summe
versichert wird, unabhängig von deren Anzahl.

d) Kreditversicherung

Die unter dem Oberbegriff der **Kreditversicherung** zusammengefassten Versicherungszweige
bieten im Geschäftsleben Schutz gegen verschiedene Formen von **Forderungsausfällen**. Am
wichtigsten ist die **Warenkreditversicherung**, die kurzfristige Forderungsausfälle aus Waren-
lieferungen und Dienstleistungen trägt, beispielsweise bei Insolvenz des Kunden. Die **Investiti-
onsgüterkreditversicherung** deckt entsprechend mittelfristige Forderungen aus dem Verkauf
von Investitionsgütern, zum Beispiel von Maschinen. In der **Exportkreditversicherung** werden Lieferungen von Exportunternehmen gegen ausbleibende Zahlungen ausländischer Kunden abgesichert. In diesem Zusammenhang spielen staatliche Garantien und Bürgschaften eine
Rolle, die über die **Hermes Kreditversicherungs-AG** abgewickelt werden. Die genannten
Zweige werden auch unter der Bezeichnung **Delkredereversicherungen** geführt.

Daneben spielt noch die **Vertrauensschadenversicherung** eine Rolle, die Unternehmen gegen
Veruntreuungen seitens ihrer Mitarbeiter absichert. Als Beispiel für die **Insolvenzversicherung**
sei zuletzt der **Pensions-Sicherungsverein a.G.** erwähnt, in dem Unternehmen zwangsweise
versichert sind, die Mitarbeitern Pensionszusagen gegeben haben, die nicht extern rückgedeckt
sind. So sollen Pensionsansprüche von Arbeitnehmern vor Verlusten im Falle der Insolvenz
ihres Arbeitgebers geschützt werden. Die Unternehmen zahlen dazu eine von der Höhe der
Lohn- und Gehaltssumme ihrer Mitarbeiter abhängige Umlage.

e) Luftfahrtversicherung

Die versicherten Risiken der **Luftfahrtversicherung** ähneln strukturell denen der Kraftfahrt-versicherung. Dementsprechend gibt es die drei Hauptversicherungsformen in Gestalt der **Luftfahrthaftpflichtversicherung**, der **Luftfahrtkaskoversicherung** und der **Luftfahrtun-fallversicherung**. Letztere ist gesetzlich vorgeschrieben und deckt Unfallschäden bei Flug-zeuginsassen, soweit diese nicht dem allgemeinen Unfallversicherungsschutz unterliegen.

Da Schadenereignisse in der Luftfahrt typische Großschäden nach sich ziehen, ist das Geschäft in der 1920 gegründeten Rückversicherungsgemeinschaft **Deutscher Luftpool** zusammenge-fasst, die ihren Sitz in München hat (vgl. Abschnitt C.7.3).

f) Rechtsschutzversicherung

Die Aufgabe der **Rechtsschutzversicherung** besteht darin, dem Versicherungsnehmer die Durchsetzung seiner Rechte gegenüber Dritten zu ermöglichen. Sie kann daher in gewissem Sinne als komplementär zur Haftpflichtversicherung angesehen werden, die ja den Versicherten umgekehrt vor Ansprüchen Dritter zu schützen oder diese Ansprüche zu erfüllen hat.

Die Rechtsschutzversicherung musste früher im Zuge der **Spartentrennung** einen eigenen Un-ternehmensrechtsträger haben (vgl. Abschnitt C.3.2). Diese Trennung wurde 1990 aufgehoben, sodass seither Rechtsschutz im Rahmen der Kompositversicherung angeboten werden kann. Ein Versicherungsnehmer könnte sich aber um Durchsetzung seiner Rechtsansprüche gegenüber einer dritten Person bemühen, die deren beim gleichen Unternehmen bestehende Haftpflicht-versicherung abzuwehren versucht. Zur Vermeidung derartiger Interessenkollisionen muss ein Komposit-Rechtsschutzversicherer die Regulierung von Schäden und Ansprüchen im Rahmen der Rechtsschutzversicherung einem anderen, unabhängigen Unternehmen übertragen.

Die ursprüngliche Versicherungsart, aus der sich alle weiteren Rechtsschutzversicherungsarten entwickelt haben, war die **Verkehrsrechtsschutzversicherung**. Die verschiedenen Rechtsbe-reiche sind zu unterschiedlich, als dass sie auf gemeinsamer Basis kalkuliert werden könn-ten. Deshalb gibt es nicht „die" Rechtsschutzversicherung, sondern man differenziert nach den Hauptarten:

- **Verkehrsrechtsschutz**,

- **Fahrerrechtsschutz**,

- **Privatrechtsschutz für Selbstständige**,

- **Berufsrechtsschutz für Selbstständige**,

- **Rechtsschutz für Firmen und Vereine**,

- **Privat- und Berufsrechtsschutz für nicht Selbstständige**,

- **Landwirtschaftsrechtsschutz** und

- **Rechtsschutz für Eigentümer und Mieter** von Wohnungen und Grundstücken.

Auch weitere Zusammenfassungen für bestimmte Zielgruppen sind möglich. So ergibt sich zum Beispiel die Familienrechtsschutzversicherung für Lohn- und Gehaltsempfänger, die neben dem allgemeinen Privat- und Berufsrecht auch Verkehrs- und Mietrechtsschutz beinhalten kann.

Der Rechtsschutz umfasst jeweils nur bestimmte Rechtsbereiche. Im Verkehrsrecht sind dies beispielsweise Schadenersatzrechtsschutz, Rechtsschutz im Vertrags- und Sachenrecht, Steuerrechtsschutz vor Gericht, Verwaltungsrechtsschutz, Strafrechtsschutz und Ordnungswidrigkeitenrechtsschutz, aber kein Arbeits- oder Sozialgerichtsrechtsschutz. Entsprechende Zuordnungen gelten für die anderen Rechtsschutzarten.

Die Leistung besteht gewöhnlich in der Übernahme von Anwalts- und Gerichtskosten, auch die Aufwendungen für Gutachten und Sachverständige gehören dazu. Rechtsschutz besteht weltweit; bei Rechtsschutzfällen im Ausland werden Leistungen bis zur Höhe der Kosten erbracht, die in einem vergleichbaren Verfahren in Deutschland zu erwarten wären. Das Versicherungsunternehmen kann jedoch den Rechtsschutz ablehnen, wenn der voraussichtliche Kostenaufwand unangemessen hoch ist im Verhältnis zum angestrebten Erfolg, oder wenn die Wahrnehmung des rechtlichen Interesses keine hinreichenden Erfolgsaussichten hat.

g) Unfallversicherung

Die **Unfallversicherung** erweitert den **gesetzlichen Unfallversicherungsschutz** über das Arbeitsleben hinaus und steht auch Personen offen, die überhaupt nicht unter den gesetzlichen Versicherungsschutz fallen. Als **Unfall** gilt, „wenn die versicherte Person durch ein plötzlich von außen auf ihren Körper wirkendes Ereignis (Unfallereignis) unfreiwillig eine Gesundheitsschädigung erleidet" (**Allgemeine Unfallversicherungs-Bedingungen [AUB]**, Musterbedingungen des GDV 2008). Dies umfasst auch den sofortigen oder binnen Jahresfrist nach dem Unfallereignis eintretenden Unfalltod. Verrenkungen eines Gelenks und Zerrungen oder Zerreißungen von Muskeln, Sehnen und Bändern an Gliedmaßen oder Wirbelsäule werden als Unfällen gleichgestellt behandelt.

Leistungen können in Form von einmaligen Summen, Tagegeldern oder Unfallrenten fällig werden. Die Summenleistung erfolgt bei **Invalidität**, die als dauerhafte körperliche oder geistige Beeinträchtigung definiert ist. Der **Invaliditätsgrad** bemisst sich additiv als Prozentwert nach einer so genannten Gliedertaxe, die zum Beispiel den Verlust eines Auges mit 50 %, den eines Arms mit 70 % bewertet und natürlich 100 % nicht überschreiten kann. Bei Unfalltod ist in der Regel die doppelte Invaliditätsleistung fällig. Tarife mit **Progression** erhöhen die Summenleistung bei höheren Invaliditätsgraden.

Dauernd pflegebedürftige Personen und Geisteskranke werden als nicht versicherbar angesehen. Versicherungsschutz wird ebenfalls ausgeschlossen bei Unfällen infolge von Geistes- oder Bewusstseinsstörungen, wozu auch Trunkenheit zählt, infolge von selbst verursachten Straftaten oder gefährlichen Tätigkeiten, wie Fahrzeugrennen. Ausschlussgründe sind zudem traditionell viele Beeinträchtigungen, wie Strahlenschäden, Infektionen und Vergiftungen, doch werden zunehmend Tarife angeboten, die den Schutz vor derartigen Grenzrisiken beinhalten.

Die Tarifierung berücksichtigt die berufliche Tätigkeit des Versicherten heute nur noch gemäß einer Klasseneinteilung in kaufmännische oder verwaltende Tätigkeiten einerseits, körperliche oder handwerkliche andererseits. Dies liegt daran, dass sich durch verbesserten Arbeitsschutz der Schwerpunkt der Unfallereignisse in den letzten Jahrzehnten auf den häuslichen und den Freizeitbereich verlagert hat.

Einige Versicherungsunternehmen bieten in Gestalt der **Unfallversicherung mit Beitragsrückgewähr** ein Kombinationsprodukt aus Unfallversicherung und paralleler Sparkomponente.

6.3 Rückversicherung

Die frühen Versicherungsformen in Transportwesen und Seefahrt waren noch gekennzeichnet durch subjektive Risikobeurteilungen, da mathematisch-statistische Kalkulationsverfahren erst im Laufe des 18. Jahrhunderts Eingang in die Versicherungswirtschaft gefunden haben. Der methodischen Unsicherheit entsprach ein entsprechend hohes Risiko, bei der Prämienberechnung für Versicherungsschutz zu kurz zu greifen und im Schadenfall einen Verlust zu erleiden. Der Wunsch, einen Teil dieses Risikos an weitere Vertragspartner weiterzureichen, führte vermutlich erstmals im Jahre 1370 im Falle eines Genueser Handelsschiffs zu einer Vereinbarung mit **Rückversicherungsmerkmalen**.

6.3.1 Grundbegriffe der Rückversicherung

Das moderne Rückversicherungsgeschäft entwickelte sich aus der Kombination zweier Voraussetzungen. Zum einen war die Entwicklung mathematischer Verfahren zur **Risikobewertung und -quantifizierung** notwendig, andererseits schuf erst die Industrialisierung des 19. Jahrhunderts mit ihren immer komplexeren Wirtschaftsbeziehungen eine ausreichende Nachfrage nach **Rückversicherung**. Der große Stadtbrand von 1842 in Hamburg lieferte den Anstoß zur Gründung des ersten professionellen **Rückversicherungsunternehmens** weltweit, der **Kölnischen Rückversicherungs-Gesellschaft AG**, die mittlerweile als **General Cologne Re** firmiert.

Bis heute sind weltweit mehr als 150 **professionelle Rückversicherungsunternehmen** entstanden, die ausschließlich Rückversicherungsgeschäft betreiben. Daneben gibt es eine vierstellige Zahl von Erstversicherern, die im Rückversicherungssegment agieren. Ihre Zahl ist aber aufgrund der in den letzten Jahrzehnten sprunghaft gestiegenen Anforderungen an die Finanzkraft rückläufig. Größter Rückversicherer war im Jahr 2007 die **Swiss Re** (früher **Schweizerische Rückversicherungs-Gesellschaft AG**), gefolgt von der **Munich Re Group** (früher **Münchener Rückversicherungs-Gesellschaft AG**).

Die älteste Form der **Risikoteilung** bei Versicherungsunternehmen ist die **Mitversicherung** (Abschnitt C.7.3). Hierbei schließt ein Versicherungsnehmer einen Vertrag mit mehreren Erstversicherungsunternehmen ab, die jeweils einen festgelegten Anteil am Gesamtrisiko tragen und mit diesem Anteil auch direkt beim Versicherungsnehmer in Haftung stehen. Technisch abgewickelt wird die Mitversicherung meist durch so genannte **Konsortialverträge**, bei denen ein Konsortialführer auch im Namen der beteiligten Konsorten den Vertragsverkehr mit dem Versicherungsnehmer führt.

Rückversicherung ist dagegen von anderer rechtlicher Qualität, da sie sich nur zwischen Erst- und Rückversicherungsunternehmen abspielt. Der Versicherungsnehmer des Erstversicherers hat keine direkten Ansprüche gegen den Rückversicherer. Weil zudem die Rückversicherung notwendig ein Erstversicherungsgeschäft voraussetzt, handelt es sich um ein besonderes **Versicherungsverhältnis** und nicht um einen weiteren Versicherungszweig. Knapper: Rückversicherung ist die Versicherung eines Versicherungsunternehmens.

Die Risikoteilung betrifft das **versicherungstechnische Risiko**, das sich gemäß Abschnitt A.5 aus den drei Hauptkomponenten des zufälligen **Schwankungsrisikos** sowie des **Irrtums-** und **Änderungsrisikos** zusammensetzt. Das Risiko lässt sich mit den Begriffsbildungen aus Abschnitt A.3 als Wahrscheinlichkeitsverteilung von Schäden beschreiben. Risikoteilung bedeutet dann, eine solche Schadenverteilung zwischen verschiedenen Versicherungsunternehmen aufzuteilen. Dies wird in der Praxis der Rückversicherung in verschiedenen Formen vorgenommen, über die Abschnitt A.6.3.2 einen Überblick bietet. Demgegenüber unterliegen professionelle Rückversicherer keinem Spartentrennungsgebot (siehe dazu Abschnitt C.3.2), sodass sie aus allen Versicherungszweigen Geschäft zeichnen können.

Durch die Risikoteilung möchte das Erstversicherungsunternehmen verschiedene Ziele überhaupt oder besser erreichen. Zunächst sollen zeitliche Schwankungen der Schadenverläufe ausgeglichen werden. Dadurch können die vom Erstversicherer für Überschäden zu bildenden **Schadenreserven** geringer ausfallen und generell die **Solvabilitätsanforderungen** gesenkt werden (zum Begriff Solvabilität vgl. Abschnitt C.8.4.4). Ein weiterer Punkt betrifft die **Homogenisierung** der Bestände. Durch geeignete Rückversicherungsformen können gezielt besonders große Risiken weitergereicht werden. Auch dies senkt die Schwankungsanfälligkeit der Schadenverläufe und verbessert damit den Risikoausgleich im Kollektiv, wie in der Zeit (Abschnitt A.4.2).

Die Risikoreduktion im Bestand kann der Erstversicherer zum Beispiel dafür nutzen, zusätzliches Risikogeschäft zu zeichnen. Den Preis für die Senkung der Schadenschwankungen im Portfolio bezahlt der Erstversicherer in Form eines konstanten oder jedenfalls vertraglich fest geregelten Rückversicherungsbeitrages. Die Vermeidung oder Verringerung versicherungstechnischer Verluste ist nicht zuletzt eine Möglichkeit zur Verbesserung beim Ergebnis der Gewinn- und Verlustrechnung, in der ein Unternehmen seinen Geschäftserfolg im Zeitverlauf dokumentieren muss (siehe dazu vor allem Abschnitt C.8.2.2).

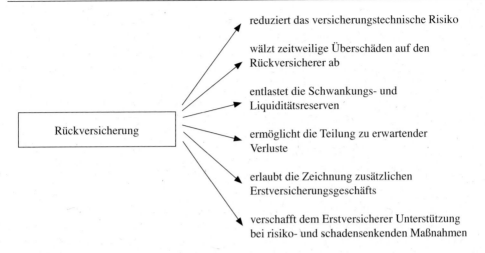

reduziert das versicherungstechnische Risiko

wälzt zeitweilige Überschäden auf den Rückversicherer ab

entlastet die Schwankungs- und Liquiditätsreserven

ermöglicht die Teilung zu erwartender Verluste

erlaubt die Zeichnung zusätzlichen Erstversicherungsgeschäfts

verschafft dem Erstversicherer Unterstützung bei risiko- und schadensenkenden Maßnahmen

Abbildung 14: Funktionen der Rückversicherung

Der Besonderheit des Rückversicherungsverhältnisses entsprechend haben sich einige besondere Begriffe herausgebildet, die nun kurz vorgestellt werden. Das Erstversicherungsunternehmen, welches das zugrundeliegende Risiko zeichnet, wird als **Zedent** bezeichnet, der im Rahmen der so genannten **Zession** einen Teil dieses Risikos an den rückversichernden **Zessionar** weitergibt. Dafür muss der Zedent dem Zessionar einen Teil der Risikoprämie abgeben sowie einen Zuschlag, weil natürlich auch der Rückversicherer sein Geschäft gewinnbringend betreiben möchte.

Das Rückversicherungsunternehmen kann seinerseits Rückversicherungsschutz in Anspruch nehmen, was vor allem bei großvolumigen Risiken oder Elementarrisiken geschieht. Es wird dadurch zum **Retrozedenten**, der einen Teil seines Risikogeschäfts mit dem Erstversicherer weiterreicht an einen „Weiterrückversicherer", den **Retrozessionar**. Dieser Vorgang der Weiterleitung von Rückversicherungsgeschäft heißt **Retrozession** und kann im Prinzip über zahlreiche Ebenen fortgesetzt werden.

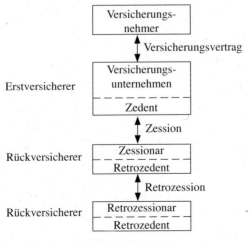

Abbildung 15: Geschäftsbeziehungen in der Rückversicherung

Über die verschiedenen Zessions- und Retrozessionsebenen hinweg finden normalerweise mehrere der im nächsten Abschnitt beschriebenen Rückversicherungsformen Anwendung. Das gilt natürlich auch, wenn ein Unternehmen Teilrisiken bei mehr als einem Unternehmen rückversichert. Ein Rückversicherungsvertrag kann für Einzelrisiken ausgehandelt werden; man spricht dann von **fakultativer Rückversicherung**. Das Kontrastmodell ist die **obligatorische Rückversicherung**, bei der ein Vertrag für einen Gesamt- oder Teilbestand abgeschlossen wird. Alle in diesem Bestand enthaltenen oder später hinzukommenden Risiken gehen mit dem vertraglich zwischen Erst- und Rückversicherer vereinbarten Anteil in Rückversicherung, und der Rückversicherer kann deren Deckung auch nicht ablehnen.

Seit den 70er Jahren entwickeln sich neben den klassischen Rückversicherungsinstrumenten auch andere Ansätze zur Risikoteilung. Sie bedienen sich moderner, kapitalmarktorientierter Verfahren, und verlassen damit den geschlossenen Versicherungsbereich. Je nach Schwerpunkt unterscheidet man zwischen **Finanz-Rückversicherung** und dem allgemeineren **alternativem Risikotransfer** (**ART**). Darin enthalten sind zum Beispiel Verbriefungsvorgänge, bei denen typischerweise ein Kapitalmarktinvestor einen festen Betrag an einen Versicherer leistet, dessen Verzinsung oder Rückzahlung an versicherungstechnische Größen geknüpft sind.

Die Formen der Risikoteilung durch **Mit- und Rückversicherung** beeinflussen die Risikoverteilung des Versicherungsbestandes beim Erstversicherer auf unterschiedliche Weise (siehe dazu den folgenden Abschnitt A.6.3.2). Für praktische Belange werden deshalb unternehmensindividuelle **Rückversicherungsprogramme** erstellt, die verschiedene Formen der Rückversicherung kombinieren und dadurch der Risikostruktur und den Geschäftszielen des Erstversicherers besser angepasst sind. Für eine ausführlichere Darstellung vgl. etwa *Liebwein*.

6.3.2 Formen der Rückversicherung

Für den Transfer von Anteilen einer Schadenverteilung vom Erst- auf das Rückversicherungsunternehmen stehen verschiedene Verfahren zur Verfügung. Sie können prinzipiell in zwei **Rückversicherungsformen** unterteilt werden, die **proportionale** und die **nicht-proportionale Rückversicherung**.

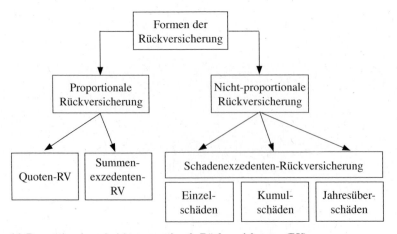

Abbildung 16: Proportionale und nicht proportionale Rückversicherung (RV)

a) Proportionale Rückversicherung

Bei der **proportionalen Rückversicherung** wird zwischen Erst- und Rückversicherungsunternehmen vertraglich ein Teilungsverhältnis für Beiträge und Schäden festgelegt. Dadurch ist von vornherein klar, welchen Prozentsatz eines Schadens der Erstversicherer selbst tragen muss und welcher Prozentsatz vom Rückversicherer gedeckt wird.

Dieser Prozentsatz kann für einen Gesamt- oder Teilbestand einheitlich festgelegt werden. Man spricht dann von **Quoten-Rückversicherung**. Die Höhe der Versicherungssumme eines Einzelrisikos oder die Höhe eines Schadens spielen für die Anwendung der Quote keine Rolle.

Dieses Verfahren ist sehr einfach durchzuführen, berücksichtigt aber weder unterschiedliche Interessen der beteiligten Versicherungsunternehmen noch die Struktur des rückversicherten Bestandes: Große Risiken werden mit derselben Quote rückversichert wie kleinsummige Risiken, obwohl für letztere unter Umständen gar kein Rückversicherungsschutz erforderlich ist. Da die Schadenverteilung als Ganzes geteilt wird, bleibt die Streuung der Schäden im Verhältnis zum Schadenerwartungswert (also der Variationskoeffizient, vgl. Abschnitte A.3.2 und A.3.3) unverändert, eine Homogenisierung des Risikoprofils findet nicht statt. Die Quoten-Rückversicherung eignet sich also besonders für Bestände, die schon relativ homogen sind.

Beispiel: Eine Rückversicherungsquote von 80 % bedeutet, dass der Erstversicherer 80 % seiner Beitragseinnahmen – einschließlich seiner Kosten und Gewinnmarge – dem Rückversicherer weiterreicht. Dieser muss dafür von einem Schaden der Höhe 100.000 € einen Anteil von 80.000 € an den Erstversicherer überweisen. Für einen Schaden von 500.000 € fließen dementsprechend 400.000 € an den Erstversicherer zurück.

Alternativ besteht die Möglichkeit, den Prozentsatz pro Einzelrisiko festzusetzen. Dies führt zur **Summenexzedenten-Rückversicherung**. Hierbei wird der Anteil des Rückversicherers abhängig von der einzelnen Versicherungssumme ermittelt. Erst- und Rückversicherer vereinbaren ein **Maximum** VS_0 als Höchstversicherungssumme für den Selbstbehalt (vgl. Abschnitt A.6.2.3) des Erstversicherers. Tritt bei Verträgen, deren Versicherungssumme VS dieses Maximum nicht übersteigt, ein Schaden ein, trägt diesen der Erstversicherer in voller Höhe. Bei höheren Versicherungssummen definiert das Verhältnis von Maximum und Versicherungssumme den Haftungsanteil $c = VS_0 / VS$, der im Schadenfall beim Erstversicherer verbleibt; c hängt natürlich vom Einzelrisiko ab; für $VS \leq VS_0$ ist $c = 1$.

Bei dieser Form der Risikoteilung ist der Anteil des Schadens, den der Erstversicherer zu tragen hat, durch das Maximum auf VS_0 begrenzt. Der darüber hinausgehende Schaden wird vom Rückversicherer getragen. Meistens wird aber die vom Rückversicherer zu deckende Summe ihrerseits nach oben durch ein **Deckungslimit** begrenzt. Noch größere Risiken müssen dann vom Erstversicherer wieder selbst getragen oder an einen anderen Rückversicherer oder einen Retrozessionar (vgl. Abschnitt A.6.3.1) weitergereicht werden.

Die Schadenverteilung des Erstversicherers wird durch die Deckelung des Selbstbehaltes wirksam homogenisiert. Wegen der Summenabhängigkeit eignet sich die Summenexzedenten-Rückversicherung besonders für die Summenversicherung, also in der Lebensversicherung und der Unfallversicherung.

Beispiel: Ein Erstversicherer vereinbart mit seinem Rückversicherer ein Maximum von $VS_0 = 200.000$ €
und ein Deckungslimit $VS_D = 1,0$ Mio. €. Er hat Risiken R_1, R_2 und R_3 mit Summen $VS_1 = 100.000$ €, VS_2
$= 500.000$ € und $VS_3 = 1,6$ Mio. € versichert. Daraus ergeben sich für den Erstversicherer Haftungs-
anteile $c_1 = 1,0$, da das Risiko R_1 unter dem Selbstbehalt liegt, und $c_2 = 200.000 : 500.000 = 0,4$. Da
R_3 nur bis zum Deckungslimit berücksichtigt wird, tritt der Rückversicherer mit höchstens 1,0 Mio. € in
Haftung. Demnach ist $c_3 = 600.000 : 1.600.000 = 0,375$.

Ein Schaden des Risikos R_1 erreicht im Höchstfall den Wert $S_1 = 100.000$ € und wird wegen $c_1 = 1,0$ in jedem Fall vom Erstversicherer getragen, bei dem auch der gesamte Versicherungsbeitrag verbleibt. Vom
Beitrag für Risiko R_2 behält der Erstversicherer den Anteil c_2, also 40 %; 60 % gehen an den Rückversicherer. Ein Schaden von $S_2 = 200.000$ € ist ebenfalls zu 60 %, nämlich mit $S_2 \cdot (1 - c_2) = 200.000 \cdot 0,6 =$
120.000 € vom Rückversicherer zu tragen. Dass der Schaden unter dem Maximum VS_0 liegt, beeinflusst
also nicht den Anteil des Rückversicherers, sondern nur dessen absolute Höhe. An einem Schaden $S_2 =$
400.000 € wäre der Rückversicherer mit dem Betrag $400.000 \cdot 0,6 = 240.000$ € beteiligt.

In gleicher Weise ergibt sich für R_3 eine Teilung des Beitrages zwischen Erst- und Rückversicherer im Verhältnis 37,5 % zu 62,5 %. Von einem Schaden der Höhe $S_3 = 800.000$ € gingen daher auch $800.000 \cdot 0,625 =$
500.000 €, zulasten des Rückversicherers; im Falle $S_3 = 1,2$ Mio. € wären es 750.000 €. Für einen Totalschaden $S_3 = VS_3$ hätte der Rückversicherer mit dem Höchstbetrag von 1,0 Mio. € einzustehen.

b) Nicht-proportionale Rückversicherung

Die Schadenteilung erfolgt in der **nicht-proportionalen Rückversicherung** nicht in einem
vorab fixierten Verhältnis, sondern hängt von der Schadenhöhe bzw. dem Schadenverlauf ab.
Die Versicherungssumme geht in die Berechnung nicht ein. Die Rolle des Maximums VS_0 der
Summenexzedenten-Rückversicherung spielt hier der Selbstbehalt, **Priorität** genannt. Die Priorität wirkt aufseiten des Erstversicherers wie eine **Abzugsfranchise** (siehe Abschnitt A.6.2.3).
Der Rückversicherer trägt die Schadenanteile, die die Priorität des Erstversicherers übersteigen,
bis zu vertraglich festgelegten Deckungsgrenzen. Daher heißt diese Rückversicherungsform
auch **Schadenexzedenten-Rückversicherung**.

Während also in der proportionalen Rückversicherung der Rückversicherer an allen Schäden
beteiligt ist, die bei rückversicherungsrelevanten Risiken auftreten, trifft dies in der nicht-proportionalen Rückversicherung nur bei den Risiken zu, deren Schaden die Priorität übersteigt.
Der Erstversicherer homogenisiert folglich nicht die Risiken, sondern die tatsächlichen Schäden. Kleinere Schäden – unterhalb der Priorität – muss er voll tragen, sodass die Schadenexzedenten-Rückversicherung in der Tendenz für einen niedrigeren Rückversicherungsbeitrag zu
haben ist als ihr Summenpendant.

Durch den Wegfall einer festen Aufteilung von Beitrag und Haftung muss der Rückversicherer
auf besondere Verfahren zur Ermittlung eines angemessenen Preises für seine Leistung zurückgreifen, wobei er die von ihm erwartete Schadenbelastung berücksichtigen muss.

Je nach Sicherheitsziel des Erstversicherers kann der Schadenexzedent auf der Basis von Einzelschäden, Kumulschäden oder periodenbezogener Gesamtschäden festgelegt werden. Im ersten
Fall, der **Einzelschadenexzedenten-Rückversicherung**, wird das allgemeine Großschadenrisiko des Erstversicherers gedeckt, im zweiten Fall (**Kumulschadenexzedenten-Rückversi-
cherung**) das Risiko einer extremen Schadenhäufung durch einzelne Versicherungsereignisse,
beispielsweise Erdbeben.

Beispiel: Ein Erstversicherer schließt zur Senkung des Extremschadenrisikos einen Einzelschadenex-zedenten-Rückversicherungsvertrag mit einer Priorität von 3,0 Mio. € bei einem Deckungslimit von 9,0 Mio. € ab, des weiteren einen Kumulschadenexzedenten-Rückversicherungsvertrag mit Priorität 6,0 Mio. € und Deckungslimit 14,0 Mio. €.

Ein einfacher Feuerschaden schlägt mit 1,5 Mio. € zu Buche. Diese verbleiben in voller Höhe beim Erstversicherer, da beide Prioritäten unterschritten werden. Ein später auftretender Großbrand erreicht ein Schadenvolumen von 8,5 Mio. €. Nach Abzug der Priorität des Einzelschadenexzedenten, die der Erstversicherer zu tragen hat, verbleiben 5,5 Mio. €. Da dieser Betrag die Priorität des Kumulscha-denexzedenten nicht erreicht, muss er in voller Höhe vom Einzelschadenexzedenten-Rückversicherer übernommen werden.

Ein Erdbeben im Westen Nordamerikas verursacht schließlich im Portfolio des Erstversicherers einen Gesamtschaden von 15,0 Mio. €, der sich auf vier Einzelrisiken mit Teilschäden von 1,5 Mio., 2,5 Mio., 3,0 Mio. und 8,0 Mio. € verteilt. Nur der vierte Teilschaden übersteigt die Einzelschaden-Priorität von 3,0 Mio. €; die übersteigenden 5,0 Mio. € gehen zulasten des Einzelschadenexzedenten-Rückversiche-rers. Der Kumulschaden beträgt nach Abzug dieser 5,0 Mio. noch 10,0 Mio. €, von denen nun 6,0 Mio. € als Kumulschaden-Priorität beim Erstversicherer verbleiben, während die übrigen 4,0 Mio. € vom Ku-mulschadenexzedenten-Rückversicherer gedeckt werden müssen, da dessen Deckungslimit nicht erreicht wird. Die Einzelschadendeckung wird also vorrangig vor der Kumulschadendeckung übernommen.

Die so genannte **Jahresüberschaden-Rückversicherung** begrenzt das Risiko großer Schwan-kungen im Schadenverlauf verschiedener Rechnungsperioden. Auf dessen Zusammensetzung wird dabei nicht abgehoben. Sie bietet im Prinzip den umfassendsten Rückversicherungsschutz. Der Rückversicherer muss aber das betroffene Risikosegment intensiv überwachen und sehr gut einschätzen können, da er einerseits ein hohes Schadenrisiko übernimmt, andererseits seine Einflussmöglichkeiten auf die konkrete Zeichnungspolitik des Erstversicherers begrenzt sind.

Deshalb werden in der Praxis weitere Grenzen der Rückversicherungshaftung gezogen. Durch sie wird sichergestellt, dass der Erstversicherer auf jeden Fall an einem Jahresüberschaden be-teiligt bleibt und so ein Interesse daran behält, ein solches Ereignis zu vermeiden. Die Jah-resüberschaden-Rückversicherung findet beispielsweise in der Hagel- und Sturmversicherung Anwendung, wo die Abgrenzung von Kumulereignissen praktische Schwierigkeiten bereitet. Statt eines Jahresgesamtschadens wird oft auch eine Schadenquote zugrunde gelegt. Die Rück-versicherung greift in diesem Falle, sobald der Gesamtschaden die Gesamtbeitragseinnahme um einen bestimmten Prozentsatz übersteigt.

7. Beitragskalkulation in der Individualversicherung

Die Preisbestimmung für Versicherungsleistungen (**Beitragskalkulation**) unterscheidet sich aus mehreren Gründen von derjenigen in klassischen Produktionsgewerben (vgl. *Bruhn / Mef-fert*). Besonders zu beachten ist:

- Der Versicherungsgedanke beruht wesentlich auf **statistischen** und **wahrscheinlichkeits-theoretischen Aussagen** (vgl. die Abschnitte A.3 und A.4). Der Preis für Versicherungs-schutz repräsentiert daher nicht tatsächliche, sondern voraussichtliche Sachverläufe.

- Der **immaterielle Charakter** eines Versicherungsproduktes bewirkt, dass in erster Linie Geldleistungen in andere Geldleistungen umgewandelt werden, ohne Zwischenschaltung eines unmittelbar fassbaren Warenaustauschs. Dieser erfolgt allenfalls symbolisch, zum Beispiel durch Übersendung einer Versicherungspolice vom Versicherungsunternehmen an den Versicherungsnehmer, zur Dokumentation von Rechtsverhältnissen und deren Änderungen.

- Die Herstellung des konkreten Gutes Versicherungsschutz folgt dem Verkaufsvorgang. Diesem geht nur die Fertigung eines Produktprototyps in Gestalt eines Versicherungs-tarifs voraus, der die allgemeinen Leistungsmerkmale, Rechtsbeziehungen und Berechnungsverfahren für den Preis der Versicherungsleistung festlegt.

- Versicherungszweige mit langfristigen Verpflichtungen, wie die Lebens- und Krankenversicherung, vereinbaren standardmäßig die Zahlung des Kaufpreises in Form von **ratierlichen** (periodisch fälligen) Prämien. Prämien- und Leistungszahlungen erfolgen demnach zu unterschiedlichen Zeitpunkten und müssen durch Betrachtung von **Barwerten** miteinander verglichen werden (vgl. Abschnitte A.7.3.1 und A.7.3.2).

Die vom Kunden des Versicherungsunternehmens zu entrichtende Prämie wird auch **Beitrag** genannt. Von Beiträgen wird in der Literatur generell im Zusammenhang mit den Systemen der **gesetzlichen Sozialversicherung** gesprochen; in der **Individualversicherung** vor allem dann, wenn von konkreten Versicherungsverträgen die Rede ist, sowie allgemein in der Tarifierung bei **Versicherungsvereinen auf Gegenseitigkeit** (VVaG, vgl. Kapitel C.4.2.2). Die Bezeichnung Prämie findet dagegen vor allem im Zusammenhang mit versicherungstheoretischen Überlegungen Anwendung und in der Tarifierung von **Versicherungsaktiengesellschaften**. Im Rahmen dieses Buches wird vereinfachend nur von Beiträgen gesprochen, es sei denn, eindeutige Gründe, wie die Formulierungen in Gesetzestexten, zwingen dazu, mit Prämien zu arbeiten.

Grundlage der Berechnung des individuellen Versicherungsbeitrages ist das **versicherungstechnische Äquivalenzprinzip** (Abschnitt A.7.1). Dieser Beitrag umfasst neben der Deckung des Schadenerwartungswertes (vgl. Abschnitt A.3) weitere Bestandteile, die in Abschnitt A.7.2 betrachtet werden. Abschnitt A.7.3 bietet schließlich eine Übersicht über die Besonderheiten der Beitragsberechnung in den jeweiligen Sparten.

7.1 Versicherungstechnisches Äquivalenzprinzip

Äquivalenzprinzipien finden in verschiedenen wirtschaftlichen Zusammenhängen Anwendung, um die zahlenmäßige (quantitative) Gleichheit qualitativ unterschiedlicher Leistungen auszudrücken. Der Fall des **versicherungstechnischen Äquivalenzprinzips** (VT-Äquivalenzprinzip) fordert demnach, dass der Barwert (Gegenstandswert) der vom Versicherungsunternehmen voraussichtlich zu erbringenden Leistung dem Barwert der vom Versicherungsnehmer zu erbringenden Leistungsentgelten in Form von Beiträgen entspricht.

Während der Laufzeit eines Versicherungsvertrages stimmen die in einer Zeiteinheit gezahlten Beiträge mit den Versicherungsleistungen üblicherweise nicht überein, da die Beitragszahlung einem vorher definierten Schema folgt, die Leistungen des Versicherungsunternehmens dagegen durch die zufällig auftretenden Schäden bestimmt sind. Das VT-Äquivalenzprinzip wird daher auf den rechtswirksamen Beginn des Versicherungsverhältnisses (Abschnitt B.3.2) bezogen. Es lässt sich damit auf die Kurzformel bringen:

$$
\begin{array}{ccc}
\text{Barwert der zu erwartenden} & = & \text{Barwert der zu erwartenden} \\
\text{Versicherungsleistungen} & & \text{Beitragszahlungen}
\end{array}
$$

Zwei Varianten finden in Versicherungssystemen Anwendung. Beim **individuellen Äquivalenzprinzip** wird die individuelle Schadenerwartung jedes Risikos zugrunde gelegt. Die unterschiedlichen Risikofaktoren und Sicherheitsansprüche führen zu einem von Risiko zu Risiko veränderlichen Beitrag. Dieses Prinzip ist das in der Individualversicherung bei Weitem vorherrschende.

Demgegenüber gilt die Äquivalenz beim **kollektiven Äquivalenzprinzip** nur für den Versicherungsbestand insgesamt. Es drückt die Grundanforderung an Versicherungsunternehmen aus, demzufolge die voraussichtlichen Schäden des Gesamtbestandes durch die Beitragseinnahmen gedeckt werden können. Beim Einzelrisiko wird davon abgewichen, indem die Beitragsbemessung anderen Vorgaben unterworfen wird, beispielsweise unter Berücksichtigung der wirtschaftlichen Leistungsfähigkeit des Versicherten. Diese Variante findet vor allem in der gesetzlichen Sozialversicherung Anwendung.

Aus der individuellen folgt bei Zusammenfassung mehrerer Risiken die kollektive Äquivalenz. Umgekehrt folgt aus kollektiver Äquivalenz nur ausnahmsweise die individuelle, da jedem Einzelrisiko der von ihm zu zahlende Versicherungsbeitrag auf ganz verschiedene Arten zugeordnet werden kann.

Das VT-Äquivalenzprinzip kann eng ausgelegt werden und bezieht sich dann nur auf den der Schadenerwartung entsprechenden Risikobeitrag. In weiterem Sinne bezieht es sich auf alle Leistungen und Aufwendungen, also auch auf Kosten des Versicherers für die Bestandsverwaltung, die Bearbeitung von Leistungsfällen, versicherungsspezifische Steuern, die Verwaltung der Kapitalanlagen etc. Rückversicherungsleistungen können nur dann eingehen, wenn sie sich Einzelrisiken zuordnen lassen, also zum Beispiel in der **Quoten-Rückversicherung**, nicht aber in der **Jahresüberschaden-Rückversicherung** (Abschnitt A.6.3.2).

7.2 Komponenten des Versicherungsbeitrages

Aus systematischer Sicht ist es sinnvoll, das VT-Äquivalenzprinzip zunächst im engeren Sinne auszulegen; dann entspricht der individuelle Schadenerwartungswert gerade dem für das betreffende Risiko zu leistenden **Risikobeitrag** als Einmalbeitrag. Dieser finanziert die eigentliche Versicherungsleistung, verstanden als Ausgleich für einen eingetretenen Schaden. Ob es sich dabei um eine Summen- oder Schadenversicherung handelt, beeinflusst nur das Berechnungsverfahren (siehe Abschnitt A.7.3), nicht aber die Klassifizierung als Risikobeitrag.

Das versicherungstechnische Risiko setzt sich nach Abschnitt A.5 aus Anteilen zusammen, die sich

- als **Irrtumsrisiko** auf fehlerhafte Annahmen im risikotheoretischen Modell,

- als **Schwankungsrisiko** auf zufallsbedingte Abweichungen vom erwarteten Schadenverlauf in Form von Überschäden,

- als **Änderungsrisiko** auf im zukünftigen Zeitablauf erwachsende Änderungen der Risikosituation

beziehen. Diese unterschiedlichen Risikobestandteile werden durch **Sicherheits- und Schwankungszuschläge** zum reinen Risikobeitrag berücksichtigt. Sie können als Beitragszuschläge dem kalkulierten Risikobeitrag hinzuaddiert werden. Es ist auch möglich, sie in Gestalt erhöhter Eingangsparameter bei der Berechnung des Risikobeitrages direkt zu integrieren. Dies geschieht beispielsweise in der Lebensversicherung durch Modifikation der rohen Sterbewahrscheinlichkeiten (siehe Abschnitt A.7.3.2).

Daneben gibt es das Instrument individueller **Risikozuschläge**, mit denen Risikoeigenschaften abgebildet werden, die von den kalkulierten abweichen. Sie finden zum Beispiel in der Krankenversicherung Anwendung, um Vorerkrankungen Rechnung zu tragen, die oft in ihren Auswirkungen auf das zu versichernde Risiko nicht genau abschätzbar sind und daher pauschal erfasst werden.

Einen anderen großen Beitragsbestandteil bilden die **Kosten** für den Versicherungsbetrieb. Hier sollen jedoch Aufwendungen für unmittelbare Versicherungsleistungen von denen unterschieden werden, die benötigt werden, um die Versicherungsinfrastruktur für die Leistungserbringung aufrechtzuerhalten. Letztere stellen die Betriebskosten im engeren Sinne dar und werden durch die **Kostenbeiträge** finanziert.

Die Betriebskosten werden beispielsweise in der Lebensversicherung in drei Hauptkategorien unterteilt:

- **Abschlusskosten**: Diese Kosten entstehen im Zusammenhang mit der Einrichtung des Versicherungsvertrages. Sie entstehen durch die Antragsbearbeitung, die Ausfertigung des Versicherungsscheins (Police), Gesundheitsprüfungen, vor allem aber in Gestalt von Vertriebsaufwendungen (**Abschlussprovisionen** und -**courtagen**). Die Deckung dieser Kosten kann zum Beispiel dadurch erfolgen, dass die ersten Beitragszahlungen ganz oder weitgehend dafür verwendet werden.

- **Inkassokosten**: Diese Kostenart bezieht sich auf Aufwendungen des Unternehmens, die im Zusammenhang mit der Beitragserhebung entstehen. Heute entstehen Inkassokosten vor allem im Zusammenhang mit säumiger oder verspäteter Beitragszahlung durch Mahnverfahren und Vertragsrückabwicklungen.

- **Verwaltungskosten**: Unter die laufenden Betriebskosten fallen die Personalaufwendungen für die Verwaltung des Versicherungsvertrages, sächliche Betriebsmittelkosten, wie Verbrauchsmaterialien oder Mieten, Abschreibungen und laufende Vertriebsaufwendungen.

Die Umrechnung dieser Kostenarten in einen Beitragsbestandteil „Kostenbeitrag" erfolgt in aller Regel pauschaliert als Prozent- oder Promillesatz des Gesamtbeitrages oder der Versicherungssumme. Daneben gibt es noch die pro Vertrag fixen **Stückkosten** und **Ratenzuschläge** bei unterjährlicher Beitragszahlungsweise.

In einzelnen Versicherungszweigen, vor allem der Lebens- und Krankenversicherung und der Unfallversicherung mit Beitragsrückgewähr, finden **Spar- und Entsparprozesse** statt. Dabei handelt es sich beispielsweise um Sparvorgänge zur Finanzierung von Erlebensfall- oder Ablaufleistungen, wie in der kapitalbildenden Lebens- oder Rentenversicherung, für die durch **Sparbeiträge** ein so genanntes **Deckungskapital** aufgebaut wird. In anderen Fällen dient das Deckungskapital als zeitweiliger Puffer, um eine über längere Zeiträume konstante periodische Beitragszahlung mit einem zeitlich variierenden Risikobeitrag zu verknüpfen; der Sparbeitrag dient dann nicht dem Aufbau einer Ablaufleistung. Deckungskapitale werden zu einem vertraglich garantierten Satz verzinst.

Beispiel: Als Beispiel kann die Risikolebensversicherung dienen. Infolge des mit zunehmendem Alter allmählich steigenden Sterblichkeitsrisikos liegt der Risikobeitrag anfänglich niedriger als bei Vertragsende. Ein Teil der zeitlich konstanten Beitragszahlungen fließt daher zunächst als Sparbeitrag in den Aufbau eines Deckungskapitals. Gegen Ende der Laufzeit übersteigt der nötige Risikobeitrag den zeitlich konstanten Zahlbeitrag des Kunden und die Differenz wird dem Deckungskapital wieder entnommen; der Sparbeitrag ist dann negativ. Ohne Berücksichtigung von Kosten addieren sich also Risiko- und Sparbeitrag immer zum konstanten Zahlbeitrag.

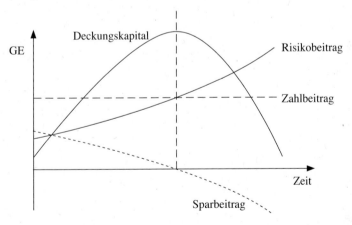

Abbildung 17: Zusammenspiel von Zahlbeitrag, Risiko- und Sparbeitrag (GE: Geldeinheiten)

Die Kalkulation von Versicherungsbeiträgen unterliegt einem **Vorsichtsprinzip**, das sich in den oben erwähnten Sicherheits- und Schwankungszuschlägen niederschlägt. Infolgedessen übersteigen die kalkulierten Beiträge in der Regel die tatsächlichen Aufwendungen für Versicherungsleistungen. Die Differenz wird als **Überschuss** nach gesetzlich vorgeschriebenen Spielregeln zwischen Versicherungsunternehmen bzw. Anteilseignern einerseits und Versicherungsnehmern andererseits aufgeteilt. Ein **Gewinnzuschlag** kann aber auch direkt in den Beitrag eingerechnet werden.

Allgemein üblich ist ein **Ratenzuschlag** in Prozent der übrigen Beitragsbestandteile, wenn die Beitragszahlung nicht, wie kalkuliert, jährlich vorschüssig für die gesamte Versicherungsperiode erfolgt, sondern in Teilbeträgen. Der Ratenzuschlag dient als Ausgleich für höheren Aufwand beim unterjährlichen Beitragseinzug (Inkassokosten) und für Zinsausfälle, die durch den späteren Eingang von Beitragsanteilen beim Versicherungsunternehmen entstehen. Die Beitragszahlung erfolgt dann halbjährlich, vierteljährlich oder gar monatlich.

Der Risikobeitrag wird auch als **Nettobeitrag** bezeichnet, da er den Preis für die originäre Versicherungsleistung als Risikoschutz abbildet. Der Beitrag unter Einschluss der übrigen oben aufgezählten Komponenten heißt **Bruttobeitrag**. Im Rückversicherungsgeschäft ist es davon abweichend üblich, den Beitrag unter Einschluss des **Rückversicherungsbeitrages** als Bruttobeitrag, den nach Abzug der Rückversicherungskosten verbleibenden Beitragsanteil als Nettobeitrag zu bezeichnen.

Abhängig vom Versicherungszweig werden dem Bruttobeitrag noch steuerliche Zuschläge hinzugerechnet, vor allem die **Versicherungssteuer** und die nur in der Feuerversicherung erhobene **Feuerschutzsteuer**. Die Versicherungssteuer wird in den Sachversicherungs- und HUK-Zweigen erhoben, nicht hingegen in der Lebens-, Kranken- und Rückversicherung.

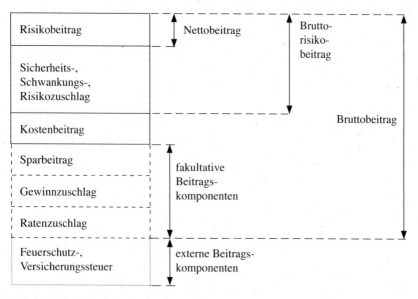

Abbildung 18: Zusammensetzung von Versicherungsbeiträgen

7.3 Beitragskalkulation in den einzelnen Sparten

Je nach Charakter des versicherten Risikos in den einzelnen Sparten haben sich unterschiedliche Verfahren zur Kalkulation von Tarifbeiträgen entwickelt, die von der Art und Komplexität des versicherten Risikos, der Lang- oder Kurzfristigkeit der Versicherungsdauer und weiteren Faktoren abhängen.

In der **Schadenversicherung** hängt die Versicherungsleistung von der Größe eines eingetretenen Schadens ab und davon, wie oft ein Schaden eintritt (vgl. *Mack*). Die durchschnittliche Schadenhöhe ist gerade die Gesamtschadensumme eines Bestandes, geteilt durch die Anzahl der Einzelschäden. Auf ein Risiko können jedoch mehrere Einzelschäden entfallen. Die Schadenhäufigkeit oder durchschnittliche Schadenzahl je Risiko ist die Anzahl der Einzelschäden, geteilt durch die Anzahl der Risiken. Man kann die Schadenhäufigkeit auch als Wahrscheinlichkeit dafür interpretieren, dass ein Schaden eintritt. Daraus ergibt sich der durchschnittliche Schadenbedarf für ein Risiko als Produkt aus durchschnittlicher Schadenhöhe und Schadenhäufigkeit. Da die Gesamtrisikoprämie nach dem VT-Äquivalenzprinzip die Gesamtschäden decken muss, ergibt sich für den von einem Risiko aufzubringenden Risikobeitrag RB in der Schadenversicherung:

$$RB = \text{durchschnittliche Schadenhöhe} \cdot \text{Schadenhäufigkeit}$$

Beispiel: Für die 1.600 gegen Einbruchdiebstahl versicherten Gebäude einer Stadt ergibt sich im Laufe eines Jahres ein Gesamtschaden von 400.000 €. Es werden insgesamt 20 Einbruchdiebstähle reguliert. Die durchschnittliche Schadenhöhe beträgt demnach 400.000 : 20 = 20.000 €, die Schadenhäufigkeit ist 20 : 1.600 = 0,0125 Einbrüche pro Jahr und Gebäude. Der einheitliche Risikobeitrag, der für jedes versicherte Gebäude im Jahr zu entrichten ist, beträgt also 20.000 · 0,0125 = 250 €. Natürlich hätte es in diesem einfachen Beispiel ausgereicht, den Gesamtschaden durch die Zahl der versicherten Gebäude zu teilen: 400.000 : 1.600 = 250 €.

In der **Summenversicherung** hängt die Höhe der Leistung nicht von der Höhe des Einzelschadens ab, sondern von der versicherten Summe und wiederum von der Schadenhäufigkeit. Damit ergibt sich hier für den vom einzelnen Risiko zu erbringenden Risikobeitrag:

$$RB = \text{Versicherungssumme} \cdot \text{Schadenhäufigkeit}$$

Beispiel: Eine Risikolebensversicherung zahlt den Erben eines 50-jährigen Mannes eine Versicherungssumme von 100.000 € aus, wenn er vor seinem 51. Geburtstag stirbt. Das Versicherungsunternehmen weiß aus mehrjährigen Statistiken, dass von 50.000 versicherten 50-jährigen Männern 43 innerhalb eines Jahres sterben. Für die einjährige Versicherung wäre also ein angemessener Risikobeitrag von 100.000 · (43 : 50.000) = 86 € zu zahlen (ohne Verzinsung).

Obwohl diese beiden Kalkulationsverfahren im Prinzip bei allen Versicherungsarten angewendet werden, erfolgt die Beitragsberechnung in der Praxis meistens nach spezielleren Regeln, weil reale Versicherungsbestände und versicherte Risiken eine komplexere Struktur haben als die hier betrachteten einfachen Beispiele. Wichtige Besonderheiten der Beitragsberechnung in den einzelnen Sparten stellen die folgenden Abschnitte dar. Schwerpunkt ist dabei die Bestimmung des Risikobeitrages einschließlich der risikobezogenen Zuschläge. Die übrigen Beitragskomponenten sind für das Verständnis der Kalkulation weniger ergiebig. Die Beitragskalkulation in der Rückversicherung beruht auf anspruchsvolleren mathematischen Verfahren als in der Erstversicherung, weswegen sie im Rahmen dieser Darstellung unberücksichtigt bleibt.

7.3.1 Beitragskalkulation in der Sach- und Vermögens- versicherung

Dem **VT-Äquivalenzprinzip** aus Abschnitt A.7.1 zufolge entspricht der Risikobeitrag dem Erwartungswert der auf das versicherte Risiko entfallenden Schäden. Die diesbezüglichen Verteilungen ergeben sich nach Abschnitt A.3.3 durch Kombination von Verteilungen der Schadenzahlen und Schadenhöhen im vertragsrelevanten Zeitraum. Die Zeitpunkte, zu denen die Schäden beglichen werden, bleiben dagegen im Allgemeinen unberücksichtigt. Sie sind unter anderem deshalb schwer kalkulierbar, weil die Regulierungszeiten zu berücksichtigen wären und die Meldung von Spätschäden großer Unsicherheit unterliegt.

Die **Schadenverteilung** hängt von spezifischen Risikomerkmalen ab. Wäre das nicht der Fall, gäbe es nur eine Art von Risiko und der Versicherungsbestand wäre vollkommen homogen. Die Risikomerkmale nehmen verschiedene Ausprägungen an, die Einfluss auf Schadenhöhe und Schadenhäufigkeit haben. Normalerweise ist die Zahl möglicher Merkmale und ihrer Ausprägungen sehr groß. Deshalb werden Merkmale bevorzugt, die leicht und übersichtlich auszuwerten sind, sich nicht im Zeitablauf ändern und die Schadenerwartung deutlich beeinflussen. Die Durchsetzung eines Merkmals als Unterscheidungskriterium kann am Markt aber auf Schwierigkeiten stoßen.

Um Merkmale mit einer großen Zahl an Ausprägungen kalkulatorisch auswerten zu können, fasst man mehrere Ausprägungen, die nicht zu stark voneinander abweichen, zu Klassen zusammen. Die Bestimmung der Schadenerwartungswerte erfolgt dann innerhalb jeder Klasse gesondert. Jeder Klasse wird also ein eigener Risikobeitrag zugeordnet.

*Beispiel: In der Kraftfahrtversicherung hängt die Schadenerwartung vom Fahrzeugtyp ab. Sie ist weiterhin wegen der Verkehrsdichte, Klimaverhältnisse etc. abhängig von den Verkehrswegen, auf denen ein Fahrzeug eingesetzt wird. Da die detaillierte Auswertung dieses Merkmals aber zu aufwändig und im Voraus auch gar nicht durchführbar wäre, greift man ersatzweise auf den Zulassungsbezirk zurück. Anhand tatsächlich beobachteter Schadenverteilungen lassen sich so genannte Schadenbedarfsindizes definieren, die den durchschnittlichen Schadenbedarf von Fahrzeugen eines Typs in einem Zulassungsbezirk messen. Intervalle dieser Indexwerte setzt man dann als **Typklassen** bzw. **Regionalklassen** fest.*

Das individuelle VT-Äquivalenzprinzip macht es erforderlich, praktikable Merkmale zur individuellen Risikoerfassung auch anzuwenden. Dieses Vorgehen ist als **Beitrags- oder Prämiendifferenzierung** bekannt. Am Markt besteht eine Tendenz zur Beitragsdifferenzierung, da Unternehmen einer negativen Risikoauswahl unterliegen, wenn sie selbst nicht differenzieren, Mitbewerber dagegen schon.

*Beispiel: Ein differenzierendes Unternehmen A verlangt für ein im Sinne des Differenzierungsmerkmals gutes Risiko einen niedrigeren Tarifbeitrag als für ein schlechtes Risiko. Unternehmen B, welches nicht differenziert, kann bezüglich des Merkmals nur einen einheitlichen Beitrag verlangen. Dieser wird, je nach dem Verhältnis von guten und schlechten Risiken, einen mittleren Wert annehmen. Gute Risiken zahlen daher bei Unternehmen B einen höheren Beitrag als bei A, während schlechte Risiken bei B besser abschneiden. Folglich werden gute Risiken tendenziell zu Unternehmen A, schlechte hingegen zu Unternehmen B wandern, dessen Versicherungsbestand sich dadurch fortlaufend weiter verschlechtert. Diese Tendenz nennt man **Negativauslese** oder **Antiselektion**.*

Die Festlegung risikorelevanter Merkmale und eine verlässliche Beitragskalkulation stehen zueinander in einem Spannungsverhältnis. Denn einerseits führt die Beitragsdifferenzierung zu einer steigenden Zahl kalkulatorischer Risikomerkmale mit entsprechenden Klassen von Ausprägungen, andererseits entsteht dadurch schnell eine sehr große Zahl an Kombinationsmöglichkeiten: Bei zwei Merkmalen mit je fünf Klassen liegen 25 Kombinationsmöglichkeiten vor, bei drei Merkmalen bereits 125. Auf die Kombinationen entfallen daher sehr schnell nur noch wenige oder gar keine Repräsentanten des für die Schätzung der Schadenerwartung beobachteten Bestandes, sodass sich gar kein begründeter Risikobeitrag ermitteln lässt.

Dieses Problem entschärft sich bei Merkmalen, die voneinander zumindest annähernd unabhängig sind. Da dann die Klassenzugehörigkeit des einen Merkmals die des anderen nicht beeinflusst, müssen auch keine Merkmalskombinationen beachtet werden. Stattdessen kann man für jedes Merkmal separat ermitteln, in welcher Weise der zu erwartende Schaden von ihm abhängt.

Die Beitragskalkulation ist damit auf ein **lineares Modell (Scoringverfahren)** zurückgeführt, bei dem einem Einzelrisiko für jedes Risikomerkmal ein klassenbezogener Punktwert zugewiesen wird. Die Punktwerte aller Merkmale werden addiert, mit der Punktsumme des beobachteten Gesamtbestandes verglichen und so ein individueller Schadenwert bestimmt und als Schätzwert für die Schadenerwartung verwendet.

Zur Entscheidung, ob Risikomerkmale einen hinreichend großen Einfluss auf die Schadenerwartung haben, bedient man sich anspruchsvoller statistischer Verfahren zur Faktoren- und Korrelationsanalyse, siehe etwa *Kohn*.

Durch den Schadenerwartungswert seiner Klasse ist für das Einzelrisiko der **Risiko-** oder **Nettobeitrag** festgelegt. Die Wahl eines angemessenen Sicherheits- und Risikozuschlags hängt wesentlich von der Schwankungsanfälligkeit des Risikos ab, aber auch von der so genannten **Risikoaversion** des Versicherers, die seine Bereitschaft misst, versicherungstechnische Risiken einzugehen. Hohe Risikoaversion bedeutet hohe Sicherheitszuschläge, da sich das Versicherungsunternehmen den Risikotransfer vergleichsweise teuer bezahlen lassen wird. Die Risikoaversion wird mit einer technischen Risikogröße gewichtet und dem Risikobeitrag zugeschlagen. Folgende Gewichtungen sind dabei verbreitet (a: Risikoaversion):

- Bruttorisikobeitrag $\quad = E(S) + a \cdot E(S) \quad$ **(Erwartungswertprinzip)**

- Bruttorisikobeitrag $\quad = E(S) + a \cdot \sigma^2(S) \quad$ **(Varianzprinzip)**

- Bruttorisikobeitrag $\quad = E(S) + a \cdot \sigma(S) \quad$ **(Standardabweichungsprinzip)**

Bisher wurde davon ausgegangen, dass die Risikobewertung und die Einschätzung von Schadenerwartungen im Voraus vorgenommen werden. In manchen Sach- und Vermögensversicherungszweigen ergibt sich jedoch erst aus der Erfahrung im Zeitverlauf die Schadenanfälligkeit eines Risikos, vor allem bei subjektiven Risikomerkmalen. Dabei handelt es sich um Merkmale, die keiner objektiven Messung zugänglich sind, beispielsweise die Fahrkünste eines Autofahrers. Die so genannte **Erfahrungstarifierung** beruht daher auf der Schadenentwicklung in der Vergangenheit und führt zu **Bonus-Malus-Systemen**.

Solche Systeme basieren ebenfalls auf einer Klasseneinteilung der Risiken, die sich nun aber nicht nach objektiven Kriterien, wie bei der Regional- oder Typklasseneinteilung, richtet. Stattdessen wird ein unbekanntes Neurisiko in eine beitragsintensive Ausgangsklasse eingruppiert. Bei Schadenfreiheit erfolgt sukzessiv die Eingruppierung in günstigere Beitragsklassen (Bonus), bei einem Schadenfall erfolgt hingegen die Herabstufung in eine teurere Beitragsklasse (Malus). Die Beitragshöhe der einzelnen Klassen hängt ab von deren Schadenverlauf im Verhältnis zum Gesamtbestand und von den Wahrscheinlichkeiten, mit denen Herauf- oder Herabstufungen erfolgen. Bekanntester Anwendungsfall für diese Art der Beitragsanpassung ist die Kraftfahrtversicherung.

7.3.2 Beitragskalkulation in der Lebensversicherung

Die Versicherungsarten der **Lebensversicherung** unterscheiden sich in zwei wichtigen Belangen von denen der Sach- und Vermögensversicherung. Zum einen handelt es sich um Summenversicherungen, zum anderen werden derartige Versicherungen in der Regel von vornherein mit Laufzeiten von mehreren Jahren oder gar Jahrzehnten abgeschlossen. Dem Kunden wird aber für die vereinbarte Beitragszahlungsdauer eine konstante Beitragshöhe garantiert. Ausnahmen sind nach § 163(1) VVG möglich.

In der Sach- und Vermögensversicherung kann wegen der kurzen Versicherungsdauer von typischerweise einem Jahr vom Zeitpunkt eines Schadenereignisses abgesehen werden. Nach Ablauf eines Jahres kann der Vertrag von beiden Seiten gekündigt oder um ein weiteres Jahr verlängert werden, mit der Möglichkeit einer Beitragsanpassung durch das Unternehmen. In der Lebensversicherung hingegen spielt der Zeitpunkt des Schadens eine wichtige Rolle.

Eine in zehn Jahren fällige Leistung oder ein dann gezahlter Versicherungsbeitrag hat aus heutiger Sicht einen geringeren Wert als eine sofort fällige Leistung oder ein sofort gezahlter Beitrag gleicher Höhe. Diese Situation ist in der Lebensversicherung die Regel, da zumeist über Jahre hinweg Beiträge gezahlt werden und irgendwann zu einem Zeitpunkt (in der kapitalbildenden Lebensversicherung oder in der Risikolebensversicherung) oder zu wiederkehrenden Zeitpunkten (in der Rentenversicherung oder bei Leistungen der Berufsunfähigkeitsversicherung) Leistungen an den Versicherten zurückfließen.

Die vergleichende Rechnung mit Geldbeträgen, die sich entlang einer Zeitachse verteilen, geschieht mithilfe von **Barwerten**, die zeitlich variabel erfolgende Zahlungsströme vergleichbar machen. Bei Vertragsabschluss ist dann das VT-Äquivalenzprinzip nicht mit den Nominalbeträgen zu erfüllen, wie in der Sach- und Vermögensversicherung, sondern mit den entsprechenden Barwerten, die Verzinsungseffekte berücksichtigen:

Barwert der zu erwartenden Versicherungsleistungen
= Barwert der zu erwartenden Beitragszahlungen

Die Barwertberechnung erfolgt mithilfe eines **Rechnungszinses**. Dieser wird vom Versicherungsunternehmen für die gesamte Laufzeit des Vertrages garantiert. Mit dem Rechnungszins werden Zahlungen des Versicherungsnehmers oder des Versicherungsunternehmens von Zeit-punkten in der Zukunft auf den Versicherungsbeginn **abgezinst (diskontiert)**.

Weiterhin hängen Barwerte von der Wahrscheinlichkeit ab, mit der diese Zahlungen tatsächlich geleistet werden. Diese Wahrscheinlichkeit verändert sich mit der Zeit. Sie hängt bei Erlebens-fallleistungen wie zum Beispiel in der Rentenversicherung von der Wahrscheinlichkeit ab, dass der Versicherte einen bestimmten Zeitpunkt erlebt. Bei Todesfallleistungen wie in der Risiko-lebensversicherung hängt sie davon ab, ob der Versicherte genau im fraglichen Jahr stirbt. In der Invaliditätsversicherung hängt sie davon ab, ob der Versicherte den Zeitpunkt als Invalider erlebt oder als Aktiver.

Die praktische Erfahrung zeigt, dass diese Wahrscheinlichkeiten nicht minuten- oder tages-genau ermittelt werden müssen – und auch gar nicht ermittelt werden könnten. Stattdessen begnügt man sich üblicherweise damit, sie jeweils für ein Lebensjahr abzuschätzen, also bei-spielsweise für 50-jährige Männer. Diese Jahreswerte werden als **Sterbewahrscheinlichkei-ten** (kurz **Sterblichkeiten**, geschrieben als q_x, wobei der Index x das Alter des Versicherten bezeichnet) in **Sterbetafeln** oder als **Invalidisierungswahrscheinlichkeiten** (Notation: i_x) in **Invalidisierungstafeln** tabelliert. Einzelne Versicherungsarten verwenden noch andere Tafeln. Derartige Wahrscheinlichkeitstabellen heißen allgemein **Ausscheideordungen**, weil sie ange-ben, mit welcher Wahrscheinlichkeit ein Versicherter aus dem Versichertenkollektiv ausschei-det und dadurch zum Leistungsfall wird.

Ausscheideordnung und Rechnungszins bilden zusammen mit Parametern für die Kosten des Vertrages die **Rechnungsgrundlagen**. Man kann aus den Rechnungsgrundlagen für jedes Jahr der Vertragslaufzeit berechnen, mit welcher Wahrscheinlichkeit eine Versicherungsleistung fäl-lig wird und wie hoch ihr Wert bei Vertragsbeginn ist. Durch Addition über alle Versicherungs-jahre ergibt sich dann der so genannte **Leistungsbarwert**.

Beiträge werden nur so lange gezahlt, wie der Versicherte lebt oder nicht invalide geworden ist. Ihr Wert in der Gegenwart hängt also von der Wahrscheinlichkeit ab, dass der Versicherte nicht gestorben beziehungsweise nicht invalide geworden ist, und ebenfalls vom Rechnungszins. Der entsprechende Barwert heißt **Beitragsbarwert**.

Damit kann für das VT-Äquivalenzprinzip die alternative Formulierung angegeben werden:

Leistungsbarwert = Beitragsbarwert

Rechnet man mit beobachteten Sterblichkeiten oder Invalidisierungswahrscheinlichkeiten, kann aus dieser Beziehung der Risikobeitrag bestimmt werden. Sicherheits- und Schwan-kungszuschläge werden nicht nachträglich hinzugerechnet, stattdessen werden sie in die Aus-scheideordnungen eingearbeitet. In der Risikolebensversicherung zum Beispiel setzt man die kalkulatorische Sterblichkeit vorsichtiger und damit höher an als beobachtet. Ebenso wird der Rechnungszins nach einem gesetzlich vorgeschriebenen Verfahren vorsichtig gewählt. So er-reicht man, dass die Beitragseinnahmen im Normalfall eine größere Zahl von Sterbefällen fi-nanzieren könnten, als eigentlich zu erwarten wäre.

*Beispiel: Ein 40-jähriger Mann schließt eine Risikolebensversicherung über eine Summe von 200.000 €
mit einer Laufzeit von einem Jahr ab. Zu Beginn des Jahres ist der Beitrag fällig. Bei Tod wird am
Ende des Versicherungsjahres die Versicherungssumme ausgezahlt. Man rechnet für 40-jährige Männer
mit einer Sterblichkeit von q_{40} = 2,57‰. Das bedeutet, dass unter 100.000 Männern dieses Alters im
Durchschnitt 257 Sterbefälle zu erwarten sind. Der Rechnungszins betrage 2,25 %, was dem tatsächlich
zugelassenen Rechnungszins in der deutschen Lebensversicherung im Jahr 2008 entspricht.*

*Der Leistungsbarwert errechnet sich nun wie folgt: Da die Versicherungssumme bei Tod erst am Jahres-
ende fällig wird, ist der Betrag gesucht, der nach einem Jahr 200.000 € ergibt, wenn er mit dem Rechnungszins verzinst wird. Dieser Betrag errechnet sich durch Diskontierung um ein Jahr zu 200.000 : (1 +
2,25 %) = 200.000 : 1,0225 = 195.599 €. Die Schadenhäufigkeit im Laufe eines Jahres ist gerade q_{40} =
0,00257, der Barwert des erwarteten Schadens also 195.599 · q_{40} = 502,69 €. Dieser Leistungsbarwert
entspricht nach dem VT-Äquivalenzprinzip der Lebensversicherung dem Beitragsbarwert und muss als
vorschüssiger Risikobeitrag gezahlt werden.*

Eine weitere Besonderheit der Lebensversicherung sind die **Sparbeiträge**. Deren Funktion
wurde bereits in Abschnitt A.7.2 erläutert. Dadurch treten in fast allen Arten der Lebensversicherung **Deckungskapitale** auf. Sie finanzieren den Ausgleich zwischen gleichmäßigen Beitragszahlungen und ungleichmäßig oder sehr viel später – wie in der Rentenversicherung – er-
folgenden Leistungen.

Kosten können ebenfalls mittels Barwertbetrachtungen in den Beitrag eingerechnet werden.
Einmalig fällige Abschlusskosten lassen sich so auf die Gesamtdauer der Beitragszahlung verteilen. Weitere Details finden sich bei *Führer / Grimmer*.

7.3.3 Beitragskalkulation in der Krankenversicherung

Die Leistungsstruktur der **privaten Krankenversicherung** entspricht derjenigen typischer
Schadenversicherungen: Schäden unterschiedlicher oder auch gleicher Art können sich mehrfach in einem Betrachtungszeitraum ergeben und ihre Höhe kann nahezu beliebig sein. Schwere Erkrankungen mit entsprechend hohen Kosten treten dabei weit seltener auf als leichtere
Krankheitsschäden.

Da das Versicherungsunternehmen die Versicherung nicht ohne Verschulden des Versicherten
kündigen darf, ist ihre Laufzeit normalerweise lebenslänglich. Diese Langfristigkeit erfordert
besondere kalkulatorische Maßnahmen. Deswegen sind Krankenversicherungsunternehmen in
der **Krankheitskostenvollversicherung** per Gesetz verpflichtet, die **Krankenversicherung
nach Art der Lebensversicherung** zu tarifieren. Man ermittelt also Schadenhöhen und Schadenhäufigkeiten wie in der Schadenversicherung errechnet daraus aber **Barwerte** im Sinne der
Lebensversicherung.

Der Schadenverlauf ist stark altersabhängig. Alte Menschen verursachen jährlich Krankheitskosten, die ein Mehrfaches derjenigen von Jugendlichen und jungen Erwachsenen betragen.
Die Kalkulation nach Art der Lebensversicherung bedeutet jedoch, dass ein konstanter jähr-
licher Beitrag ermittelt wird. Dieser Beitrag muss die im Alter steigenden Leistungsaufwen-
dungen vorfinanzieren, sodass auch die Krankenversicherung eine Art Deckungskapital bildet.
Dieses bezeichnet man hierbei als **Alterungsrückstellung**.

Die Schadenverläufe, aus denen **Leistungsbarwerte** berechnet werden, ergeben sich üblicherweise aus einem dreijährigen Beobachtungszeitraum. Sie werden konstant fortgeschrieben: Man unterstellt also, dass jemand, der erst in 20 Jahren 70 Jahre alt sein wird, dann die gleichen Kosten verursachen wird, wie ein heute 70-Jähriger.

Diese Annahme trifft nicht zu, da die steigende Lebenserwartung zu höheren Altern mit höheren Krankheitsaufwendungen führt, vor allem aber wegen der durch medizinischen Fortschritt stetig steigenden Heilungs- und Therapiekosten. Aus diesem Grund dürfen Krankenversicherungsunternehmen bei Bedarf die Beiträge in einem beaufsichtigten Verfahren anheben. Um dem absehbaren Trend zur Kostensteigerung etwas entgegenzuwirken, müssen alle Versicherten unterhalb des 65. Lebensjahrs seit dem Jahr 2000 einen 10-prozentigen Beitragszuschlag entrichten. Mit diesem wird eine zusätzliche Rückstellung gebildet, die im Alter den Beitragsanstieg dämpfen soll. Im Unterschied zur Alterungsrückstellung soll dieser Zuschlag nicht die altersbedingten, sondern die fortschrittsbedingten Kostensteigerungen abfangen.

Der **Leistungsbarwert** ergibt sich ähnlich wie in der Lebensversicherung. Krankheitskosten müssen kalkulatorisch nur berücksichtigt werden, solange der Versicherte lebt. Die altersabhängige Wahrscheinlichkeit dafür heißt Erlebenswahrscheinlichkeit p_x und ergibt sich aus den Sterblichkeiten gemäß $p_x = 1 - q_x$. Daneben spielt die Häufigkeit von Vertragskündigungen (Storni) eine Rolle, da im Kündigungsfall vorhandene Alterungsrückstellungen den Versicherten vom Versicherungsunternehmen nicht zurückerstattet, sondern zumindest teilweise zugunsten der verbleibenden Versicherten vereinnahmt werden. Die beobachteten durchschnittlichen Schäden eines Alters x werden als **Kopfschäden** K_x bezeichnet. Sie sind für alle versicherbaren Altersstufen in einer **Kopfschadenreihe** aufgelistet. Die Diskontierung schließlich erfolgt im Jahr 2008 mit einem Rechnungszins von 3,5 %.

Die Kopfschadenreihen werden aus mehrjährigen Beobachtungen einzelner Altersjahrgänge gewonnen. Dabei ist unter anderem zu berücksichtigen:

- Schadenfälle können in der Regel auch noch im **Folgejahr** zur Regulierung gemeldet werden.

- Die Altersjahrgänge werden bei manchen Versicherern wegen zu geringer Bestandsgrößen in **Altersgruppen** zusammengefasst, die zum Beispiel aus den Altern 21–25, 26–30 usw. bestehen.

- **Zu- und Abgänge** innerhalb eines Kalenderjahres können die Aufschlüsselung auf einzelne Versicherte verfälschen, wenn sie sich nicht gleichmäßig über das Jahr verteilen.

Üblich ist eine Normierung der Kopfschadenreihe auf ein Basisalter x_0. Man erhält so **normierte Kopfschäden** $k_x = K_x / K_{x_0}$ zum so genannten Grundkopfschaden $G = K_{x_0}$. Eine weiterführende Darstellung bietet etwa *Milbrodt*.

8. Kontrollfragen

1. Welche Merkmale kennzeichnen Risiken?

2. Auf welche Weise kann man mit Risiken umgehen?

3. Wodurch unterscheiden sich Summenrisiken und Schadenrisiken?

4. Worauf basieren Schadenverteilungen und Wahrscheinlichkeitsverteilungen?

5. Welche drei Hauptparameter dienen zur Charakterisierung einer Wahrscheinlichkeitsverteilung?

6. Auf welche beiden Komponenten wird die ein Risiko beschreibende Wahrscheinlichkeitsverteilung normalerweise zurückgeführt?

7. Geben Sie eine elementare Beschreibung des Begriffs der Versicherung.

8. Was versteht man unter Risikotransfer?

9. Welche Formen des Risikoausgleichs sind Ihnen bekannt?

10. Worauf beruht der Risikoausgleich im Kollektiv?

11. Welche Faktoren wirken dämpfend auf den Risikoausgleich in der Zeit?

12. Nennen und beschreiben Sie die wesentlichen Bestimmungsfaktoren für die Versicherbarkeit von Risiken.

13. Wie kann man das versicherungstechnische Risiko beschreiben?

14. Was kennzeichnet das versicherungstechnische Irrtumsrisiko?

15. Welche Faktoren beeinflussen das Schwankungsrisiko?

16. Wie kann ein Versicherungsunternehmen auf Änderungsrisiken reagieren?

17. Nennen Sie einige wesentliche Faktoren des Änderungsrisikos.

18. Nach welchen Kriterien kann das Versicherungsgeschäft typisiert werden?

19. Wodurch unterscheiden sich die Sozialversicherung und die Individualversicherung?

20. Charakterisieren Sie die Art der Bedarfsdeckung in der Schaden- bzw. Summenversicherung.

21. Welche Gliederungsschemata für die Schaden- und Unfallversicherung kennen Sie?

22. Wie hat sich die gesetzliche Sozialversicherung in Deutschland entwickelt?

23. Welche Hauptversicherungsformen existieren in der deutschen Sozialversicherung?

24. Welche Finanzierungsmechanismen existieren für die Sozial- bzw. Individualversicherung?

25. Nach welchen Kriterien richtet sich die Beitragsfestlegung in der Sozial- bzw. Individualversicherung?

26. Welches sind die wesentlichen Inhalte des GKV-Wettbewerbsstärkungsgesetzes von 2007?

27. Für welche Personenkreise und bis zu welchen Grenzen besteht in der gesetzlichen Sozialversicherung eine Versicherungspflicht?

28. Welches sind die Hauptleistungen der gesetzlichen Rentenversicherung?

29. Welche hauptsächlichen Ziele verfolgt die gesetzliche Unfallversicherung?

30. Wie erfolgt die Leistungsfestlegung in der gesetzlichen Pflegeversicherung?

31. Geben Sie eine Definition der Begriffe „Versicherungssparte", „Versicherungszweig" und „Versicherungsart".

32. Was versteht man unter dem Spartentrennungsgebot?

33. Welche Sparten werden im Versicherungsaufsichtsgesetz unterschieden?

34. Was bedeuten die Begriffe „Versicherte Gefahr" und „Versicherungsfall"?

35. Welche Versicherungsformen unterscheidet man in der Schadenversicherung und wodurch zeichnen sie sich aus?

36. Beschreiben Sie das Prinzip der Vollwertversicherung.

37. Welche Selbstbeteiligungsformen existieren in der Versicherungswirtschaft?

38. Was ist eine Risikolebensversicherung?

39. Weshalb nehmen fondsgebundene Versicherungen in der Lebensversicherung eine Sonderstellung ein?

40. Worin besteht das Risiko bei Leibrentenversicherungen?

41. Aus welchen Komponenten kann eine Pensionsversicherung bestehen?

42. Welche Arten der Invaliditätsversicherung kennen Sie?

43. Wie ist das Verhältnis von privater zu gesetzlicher Krankenversicherung?

44. Wonach richtet sich die Risikobewertung in der privaten Krankenversicherung?

45. Welche Faktoren beeinflussen die Beitragsentwicklung in der privaten Krankenversicherung?

46. Welche Elemente umfasst die Krankheitskostenvollversicherung?

47. Was versteht man unter einer Elementarschadenversicherung?

48. Welche Gefahren versichert man im Rahmen der Feuerversicherung?

49. Welche Sachversicherungszweige spielen bei der Versicherung des privaten Wohnraums eine Rolle?

50. Nennen Sie einige Arten technischer Versicherungen.

51. Nennen Sie Beispiele für Haftpflichtversicherungen.

52. In welchem Verhältnis stehen die drei vertragsbestimmenden Rollen in der Haftpflichtversicherung zueinander?

53. Welches sind die grundsätzlichen Erscheinungsformen der Haftpflichtversicherung?

54. Gibt es eine staatlich getragene Erscheinungsform der Kreditversicherung?

55. Zählen Sie einige Arten der Rechtsschutzversicherung auf.

56. Welches sind die maßgeblichen Merkmale der privaten Unfallversicherung?

57. Welche Funktion haben Rückversicherungsverträge?

58. Worin bestehen die wesentlichen Unterschiede zwischen Quoten-Rückversicherung und Summenexzedenten-Rückversicherung?

59. Welche alternative Bezeichnung gibt es für nicht proportionale Rückversicherungsverhältnisse?

60. Beschreiben Sie die Erscheinungsformen der Schadenexzedenten-Rückversicherung.

61. Wodurch unterscheidet sich die Preisbildung für Versicherungsprodukte von derjenigen in klassischen Produktionsgewerben?

62. Worin besteht die Grundaussage des versicherungstechnischen Äquivalenzprinzips?

63. Wie werden unterschiedliche Risikobestandteile bei der Beitragsberechnung in der Individualversicherung berücksichtigt?

64. Welche Kostenarten gehen in einen Versicherungsbeitrag ein?

65. Erklären Sie die Funktion des Deckungskapitals.

66. Aus welchen Bestandteilen setzt sich ein Versicherungsbeitrag zusammen?

67. Wie lautet der Grundansatz der Beitragskalkulation in der Schaden- und in der Summenversicherung?

68. In welcher Weise können verschiedene Schadensmerkmale bei der Kalkulation berücksichtigt werden?

69. Was bedeuten die Begriffe „Beitragsdifferenzierung" und „Antiselektion"?

70. Wie erfolgt die Bewertung von Zahlungen in der Lebens- und Krankenversicherung, die zu verschiedenen Zeitpunkten fällig werden?

71. Welche Rechnungsgrundlagen spielen in der Lebensversicherung eine Rolle?

72. Welche Kalkulationselemente in der privaten Krankenversicherung entsprechen dem Vorgehen in der Lebensversicherung, welche dem der Schaden- und Unfallversicherung?

73. Was geschieht bei der Ermittlung von Kopfschadenreihen?

74. Was ist die Funktion der Alterungsrückstellung?

75. Was ist ein Grundkopfschaden?

B. Versicherungsvertrag

Grundlage des versicherungstypischen Tauschgeschäfts „Risiko gegen Versicherungsbeitrag" ist der **Versicherungsvertrag**, der dafür Rahmenbedingungen, Inhalt und Preis festlegt. Diesen schließen der **Versicherungsnehmer** als **Beitragszahlungspflichtiger** und das **Versicherungsunternehmen** als **Risikoträger** ab, wobei im Allgemeinen ein **Versicherungsvermittler** den Geschäftskontakt herbeiführt. Neben diesen drei Parteien spielen vor allem der tatsächliche **Beitragzahler** sowie die **versicherte Person** oder der **versicherte Gegenstand** eine wichtige Rolle. Einen Überblick über Eigenschaften und Besonderheiten all dieser Beteiligten sowie die relevanten **Rechtsgrundlagen** bietet Abschnitt B.1.

Sehr viel stärker als gewöhnliche Handelsgeschäfte ist das **Versicherungsgeschäft** rechtlichen Festlegungen und Restriktionen unterworfen, die sowohl die Gestaltung der **Versicherungsprodukte** als auch die Verhaltensweisen und die wechselseitigen Beziehungen der beteiligten Parteien regeln. Während das Aufsichtsrecht, das die Versicherungsunternehmen betrifft, in Kapitel C beleuchtet wird, widmet sich Abschnitt B.2 eingehender den Rechtsgrundlagen der Vermittlertätigkeit, Abschnitt B.3 der Ausgestaltung des Versicherungsvertrages und der Rolle des Versicherungsnehmers.

Neue Entwicklungen, wie die Umsetzung der **EU-Vermittlerrichtlinie** in Bundesrecht und die Novellierung des **Versicherungsvertragsgesetzes (VVG)**, werden dabei angemessen gewürdigt. Die EU-Vermittlerrichtlinie (EU-Richtlinie 2002/92/EG) verpflichtet die Mitgliedsstaaten der EU, für die Tätigkeit **gewerblicher Versicherungsvermittler** ein Verfahren zur **Erlaubniserteilung** einzuführen und definiert deutlich ausgeweitete **Informations- und Beratungspflichten** des Vermittlers gegenüber dem Kunden.

Nahezu zeitgleich hat sich in Deutschland die Ausarbeitung einer vornehmlich unter Verbraucherschutzaspekten gestalteten Neufassung des VVG vollzogen. Die wesentlichen Teile des novellierten VVG sind zum 1. Januar 2008 in Kraft getreten, gelten aber zunächst ohne Einschränkung nur für Verträge, die nach diesem Datum abgeschlossen werden. Auf Altverträge, die sich am 1. Januar 2008 schon im Bestand befunden haben, findet bis zum Jahresende 2008 überwiegend noch das alte VVG Anwendung.

Bestimmungen, die vor und bei Vertragsabschluss zu beachten sind, können naturgemäß nicht nachträglich geändert werden. Deshalb richtet sich zum Beispiel die Einschätzung, ob eine **vorvertragliche Anzeigepflicht** verletzt wurde, bei Altverträgen auch nach dem 31. Dezember 2008 nach dem alten VVG. Die Beurteilung der Rechtsfolgen aber richtet sich nach dem Ende der Übergangsfrist nach dem neuen Gesetz. Die folgende Darstellung konzentriert sich aus diesen Gründen schwerpunktmäßig auf die neue Versicherungsvertragsrechtsgrundlage; im alten Recht abweichende Regelungen werden bei Bedarf berücksichtigt.

1. Vertragsbeteiligte und Rechtsgrundlagen

1.1 Vertragsbeteiligte

Die Hauptbeteiligten am **Versicherungsvertrag** sind der **Versicherungsnehmer** als Nachfrager (Käufer), nachfolgend auch oft **Kunde** genannt, und das **Versicherungsunternehmen** als Anbieter (Verkäufer) von Versicherungsleistungen. Sie schließen miteinander den Versicherungsvertrag ab. Die Tätigkeit eines Versicherungsunternehmens setzt nach § 5 VAG die **Erlaubnis zum Geschäftsbetrieb** voraus. Auf weitere rechtliche Voraussetzungen für die Aktivität des Versicherers geht Kapitel C ausführlich ein.

Die Geschäftsanbahnung und -durchführung liegt in den meisten Fällen in den Händen eines **Vermittlers**, der als Beauftragter eines oder mehrerer Versicherungsunternehmen oder auch als Interessenvertreter des Versicherungsnehmers auftreten kann.

Der Versicherungsvertrag erstreckt seine Schutzwirkung auf **versicherte Sachen** – dies können physische, aber auch abstrakte Gegenstände (wie ein zu schützendes Vermögen in der Haftpflichtversicherung) sein – oder **versicherte Personen**. Versicherte Personen und Versicherungsnehmer können identisch sein. In vielen Fällen sind sie es aber nicht, man spricht dann von einem Vertrag mit **Beteiligung Dritter**. Beide Rollen können zudem sowohl von **natürlichen Personen** (Menschen) als auch von **juristischen Personen**, zum Beispiel Privatunternehmen oder Vereinen, wahrgenommen werden.

Die mit der Rolle des Versicherungsnehmers verknüpfte **Beitragszahlungspflicht** wird vom **Beitragszahler** wahrgenommen, jedoch steht hierfür immer der Versicherungsnehmer als Vertragspartner des Versicherungsunternehmens in der Pflicht (siehe dazu ausführlicher Abschnitt B.3.4).

Ist durch den Versicherungsvertrag eine andere Person als der Versicherungsnehmer begünstigt, spricht man in der **Lebensversicherung** vom **Bezugsberechtigten**, an den die vom Versicherungsunternehmen geleisteten Zahlungen gehen. Wird eine Versicherung im eigenen Namen für einen anderen abgeschlossen, spricht man von einer **Versicherung für fremde Rechnung**. Beide Rollen können durch beliebige Personen wahrgenommen werden. Weitere Beteiligte und Rollen, wie etwa juristische Vertreter, können im Rahmen dieses Überblicks weitgehend unberücksichtigt bleiben.

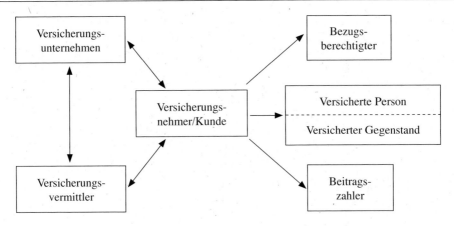

Abbildung 19: Beteiligte am Versicherungsvertrag

1.2 Rechtsgrundlagen des Versicherungsgeschäfts

Wie in anderen geschäftlichen **Vertragsbeziehungen** auch regelt der Versicherungsvertrag die Erbringung einer **Leistung gegen Entgelt**. Das Versicherungsunternehmen gewährleistet den Risikotransfer gegen den vom Versicherungsnehmer zu erbringenden Versicherungsbeitrag. Die Risikoübernahme durch das Versicherungsunternehmen wird rechtlich als **Gefahrtragung** bezeichnet. Der Begriff bringt zum Ausdruck, dass die Leistung des Versicherers nicht nur aus Zahlungen besteht, die nach Eintritt eines konkreten Schadenfalles zu erbringen sind. Den Schutz vor dem versicherten Risiko zu erbringen ist vielmehr eine die gesamte Vertragslaufzeit umfassende Leistung.

Der abstrakte Charakter des Versicherungsgeschäfts führt – vor allem dann, wenn der Versicherungsnehmer kein gewerblicher Kunde ist – zu einem gewissen Ungleichgewicht hinsichtlich des jeweiligen Informationsstandes. Auf Kundenseite besteht das Interesse, einen dem individuellen Bedürfnis angemessenen Versicherungsschutz zu einem möglichst günstigen Preis zu erhalten. Dieser Schutz soll zudem mit größtmöglicher Gewissheit erbracht werden können, sodass besondere Anforderungen an die finanzielle Leistungsfähigkeit des Versicherungsunternehmens bestehen. Das Versicherungsunternehmen ist demgegenüber an möglichst umfassender Information über das zu versichernde Risiko interessiert.

Die **Rechte und Pflichten**, die sich aus dem Vertragsverhältnis ergeben, sind daher in einem eigenen Gesetzesrahmen abgesteckt, dem **Gesetz über den Versicherungsvertrag** oder auch **Versicherungsvertragsgesetz (VVG)**. Es stammt in seiner ursprünglichen Form aus dem Jahr 1908 und ist mit Wirkung zum 1. Januar 2008 grundlegend novelliert worden. Seine eigenständige Stellung neben dem **Bürgerlichen Gesetzbuch (BGB)** von 1900 verdankt es der ebenfalls zu Beginn des 20. Jahrhunderts erfolgten Verabschiedung des **Versicherungsaufsichtsgesetzes (VAG)**, das wesentliche Aufgaben und Verfahrensweisen von Versicherungsunternehmen sowie deren aufsichtsrechtliche Kontrolle regelt. Da es sich beim Versicherungsvertrag um einen privatrechtlichen Vertrag handelt, greifen die Bestimmungen des BGB dort, wo spezielle oder abweichende versicherungsrechtliche Regelungen fehlen. Die rechtliche Stellung des Versicherungsvermittlers ergibt sich dagegen überwiegend aus dem **Handelsgesetzbuch (HGB)**.

Detaillierte inhaltliche Ausformungen des Versicherungsverhältnisses sind in der Regel in den so genannten **Allgemeinen und Besonderen Versicherungsbedingungen** (**AVB** und **BVB**) niedergelegt. Mindeststandards für deren Gestaltung, auch außerhalb der Versicherungswirtschaft, enthielt früher das **Gesetz über die Allgemeinen Geschäftsbedingungen (AGBG)**, das im Jahre 2001 ins BGB aufgenommen wurde.

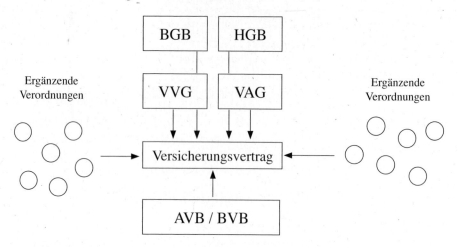

Abbildung 20: Rechtsgrundlagen des Versicherungsvertrages

Die auf europäischer Ebene vor allem seit 1994 vorangetriebene **Deregulierung** des Versicherungsmarktes hat viele Restriktionen des Versicherungsrechts beseitigt und in Deutschland die **Genehmigungspflicht** von Versicherungsprodukten aufgehoben. Die dadurch gewonnenen Spielräume der Versicherungsunternehmen erfahren erst allmählich eine verbindlichere Ausgestaltung. Diese führt einerseits zu einer Form von „Reregulierung", die statt der konkreten Produktgestaltung vornehmlich die solide finanzielle Basis des Versicherungsbetriebes sichern soll. Andererseits erfährt der Rechtsrahmen des Versicherungsgeschäfts seit Jahren durch die Rechtsprechung zum Teil weitgehende Veränderungen und Weiterentwicklungen.

Die Umsetzung der **EU-Vermittlerrichtlinie**, die den Begriff des Versicherungsvermittlers klarer fassen soll, in deutsches Recht erfolgte mit Inkrafttreten ab 22. Mai 2007 (**Verordnung über die Versicherungsvermittlung und -beratung [VersVermV]**). Sie führte zu Ergänzungen in der **Gewerbeordnung (GewO)** und im VVG. Kundenfreundliche Regelungen, die bisher für Verträge aus dem **Fernabsatzgeschäft** gelten, werden im neuen VVG allgemein wirksam. Zur klaren Abgrenzung bezeichnet im Folgenden das Kürzel „VVG" das Versicherungsvertragsgesetz in seiner novellierten, ab 1. Januar 2008 geltenden Fassung, „VVG-alt" dementsprechend die zuvor gültige Fassung.

Seit 2007 ist das ebenfalls auf EU-Vorgaben beruhende **Allgemeine Gleichbehandlungsgesetz** (**AGG**) in Kraft, das Benachteiligungen aufgrund von Geschlecht, Religion, Weltanschauung, einer Behinderung, der Rasse oder ethnischen Herkunft unterbinden soll. Dies hat vor allem auf die Zeichnungspolitik und interne Arbeitsabläufe von Versicherungsunternehmen Auswirkungen. Es motiviert andererseits auch neuartige Deckungskonzepte zur Absicherung gegenüber den Folgen von Verstößen, vor allem mit arbeitsrechtlichem Hintergrund.

Schließlich wird im Rahmen intensiver internationaler Abstimmung das Regelwerk für die Eigenmittelausstattung und die damit zusammenhängende Steuerung unternehmensinterner Risikoprozesse unter der Überschrift **Solvency II** vorangetrieben (siehe Abschnitt C.8.6).

Zahlreiche Detailbestimmungen, die vor allem die Aus- und Durchführung der allgemeinen Gesetze präzisieren oder überhaupt erst festlegen, sind in verschiedenen **Verordnungen** zusammengefasst. Deren Verabschiedung durch die zuständigen Ministerien kann den Gesetzen, die sie betreffen, mit einer gewissen Verzögerung folgen.

2. Recht der Versicherungsvermittlung

Eine wichtige Rolle bei der Abwicklung des Versicherungsgeschäfts spielt der **Versicherungsaußendienst**, der all diejenigen Personen umfasst, die außerhalb der zentralen und regionalen Verwaltungen eines Versicherungsunternehmens tätig sind und den unmittelbaren Kundenkontakt herstellen und halten (für Details siehe Abschnitt C.5.2.1). Die Aufgaben des Außendienstes bestehen darum vor allem in

- der **Vermittlung** von Versicherungsverträgen, also in Beratungs- und Vertriebsleistungen, teilweise in Verbindung mit einer Risikoprüfung vor Ort,

- der Unterstützung des Versicherungsnehmers bei der **Schadenverhütung**, etwa beim Brandschutz,

- der Annahme von Schadenmeldungen und in Maßnahmen zur **Schadenbeseitigung** und **Schadenregulierung**.

Die Vermittlertätigkeit steht dabei in aller Regel im Vordergrund. Neben dem **festangestellten Außendienst**, der im gleichen Rechtsverhältnis zu seinem Unternehmen steht wie ein Innendienstmitarbeiter, gibt es den **selbstständigen Versicherungsvermittler** in Gestalt des **Versicherungsvertreters** und des **Versicherungsmaklers**. Daneben existieren Misch- und Spezialformen, wie Mehrfirmenvermittler oder die Mitarbeiter von Strukturvertrieben. Der quantitativ weit weniger bedeutende **Direktvertrieb** kommt naturgemäß ohne Vermittler aus (für einen Überblick vgl. Abschnitt C.6.3).

Die jeweiligen betriebswirtschaftlichen Besonderheiten der Funktionen von Versicherungsvermittlern für Versicherungsunternehmen und Versicherungsnehmer sind in Abschnitt C.6 ausführlich dargestellt. An dieser Stelle soll hingegen das Recht des Versicherungsvertreters und des Versicherungsmaklers skizziert werden.

2.1 Recht des Versicherungsvertreters

Im VVG ist im Zuge der Umsetzung der **EU-Vermittlerrichtlinie** der früher gebräuchliche Begriff des **Versicherungsagenten** abgeschafft worden. Stattdessen kennt das VVG jetzt den **Versicherungsvermittler**, der als **Versicherungsvertreter** oder **Versicherungsmakler** agieren kann (§§ 59 ff. VVG). Der selbstständige Versicherungsvertreter gilt als **Handelsvertreter** im Sinne der §§ 84 ff. HGB. Er arbeitet unternehmerisch selbstständig und eigenverantwortlich, ist aber in konkreten Belangen, die der Interessenwahrung des Versicherungsunternehmens dienen, an dessen Weisungen gebunden. Dazu zählt insbesondere die dauerhafte Pflege der Kundenbeziehung. Nach Umsetzung der EU-Vermittlerrichtlinie ist die Definition auch auf so genannte **Gelegenheitsvertreter** (Nebenberufler) erweitert worden, die nicht ständig Vermittlung für Versicherungsunternehmen betreiben.

Der Vertreter kann direkt von einem oder mehreren Versicherungsunternehmen mit der gewerbsmäßigen Vermittlung und dem Abschluss von Versicherungsverträgen betraut sein; er kann diese Aufgabe auch im Auftrag eines übergeordneten Vertreters wahrnehmen. Als Vertreter des Unternehmensinteresses vermittelt er lediglich Verträge zwischen Versicherungsnehmern und Versicherungsunternehmen, ist selbst aber nicht Partei dieses Vertrages.

Der Vertreter agiert als „**Auge und Ohr**" des Versicherungsunternehmens, das sich seine Auskünfte und Handlungen gegenüber dem Kunden zurechnen lassen muss. Dies gilt auch für Informationen über den Kunden, sofern diese im Zusammenhang mit der Vermittlungstätigkeit erlangt wurden (§ 70 VVG). § 44 VVG-alt hatte dies noch gegenteilig geregelt.

§ 69 VVG regelt in Erweiterung von § 43 VVG-alt die Vollmacht des so genannten **Vermittlungsvertreters**, Anträge auf Abschluss oder Änderung eines Versicherungsvertrages sowie Angaben des Versicherungsnehmers im Rahmen seiner vorvertraglichen Anzeigepflichten entgegenzunehmen. Dabei wurden Entscheidungen der Rechtsprechung aufgenommen, die dem Versicherer die Beweislast auferlegen, dass der Kunde vor Vertragsabschluss nur unzureichend oder nicht wahrheitsgemäß Auskunft gegeben hat.

Der **Abschlussvertreter** darf darüber hinaus selbst Versicherungsverträge im Namen des Versicherungsunternehmens abschließen (§ 71 VVG). Diese Befugnis beschränkt sich in der Praxis häufig auf einfach strukturierte und niedrig summige Geschäfte, bei denen **Risikoprüfungen** sehr standardisiert vorgenommen werden können oder ganz entbehrlich sind.

Aus §§ 87 ff. und 354 HGB folgt, dass der Vertreter für erfolgreiche Vermittlungsbemühungen einen **Provisionsanspruch** gegenüber dem Versicherungsunternehmen erwirbt. Kommt kein **Vertragsabschluss** zustande, entsteht kein solcher Anspruch.

Wichtig ist die Unterscheidung zwischen **haupt- und nebenberuflichen Vertretern** auch bei der Vergütung. Beim hauptberuflichen Vertreter ist die Vermittlungsleistung vorrangige Einkommensquelle, sodass ihm § 89 b HGB einen Ausgleichsanspruch zubilligt, wenn das Vertragsverhältnis mit dem Versicherer beendet wird. Nebenberufliche Vertreter haben einen solchen Anspruch nicht; die beiderseitige Kündigungsfrist beträgt hier lediglich einen Monat.

2.2 Recht des Versicherungsmaklers

Früher übliche Abgrenzungen des **Versicherungsmaklers** vom Versicherungsvertreter sind sowohl in der langjährigen Praxis als auch nach den Vorgaben der EU-Vermittlerrichtlinie überholt. Kennzeichnendes Kriterium ist heute die Beauftragung durch den Kunden statt durch das Versicherungsunternehmen. Der Makler ist unter anderem verpflichtet, seiner Empfehlung „eine hinreichende Zahl von auf dem Markt angebotenen Versicherungsverträgen und von Versicherern zugrunde zu legen" (§ 60 (1) VVG). Er hat die Interessen des Kunden in einem treuhänderischen Sinne wahrzunehmen.

Aus dieser Beziehung ergibt sich, dass der Makler im Gegensatz zum Vertreter nicht als „Auge und Ohr" des Versicherungsunternehmens gelten kann; dennoch erfolgt seine Vergütung in Form von seitens des Versicherers gezahlten **Courtagen**. Dies unterscheidet den Makler vom **Versicherungsberater**, der seine Beratungsleistung auf Honorarbasis (**Honorarberatung** auf Kosten des Kunden) erbringt und zur Wahrung seiner Unabhängigkeit von Versicherungsunternehmen gar keine Vergütung empfangen darf.

2.3 Beratungs- und Dokumentationspflichten, Haftung

Zur Verbesserung des Verbraucherschutzes und um die unter altem Recht häufige Streitfrage zu entschärfen, ob der Kunde vor Vertragsabschluss seinen **Auskunftspflichten** gegenüber dem Versicherer nachgekommen ist, umfasst die Neufassung des VVG weitreichende, von der EU-Vermittlerrichtlinie inspirierte **Beratungs- und Dokumentationspflichten** seitens des Versicherungsvermittlers. So soll eine adäquate Beratung erreicht werden, obwohl der Vermittler keine Vertragspartei des zwischen Kunde und Versicherungsunternehmen vereinbarten Versicherungsvertrages ist.

Zunächst sind Versicherungsvertreter verpflichtet, den Kunden darüber zu unterrichten, welche(s) Versicherungsunternehmen sie vertreten und auf welche(s) Unternehmen sich ihre Beratung bezieht. Makler können die Auswahl der von ihnen berücksichtigten Versicherungsunternehmen beschränken, haben dies dem Kunden jedoch vor einem Vertragsabschluss deutlich zu machen (§ 60 (2) VVG).

Grundsätzlich hat der Vermittler den Kunden soweit nach seinen Wünschen und Bedürfnissen zu befragen, wie es für eine sachgerechte Beratung erforderlich ist. Dabei hat er die Fähigkeiten des Kunden, diese Bedürfnisse einzuschätzen, zu berücksichtigen. Ein komplexes Versicherungsprodukt wie eine Lebensversicherung erfordert daher im Allgemeinen mehr Beratungsaufwand als ein einfaches Standardprodukt. Ebenso sind offensichtliche persönliche Umstände des Kunden zu berücksichtigen. Der Beratungsaufwand darf grundsätzlich in angemessenem Verhältnis zur zu erwartenden Versicherungsprämie stehen. Der Vermittler ist also nicht verpflichtet, in jedem Fall eine umfangreiche Nachforschung anzustellen. Er hat jedoch jeden dem Kunden erteilten Rat zu begründen (§ 61 (1) VVG).

Die oben genannten Informationen müssen dem Kunden rechtzeitig vor einer Empfehlung bzw. vor Vertragsabschluss in Textform übermittelt werden. Der Text muss klar und für den Kunden verständlich sein (§ 62 (1) VVG). Dafür dürften die Versicherer im Laufe der Zeit **Musterprotokolle** entwickeln, um die **Dokumentation** zu standardisieren. Der Kunde darf gemäß §§ 60 (3) und 61 (2) VVG auf die Beratungsleistung verzichten, sofern er diesen Verzicht ausdrücklich schriftlich bestätigt. Er darf sich auch mit der nachträglichen Mitteilung des Informationstextes einverstanden erklären (§ 62 (2) VVG).

Der Begriff der **Textform** hat auch an vielen anderen Stellen Eingang ins VVG gefunden und die früher geforderte **Schriftform** abgelöst. Dadurch wurde den neuen Möglichkeiten der Informationsübermittlung und -aufbewahrung Rechnung getragen und beispielsweise E-Mail oder Datenaustauschverfahren wie PDF-Dokumente als rechtssichere Verfahren des Geschäftsverkehrs zugelassen. Selbstverständlich bleibt die Schriftform in Gestalt der signierten Papierurkunde auch da zulässig, wo sie nicht mehr ausdrücklich vorgeschrieben ist.

Teilweise geändert haben sich mit der VVG-Novellierung die **Haftungsgrundsätze** für Versicherungsvermittler. Bis dahin galt für Vertreter vor allem die gewohnheitsrechtliche **Erfüllungshaftung** des Versicherers, nach der dieser für alle wesentlichen Erklärungen des Versicherungsvertreters zu haften hat, also insbesondere für Beratungsfehler des Vertreters (§ 280 BGB). Nach § 278 BGB muss sich das Unternehmen auch **schuldhaftes Verhalten** des Vertreters zurechnen lassen. Der Vertreter selbst haftet nur in Ausnahmefällen. Dies bedeutet beispielsweise, dass der Kunde auf Aussagen zu Versicherungsprodukten und Voraussetzungen für einen Vertragsabschluss grundsätzlich vertrauen darf.

Als Sachwalter des Kundeninteresses ist der **Versicherungsmakler** auch schon nach altem Recht Rechtsanwälten oder Steuerberatern gleichgestellt, seine Haftung darum als **Berufshaftung** zu sehen. Er haftet dem Kunden gegenüber persönlich für verschuldetes Fehlverhalten. Die disziplinierende Wirkung dieser Regelung war auch bisher schon erheblich, sie wurde durch die erweiterten Beratungs- und Dokumentationspflichten lediglich präzisiert.

§ 63 VVG fixiert allerdings ergänzend eine **Schadenersatzpflicht**, falls der Vermittler nicht im bereits erläuterten Sinne umfassend beraten hat. Die Beweislast dafür liegt beim Kunden, sofern die Beratung schriftlich dokumentiert wurde; andernfalls wird zugunsten des Kunden angenommen, dass dieser sich bei korrekter Beratung richtig verhalten hätte und die Beweislast geht auf den Vermittler über.

Wichtig ist in diesem Zusammenhang die neu geschaffene **Erlaubniserteilungspflicht** für gewerbliche Versicherungsvermittler. Grundsätzlich haben die **Industrie- und Handelskammern (IHK)** vernetzte Register zu führen, in die alle zugelassenen Vermittler einzutragen sind (§ 11 a GewO). Versicherungsunternehmen dürfen umgekehrt nur mit zugelassenen und registrierten Vermittlern kooperieren.

Die Zulassung ist nach § 34 d GewO im Wesentlichen an folgende Kriterien geknüpft:

* Geordnete finanzielle Verhältnisse und Zuverlässigkeit,

* Sachkunde, die durch eine erfolgreich absolvierte IHK-Prüfung nachgewiesen wird, vergleichbar der Ausbildung zum Versicherungsfachmann,

* Vorhandensein einer Berufshaftpflichtversicherung.

Von der Erlaubnispflicht können so genannte **Ausschließlichkeitsvertreter** ausgenommen werden, die nur Produkte eines Unternehmens oder mehrerer nicht konkurrierender Unternehmen vermitteln (vgl. Abschnitt C.6.3.2), wenn das oder die Unternehmen die uneingeschränkte Haftung für den Vermittler übernehmen.

Ebenfalls erlaubnisfrei arbeiten dürfen so genannte **produktakzessorische Vermittler**. Sie betreiben die Versicherungsvermittlung nur nebenbei, sind im Hauptberuf aber Händler oder Lieferanten von Waren- und Dienstleistungen. Typisches Beispiel ist der Kraftfahrzeughändler, der ergänzend zum Autoverkauf auch Kraftfahrzeugversicherungen vermittelt. Voraussetzung für die Erlaubnisfreiheit des produktakzessorischen Vermittlers ist unter anderem der Nachweis einer **Berufshaftpflichtversicherung**. Sachkunde muss nicht umfassend gegeben sein, sondern nur im Hinblick auf das in der Regel sehr eingeschränkte Produktspektrum.

Die Beratungs- und Dokumentationspflichten des Vermittlers werden ergänzt durch umfangreiche Informationspflichten, deren Erfüllung in der Verantwortung des Versicherungsunternehmens liegt. Darauf wird im nächsten Abschnitt näher eingegangen.

3. Aspekte der Vertragsgestaltung

Im Zusammenhang mit dem Abschluss eines Versicherungsvertrages ist eine Reihe von Fragen bedeutsam, auf die in den folgenden Unterabschnitten ausführlicher eingegangen wird:

• Wie und wann kommt ein Versicherungsvertrag rechtswirksam zustande?

• Wodurch und wann endet er?

• Inwiefern kann sich das Vertragsverhältnis inhaltlich ändern?

• Wie ist die Beitragszahlung geregelt?

• Welche Pflichten obliegen dem Versicherungsnehmer, welche Rechte stehen ihm zu?

• Welche Pflichten und Rechte sind aufseiten des Versicherungsunternehmens maßgeblich?

• Wie und nach welchen Kriterien wird die Versicherungsleistung fällig?

Zentrale Regelungsinstanz für die Gestaltung von Versicherungsverträgen ist das **Versicherungsvertragsgesetz (VVG)**. Es erfüllt seinem Charakter nach vor allem eine Verbraucherschutzfunktion. Deswegen findet es auf das **Seetransportversicherungs- und Rückversicherungsgeschäft** keine Anwendung, weil dort von hinreichend sachkundigen und daher weniger schutzbedürftigen Vertragsparteien ausgegangen werden kann. Das VVG besteht aus allgemeinen, spartenübergreifenden Abschnitten, gefolgt von Abschnitten mit spartenabhängigen Regelungen.

Allgemeiner Teil		
Vorschriften für alle Versicherungszweige		
- Allgemeine Vorschriften	§§	1 – 18
- Anzeigepflichten und Obliegenheiten	§§	19 – 32
- Beitrag	§§	33 – 42
- Versicherung für fremde Rechnung	§§	43 – 48
- Vorläufige Deckung	§§	49 – 52
- Laufende Versicherung	§§	53 – 58
- Vermittler und Berater	§§	59 – 73
Schadenversicherung		
- Allgemeine Vorschriften	§§	74 – 87
- Sachversicherung	§§	88 – 99
Einzelne Versicherungszweige		
Haftpflichtversicherung		
- Allgemeine Vorschriften	§§	100 – 112
- Pflichtversicherung	§§	113 – 124
Rechtsschutzversicherung	§§	125 – 129
Transportversicherung	§§	130 – 141
Gebäudefeuerversicherung	§§	142 – 149
Lebensversicherung	§§	150 – 171
Berufsunfähigkeitsversicherung	§§	172 – 177
Unfallversicherung	§§	178 – 191
Krankenversicherung	§§	192 – 208
Schlussvorschriften	§§	209 – 215

Tabelle III: Gliederung des Versicherungsvertragsgesetzes

Der größte Teil der Vorschriften des VVG ist dispositiv, also von den Vertragsparteien einvernehmlich änderbar. Dies reflektiert den Grundsatz der privatrechtlichen **Vertragsfreiheit**. Wo dies vom Gesetzgeber im Verbraucherinteresse als notwendig angesehen wird, bestehen allerdings **zwingende Vorschriften**, von denen im Versicherungsvertrag keinesfalls wirksam abgewichen werden kann, und **halbzwingende Vorschriften**, bei denen Änderungen nur zugunsten des Versicherungsnehmers statthaft sind. Eine Übersicht über diese Vorschriften bietet Abschnitt B.3.8.

Weichen versicherungsvertragliche Vereinbarungen von zwingenden Vorschriften im Inhalt ab, führt dies stets zur **Unwirksamkeit** der Vereinbarungen, teilweise sogar zur **Nichtigkeit** des gesamten Vertrages. Im **Großrisikogeschäft** wird vom Charakter halbzwingender Vorschriften abgesehen, weil hier beide Vertragsparteien als hinlänglich rechtserfahren gelten können, sodass kein besonderes Schutzinteresse anzunehmen ist. Für eine vertiefende Darstellung sei auf *Kasnig / Staudinger* verwiesen.

Neben dem VVG sind die **Allgemeinen Versicherungsbedingungen (AVB)** wichtig, deren Existenz das VVG sogar voraussetzt. Es handelt sich dabei um vorformulierte Vertragsbedingungen, die für alle Verträge eines bestimmten Inhalts übereinstimmend gelten und daher nicht vertragsindividuell ausgestaltet werden. Da das Versicherungsgeschäft aus Gründen des Betriebsablaufs hochgradig standardisiert abläuft, ist die Existenz von AVB erforderlich. Bis 1994 waren AVB durch die **Versicherungsaufsicht** zu genehmigen und daher vom **Gesetz über die Allgemeinen Geschäftsbedingungen (AGBG)** ausgenommen. Mit dem Wegfall der Genehmigungspflicht 1994 wurde diese Ausnahme hinfällig.

Die Anforderungen an die AVB haben sich im Laufe der Zeit vor allem durch die Rechtsprechung verschärft. Sie haben einer Reihe von Prinzipien zu genügen:

* § 10 VAG fordert vollständige Angaben über:

    - **Versicherungsfall** und **Risikoausschlüsse**,

    - Art, Umfang und Fälligkeit der **Versicherungsleistungen**,

    - Fälligkeit der **Beiträge** und Folgen bei Zahlungsverzug,

    - **Obliegenheiten** des Versicherungsnehmers,

    - **Anspruchsverluste** beim Versäumen von Fristen,

    - inländische **Gerichtszuständigkeit**,

    - Prinzipien der **Überschussbeteiligung**.

* Nach § 305 c (1) BGB sind **überraschende Klauseln** unwirksam. Dabei handelt es sich um Festlegungen, die wegen ihres Inhalts oder ihrer Positionierung im Text ungewöhnlich sind. Beispielsweise dürfen Risikoausschlüsse nicht unter der Festsetzung des Gerichtsstandes bei Vertragsstreitigkeiten platziert werden, wo der Kunde sie nicht vermuten wird.

* **Unklare Bedingungen** liegen vor, wenn sie unterschiedliche rechtliche Auslegungen ermöglichen. Nach § 305 c (2) BGB sind sie zwar nicht unwirksam, müssen aber im für den Versicherungsnehmer günstigsten Sinn interpretiert werden.

* § 307 (1) BGB erklärt Bestimmungen für unwirksam, die nach den **Grundsätzen von Treue und Glauben** den Versicherungsnehmer unangemessen benachteiligen. Diese Klausel dient, im Unterschied zu den vorgenannten, der inhaltlichen Kontrolle von AVB. Der Bundesgerichtshof wandte sie in den 90er Jahren an, als er generelle zehnjährige Vertragsbindungen für unzulässig erklärte, da der Kunde so nicht angemessen auf Änderungen seiner Lebensverhältnisse reagieren könne.

Eine weitere Konsequenz des Verbots **unangemessener Benachteiligung** ist das **Transparenzgebot**, das den Versicherungsnehmer vor Klauseln schützen soll, deren Auswirkung und Tragweite er nicht abschätzen kann. Ebenso wenig dürfen AVB gegen gesetzliche Leitprinzipien verstoßen: So darf das im VVG eingeräumte Kündigungsrecht im Schadenfall zwar aufgehoben werden, aber nicht einseitig zulasten des Versicherungsnehmers.

- Die AVB sind nur dann für den einzelnen Versicherungsvertrag gültig, wenn sie Vertragsbestandteil gemäß § 305 (2) BGB geworden sind. Insbesondere gehört dazu, dass der Kunde auf sie im Rahmen der **Verbraucherinformation** ausdrücklich hingewiesen werden muss.

Mit der VVG-Reform sind Situationen entstanden, in denen nach altem Recht verfasste AVB mit Bestimmungen des neuen Versicherungsvertragsrechts nicht mehr harmonieren. In diesen Fällen wurde den Versicherungsunternehmen ein Änderungsrecht eingeräumt, um ihre Versicherungsbedingungen auch ohne Zustimmung der Kunden an die neue Rechtslage anpassen zu können. Diese Änderungen müssen mit Wirkung ab 1. Januar 2009 erfolgen und den Versicherungsnehmern bis spätestens 30. November 2008 mitgeteilt worden sein.

Unterbleibt eine Änderung, so sind nach dem 1. Januar 2009 Bedingungen nichtig, die gegen zwingende oder halbzwingende Regelungen des VVG verstoßen und es treten die gesetzlichen Regelungen an ihre Stelle. Prinzipiell können aber in diesem Sinne rechtswidrige AVB einen Missstand darstellen, auf den die Aufsichtsbehörde mit einer Anordnung zur Missstandsbeseitigung reagieren kann; zudem haben Verbraucherverbände ein Recht auf Unterlassungsklagen gegen die betreffenden Versicherer. Die gesetzliche Möglichkeit zur AVB-Anpassung stellt sich also im Licht weitergehender Rechtsgrundsätze eigentlich als Verpflichtung dar – eine unter Verbraucherschutzaspekten sinnvolle Interpretation, da der durchschnittliche Versicherungsnehmer kaum eine Möglichkeit hat, VVG-widrige Bestimmungen in den AVB als solche zu erkennen.

In den folgenden Abschnitten B.3.1 bis B.3.7 werden die wichtigsten Aspekte des Versicherungsvertragsrechts und ihre Auswirkungen auf die Versicherungspraxis im Überblick dargestellt. Die Darstellung beginnt daher mit Fragestellungen im Zusammenhang mit dem Zustandekommen von Versicherungsverträgen (Abschnitt B.3.1), gefolgt von Regelungen zu ihrem Beginn und Ende (Abschnitt B.3.2). Die Abschnitte B.3.3 bis B.3.5 behandeln inhaltliche Fragen der Änderung von Versicherungsverträgen, der Beitragszahlung und der Obliegenheiten des Versicherungsnehmers. Die Leistungspflicht des Versicherungsunternehmens beleuchtet Abschnitt B.3.6. Abschnitt B.3.7 geht auf besondere Regelungen für einzelne Versicherungszweige ein.

3.1 Zustandekommen des Versicherungsvertrages

Um sicherzustellen, dass der Versicherungsnehmer einen seiner Bedarfssituation möglichst angemessenen Versicherungsschutz erhält, sind dem Versicherungsunternehmen im Vorfeld umfangreiche **Beratungs- und Informationspflichten** auferlegt worden (Abschnitt B.3.1.1). Ein Vertragsabschluss setzt voraus, dass eine Partei einen **Antrag** stellt, der von der anderen Vertragspartei angenommen wird (Abschnitt B.3.1.2). Unter gewissen Voraussetzungen sind Möglichkeiten zum **Widerruf** oder **Rücktritt** gegeben. Sie sollen zum Beispiel gewährleisten, dass vor allem der Versicherungsnehmer Gelegenheit findet, seine Vertragsentscheidung zu korrigieren (Abschnitt B.3.1.3). Der Vertragsabschluss selbst wird durch einen **Versicherungsschein** dokumentiert (Abschnitt B.3.1.4).

3.1.1 Beratungs- und Informationspflichten

In Anlehnung an die im Zuge der Umsetzung der EU-Vermittlerrichtlinie vorgenommenen Änderungen des Vermittlerrechts wurden im VVG die §§ 6 und 7 formuliert, die die **Pflicht zur Beratung und Information** des Versicherungsnehmers sowie deren **Dokumentation** auf das Versicherungsunternehmen ausdehnen. Auf diese Weise werden angestellte Vermittler den gleichen Regeln unterworfen wie Versicherungsvertreter. Durch deren Beratungsleistung gelten die entsprechenden Pflichten des Unternehmens als erfüllt. Da Makler eigenständig das Kundeninteresse zu vertreten haben, entfällt in Bezug auf deren Tätigkeit eine eigenständige Beratungspflicht durch den Versicherer. Verträge, die auf dem Wege des Fernabsatzes, beispielsweise über das Internet, geschlossen werden, begründen ebenfalls keine Beratungspflicht des Versicherers, da sie in der Praxis kaum zu gewährleisten wäre.

Das Versicherungsunternehmen hat nach § 6 (4) VVG während der Vertragslaufzeit sicherzustellen, dass der Versicherungsnehmer auf Umstände hingewiesen wird, die eine Vertragsänderung motivieren könnten. Diese Umstände müssen für das Unternehmen erkennbar sein.

Beispiel: Ist bei einer zur Ablösung eines Bauspardarlehens abgeschlossenen Lebensversicherung aufgrund sinkender Überschüsse fraglich, ob das angepeilte Sparziel erreicht wird, könnte eine Erhöhung der Versicherungssumme infrage kommen.

Das Unternehmen muss außerdem nach § 7 VVG dafür sorgen, dass der Kunde vor seiner Vertragserklärung, die durch den Antrag oder die Zustimmung zum Angebot des Versicherers erfolgt, alle vertragsrelevanten Informationen erhalten hat, sofern dieser sich nicht mit einer späteren Informationsübermittlung einverstanden erklärt. Diese Verpflichtung geht über das alte Vertragsrecht hinaus, das dem Versicherer im Rahmen des so genannten **Policenmodells** erlaubte, wesentliche Vertragsinformationen erst zusammen mit dem **Versicherungsschein** zur Verfügung zu stellen (§ 5 a VVG-alt).

Im alten Recht waren die Informationspflichten noch außerhalb des Versicherungsvertragsgesetzes beschrieben, nämlich in § 10 a VAG und dessen Anlage D für die Lebensversicherung. Mit der Novelle wurden sie Gegenstand einer eigenen **Verordnung über Informationspflichten bei Versicherungsverträgen (VVG-Informationspflichtenverordnung, VVG-InfoV)** des Bundesjustizministeriums, da das Informationsbedürfnis weniger gegenüber der Öffentlichkeit, sondern in erster Linie gegenüber dem Kunden zu sehen ist.

Der Versicherer hat demnach wesentliche Angaben über

- sich als Unternehmen,

- Einlagensicherungsmaßnahmen zum Schutz des Vermögens der Versicherten,

- wichtige Leistungsmerkmale,

- die Höhe und Zusammensetzung der Prämie sowie deren Zahlungsmodalitäten,

- besondere finanztechnische Risiken,

- Beginn, Ende, Dauer und Fristen,

- Widerrufsrechte, allgemeine Rechtsgrundlagen, Gerichtszuständigkeit und Beschwerdeverfahren

vorab bereitzustellen. Bei Neuabschlüssen ab dem 1. Juli 2008 ist als übersichtliche und knappe Zusammenfassung der wichtigsten Vertrags- und Tarifmerkmale ein zusätzliches **Produktinformationsblatt** zu gestalten und den übrigen Informationsunterlagen voranzustellen.

An die vorvertraglichen Informationen in der Lebens-, Berufsunfähigkeits- und Krankenversicherung werden zusätzliche Anforderungen gestellt, auf die in den Abschnitten B.3.7.2, B.3.7.3 und B.3.7.5 eingegangen wird.

Gegenüber dem Versicherungsunternehmen darf der Kunde schriftlich auf Beratung und Information verzichten (**Verzichtserklärung**). Der Versicherer muss ihn jedoch zuvor darüber aufklären, dass dies seine Möglichkeiten beeinträchtigen kann, Schadenersatzansprüche wegen fehlerhafter Beratung geltend zu machen.

3.1.2 Antrag

Der Versicherungsvertrag ist ein Vertrag bürgerlichen Rechts, der durch **Antrag** und darauffolgende **Annahmeerklärung** zustande kommt. Seine Inhalte sind einerseits in der eigentlichen **Vertragsurkunde** niedergelegt, üblicherweise als **Versicherungsschein** oder **Police** bezeichnet. Andererseits sind produkt- oder spartenspezifische, aber nicht vertragsindividuelle Regelungen in den **Allgemeinen und Besonderen Versicherungsbedingungen** (**AVB** und **BVB**) fixiert. In der Police kann auf Formulierungen des Antrags ebenso verwiesen werden wie auf ergänzende Klauseln.

Üblicherweise stellt der Versicherungsnehmer den Antrag, auch wenn diesem oft die Initiative eines Versicherungsvermittlers vorausgeht (vgl. Absatz- und Beschaffungsorgane, Abschnitt C.6.1). Für den potenziellen Versicherungsnehmer erstellte **Angebote** sind zunächst keine Anträge im Sinne des Vertragsrechts, sondern erfüllen Informations- oder Werbezwecke. Das Unternehmen muss seinen Vertrieb aber so organisieren, dass dem Kunden im Rahmen der Informationspflichten (siehe Abschnitt B.3.1.1) die relevanten Vertrags- und Tarifinformationen vor Antragstellung vorliegen. Diese Vorgehensweise wird darum als **Antragsmodell** bezeichnet.

Formal kann der Antrag allerdings auch vom Unternehmen ausgehen, indem der Kunde ein Angebot anfordert, welches der Versicherer zusammen mit allen relevanten Vertragsunterlagen unterbreitet. Der Vertrag kommt zustande, wenn der Kunde diesem Angebot durch eine unterschriebene Erklärung zustimmt. Dieser Weg zum Vertragsabschluss, der die neuen vorvertraglichen Informationspflichten erfüllt, wird unter der Bezeichnung **Invitatiomodell** betrieben (von lat. *invitatio ad offerendum* = Aufforderung zur Angebotsabgabe). Selbstverständlich müssen hierbei dem Versicherer die vertragsspezifischen und risikobestimmenden Informationen schon mit der Kundenanfrage zur Kenntnis gelangen. Auch die Risikoprüfung des Versicherers muss bereits erfolgt sein, bevor das Angebot zugestellt wird.

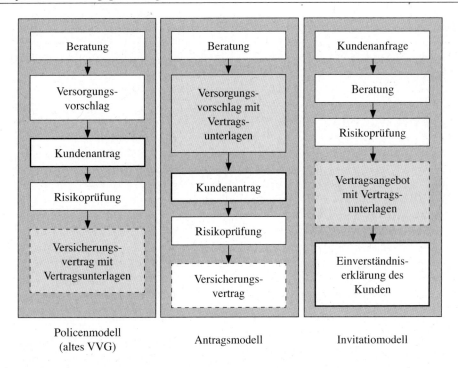

Abbildung 21: Wege zum Abschluss eines Versicherungsvertrages. Hellgraue Markierung: Eingang der Vertragsunterlagen beim Kunden; gestrichelter Rand: Vertragserklärung des Versicherungsunternehmens; fett umrandet: Vertragserklärung des Kunden

Der Antrag ist in der Regel ein vom Versicherer ausgestaltetes Formular, in dem der Antragsteller alle wichtigen Parameter des gewünschten Vertrages nennt und durch seine Unterschrift bestätigt. Antragsformulare dürfen nur so viele rechtlich selbstständige Versicherungsverhältnisse umfassen, dass **Übersichtlichkeit** und **Lesbarkeit** dadurch nicht beeinträchtigt werden. Sie müssen auf die zugrunde liegenden AVB ausdrücklich verweisen. Ansonsten ist die Antragsgestaltung für den Versicherer frei.

Auf der Basis des Antrags entscheidet der Versicherer über Annahme oder Ablehnung. Ein Antrag enthält daher typischerweise:

- **Vertragsparameter**, wie Versicherungssumme, Versicherungsbeitrag, Beginn oder Laufzeit,

- Angaben über die zu versichernden Personen oder Gegenstände, die eine **Risikoprüfung** ermöglichen,

- **Ermächtigungserklärungen**.

Ermächtigungserklärungen gestatten dem Versicherer die Weitergabe vertragsbezogener Daten an Verbände oder andere Unternehmen der Branche, oder erlauben ihm – in der Personenversicherung – Informationen bei Ärzten, Krankenhäusern etc. einzuholen. Eine derartige

Entbindung von der Schweigepflicht darf nach einer Entscheidung des Bundesverfassungsgerichts vom 23. Oktober 2006 als Generalvollmacht eingefordert werden, wenn der Versicherungsnehmer alternativ die Möglichkeit hat, sich für eine einzelfallbezogene Einwilligung zu entscheiden (§ 213 VVG).

3.1.3 Rücktritts- und Widerrufsrechte

Das bürgerliche Recht (§ 130 BGB) legt fest, dass ein Antrag grundsätzlich rechtswirksam wird, sobald er dem Empfänger zugegangen ist. In der Versicherungswirtschaft wird davon traditionell abgewichen, indem der Kunde seinen Antrag innerhalb einer Frist von zwei Wochen (in der Lebensversicherung: 30 Tage) widerrufen kann.

Im Zusammenhang mit der Abschaffung des Policenmodells wurde durch §§ 8 und 152 VVG die kundenfreundliche Regelung, die bis 2007 nur für Fernabsatzverträge galt, im Wesentlichen auf alle Versicherungsverträge übertragen. Der Beginn der Widerrufsfrist ist nun einheitlich auf den Zeitpunkt gelegt, an dem der Versicherungsschein dem Kunden zugegangen ist und ihm alle vertragsrelevanten Informationen vorliegen. Dazu gehören beispielsweise die vollständigen AVB, aber auch ein deutlicher Hinweis, dass der Kunde überhaupt ein Widerrufsrecht hat.

Vom Widerrufsrecht ausgenommen bleiben fortan Verträge mit einer Laufzeit von weniger als einem Monat, Verträge über eine vorläufige Deckung (siehe Abschnitt B.3.2.2), bestimmte Pensionskassenverträge und Versicherungsverträge zu Großrisiken; in diesen Ausnahmefällen wäre ein Widerrufsrecht sinnwidrig oder eine unnötige Überdehnung des Verbraucherschutzgedankens.

Mit der Antragstellung beginnt die so genannte **Bindefrist** (§§ 147 und 148 BGB) von normalerweise vier Wochen, in der der Versicherungsnehmer an seinen Antrag gebunden bleibt. Erklärt das Versicherungsunternehmen die Annahme des Antrags nicht innerhalb der Bindefrist, ist der Antrag hinfällig. Übersendet der Versicherer seine Annahmeerklärung erst später, gilt dies als neues Angebot, dem der Kunde erneut zustimmen muss, und nicht automatisch als wirksamer Vertragsabschluss.

Neben dem allgemeinen Widerrufsrecht gibt es laut § 5 VVG ein Widerspruchsrecht für Fälle, in denen Vertragsangebot und Antrag einerseits und Vertragstext gemäß Versicherungsschein und Vertragsbedingungen andererseits voneinander abweichen. Dies kann etwa dadurch geschehen, dass unterschiedliche Datenverarbeitungstechnik beim Versicherer gegenüber dem Angebot zu geringfügigen Abweichungen beim ausgewiesenen Versicherungsbeitrag führt oder dass dem Vertrag eine geänderte Fassung der AVB beigefügt wird.

§ 5 VVG definiert für solche Fälle ein stillschweigendes Genehmigungsverfahren (**Billigungsklausel**). Demnach gelten Abweichungen vom Antrag nach einem Monat ab Zugang des Versicherungsscheins als genehmigt, wenn der Kunde auf sie deutlich hingewiesen und darüber aufgeklärt wurde, dass er den Änderungen binnen Monatsfrist widersprechen muss, sein Schweigen andernfalls nach Ablauf dieser Frist als Zustimmung gewertet wird. Auf die Änderungen deutlich hinzuweisen schließt nach den neuen Informationspflichten die erneute Überreichung sämtlicher vorvertraglicher Informationen mit den geänderten Daten ein.

Die Abweichungen werden also unter diesen Voraussetzungen Vertragsbestandteil, wenn der Kunde nicht ausdrücklich widerspricht. Wurde der Kunde hingegen nicht über sein Widerspruchsrecht aufgeklärt, gelten die Abweichungen vom Inhalt des Antrags nicht als Vertragsbestandteil. Der Vertrag gilt dann vielmehr als so zustande gekommen, wie es dem Inhalt des Antrags entspricht.

3.1.4 Versicherungsschein

Die Übersendung des **Versicherungsscheins** (auch **Police**) gilt als Annahmeerklärung durch das Versicherungsunternehmen. Nach Ablauf der Widerrufs- und Widerspruchsfristen ist der Vertrag damit wirksam geschlossen. Der Kunde ist folglich zur Beitragszahlung, der Versicherer zur Gewährung von Versicherungsschutz verpflichtet.

Der Versicherungsschein muss in **Textform** gestaltet sein (§ 3 (1) VVG), ein Papierausdruck (**Urkunde**) ist nach neuem Recht nur noch auf ausdrücklichen Kundenwunsch zwingend. Der Versicherungsschein hat vor allem Informationscharakter, da er normalerweise nicht sämtliche vertragsrelevanten Bestimmungen enthält.

Geht ein Versicherungsschein verloren, muss dem Versicherungsnehmer auf dessen Kosten ein Ersatz ausgestellt werden. In manchen Fällen kann der Versicherer verlangen, dass zuvor eine **Kraftloserklärung** für den alten Versicherungsschein erfolgt, um konkurrierenden Ansprüchen vorzubeugen.

Ein Versicherungsschein gilt zudem als **einfacher Schuldschein**. Der Versicherer darf ihn deshalb nach Ende des Versicherungsverhältnisses vom Versicherungsnehmer zurückverlangen. Ein auf den Inhaber ausgestellter Versicherungsschein – zum Beispiel in der kapitalbildenden Lebensversicherung – ist ein so genanntes **hinkendes Inhaberpapier**. Der Versicherer hat seine Leistungspflicht erfüllt, wenn er die Leistung gegenüber dem jeweiligen Inhaber des Dokuments erbringt, auch wenn dies nicht der Versicherungsnehmer oder der Bezugsberechtigte ist. Er kann allerdings einen Berechtigungsnachweis für den Empfang der Leistung fordern (§ 4 (1) VVG).

3.2 Beginn und Ende des Versicherungsvertrages

3.2.1 Beginn des Versicherungsvertrages

Für den Beginn eines Versicherungsvertrages sind hauptsächlich drei Zeitpunkte von Bedeutung:

- Der **formelle Versicherungsbeginn** bezeichnet den Zeitpunkt des Vertragsabschlusses. In der Regel ist dies das Datum der Annahme-(Erklärung) durch den Versicherer.

- Mit dem **technischen Versicherungsbeginn** setzt die Beitragszahlungspflicht des Versicherungsnehmers ein. Durch die erstmalige Beitragszahlung (**Einlösebeitrag**) muss der Versicherungsvertrag eingelöst werden.

- Der **materielle Versicherungsbeginn** definiert den Zeitpunkt, mit dem der Versicherungsschutz einsetzt. Üblich ist hier der Termin, zu dem der Einlösebeitrag gezahlt wird. § 37 (2) VVG formuliert diesen Sachverhalt negativ: Der Versicherer ist von der Leistungspflicht frei, solange die erste Prämie nicht gezahlt wurde und der Versicherungsnehmer dies selbst zu verantworten hat. Wegen dieser schwerwiegenden Konsequenz setzt diese Bestimmung ebenfalls eine ausdrückliche schriftliche Belehrung des Kunden voraus.

Normalerweise sind alle drei Beginnzeitpunkte verschieden:

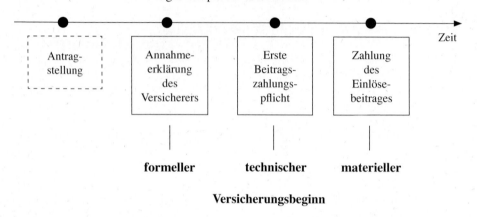

Abbildung 22: Zeitliche Abfolge der verschiedenen Versicherungsbeginne

Von der Festlegung des materiellen Beginns über die Zahlung des Einlösebeitrages wird in der Praxis oft aber auch dahin gehend abgewichen, dass dem Versicherungsnehmer nach dem formellen Vertragsbeginn eine Frist zur Zahlung dieses Beitrages eingeräumt wird, in der schon Versicherungsschutz besteht. Verbreitet ist eine Frist von zwei Wochen.

Der Versicherungsvertrag dauert, einmal rechtswirksam abgeschlossen, bis zum regulären Ablauf oder bis einer der in Abschnitt B.3.2.3 diskutierten Beendigungsgründe vorliegt. Daneben kann der Versicherungsvertrag jederzeit einvernehmlich aufgehoben werden.

3.2.2 Vorläufige Deckung, Rückwärtsversicherung

Ein anderes Vorgehen führt zum Konzept der **vorläufigen Deckung**. Hierbei geht dem eigentlichen Hauptversicherungsverhältnis ein rechtlich selbstständiges voraus, in dem bereits ein Versicherungsschutz gewährt wird (**Trennungsprinzip**). Vorläufige Deckung findet sich vor allem in der **Industrieversicherung** oder in der **Kraftfahrzeughaftpflichtversicherung**. Wegen der gewachsenen Bedeutung der vorläufigen Deckung wurden die §§ 49–52 VVG formuliert, um die zuvor verteilt bestehenden rechtlichen Regelungen zu bündeln.

Vorläufige Deckung soll dem Interesse des Versicherungsnehmers am Versicherungsschutz entgegenkommen, solange die **Vertrags-** und **Risikoprüfung** noch nicht abgeschlossen ist. Bis zum Abschluss eines endgültigen Vertrages (**Hauptvertrag**) bestehen daher bei der Informationspflicht durch das Versicherungsunternehmen gewisse Erleichterungen (§ 49 VVG). Die vorläufige Deckung beginnt zumeist unmittelbar mit Erteilung der Zusage, in der Kraftfahrzeughaftpflichtversicherung in der Regel am Tag der Fahrzeugzulassung.

Das vorläufige Deckungsverhältnis darf nicht zeitlich befristet werden. Es endet aber entweder mit der Ablehnung des endgültigen Vertrages durch das Versicherungsunternehmen – wobei dem Versicherungsnehmer eine Frist zugestanden wird, um sich anderweitig Versicherungsschutz zu verschaffen –, mit einer weiteren Vereinbarung über vorläufige Deckung oder mit Beginn des Versicherungsschutzes aus dem endgültigen Vertrag (§ 52 VVG).

Die Prämie für die Zeit der vorläufigen Deckung ist vom Versicherungsnehmer spätestens dann zu entrichten, wenn die vorläufige Deckung endet. Kommt der Hauptvertrag zustande, berechnet sie sich so, als hätte von Anfang an nur ein Vertrag bestanden. Kommt kein Hauptvertrag zustande, ist der Beitrag für die vorläufige Deckung nach § 50 VVG anteilig wie bei einer inhaltlich gleich gestalteten Hauptversicherung zu ermitteln. Der Versicherungsnehmer soll so vor willkürlicher Preisgestaltung für die kurze Versicherungsdauer geschützt werden.

Zahlt der Kunde die Prämie nicht, endet der Vertrag spätestens zu dem Zeitpunkt, ab dem sich der Versicherungsnehmer im Zahlungsverzug befindet. Der Versicherer hat die Möglichkeit, als verschärfte Sanktion den Vertrag rückwirkend ab Beginn zu kündigen. Auch hierüber besteht eine Pflicht zu deutlicher Kundeninformation. Die Kündigungsregelung verfolgt den Zweck, zum Beispiel in der Kraftfahrzeughaftpflichtversicherung den permanenten Wechsel des Fahrzeughalters zwischen verschiedenen Versicherern zu unterbinden, ohne dass für den vorläufigen Versicherungsschutz Prämien bezahlt werden.

Weiterhin ermöglicht § 2 VVG den Abschluss eines **Rückwärtsversicherungsvertrages** (nicht zu verwechseln mit einem Rückversicherungsvertrag), bei dem der technische und materielle Versicherungsbeginn *vor* dem formellen liegen. Dies geschieht zum Beispiel in der **Transportversicherung** (vgl. A.6.2.4.3.1) oder in der D & O-Versicherung (vgl. A.6.2.4.3.2). Im Unterschied zur vorläufigen Deckung liegt kein separates Versicherungsverhältnis vor, lediglich der materielle Beginn ist vorverlegt.

Der Versicherungsfall kann bei Abschluss des Vertrages schon eingetreten sein. Rückwärtsversicherung bewirkt aber nur dann eine Leistungspflicht des Versicherers, wenn Versicherer und Versicherungsnehmer davon zu diesem Zeitpunkt noch nichts wissen. Kennt der Versicherungsnehmer hingegen bereits den Eintritt des Versicherungsfalles, muss der Versicherer nicht leisten, hat aber Anspruch auf die Versicherungsprämie. Umgekehrt kann der Versicherer keine Prämie beanspruchen, wenn ihm bei Vertragsabschluss schon bekannt ist, dass überhaupt kein Versicherungsfall eintreten kann.

Da der Zweck der Rückwärtsversicherung in einer Vorverlagerung des Versicherungsschutzes besteht, ist in der Praxis für die Kenntniserlangung vom Eintritt eines Versicherungsfalles meistens der Zeitpunkt der Antragstellung relevant: Es wird davon ausgegangen, dass danach eine Manipulation durch den Versicherungsnehmer zum Schaden des Unternehmens normalerweise nicht mehr möglich ist, und genau darin liegt der Zweck dieser Klausel.

3.2.3 Ende des Versicherungsvertrages

Der Versicherungsvertrag endet, sobald das Ende der vereinbarten Laufzeit erreicht ist. Bestand das Versicherungsverhältnis für mindestens ein Jahr, kann in den AVB eine Klausel zur stillschweigenden **Vertragsverlängerung** vorgesehen werden. Demnach verlängert sich der Vertrag automatisch um eine Versicherungsperiode, wenn er nicht vor dem Ende der jeweils laufenden Periode gekündigt wurde.

Als Versicherungsperiode gilt hierbei üblicherweise der Zeitraum von einem Jahr; ist eine kürzere Beitragszahlungsperiode vereinbart, kann auch eine kürzere Versicherungsperiode festgelegt werden. Eine längere Periode ist hingegen nach § 11 (1) VVG nicht zulässig. Ihr **Kündigungsrecht** können beide Seiten mit einer Frist von mindestens einem Monat, höchstens drei Monaten vor Ablauf wahrnehmen. In den AVB der Versicherer sind im Regelfall drei Monate festgelegt. In der Kraftfahrzeughaftpflichtversicherung ist es ein Monat, weil hier eine Pflichtversicherung mit besonderer gesetzlicher Grundlage vorliegt.

Ist der Vertrag auf unbestimmte Zeit abgeschlossen, können beide Vertragsparteien ihn zum Schluss der jeweils laufenden Periode kündigen; auf dieses Recht können sie vertraglich bis zur Dauer von höchstens zwei Jahren verzichten (§ 11 (2) VVG).

Befristete Verträge darf der Versicherungsnehmer nach spätestens drei Jahren und danach zum Ende eines jeden Jahres kündigen (§ 11 (4) VVG). Das alte Recht gestattete statt der drei Jahre noch eine längere Sperrfrist von fünf Jahren (§ 8 (3) VVG-alt). Für das Kündigungsrecht gilt eine Frist von drei Monaten vor dem gewünschten Kündigungstermin.

Erfolgt die Kündigung durch den Versicherungsnehmer nicht fristgerecht, muss das Versicherungsunternehmen sie sofort zurückweisen. Andernfalls wird auch die nicht fristgerechte Kündigung wirksam.

Daneben bestehen zahlreiche Möglichkeiten für **außerordentliche Kündigungen**, die per Gesetz oder durch AVB geregelt sind.

• Beispielsweise darf der Versicherungsnehmer **nach einer Beitragserhöhung** innerhalb eines Monats kündigen (§ 40 VVG); der Versicherungsnehmer muss darauf ausdrücklich hingewiesen werden.

• Ein Kündigungsrecht besteht vielfach auch in der Schadenversicherung **nach einem Leistungsfall**. Dadurch soll dem Versicherungsnehmer ermöglicht werden, den Vertrag nach unbefriedigend verlaufener Schadenregulierung zu beenden. Der Versicherer darf ein derartiges Sonderkündigungsrecht nur dann für sich vorsehen, wenn er es auch dem Kunden einräumt.

• Wird in der Schadenversicherung das Recht an einer versicherten Sache auf einen Dritten übertragen (**Veräußerung**), geht das Versicherungsverhältnis zunächst auf den Erwerber über, dessen Interesse so geschützt werden soll. Beide Seiten dürfen aber das Versicherungsverhältnis kündigen. Während der Versicherer eine Frist von einem Monat abzuwarten hat, ist der Erwerber zur sofortigen Kündigung berechtigt. Dieses außerordentliche Kündigungsrecht muss jeweils innerhalb eines Monats ausgeübt werden, sonst erlischt es (§ 96 VVG).

Interessenwegfall führt ebenfalls zur Beendigung des Versicherungsverhältnisses. In der Schadenversicherung ist dies zum Beispiel der Fall, wenn das versicherte Unternehmen seinen Geschäftsbetrieb einstellt (Industrieversicherung), das versicherte Fahrzeug einen Totalschaden erleidet (Kraftfahrtversicherung; der Vertrag kann dann aber auf Versicherung eines Neufahrzeugs abgeändert werden) oder der versicherte Gegenstand gestohlen wird. In der Personenversicherung ist das versicherte Risiko regelmäßig mit der versicherten Person verknüpft, sodass bei deren Tod das versicherte Interesse ebenfalls wegfällt und die Versicherung endet.

Nach § 7 (1) VVG-alt waren **Versicherungsbeginn** und **Versicherungsende** auf 12 Uhr des jeweiligen Tages terminiert; davon konnte durch vertragliche Vereinbarung abgewichen werden. Da diese Regelung in vielen Fällen unpraktikabel war und zum Beispiel in der Krankenversicherung auch bisher schon von ihr abgewichen wurde, legt der neue § 10 VVG stets 0 Uhr des Beginndatums als Versicherungsbeginn fest und 24 Uhr des letzten Tages als Versicherungsende. Andere vertragliche Vereinbarungen sind nach wie vor zulässig.

3.3 Vertragsänderungen

Änderungen des Versicherungsvertrages sind jederzeit einvernehmlich möglich. Da dieses Vorgehen stets der Zustimmung des Kunden bedarf und eine standardisierte Vertragsgestaltung erschwert, sind unter bestimmten Voraussetzungen einseitige Vertragsänderungen gesetzlich zulässig. Als Beispiel diene die Aufnahme von **Beitrags-** und **Summenanpassungsklauseln** in die AVB. Klauseln zu **Änderungsvorbehalten** sind unter anderem deshalb erforderlich, weil nur so mit vertretbarem Aufwand Änderungen aufgrund höchstrichterlicher Entscheidungen oder gesetzlicher Regelungen in bestehende Verträge übernommen werden können. Zur Beurkundung der Änderung ist ein **Nachtrag zum Versicherungsschein** erforderlich.

Es hängt vom Ausmaß der Abweichung vom alten Vertragszustand ab, ob von einer **Vertragsänderung** oder einem **Neuabschluss** auszugehen ist. Dies hat Auswirkungen auf die Zahlung von Erst- und Folgebeiträgen (siehe dazu Abschnitt B.3.4), aber auch steuerrechtliche Konsequenzen, beispielsweise in der Lebensversicherung.

Bei **Veräußerung einer versicherten Sache** oder **Zwangsversteigerung** wechselt der Versicherungsnehmer; der Erwerber tritt in die Rechte und Pflichten des Verkäufers ein. So soll Kontinuität im Versicherungsschutz gewährleistet werden. Andererseits besteht für den neuen Versicherungsnehmer wie für das Versicherungsunternehmen ein befristetes außerordentliches Kündigungsrecht (vgl. Abschnitt B.3.2).

Bleibt der Vertrag bestehen, haften Erwerber und Verkäufer **gesamtschuldnerisch** für den Versicherungsbeitrag, der für die zum Zeitpunkt des Erwerbs laufende Versicherungsperiode zu zahlen ist. Der Versicherer darf den Beitrag also wahlweise von einem der beiden einfordern. Kündigt der Erwerber den Vertrag, bleibt es bei der Beitragszahlungspflicht des Verkäufers.

Die Veräußerung ist dem Versicherer unverzüglich mitzuteilen, andernfalls erlischt seine Leistungspflicht. § 97 (1) VVG fordert für die Leistungsfreiheit zusätzlich, dass der Versicherer nachweisen kann, dass er den Vertrag mit dem Erwerber nicht abgeschlossen hätte. Die Veräußerungsproblematik wird in den §§ 95 – 99 VVG geregelt.

Ein Übergang des Versicherungsvertrages geschieht bei sachbezogenen Risiken auch im Wege der Erbfolge. Bei personenbezogenen Risiken, wie in der Krankenversicherung, erlischt dagegen der Vertrag normalerweise, weil das versicherte Interesse weggefallen ist.

Nicht nur der Versicherungsnehmer als Vertragsbeteiligter kann wechseln, sondern auch das Versicherungsunternehmen. Dies geschieht auf dem Wege einer vollständigen oder teilweisen **Bestandsübertragung**. Das Verfahren ist durch die BaFin genehmigungspflichtig und in § 14 VAG geregelt. Der neue Versicherer tritt in alle Rechte und Pflichten des alten Versicherers ein. Eine Genehmigung der Übertragung durch den Versicherungsnehmer ist nicht erforderlich, er hat auch kein außerordentliches Kündigungsrecht.

Nach einem Urteil des Bundesverfassungsgerichts aus dem Jahr 2006 ist bei einer Bestandsübertragung aber sicherzustellen, dass die Versicherungsnehmer an den Vermögenswerten des Unternehmens angemessen beteiligt werden. Dies führte zur Neuregelung der Überschussbeteiligung in der Lebensversicherung (siehe Abschnitt B.3.7.2).

Insolvenz des Versicherungsnehmers berechtigte den Versicherer nach § 14 VVG-alt zur Kündigung des Versicherungsvertrages. Dieses Recht ist im neuen VVG entfallen; ein Insolvenzverfahren über das Vermögen des Versicherungsnehmers berührt den Vertrag vom Grundsatz her nicht. Der Insolvenzverwalter kann aber über die Fortführung entscheiden.

Hingegen erklärt § 16 VVG den Versicherungsvertrag wie bisher mit Ablauf eines Monats nach Eröffnung eines Insolvenzverfahrens über das Vermögen des Versicherers für beendet. Das VAG regelt allerdings umfänglich das Insolvenzverfahren, um Ansprüche der Versicherungsnehmer zu sichern, vor allem in der Lebens- und Krankenversicherung.

In speziellen Versicherungsverhältnissen ist eine **Vertragsunterbrechung** zulässig. In der Lebensversicherung geschieht dies auf dem Wege der **Beitragsfreistellung**; es wird eine neue, beitragsfreie Versicherungssumme berechnet. In der Kraftfahrzeughaftpflichtversicherung kann ein Vertrag ruhen, wenn das versicherte Fahrzeug befristet stillgelegt wird. Der Vertrag erlischt dann automatisch, wenn er nicht innerhalb eines Jahres durch Wiederzulassung des Fahrzeugs reaktiviert wird.

3.4 Beitragszahlung

Die Hauptpflicht, die dem Versicherungsnehmer aus dem Versicherungsvertrag zuwächst, ist die der **Beitragszahlung**. Man unterscheidet zwischen laufenden und einmaligen Beiträgen. **Laufende Beitragszahlung** in jährlichen, halbjährlichen, vierteljährlichen oder monatlichen Raten ist die Regel, **Einmalbeiträge** kommen fast nur in der Lebensversicherung oder bei Verträgen mit kurzer Versicherungsdauer vor, zum Beispiel in der Reisegepäckversicherung. Aufgrund der Vertragsstruktur können Verträge mit unbestimmter Dauer oder mit Verlängerungsklausel nur gegen laufende Beitragszahlung abgeschlossen werden.

Beitragsschuldner ist in der Regel der Versicherungsnehmer, gegebenenfalls auch ein Erbe oder Erwerber der versicherten Sache. Die Beitragszahlung kann ersatzweise durch die versicherte Person, den Bezugsberechtigten oder einen Pfandgläubiger vorgenommen werden (§ 34 VVG), eine entsprechende Verpflichtung besteht aber nicht. Die Pflicht zur Beitragszahlung beinhaltet, dass der Versicherungsnehmer für den Geldtransfer auf eigene Gefahr und Kosten zu sorgen hat (§ 36 (2) VVG). Es gibt jedoch nach § 33 (2) VVG eine Gewohnheitsregelung, nach der der Versicherer vom Versicherungsnehmer die aktive Beitragszahlung ausdrücklich verlangen muss, wenn er diese zuvor etwa auf dem Weg des Lastschrifteinzuges selbst sichergestellt hat.

Von der **Fälligkeit** einer Zahlung ist die **Tilgung der Zahlungspflicht** zu unterscheiden, die den tatsächlichen Geldübergang betrifft. Bei der kaum noch anzutreffenden Barzahlung ist dies die Übergabe des Beitrages an einen Bevollmächtigten des Versicherungsunternehmens, bei Überweisung die Gutschrift auf dem Konto des Versicherers. An die **Rechtzeitigkeit** der Zahlung werden schwächere Anforderungen gestellt; hier gilt etwa schon das Einreichen eines Überweisungsauftrages durch den Versicherungsnehmer bei ausreichender Kontodeckung als hinlängliches Kriterium. Im Lastschriftverfahren gilt die Zahlung als rechtzeitig geleistet, wenn das Konto des Beitragszahlers zum Fälligkeitszeitpunkt ausreichende Deckung aufweist.

Da das neue VVG dem Kunden umfangreichere Widerrufsrechte einräumt als das alte, musste auch die Regelung zur Zahlung des **Erstbeitrages** (auch **Einlösebeitrag** genannt) oder des Einmalbeitrages modifiziert werden. § 35 VVG-alt verlangte die Zahlung dieses Beitrages sofort nach Vertragsabschluss, der neue § 33 VVG hingegen erst zwei Wochen nach dem Zugang des Versicherungsscheins, wenn im Normalfall die Widerrufsfrist gemäß § 8 VVG abläuft. Die meisten AVB sehen allerdings auch bisher schon eine zweiwöchige **Zahlungsfrist** vor (**erweiterte Einlösungsklausel**). Unverändert bleibt die Bestimmung, dass bei Abweichungen des Versicherungsscheins vom Antrag der Erstbeitrag erst mit Ablauf der Billigungsfrist fällig wird. Dieser Aufschub entfällt, wenn der Versicherungsnehmer den Abweichungen ausdrücklich zustimmt.

Erfolgt die Zahlung des Erst- oder Einmalbeitrages nicht rechtzeitig, kann der Versicherer nach § 37 (1) VVG vom Vertrag zurücktreten. Im Unterschied zu § 38 (1) VVG-alt gilt dies aber nur, wenn der Versicherungsnehmer die Nichtzahlung auch zu verantworten hat. Der Versicherer muss seinen Rücktritt ausdrücklich erklären: Die so genannte **Rücktrittsfiktion** des alten Rechts ist seit 1. Januar 2008 entfallen, nach der es bereits als Rücktritt gilt, wenn der Versicherer seine Beitragsforderung ab Fälligkeit drei Monate lang nicht gerichtlich geltend gemacht hat.

Solange Erst- oder Einmalbeitrag nicht gezahlt worden sind, ist der Versicherer nicht zur Leistung verpflichtet, wenn er den Versicherungsnehmer ausdrücklich über diese Konsequenz aufgeklärt hat und dieser den Zahlungsverzug selbst zu verantworten hat (§ 37 (2) VVG). §§ 51 und 52 VVG enthalten sinngemäße Regelungen für Vereinbarungen über vorläufige Deckung.

Folgebeiträge treten nur bei laufender Beitragszahlung auf; diese umfasst alle Beitragsfälligkeiten, die dem Erstbeitrag folgen. Bei **Zahlungsverzug** gilt hier § 38 VVG. Der Versicherer hat zunächst das Recht, den Versicherungsnehmer unter Einhaltung bestimmter Formvorschriften zu mahnen und kann ihm dabei eine mindestens zweiwöchige Zahlungsfrist setzen. Die Formvorschriften beinhalten zum Beispiel die genaue Auflistung der rückständigen Beiträge und eine Belehrung über die Folgen der Nichtzahlung nach Fristablauf. Sind die Formvorschriften verletzt, etwa weil ein zu hoher Beitragsrückstand ausgewiesen wird, ist die Fristsetzung unwirksam.

Ist die Frist verstrichen, darf der Versicherer den Vertrag fristlos kündigen; die Kündigung darf auch gemeinsam mit dem Mahnschreiben angedroht werden und tritt dann automatisch in Kraft, wenn der rückständige Beitrag bis zum Fristablauf nicht gezahlt worden ist. Der Versicherer muss nicht leisten, wenn nach Fristablauf ein Versicherungsfall eintritt und der Versicherungsnehmer zu diesem Zeitpunkt immer noch mit der Zahlung in Verzug ist.

Der Versicherungsnehmer wiederum kann innerhalb eines Monats nach Ablauf der angemahnten Zahlungsfrist durch nachgeholte Beitragszahlung die Wirksamkeit der Kündigung aufheben. Dies gilt im Gegensatz zur alten Rechtslage auch, wenn zwischenzeitlich ein Versicherungsfall eingetreten ist; der Versicherer bleibt aber auch dann von der Leistungsfrist für diesen Versicherungsfall befreit.

Der Versicherer darf fällige Beitragszahlungen mit Leistungen, die er selbst erbringen muss, verrechnen, und zwar auch dann, wenn diese Leistungen gegenüber anderen Bezugsberechtigten als dem Versicherungsnehmer zu erbringen sind (§ 35 VVG).

Eine wesentliche Änderung des VVG betrifft das Prinzip der **Unteilbarkeit der Prämie**. Eine vorzeitige Vertragsaufhebung innerhalb einer Versicherungsperiode führte nach § 40 VVG-alt dazu, dass dem Versicherer der Versicherungsbeitrag trotzdem für die gesamte Periode zustand. Demgegenüber legt der neue § 39 VVG fest, dass der Versicherer nur den anteiligen Beitrag beanspruchen kann.

Erfolgt die Vertragsbeendigung rückwirkend während der Versicherungsperiode, so hat der Versicherer nach neuem Recht nur für den Zeitraum Anspruch auf den Beitrag, in dem Versicherungsschutz bestand, da der Versicherer anschließend keine Gefahr zu tragen hatte. Davon wird nur bei **Überversicherung** oder **Mehrfachversicherung** abgewichen (§§ 74 (2) und 78 (3) VVG; für die Begriffe Über- und Mehrfachversicherung siehe Abschnitt B.3.6) oder wenn ein versichertes Interesse fehlt (§ 80 (3) VVG). Auch dann aber wird künftig nur noch von einem zeitanteiligen Beitragsanspruch ausgegangen, während die Regelungen in §§ 51 (3) und 59 (3) VVG-alt noch dem Prinzip der Unteilbarkeit der Prämie folgen.

Ergänzend zu besonderen Konstellationen, wie **Gefahrerhöhungen** (Abschnitt B.3.5.3), sind **Beitragsanpassungen** in der Sach- und Vermögensversicherung auf der Grundlage von Anpassungsklauseln in den AVB möglich; oft besteht dabei eine Koppelung an amtliche Indizes oder Statistiken. In der Lebens- und Krankenversicherung sind Beitragsanpassungen nur unter restriktiven Bedingungen zulässig, auf die in den Abschnitten B.3.7.2 und B.3.7.5 eingegangen wird.

3.5 Obliegenheiten des Versicherungsnehmers und Risiko- ausschlüsse

Die so genannten **Obliegenheiten** sind eine Besonderheit des Versicherungsvertragsrechts. Sie verpflichten den Versicherungsnehmer zu bestimmten Verhaltensweisen, damit er den vertraglich festgelegten Versicherungsschutz ungeschmälert oder überhaupt genießt. Das VVG gibt für die Obliegenheit keine Definition an, da es sich um einen interpretationsoffenen Begriff handelt, der zudem durch die Rechtsprechung ständig weiterentwickelt wird.

Es handelt sich bei Obliegenheiten nicht um echte **Rechtspflichten** wie bei der Beitragszahlungspflicht. Solche kann der Versicherer auch gerichtlich eintreiben. Dem Versicherungsnehmer steht es demgegenüber frei, sich an Obliegenheiten zu halten. Die nachteiligen Konsequenzen von **Obliegenheitsverletzungen** bestehen für ihn im Entzug des Versicherungsschutzes oder von Teilen desselben.

Vom Grundsatz des bürgerlichen Rechts, wonach eine Mitwirkung oder Mitschuld an einem Schaden etwaige **Schadenersatzansprüche** reduziert, wird dabei im alten VVG abgewichen und in Gestalt von **Leistungsbefreiung** oder **Rücktrittsrechten** des Versicherers ein strafendes Moment in das Vertragsrecht eingeführt. Die VVG-Novelle nimmt diese Abweichungen vor allem bei den **vorvertraglichen Anzeigepflichten** etwas zurück und führt so in diesem Sektor das Versicherungsvertragsrecht wieder näher an das gewöhnliche Zivilrecht heran.

Risikoausschlüsse (Abschnitt B.3.5.1) werden durch die AVB festgelegt. Obliegenheiten ergeben sich als gesetzliche Obliegenheiten aus Regelungen des VVG, als vertragliche Obliegenheiten durch individuelle Vereinbarung oder ebenfalls durch die AVB. Man unterscheidet Obliegenheiten, die vor dem Zustandekommen des Vertrages erfüllt sein müssen (Abschnitt B.3.5.2), Obliegenheiten, die während der Vertragslaufzeit vor Eintritt eines Versicherungsfalles zu erfüllen sind (Abschnitt B.3.5.3) und spezielle Obliegenheiten im Versicherungsfall (Abschnitt B.3.5.4). Besondere Berücksichtigung verdient das Verhalten und die Kenntnis **Dritter**, die dem Versicherungsnehmer zugerechnet werden (Abschnitt B.3.5.5).

Zwei wichtige Änderungen im neuen VVG betreffen zum einen die vorvertraglichen Anzeigepflichten; hier wird die Stellung des Versicherungsnehmers gestärkt. Zum anderen wird der in vielen praktischen Fällen unangemessene Grundsatz des „Alles oder Nichts" der Leistungsfestlegung stark eingeschränkt. Beide Änderungen verleihen vor allem der Rechtsprechung der letzten Jahrzehnte eine einheitlichere gesetzliche Form.

3.5.1 Risikoausschlüsse

Von Obliegenheiten sind **Risikoausschlüsse** zu unterscheiden. Sie definieren Sachverhalte, in denen kein Versicherungsschutz gegeben ist, und zwar unabhängig vom Verhalten des Versicherungsnehmers.

Beispiel: *In der **Unfallversicherung** entfallen nach den AUB 2008 (Musterbedingungen des GDV) des GDV die Leistungen bei Unfalltod, wenn dieser dem Versicherer nicht innerhalb von 48 Stunden nach dem Todesfall angezeigt wird (Obliegenheit). Gesundheitliche Schäden infolge von Insektenstichen sind generell nicht versichert, unabhängig vom Verhalten des Versicherten (Risikoausschluss).*

Risikoausschlüsse sind wesentlich für die vertragliche Definition des **Versicherungsumfangs**. Durch so genannte **primäre Risikoabgrenzungen** werden die versicherten Gefahren und mögliche Schäden beschrieben. Risikoausschlüsse sind dagegen **sekundäre Risikoabgrenzungen**, die die primären Risikoabgrenzungen durch Ausnahmeregelungen modifizieren und weiter einschränken. Die Beweispflicht dafür, dass ein Risikoausschluss vorliegt, liegt zumeist beim Versicherer.

Objektive Risikoausschlüsse liegen nicht in der Person des Versicherungsnehmers begründet, sondern in äußeren, eben „objektiven" Sachverhalten. Weit verbreitet sind etwa in der Schaden- und Unfallversicherung Risikoausschlüsse für Erdbeben, Krieg und innere Unruhen, Schäden durch Kernenergie und Strahlenschäden.

Die Auslegung der Risikoausschlüsse ist in der Praxis oft schwierig. Probleme bereitet häufig auch die Frage des ursächlichen Zusammenhangs (**Kausalität**). Beispielsweise ist für die Leistungsfreiheit im Falle eines Unfalls, der im räumlichen und zeitlichen Zusammenhang mit einem **Ausschlussgrund**, wie Alkoholkonsum, steht, maßgeblich, ob der Alkoholgenuss tatsächlich als Unfallursache angesehen werden kann. Hierfür gilt der Grundsatz der **Adäquanz**: Ein adäquater Kausalzusammenhang liegt demnach vor, wenn eine Handlung oder Unterlassung im Allgemeinen und nicht nur unter unwahrscheinlichen Umständen zur Herbeiführung eines Zustands oder Ereignisses geeignet gewesen ist (vgl. *Schimikowski*).

Subjektive Risikoausschlüsse stehen mit dem Versicherungsnehmer in ursächlichem Zusammenhang. Häufigste Anwendung ist die **Herbeiführung des Versicherungsfalles**, durch die der Versicherer von der Leistungspflicht entbunden werden kann; sie ist in den verschiedenen Sparten unterschiedlich geregelt. Leitende Kriterien für die Leistungsfreiheit sind zum einen die **objektive Herbeiführung** des Versicherungsfalles an sich – was auch durch Unterlassung schadenverhütender Maßnahmen geschehen kann –, zum anderen ein **schwerwiegendes Verschulden**. Die Beweispflicht liegt hierfür in jedem Fall beim Versicherer.

Die zentralen Regelungen dazu finden sich für die **Schadenversicherung** in § 81 VVG. Vorsätzliche Herbeiführung des Versicherungsfalles führt demnach zur Leistungsfreiheit des Versicherungsunternehmens. Als Vorsatz gilt dabei sowohl die absichtliche Herbeiführung als auch die lediglich billigende Inkaufnahme des Schadenereignisses. Bei **grober Fahrlässigkeit** sieht die VVG-Novelle statt der früher üblichen vollen Leistungsfreiheit (**„Alles-oder-Nichts-Prinzip"**, vgl. § 61 VVG-alt) seit 1. Januar 2008 eine Quotelung vor, die der Schwere des Verschuldens des Versicherungsnehmers entspricht.

In der **Haftpflichtversicherung** wird nicht nur auf den Vorsatz bei der Begehung der Handlung abgehoben, die zum Versicherungsfall führt; auch die daraus folgende Schädigung muss im Vorsatz eingeschlossen gewesen sein (§ 103 VVG). Grobe Fahrlässigkeit ist wie im alten Recht kein Ausschlusskriterium, weil dies dem Zweck des Haftpflichtgedankens zuwiderliefe. In der **Transportversicherung** wird das Alles-oder-Nichts-Prinzip bei Vorsatz und grober Fahrlässigkeit beibehalten, da hier die strengeren Regelungen der Versicherung von **Großrisiken** Anwendung finden (§ 137 VVG).

Die Herbeiführung des Versicherungsfalles in der Krankenversicherung wird in Abschnitt B.3.7.5 behandelt; in der Summenversicherung betrifft sie vor allem die Lebensversicherung (siehe Abschnitt B.3.7.2)

3.5.2 Vorvertragliche Obliegenheiten

Im Gegensatz zu Risikoausschlüssen erlegen **Obliegenheiten** dem Versicherungsnehmer gewisse **Pflichten** auf, durch deren Erfüllung er Schadenfolgen mindern oder ganz vermeiden soll. Die **Obliegenheiten vor Vertragsbeginn** betreffen Informationen und Mitteilungen, die der Versicherungsnehmer dem Versicherungsunternehmen geben muss, damit dieses seine Entscheidung über den Vertragsabschluss möglichst qualifiziert prüfen kann.

Der frühere § 16 VVG-alt verpflichtete den Versicherungsnehmer summarisch, alle **Auskünfte** zu geben, die für die Risikoübernahme durch den Versicherer als erheblich galten. Dies führte bei Schadenereignissen immer wieder zu Auseinandersetzungen über die Frage, ob die vor Vertragsabschluss gemachten Angaben in diesem Sinne ausreichend waren. Die Entscheidung aber, welche Informationen als gefahrenerheblich einzustufen sind, kann vor allem vom Versicherer selbst getroffen werden.

Ihm wurde daher im neuen § 19 VVG die Verantwortung dahin gehend übertragen, dass er nach allen ihm erheblich erscheinenden Gefahrenmerkmalen ausdrücklich fragen muss. Dies geschieht üblicherweise in Gestalt eines **Fragebogens**, weswegen die Textform nun auch ausdrücklich vorgeschrieben ist. Der Versicherungsnehmer hat die Fragen und weitere Nachfragen, die der Versicherer vor Annahme des Vertrages an ihn stellt, wahrheitsgemäß zu beantworten.

Dadurch wird auch geregelt, in welcher Weise der Versicherungsnehmer dem Versicherer Umstände mitzuteilen hat, die erst nach Antragstellung wirksam werden. Bestand früher im Grunde die Pflicht des Versicherungsnehmers, solche Umstände in jedem Fall nachzumelden, muss der Versicherer nach neuem Recht ausdrücklich erneut nachfragen. Es liegt daher im Interesse des Versicherers, den Antrag möglichst schnell zu bearbeiten, will er eine zwischenzeitliche Änderung des von ihm getragenen Risikos ausschließen.

Unterlässt der Versicherungsnehmer eine Anzeige, zu der er verpflichtet ist oder erteilt er unrichtige Auskunft, kann der Versicherer vom Vertrag zurücktreten, jedoch nur bei **Vorsatz** oder **grober Fahrlässigkeit** (§ 19 (2) und (3) VVG). **Einfache Fahrlässigkeit** wie nach § 16 (3) VVG-alt oder § 17 VVG-alt reicht für den Rücktritt nicht mehr aus, der Versicherer kann aber mit einer Frist von einem Monat den Vertrag kündigen.

Der Versicherer darf außerdem nicht zurücktreten, wenn er den Vertrag auch in Kenntnis der nicht angezeigten Umstände geschlossen hätte. Den Nachweis hierüber muss allerdings der Versicherungsnehmer führen. Der Versicherer hat in diesem Fall zudem die Möglichkeit, andere Bedingungen in den Vertrag aufzunehmen. Führt dies zu einer mehr als zehnprozentigen **Beitragserhöhung** oder schließt der Versicherer den nicht angezeigten Umstand durch die neuen Bedingungen aus, kann der Versicherungsnehmer den Vertrag innerhalb eines Monats fristlos kündigen. Voraussetzung für diese Einschränkung des Rücktrittsrechts des Versicherers ist, dass der Versicherungsnehmer seine Anzeigepflicht nicht vorsätzlich verletzt hat; bei Vorsatz gilt ein Vertragsabschluss für das Versicherungsunternehmen als unzumutbar (§ 19 (4) – (6) VVG).

Alle Möglichkeiten zur **Vertragsbeendigung durch den Versicherer** setzen nach neuem Recht voraus, dass der Kunde über diese Möglichkeiten ausdrücklich belehrt worden ist. Unklaren oder widersprüchlichen Angaben muss der Versicherer auf den Grund gehen, um sein Rücktrittsrecht nicht zu verlieren. Außerdem kann er sich nicht auf Verletzung der Anzeigepflicht berufen, wenn ihm die fraglichen Umstände aus anderer Quelle bekannt waren.

Dies spielt zum Beispiel eine große Rolle bei der Bearbeitung von **Antragsformularen** durch einen **Versicherungsvertreter**, der ja als „Auge und Ohr" des Versicherers gilt. Kann der Kunde glaubhaft machen, diesen über **gefahrenerhebliche Umstände** aufgeklärt zu haben, dürfen ihm – nach allgemeiner Rechtsprechung auch bisher schon – Fehler des Vermittlers beim Ausfüllen des Antrags normalerweise nicht nachteilig angerechnet werden. Seine Rechte muss der Versicherer innerhalb eines Monats geltend machen, nachdem ihm die **Verletzung der vorvertraglichen Anzeigepflicht** bekannt geworden ist.

Für einen zwischenzeitlich eingetretenen **Versicherungsfall** besteht **Leistungspflicht** nur dann, wenn der nicht oder falsch angezeigte Umstand dafür nicht ursächlich war und der Versicherungsnehmer seine Anzeigepflicht nicht arglistig verletzt hat (§ 21 VVG, entspricht bis auf den Leistungsausschluss bei Arglist den §§ 20 und 21 VVG-alt). Neu ist eine Frist von fünf bzw. bei Arglist zehn Jahren nach Vertragsschluss, nach deren Ablauf der Versicherer vom Vertrag auch bei einer Anzeigepflichtverletzung nicht mehr zurücktreten kann. Die Frist gilt nicht für Versicherungsfälle, die vor ihrem Ablauf eingetreten sind (§ 21 (3) VVG). So soll verhindert werden, dass durch deren bewusst verzögerte Meldung der Versicherer um sein Rücktrittsrecht gebracht werden könnte.

Der Tatbestand der **arglistigen Täuschung** ermöglicht dem Versicherer nach § 22 VVG, den Vertrag nach bürgerlichem Recht (§ 123 BGB) anzufechten und sich damit auch in den Fällen der Leistungspflicht zu entledigen, in denen diese nach §§ 19–21 VVG sonst bestehen bliebe. Die Beweislast liegt beim Versicherer. Unabhängig davon kann der Versicherer den Kunden nach einem arglistigen Täuschungsversuch auch strafrechtlich zur Verantwortung ziehen.

3.5.3 Obliegenheiten vor Eintritt des Versicherungsfalles

Vertragliche Obliegenheiten sind solche, die vertragsspezifisch oder in den AVB festgelegt werden. § 28 VVG regelt die Konsequenzen, wenn der Versicherungsnehmer solche Obliegenheiten verletzt hat, bevor und teilweise auch nachdem ein Versicherungsfall eingetreten ist.

Beispiel: Vertragliche Obliegenheiten sind zum Beispiel in der Kraftfahrzeughaftpflichtversicherung der Besitz einer gültigen Fahrerlaubnis (Führerschein), Fahren ohne Alkoholeinfluss oder dass das Fahrzeug nur durch eine vertraglich zugelassene Person gesteuert wird. In der privaten Hausratversicherung dürfen Waschmaschinen bei längerer Abwesenheit von der Wohnung nicht betrieben werden. Gekippte oder geöffnete Fenster in einer Wohnung können den Schutz einer Versicherung gegen Einbruchdiebstahl außer Kraft setzen.

In dem Zusammenhang wird in diesem Unterabschnitt auch der Aspekt der **Gefahrerhöhung** diskutiert, da dessen Rechtsfolgen ähnlich denen bei Verletzung vorvertraglicher Anzeigepflichten und vertraglicher Obliegenheiten durch §§ 23–27 VVG geregelt werden.

Die Verletzung vertraglicher Obliegenheiten setzt **Vorsatz** oder **grobe Fahrlässigkeit** voraus. Der Versicherer darf in diesem Fall kündigen oder sich auf Leistungsfreiheit berufen. Gegenüber den vor 2008 in § 6 VVG-alt getroffenen Festlegungen enthält § 28 VVG einige Neuerungen, die die Stellung des Versicherungsnehmers verbessern.

So ist die einfache Fahrlässigkeit als Sanktionsgrund weggefallen. Bei grober Fahrlässigkeit ist zudem nicht mehr automatisch volle Leistungsfreiheit, sondern eine **Quotelung** der Leistungspflicht vorgesehen. Sie richtet sich danach, ob die grobe Fahrlässigkeit im konkreten Fall näher am Vorsatz oder an der einfachen Fahrlässigkeit liegt. Der Versicherer ist allerdings leistungspflichtig, wenn die Obliegenheitsverletzung keine Auswirkung auf den Eintritt des Versicherungsfalles hat (**Kausalitätserfordernis**) und aufseiten des Versicherungsnehmers keine **Arglist** im Spiel war. Die Unterscheidung zwischen Vorsatz und Arglist eröffnet dem Versicherer die Möglichkeit, auch strafrechtliche Maßnahmen gegen einen Versicherungsnehmer zu ergreifen, der in **betrügerischer Absicht** gehandelt hat; die Beweisanforderungen sind im Strafrecht allerdings erheblich strenger. Nach altem Recht galt die Kausalitätserfordernis nur bei grober Fahrlässigkeit (§ 6 (2) VVG-alt).

Wie bisher beträgt die Frist zur fristlosen Kündigung durch den Versicherer einen Monat, doch ist dies nun nicht mehr, wie noch in § 6 (1) VVG-alt, zwingende Voraussetzung, um sich auf Leistungsfreiheit zu berufen. Die Unterscheidung zwischen Obliegenheitsverletzungen vor dem Eintritt des Versicherungsfalls (§ 6 (2) VVG-alt) und danach (§ 6 (3) VVG-alt) wurde aufgehoben.

Die genaue Einschätzung des zu versichernden Risikos ist Voraussetzung für die Festsetzung eines angemessenen Versicherungsbeitrags durch den Versicherer. Das dem Vertrag zugrunde liegende **Risiko** darf deshalb ohne dessen Einwilligung nicht erhöht werden. Von einer **Gefahrerhöhung**, die Auswirkungen auf die Fortdauer des Vertrages oder die Leistungspflicht des Versicherers hat, ist dabei nur auszugehen, wenn sich eine offenbar dauerhaft höhere Risikosituation ergibt, sodass die Wahrscheinlichkeit für den Eintritt des Versicherungsfalles nicht nur kurzfristig steigt. Die Rechtsprechung geht überwiegend davon aus, dass solche kurzzeitigen Gefahrerhöhungen den Versicherer zumeist nicht nachteilig berühren, da häufig auf Leistungsfreiheit wegen Herbeiführung des Versicherungsfalles argumentiert werden kann.

Beispiel: Wer einmalig mit dem versicherten Kraftfahrzeug alkoholisiert am Straßenverkehr teilnimmt, begeht dabei eine Obliegenheitsverletzung gemäß AVB. Der Versicherer ist deshalb berechtigt, den Versicherungsnehmer für Unfallschäden in Regress zu nehmen, die mit der Trunkenheitsfahrt in Zusammenhang stehen. Eine Gefahrerhöhung liegt aber nicht vor.

§ 23 (1) VVG folgend, darf der Versicherungsnehmer nach seiner Vertragserklärung gegenüber dem Versicherer – üblicherweise also nach dem Zeitpunkt der Antragstellung – keine Gefahrerhöhung vornehmen oder Dritten eine solche gestatten. Nach altem Recht war der Vertragsabschluss der maßgebliche Zeitpunkt. Deshalb bedurfte es dort noch einer Sonderregelung (§ 29 a VVG-alt) für den Zeitraum zwischen Antragstellung und Annahme durch den Versicherer, die mit der Reform entfallen konnte.

Die genannte Regelung bezieht sich auf eine so genannte **gewollte Gefahrerhöhung**, weil sie auf eine entsprechende **Absicht** des Versicherungsnehmers abstellt. Dabei kann auch die Unterlassung üblicher Maßnahmen als gewollte Gefahrerhöhung gewertet werden. Davon sind **ungewollte Gefahrerhöhungen** zu unterscheiden, die der Versicherungsnehmer nicht selbst veranlasst oder gestattet hat, beispielsweise die Einlagerung feuergefährlicher Stoffe auf einem benachbarten Betriebsgelände.

Ergibt sich eine gewollte Gefahrerhöhung nachträglich, ist dies dem Versicherer unverzüglich zu melden (§ 23 (2) VVG). Unterlässt dies der Versicherungsnehmer, kann der Versicherer bei Vorsatz und grober Fahrlässigkeit fristlos, bei einfacher Fahrlässigkeit mit einer Frist von einem Monat kündigen. Wird eine gewollte oder ungewollte Gefahrerhöhung nachträglich angezeigt, kann der Versicherer ebenfalls mit einer Frist von einem Monat kündigen. Das Kündigungsrecht verfällt, wenn es nicht innerhalb eines Monats vorgenommen wird, nachdem das Unternehmen von der Gefahrerhöhung Kenntnis erlangt hat (§ 24 VVG).

Analog zu den Bestimmungen bei der Verletzung vorvertraglicher Anzeigepflichten kann der Versicherer rückwirkend auch einen der erhöhten Gefahr entsprechenden **Beitragszuschlag** fordern oder das erhöhte Risiko durch eine **Änderung der Vertragsbedingungen** vom Versicherungsschutz ausschließen. Der Versicherungsnehmer darf in diesen Fällen seinerseits den Vertrag kündigen (§ 25 VVG). Ein Beitragszuschlag als Alternative zur Kündigung war für den Versicherer nach altem Recht nicht vorgesehen.

Im **Versicherungsfall** kann der Versicherer sich bei vorsätzlicher Gefahrerhöhung vollständig, bei grober Fahrlässigkeit anteilig von der Leistungspflicht befreien. Leistungspflicht besteht ansonsten nach § 26 VVG in einem der folgenden Fälle, das heißt,

* wenn dem Versicherer die Gefahrerhöhung bereits bekannt war,

* wenn die Gefahrerhöhung unverschuldet oder fahrlässig zustande kam (bei grober Fahrlässigkeit findet auch hier die Quotelung Anwendung),

* wenn die Gefahrerhöhung nicht ursächlich für den Eintritt des Versicherungsfalles war,

* wenn der Versicherer die einmonatige Frist zur Kündigung ungenutzt verstreichen ließ.

3.5.4 Obliegenheiten nach Eintritt des Versicherungsfalles

Die meisten Aussagen aus Abschnitt B.3.5.3 betreffen auch die Situation **nach Eintritt eines Versicherungsfalles**. Besonders treten die **Anzeigepflicht** (§ 30 VVG) und die **Auskunftspflicht** (§ 31 VVG) hinzu. Die Regelungen sind inhaltlich nur insofern erweitert worden, als die früher auf die Lebensversicherung beschränkten Pflichten für bezugsberechtigte Dritte nun gleichlautend auf alle Versicherungszweige Anwendung finden.

Der Versicherungsnehmer muss demzufolge einen Versicherungsfall unverzüglich dem Versicherer mitteilen, sobald er davon Kenntnis erlangt hat. Viele AVB legen Fristen fest; gesetzlich fixiert ist zum Beispiel eine Anzeigefrist von einer Woche in der Haftpflichtversicherung (§ 104(1) VVG). Üblich ist eine AVB-Regelung, nach der die Mitteilung in **Schriftform** zu erfolgen hat. Wird in relevantem Sinn gegen Anzeigepflichten aus den AVB verstoßen, regelt § 28 VVG die Voraussetzungen für Leistung oder Leistungsfreiheit des Versicherers.

Im Zusammenhang mit der **Prüfung** des Versicherungsfalles darf der Versicherer alle Informationen einfordern, die für Art und Höhe der Leistung wichtig sein können. Dies kann sehr weit gehen und Fragen nach früheren Schäden, Vermögensverhältnissen des Versicherungsnehmers,

Anschaffungspreisen beschädigter oder gestohlener Sachen etc. beinhalten. Belege darf der Versicherer fordern, wenn dies dem Versicherungsnehmer im Rahmen der Umstände zuzumuten ist.

Der Versicherungsnehmer hat eine **Mitwirkungspflicht** zur uneingeschränkten Offenlegung des Sachverhaltes. Diese beschränkt sich nicht auf die zutreffende Beantwortung von Fragen des Versicherers, sondern erfordert auch die Nennung maßgeblicher Fakten, nach denen nicht ausdrücklich gefragt wurde.

Macht der Versicherungsnehmer zunächst falsche Angaben, die er später korrigiert, kann sich der Versicherer dennoch weiterhin auf eine Obliegenheitsverletzung berufen, wenn beispielsweise eine Täuschungsabsicht vermutet werden kann und es wahrscheinlich ist, dass der Versicherer die Falschangabe selbstständig aufgedeckt hätte.

Lässt der Versicherungsnehmer Fragen unbeantwortet, kommt eine Leistungsfreiheit für das Versicherungsunternehmen nur in Betracht, wenn Nachfragen ergebnislos geblieben sind. Auch bei offensichtlichen Fehlern besteht eine Pflicht des Versicherers zur Nachfrage.

In der Schadenversicherung spielen in größerem Umfang als in der Summenversicherung Maßnahmen zur **Schadenminderung** eine wichtige Rolle. Sie sind vertragsrechtlich unter dem Leitbegriff der so genannten **Rettungspflicht** geregelt. Die bisherigen Bestimmungen wurden im Reformgesetz an die Neuerungen bei Obliegenheitsverletzungen angeglichen, ansonsten aber beibehalten. Kernstück ist § 82 VVG. Demnach hat ein Versicherungsnehmer im Rahmen seiner Möglichkeiten beim Eintritt des Versicherungsfalles Schäden zu vermindern oder abzuwenden. Nach dem Grundsatz der **Selbstverantwortlichkeit** kann vom Versicherungsnehmer ein Verhalten gefordert werden, wie es bei einem Unversicherten anzunehmen wäre.

Dabei hat er **Weisungen des Versicherers** zu folgen und sich sogar, wenn dies aus den Umständen heraus möglich ist, aktiv um entsprechende Anweisungen zu bemühen. Allerdings müssen diese Weisungen zumutbar sein.

Beispiel: Das Versicherungsunternehmen darf nicht die Reparatur eines Fahrzeugschadens im Rahmen der Kaskoversicherung bei einer bestimmten Werkstatt fordern, wenn dadurch die Werksgarantie für das Fahrzeug aufgehoben würde.

Unterlässt der Versicherungsnehmer diese Rettungsmaßnahmen vorsätzlich, ist der Versicherer von der Leistungspflicht befreit, bei grobem Vorsatz darf er die Leistung im Verhältnis zur Schwere der Obliegenheitsverletzung kürzen (**Quotelung**). Allerdings wird auch hier das **Kausalitätsprinzip** angewendet: Die Obliegenheitsverletzung muss auf den Versicherungsfall oder die Leistungshöhe oder deren Feststellung Einfluss haben. Nur arglistiges Verhalten des Versicherungsnehmers zieht in jedem Fall die Leistungsfreiheit des Versicherers nach sich. Quotelung und Kausalitätsprinzip stellen Änderungen gegenüber den bisherigen Regelungen von § 62 VVG-alt dar, die analog zum Vorgehen bei anderen Obliegenheitsverletzungen eingeführt wurden.

Für den Eintritt des Versicherungsfalles wird die so genannte **Vorerstreckungstheorie** vertreten. Danach beginnt die Rettungspflicht bereits dann, wenn ein Versicherungsfall unmittelbar bevorsteht. Dies lässt sich dadurch begründen, dass eine Schadenabwendung, wie das Gesetz sie fordert, nach Eintritt des Versicherungsfalls sachlich nicht mehr möglich ist.

Da der Versicherer von Rettungsmaßnahmen des Versicherungsnehmers profitiert, hat er auch für Kosten, die diesem dadurch entstehen, aufzukommen. Der Umfang folgt der bereits beschriebenen Leistungspflicht für Schäden. Wird dort die Leistungspflicht im Rahmen einer Pflichtverletzung des Versicherungsnehmers quotiert, gilt dies auch für den Ersatz von Aufwendungen. Es kommt bei den Aufwendungen aber nicht darauf an, ob sie tatsächlich von Erfolg gekrönt waren. Auch unbeabsichtigte Beschädigungen oder Zerstörungen von Gegenständen gelten in diesem Sinne als Aufwendungen von Rettungsmaßnahmen. In jedem Fall reicht es aus, wenn der Versicherungsnehmer subjektiv den Eindruck hatte, einen Schaden abwenden zu müssen, auch wenn dieser objektiv gar nicht hätte entstehen können.

*Beispiel: Wird beim Ausweichmanöver vor einem Reh das Fahrzeug beschädigt, ist die Teilkaskoversicherung schadenersatzpflichtig. Bei einem Feldhasen liegt der Fall anders: Hier wäre der Grundsatz der **Verhältnismäßigkeit** verletzt, da der Schaden durch das Ausweichmanöver als bedeutend höher anzunehmen ist, als wenn der Autofahrer einen Anprall riskiert hätte.*

Beispiel: Führt ein nicht ausbreitungsfähiger Kabelbrand zu Löschwasserschäden, fallen auch diese unter den Aufwendungsersatz der Gebäudefeuerversicherung (vgl. auch Schimikowski).

Die Summe aus Entschädigung für den eigentlichen Versicherungsschaden und Rettungskosten darf allerdings nur dann die Versicherungssumme übersteigen, wenn die Rettungsmaßnahmen vom Versicherer angeordnet worden sind.

3.5.5 Zurechnung des Verhaltens Dritter

Das **Verhalten**, aber auch die **Kenntnis Dritter** können für die Klärung der Leistungspflicht eines Versicherers entscheidend sein. Zum Beispiel stellt sich die Frage, wie ein Verhalten einer dritten Person zu beurteilen ist, das beim Versicherungsnehmer eine Obliegenheitsverletzung wäre und daher den Versicherer von der Leistungspflicht freistellen würde. Die Rechtsprechung hat für derartige Fälle im Versicherungsrecht verschiedene Begriffe geprägt, die nachfolgend kurz skizziert werden.

a) Repräsentant

Der **Repräsentant** vertritt den Versicherungsnehmer selbstständig und in substanziellem Umfang. Hier greift die **Repräsentantenhaftung**, das heißt, der Versicherungsnehmer muss sich das Verhalten des Repräsentanten zurechnen lassen. Verletzt der Repräsentant eine Obliegenheit, wird dies so behandelt, als habe der Versicherungsnehmer selbst die Obliegenheitsverletzung begangen. Wegen der drastischen Konsequenzen für den Versicherungsnehmer sind die Anforderungen an einen Repräsentanten recht streng. So gelten üblicherweise Mieter einer Wohnung oder selbst Ehegatten als Mitnutzer eines Kraftfahrzeuges nicht als Repräsentanten. Obliegenheitsverletzungen durch Dritte führen deshalb umgekehrt auch nicht zum Wegfall der Leistungspflicht seitens des Versicherers.

Beispiel: Eltern, die das ausschließlich von den Kindern genutzte und auch gewartete Fahrzeug zur Vermeidung hoher Fahranfängerbeiträge versichern, müssen sich Kaskoschäden oder Obliegenheitsverletzungen zurechnen lassen (vgl. Schimikowski). Der Versicherer leistet in diesem Fall gegenüber dem Geschädigten bei berechtigten Ansprüchen, kann aber den Versicherungsnehmer in Regress nehmen.

b) Wissenserklärungsvertreter

Wird ein Dritter im Rahmen der Regulierung eines Schadens vom Versicherungsnehmer beauftragt, die mit dem Vertrag verbundenen Obliegenheiten wahrzunehmen, spricht man von einem **Wissenserklärungsvertreter**. Hier gelten schwächere Anforderungen als beim Repräsentanten: Der Wissenserklärungsvertreter wird vom Versicherungsnehmer damit **betraut**, in dessen Namen Erklärungen im Rahmen der Anzeige- und Auskunftsobliegenheiten abzugeben. Geschieht dies beispielsweise aus Vorsatz fehlerhaft, entfällt folglich die Leistungspflicht aus dem Versicherungsvertrag.

c) Wissensvertreter

Ein **Wissensvertreter** ist im Unterschied zum Wissenserklärungsvertreter durch den Versicherungsnehmer damit beauftragt, an seiner Stelle Tatsachen zur Kenntnis zu nehmen, die das Versicherungsverhältnis betreffen. Diese werden dann so gewertet, als habe der Versicherungsnehmer selbst davon Kenntnis erhalten.

Beispiel: Der Leiter der Forschungs- und Entwicklungsabteilung eines Unternehmens stellt fest, dass in seinem Bereich Mitarbeiter fahrlässig mit Passwörtern der EDV-Anlage umgehen. Wirkt er nicht auf größere Sorgfalt der Mitarbeiter hin, kann ein Ausfall der Computersysteme durch einen externen Hackerangriff, der eigentlich einen Versicherungsfall der Betriebsunterbrechungsversicherung auslösen würde, beim Versicherer zur Leistungsfreiheit führen.

3.6 Leistungspflicht des Versicherungsunternehmens

Der vom Versicherungsunternehmen zu erbringende Leistungskatalog ist im Laufe der letzten Jahrzehnte erheblich erweitert worden. Zu seiner hauptsächlichen Pflicht, bei Eintritt eines Versicherungsfalles eine vereinbarte oder sich aus dem Schaden ergebende **Geld- oder Sachleistung** zu erbringen, sind Zusatzpflichten getreten, die vor allem den Belangen der Verbraucher als Versicherungsnehmern entgegenkommen sollen, nämlich:

* **Informationspflichten** vor Abschluss des Vertrages, bei Änderungen des Vertrages und vielfach auch im Vertragsverlauf – Letzteres vor allem in der Lebensversicherung,

* **Aufklärungspflichten**, die den Versicherungsnehmer deutlich auf seine Obliegenheiten hinweisen, die er für eine ordnungsgemäße Vertragsabwicklung zu erfüllen hat,

* **Belehrungspflichten**, durch die der Versicherungsnehmer vor allem über die nachteiligen Folgen seines Verhaltens und Fehlverhaltens in Kenntnis gesetzt wird.

Hinzu kommen in wachsendem Ausmaß **Berichtspflichten** gegenüber Aufsichtsbehörden, die der Überwachung einer im Sinne der Versicherungskunden hinreichend sicheren, aber auch ertragreichen Geschäftsführung dienen sollen (vgl. Abschnitt D.2).

In diesem Abschnitt steht die Leistung des Versicherers im Versicherungsfall im Fokus. Wie schon in Abschnitt B.3.5 geschildert, tritt der **Versicherungsfall** mit der **Realisierung des versicherten Risikos** bzw. einer versicherten Gefahr ein. Die Risikodefinition geschieht über:

- **Primäre Abgrenzung** als Beschreibung der Risiken, Gefahren oder Schäden; wo dies konkret nicht möglich ist, existieren abstrakte Umschreibungen.

- **Sekundäre Abgrenzung** als weitergehende Einschränkung der Primärabgrenzung; es können Ausnahmen oder Abweichungen formuliert werden; Ausschlüsse lassen sich absolut oder fakultativ fassen, mit der Möglichkeit des Wiedereinschlusses gegen Beitragszuschläge.

- **Risikoausweitungen**, durch die andererseits auch zusätzliche Gefahren in die Deckung einbezogen werden können.

- **Präzisierungen** zur Vermeidung von Interpretationsschwierigkeiten.

Beispiel: Abstrakte Umschreibungen sind etwa die Definitionen der AVB für die Begriffe „Unfall" und „Brand" (siehe Abschnitt A.6.2.4). In der Unfallversicherung werden vielfach auch bestimmte Vergiftungen mit eingeschlossen, obwohl es sich nicht um Unfallereignisse handelt („Einwirkung von außen"), die aber bei der Absicherung besonders von Kindern eine Rolle spielen. In der privaten Krankenversicherung werden Maßnahmen wegen Schwangerschaft und Entbindung ausdrücklich einbezogen, auch wenn man hierbei keinen Krankheitscharakter unterstellen wird.

Für die Entscheidung, ob ein eingetretener Schaden auf eine versicherte Gefahr zurückzuführen ist (**Kausalzusammenhang**), findet in Grenzfällen das Prinzip der **Adäquanz** Anwendung, nach der eine Tatsache mit ausreichender Wahrscheinlichkeit einen Schaden herbeiführen kann, und zwar nur unter besonders eigenartigen Voraussetzungen.

Die **Beweisführung** obliegt dabei immer derjenigen Vertragspartei, die sich auf für sie vorteilhafte Tatsachen beruft. Der Versicherungsnehmer muss demnach die Voraussetzungen seines Anspruchs darlegen können. Der Versicherer muss umgekehrt den Nachweis führen, wenn er Ausnahme- und Ausschlusssachverhalte für sich in Anspruch nimmt.

Ob und bei wem sich ein versichertes Risiko realisiert hat, hängt davon ab, welche **versicherten Interessen** beeinträchtigt sind. Das versicherte Interesse liegt ganz allgemein bei dem, der für einen Schaden aufkommen müsste, wenn kein Versicherungsschutz gegeben wäre. Man unterscheidet hierbei grob zwischen der **Aktivenversicherung**, bei der das Interesse in der Werterhaltung von Vermögensgütern besteht, und der **Passivenversicherung**, bei der es um den Schutz des Vermögens vor Einbußen und Belastungen geht.

Beispiel: Zur Aktivenversicherung zählen die Zweige der Sachversicherung, aber auch die Versicherung gegen Forderungsausfälle (Kreditversicherung) und die Betriebsunterbrechungsversicherung. In die Kategorie der Passivenversicherung fallen die Haftpflichtversicherungen und die Krankenversicherung, aber auch das Rückversicherungsgeschäft.

Die einjährige Übergangsfrist bei der Anwendung des neuen Versicherungsvertragsrechts auf Altverträge gilt im Grundsatz auch für Regelungen, die den Versicherungsfall betreffen. Zur klaren **Abgrenzung** wurde aber festgelegt, dass das Datum ausschlaggebend ist, an dem der Versicherungsfall eintritt. Versicherungsfälle, die sich bei Altverträgen bis zum 31. Dezember 2008 ereignen, werden nach altem Recht abgewickelt – auch dann, wenn die Abwicklung über diesen Abgrenzungstermin hinaus andauert.

Die konkrete Höhe der Versicherungsleistung richtet sich nach verschiedenen Größen, die durch die Begriffe **Versicherungssumme**, **Versicherungswert** und **Versicherungsschaden** beschrieben werden.

Am einfachsten liegt der Fall in der **Summenversicherung**, bei der im Versicherungsfall die vereinbarte **Versicherungssumme** zu leisten ist. Die Bestimmung des konkreten Schadens ist hierbei also entbehrlich und wäre im Regelfall auch kaum möglich (etwa in der Lebensversicherung).

In der **Schadenversicherung** hat die Versicherungssumme die Funktion einer Obergrenze, bis zu der versicherte Schäden ersetzt werden. In der Passivenversicherung begrenzt die Versicherungs- oder Deckungssumme die Schadenersatzleistung des Versicherers, die jedoch die Bemessung des eingetretenen Schadens voraussetzt. Dabei sind Rettungskosten und Aufwendungen zur Schadenermittlung inbegriffen.

In der **Sachversicherung** tritt der **Versicherungswert** hinzu, der grundsätzlich als **Wiederbeschaffungswert** definiert wird. Darunter wird der Betrag verstanden, der zum Zeitpunkt des Eintritts des Versicherungsfalles für die Wiederbeschaffung oder Wiederherstellung der Sache in neuwertigem Zustand aufzuwenden wäre, nach einem Abzug für den durch Gebrauch eingetretenen Wertverlust (§ 88 VVG).

Durch ausdrückliche Vereinbarung können die Vertragsparteien abweichend auch den **Neuwert** einer Sache als Versicherungswert festlegen; es kann auch ein fester Betrag (**Taxe**) bestimmt werden (§ 76 VVG).

Die **Wiederherstellungsklausel** (§ 93 VVG) betrifft in den Sachversicherungszweigen den Fall, dass im Vertrag vereinbart wurde, die Entschädigung oder Teile davon nur bei Wiederherstellung oder Wiederbeschaffung der versicherten Sache zu leisten. Hier soll sichergestellt werden, dass der Versicherer über den Zeitwert hinausgehende Beträge erst zu zahlen hat, wenn eine zweckgebundene Verwendung garantiert ist. Deshalb muss der Versicherungsnehmer auch die Differenz aus Leistung und Versicherungswert zurückerstatten, wenn diese Verwendung nicht innerhalb einer vorher vereinbarten Frist nachgewiesen werden kann. Die Wiederherstellungsklausel galt im alten Versicherungsrecht (§ 97 VVG-alt) nur für die Gebäudeversicherung.

Das in § 55 VVG-alt formulierte **Bereicherungsverbot** wurde in der Novelle aufgegeben. Der Grund liegt darin, dass daraus auch bisher schon kein generelles Verbot abzuleiten war, dem Versicherungsnehmer mehr als den Betrag des tatsächlichen Schadens zu erstatten. Dies kann etwa bei der Neuwertversicherung oder bei der Schadenregulierung auf Basis einer Taxe geschehen. Vielmehr geht es um die Vermeidung von Mehrleistungen, die sich aus einer betrügerischen Absicht aufseiten des Versicherungsnehmers ergäben. Diesen Fall behandeln umfassender die §§ 74, 78 und 79 VVG. Auch sie sind nur in der Schadenversicherung relevant.

§ 74 VVG legt fest, dass bei erheblicher **Überversicherung** – wenn die Versicherungssumme den Versicherungswert unüblicherweise mehr als 10 % übersteigt – jede Vertragspartei mit sofortiger Wirkung verlangen kann, die Versicherungssumme auf das Niveau abzusenken, das dem Versicherungswert angemessen ist. Der Beitrag ist dabei anteilig zu kürzen. Eine Überversicherung kann im Laufe der Zeit durch Wertverlust entstehen oder von Anfang an vorliegen.

Wurde die Überversicherung vom Versicherungsnehmer in **betrügerischer Absicht** herbeigeführt, ist der Vertrag **nichtig**; zu seiner Beendigung bedarf es also keines Rücktritts und keiner Kündigung durch den Versicherer. Das Prinzip der **Unteilbarkeit des Beitrages** wird dabei – abweichend vom sonstigen Vorgehen in der VVG-Novelle – insofern beibehalten, als dem Versicherer auch zukünftig der Versicherungsbeitrag bis zu dem Zeitpunkt zusteht, an dem er Kenntnis erlangt.

Entsprechend ist zu verfahren, wenn ein Interesse bei mehreren Versicherern gegen dieselbe Gefahr versichert ist und die Summen insgesamt den Versicherungswert übersteigen (§§ 78 und 79 VVG). Diese Konstellation wird als **Mehrfachversicherung** (früher: **Doppelversicherung**) bezeichnet. Betrügerische Absicht beim Versicherungsnehmer führt auch hier zur Nichtigkeit sämtlicher Verträge. Sonst darf der Versicherungsnehmer den später geschlossenen Vertrag aufheben oder die Versicherungssumme bei entsprechender Beitragssenkung geeignet herabsetzen lassen. Liegt hingegen keine Betrugsabsicht vor, haften im Versicherungsfall alle beteiligten Versicherer **gesamtschuldnerisch** bis zur gemeinsamen Obergrenze des Gesamtschadens; sie leisten dabei im Verhältnis der Schadenzahlungen, die sich einzelvertraglich ergäben.

Mehrfachversicherung ist grundsätzlich mit einer zusätzlichen **Obliegenheit** des Versicherungsnehmers verbunden. Dieser hat nämlich jeden Versicherer über die anderen Verträge zu informieren und dabei die jeweils anderen Versicherer und Versicherungssummen zu nennen (§ 77 VVG).

Analog zur Überversicherung existiert der Fall der **Unterversicherung**, bei der die Versicherungssumme den Versicherungswert zum Zeitpunkt des Eintritts des Versicherungsfalles unterschreitet. Hier ist der Versicherer zur anteiligen Kürzung der Schadenzahlung berechtigt. Das alte VVG ließ dies schon bei geringfügiger Unterversicherung zu. In der neuen Fassung wird eine erhebliche Abweichung vorausgesetzt, die entsprechend dem Fall der Überversicherung auf mindestens 10 % taxiert werden sollte (§ 75 VVG).

Beispiel: In der Hausratversicherung ist Unterversicherung ein Standardproblem. Normalerweise bieten die Versicherer an, keine Unterversicherung geltend zu machen, wenn man eine bestimmte, aus bestandsübergreifenden Schätzungen gewonnene **Mindestversicherungssumme** *abschließt. Die genaue Ermittlung des Versicherungswertes kann sehr aufwendig sein, da hier nicht einzelne Sachen versichert werden, sondern ein* **Sachinbegriff***, das heißt, verschiedene Sachen werden als wirtschaftliche Einheit betrachtet.*

Der Sonderfall betrügerischer Absicht, etwa zum Zweck der Beitragsersparnis, kann bei der Unterversicherung unberücksichtigt bleiben, da hier die Reduzierung der Versicherungsleistung automatisch eine Sanktionswirkung hat; außerdem bestünde ein grundsätzliches Nachweisproblem für den Versicherer, denn der eingeschränkte Versicherungsschutz kann beim Versicherungsnehmer durchaus erwünscht sein. Beispielsweise können **Selbstbehalte** als Form gewollter Unterversicherung interpretiert werden, zu diesbezüglichen Gestaltungsmöglichkeiten sei auf Abschnitt A.6.2.3 verwiesen.

Seine Leistung wird der Versicherer in der Regel als **Geldleistung** erbringen. Der bisherige § 49 VVG-alt, der dies ausdrücklich vorsah, wird aber künftig nicht mehr beibehalten: Eine **Sachleistung** ist im Einzelfall sinnvoll und auch bisher schon durch abweichende Regelung üblich, zum Beispiel in der Glasversicherung durch Ersatz einer zu Bruch gegangenen Glasscheibe.

Die Fälligkeit der Geldleistung liegt normalerweise vor, wenn die Feststellung des Versicherungsfalles und seines Umfangs abgeschlossen ist. Dauert die Prüfung durch den Versicherer länger als einen Monat, kann der Versicherungsnehmer **Abschlagszahlungen** verlangen, sofern er die Verzögerung nicht selbst zu verantworten hat und die grundsätzliche Leistungspflicht des Versicherers unstrittig ist (§ 14 VVG).

Ansprüche aus dem Versicherungsvertrag müssen innerhalb einer Frist von drei Jahren beim Versicherer geltend gemacht werden (nicht zu verwechseln mit den Anzeigepflichten im Schadenfall). Dies ergibt sich seit der Modernisierung des Schuldrechts aus § 195 BGB; die bisherige Sonderregelung für Versicherungsverträge von zwei bzw. bei Lebensversicherungen fünf Jahren ist somit entfallen. Zwischen der Anmeldung der Ansprüche und der Entscheidung des Versicherers ist die Verjährungsfrist unterbrochen (§ 15 VVG). Die sechsmonatige Frist, innerhalb der der Versicherungsnehmer nach altem VVG einen ablehnenden Entscheid des Versicherers vor Gericht anfechten konnte, ist entfallen.

Der Eintritt des Versicherungsfalles kann durch Personen herbeigeführt werden, die nicht Versicherungsnehmer, versicherte Person oder Repräsentant (siehe dazu Abschnitt B.3.5.5) sind. In der Schadenversicherung bleibt dann die Leistungspflicht des Versicherers unberührt, doch hat er Möglichkeiten, diese Drittbeteiligten ganz oder teilweise in **Regress** zu nehmen. Der Anspruch des Versicherungsnehmers gegenüber Dritten geht insofern auf den Versicherer über, wenn dieser den Schaden ersetzt (§ 86 VVG).

Da der Versicherer aber imstande sein muss, den auf ihn übergegangenen **Ersatzanspruch** auch durchzusetzen, besteht eine entsprechende Obliegenheit des Versicherungsnehmers: Er muss im Rahmen seiner Möglichkeiten dafür sorgen, dass der Versicherer seine Rechte dem Dritten gegenüber geltend machen kann. Schon früher durfte er keine Ersatzansprüche aufgeben oder Rechte, die zu ihrer Sicherung dienten. Das neue VVG verpflichtet ihn zusätzlich zu aktivem Handeln und Mitwirken, um seine Rechte und Ansprüche aufrechtzuerhalten.

Bei Verletzung dieser Obliegenheiten greifen die schon in Abschnitt B.3.5 dargelegten Leistungsbefreiungen des Versicherers: Dieser ist demnach vollständig leistungsfrei bei vorsätzlicher Obliegenheitsverletzung, bei grober Fahrlässigkeit nach Maßgabe des Verschuldens aufseiten des Versicherungsnehmers (Quotelung). In **häuslicher Gemeinschaft** lebende Familienangehörige (§ 67 (2) VVG-alt) bzw. Personen (§ 86 (3) VVG) können nicht in Regress genommen werden, es sei denn, bei vorsätzlichem Handeln. Durch dieses im neuen Recht erweiterte Familienprivileg werden in einem Haushalt zusammenlebende Personen in den Versicherungsschutz einbezogen.

3.7 Regelungen für einzelne Versicherungszweige

Die vorstehenden Grundzüge des Versicherungsvertragsrechts gelten, sofern nicht bereits auf eigene Merkmale der **Schaden- und Unfallversicherung** eingegangen wurde, für alle Sparten. Es gibt sachgerechte Unterscheidungen, die einzelne Versicherungszweige betreffen. In den folgenden Unterabschnitten werden wichtige Besonderheiten der **Haftpflichtversicherung** (Abschnitt B.3.7.1), der **Lebensversicherung** (Abschnitt B.3.7.2), der **Berufsunfähigkeitsversicherung** (Abschnitt B.3.7.3), der **Unfallversicherung** (Abschnitt B.3.7.4) und der **privaten Krankenversicherung** (Abschnitt B.3.7.5) im Überblick dargestellt.

3.7.1 Haftpflichtversicherung

Nach den **Allgemeinen Haftpflicht-Versicherungsbedingungen (AHB)** besteht der Versicherungsschutz in der **Haftpflichtversicherung** üblicherweise darin, den Versicherungsnehmer von Ansprüchen freizustellen, die ein Dritter gegen ihn aufgrund einer Tatsache geltend machen kann, für die der Versicherungsnehmer die Verantwortung trägt. Diese Definition wird fortan in § 100 VVG übernommen. Die bisherige Regelung sieht statt dieser umfassenden Freistellung vor, dass dem Versicherungsnehmer aus seiner Haftpflicht erwachsene Leistungen an den Dritten zu ersetzen sind (§ 149 VVG-alt).

Das Gesetz definiert den **Haftpflichtversicherungsfall** nicht, der unterschiedlichste Ausprägungen erfahren kann (zum Beispiel **Schadenereignisse**, **Rechtsverstöße** oder **Planungsfehler**). Dies ist daher in der Regel die Aufgabe der **Besonderen Versicherungsbedingungen (BVB)** für spezielle Formen des Haftpflichtschutzes. Der Eintritt eines möglichen Haftpflichtfalles ist dem Versicherungsunternehmen innerhalb einer Frist von einer Woche anzuzeigen, ebenso der **Haftpflichtanspruch**, den ein Dritter angemeldet hat (§ 104 VVG). Entscheidend hierfür ist, wann der Versicherungsnehmer erfährt, dass er mit dem Haftpflichtanspruch eines anderen rechnen muss.

Versichert ist auch der Haftpflicht-Rechtsschutz, das sind Kosten, die durch Gerichtsverfahren zur **Abwehr unberechtigter Ansprüche** entstehen. Dies gilt auch dann, wenn diese Kosten zusammen mit den eigentlichen Leistungen für den Haftpflicht-Versicherungsfall die Versicherungssumme übersteigen (§ 101 VVG).

Die Herbeiführung des Versicherungsfalles führt – abweichend von der allgemeinen Regelung in § 81 VVG – nur bei vorsätzlicher und widerrechtlicher Handlung zur Leistungsfreiheit des Versicherers. Der Vorsatz muss sich sowohl auf die Handlung an sich, als auch auf den daraus resultierenden Schaden beziehen. Trat der Schaden selbst ungewollt oder für den Versicherungsnehmer unvorhergesehen ein, bleibt der Versicherer demnach zur Leistung verpflichtet (§ 103 VVG). Im Rahmen der **Industrieversicherung** ist eine verschärfende Vereinbarung üblich, bei der die Kenntnis von Mängeln oder Schadhaftigkeit von Waren wie Vorsatz behandelt werden kann.

Eine Abschwächung erfuhr in der VVG-Novelle die bisherige **Anerkenntnisregelung** des § 154 (2) VVG-alt, nach der bei Anerkennung oder Befriedigung eines gegen ihn gerichteten Anspruchs durch den Versicherungsnehmer der Versicherer zumeist von der Leistungspflicht frei wurde. Entsprechende Vereinbarungen sind nach § 105 VVG generell unwirksam. Nach der alten Bestimmung hätte nämlich der Versicherungsnehmer auch dann keine Entschädigung erhalten, wenn die gegen ihn vorgebrachten Ansprüche zu Recht bestanden und der Versicherer *ohne* die Anerkennung hätte leisten müssen. Die Erstattung von Zusagen oder Leistungen des Versicherungsnehmers, die einen berechtigten Anspruch übersteigen, kann auch im Rahmen des § 100 VVG verweigert werden, denn dieser begrenzt ja die Leistungspflicht des Versicherers ausdrücklich auf begründete Ansprüche.

Beispiel: Ein Haftpflichtschaden von 100.000 € wird vom Anspruchsberechtigten zunächst auf 120.000 € taxiert und der Versicherungsnehmer leistet diesen Betrag auch, den er anschließend von seinem Versicherer zurückfordert. Der Anspruch für den Haftpflichtschaden besteht zu Recht, sodass der Versicherer nach neuem Recht die 100.000 € an den Versicherungsnehmer erstatten muss; die restlichen 20.000 € hat dieser hingegen selbst zu tragen. Nach altem Recht hätte der Versicherungsnehmer von seinem Versicherer überhaupt keine Entschädigungsleistung zu erwarten gehabt.

Durch § 108 (2) VVG wird die Möglichkeit geschaffen, dass ein Versicherungsnehmer seine Ansprüche an einen geschädigten Dritten abtritt, der sich dann direkt an den Versicherer halten kann. Diese Möglichkeit kann nicht durch AVB, sondern nur durch eine individuelle Vereinbarung ausgeschlossen werden. Sie erleichtert dem Geschädigten die Wahrung seiner Ansprüche, da er sich nun auch im Falle pflichtwidrigen Verhaltens durch den Versicherungsnehmer – wenn dieser zum Beispiel den Versicherungsfall seinem Versicherungsunternehmen nicht angezeigt hat – oder bei dessen Insolvenz an den Versicherer halten kann.

Wenn der Versicherer nach dem Eintritt eines Versicherungsfalles den Anspruch des Versicherungsnehmers anerkannt oder zu Unrecht abgelehnt hat, besteht innerhalb eines Monats ein beiderseitiges Kündigungsrecht (§ 111 VVG). Die Berechtigung des Anspruchs wird verlangt, weil der Versicherungsnehmer sonst jederzeit die Kündigung des Vertrages durchsetzen könnte, indem er einfach eine unberechtigte Entschädigungsforderung stellt. Fällige Leistungen muss der Versicherer innerhalb von zwei Wochen erbringen (§ 106 VVG).

In der **Pflichtversicherung**, wenn also der Abschluss einer Versicherung zur Abdeckung einer bestehenden Haftpflicht per Gesetz vorgeschrieben ist, gelten weitere Sonderregelungen zugunsten des Versicherungsnehmers. Wichtigstes Anwendungsbeispiel ist die **Kraftfahrzeughaftpflichtversicherung**. Weitere Versicherungspflichten bestehen unter anderem für **Jäger, Notare, Rechtsanwälte, Steuerberater, Wirtschaftsprüfer** und seit der Umsetzung der EU-Vermittlerrichtlinie auch für **selbstständige Versicherungsvermittler**.

Für Fälle, in denen die Vorschrift, aus der sich die Versicherungspflicht ableitet, keine Regelung enthält, wird eine **Mindestversicherungssumme** von 250.000 € je Versicherungsfall und von 1 Mio. € für alle Versicherungsfälle eines Versicherungsjahres festgesetzt (§ 114 (1) VVG).

Es können **Selbstbehalte** und **Begrenzungen der Deckung** vereinbart werden (§ 114 (2) VVG), diese dürfen den Versicherungszweck jedoch nicht gefährden. Selbstbehalte betreffen nur das Verhältnis von Versicherungsunternehmen und Versicherungsnehmer; sie dürfen auf die Leistungen an einen Dritten nicht angerechnet werden.

Der bisher schon in der Kraftfahrzeughaftpflichtversicherung bestehende **Direktanspruch** gegen den Versicherer wurde auf alle Fälle ausgedehnt, in denen

- nach dem **Pflichtversicherungsgesetz (PflVG)** eine gesetzliche Versicherungspflicht gilt,

- der Versicherungsnehmer insolvent geworden ist,

- der Aufenthalt des Versicherungsnehmers nicht bekannt ist.

So kann ein geschädigter Dritter seine Ansprüche unter Umgehung des Versicherungsnehmers direkt an den Versicherer richten (§ 115 VVG).

Die Freistellung des Versicherungsnehmers durch das Versicherungsunternehmen und die Möglichkeit, Haftpflichtansprüche direkt an den Versicherer zu richten, verpflichten diesen in weitreichendem Maße zu Leistungen gegenüber Dritten auch dann, wenn der Versicherungsnehmer – etwa nach einer Obliegenheitsverletzung – seinerseits keine oder nur reduzierte Leistung zu erwarten hat (§ 117 VVG). Auch der geschädigte Dritte hat allerdings Obliegenheiten bei der Anmeldung seiner Ansprüche zu erfüllen, die in § 158 d VVG-alt bzw. § 119 VVG festgelegt sind.

3.7.2 Lebensversicherung

Die **Verbraucherrechte** haben in der **Lebens- und Krankenversicherung** besonders hohen Stellenwert erlangt, weil diese Sparten ihrer Natur nach meistens zu **langfristigen** und für den Versicherungsnehmer beitragsintensiven Vertragsbindungen führen. Im Rahmen der VVG-Reform sind diese Rechte weiter gestärkt und dabei auch gewandelte Tendenzen in der Rechtsprechung der höchsten Gerichte berücksichtigt worden.

Im Rahmen der erweiterten **Informationspflichten** sind nun dem Kunden bereits im Vorfeld des Vertragsabschlusses an definierte Standards gebundene Informationen zu liefern, die sich auf das Versicherungsunternehmen, die im Vertrag angebotene Leistung, individuelle und allgemeine Vertragsumstände (zum Beispiel Widerrufsrechte) und den Rechtsweg im Falle von Streitigkeiten beziehen (vgl. Abschnitt B.3.1.1).

Darüber hinaus regelt die **Informationspflichtenverordnung (VVG-InfoV)**, dass dem Versicherungsnehmer über die oben genannten Aspekte hinaus Informationen zur Verfügung gestellt werden müssen, zu:

- den **Kosten** für Vertragsabschluss und Vertrieb, die in die Prämie eingerechnet sind,

- den Grundsätzen für die Ermittlung und Berechnung der **Überschüsse**,

- den bei vorzeitiger **Kündigung** zu erwartenden Leistungen (**Rückkaufswerte**),

- dem Niveau der **garantierten** Leistungen,

- allgemeinen Grundsätzen der **Besteuerung** von Versicherungsleistungen,

- der möglichen Entwicklung der Versicherungsleistungen unter Einbeziehung der Überschüsse im Rahmen einer **Modellrechnung**,

- gegebenenfalls **produktspezifischen Daten** bei fondsgebundenen Versicherungen.

Diese zusätzlichen Vorschriften gelten mit Ausnahme der Modellrechnung auch für die Berufsunfähigkeitsversicherung, teilweise auch für das Kombinationsprodukt **Unfallversicherung mit Beitragsrückgewähr**.

Das **Vorsichtsprinzip** in § 11 VAG verpflichtet Versicherungsunternehmen zu defensiver Beitragskalkulation, um ihre Verpflichtungen mit hoher Gewissheit erfüllen zu können. Dies führt besonders bei langfristigen Versicherungsverträgen im Laufe der Zeit zu **Überschüssen**. Diese müssen den Versicherungsnehmern größtenteils zurückerstattet werden, da es sich nicht um Gewinne im üblichen Sinne handelt, die aus erfolgreicher Geschäftstätigkeit resultieren.

Nach § 154 VVG haben **Modell- oder Beispielrechnungen**, mit denen für die mögliche **Überschussentwicklung** des Vertrages geworben werden soll, branchenweit einheitliche definierte **Szenarien** abzubilden. Dabei sind für eine Hochrechnung der gesamten **Ablaufleistung** unternehmensunabhängige, an der Kapitalmarktentwicklung orientierte Zinssätze zu verwenden; auch diese werden in der Informationspflichtenverordnung festgeschrieben. Der Versicherungsnehmer muss in verständlicher Weise darauf hingewiesen werden, dass es sich um unverbindliche Vorhersagen handelt, da die Entwicklung an den Kapitalmärkten nicht über Zeiträume von mehreren Jahren hinreichend präzise vorhergesagt werden kann.

Die Zuteilung der Überschüsse auf einen Vertrag, der an einer **Überschussbeteiligung** teilnimmt, ist schärfer gefasst worden. Bisher wurde die Überschussbeteiligung auf der Basis des Jahresabschlusses (siehe die Abschnitte C.8.2 bis C.8.5) ermittelt und den Verträgen über verschiedene Verteilungsverfahren zugeteilt. Nach neuem Recht fließen bei der Überschussermittlung auch **Bewertungsreserven** ein. Das sind Positionen, die sich aus Besonderheiten bei der Bewertung von Kapitalanlagen ergeben. Sie können im Laufe der Zeit stark schwanken und sowohl als **Gewinne (stille Reserven)** als auch als **Verluste (stille Lasten)** erscheinen.

Im Gegensatz zu den laufend zugeteilten Überschüssen, die dem Vertrag dauerhaft gutgeschrieben werden, handelt es sich bei den Bewertungsreserven nur um mögliche Zuteilungen. Sie werden erst dann dem Versicherungsnehmer gutgeschrieben, wenn der Vertrag regulär endet oder vorzeitig aufgelöst (gekündigt) wird. Die Gutschrift ist auf 50 % der anteiligen Bewertungsreserven beschränkt, um die Pufferfunktion vorsichtig bewerteter Kapitalanlagen aufrechtzuerhalten. Das Beteiligungssystem ist insofern unsymmetrisch, als nur positive stille Reserven zur Verteilung kommen. Negative Bewertungsreserven (stille Lasten) hingegen bleiben unberücksichtigt, führen also nicht zu einer Kürzung der ausgezahlten Leistungen.

Übergeordnet bleiben die aufsichtsrechtlichen Verpflichtungen, die dauernde Erfüllbarkeit der Verträge sicherzustellen. Stünde dies infrage, etwa weil einer der obligatorischen **Stresstests** der Bundesanstalt für Finanzdienstleistungsaufsicht verletzt wird, kann die Beteiligung an den Bewertungsreserven gekürzt werden.

Über den erreichten Stand seiner Überschussbeteiligung und seiner anteiligen Bewertungsreserven ist der Kunde nach § 155 VVG jährlich zu unterrichten. Ergeben sich im Laufe der Zeit Abweichungen von der ursprünglichen Modellrechnung, weil etwa die tatsächlich erwirtschafteten Überschüsse niedriger ausgefallen sind, muss der Kunde darauf ebenfalls hingewiesen werden. Dies spielt eine Rolle bei Verträgen, die zur Deckung einer Verbindlichkeit abgeschlossen werden, zum Beispiel eines Hypothekendarlehens. Entwickelt sich die Ablaufleistung des

Vertrages schwächer als ursprünglich angenommen, kann sich daraus eine **Deckungslücke** ergeben, auf die der Versicherungsnehmer reagieren muss.

Eine **Gefahrerhöhung oder -minderung** kann der Versicherer bzw. der Versicherungsnehmer nur dann nachträglich beitragswirksam geltend machen, wenn dies bei Vertragsabschluss als zulässig vereinbart worden ist (§§ 164 und 164 a VVG-alt, die bisher die Gefahrminderung ausgeschlossen haben, bzw. neuerdings einheitlich § 158 VVG).

Wie in der Kranken- und Unfallversicherung sind **Drittrechte** auch in der Lebensversicherung besonders gestaltet, da der Versicherer zwar nach § 150 VVG eine andere Person versichern, dabei jedoch selbst das **Bezugsrecht** behalten kann. Bei dieser Konstellation, die außerhalb der Personenversicherung naturgemäß ausgeschlossen ist, handelt es sich nicht um einen **Versicherungsvertrag für fremde Rechnung**.

Die Lebensversicherung kann aber für fremde Rechnung abgeschlossen werden, indem ein Dritter als **versicherte Person** und zugleich als **Bezugsberechtigter** festgelegt wird. Zum Schutz des Dritten ist bei Versicherungen auf den Todesfall – außer bei **Kollektivrahmenversicherungen** im Rahmen betrieblicher Altersversorgung – dessen **Einwilligung** erforderlich, wenn die Versicherungssumme übliche Beerdigungskosten übersteigt.

Da die versicherte Person für das versicherte Risiko maßgeblich ist, darf der Versicherungsnehmer sie nicht gegen eine andere austauschen. Das Bezugsrecht kann **widerruflich** oder **unwiderruflich** gestaltet werden. Im ersten Fall soll der benannte Dritte das Recht auf die Leistung erst bei Eintritt des Versicherungsfalles erwerben. Solange dieser nicht eingetreten ist, kann der Versicherungsnehmer das Bezugsrecht jederzeit auf einen anderen oder sich selbst übertragen, was die Kennzeichnung des Bezugsrechts als widerruflich motiviert. Im zweiten Fall erhält und behält der benannte Dritte das Bezugsrecht von Anfang an. Diese Bestimmung des unwiderruflichen Bezugsrechts wurde ins neue VVG aufgenommen, um die Absicherung einer anderen Person schon beim Vertragsabschluss dauerhaft festlegen zu können; das spielt vor allem in der betrieblichen Altersversorgung eine Rolle (§ 159 VVG).

Die **Herbeiführung des Versicherungsfalles** ist in der Lebensversicherung häufig mit dem **Tod** eines Menschen verbunden. Im Fall der **Selbsttötung** galt bisher die Leistungsfreiheit des Versicherers (§ 169 VVG-alt). In zahlreichen AVB wurde allerdings im Laufe der Zeit eine in den reformierten § 161 (1) VVG übernommene **dreijährige Ausschlussfrist** vereinbart, nach deren Ablauf die Leistungspflicht des Versicherers bestehen bleiben soll. Die Frist kann zum Beispiel bei hohen Versicherungssummen individuell auch länger vereinbart werden (§ 161 (2) VVG). Die Leistungspflicht besteht ebenfalls, wenn die Selbsttötung *„in einem die freie Willensbestimmung ausschließenden Zustand krankhafter Störung der Geistestätigkeit begangen worden ist"*. Bei Leistungsfreiheit ist stattdessen der Rückkaufswert samt Überschussanteilen zu zahlen.

§ 162 VVG unterbindet einen Leistungsanspruch, wenn der Versicherungsnehmer oder eine andere bezugsberechtigte Person den Tod der versicherten Person widerrechtlich herbeiführt. Dieser Ausschluss greift zum Beispiel nicht bei einer Tötung in Notwehr.

Wegen ihres langfristigen Charakters kann der Versicherer Änderungen am Vertragszustand in der Lebens- wie in der Krankenversicherung nur unter einschränkenden Voraussetzungen vornehmen (**Anpassungsmöglichkeit** nach §§ 305, 306 und 315 BGB). Der bisherige § 172 VVG-alt wurde aufgeteilt in § 163 VVG, der die **Anpassung von Beiträgen und Leistungen** betrifft und § 164 VVG, der eingeschränkt die **Anpassung von Vertragsbedingungen** zulässt, wenn eine Bestimmung der AVB höchstrichterlich oder durch einen abschließenden Akt der Aufsichts- oder Kartellbehörde für unwirksam erklärt worden ist (Verstoß gegen §§ 307–309 BGB).

Beiträge können in der Lebensversicherung demnach nur angepasst werden, wenn sich die **Kalkulationsgrundlagen** dauerhaft so geändert haben, dass ohne Anpassung die langfristige **Erfüllbarkeit der Leistungen** gefährdet wäre. Eine von Anfang an unzureichende Kalkulation darf der Versicherer infolgedessen nur über **Eigenmittel** ausgleichen; § 172 VVG-alt ließ auch hier grundsätzlich eine Beitragsanpassung zu. Die Beitragsanpassung muss angemessen sein und von einem **Treuhänder** bestätigt oder durch die Aufsichtsbehörde genehmigt werden. Bei beitragsfreien Versicherungen, deren Beitrag ja nicht mehr angepasst werden kann, kann der Versicherer stattdessen seine Leistungszusage herabsetzen.

Eine Besonderheit bei vielen Produkten der Lebensversicherung ist der Aufbau eines **Deckungskapitals** (auch **Deckungsrückstellung**), das als Beitragspuffer für Leistungen dient, die der Versicherer erst zukünftig erbringen muss (siehe Abschnitt A.7.3.2). Dies erfordert Sonderregelungen, wenn der Versicherungsnehmer die Beitragszahlung beenden oder eine Seite den Vertrag kündigen will.

Eine wichtige Rolle spielt dabei traditionell der Begriff des **Rückkaufswertes** (§ 176 VVG-alt bzw. § 169 VVG), der denjenigen Geldbetrag bezeichnet, auf den der Versicherungsnehmer in jedem Fall ein Anrecht hat. Der Rückkaufswert bildet, wie bisher schon, die rechnerische Basis für die Leistungsbestimmung bei der **Beitragsfreistellung** sowie bei der Vertragsbeendigung durch **Kündigung**, **Rücktritt** oder **Anfechtung**. Die unscharfe Definition des Rückkaufswertes im bisherigen Gesetz, die auf den **Zeitwert** der Versicherung Bezug nahm, wurde durch engere Vorschriften ersetzt. Dies geschah in Anwendung eines richtungsweisenden Urteils des Bundesgerichtshofs aus dem Jahr 2005.

Danach bleibt der Zeitwert nur dort Festlegungsgrundlage für den Rückkaufswert, wo er sich sachlich eindeutig ergibt und auch geboten ist, weil das **Produktrisiko** vom Versicherungsnehmer getragen wird, im Wesentlichen also bei **fondsgebundenen Versicherungen**. Ansonsten gilt als Rückkaufswert das nach den anerkannten Regeln der Versicherungsmathematik mit den Rechnungsgrundlagen der Prämienkalkulation berechnete Deckungskapital.

Von der neuen Grundregel „Rückkaufswert = Deckungskapital oder Zeitwert" wird in dreierlei Hinsicht abgewichen:

• Im Falle einer **Vertragskündigung** dürfen Abschlusskosten nicht mehr im bisherigen Sinne „gezillmert" (nach dem Versicherungsmathematiker *August Zillmer*) werden. Dabei werden bis zu einer Höchstgrenze, die sich nach den über die gesamte Laufzeit zu entrichtenden Beiträgen richtet, Abschlusskosten dem Vertrag sofort belastet und in der ersten Vertragsphase durch die laufenden Beiträge getilgt. Die Tilgung kann bei langfristigen Verträgen mehrere

Jahre dauern. Der aufsichtsrechtlich zugelassene **Höchstzillmersatz** (im November 2007 4 % der Beitragssumme) muss dem Kunden zukünftig während einer Vertragsbeendigung in den ersten fünf Vertragsjahren anteilig zurückerstattet werden. Dieses Verfahren wird bereits bei Rentenversicherungen im Rahmen des so genannten **Riester-Modells** (benannt nach dem seinerzeit zuständigen Bundesminister *Walter Riester*) angewandt.

• Von dem so ermittelten Betrag darf ein **Stornoabschlag** wie bisher nur erhoben werden, wenn er vereinbart und angemessen ist. **Ungetilgte Abschlusskosten** dürfen dabei dem Kunden nach neuem Recht nicht mehr belastet werden; der Stornoabschlag muss zudem schon beim Vertragsabschluss der Höhe nach beziffert werden.

• Der Rückkaufswert muss im Kündigungsfall nur insoweit ausgezahlt werden, als er die Leistung nicht übersteigt, die sich beim Eintritt eines Versicherungsfalles zum Kündigungszeitpunkt ergäbe; ein etwaiger Restbetrag ist in eine **beitragsfreie Versicherung** umzuwandeln.

Zudem sind die eingerechneten Abschlusskosten sowie die Rückkaufswerte künftig bei Vertragsabschluss für jedes Versicherungsjahr anzugeben, um dem Kunden den Vergleich von gezahlten Beiträgen und zu erwartender Leistung im Kündigungsfall zu erleichtern.

Die Verteilung der Abschlusskosten und die Begrenzung von Stornoabschlägen dienen der Besserstellung des Versicherungsnehmers bei Frühstorno in den ersten Vertragsjahren. Hintergrund ist die Überlegung, dem Kunden dürfe keine Strafgebühr dafür auferlegt werden, dass er sein gesetzlich verbrieftes Kündigungsrecht wahrnimmt.

Die geänderten Modalitäten bei der Berechnung von Rückkaufswerten gelten nur für Vertragsabschlüsse nach dem 1. Januar 2008. Sie werden auf den Altbestand auch in Zukunft nicht angewendet, für diesen gilt § 176 VVG-alt unbefristet weiter.

Unverändert bleibt auch das grundsätzliche Recht des Versicherungsnehmers, jederzeit zum Ende der laufenden Versicherungsperiode den Versicherungsvertrag **beitragsfrei** stellen zu lassen (§ 174 VVG-alt bzw. § 165 VVG). Damit wird dem Umstand Rechnung getragen, dass bei Vertragsabschluss in der Regel nicht absehbar ist, ob der Versicherungsnehmer die Zahlung laufender Beiträge bis zum Ende der vereinbarten Laufzeit durchhält, die in der Lebensversicherung durchaus mehrere Jahrzehnte betragen kann.

Die beitragsfreie Leistung ist aus dem Rückkaufswert zu berechnen. Aus verwaltungstechnischen Gründen schreibt der Versicherer normalerweise für beitragsfreie Verträge eine **Mindestleistung** vor. Wird diese nicht erreicht, muss stattdessen der Rückkaufswert zuzüglich der bisher dem Vertrag zugewiesenen Überschussanteile ausgezahlt werden.

Kündigt der Versicherer den Vertrag, weil der Versicherungsnehmer Obliegenheiten verletzt hat oder seiner Beitragszahlungspflicht nicht nachgekommen ist, wird der Vertrag beitragsfrei gestellt. Zahlungsverzug bei laufenden Beiträgen führt nicht zur Leistungsfreiheit, wenn zwischenzeitlich ein Versicherungsfall eintritt (so folgt es für Nicht-Lebensversicherungsverträge aus § 38 (2) VVG); stattdessen wird die beitragsfreie Versicherungssumme fällig (§ 166 VVG). **Rücktritt** und **Anfechtung** führen dagegen wie bisher zur Vertragsbeendigung. Der Versicherer muss dann den Rückkaufswert samt Überschussanteilen an den Versicherungsnehmer auszahlen.

Neu aufgenommen in die Kündigungsregularien wurde eine Hinweispflicht für Verträge der **betrieblichen Altersversorgung**. Versäumte hier der Arbeitgeber die Beitragszahlung, erfuhr dies der Arbeitnehmer bisher in der Regel nicht. Diesem Defizit wird nun dadurch abgeholfen, dass der Versicherer den bezugsberechtigten Arbeitnehmer darüber informieren muss, wenn die Arbeitgeberbeiträge ausbleiben. Der Arbeitnehmer kann dann die Beiträge innerhalb einer mindestens zwei Monate betragenden Frist selbst leisten (§ 166 (4) VVG).

Der Versicherungsnehmer darf demgegenüber das Versicherungsverhältnis stets zum Ende der laufenden Versicherungsperiode kündigen (§ 168 VVG), wenn **laufende Beitragszahlung** vereinbart ist oder wenn es sich um eine Versicherung gegen Einmalbeitrag handelt, bei der *„der Eintritt der Verpflichtung des Versicherers gewiss ist"*. Die zweite Alternative bezieht sich beispielsweise auf typische Sparprodukte der Lebensversicherung, wie die **kapitalbildende Lebensversicherung** oder **Rentenversicherungen**. Bei solchen Versicherungen muss der Versicherer den Rückkaufswert auszahlen; bei anderen Vertragstypen kann er den Rückzahlungsanspruch freier festlegen und insbesondere höhere Stornoabschläge erheben.

Neu hinzugekommen ist zudem eine Ausnahmeregelung, nach der Verträge der betrieblichen Altersvorsorge nicht gekündigt werden dürfen, wenn eine Verwertung der Leistungsansprüche vor Eintritt in den Ruhestand vertraglich ausgeschlossen ist.

3.7.3 Berufsunfähigkeitsversicherung

Die **Berufsunfähigkeitsversicherung** findet im neuen VVG erstmals in einem eigenständigen Kapitel Berücksichtigung. Dieses regelt von der Lebensversicherung abweichende Besonderheiten dieses Versicherungszweiges und definiert in den §§ 172 – 177 VVG erstmals den Begriff der Berufsunfähigkeit vertragsrechtlich.

Berufsunfähig ist nach § 172 (2) VVG, *„wer seinen zuletzt ausgeübten Beruf, so wie er ohne gesundheitliche Beeinträchtigung ausgestaltet war, infolge Krankheit, Körperverletzung oder mehr als altersentsprechendem Kräfteverfall ganz oder teilweise voraussichtlich auf Dauer nicht mehr ausüben kann"*. Es wird also nicht auf einen erlernten oder bei Vertragsabschluss ausgeübten Beruf abgestellt. Ebenso wenig stimmt die Begriffsdefinition mit dem sozialrechtlichen Berufsunfähigkeits- oder Erwerbsminderungsbegriff (vgl. Abschnitt A.6.2.4.1) überein. In vielen AVB wird heute die Prognose *„voraussichtlich auf Dauer"* als erfüllt angesehen, wenn die Unfähigkeit, den Beruf auszuüben, mindestens sechs Monate lang bestanden hat.

Die Versicherungsleistung ist für die vertraglich vereinbarte Zeit oder bis zum Ende der Berufsunfähigkeit zu erbringen. Dabei ist es zulässig, dass der Grad der Berufsunfähigkeit mindestens einen bestimmten Prozentsatz erreichen muss, um eine Leistungspflicht des Versicherers auszulösen.

Es bleibt auch weiterhin möglich, in den AVB ein **Verweisungsrecht** auf andere Berufe vorzusehen, die die versicherte Person prinzipiell ausüben könnte. Um die Planungssicherheit des Versicherungsnehmers zu erhöhen, muss der Versicherer nach einem Prüfungsverfahren erklären, ob er seine Leistungspflicht anerkennt oder nicht. Die Anerkenntnis darf einmal zeitlich befristet und währenddessen nicht vorzeitig beendet werden.

Bei einer unbefristeten Anerkenntnis sind **regelmäßige Nachprüfungen** zulässig. Stellt der Versicherer fest, dass die Voraussetzungen der Leistungspflicht nicht mehr bestehen, kann er seine Leistungen nur dann einstellen, wenn er seine Entscheidung dem Versicherungsnehmer dargelegt hat. Wenn sich lediglich die Bewertung der Fakten durch den Versicherer geändert hat, nicht aber die Faktenlage selbst, bleibt seine Leistungspflicht allerdings bestehen. Jedoch hat er die Möglichkeit, in ein Anfechtungsverfahren nach § 119 VVG einzutreten oder etwaige Verletzungen der Anzeigepflicht festzustellen.

Damit sich der Versicherungsnehmer auf eine Änderung der Situation einstellen kann, muss die Leistung für mindestens drei Monate weitergezahlt werden, nachdem ihn die Erklärung des Versicherers erreicht hat.

Die übrigen Bestimmungen für Lebensversicherungen (§§ 150–171 VVG) gelten auch für die Berufsunfähigkeitsversicherung, sofern sie inhaltlich anwendbar sind. Dies betrifft zum Beispiel die Anpassungsvorschriften für Beiträge, Bedingungen und Leistungen in § 163 VVG und § 164 VVG, nicht aber die Regelung zum Rückkaufswert bei Kündigung (§ 169 VVG), da bei Berufsunfähigkeitsversicherungen der Eintritt des Versicherungsfalles nicht gewiss ist.

Die Regelungen dieses Abschnitts sind sinngemäß auf Versicherungsverträge ähnlicher Leistungstruktur anzuwenden, wie zum Beispiel die Erwerbsunfähigkeitsversicherung, aber nicht auf die Unfall- oder Krankenversicherung, weil diese eigenständige Besonderheiten aufweisen.

Die neuen Vorschriften zur Berufsunfähigkeitsversicherung entfalten keine rückwirkende Geltungskraft und werden nicht auf Altverträge angewendet.

3.7.4 Unfallversicherung

Die bisherigen §§ 179–185 VVG-alt werden in den neuen §§ 178–190 VVG präzisiert und teilweise den allgemeinen Vorschriften für die Schadenversicherung angeglichen. Einige Paragraphen übernehmen Regelungen mit Mustercharakter, die in den **Allgemeinen Unfallversicherungs-Bedingungen (AUB)** Verbreitung gefunden haben.

§ 178 VVG definiert ein **Unfallereignis** dadurch, dass die versicherte Person *„durch ein plötzlich von außen auf ihren Körper wirkendes Ereignis unfreiwillig eine Gesundheitsschädigung erleidet"*. Zugunsten des Versicherten wird bis zum Beweis des Gegenteils angenommen, dass die Schädigung wirklich unfreiwillig stattgefunden hat.

Im gleichen Paragrafen werden die Unfallversicherungsregularien auf Schadenereignisse ausgedehnt, die vertraglich einem Unfall gleichgestellt werden.

Beispiel: *Die AUB 2008 legen fest, dass es auch als Unfall gilt, wenn „durch eine erhöhte Kraftanstrengung an Gliedmaßen oder Wirbelsäule ein Gelenk verrenkt wird oder Muskeln, Sehnen, Bänder oder Kapseln gezerrt oder zerrissen werden".*

Unfallversicherungen können sich auf den Versicherungsnehmer oder andere versicherte Personen beziehen, sie können auch für **fremde Rechnung** abgeschlossen werden. Wird ein Vertrag für eine dritte Person auf eigene (des Versicherungsnehmers) Rechnung geschlossen, muss diese Person ihre Einwilligung geben (§ 179 VVG).

Vereinbarte **Invaliditätsleistungen** werden – einzelvertraglich änderbar – dann fällig, wenn die körperliche oder geistige Leistungsfähigkeit dauerhaft beeinträchtigt ist, das heißt, wenn die Beeinträchtigung voraussichtlich länger als drei Jahre bestehen wird (§ 180 VVG, keine entsprechende Altregelung). Der Grad der Invalidität kann innerhalb von drei Jahren neu bemessen werden, eine Neuregelung, über die der Versicherer den Versicherungsnehmer bei der Leistungszusage zu unterrichten hat (§ 188 VVG).

§ 181 VVG übernimmt im Wesentlichen die Regelungen der Lebensversicherung zur **Gefahrerhöhung**: Sie muss auf vorher ausdrücklich vereinbarten Kriterien beruhen; der Versicherungsnehmer kann alternativ zur Beitragserhöhung eine anteilige Leistungskürzung wählen.

Dem Versicherer wird in § 186 VVG eine Hinweispflicht auferlegt, den Versicherungsnehmer auf Leistungsvoraussetzungen und einzuhaltende Fristen aufmerksam zu machen, wenn er einen **Versicherungsfall** meldet. Dies begründet sich dadurch, dass eine durch den Unfall verursachte Invalidität sich oftmals erst nach längerer Behandlungszeit feststellen lässt, andererseits aber nach verbreiteten Vereinbarungen in den AVB

- innerhalb eines Jahres nach dem Unfall eingetreten sein und

- innerhalb von 15 Monaten nach dem Unfall von einem Arzt schriftlich festgehalten und vom Versicherungsnehmer beim Versicherer geltend gemacht werden muss.

3.7.5 Krankenversicherung

Die modifizierten Vorschriften zur **privaten Krankenversicherung** (§§ 192–208 VVG) sind in engem Zusammenhang mit Neuregelungen in der gesetzlichen Krankenversicherung vom Frühjahr 2007 zu sehen. Sie lösen §§ 178 a – 178 o VVG-alt ab. Einige Regelungen vertragsrechtlicher Natur sind erst mit Wirkung zum 1. Januar 2009 aus dem GKV-Wettbewerbsstärkungsgesetz (vgl. die Abschnitte A.6.1.3 und A.6.2.4.2) ins VVG übernommen und dabei §§ 192–208 VVG nochmals geändert worden.

§ 192 VVG definiert in sehr allgemeinem Umfang die Leistungsstruktur der wesentlichen Zweige der Krankenversicherung, die in den AVB der Unternehmen näher zu bestimmen sind (vgl. Abschnitt A.6.2.4.2). Eine wichtige Erweiterung des alten § 178 b VVG-alt stellt zum einen die Aufzählung gewisser **Beratungs- und Assistenzleistungen** dar, die in den letzten Jahren an Bedeutung gewonnen haben. Zum anderen wird erstmals ein eingeschränktes Wirtschaftlichkeitsgebot eingeführt, das den Versicherer von überteuerten Leistungen freistellt, bei denen *„die Aufwendungen (...) in einem auffälligen Missverhältnis zu den erbrachten Leistungen stehen“*.

Aufgrund der hohen Schutzfunktion der Krankenversicherung finden einige Rechte des Versicherungsunternehmens auf Krankenversicherer nicht oder nur eingeschränkt Anwendung (§ 194 VVG). Der Aspekt der **Gefahrerhöhung** darf beispielsweise keine Sanktionen auslösen, weil der Versicherte Erhöhungen seines Krankheitsrisikos oft gar nicht beeinflussen kann.

Ebenso wird bei Zahlungsverzug die Mindestfrist, die der Versicherer dem säumigen Beitrags-zahler einräumen muss, von zwei Wochen nach § 38 (1) VVG auf zwei Monate erweitert. Hin-zu kommen erweiterte Informationspflichten, die sich auf die Nachteile beim Abschluss einer neuen Versicherung nach Kündigung durch den Versicherer und mögliche Zuschüsse durch die Träger von Sozialleistungen beziehen.

Die **substitutive Krankenversicherung** wird **unbefristet** geschlossen (§ 195 (1) VVG), da eine Befristung den Versicherungsnehmer in die Lage bringen könnte, sich bei einem anderen Versicherer gar nicht oder nur erheblich teurer versichern zu können. Begrenzte Laufzeiten können aber zum Beispiel vereinbart werden:

- in der **Ausbildungs- oder Auslandsreisekrankenversicherung**, deren Schutzfunktion sich typischerweise auf eine begrenzte Lebensphase des Versicherungsnehmers bezieht (§ 195 (2) VVG),

- in der **Krankentagegeldversicherung**, deren Lohnersatzfunktion ab Eintritt in den Ruhe-stand nicht mehr benötigt wird (§ 196 VVG),

- in der **Krankheitskostenversicherung** beihilfeberechtigter Personen im öffentlichen Dienst (§ 199 VVG). Hier ersetzt die Beihilfe einen Teil der tatsächlich entstandenen Kosten für medizinische Behandlungen, nur der verbleibende Anteil muss privat abgesichert werden. Erhöht sich der Prozentsatz der Beihilfe beim Eintritt in den Ruhestand, reduziert sich folg-lich der private Absicherungsbedarf entsprechend.

Korrespondierend zum unbefristeten Charakter der substitutiven Krankenversicherung ist hier-bei auch das ordentliche Kündigungsrecht durch den Versicherer ausgeschlossen (§ 206 (1) VVG).

Beihilfeberechtigte, deren Beihilfesatz sinkt, können innerhalb von sechs Monaten ihren Kran-kenversicherungsschutz entsprechend aufstocken, ohne dass dafür eine erneute Gesundheits-prüfung erforderlich ist.

§ 201 VVG verpflichtet den Versicherer abweichend von § 81 VVG auch bei grober Fahrlässig-keit zur Leistung im vereinbarten Umfang. Er bleibt nur bei vorsätzlicher Herbeiführung des Versicherungsfalles leistungsfrei, sofern dieser ihn selbst betrifft.

Unter bestimmten Voraussetzungen sind im Rahmen eines Treuhänderverfahrens **Beitragsan-passungen** und **Anpassungen der Versicherungsbedingungen** zulässig (§ 203 VVG). Bei-tragsanpassungen setzen eine als langfristig anzusehende Änderung der biometrischen Rech-nungsgrundlagen (Versicherungsleistungen, Sterbewahrscheinlichkeiten) voraus. Änderungen des Rechnungs-zinssatzes dürfen dabei berücksichtigt werden, aber nicht für sich genommen als Auslöser einer Beitragsanpassung dienen.

Um vor allem älteren Versicherungsnehmern einen Ausweg aus stark steigenden Beitragslas-ten zu eröffnen, regelt § 204 VVG, dass der Versicherer einen **Tarifwechsel** in gleichwertige Tarife zulassen muss. Die bereits aufgebaute Alterungsrückstellung bleibt dabei erhalten. Beim Wechsel in einen Tarif, der gegen höheren Beitrag auch höhere Leistung umfasst, kann der Ver-sicherungsnehmer die Gleichwertigkeit von neuem und altem Tarif durch Leistungsausschlüsse sicherstellen. Der Versicherer darf dann keinen höheren Beitrag als im alten Tarif fordern.

Abweichend von den allgemeinen **Kündigungsbestimmungen** (vgl. Abschnitt B.3.2.3) kann der Versicherungsnehmer einen für mehrere Jahre geschlossenen Vertrag zum Ende eines jeden Versicherungsjahres kündigen, auch bereits im ersten Jahr. Zudem gilt jederzeit ein bis zu drei Monate rückwirkendes Kündigungsrecht, sofern der Versicherungsnehmer kraft Gesetzes wieder GKV-pflichtig geworden ist. Als Kündigungsgründe gelten auch nachträgliche Beitragserhöhungen und Leistungsbeschränkungen; die Kündigungsfrist beträgt dann einen Monat, nachdem der Versicherungsnehmer die betreffende Information erhalten hat (§ 205 VVG).

Ergänzend zum **Kündigungsausschluss** in der substitutiven Krankenversicherung gemäß § 206 (1) VVG ist das Kündigungsrecht des Versicherers bei einigen weiteren Versicherungszweigen ausgeschlossen oder nur innerhalb der ersten Versicherungsjahre gegeben (§ 206 (2) – (3) VVG).

Versicherte, die in einer Krankheitskosten- oder Pflegekrankenversicherung nicht selbst Versicherungsnehmer, also direkte Vertragspartner des Versicherungsunternehmens, sind, können bei Zahlungsverzug des Versicherungsnehmers die Versicherung selbst fortführen und dadurch den Versicherungsschutz aufrechterhalten (§ 206 (4) VVG). Dies gilt auch bei Tod des Versicherungsnehmers oder wenn dieser selbst die Versicherung für eine andere versicherte Person kündigt. Im letzten Fall muss die versicherte Person vom Versicherungsnehmer informiert worden sein, damit dessen Kündigung wirksam werden kann (§ 207 VVG).

Das **GKV-Wettbewerbsstärkungsgesetz** trifft ergänzend zum VVG einige Regelungen, die sich auf das Geschäft der privaten Krankenversicherung beziehen. Die wesentlichen Elemente lauten wie folgt:

- Personen, die nicht gesetzlich pflichtversichert sind oder definierten Gruppen angehören (wie Anspruchsberechtigte freier Heilfürsorge oder Empfänger von Leistungen anderer Sozialversicherungsträger) müssen ihre ab dem 1. Januar 2008 bestehende Versicherungspflicht durch Abschluß eines privaten Krankheitskostenversicherungsvertrages erfüllen. Entsprechend der seit 1. Juli 2007 geltenden Bestimmung darf diesem Personenkreis der Versicherungsschutz, dessen Umfang sich am Leistungsspektrum der GKV orientiert, auch nicht verweigert werden (so genannter **Standardtarif**, vgl. Abschnitt A.6.1.3). Allerdings muss der Versicherer nur bis Ende 2007 auch für beim Versicherungsabschluss bereits laufende Behandlungen einstehen. Diese Bestimmung ging mit dem 1. Januar 2009 in § 193 (3) VVG über.

- Der Versicherer darf zudem eine auf der Versicherungspflicht beruhende private Krankheitskostenversicherung nicht kündigen. Der Versicherungsnehmer darf sie nur kündigen, wenn er gleichzeitig für die versicherte Person bei einem anderen Versicherer eine mindestens gleichwertige Versicherung abschließt. Beide Regelungen gingen zum 1. Januar 2009 in § 206 (1) VVG bzw. in § 205 (6) VVG über.

- Seit dem 1. Januar 2009 müssen alle privaten Krankenversicherungsunternehmen einen **Basistarif** anbieten, dessen inhaltliche Ausgestaltung in § 12 des Versicherungsaufsichtsgesetzes (VAG) vorgenommen wurde. Er löst den bis zum 31. Dezember 2008 angebotenen Standardtarif ab. Insbesondere ist sein Beitrag auf den Höchstbeitrag der GKV begrenzt und darf auch nicht um Risikozuschläge erhöht werden.

• Aufnahme in diesen Basistarif ist unter anderem Personen zu gewähren, die eine der folgenden Bedingungen erfüllen, indem sie:

  - als freiwillig GKV-Versicherte die Dreijahresfrist für den Wechsel in die private Krankenversicherung erfüllen und den Wechsel spätestens zum 30. Juni 2009 vollziehen,

  - vor dem 1. Januar 2009 einen privaten Krankheitskostenversicherungsvertrag abgeschlossen haben und den Wechsel spätestens zum 30. Juni 2009 vollziehen; der Wechsel darf auch innerhalb desselben Unternehmens erfolgen,

  - vor dem 1. Januar 2009 einen privaten Krankheitskostenversicherungsvertrag beim selben Unternehmen abgeschlossen haben und entweder das 55. Lebensjahr vollendet haben oder bereits gesetzliche Rente bzw. ein beamtenrechtliches Ruhegehalt beziehen,

  - nach dem 1. Januar 2009 einen privaten Krankheitskostenversicherungsvertrag abgeschlossen haben; der Wechsel darf auch innerhalb desselben Unternehmens erfolgen.

  Die Aufnahme darf nur verweigert werden, wenn der Antragsteller bereits bei dem Versicherer versichert war und der Vertrag vom Versicherer durch Anfechtung oder Rücktritt wegen Verletzung vorvertraglicher Anzeigepflichten beendet wurde. Diese Regelungen gingen zum 1. Januar 2009 in § 193 (5) VVG bzw. § 204 (1) VVG über.

• Bei einem Tarifwechsel innerhalb desselben Versicherungsunternehmens bestand schon nach altem Recht Anspruch auf vollständige Übertragung der Alterungsrückstellung. Dieser Anspruch gilt seit dem 1. Januar 2009 auch, wenn der Versicherungsnehmer den Vertrag kündigt und bei einem anderen Unternehmen einen neuen Vertrag abschließt, sofern

  - der gekündigte Vertrag nach dem 1. Januar 2009 abgeschlossen wurde oder

  - der gekündigte Vertrag vor dem 1. Januar 2009 abgeschlossen wurde, die Kündigung aber vor dem 1. Juli 2009 erfolgt und der Vertrag beim neuen Versicherer im Basistarif abgeschlossen wird.

  Die Mitnahme der Alterungsrückstellung wird in diesen beiden Fällen allerdings auf die kalkulatorisch dem Basistarif entsprechende Leistung begrenzt. Diese Regelungen gingen zum 1. Januar 2009 in § 204 (1) VVG über.

• Bei Krankheitskostenversicherungen, die der Erfüllung der Versicherungspflicht dienen, darf Zahlungsverzug seit dem 1. Januar 2009 zwar nach wie vor angemahnt werden, ist jedoch kein zulässiger Kündigungsgrund mehr. Der Versicherer darf den Vertrag stattdessen bis zum Ausgleich der rückständigen Beiträge ruhen lassen und ist nur zur Erstattung von Aufwendungen zur Behandlung akuter Erkrankungen, Schmerzzustände, bei Schwangerschaft oder Mutterschaft verpflichtet. Diese Regelung ging zum 1. Januar 2009 in § 193 (6) VVG über.

3.8 Zwingende und halbzwingende Vorschriften

Wegen ihrer grundsätzlichen Bedeutung für das gesamte Versicherungsvertragsrecht wird in diesem Abschnitt eine tabellarische Zusammenstellung der wichtigsten **zwingenden** und **halbzwingenden Vorschriften** des VVG gegeben. Diese Festlegungen gelten für das **Massenversicherungsgeschäft**. Bei der Versicherung von **Großrisiken** wird eine hinreichende Sachkenntnis der Vertragsparteien angenommen, sodass in derartigen Fällen Beschränkungen der Vertragsfreiheit unangemessen erscheinen, die betreffenden Vorschriften also vertraglich ebenfalls abweichend geregelt werden können (§ 187 VVG-alt bzw. § 210 VVG).

3.8.1 Zwingende Vorschriften

Wird im Zusammenhang mit einer gesetzlichen Bestimmung darauf hingewiesen, dass abweichende Regelungen **unwirksam** oder **nichtig** sind, handelt es sich um eine **zwingende Vorschrift**. Sie kann folglich nicht durch AVB oder individuelle Vereinbarung ausgeschlossen oder verändert – in der Rechtssprache: **abbedungen** – werden.

Abweichungen von zwingenden Vorschriften im Vertragstext sind nicht wirksamer Vertragsbestandteil. Die Nichtigkeit bezieht sich in der Regel auf die konkrete Vertragsvereinbarung, in Einzelfällen auf den gesamten Vertrag. Der letzte Fall wird in der nachfolgenden Aufstellung zwingender Vorschriften durch (*) gekennzeichnet. „Hs." steht für „Halbsatz", „S." für „Satz".

§ 5 (4) VVG	Verzicht auf Irrtumsanfechtung
§ 11 (1) VVG	Vertragsverlängerung um mehr als ein Jahr
§ 14 (3) VVG	Pflicht des Versicherers zur Zahlung von Verzugszinsen
§ 28 (5) VVG	Rücktritt des Versicherers bei Obliegenheitsverletzung
§ 69 VVG	Gesetzliche Vertretungsvollmacht (gegenüber VN und Dritten)
§ 70 VVG	Kenntnis des Versicherungsvertreters (gegenüber VN und Dritten)
§ 71 VVG	Abschlussvollmacht (gegenüber VN und Dritten)
§ 74 (2) Hs. 1 VVG	Überversicherung in betrügerischer Absicht (*)
§ 78 (3) Hs. 1 VVG	Mehrfachversicherung in betrügerischer Absicht (*)
§ 80 (3) Hs. 1 VVG	Betrügerische Absicht bei Versicherung mit fehlendem Interesse (*)
§ 105 VVG	Anerkenntnis des Versicherungsnehmers
§ 169 (5) S. 2 VVG	Stornoabzug für ungetilgte Abschlusskosten in der Lebensversicherung

3.8.2 Halbzwingende Vorschriften

Bei **halbzwingenden Vorschriften** lässt sich an der Formulierung ablesen, dass von ihnen *„nicht zum Nachteil des Versicherungsnehmers abgewichen"* werden kann, siehe etwa § 67 VVG; es kann auch eine andere Person als der Versicherungsnehmer geschützt werden. Entsprechende Vereinbarungen sind nicht generell nichtig, der Versicherer darf sich nur nicht zum Nachteil des Versicherungsnehmers – oder der geschützten Person – darauf berufen. Wirksam wird stattdessen die günstigere Regelung des VVG.

§ 3(1)-(4) VVG	Versicherungsschein
§ 5(1)-(3) VVG	Abweichungen vom Versicherungsschein (Billigungsklausel)
§ 6 VVG	Beratungspflichten gegenüber dem Versicherungsnehmer
§ 7 VVG	Informationspflichten des Versicherers
§ 8 VVG	Widerrufsrecht des Versicherungsnehmers
§ 9 VVG	Rechtsfolgen des Widerrufs
§ 11(2)-(4) VVG	Kündigungsfristen
§ 14(2) S. 1 VVG	Abschlagszahlungen bei Fälligkeit der Versicherungsleistung
§ 15 VVG	Hemmung der Verjährung
§ 19 VVG	Anzeigepflichten
§ 20 VVG	Vertreter des Versicherungsnehmers
§ 21 VVG	Ausübung der Rechte des Versicherungsnehmers
§ 22 VVG	Arglistige Täuschung
§ 23 VVG	Gefahrerhöhung
§ 24 VVG	Kündigung wegen Gefahrerhöhung
§ 25 VVG	Beitragserhöhung wegen Gefahrerhöhung
§ 26 VVG	Leistungsfreiheit wegen Gefahrerhöhung
§ 27 VVG	Unerhebliche Gefahrerhöhung
§ 28(1)-(4) VVG	Verletzung einer vertraglichen Obliegenheit
§ 31(1) S. 2 VVG	Auskunftspflichten Drittbegünstigter
§ 33(2) VVG	Beitragszahlung bei Einzug durch den Versicherer
§ 37 VVG	Zahlungsverzug beim Einlösebeitrag
§ 38 VVG	Zahlungsverzug bei Folgebeiträgen
§ 39 VVG	Vorzeitige Vertragsbeendigung
§ 40 VVG	Kündigung bei Beitragserhöhung
§ 41 VVG	Herabsetzung des Beitrages
§ 51(1) VVG	Beitragszahlung bei vorläufiger Deckung
§ 52(1)-(4) VVG	Beendigung eines Vertrages über vorläufige Deckung
§ 60 VVG	Beratungsgrundlage des Versicherungsvermittlers
§ 61 VVG	Beratungs- und Dokumentationspflichten des Versicherungsvermittlers
§ 62 VVG	Zeitpunkt und Form der Information
§ 63 VVG	Schadenersatzpflicht
§ 64 VVG	Zahlungssicherung zugunsten des Versicherungsnehmers
§ 65 VVG	Ungültigkeit der §§ 60–63 VVG bei Versicherung von Großrisiken
§ 66 VVG	Nicht gewerbsmäßig tätige Vermittler
§ 74 VVG	Überversicherung
§ 78(3) Hs. 2 VVG	Mehrfachversicherung in betrügerischer Absicht

§ 80 VVG	Fehlendes versichertes Interesse
§ 82 VVG	Abwendung und Minderung des Schadens
§ 83 VVG	Aufwendungsersatz
§ 84 (1) S. 1 VVG	Fehlerhafte Tatsachenfeststellung durch Sachverständige
§ 86 VVG	Übergang von Ersatzansprüchen
§ 95 VVG	Veräußerung der versicherten Sache
§ 96 VVG	Kündigung nach Veräußerung der versicherten Sache
§ 97 VVG	Anzeige der Veräußerung
§ 104 VVG	Anzeigepflicht des Versicherungsnehmers in der Haftpflichtversicherung
§ 106 VVG	Fälligkeit der Versicherungsleistung in der Haftpflichtversicherung
§ 126 VVG	Schadenabwicklungsunternehmen in der Rechtsschutzversicherung
§ 127 VVG	Freie Anwaltswahl in der Rechtsschutzversicherung
§ 128 VVG	Gutachterverfahren in der Rechtsschutzversicherung
§ 152 (1)-(2) VVG	Widerrufsrecht des Versicherungsnehmers in der Lebensversicherung
§ 153 VVG	Überschussbeteiligung in der Lebensversicherung
§ 154 VVG	Modellrechnung in der Lebensversicherung
§ 155 VVG	Jährliche Vertragsstandsmitteilung in der Lebensversicherung
§ 157 VVG	Unrichtige Altersangabe in der Lebensversicherung
§ 158 VVG	Gefahrerhöhung in der Lebensversicherung
§ 161 VVG	Selbsttötung in der Lebensversicherung
§ 163 VVG	Beitrags- und Leistungsanpassung in der Lebensversicherung
§ 164 VVG	Bedingungsanpassung in der Lebensversicherung
§ 165 VVG	Beitragsfreie Versicherung in der Lebensversicherung
§ 166 VVG	Kündigung des Versicherers in der Lebensversicherung
§ 167 VVG	Pfändungsschutz in der Lebensversicherung
§ 168 VVG	Kündigung des Versicherungsnehmers in der Lebensversicherung
§ 169 VVG	Rückkaufswert in der Lebensversicherung
§ 170 VVG	Eintrittsrecht Dritter in der Lebensversicherung
§ 173 VVG	Anerkenntnis in der Berufsunfähigkeitsversicherung
§ 174 VVG	Leistungsfreiheit in der Berufsunfähigkeitsversicherung
§ 178 (2) S. 2 VVG	Unfreiwilligkeitsvermutung in der Unfallversicherung
§ 181 VVG	Gefahrerhöhung in der Unfallversicherung
§ 186 VVG	Hinweispflicht des Versicherers in der Unfallversicherung
§ 187 VVG	Leistungsanerkenntnis in der Unfallversicherung
§ 188 VVG	Neubemessung der Invalidität in der Unfallversicherung
§ 194-199 VVG, § 201-208 VVG	Alle Paragrafen zur Krankenversicherung mit Ausnahme des Bereicherungsverbots in § 200 VVG

4. Kontrollfragen

1. Welches sind die wesentlichen Rechtsquellen bei der Abwicklung von Versicherungsgeschäften?

2. Wer sind die Hauptbeteiligten am Versicherungsvertrag?

3. Welche Beziehungen bestehen zwischen den Hauptbeteiligten am Versicherungsvertrag?

4. Was bedeutet die Deregulierung des Versicherungsmarktes und wie wirkt sie sich aus?

5. Was regelt die EU-Vermittlerrichtlinie und wie erfolgte ihre Umsetzung in deutsches Recht?

6. Welche Hauptaufgaben erfüllt der Versicherungsaußendienst?

7. Welche Arten von für die Vermittlung von Versicherungsverträgen zuständigen Personen kennen Sie?

8. Welche Voraussetzungen muss ein gewerblicher Vermittler für die Erteilung der Erlaubnis zum Geschäftsbetrieb erfüllen?

9. Skizzieren Sie die wesentlichen Beratungs- und Dokumentationspflichten eines Versicherungsvermittlers.

10. Wie ist das Versicherungsvertragsgesetz (VVG) grundsätzlich aufgebaut?

11. Was sind halbzwingende und zwingende Vorschriften?

12. Welche Anforderungen werden an die Allgemeinen Versicherungsbedingungen (AVB) gestellt?

13. Was versteht man unter überraschenden Klauseln und unangemessener Benachteiligung?

14. Wie ist mit alten AVB zu verfahren, die nicht mehr mit dem novellierten VVG harmonieren?

15. Wie kann ein Versicherungsvertrag zustande kommen?

16. Welche Unterlagen und Informationen sind dem Versicherungsnehmer vor Vertragsabschluss zur Verfügung zu stellen?

17. Wer kann den Abschluss eines Versicherungsvertrages formal beantragen?

18. Erläutern Sie die Begriffe Rücktritt, Widerruf, Widerspruch und Anfechtung.

19. Was bedeutet der Begriff Billigungsklausel?

20. Welche Arten von Versicherungsbeginnen sind Ihnen bekannt und in welcher Reihenfolge können sie auftreten?

21. Was bedeutet vorläufige Deckung?

22. Was kennzeichnet einen Rückwärtsversicherungsvertrag?

23. Auf welche Arten kann ein Versicherungsvertrag beendet werden?

24. Warum beinhalten die meisten AVB Klauseln zur Anpassung der Beiträge und Versicherungsbedingungen?

25. Welche Reaktionsmöglichkeiten hat der Versicherer bei Nichtzahlung des Einlösebeitrages oder von Folgebeiträgen?

26. Was versteht man unter der Unteilbarkeit der Prämie?

27. Welche Arten von Risikoausschlüssen kennen Sie?

28. Welche Reaktionsmöglichkeiten hat der Versicherer bei der Verletzung vorvertraglicher Obliegenheiten?

29. Erklären Sie kurz die Begriffe Vorsatz und grobe Fahrlässigkeit.

30. Welche Regelungen gelten bei Gefahrerhöhung allgemein und speziell in der privaten Krankenversicherung?

31. Welche Obliegenheiten hat der Versicherungsnehmer nach Eintritt des Versicherungsfalles zu erfüllen?

32. Wie ist das Verhalten dritter Personen im VVG geregelt?

33. Was bedeutet Aktiven- und Passivenversicherung?

34. Was versteht man unter Versicherungswert und Versicherungssumme?

35. Was ist der Wiederbeschaffungswert?

36. Wie ist bei Überversicherung zu verfahren?

37. Welche hauptsächlichen Änderungen haben sich durch die VVG-Novelle in der Haftpflichtversicherung ergeben?

38. Welche besonderen Informationspflichten bestehen in der Lebensversicherung?

39. Was ist eine Überschussbeteiligung in der Lebensversicherung?

40. Was ist ein Vertrag für fremde Rechnung?

41. Was ist der Rückkaufswert in der Lebensversicherung?

42. Wie ist die rechnerische Behandlung von Abschlusskosten nach altem und neuem VVG geregelt?

43. Wie definiert das VVG den Begriff der Berufsunfähigkeit?

44. Welche Arten der Krankenversicherung können befristet abgeschlossen werden?

45. Wie können nach dem 1. Januar 2009 VVG private Krankenversicherungsverträge gewechselt werden?

46. Wie wird in der PKV die Alterungsrückstellung bei Vertragskündigung oder bei Tarifwechseln vor und nach dem 1. Januar 2009 behandelt?

C. Versicherungsunternehmen

Dieses Kapitel widmet sich der betriebswirtschaftlichen Organisation des Versicherungsgeschäftes, die in einem marktwirtschaftlichen System mithilfe von **Versicherungsunternehmen** bewerkstelligt wird. Unter einem Versicherungsunternehmen soll eine autonome Wirtschaftseinheit verstanden werden, deren Geschäftszweck in der Bereitstellung von Versicherungsschutz besteht, ganz gleich, ob es sich dabei um ein Erst- oder Rückversicherungsunternehmen handelt, vgl. Abschnitt A.6. Versicherungsunternehmen sind damit die zentralen Erkenntnisobjekte der **Versicherungsbetriebslehre**.

Abschnitt C.1 beschreibt zunächst die von Unternehmen im Allgemeinen und Versicherungsunternehmen im Speziellen verfolgten **Unternehmensziele**. Diese Ziele bilden die Grundlage aller betriebswirtschaftlichen Entscheidungen im Versicherungsunternehmen und ermöglichen eine Erfolgskontrolle unternehmerischer Entscheidungen. Darüber hinaus ergeben sich aus den Unternehmenszielen die einzel- und gesamtwirtschaftlichen **Aufgaben** eines Versicherungsunternehmens (Abschnitt C.2).

Bei der Erreichung ihrer Ziele und Erfüllung ihrer Aufgaben sehen sich Versicherungsunternehmen einer Vielzahl gesetzlicher Vorschriften gegenüber, die einen vergleichsweise engen **rechtlichen Rahmen** für das Wirtschaften in Versicherungsunternehmen definieren (Abschnitt C.3). Durch dieses Korsett wird der Gestaltungsspielraum der Versicherungsunternehmen zwar sehr eingeschränkt, andererseits kann die Versicherungsaufsicht aber nur so ein hohes Maß an Sicherheit und Verlässlichkeit in der Versicherungswirtschaft garantieren, von der vor allem die Versicherungsnehmer profitieren. Insbesondere stellt eine strenge Versicherungsaufsicht einen effektiven Insolvenzschutz dar, der neben den Versicherungsnehmern auch anderen Interessengruppen zugutekommt (Kapitalanleger, Mitarbeiter, gesetzliche Sozialversicherungsträger etc.).

Die **Rechtsform** hat weitreichende Auswirkungen auf die internen Entscheidungsstrukturen eines Versicherungsunternehmens, beeinflusst aber auch die Marktposition und das Selbstverständnis des Unternehmens (Unternehmenskultur). Die Bestimmungsparameter und Gestaltungsmöglichkeiten der für Versicherungsunternehmen gesetzlich vorgesehenen Rechtsformen werden deshalb in Abschnitt C.4 diskutiert. Dabei sollen auch die historischen Wurzeln sowie die mit einzelnen Rechtsformen verfolgten Rechtsformideen angedeutet werden.

Die **Aufbau- und Ablauforganisation** in Versicherungsunternehmen ist Gegenstand von Abschnitt C.5. Hier stehen vor allem Fragen der innerbetrieblichen Organisation von Aufgaben und Geschäftsprozessen im Mittelpunkt. Abschnitt C.6 vertieft einen besonderen Einzelaspekt der Aufbauorganisation im Versicherungsunternehmen, die Organisation des **Vertriebs**. Zu diesem Zweck werden die rechtlichen und wirtschaftlichen Charakteristika der üblichen **Vertriebswege** in der Versicherungswirtschaft im Zusammenhang dargestellt, zusätzlich soll das längerfristige wirtschaftliche Potenzial dieser Vertriebswege skizziert werden.

Die gängigen Formen von **Zusammenschlüssen** unter Beteiligung von Versicherungsunternehmen werden in Abschnitt C.7 dargestellt. Speziell Versicherungs- und Finanzdienstleistungskonzerne sollen dabei beleuchtet und analysiert werden. Die für Versicherungsunternehmen und -konzerne relevanten Vorschriften zur **Rechnungslegung** sind schließlich Gegenstand von Abschnitt C.8. Hier sollen insbesondere auch die für eine betriebswirtschaftlich sinnvolle Unternehmensführung in der Versicherungswirtschaft kritischen Steuerungsparameter vorgestellt werden.

Von den in den Abschnitten B.1 und B.2 erwähnten Rechtsgrundlagen der Versicherungswirtschaft wird im Folgenden vor allem das **Versicherungsaufsichtsgesetz (VAG)** von Bedeutung sein, ergänzt durch einzelne Bestimmungen des HGB sowie diverse Verordnungen. Das für den Versicherungsnehmer wichtige **Versicherungsvertragsgesetz (VVG)** spielt für die rechtliche Konstituierung von Versicherungsunternehmen hingegen keine nennenswerte Rolle.

1. Ziele des Versicherungsunternehmens

Ziele beschreiben in der Betriebswirtschaftslehre Zustände, die durch wirtschaftliches Handeln erreicht werden sollen (C.1.1). In der Praxis verfolgen Unternehmen immer mehrere Ziele parallel; entsprechend kompliziert gestaltet sich die Entscheidungsfindung auf strategischer Ebene. Sind die Unternehmensziele einmal festgeschrieben, erhält die Unternehmensführung einen roten Faden, an dem sie alle weiteren unternehmerischen Entscheidungen ausrichten kann.

Wegen der speziellen Natur des **Versicherungsgeschäftes** können typische Unternehmensziele der Konsumgüterindustrie nicht ohne Weiteres auf Versicherungsunternehmen übertragen werden (Abschnitt C.1.2). Vielmehr weisen die für Versicherungsunternehmen und -konzerne typischen **Zielbündel** einen charakteristischen Bezug zum Kerngedanken des Versicherungsgeschäftes auf, der Gewährung von **Versicherungsschutz** durch Verlagerung von Risiken auf ein breites Kollektiv gleichartiger Risiken. Je mehr Unternehmensziele – gleich, in welcher Priorisierung – ein Versicherungsunternehmen verfolgt, umso wichtiger ist es, die typischen **Zielbeziehungen** zwischen ihnen zu verstehen und in unternehmerische Entscheidungen einzubeziehen.

1.1 Unternehmensziel als betriebswirtschaftlicher Begriff

Unternehmensziele charakterisieren erwünschte künftige Zustände, die ein Unternehmen durch betriebswirtschaftliche Entscheidungen anstrebt. In der Regel gehen Unternehmensziele auf die **Träger** eines Unternehmens zurück, zum Beispiel die Aktionäre einer Aktiengesellschaft (Abschnitt C.4.2.1). Die Umsetzung der Maßnahmen zur Zielerreichung fällt jedoch in den Verantwortungsbereich der Unternehmensführung. Die Unternehmensziele sind Teil der **Unternehmensphilosophie** und bilden einen äußeren Rahmen für alle betriebswirtschaftlichen Entscheidungen auf strategischer und operativer Ebene.

Unternehmensziele lassen sich grob in **monetäre und nicht-monetäre Ziele** unterteilen (vgl. *Korndörfer*). Unter monetären Zielen werden Unternehmensziele verstanden, die sich in Geldeinheiten ausdrücken lassen, nicht-monetäre Ziele verfolgen hingegen soziale, politische oder ethische Absichten.

Beispiel: Typische monetäre Ziele sind das Streben nach einer Maximierung des Gewinns oder Umsatzes, nicht-monetäre Ziele können sich auf den Marktanteil, das Unternehmenswachstum, das Streben nach Unabhängigkeit und Unternehmenserhaltung oder etwa ein besonders umweltfreundliches Wirtschaften beziehen. Ebenso denkbar wäre eine langfristige Sicherung von Arbeitsplätzen oder etwa das Streben nach politischem Einfluss.

Die **Zielbildung** im Rahmen des unternehmerischen Planungsprozesses verläuft meist in fünf Phasen, die im Unternehmen mehr oder minder explizit in dieser Reihenfolge vollzogen werden:

1. Zielfindung

2. Präzisierung der Zielbestandteile

3. Erstellung einer Zielhierarchie

4. Untersuchung etwaiger Zielbeziehungen

5. Zielauswahl und -formulierung

In der **Zielfindungsphase** geht es zunächst darum, geeignete Ziele im Zuge eines sowohl intuitiven als auch ganzheitlichen Prozesses zu skizzieren. Entscheidend ist in dieser frühen Phase der Einsatz geeigneter Kreativitätstechniken, aber auch eine gründliche Umweltanalyse unter Einbeziehung ökonomischer, rechtlicher und soziologischer Belange. Hauptintention der Zielfindungsphase ist die Gewinnung eines Bündels unterschiedlicher Zielprojektionen, das den Willen der Unternehmensträger abbildet.

Für die zunächst noch groben Individualziele der Zielfindungsphase werden dann **Zielbestandteile** formuliert. Zu diesen gehören (vgl. etwa *Schneck*):

• Zielinhalt: *Was* soll erreicht werden?

• Zielausmaß: *Wie* soll das Ziel erreicht werden?

• Zeitlicher Geltungsbereich: *Wann* soll das Ziel erreicht werden?

• Sachlicher Geltungsbereich: *Wo* soll was erreicht werden?

Im Rahmen der Klärung des **Zielausmaßes** ist dabei auch festzulegen, was unter einer optimalen Zielerreichung verstanden werden soll. Beispielsweise können Kosten minimiert oder Umsätze bzw. Gewinne maximiert werden. Damit wird eine wichtige Grundlage für eine spätere Erfolgskontrolle gelegt. Das Zielausmaß wird entweder auf einer kardinalen, ordinalen oder nominalen Skala angegeben.

Beispiel: Wird lediglich gefordert, dass ein Unternehmen Gewinn erwirtschaften soll, ist das Zielausmaß nominal formuliert. Soll der Gewinn einer Periode den Gewinn der Vorperiode übertreffen, liegt hingegen eine ordinale Formulierung vor, da nun ein Vergleichsmaßstab angelegt werden kann. Wird eine konkrete Steigerung des Gewinns um 8 % gefordert (Zahlenangabe), liegt eine kardinale Zielformulierung vor.

Mit der Definition sämtlicher Zielbestandteile wird eine Präzisierung aller Individualziele erreicht, die die Erstellung einer **Zielhierarchie** ermöglicht. Eine Zielhierarchie ordnet alle Ziele nach **Ober- und Unterzielen** (teilweise auch **Haupt- und Nebenzielen**) und schafft damit die Grundlage für spätere Entscheidungsprozesse der Unternehmensführung. In dieser Phase treten die Interessen der Unternehmensträger besonders deutlich zutage, da hier letztlich eine Rangfolge der Einzelziele erstellt wird.

Bevor die Ziele nun endgültig festgeschrieben werden können, müssen etwaige **Zielbeziehungen** aufgeklärt werden, die bei der Umsetzung aller Einzelziele beachtet werden müssen. Grundsätzlich können zwei Ziele entweder komplementär, konkurrierend, antinomisch oder indifferent zueinander stehen.

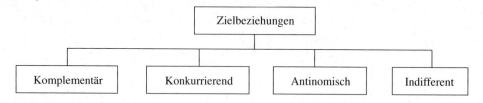

Abbildung 23: Zielbeziehungen

Zwei Ziele verhalten sich zueinander **komplementär**, wenn die Erreichung des einen Zieles der Erreichung des anderen förderlich ist. Je höher also der Zielerreichungsgrad bei Ziel 1, desto höher der **Zielerreichungsgrad** bei Ziel 2 und umgekehrt. Anders bei **konkurrierenden** Zielen: Hier fällt der Zielerreichungsgrad eines Zieles immer dann, wenn der Zielerreichungsgrad des anderen Zieles ansteigt. Schließt die Realisation eines Zieles die Realisation des anderen Zieles gar vollständig aus, liegt eine **antinomische** Zielbeziehung vor, die damit als Extremfall konkurrierender Ziele aufgefasst werden kann. Haben die Zielerreichungsgrade beider Ziele nichts miteinander zu tun, sind die Ziele **indifferent** und können unabhängig voneinander verfolgt werden.

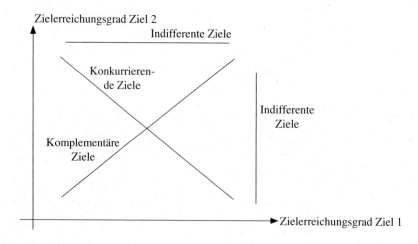

Abbildung 24: Grafische Darstellung unterschiedlicher Zielbeziehungen

Die entsprechenden Kurven antinomischer Ziele würden in obiger Darstellung komplett entlang der Koordinatenachsen verlaufen.

Beispiel: Die Ziele „Umsatzsteigerung" und „Ausbau des Marktanteils" können als grundsätzlich komplementär gelten, da alle Maßnahmen zur Umsatzsteigerung bei konstanter Marktgröße grundsätzlich auch eine Erhöhung des Marktanteils bewirken und umgekehrt. Anders bei den konkurrierenden Zielen „Kostensenkung" und „Erhöhung der Mitarbeiterzufriedenheit". Da Kostensenkungsmaßnahmen oftmals bei der Vergütung ansetzen, kommt es in der Folge nicht selten zu einer Abnahme der Mitarbeiterzufriedenheit, da sinkende Löhne und Gehälter in Kauf genommen werden müssen. Steigen umgekehrt die Löhne und Gehälter stark an, erhöht dies zwar die Zufriedenheit der Mitarbeiter, zieht aber steigende Personalkosten nach sich. Typische Beispiele für indifferente Ziele wären etwa „Kostensenkung" und „Streben nach politischem Einfluss".

Es versteht sich von selbst, dass konkurrierende Ziele die Unternehmensführung vor außerordentlich große Herausforderungen stellen, insbesondere, wenn den Zielen dabei auch noch eine ähnliche Priorität eingeräumt wird.

Die letztendliche **Zielauswahl** durch die im Sinne der Unternehmensträger handelnde Unternehmensführung schreibt die Unternehmensziele einschließlich ihrer Zielhierarchie und aller erforderlichen Zielbestandteile fest. Dieser Prozess der Zielfestschreibung findet seinen Niederschlag teilweise in der Unternehmenssatzung, lässt sich häufig aber auch in Jahresberichten, bei jährlichen Bilanzpressekonferenzen oder etwa bei Jahresauftakttagungen im Vertrieb zumindest rudimentär erkennen. Die Unternehmensziele leisten einen entscheidenden Beitrag zur Herausbildung einer Unternehmensphilosophie und bilden nicht zuletzt auch ein Instrument zur Erfolgsmessung.

Das Zustandekommen von Unternehmenszielen infolge zahlreicher externer und interner Einflussfaktoren ist naturgemäß nur schwer wissenschaftlich zu erfassen, stellt aber einen wichtigen ersten Entscheidungsprozess unmittelbar nach der Unternehmensgründung dar. Eine nachhaltige Veränderung externer oder interner Einflussfaktoren kann zu späteren Zeitpunkten eine entsprechende Veränderung der Unternehmensziele bewirken. Ein typisches Beispiel hierfür sind ökologische Unternehmensziele, die erst im Laufe der 80er und 90er Jahre mehr Verbreitung gefunden haben und mittlerweile bei vielen Unternehmen fest verankert sind.

1.2 Unternehmensziele in der Versicherungswirtschaft

Die Ziele in Versicherungsunternehmen lassen sich grob in allgemeine betriebswirtschaftliche und versicherungsspezifische Ziele unterteilen, die sich aus dem besonderen Charakter des Versicherungsgeschäftes ergeben. Zu den allgemeinen betriebswirtschaftlichen Zielen gehören die Gewinnerzielung, das Wachstum des Unternehmens und die Unternehmenswertsteigerung, im weiteren Sinne aber auch das Ziel einer langfristigen Unternehmenserhaltung. Das Streben nach einer optimalen Bedarfsdeckung für die Versicherungsnehmer stellt hingegen ein versicherungstypisches Ziel dar und impliziert indirekt den Wunsch nach hoher Kundenzufriedenheit.

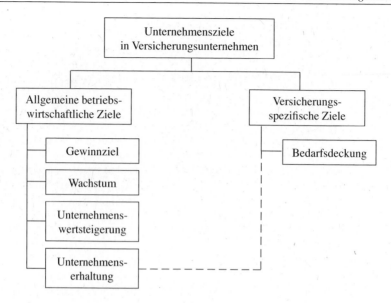

Abbildung 25: Unternehmensziele in Versicherungsunternehmen

Wie in der vorstehenden Abbildung angedeutet, können Erhaltungsziele teilweise auch den versicherungsspezifischen Zielen zugeordnet werden, da sie letztlich die von der Versicherungsaufsicht geforderte langfristige Erfüllbarkeit der eingegangenen Versicherungsverpflichtungen gewährleisten (von Bedeutung vor allem für lang laufende Vertragsbeziehungen, wie sie in der Lebensversicherung und Krankenversicherung üblich sind).

Interpretiert man Versicherung nach *Farny* als Transfer von Risiken auf ein Versicherungsunternehmen, das durch Bildung eines geeigneten Versichertenkollektivs einen Risikoausgleich im Kollektiv und in der Zeit erreicht, tritt vor allem das Unternehmensziel der **Bedarfsdeckung** in den Vordergrund. Versicherungsunternehmen werden in diesem Sinne als Selbsthilfeorganisationen verstanden, die gegen Zahlung eines relativ geringen Beitrages finanziellen Ausgleich bei körperlichen oder materiellen Schäden infolge Feuer, Krankheit, Unfall etc. gewähren. Das Bedarfsdeckungsziel definiert damit den eigentlichen Geschäftszweck des Versicherungsunternehmens.

Naturgemäß genießt die Bedarfsdeckung vor allem bei solchen Versicherungsunternehmen einen hohen Stellenwert, die von ihrer **Rechtsform** bzw. **Gründungsidee** her bereits eine Ausrichtung auf die Interessen der Versichertengemeinschaft erkennen lassen. Nach Abschnitt C.4.2 sind dies primär die Versicherungsvereine auf Gegenseitigkeit (VVaG) sowie öffentlich-rechtliche Versicherungsunternehmen. Während sich VVaG über ihren Gegenseitigkeitscharakter definieren, besteht die Aufgabe öffentlich-rechtlicher Versicherungsunternehmen in der Darstellung von Versicherungsschutz für die Bewohner eines Territoriums, vgl. Abschnitt C.4.2.4. Beide Rechtsformen nehmen damit – wenn auch privatwirtschaftlich organisiert – quasi-soziale Aufgaben wahr, insbesondere stehen die Bedürfnisse der Versicherten zumindest theoretisch im Mittelpunkt.

Beispiel: *Viele heute noch existierende VVaG bzw. VVaG-Konzerne (Abschnitt C.7.2) können ihre historischen Wurzeln bis ins 19. oder frühe 20. Jahrhundert zurückverfolgen und sind aus berufsständischen Selbsthilfeorganisationen hervorgegangen. Charakteristisch für diese Versicherer ist eine bis heute in Marktpositionierung und Produktpalette erkennbare Präferenz für bestimmte Berufsgruppen: Handwerker (Barmenia, Münchener Verein, Signal Iduna), Eisenbahner (DEVK), Öffentlicher Dienst (Debeka, HUK-Coburg) etc.*

Es versteht sich von selbst, dass eine rein auf Bedarfsdeckung ausgerichtete Unternehmensphilosophie in Zeiten wachsenden Wettbewerbs infolge zunehmender Globalisierung und Vernetzung und dem sich daraus ergebenden stetigen Investitionsbedarf als alleiniges Unternehmensziel nicht mehr haltbar ist. Die Bedarfsdeckung tritt deshalb selbst bei Versicherern mit ausgeprägter berufsständischer oder regionaler Ausrichtung mehr und mehr in den Hintergrund, allgemeine betriebswirtschaftliche Ziele gewinnen dafür an Bedeutung. Dies zeigt sich unter anderem auch darin, dass sich viele einstmals nur bestimmte Berufsgruppen ansprechende Versicherer anderen Zielgruppen geöffnet haben.

Unter marktwirtschaftlichen Bedingungen kommt traditionell der **Gewinnerzielungsabsicht** der Unternehmen eine große Bedeutung zu. Zurückzuführen ist die Bedeutung von Gewinnzielen in weiten Teilen auf das **Shareholder Value-Prinzip**, das die Interessen der Anteilseigner über die monetären und nicht-monetären Interessen anderer Interessengruppen stellt. **Gewinnziele** stehen generell in einer ausgeprägten Konkurrenz zu Bedarfsdeckungszielen.

Gewinnziele können entweder absolut oder relativ in Form von Rentabilität angegeben werden (absoluter Gewinn pro Größeneinheit). Die Rentabilität kann sich dabei wiederum entweder auf den Umsatz oder das eingesetzte Kapital (Gesamt- oder Eigenkapital) beziehen, was sich jeweils in entsprechenden Kennzahlen ausdrückt (Umsatzrendite, Gesamtkapitalrendite, Eigenkapitalrendite, siehe etwa *Grefe* oder *Olfert/Pischulti*). In jedem Fall ergibt sich der Gesamtgewinn eines Versicherungsunternehmens als Aggregat verschiedener **Ertragsquellen**, zum Beispiel:

- Erträge aus dem eigentlichen **Risikogeschäft** (soweit Schäden geringer ausfallen als kalkuliert),

- Erträge aus **Kapitalanlagen** (die Beitragszahlungen der Versicherungsnehmer werden nach den Vorgaben des § 54 VAG auf den Kapitalmärkten investiert),

- Erträge aus dem **Rückversicherungsgeschäft**.

Ferner kann sich der betrachtete Gewinnbegriff entweder auf den Gesamtgewinn des Unternehmens oder den tatsächlich an die Anteilseigner (in der Regel die Aktionäre einer Versicherungs-Aktiengesellschaft) ausgeschütteten Gewinn beziehen. Diese Frage ist insofern von großer Bedeutung, als zum Beispiel das in § 11 (1) VAG formulierte **Vorsichtsprinzip** (vgl. Abschnitt A.7) die Versicherer explizit zu einer Verwendung pessimistischer **Rechnungsgrundlagen** bei der Beitragskalkulation anhält. Praktisch bedeutet dies:

- Das versicherte **Risiko** wird in seiner Eintrittswahrscheinlichkeit bewusst *überschätzt*.

- Die am Kapitalmarkt nach den Vorgaben des § 54 VAG voraussichtlich erzielbare **Verzinsung** wird bewusst *unterschätzt*.

- Die vom Versicherungsunternehmen für den Abschluss und die Verwaltung von Versicherungsverträgen einbehaltenen **Kostenanteile** werden bewusst *überschätzt*.

Im Ergebnis zahlt der Versicherungsnehmer im stochastischen Mittel generell einen zu hohen Beitrag. Hintergrund ist die Forderung des Gesetzgebers, den Erhalt des Versicherungsunternehmens auch in Geschäftsjahren mit schlechter Gesamtertragslage zu garantieren. Durch die Anwendung des Vorsichtsprinzips kommt es zwangsläufig zu „staatlich verordneten" Überschüssen der Versicherer, die jedoch nur auf Basis zu hoher Beitragszahlungen der Versicherungsnehmer zustande gekommen sind und damit nicht als Ergebnis erfolgreichen Wirtschaftens interpretiert werden dürfen.

Folglich müssen diese Überschüsse zu großen Teilen wieder an die Versichertengemeinschaft zurücktransferiert werden, sei es in Form von **Beitragsrückerstattungen** (Krankenversicherung), einer **Anpassung der Beitragshöhe** (Schaden- und Unfallversicherung) oder anderer Formen der **Überschussbeteiligung** (Lebensversicherung, siehe etwa *Führer / Grimmer*).

Beispiel: Lebensversicherer sind nach § 81 c VAG in Verbindung mit der Verordnung über die Mindestbeitragsrückerstattung in der Lebensversicherung (MindZV) verpflichtet, mindestens 90 % der erzielten Rohüberschüsse aus Kapitalerträgen (Zinsüberschüsse) in der einen oder anderen Form an die Versichertengemeinschaft zurückzutransferieren. Nur ein kleiner Teil dieser speziellen Rohüberschüsse kann damit zum Beispiel in Form von Dividenden an die Anteilseigner ausgeschüttet werden. Für Risikoüberschüsse und weitere Formen von Rohüberschüssen gelten andere Regeln, siehe MindZV.

Typische Unterziele eines Gewinnziels sind geeignete **Umsatz- und Kostenziele**, da beide Größen in einem direkten Zusammenhang mit dem letztlich erwirtschafteten Gewinn stehen. Ein Umsatzziel kann sich beispielsweise in der Forderung nach einer fünfprozentigen Steigerung der Bruttobeitragseinnahmen konkretisieren, Kostenziele entsprechend in einer Senkung etwa der Verwaltungskostenquote (siehe Abschnitt C.8.3.2). Gemeinsam ist beiden Bemühungen der Wunsch, den Unternehmensgewinn zu steigern.

In wertorientierten Steuerungsansätzen wie der produktbasierten Deckungsbeitragsrechnung oder dem auf Kunden fixierten Customer Value Management artikulieren sich letztlich Gewinnziele, die mit unterschiedlichen Strategien erreicht werden sollen (Abschnitt C.8.4). Alle derartigen Ansätze lassen sich in eine auf Gewinnmaximierung ausgerichtete Unternehmensphilosophie integrieren und finden zunehmend Verbreitung in der Versicherungswirtschaft.

Umsatzziele können auch als Spezialfall so genannter **Wachstumsziele** interpretiert werden. Diese Ziele richten das Versicherungsunternehmen auf ein stetiges Unternehmenswachstum aus, das an unterschiedlichen Größenparametern festgemacht werden kann: Bruttobeitragseinnahmen, Zahl der Versicherungsnehmer, Zahl der Versicherungsverträge, Summe der Kapitalanlagen, Bilanzsumme, Deckungsrückstellung (speziell in der Lebensversicherung) etc. Alternativ kann auch der Marktanteil (bezogen auf Bruttobeitragseinnahmen oder andere Bemessungsgrößen) herangezogen werden; diese Wahl hat den speziellen Vorteil, dass sie einen Vergleich mit Wettbewerbern gestattet.

In jedem Fall speisen sich Wachstumsziele aus verschiedenen, nicht immer wissenschaftlich belegbaren Vorstellungen, wie etwa der Idee, dass Unternehmensgröße gleichbedeutend mit unternehmerischem Erfolg ist. Andererseits ist klar, dass große Wirtschaftseinheiten den Markt stärker mitgestalten können, auf den Kapital- und Rückversicherungsmärkten in der Regel bessere Konditionen vorfinden und damit zumindest geringfügige Ertragsvorteile haben dürften.

Leichter nachzuvollziehen ist die Verwandtschaft der Wachstumsziele mit den **Erhaltungszielen**. Sie zielen auf die langfristige Erhaltung des Unternehmens als unabhängiger wirtschaftlicher Einheit auf dem Markt. Sie können zumindest teilweise als unternehmerische Umsetzung gesetzlicher Vorgaben zum Betrieb des Versicherungsgeschäftes gewertet werden und gehören folglich in natürlicher Weise zum Zielbündel eines Versicherungsunternehmens.

Durch die Gewährung von Versicherungsschutz für einzelne versicherte Risiken mit dem Ziel eines Risikoausgleichs in der Zeit und im Kollektiv entsteht dem Versicherungsunternehmen ein **versicherungstechnisches Risiko** (Abschnitt A.5). Liegen die tatsächlichen Schäden während eines Geschäftsjahres deutlich oberhalb der stochastisch erwarteten Schäden, kann das Versicherungsunternehmen grundsätzlich auf seine(n) Rückversicherer sowie verschiedene finanzielle Reserven zurückgreifen (zum Beispiel stille Reserven, vgl. Abschnitt C.8.2.1). Übersteigen die entstandenen Schäden jedoch selbst diese Kapazitäten, kann das Unternehmen ernsthaft in seinem Bestand gefährdet sein. Eine zusätzliche Bedrohung für das Versicherungsunternehmen geht von der Entwicklung an den Kapitalmärkten aus (**Kapitalanlagerisiko**), an denen die Sparanteile der Versichertenbeiträge investiert werden.

Erhaltungsziele sollen das Versicherungsunternehmen in die Lage versetzen, seinen Verpflichtungen gegenüber Versicherungsnehmern und anderweitigen Gläubigern jederzeit nachkommen zu können. Es liegt auf der Hand, dass sie deshalb sowohl fundamentale Interessen der Versicherungsnehmer berühren, im weiteren Sinne aber auch Interessen der Mitarbeiter, Anteilseigner und selbst des Sozialstaates. Wäre beispielsweise ein großes Lebensversicherungsunternehmen nicht mehr in der Lage, seinen finanziellen Verpflichtungen nachzukommen, könnten im Extremfall zahlreiche Empfänger privater Rentenzahlungen zu Sozialfällen werden. Nicht umsonst legt die Versicherungsaufsicht in Deutschland deshalb großen Wert auf eine konsequente Umsetzung des **Vorsichtsprinzips** bei der Beitragskalkulation und die Einhaltung der rigiden Anlagevorschriften des § 54 VAG (unter anderem Prinzip der **Mischung und Streuung** bei der Kapitalanlage).

Beispiel: *Einzelne Versicherer sind bei ihrer Kapitalanlagepolitik noch vorsichtiger, als es die ohnehin schon restriktiven Vorgaben des § 54 VAG vorsehen, und investieren nur einen sehr geringen Teil ihrer Beitragseinnahmen in riskantere Anlageformen wie Aktien. Entwickeln sich die internationalen Aktienmärkte positiv, erzielen diese Versicherer nur unterdurchschnittliche Kapitalerträge, erleben dafür aber auch in Zeiten sinkender Aktienrenditen (wie etwa nach dem März 2000) keinen massiven Einbruch ihrer Kapitalerträge.*

Wertsteigerungsziele beinhalten die Interessen der Unternehmenseigner, vor allem der Aktionäre einer Aktiengesellschaft. Sie definieren den Unternehmenserfolg primär über die erreichte Wertsteigerung im Sinne des **Shareholder Value-Ansatzes** (Abschnitt C.8.4.1). Der Wertbegriff kann sich dabei auf den gegenwartsbezogenen **Substanzwert** des Unternehmens beziehen, ausgedrückt durch die Faustformel:

> **Substanzwert**
> = Summe aller materiellen und immateriellen Vermögenszeitwerte
> + Wert des Versicherungsbestandes
> – Summe der Zeitwerte aller Verbindlichkeiten

Nach dieser Definition entspricht der Substanzwert dem Eigenkapital des Unternehmens einschließlich aller stillen Reserven und stiller Lasten (*Farny*). Da weder das Eigenkapital noch stille Reserven ohne Weiteres in liquide Mittel verwandelt werden können, betrachten modernere Definitionen des Wertbegriffs den **Zukunftswert** des Versicherungsunternehmens, ermittelt als Summe aller diskontierten künftigen Zahlungsströme. Je positiver dieser Discounted Cashflow (DCF) ausfällt, umso größer ist die mit dem Unternehmen verbundene Gewinnerwartung, die sich bei Versicherungs-Aktiengesellschaften wiederum in einem entsprechend hohen Aktienpreis niederschlägt. Hohe DCF-Werte bedingen daher eine hohe Steigerung des Unternehmenswertes. Der Berechnung des Discounted Cashflow (DCF) erfordert freilich eine Prognose aller künftigen Zahlungsströme sowie einen geeigneten Kalkulationszinssatz (Abschnitt C.8.4.1).

Da sich der Wertbegriff in jedem Fall am **Shareholder Value** orientiert, stehen Wertsteigerungsziele in einem natürlichen Gegensatz zu Bedarfsdeckungszielen, können aber als komplementär zu Gewinnzielen gesehen werden. Hierin äußert sich der für Versicherungsunternehmen fast schon zwangsläufige Widerspruch zwischen Shareholder Value und **Policyholder Value**. Eine wichtige Aufgabe der Unternehmensführung besteht folglich darin, beide Wertbegriffe bei der Formulierung der Unternehmensziele ausreichend zu berücksichtigen.

Inwieweit Wertsteigerungsziele auch bei Versicherungsvereinen auf Gegenseitigkeit (VVaG) sinnvoll formuliert werden können (Identität von Anteilseignern und Versicherungsnehmern), ist in der Literatur umstritten, zumal eine Veräußerung der Mitgliedschaftsrechte bei einem VVaG gar nicht vorgesehen ist. Lediglich im Zuge der Umwandlung eines VVaG in eine Versicherungs-Aktiengesellschaft (Abschnitt C.4.3) können auch die Anteilseigner eines VVaG direkt von einem hohen Unternehmenswert finanziell profitieren.

Neben den bereits genannten monetären bzw. ökonomischen Zielen verfolgen Versicherungsunternehmen in begrenztem Maße auch **nicht-monetäre Ziele**, zum Beispiel das natürliche Streben nach **Macht** und **Unabhängigkeit**. Speziell bei einigen VVaG ist das Streben nach wirtschaftlicher und rechtlicher Unabhängigkeit traditionell stark ausgeprägt, da diese Unternehmen ansonsten ihre meist auf spezielle Berufsgruppen zugeschnittenen Bedarfsdeckungsziele nicht mehr glaubhaft vermitteln könnten (vgl. auch **Nischenstrategien** in Abschnitt D.1.2). Weitere denkbare nicht-monetäre Ziele sind etwa **Konsonanzziele**, die letztlich auf einen harmonischen Ablauf aller Geschäftsprozesse mit externen Stellen ausgerichtet sind (zum Beispiel mit der Aufsichtsbehörde, Banken, Lieferanten etc.).

In ihrer Gesamtheit bilden alle Unternehmensziele ein für das Versicherungsunternehmen prägendes **Zielbündel**, aus dem nach Festlegung einer **Zielhierarchie** ein grober Leitfaden für alle betriebswirtschaftlichen Einzelentscheidungen im Unternehmen wird. Haupteinflusskriterien bei der Ausgestaltung des Zielbündels und seiner Hierarchie sind dabei die im Versicherungsunternehmen relevanten **Stakeholder** (Anspruchsnehmer am Unternehmen, also etwa Banken, Kunden, Mitarbeiter etc.), vor allem die **Anteilseigner** (zum Beispiel die Aktionäre bei einer

Versicherungs-Aktiengesellschaft oder die Mitglieder bei einem VVaG, vgl. Abschnitt C.4.2), die **Versicherungsnehmer**, die **Mitarbeiter** sowie die **Unternehmensführung**.

Der relativ enge rechtliche Rahmen der Versicherungswirtschaft sowie betriebswirtschaftliche Erfordernisse erzwingen dabei in der Regel einen mehr oder weniger ausgewogenen Interessenausgleich zwischen allen Stakeholdern, der sich letztlich in einer für die Versicherungswirtschaft charakteristischen **Unternehmenskultur** niederschlägt. Die Unternehmenskultur bildet damit einerseits den äußeren Rahmen für die Entwicklung von Unternehmenszielen, wird aber andererseits auch durch eben diese Unternehmensziele entscheidend mitgeprägt.

In der Literatur finden sich nur wenige empirische Erhebungen zu Unternehmenszielen in der Versicherungswirtschaft, siehe etwa *Kaluza*. Dies dürfte an der fehlenden schriftlichen Fixierung der Unternehmensziele in vielen Versicherungsunternehmen liegen, teilweise aber auch auf die fehlende Skalierbarkeit und Vergleichbarkeit vieler Unternehmensziele zurückzuführen sein.

Als sicher darf in diesem Zusammenhang wohl nur gelten, dass speziell die Globalisierung der Märkte, aber auch ein stetig wachsender Investitionsbedarf (Neue Medien, Innovationsdruck etc.) viele Versicherer zwingen, Gewinnziele zu favorisieren, und das unabhängig von der Rechtsform. Die Erhaltungsziele genießen ebenso ein relativ hohes Gewicht, nicht zuletzt wegen aufsichtsrechtlicher Vorgaben, wie etwa Solvency II (Abschnitt C.8.6). Speziell bei Versicherungs-Aktiengesellschaften dürfte ferner der Shareholder Value-Gedanke einer Ausbildung von Zielen im Umfeld einer Unternehmenswertsteigerung Vorschub leisten.

2. Aufgaben des Versicherungsunternehmens

Aus den Unternehmenszielen und dem besonderen Charakter des Versicherungsgeschäftes ergeben sich die charakteristischen **Aufgaben** des Wirtschaftens im Versicherungsunternehmen. Diese Aufgaben lassen sich grob in **einzelwirtschaftliche Aufgaben** mit Fokus auf dem Versicherungsunternehmen selbst (Abschnitt C.2.1) und **gesamtwirtschaftliche Aufgaben** mit Auswirkungen auf Gesellschaft und Volkswirtschaft unterteilen (Abschnitt C.2.2). Bei der Erfüllung beider Aufgabengruppen strebt die Unternehmensführung einen Ausgleich zwischen konkurrierenden Interessen innerhalb und außerhalb des Unternehmens an.

2.1 Einzelwirtschaftliche Aufgaben

Die **einzelwirtschaftlichen Aufgaben** eines Versicherungsunternehmens drehen sich naturgemäß um die Organisation des Versicherungsgeschäftes innerhalb der durch Gesetzgeber und Ökonomie vorgegebenen Grenzen. Diese Organisation des Versicherungsgeschäftes umfasst unter anderem folgende Kernaufgaben:

- Entwicklung und Vertrieb von **Versicherungsprodukten**,

- Organisation und dauerhafte **Verwaltung von Beständen** gleichartiger versicherter Risiken (einschließlich des damit verbundenen Zahlungsverkehrs zwischen Versicherungsnehmer und Unternehmen, wie etwa bei der Schadenregulierung),

- Abschluss von **Rückversicherungsverträgen** (in Umsetzung von Erhaltungszielen),

- **Kapitalanlage** auf den Kapitalmärkten (Anlage von Sparanteilen im Rahmen von Versicherungsverträgen mit Spar- und Entsparkomponente).

Die Art und Weise der Aufgabenerfüllung wird dabei durch die **Unternehmensziele** und deren Bedeutung, aber auch durch gesetzliche Vorgaben und ökonomische Entwicklungen geprägt. Speziell die Vorgaben des Gesetzgebers schlagen sich beispielsweise in der Produktentwicklung (Gestaltung der Allgemeinen Versicherungsbedingungen [AVB]), bei der Kapitalanlage (Vorgaben des § 54 VAG) oder etwa bei der Organisation der Vertriebsaktivitäten nieder (zum Beispiel EU-Vermittlerrichtlinie, vgl. Abschnitt B.2).

Der **Unternehmensführung** fallen überwiegend langfristig ausgelegte strategische Aufgaben zu, aus denen sich operative Aufgaben der Mitarbeiter im Innen- und Außendienst ergeben.

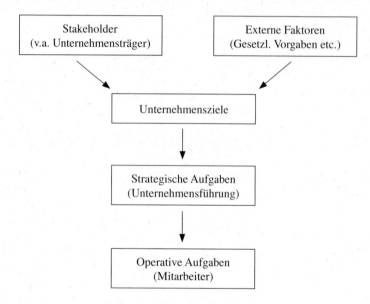

Abbildung 26: Zustandekommen von Aufgaben im Unternehmen

Sowohl die strategischen als auch die operativen Aufgaben bilden dabei nach *Kosiol* einen entscheidenden Gestaltungsparameter der **Aufbauorganisation**, aber auch der **Ablauforganisation**, vgl. Abschnitt C.5.

2.2 Gesamtwirtschaftliche Aufgaben

Im Gegensatz zu den einzelwirtschaftlichen Aufgaben ergeben sich die **gesamtwirtschaftlichen Aufgaben** eines Versicherungsunternehmens nicht als Resultat eines Entscheidungsprozesses innerhalb des Versicherungsunternehmens, sondern leiten sich aus seiner Interaktion mit anderen Wirtschaftseinheiten ab. Sie sind insofern aus Sicht der Unternehmensträger ein indirektes Ergebnis des Wirtschaftens im Versicherungsunternehmen, unterstreichen aber in besonderer Weise die volkswirtschaftliche Bedeutung der Versicherungswirtschaft, vgl. Abschnitt D.3.

Die gesamtwirtschaftlichen Aufgaben von Versicherungsunternehmen sind im Wesentlichen:

- **Stabilisierung von Wirtschaftsprozessen**: Durch die Gewährung schnellen finanziellen Ausgleichs bei materiellen oder körperlichen Schäden werden Wirtschaftseinheiten in die Lage versetzt, ihrer ökonomischen Tätigkeit ohne größere Unterbrechung nachzukommen. Beispielsweise bedeutet der Brand einer Fabrikhalle nicht notwendigerweise den finanziellen Ruin des betroffenen Unternehmens, soweit der Schaden durch geeigneten Versicherungsschutz aufgefangen werden kann (Betriebsunterbrechungsversicherung, gewerbliche Feuerversicherung).

- **Verbesserung der Ressourcenallokation innerhalb der Volkswirtschaft**: Gäbe es keinen Versicherungsschutz gegen diverse Risiken, wie Feuer, Hagel oder Sturm, müssten Unternehmen große Kapitalreserven bilden, um langfristig überleben zu können. Durch die Gewährung von Versicherungsschutz gegen einen sicher kalkulierbaren Beitrag wird es Unternehmen ermöglicht, auf große Reserven an liquiden Mitteln zu verzichten, diese können stattdessen gewinnbringend investiert werden. Neuinvestitionen in einer Volkswirtschaft werden in weiten Teilen durch Versicherungsschutz überhaupt erst möglich.

- **Volkswirtschaftliche Finanzierungsaufgabe**: Versicherungsunternehmen investieren die nicht für unmittelbare Schadenzahlungen oder eigene Aufwendungen benötigten Mittel an den internationalen Kapitalmärkten, womit diese Mittel einer volkswirtschaftlichen Nutzung zugeführt werden. Die Versicherungswirtschaft nimmt insofern die Aufgabe eines Kapitalsammelbeckens wahr, das liquide Mittel sinnvoll in den Wirtschaftskreislauf zurückführt.

- **Entlastung der Sozialversicherungssysteme**: Speziell die Lebens-, Kranken und Unfallversicherung, im weiteren Sinne aber auch andere Versicherungszweige, entlasten indirekt die gesetzlichen Sozialversicherungssysteme. Werden Lebensrisiken privat versichert, fallen die so Versicherten im Versicherungsfall nicht der Allgemeinheit zur Last. Hinzu kommen zumindest in der privaten Krankenversicherung (PKV) gewisse Quersubventionierungseffekte zur gesetzlichen Krankenversicherung (GKV), die vielen niedergelassenen Ärzten, aber auch kleineren Krankenhäusern in ländlichen Gegenden oftmals überhaupt erst das wirtschaftliche Überleben ermöglichen. Das tatsächliche Ausmaß dieser Effekte ist freilich umstritten.

Das Vorhandensein eines funktionierenden privatwirtschaftlichen Versicherungswesens ist daher eine Grundvoraussetzung für das Zustandekommen eines technisch hoch entwickelten, sozial ausgewogenen und wohlhabenden Gemeinwesens. Der Umfang der gesamtwirtschaftlichen Aufgaben von Versicherungsunternehmen ist dabei immer abhängig von den Vorstellungen des

Gesetzgebers bei der Gestaltung des Verhältnisses von gesetzlichen Sozialversicherungssystemen und privatwirtschaftlicher Vorsorge.

3. Rechtlicher Rahmen des Versicherungsunternehmens

Die zahlreichen gesamtwirtschaftlichen Aufgaben des Wirtschaftens im Versicherungsunternehmen bringen es mit sich, dass der Gesetzgeber ein vitales Interesse an wirtschaftlich soliden und auf dauerhafte Erhaltung ausgerichteten Versicherungsunternehmen hat. Aus diesem Grund hat die **Versicherungsaufsicht** in Deutschland im Laufe der Zeit einen relativ strengen rechtlichen Rahmen für Versicherungsunternehmen geschaffen. Hauptquelle dieser Vorgaben ist das **Versicherungsaufsichtsgesetz (VAG)**, in dem sich alle rechtlichen Regelungen über das Wirtschaften in Versicherungsunternehmen finden, die über die allgemeinen Bestimmungen des **Handelsgesetzbuches (HGB)** oder **Aktiengesetzes (AktG)** hinausgehen.

Die auffälligsten Regelungen sind das **Verbot versicherungsfremder Geschäfte** und das **Spartentrennungsgebot** (Abschnitte C.3.1 bzw. C.3.2), die beide letztlich darauf abzielen, etwaige schädliche Einflüsse anderer Geschäfte vom Versicherungsgeschäft fernzuhalten. Beide Regelungen beschränken Versicherungsunternehmen im Kern darauf, nur eine Versicherungssparte zu betreiben; Quersubventionierungen anderer Geschäfte wird damit vorgebeugt. Um dennoch Versicherungsprodukte anderer Sparten oder gar versicherungsfremde Produkte vertreiben zu können, muss ein Versicherungsunternehmen Konzernstrukturen bilden (Abschnitte C.7.2 und C.7.4).

Mit der Schaffung eines **Verantwortlichen Aktuars** und eines unabhängigen **Treuhänders** hat die Versicherungsaufsicht im Zuge der Deregulierung 1994 weitere Kontrollorgane innerhalb bzw. außerhalb des Versicherungsunternehmens installiert, die die Kontrolltätigkeit der **Bundesanstalt für Finanzdienstleistungsaufsicht (BaFin)** unterstützen (Abschnitt C.3.3). Beide Organe sollen nach dem Willen der Versicherungsaufsicht ein hohes Maß an Eigenständigkeit bei der Kontrolle der Versicherungsunternehmen entwickeln, was in der betrieblichen Praxis vor allem beim Verantwortlichen Aktuar zu Interessenkonflikten führen kann.

Weitere zentrale Vorgaben der Versicherungsaufsicht (Abschnitt C.3.4) betreffen die **Kontrolle der Inhaber bedeutender Beteiligungen**, den **Gleichbehandlungsgrundsatz** (vor allem bei VVaG), Vorschriften bei der **Rechnungslegung**, eine Reihe von **Offenlegungspflichten** und einige Sonderregelungen zur **privaten Krankenversicherung**. Die ebenfalls relevanten Einschränkungen bei der **Rechtsformwahl** und die daraus folgenden Implikationen für die Führungsstrukturen in Versicherungsunternehmen werden in Abschnitt C.4 gesondert besprochen.

3.1 Verbot versicherungsfremder Geschäfte

Nach § 7 (2) VAG dürfen Versicherungsunternehmen *„neben Versicherungsgeschäften nur solche Geschäfte betreiben, die hiermit in unmittelbarem Zusammenhang stehen (…)"*. Aus diesem **Verbot versicherungsfremder Geschäfte** ergibt sich, dass Versicherungsunternehmen stets als reine Anbieter von Versicherungsdienstleistungen, nicht aber als Produzenten von Konsumgütern oder versicherungsfremden Dienstleistungen auf dem Markt auftreten dürfen, wozu auch Bankgeschäfte zählen. Hintergrund dieser Forderung ist das Ziel des Gesetzgebers, die Interessen der Versicherungsnehmer nicht durch Vermischung des Versicherungsgeschäftes mit anderen wirtschaftlichen Tätigkeiten zu gefährden.

Beispiel: Gäbe es kein Verbot versicherungsfremder Geschäfte, könnte ein Lebensversicherungsunternehmen im Zuge seiner Gewinnziele auch Autoreifen und andere Autoteile produzieren und vertreiben. Käme es nun auf dem Automobilmarkt zu Absatzproblemen, könnte dieser Versicherer in eine Situation geraten, wo er auf Reserven aus dem Versicherungsgeschäft zurückgreifen möchte oder gar müsste, um sein defizitäres Geschäft mit Autoteilen zu stützen. Im Extremfall könnte ein Konkurs des Unternehmens bestehende Rentenansprüche von Versicherungsnehmern gefährden.

Der Begriff „versicherungsfremde Geschäfte" wird dabei vom Gesetzestext nicht näher definiert, was eine Abgrenzung in der Praxis erschwert. Beispielsweise investieren Versicherungsunternehmen die nicht für Schadenregulierung und Deckung eigener Kosten benötigten Beitragsanteile nach den Vorgaben des § 54 VAG auf den Kapitalmärkten, ohne damit ein versicherungsfremdes Geschäft zu betreiben. Da die Kapitalanlage zu den zentralen einzelwirtschaftlichen Aufgaben eines Versicherungsunternehmens zählt, sieht der Gesetzgeber das Verbot versicherungsfremder Geschäfte hierdurch nicht verletzt.

Möchte ein Lebensversicherer hingegen fondsgebundene Versicherungen vertreiben, benötigt er für die Kapitalanlage eine Kapitalanlagegesellschaft, um die Vorgaben des § 54 VAG nicht zu verletzen (Anwendung des § 54 b VAG und Schaffung eines treuhänderisch verwalteten Anlagestocks). Wichtig ist, dass der Versicherer in diesem Falle nicht selbst als Kapitalanleger auftritt, das Anlagerisiko vielmehr beim Versicherungsnehmer verbleibt.

Um trotz des Verbotes versicherungsfremder Geschäfte eben solche versicherungsfremden Geschäfte wenigstens indirekt betreiben zu können, müssen Versicherungsunternehmen **Konzerne** bilden, also zum Beispiel geeignete Tochtergesellschaften gründen (Abschnitte C.7.2 und C.7.4). Die dabei entstehenden Beteiligungen gelten nicht automatisch als versicherungsfremde Geschäfte, allerdings dürfen die Kapitalanlagevorschriften des § 54 VAG nicht verletzt werden. Ebenso muss aus Sicht der Aufsicht ausgeschlossen werden können, dass von der Beteiligung eine Gefährdung des Versicherungsunternehmens ausgeht (§ 82 VAG).

3.2 Spartentrennungsgebot

Das **Spartentrennungsgebot** des § 8 (1 a) VAG weist gewisse Ähnlichkeiten zum Verbot versicherungsfremder Geschäfte auf und zielt ebenso darauf ab, Versicherungsbestände vor negativen bestandsfremden Einflüssen zu schützen. Konkret legt § 8 (1 a) VAG hierzu fest, dass die „*Erlaubnis zum Betrieb der Lebensversicherung und die Erlaubnis zum Betrieb anderer Versicherungssparten*" einander ausschließen, ein analoger Passus findet sich für die substitutive Krankenversicherung. Ein Versicherer kann folglich immer nur als Lebens- *oder* Kranken- *oder* Schaden- und Unfallversicherer auftreten, eine Vermischung dieser Sparten in einem Versicherungsunternehmen ist untersagt.

Die Separierung der Sparten Leben und Kranken voneinander und von anderen Sparten ergibt sich aus der sozialpolitischen Bedeutung dieser Sparten. Beispielsweise soll vermieden werden, dass ein Versicherungsunternehmen gezwungen sein könnte, privaten Rentenversicherungsbeständen die Überschussbeteiligung oder gar garantierte Leistungen zu kürzen (Letzteres ist streng genommen gar nicht möglich), um ein defizitäres Kfz-Versicherungsgeschäft zu erhalten. Insofern unterstreicht der Gesetzgeber mit dem Spartentrennungsgebot die Bedeutung speziell der Lebens- und Krankenversicherung für Gesellschaft und Volkswirtschaft.

Die **Rechtsschutzversicherung** darf nach § 8 a (1) VAG zwar zusammen mit anderen Versicherungssparten angeboten werden (Ausnahmen: Leben und Kranken), dabei muss aber sichergestellt sein, dass die Schadenregulierung einem anderen Unternehmen übertragen wird. Mit dieser Forderung beugt die Versicherungsaufsicht etwaigen Interessenkonflikten innerhalb eines Versicherungsunternehmens vor. Diese könnten beispielsweise entstehen, wenn ein Versicherungsnehmer in der Hausratversicherung gegen seinen Versicherer klagen und zu diesem Zweck die im gleichen Haus abgeschlossene Rechtsschutzversicherung heranziehen möchte. Bis 1990 durfte die Rechtsschutzversicherung ebenso wie die Kredit- und Kautionsversicherung daher nur in eigenständigen Versicherungsunternehmen angeboten werden, die teilweise bis heute fortbestehen.

Die Spartentrennung ist eine entscheidende Ursache für das Entstehen von **Versicherungskonzernen** (Abschnitt C.7.2), die Versicherungsunternehmen unterschiedlicher Sparten unter einem Dach zusammenführen. Nur durch eine Konzernbildung ist es möglich, das gesamte Spektrum der üblichen Erst- und Rückversicherungsprodukte anzubieten, Versicherungskonzerne werden daher auch als „verhinderte Allspartenversicherer" bezeichnet. Innerhalb eines solchen Konzerns existieren zumeist die klassischen Sparten Lebens-, Kranken-, Schaden- und Unfallversicherung als rechtlich selbstständige Unternehmen mit separatem Eigenkapital, eigenem Jahresabschluss und damit auch wirtschaftlich voneinander unabhängigen Versicherungsbeständen.

Neben der allgemeinen Spartentrennung gibt es noch das faktische Prinzip der **kleinen Spartentrennung** (auch **Spartenautarkieprinzip**), wonach innerhalb der Kompositversicherung keinerlei **Quersubventionierung** zwischen den einzelnen Versicherungszweigen stattfinden soll. Gesetzliche fixierte Regeln zur kleinen Spartentrennung existieren nicht. Ziel ist denn auch nur die Vermeidung einer langfristigen Verschiebung von Finanzmitteln zwischen einzelnen Versicherungszweigen, gelegentlich anfallende Zufallsgewinne oder -verluste sind hiervon nicht betroffen.

3.3 Verantwortlicher Aktuar und Treuhänder

Im Zuge der Novellierung des Versicherungsaufsichtsgesetzes (VAG) im Jahre 1994 sind durch den Gesetzgeber mit dem Verantwortlichen Aktuar und dem Treuhänder neue Kontrollinstrumente geschaffen worden, die zwar außerhalb der eigentlichen Versicherungsaufsicht durch die Bundesanstalt für Finanzdienstleistungsaufsicht (BaFin) agieren, dennoch aber originäre Aufgaben der Aufsichtsbehörde wahrnehmen. Beide Kontrollinstrumente entlasten damit die staatliche Versicherungsaufsicht und gleichen deutsches Aufsichtsrecht an europäische Standards an.

Der **Verantwortliche Aktuar** ist eine im angelsächsischen Raum seit Langem fest installierte Größe im Versicherungsunternehmen „Appointed Actuary" und trat 1994 die Nachfolge des bis dahin in vielen Versicherungsunternehmen üblichen **Chefmathematikers** an. Er gewährleistet nach § 11 a (3) VAG die ordnungsgemäße Berechnung der Beiträge und aller mathematischen Rückstellungen im Versicherungsunternehmen (zum Beispiel der Deckungsrückstellung in der Lebensversicherung, vgl. *Führer / Grimmer*), was die langfristige Erfüllbarkeit aller Verbindlichkeiten sicherstellt. Er stellt damit in gewisser Weise einen unternehmensinternen „Vorposten der Versicherungsaufsicht" dar (*Farny*), obwohl er selbst Mitarbeiter des Unternehmen ist, nicht selten mit Vorstandsfunktion.

Grundsätzlich kann nur Verantwortlicher Aktuar werden, wer die in § 11 a (1) VAG genannten persönlichen Voraussetzungen erfüllt. Hierzu gehört neben einer fachlichen Eignung eine mindestens dreijährige Berufserfahrung. Daneben setzt die Tätigkeit des Verantwortlichen Aktuars die Mitgliedschaft in der **Deutschen Aktuarsvereinigung e.V.** voraus, dem berufständischen Zusammenschluss der Versicherungsmathematiker in Deutschland.

Der **Treuhänder** ist im Gegensatz zum Verantwortlichen Aktuar kein Mitarbeiter des Versicherungsunternehmens, sondern eine unternehmensexterne Person. Seine Aufgaben in der Lebens- und Krankenversicherung sowie in der Unfallversicherung mit Beitragsrückgewähr sind im Umfeld der Überwachung sämtlicher Änderungen von Beiträgen und Gewinnbeteiligungen aufgrund bestehender Vertragsvereinbarungen angesiedelt (§§ 11 b, 11 d, 12 b VAG). Ähnlich wie der Verantwortliche Aktuar bei der Beitragskalkulation nimmt der Treuhänder hier eine kontrollierende Aufgabe wahr. In der Lebens- und Krankenversicherung muss der Treuhänder zusätzlich eingeschaltet werden, wenn der Versicherer bestimmte Änderungen bei den Versicherungsbedingungen vornehmen möchte, vgl. §§ 172 (2), 178 g (3) VVG.

Die fachlichen und persönlichen Anforderungen an einen Treuhänder finden sich in § 12 b (3) VAG und ähneln den Anforderungen an Verantwortliche Aktuare; schließlich soll auch der Treuhänder in weiten Teilen als selbstständiger Vorposten der Versicherungsaufsicht fungieren und dabei fundamentale Interessen der Versichertengemeinschaft wahrnehmen.

3.4 Weitere Rechtsgrundsätze für Versicherungsunternehmen

Neben den schon genannten Rechtsgrundsätzen findet sich im VAG und anderen Gesetzestexten und Verordnungen noch eine Reihe weiterer genereller Anforderungen an Versicherungsunternehmen, die hier im Überblick dargestellt werden sollen.

- **Gleichbehandlungsgrundsatz**: Nach dem **Gleichbehandlungsgrundsatz** des § 11 (2) VAG dürfen die Beiträge und Leistungen in der Lebensversicherung, in der substitutiven Krankenversicherung und in der Unfallversicherung mit Beitragsrückgewähr bei „*gleichen Voraussetzungen*" nur „*nach gleichen Grundsätzen bemessen werden*". Bei Versicherungsvereinen auf Gegenseitigkeit (VVaG) findet der Gleichbehandlungsgrundsatz sogar in allen Versicherungszweigen Anwendung. Ergänzt wird der Gleichbehandlungsgrundsatz durch das Verbot von Begünstigungsverträgen, das Verbot von Sondervergütungen an Versicherungsnehmer

und das Provisionsabgabeverbot (§ 81 (2) VAG). All diese Regelungen zwingen Versicherungsunternehmen zu einer Gleichbehandlung gleicher Risiken, insbesondere die Beitragskalkulation erhält so einen verbindlichen Maßstab.

• **Kontrolle der Inhaber bedeutender Beteiligungen**: Die **Aktionärskontrolle** des §§ 7 a (2)
  bzw. 104 VAG ermöglicht der Versicherungsaufsicht auch eine Kontrolle der Anteilseigner
  an Versicherungsunternehmen, speziell der Aktionäre einer Versicherungs-Aktiengesellschaft. Hierdurch verlagert sich die Aufsicht teilweise vom Unternehmen auf die Träger, da
  unterstellt werden kann, dass maßgebliche Anteilseigner immer auch Einfluss auf Unterneh-
  mensentscheidungen nehmen können. Als bedeutend gilt in diesem Sinne eine mindestens
  zehnprozentige Beteiligung am gezeichneten Kapital oder an den Stimmrechten einer Versicherungs-Aktiengesellschaft bzw. am Gründungsstock eines VVaG.

  Der Grundsatz der Aktionärskontrolle findet in Ausnahmefällen allerdings auch dann Anwendung, wenn dem Inhaber einer Beteiligung eine anderweitige Einflussmöglichkeit auf
  die Geschäftsführung des Versicherungsunternehmens unterstellt werden kann. In diesen
  Fällen müssen die Inhaber der jeweiligen Beteiligungen *„den im Interesse einer soliden und
  umsichtigen Führung des Versicherungsunternehmens zu stellenden Anforderungen genügen, insbesondere zuverlässig sein"* (§ 7 a (2) VAG).

• **Sonderregelungen für die substitutive Krankenversicherung**: Produkte der privaten
  Krankenversicherung werden als **substitutiv** bezeichnet, wenn sie dazu geeignet sind, die
  Leistungen der gesetzlichen Krankenversicherung ganz oder teilweise zu ersetzen. Aufgrund
  der großen Bedeutung dieser Versicherungsform hat der Gesetzgeber für derartige Versicherungsprodukte einen Kranz an rechtlichen Bestimmungen geschaffen, zu denen unter anderem der schon erwähnte Gleichbehandlungsgrundsatz gehört, aber zum Beispiel auch die
  Verpflichtung, die substitutive Krankenversicherung nur „nach Art der Lebensversicherung"
  zu betreiben (§ 12 (1) VAG), was die Bildung von Rückstellungen erfordert und die Produkt-
  gestaltungsspielräume massiv einschränkt (Alterungsrückstellungen, siehe etwa *Milbrodt*).
  Hinzu kommt die Vorgabe, dass die substitutive private Krankenversicherung nur wenigen
  Personengruppen offen steht, nämlich Beamten, Selbstständigen und besser verdienenden
  Angestellten mit einem Jahreseinkommen oberhalb der Versicherungspflichtgrenze.

• **Offenlegungspflichten**: Alle Versicherungsunternehmen unterliegen umfassenden **Offenlegungspflichten** gegenüber der **BaFin**, die teilweise weit über die üblichen Bestimmungen
  für Kapitalgesellschaften im Handelsrecht (HGB) hinausgehen (Abschnitt D.2.3). So sind
  Versicherungsunternehmen verpflichtet, einen Geschäftsplan vorzulegen (§ 5 VAG), an der
  Erstellung amtlicher Statistiken mitzuwirken (Auskunftspflichten, §§ 150, 151 VAG) oder
  etwa örtliche Prüfungen der Versicherungsaufsicht zuzulassen.

  Daneben sind Versicherungsunternehmen angehalten, eine umfassende externe und interne
  Rechnungslegung zu unterhalten, zu der vor allem Nachweispflichten zur **Solvabilität** und
  diverse Pflichtprüfungen im Rahmen des **Jahresabschlusses** gehören, vgl. Abschnitt C.8.
  Alle Offenlegungspflichten zielen letztlich darauf ab, Missstände im Unternehmen frühzeitig
  zu erkennen und gegebenenfalls entgegenzusteuern. Dies kann im Extremfall bedeuten, dass
  die BaFin personelle Veränderungen im Vorstand anordnet und einen Treuhänder mit der

Unternehmensführung beauftragt oder das Versicherungsunternehmen zu einer Einstellung seines Geschäftsbetriebs zwingt.

- **Rechtsformwahl**: Durch §§ 7 (2) und 120 (1) VAG wird festgelegt, dass Versicherungsunternehmen nur in der Rechtsform einer **Versicherungs-Aktiengesellschaft**, eines **Versicherungsvereins auf Gegenseitigkeit (VVaG)** oder einer **öffentlich-rechtlichen Anstalt** bzw. **Körperschaft** betrieben werden dürfen. Die Folgen dieser Einschränkungen werden in Abschnitt C.4 diskutiert.

Insgesamt sehen sich Versicherungsunternehmen damit einer Vielzahl rechtlicher Vorgaben gegenüber, die den freien Wettbewerb zwischen den Versicherern zwar behindern, gerade dadurch aber erst jenes hohe Maß an Verlässlichkeit und Sicherheit für die Versicherungsnehmer gewährleisten, das den Geschäftszweck der Branche in den Augen der Allgemeinheit ausmacht. Infolge der zunehmenden Öffnung der Märkte und durch die Angleichung der europäischen Aufsichtssysteme sieht sich der Gesetzgeber der stetigen Herausforderung gegenüber, einen Ausgleich zwischen dem Sicherheitsbedürfnis der Versicherungsnehmer und den betriebswirtschaftlichen Interessen der Versicherungsunternehmen zu schaffen.

4. Rechtsformwahl bei Versicherungsunternehmen

Die **Rechtsform** eines Unternehmens (Abschnitt C.4.1) bildet den rechtlichen Rahmen, in dem das Unternehmen und seine Organe organisiert sind. Sie wird bei der Gründung eines Unternehmens von den Unternehmensträgern festgelegt, kann sich im Laufe der Zeit aber auch ändern, zum Beispiel im Zuge von **Unternehmenszusammenschlüssen** (Abschnitt C.7) oder etwa infolge einer **Rechtsformumwandlung** (Abschnitt C.4.3), die meist aus organisatorischen und wirtschaftlichen Gründen durchgeführt wird.

Für Versicherungsunternehmen besteht in Deutschland ein **Formzwang** bei der Rechtsformwahl, mit dem der Gesetzgeber vor allem die Interessen der Versichertengemeinschaft schützen will. Versicherungsunternehmen können demnach nur als **Versicherungs-Aktiengesellschaften, Versicherungsvereine auf Gegenseitigkeit** oder **Anstalten** bzw. **Körperschaften öffentlichen Rechts** firmieren (Abschnitt C.4.2); eingetragenen Genossenschaften (e.G.) oder etwa Gesellschaften mit beschränkter Haftung (GmbH) ist der Betrieb von Versicherungsgeschäften hingegen untersagt. Dies schränkt die Vielfalt und den Wettbewerb auf dem Versicherungsmarkt naturgemäß ein, schafft aber gleichzeitig ein hohes Maß an Transparenz und erleichtert der Versicherungsaufsicht die Wahrnehmung ihrer Kontrollaufgaben.

Zwar hat die Rechtsform eines Versicherungsunternehmens gewisse Auswirkungen auf die Marktpositionierung, auf unternehmensinterne Entscheidungsprozesse und die Unternehmenskultur, doch darf dieser Einfluss nicht überschätzt werden. In der Praxis sehen sich Versicherungsunternehmen aller Rechtsformen seit der Deregulierung der Versicherungsmärkte einer derartigen Vielzahl an neuen Herausforderungen gegenüber, dass die Rechtsform als Einflussfaktor für den betriebswirtschaftlichen Erfolg mehr und mehr an Bedeutung verliert (**Angleichungshypothese**, vgl. Abschnitt C.4.4).

4.1 Begriff und Charakteristika einer Rechtsform

Die **Rechtsform** regelt alle wesentlichen juristischen Beziehungen innerhalb eines Unternehmens. Sie bildet die Grundlage für die Konstituierung des Unternehmens, definiert alle wesentlichen **Organe** und deren Aufgaben, Befugnisse und Pflichten und stellt damit das juristische Gerüst des Unternehmens dar. Ihren Ausdruck findet die Rechtsform in der **Firma**, dem Namen, unter dem das Unternehmen seine Geschäfte betreibt.

Die Wahl der Rechtsform ist eine wesentliche Entscheidung im Zuge der **Unternehmensgründung** und obliegt den **Unternehmensträgern**, die sich hierdurch ein juristisch verbindliches Regelwerk für den Geschäftsbetrieb schaffen. Die wichtigsten Charakteristika einer Rechtsform sind:

- **Rechtsformidee**: Welches unternehmerische Ziel der Unternehmensträger liegt dieser Rechtsform zugrunde?

- **Gründungsakt und einzelne Sonderereignisse**: Was ist bei der Gründung zu beachten? Welche Meldepflichten gegenüber staatlichen Aufsichtsbehörden bestehen?

- **Organe des Unternehmens**: Wem obliegen welche Aufgaben, Befugnisse und Pflichten? Welche Beziehungen unterhalten die einzelnen Organe untereinander?

- **Finanzierung**: Wie kommt das Unternehmen an Eigenkapital? Welche Formen der Beteiligungsfinanzierung sollen möglich sein?

- **Rechnungslegung**: Welche Vorschriften des HGB, des VAG und anderer Gesetzestexte bzw. Verordnungen kommen bei der Erstellung des Jahresabschlusses zum Tragen?

Zusammen mit den Unternehmenszielen (und als Teilfolge dieser Ziele) hat die Rechtsform damit einen großen Einfluss auf die im Unternehmen gelebte **Unternehmenskultur** und die **Corporate Identity**. Speziell die Corporate Identity findet ihren Niederschlag mehr oder minder deutlich in der Außendarstellung des Unternehmens (Corporate Design, Corporate Communications und Corporate Behavior, vgl. *Weis*) und prägt die Marktpositionierung des Unternehmens bis hinein in Details der Produktpalette.

Der Rechtsform kann daher auch eine indirekte Auswirkung auf die **betriebswirtschaftliche Realität** des Unternehmens unterstellt werden, auch wenn sich diese Beziehung empirisch nur schwer belegen lässt. Insbesondere weisen einzelne Rechtsformen in einem gegebenen gesellschaftlichen und volkswirtschaftlichen Umfeld gewisse Stärken und Schwächen auf, die zumeist auf rechtliche und steuerliche Ungleichbehandlungen von Unternehmen unterschiedlicher Rechtsform zurückzuführen sind.

Der strategische Charakter der Rechtsformwahl verbietet es von selbst, eine einmal getroffene Wahl kurzfristig wieder infrage zu stellen. Vielmehr dient eine Rechtsform dem Unternehmen als langfristige organisatorische und rechtliche Norm, die eine Vielzahl an Einflüssen (gesetzliches Umfeld, volkswirtschaftliche Bedingungen, Ziele der Unternehmensträger) in sich vereint und dem Wirtschaften im Unternehmen ein verbindliches Regelwerk vorgibt.

4.2 Rechtsformen von Versicherungsunternehmen

Der Gesetzgeber beschränkt den Betrieb von Versicherungsgeschäften auf drei **Rechtsformen**: **Versicherungs-Aktiengesellschaften, Versicherungsvereine auf Gegenseitigkeit** (VVaG) und **öffentlich-rechtliche Versicherungsunternehmen** (§§ 7 (1) und 120 (1) VAG). Hintergrund ist die Tatsache, dass andere gängige Rechtsformen wie eingetragene Genossenschaften (e.G.) oder Gesellschaften mit beschränkter Haftung (GmbH) den Versicherungsnehmern aus Sicht des Gesetzgebers nicht genügend Schutz bieten können (**Schutztheorie der Versicherungsaufsicht**, vgl. Abschnitt D.2.1). Lediglich einige Rückversicherungsunternehmen werden noch nach altem Recht in der Rechtsform einer GmbH betrieben.

Abbildung 27: Mögliche Rechtsformen von Versicherungsunternehmen

Im Folgenden werden die rechtsformspezifischen Bestimmungsparameter der genannten Rechtsformen von Versicherungsunternehmen im Vergleich dargestellt. Eine Spezialform des VVaG, der **kleinere Verein**, wird dabei wegen seiner größenbedingten Eigenheiten in einem separaten Abschnitt behandelt (Abschnitt C.4.2.3). Ein weiterer Abschnitt widmet sich den **Niederlassungen ausländischer Versicherungsunternehmen**, denen in der jüngsten Vergangenheit eine immer größere Bedeutung zukommt und deren Geschäftsumfang in der betriebswirtschaftlichen Realität durchaus dem eines mittelgroßen Versicherungsunternehmens entsprechen kann (Abschnitt C.4.2.5).

Viele Einzelheiten sind bei Versicherungsunternehmen unterschiedlicher Rechtsform durchaus identisch. Deshalb wird im Folgenden so vorgegangen, dass die Versicherungs-Aktiengesellschaft relativ ausführlich dargestellt wird, bei den übrigen Rechtsformen werden dann primär die Unterschiede herausgearbeitet.

4.2.1 Versicherungs-Aktiengesellschaften

Versicherungs-Aktiengesellschaften unterscheiden sich von gewöhnlichen Aktiengesellschaften zunächst lediglich durch ihren Geschäftszweck, das Betreiben von Versicherungsgeschäften. Sie unterliegen daher auch den gleichen rechtlichen Grundlagen wie andere Aktiengesellschaften, vor allem dem **Handelsgesetzbuch (HGB)** und dem **Aktiengesetz (AktG)**, müssen aber darüber hinaus noch eine Reihe versicherungsspezifischer Regelungen und Vorschriften beachten (**Versicherungsaufsichtsgesetz (VAG), Verordnung über die Rechnungslegung von Versicherungsunternehmen (RechVersV)** etc.). Sie bilden somit einen Spezialfall der Aktiengesellschaft, stellen aber keine eigenständige Rechtsform dar.

Beispiel: §§ 88 und 88 a VAG legen fest, dass der Vorstand einer Versicherungs-Aktiengesellschaft nicht selbst die Eröffnung eines Insolvenzverfahrens bei Gericht beantragen darf (gewöhnliches Vorgehen bei Aktiengesellschaften nach § 92 (2) AktG), vielmehr ist bei absehbarer Überschuldung oder Zahlungsunfähigkeit die Bundesanstalt für Finanzdienstleistungsaufsicht (BaFin) zu informieren. Die Versicherungsaufsicht wird so in die Lage versetzt, die finanziellen Interessen der Versichertengemeinschaft bereits im Vorfeld einer drohenden Insolvenz zu wahren.

Die **Trägerschaft** einer Versicherungs-Aktiengesellschaft liegt bei den **Aktionären**, die als Inhaber und Eigenkapitalgeber der Gesellschaft fungieren. Da den Aktionären grundsätzlich ein vitales Interesse an der Rendite und Wertentwicklung ihrer Investition unterstellt werden kann, spielen **Gewinnerzielungs- und Wertsteigerungsziele** bei Versicherungs-Aktiengesellschaften naturgemäß eine große Rolle. Hieraus ergibt sich erwartungsmäßig ein gewisser Interessenkonflikt mit der Versichertengemeinschaft (**Bedarfsdeckungsziele**), vor allem mit Blick auf die Gewinnverteilung. In der Lebensversicherung wird dieser Konflikt durch aufsichtsrechtliche Vorgaben dahin gehend gelöst, dass der Versichertengemeinschaft das Gros aller erwirtschafteten Überschüsse zugesprochen wird (**Zuführungsquote** von mindestens 90 %, vgl. Abschnitt C.1.2).

Die Gründung einer Versicherungs-Aktiengesellschaft erfordert die Erstellung einer **Satzung**, die nach § 5 (3) Nr. 1 VAG als Teil des Geschäftsplanes von der Aufsichtsbehörde zu genehmigen ist. Nach § 23 (3) und (4) AktG und § 9 VAG gehören zu den Mindestinhalten dieser Satzung:

- die **Firma** (Name des Unternehmens),

- der **Firmensitz**,

- eine Beschreibung des Gegenstandes des Unternehmens (**Geschäftszweck**), insbesondere die Nennung der betriebenen Versicherungszweige,

- die Höhe des **Grundkapitals**, einschließlich Zerlegung des Grundkapitals in Nennbetragsaktien bzw. Stückaktien etc.,

- die Zahl der **Vorstandsmitglieder**,

- die Form der **Bekanntmachung** der neuen Gesellschaft.

Daneben werden im Allgemeinen auch Bestimmungen zum **Aufsichtsrat** und zu Regularien der **Hauptversammlung** der Anteilseigner genannt.

Die von der Versicherungs-Aktiengesellschaft im Gründungsakt oder später (Kapitalerhöhung) ausgegebenen **Aktien** erfüllen mehrere Funktionen:

- Aus Sicht der Aktionäre verbriefen sie einerseits ein **Eigentumsrecht**, das sich in Stimmrechten in der Hauptversammlung artikuliert, andererseits aber auch eine Gewinnbeteiligung an den Überschüssen des Unternehmens (Zahlung von Dividenden).

- Für das Unternehmen selbst stellen Aktien das zentrale **Finanzierungsinstrument** dar, mit dem Eigenkapital generiert werden kann (**Beteiligungsfinanzierung**, siehe etwa *Olfert / Reichel*).

- Den Versicherungsnehmern und Mitarbeitern garantieren Aktien durch ihre Veräußerbarkeit den **langfristigen Bestand** des Unternehmens. Im Gegensatz zum Fremdkapital müssen Aktien insbesondere nicht getilgt werden, stellen also keine unmittelbare schuldnerische Belastung des Unternehmens dar.

Die **Trägerschaft** einer Versicherungs-Aktiengesellschaft kann je nach Ablauf des Gründungsaktes und nachfolgender Entwicklungen unterschiedlich zusammengesetzt sein. Denkbare Modelle sind:

- Alle Aktien befinden sich im Besitz eines **Alleinaktionärs**. Dieses Modell findet sich recht häufig in Versicherungskonzernen, in denen alle Aktien mehrerer Versicherungstöchter von einer Holdinggesellschaft gehalten werden. Beispielsweise sind die HanseMerkur Lebensversicherung AG und die HanseMerkur Allgemeine Versicherung AG hundertprozentige Töchter der HanseMerkur Holding AG (Stand: 31. Dezember 2007).

- Ein **Mehrheitsaktionär** hält eine Beteiligung von mindestens 50 %, der Rest verteilt sich auf mehrere Kleinaktionäre. Ein typisches Beispiel ist die Generali Lebensversicherung AG, deren Aktien zu 98,58 % von der AMB Generali Holding AG gehalten werden (Stand 31. Dezember 2007).

- Ein **Großaktionär** oder mehrere Großaktionäre halten Anteile von jeweils über 25 %, aber unter 50 %, womit sie zwar relativ einflussreich sind, das Unternehmen aber nicht allein beherrschen.

- Die Aktien befinden sich im **Streubesitz** (viele **Kleinaktionäre**). Dieses Modell ist bei Versicherungs-Aktiengesellschaften eher unüblich, allerdings gibt es Holding-Gesellschaften von Versicherungskonzernen, die sich in Streubesitz befinden, so zum Beispiel die Nürnberger Beteiligungs-Aktiengesellschaft, die als Dachgesellschaft des Nürnberger Konzerns fungiert (Stand 31. Dezember 2007).

Vereint ein Aktionär einen Aktienanteil von mindestens 10 % auf sich, greift § 7 a (2) VAG, wonach dieser Aktionär Ansprüchen genügen muss, die im *„Interesse einer soliden und umsichtigen Führung des Versicherungsunternehmens"* sind. Für Großaktionäre gelten gar noch weitergehende Mitteilungspflichten, hauptsächlich auf Basis des § 104 VAG.

In ihrer Gesamtheit bilden die Aktionäre die **Hauptversammlung**, die das höchste Entscheidungsorgan der Versicherungs-Aktiengesellschaft darstellt. Sie tritt in der Regel mindestens einmal im Jahr zusammen, bei Bedarf auch häufiger. Die Entscheidungen der Hauptversammlung haben überwiegend strategischen Charakter:

- Bestellung der Aktionärsvertreter im **Aufsichtsrat** sowie des **Abschlussprüfers**,

- Entscheidung über die Verwendung des **Bilanzgewinnes** (normalerweise auf Vorschlag des Vorstandes),

- Abnahme von **Rechenschaftsberichten** des Vorstandes und Aufsichtsrates, danach in der Regel Entlastung beider Organe,

- Entscheidung über **Satzungsänderungen** mit Dreiviertelmehrheit,

- Entscheidung über angedachte **Kapitalerhöhungen** oder **Kapitalherabsetzungen**, jeweils ebenfalls mit Dreiviertelmehrheit,

- falls erforderlich: Entscheidung über die **Auflösung der Gesellschaft** (erneut mit Dreiviertelmehrheit).

Zur Erfüllung ihrer Aufgaben nehmen die Aktionäre dabei ihr **Auskunftsrecht** nach §§ 131–132 AktG) in Anspruch. Soweit es die Zusammensetzung einer Hauptversammlung zulässt, werden viele strittige Punkte zwischen Vorstand, Aufsichtsrat und den wichtigsten Groß- oder gar Mehrheitsaktionären im Vorfeld der eigentlichen Jahreshauptversammlung geklärt.

Aufgrund der normalerweise nur einmal jährlich stattfindenden Hauptversammlung sind die Aktionäre meist nicht in der Lage, die ihnen eigentlich zufallenden Kontrollaufgaben bei allen wichtigen unternehmerischen Entscheidungen direkt wahrzunehmen. Zur Erfüllung dieser Kontrollaufgaben sieht das Aktiengesetz daher die Berufung eines **Aufsichtsrates** vor, der sich aus Aktionärs- und Mitarbeitervertretern zusammensetzt (**paritätische Mitbestimmung**) und je nach Größe des Unternehmens bis zu 20 Mitglieder haben kann (Details siehe *Farny*).

Dem Aufsichtsrat obliegt die Bestellung, Überwachung und Abberufung der Vorstandsmitglieder (§§ 84(1) und 111(1) AktG), er handelt dabei im Sinne der Anteilseigner und der Arbeitnehmer. Weitere wichtige Aufgaben des Aufsichtsrates betreffen die Vertretung des Unternehmens gegenüber dem Vorstand, die Beauftragung des Abschlussprüfers sowie die Prüfung des Jahresabschlusses. Um Interessenkonflikten vorzubeugen, ist der Aufsichtsrat in die eigentliche Geschäftsführung nicht eingebunden. Zur Wahrnehmung seiner Aufgaben tritt der Aufsichtsrat in der Regel einmal im Quartal zusammen.

Die Versicherungsaufsicht stellt an die Mitglieder des Aufsichtsrates im Sinne einer gewissenhaften Unternehmensführung einige Anforderungen. So ist beispielsweise die Wahrnehmung von Aufsichtsratsmandaten bei Vorliegen bestimmter Verwandtschaftsverhältnisse zu Vorstandsmitgliedern nicht möglich, ebenso können Aufsichtsräte eines Unternehmens nicht gleichzeitig Vorstände eines von diesem beherrschten Unternehmens sein.

Das „eigentliche unternehmerische Element" (*Farny*) der Versicherungs-Aktiengesellschaft stellt der **Vorstand** dar. Er setzt sich aus mindestens zwei Mitgliedern zusammen, die vom Aufsichtsrat auf höchstens fünf Jahre bestellt werden und nach § 7 a(1) VAG „*zuverlässig und fachlich geeignet*" sein müssen. Dies schließt sowohl versicherungsspezifische Fachkenntnisse als auch Führungserfahrung mit ein.

In der Regel fungiert ein Vorstandsmitglied als **Vorstandsvorsitzender** oder **Vorstandssprecher**, die übrigen (ordentlichen oder stellvertretenden) Vorstandsmitglieder verantworten meist bestimmte Ressorts, wie etwa Finanzen, Personal oder Vertrieb. Der Vorstand steht damit an der Spitze der Versicherungs-Aktiengesellschaft und prägt die weitere Untergliederung der **Aufbauorganisation** (Abschnitt C.5.2).

Der Vorstand leitet das Versicherungsunternehmen und verantwortet alle strategischen und operativen Einzelentscheidungen gegenüber dem Aufsichtsrat (einmal jährlich im Überblick) bzw. der Hauptversammlung. Die damit einhergehenden Berichtspflichten, speziell gegenüber dem Aufsichtsrat, betreffen unter anderem die angedachte Geschäftspolitik und grundlegende Fragen der Unternehmensplanung (§ 90 (1) Nr. 1 AktG). Unabhängig davon muss der Vorstand aber auch Sorge tragen, dass das Unternehmen über ein personell zuverlässig ausgestattetes **Risikomanagement** zur Früherkennung von Krisen im Sinne des § 91 (2) AktG verfügt.

Die **Organe** einer Versicherungs-Aktiengesellschaft (Hauptversammlung, Aufsichtsrat und Vorstand) sind damit insgesamt in ein enges Geflecht aus Vorgaben des Aktiengesetzes und des Versicherungsaufsichtsgesetzes eingebunden, das letztlich dem Schutz der Versichertengemeinschaft dient und unternehmensgefährdenden Fehlentscheidungen und Entwicklungen vorbeugen soll.

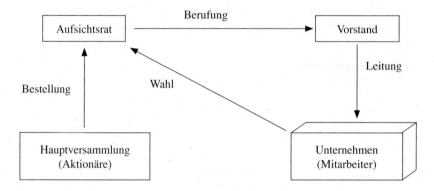

Abbildung 28: Organe einer Versicherungs-Aktiengesellschaft *(schematisch)*

Unterschiedliche Gruppen verbinden mit der Versicherungs-Aktiengesellschaft unterschiedliche wirtschaftliche Interessen. Die wichtigsten **Stakeholder** (Anspruchnehmer am Unternehmen) sind:

• Träger (Aktionäre),

• Mitarbeiter,

• Versicherungsnehmer.

Während die Träger in der Regel **Gewinn- und Wertsteigerungsziele** verfolgen, beurteilen die Versicherungsnehmer das Unternehmen primär mit Blick auf **Bedarfsdeckungsziele**. Die Mitarbeiter wiederum wünschen sich vor allem sichere Arbeitsplätze (**Erhaltungsziele**), streben aber naturgemäß auch eine hohe Vergütung ihrer Arbeitskraft an, was **Gewinnziele** nahelegt. Die Lösung der daraus resultierenden Konflikte stellt die Hauptaufgabe des Unternehmensvorstandes dar, die vor allem im Zuge der jährlichen Gewinnverwendung zu lösen ist (Abschnitt C.8.2).

Die Rechtsform der Aktiengesellschaft bietet einem Versicherungsunternehmen dennoch eine Reihe wirtschaftlicher Vorteile, vor allem:

- **Unabhängigkeit von einem Wechsel der Eigentümerstruktur**: Diese Eigenschaft dient vor allem dem Ziel eines langfristigen Geschäftsbetriebes, was zum Beispiel bei einer GmbH mit Problemen bei der Unternehmensnachfolge kaum vorstellbar wäre.

- **Hohe Publizitätspflichten**: Aus Gründen des Anlegerschutzes unterliegen Aktiengesellschaften relativ hohen Publizitätspflichten, was den Ansprüchen der Versicherungsaufsicht entgegenkommt (speziell mit Blick auf die Interessen der Versichertengemeinschaft).

- **Zugang zum Kapitalmarkt**: Durch Ausgabe neuer Aktien können Aktiengesellschaften relativ leicht neues Eigenkapital bilden. Dies kann bei Zahlungsschwierigkeiten, aber auch im Rahmen von Investitionsvorhaben von großer Bedeutung sein.

- **Vorteile bei der Konzernbildung**: Durch eine Neuordnung der Besitzverhältnisse lassen sich Aktiengesellschaften verhältnismäßig leicht in Konzernstrukturen integrieren. So lassen sich umfangreiche Versicherungs- und Allfinanzkonzerne bilden, die von Cross-Selling- und Kostensynergieeffekten profitieren (Abschnitte C.7.2 und C.7.4).

Die Versicherungs-Aktiengesellschaft hat sich seit dem Zweiten Weltkrieg zur beherrschenden Rechtsform auf dem deutschen Versicherungsmarkt entwickelt. Weit mehr als jedes zweite Versicherungsunternehmen ist mittlerweile eine Versicherungs-Aktiengesellschaft, verstärkt wird dieser Trend durch die in Abschnitt C.4.3 diskutierten Rechtsformwechsel.

4.2.2 Versicherungsvereine auf Gegenseitigkeit

Der **Versicherungsverein auf Gegenseitigkeit (VVaG)** wird nach § 15 VAG definiert als *„ein Verein, der die Versicherung seiner Mitglieder nach dem Grundsatz der Gegenseitigkeit betreiben will"* und stellt damit die ursprünglichste betriebswirtschaftliche Realisierung des Versicherungsgedankens dar. Grundidee ist, dass die Versicherungsnehmer zu Trägern des Unternehmens werden, ihren Versicherungsschutz also gewissermaßen selbst organisieren. Der VVaG entsteht somit durch Zusammenführung gleichartiger Risiken zu einem Versicherungskollektiv, bei dem die gegenseitige Hilfe bei finanziellen Schäden im Vordergrund steht. Folglich bestimmen bei VVaG **Bedarfsdeckungsziele** alle wirtschaftlichen Aktivitäten, Gewinnerzielung oder Wertsteigerung gehören hingegen nicht zu vorrangigen Zielen des Gegenseitigkeitsgedankens.

Ihre ideengeschichtlichen Wurzeln haben die VVaG in den **Gilden** und **Zünften** des ausgehenden Mittelalters. Bedingt durch die Nähe in traditionell von einzelnen Berufsgruppen geprägten Stadtvierteln bildeten sich einzelne Selbsthilfegruppen, deren Mitglieder einander bei Schäden infolge von Feuer, Hagel oder Sturm finanziell unterstützten (Brandgilden, Hagelgilden, Windgilden etc.). Im Jahre 1820 gründete der Kaufmann *Ernst Wilhelm Arnoldi* mit der Gothaer Versicherungsbank a.G. den ersten überregional operierenden Versicherungsverein, durch die fortschreitende Industrialisierung folgten weitere Gründungen bis ins frühe 20. Jahrhundert hinein. Die meisten VVaG wiesen dabei eine ausgesprochene Präferenz für einzelne Berufsgruppen auf, die teilweise bis heute zu erkennen ist.

Beispiel: *VVaG-geführte Versicherungskonzerne mit berufsspezifischer Ausrichtung sind unter anderem: Debeka und HUK-Coburg (öffentlicher Dienst), LVM (Landwirte), Barmenia, Münchener Verein und*

Signal Iduna (Handwerker), DEVK (Eisenbahner). All diese Versicherungskonzerne versichern zwar auch andere Personengruppen, fokussieren ihre Vertriebs- und Werbeanstrengungen aber bis heute mehr oder minder deutlich auf die genannten Berufsgruppen. Nicht jedes Unternehmen in den genannten VVaG-geführten Versicherungskonzernen wird dabei in der Rechtsform eines VVaG geführt, vor allem viele nachträglich gegründete Schaden- und Unfallversicherer sind zumeist Versicherungs-Aktiengesellschaften, deren Aktien von VVaG-Muttergesellschaften entweder direkt oder über eine Zwischen-Holding mehrheitlich gehalten werden, vgl. Abschnitt C.7.2.

Der moderne VVaG wird rechtlich in §§ 15–53 b VAG geregelt, zusätzlich finden aber auch Vorschriften aus dem Handelsgesetzbuch (HGB) und selbst aus dem Aktiengesetz (AktG) bei Versicherungsvereinen Anwendung. Grundsätzlich beruht der VVaG auf drei Prinzipien:

- Nach dem **Gleichbehandlungsgrundsatz** des § 21 (1) VAG dürfen Mitgliedsbeiträge und Versicherungsleistungen bei Vorliegen gleicher Voraussetzungen nur nach gleichen Grundsätzen berechnet werden.

- Das in § 15 VAG fixierte **Gegenseitigkeitsprinzip** beschreibt das Doppelverhältnis zwischen dem Unternehmen und seinen Versicherungsnehmern, die gleichzeitig Mitglieder und damit Träger des Unternehmens sind.

- Das **Personalitätsprinzip** definiert schließlich die Trägerschaft des VVaG durch seine Mitglieder; anders als bei Kapitalgesellschaften wird das persönliche Einbringen des Versicherungsnehmers in der Theorie höher bewertet als die finanzielle Beteiligung eines externen Investors. Dieser wäre ohnehin nicht in der Lage, sich am Eigenkapital des Vereins zu beteiligen, da VVaG keine Aktien emittieren.

Im Gegensatz zur eingetragenen Genossenschaft erfordert die Mitgliedschaft im VVaG keinerlei Einlage, sondern erfolgt allein über die Begründung eines Versicherungsverhältnisses (§ 20 VAG). In der Folge entsteht die schon erwähnte Identität von Versicherungsnehmern und Anteilseignern (Mitgliedern), die den eigentlichen Kern des Gegenseitigkeitsgedankens ausmacht. Ausnahmen sind lediglich möglich, wenn die **Satzung** des VVaG die **Nichtmitgliederversicherung** explizit vorsieht (§ 21 (2) VAG), in diesem Falle ist nicht jeder Versicherungsnehmer automatisch Mitglied, lediglich die Umkehrung gilt.

Die Mitgliedschaft zieht naturgemäß einige **Rechte und Pflichten** nach sich, die teilweise den Charakter des Anteilseigners hervorheben:

- Verpflichtung zur **Zahlung von (Versicherungs-)Beiträgen**; hierzu können satzungsgemäß auch Nachschüsse gehören (bei Versicherungs-Aktiengesellschaften ist der Begriff „Prämien" verbreitet),

- **Mitwirkungsrechte** in den Organen des VVaG,

- **Beteiligungsrechte** am periodischen Überschuss bzw. an etwaigen Liquidationsüberschüssen,

- das natürliche Recht des Versicherungsnehmers auf den vertraglich zugesicherten **Versicherungsschutz**.

Inwieweit eine **Nachschusspflicht** für Mitglieder (zu verstehen als juristische oder natürliche Personen) im Falle einer wirtschaftlichen Schieflage des Unternehmens besteht, wird in der Satzung des Vereins geregelt. Möglich sind sowohl Beitragserhöhungen als auch Leistungskürzungen, die Mitglieder können also – entsprechende Regelungen in der Satzung vorausgesetzt – im Extremfall auch am wirtschaftlichen Risiko des Unternehmens beteiligt werden. In der betriebswirtschaftlichen Realität spielt diese Nachschusspflicht nur eine untergeordnete Rolle, lediglich bei einigen kleineren Vereinen (Abschnitt C.4.2.3) kommt das so genannte **nachschüssige Umlageverfahren** zur Anwendung, das das gesamte versicherungstechnische Risiko nachträglich auf die Mitglieder verteilt.

Die VVaG-Mitglieder wählen entweder direkt oder über Vertreter das **Oberste Organ** (auch **Oberste Vertretung**) des VVaG, das der Hauptversammlung einer Versicherungs-Aktiengesellschaft entspricht. Aus organisatorischen Gründen sehen die meisten VVaG von einer echten **Mitgliedervollversammlung** ab und berufen stattdessen in jährlichem Turnus eine **Mitgliedervertreterversammlung** ein. Die stimmberechtigten Mitglieder in dieser Mitgliedervertreterversammlung werden entweder über eine **Urwahl** (finanzieller Aufwand) oder ein **Kooptationssystem** bestimmt.

Bei dem nicht unumstrittenen Kooptationssystem werden neue Mitgliedervertreter durch das Oberste Organ selbst bestimmt, zumeist auf Vorschlag des Vorstandes. Es liegt auf der Hand, dass die Mitspracherechte des einzelnen Mitglieds durch eine solche Regelung massiv eingeschränkt werden, andererseits muss der VVaG aber einen tragfähigen Kompromiss zwischen basisdemokratischem Anspruch und betriebswirtschaftlicher Realität finden. In der Regel wird versucht, etwaigen Beschwerden aus der berufsständisch meist recht homogenen Versichertengemeinschaft durch eine entsprechend berufsständisch geprägte personelle Besetzung des Obersten Organs entgegenzuwirken.

Beispiel: Die Mitgliedervertreterversammlung eines VVaG mit Zielgruppe Handwerk könnte sich beispielsweise überwiegend aus Handwerkskammerpräsidenten oder anderen bekannten Spitzenvertretern des Handwerks zusammensetzen, um die Interessen der Versicherten abzubilden.

Die Aufgaben des Obersten Organs ähneln denen der Hauptversammlung einer Aktiengesellschaft (Abschnitt C.4.2.1), da auch das Oberste Organ letztlich den Willen der Anteilseigner des Versicherungsunternehmens artikuliert. Zusätzlich muss das Oberste Organ bei einer Ausgabe von **Genussrechten** zur Fremdfinanzierung (§ 36 VAG) oder im Falle einer **Bestandsübertragung** (§ 44 VAG) jeweils mit einer Dreiviertelmehrheit zustimmen.

Daneben beruft das Oberste Organ die Mitgliedervertreter im **Aufsichtsrat**, der bei VVaG mit mehr als 500 Arbeitnehmern zu zwei Dritteln aus Mitgliedervertretern und zu einem Drittel aus Arbeitnehmervertretern besteht. Die Aufgaben und Befugnisse des Aufsichtsrates unterscheiden sich nicht wesentlich von denen eines Aufsichtsrates bei einer Versicherungs-Aktiengesellschaft, Gleiches gilt für den **Vorstand**.

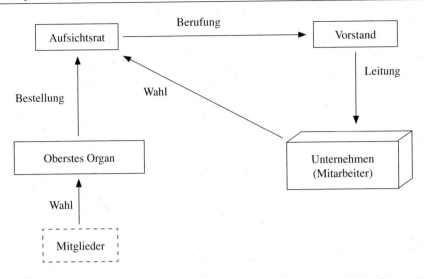

Abbildung 29: Organe eines VVaG *(schematisch; die Mitglieder bilden kein Organ im eigentlichen Sinne)*

Etwas umstritten ist in diesem Zusammenhang, inwieweit Bestimmungen für Kapitalgesellschaften auch auf VVaG angewendet werden können bzw. müssen. Beispielsweise wurde das **Gesetz zur Kontrolle und Transparenz im Unternehmensbereich (KonTraG)** im Jahre 1998 explizit für Kapitalgesellschaften erlassen (Ziel: Abwehr unternehmensgefährdender Entwicklungen), findet aber in gewissem Maße auch Anwendung bei VVaG, etwa in Fragen der persönlichen Voraussetzungen von Aufsichtsratsmitgliedern. Die gesetzlichen Regelungen zu KonTraG finden sich überwiegend im Aktiengesetz (AktG).

In Fragen der **Finanzierung** gilt der VVaG gegenüber Versicherungs-Aktiengesellschaften als generell benachteiligt, da ihm der Weg zur Eigenkapitalbeschaffung durch die Ausgabe von Aktien verwehrt ist. Neues Eigenkapital kann der VVaG lediglich durch Einbehalten von versteuerten Gewinnen generieren, was erklärt, warum der VVaG zumindest teilweise gezwungen ist, neben seinen natürlichen Bedarfsdeckungszielen auch Gewinnziele zu verfolgen.

Zum Zweck der Bedeckung einer vorgegebenen **Solvabilitätsspanne** (Abschnitt C.8.3.4) bleibt dem VVaG ansonsten nur der Rückgriff auf eine Fremdfinanzierung, zum Beispiel über **Genussrechte** (§ 36 VAG) oder die Aufnahme **nachrangiger Verbindlichkeiten** (§ 53 c (3) Nr. 3 a bis c VAG). Sowohl Genussrechtsscheine als auch nachrangige Verbindlichkeiten können unter bestimmten Voraussetzungen als Eigenmittel anerkannt werden. Mit Blick auf den wachsenden Investitionsbedarf aller Versicherungsunternehmen infolge des Aufkommens neuer Medien und des wachsenden Innovationsdrucks in der Branche haben VVaG hier einen gewissen Nachteil gegenüber Versicherungs-Aktiengesellschaften.

Ein weiteres gravierendes Problem dieser Rechtsform ergibt sich aus der Tatsache, dass VVaG nicht beliebig in bestehende **Konzernstrukturen** integriert werden können (vgl. Abschnitt C.7.2). Da VVaG nicht als Tochterunternehmen anderer Gesellschaften oder einer Holding auftreten können, bleibt ihnen in einer Konzernhierarchie immer nur die oberste Führungsebene, was mit Blick auf eine transparente und effiziente Organisation eher ungünstig ist.

Um den damit drohenden Wettbewerbsnachteilen zu entgehen, bietet sich manchmal eine **De-mutualisierung** an, bei der sich VVaG in der Regel in eine Versicherungs-Aktiengesellschaft umwandeln (Abschnitt C.4.3).

Andererseits verfügt der VVaG bedingt durch seine Rechtsformidee und Strukturen auch über einige strategische Vorteile gegenüber Wettbewerbern anderer Rechtsformen, zum Beispiel:

*   **Kein Interessenkonflikt zwischen Anteilseignern und Versicherungsnehmern**: Da die Versicherungsnehmer gleichzeitig die Anteilseigner (Mitglieder) sind, entfällt der bei Versi-cherungs-Aktiengesellschaften bestehende Grundkonflikt zwischen den **Shareholder Value**-Interessen der Aktionäre und den **Policyholder Value**-Interessen der Versicherungsnehmer.

*   **Ausgeprägte Nischenorientierung**: Durch ihre historischen Ursprünge fällt es den VVaG naturgemäß leicht, eine klar umrissene Nischenklientel mit maßgeschneiderten Produkten zu bedienen (Bedarfsdeckungsziele). Lediglich extrem große VVaG laufen Gefahr, ihr zumeist berufsständisches Profil in den Augen des Marktes zu verlieren.

*   **Bessere Möglichkeit eines nachhaltigen Wirtschaftens**: Durch den fehlenden Konflikt um die Gewinnverteilung kann sich der VVaG besser auf die Erreichung von **Erhaltungszielen** konzentrieren, was vor allem Mitgliedern und Arbeitnehmern entgegenkommt.

Auch wenn der VVaG daher heute nicht mehr uneingeschränkt in der Lage ist, sein basisdemo-kratisches Wesen voll zur Geltung zu bringen, hat er auf den Versicherungsmärkten weiterhin seinen festen Platz. Die seit dem Zweiten Weltkrieg zu beobachtende Abnahme des Marktan-teils gegenüber den Versicherungs-Aktiengesellschaften ist vor allem auf die Tatsache zurück-zuführen, dass alle Unternehmensneugründungen seither fast ausschließlich in der Rechtsform einer Versicherungs-Aktiengesellschaft vorgenommen wurden. Daneben haben viele speziell kleinere VVaG in den vergangenen Jahrzehnten miteinander fusioniert, meist im Zuge von **Be-standsübertragungen** oder **Verschmelzungen** (Abschnitt C.4.3). Relativ hoch ist der Markt-anteil der VVaG lediglich in der Krankenversicherung.

4.2.3 Kleinere Versicherungsvereine

Der **kleinere Versicherungsverein** (auch „kleinerer Verein") ist eine Sonderform des VVaG, die in §53 VAG näher geregelt ist. Nach §53(1) VAG haben kleinere Versicherungsvereine einen *„sachlich, örtlich oder dem Personenkreis nach eng begrenzten Wirkungskreis"*, sind also zum Beispiel

*   auf einen **Versicherungszweig** beschränkt (meist mit relativ klar definierter und nicht allzu großer Zielgruppe),

*   nur in einem begrenzten **geografischen Gebiet** tätig (Gemeinde, Landkreis etc.),

*   versichern nur bestimmte **Risiken** einer klar umrissenen **Berufsgruppe**.

Beispiele: *Viele Pensions- und Sterbekassen sind traditionell kleinere Vereine; im Ruhrgebiet bestehen bis heute derartige Pensions- und Sterbekassen für Bergleute und Stahlarbeiter. Andere Beispiele sind Schiffskaskoversicherungsvereine, die sich an Partikuliere (selbstständige Schiffseigner) wenden oder Tierkaskoversicherer mit der Zielgruppe Landwirte (meist auch noch geografisch beschränkt).*

Ob ein VVaG ein kleinerer Versicherungsverein ist und damit von einer Reihe rechtlicher Vereinfachungen bei der Aufsicht profitieren kann, entscheidet die Aufsichtsbehörde (§ 53 (4) VAG).

Der kleinere Versicherungsverein besteht ausschließlich mit dem Ziel einer **Bedarfsdeckung** für seine Mitglieder und entspricht daher in gewisser Weise der Urform des Versicherungsgedankens. Aufgrund seiner beschränkten Mitgliederzahl kann im kleineren Verein im Gegensatz zu vielen „großen" VVaG eine ordentliche Vollversammlung aller Mitglieder tatsächlich einberufen werden, ihre Aufgaben entsprechen dabei denen des obersten Organs beim regulären VVaG. Einen Aufsichtsrat muss es im kleineren Versicherungsverein nicht geben, der Vorstand versieht seine Aufgaben in der Regel ehrenamtlich.

Eine bei kleineren VVaG noch vereinzelt zu beobachtende Besonderheit stellt das **nachschüssige Umlageverfahren** dar, bei dem das gesamte versicherungstechnische Risiko nachträglich auf die Versichertengemeinschaft verteilt wird. In der Praxis kommt dieses Verfahren einer **Nachschusspflicht** der Mitglieder gleich, die so im Extremfall auch für Verluste ihres Unternehmens aufkommen müssen.

Die wirtschaftliche Bedeutung der kleineren Vereine ist naturgemäß gering und dürfte in den kommenden Jahren weiter abnehmen. Speziell das allmähliche Aussterben der traditionellen Zielgruppen zwingt viele kleinere Vereine dazu, sich entweder mit anderen kleineren Vereinen zusammenzuschließen oder den gesamten Versicherungsbestand auf ein Versicherungsunternehmen zu übertragen und sich aufzulösen.

4.2.4 Öffentlich-rechtliche Versicherungsunternehmen

Öffentlich-rechtliche Versicherungsunternehmen sind in ihren Unternehmenszielen VVaG sehr ähnlich, vor allem in der Betonung der **Bedarfsdeckungsziele** gegenüber Gewinn- und Wertsteigerungszielen. Im Unterschied zu VVaG geht ihre Gründung jedoch nicht auf eine Gemeinschaft Gleichgesinnter, sondern auf eine Initiative staatlicher Stellen zurück, in der Regel auf Regenten ehemaliger deutscher Territorien seit dem 18. Jahrhundert.

Mit dem Ende der ständischen Herrschaftsverhältnisse ging die **Trägerschaft** der öffentlich-rechtlichen Versicherungsunternehmen auf die entsprechenden Rechtsnachfolger über, zumeist **Gebietskörperschaften** (Bundesländer, Landschaftsverbände). Als Relikt ihrer historischen Ursprünge sind öffentlich-rechtliche Versicherungsunternehmen (genauer: Versicherungsunternehmen in der Form einer **öffentlich-rechtlichen Körperschaft** oder **öffentlich-rechtlichen Anstalt**) bis heute nur in klar abgegrenzten Gebieten tätig, unterliegen also einem **Territorialprinzip**. Insbesondere stehen öffentlich-rechtliche Versicherer damit grundsätzlich nicht in Konkurrenz zueinander.

Beispiel: Die Lippische Landes-Brandversicherungsanstalt ist auf die ehemaligen Lippischen Territorien um Detmold herum in Ostwestfalen beschränkt, die Oldenburgische Landesbrandkasse entsprechend auf das Gebiet des ehemaligen Herzogtums Oldenburg (Stand 31. Dezember 2007).

Hintergrund der Gründung privatwirtschaftlich operierender Versicherungsunternehmen in staatlicher Trägerschaft war die Idee, Versicherungsschutz für die jeweilige Bevölkerung **gemeinnützig** zu organisieren, um so einerseits staatliche Sozialkassen zu entlasten, andererseits aber eben auch einen nötigen Mindestschutz der Bevölkerung zu gewährleisten. Dieser quasi-soziale Charakter des öffentlich-rechtlichen Versicherungswesens zeigt sich bis heute in Bezeichnungen wie Anstalt, Kasse oder Sozietät. Betriebswirtschaftlich äußert sich die Gemeinnützigkeit öffentlich-rechtlicher Versicherer unter anderem darin, dass in der Regel keine Gewinnabführungspflicht der Unternehmen an ihre staatlichen Träger besteht.

In einigen Bereichen, vor allem in der Feuer- und Gebäudeversicherung, bestand bis 1994 ein **Monopol** der öffentlich-rechtlichen Versicherer in ihren jeweiligen Territorien, das sich bis heute in entsprechend hohen Marktanteilen in den betroffenen Versicherungszweigen niederschlägt. Ergänzt wurde der Monopolstatus dabei durch den **Pflichtcharakter** speziell der Feuer- und Gebäudeversicherung, der sich mit der Wahrnehmung öffentlicher Interessen durch die Versicherung begründen lässt.

Die rechtlichen Grundlagen von Versicherungsunternehmen in der Form einer öffentlich-rechtlichen Körperschaft oder Anstalt ergeben sich aus den jeweiligen Landesgesetzen und der **Satzung**, daneben finden einzelne Vorschriften des HGB und VAG Anwendung. Aufgrund der öffentlich-rechtlichen Trägerschaft besteht grundsätzlich eine **Gewährträgerhaftung** für etwaige Verluste, deren Umfang aber gesetzlich meist nicht näher geregelt ist. Öffentlich-rechtliche Versicherungsunternehmen beschreiben damit bis heute einen rechtlich-wirtschaftlichen Spagat zwischen privatwirtschaftlichem Unternehmen und staatlicher Versorgungseinrichtung.

Die **Organe** öffentlich-rechtlicher Versicherungsunternehmen sind nicht einheitlich geregelt, üblich ist jedoch die Beschränkung auf lediglich zwei Organe, ein **geschäftsführendes Organ** (**Vorstand**) und ein **überwachendes Organ**, das die Interessen der Träger wahrt. Speziell das überwachende Organ wird zumeist durch einen **Verwaltungsrat** dargestellt (teilweise auch als **Aufsichtsrat** bezeichnet), der sich aus Arbeitnehmervertretern und Vertretern der verantwortlichen Gebietskörperschaften zusammensetzt, also beispielsweise Landräten, Bürgermeistern und anderen kommunalen Amts- und Mandatsträgern. Im Gegensatz zu Versicherungs-Aktiengesellschaften und VVaG wird die Oberaufsicht somit mehr oder minder direkt durch die Träger wahrgenommen, eine explizite Unterscheidung in ein Entscheidungsorgan (**Gewährträgerversammlung**) und ein Überwachungsorgan (Verwaltungsrat) wie etwa beim VVaG findet nur in Ausnahmefällen statt.

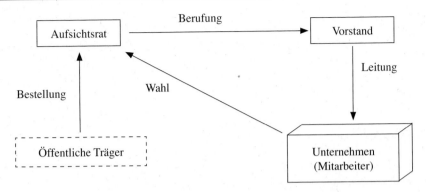

Abbildung 30: Organe eines öffentlich-rechtlichen Versicherungsunternehmens

In Fragen der **Finanzierung** bestehen ausgeprägte Ähnlichkeiten zum VVaG, insbesondere finanzieren sich öffentlich-rechtliche Versicherer größtenteils über einbehaltene Gewinne, lediglich in Einzelfällen kann die Eigenkapitalbasis durch Beteiligungskapital der Träger aufgestockt werden. Die Aufnahme nachrangiger Verbindlichkeiten sowie die Ausgabe von Genussrechten können Finanzierungsalternativen darstellen.

Die Rechtsform der öffentlich-rechtlichen Versicherungsunternehmen ist unabhängig von der wirtschaftlichen Lage der Unternehmen seit den 90er Jahren auf dem Rückzug. Mehr und mehr Gebietskörperschaften haben ihre Trägerschaft an andere Institutionen, insbesondere das öffentlich-rechtliche Bankenwesen (Landesbanken, Sparkassen und deren Spitzenverbände) abgegeben, im gleichen Atemzug werden die Versicherungsunternehmen in Versicherungs-Aktiengesellschaften umgewandelt, vgl. Abschnitt C.4.3. Die Aktienanteile verbleiben damit in der öffentlichen Hand, die Unternehmen werden gewissermaßen **„öffentliche" Versicherer**, Aktiengesellschaften in öffentlichem Besitz.

Die Gründe für diese Entwicklung sind vielfältig:

• Umwandlung der Gewährträgerhaftung der öffentlichen Hand in die **begrenzte Haftung** einer Aktiengesellschaft,

• Erzielung von **Veräußerungsgewinnen** durch die bisherigen Träger,

• **Rückzug der öffentlichen Hand** aus privatwirtschaftlichen Aufgaben (zum Beispiel Privatisierung von Bahn oder Post),

• Erleichterungen bei der **Konzernbildung** durch Errichtung von Holdingstrukturen, vgl. Abschnitt C.7.2; teilweise geht die Umwandlung einher mit der Schaffung größerer überregionaler Konzernstrukturen.

Beispiel: Mit Wirkung zum 1. Januar 2002 wandelten sich die beiden Versicherungsgesellschaften der »Westfälische Provinzial-Gruppe« (ehemals öffentlich-rechtliche Versicherer) in Versicherungs-Aktiengesellschaften um. Zu diesem Zweck fanden zwei Bestandsübertragungen auf eigens dafür neu gegründete Versicherungs-Aktiengesellschaften statt.

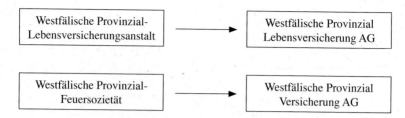

Abbildung 31: Umwandlungen am Beispiel Westfälische Provinzial

Die bis zum 1. Januar 2002 bestehenden Anstalten wurden nach Übertragung ihrer Bestände (Abschnitt C.4.3) zur Provinzial Holding Westfalen verschmolzen, die zum alleinigen Anteilseigner der neuen Aktiengesellschaften wurde.

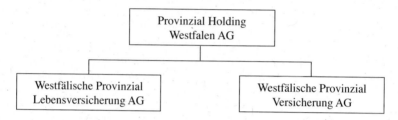

Abbildung 32: Konzernstruktur Westfälische Provinzial nach der Umwandlung 2002

In der Zwischenzeit ist dieser Konzern durch Zusammenschlüsse mit anderen ehemals öffentlich-rechtlichen Versicherern aus dem nordwestdeutschen Raum weiter angewachsen, die Holding firmiert mittlerweile unter dem Namen Provinzial NordWest Holding AG (Stand 31. Dezember 2007).

Der Marktanteil der öffentlich-rechtlichen Versicherer ist stark rückläufig und geht im wachsenden Marktanteil der Versicherungs-Aktiengesellschaften auf. Obwohl die partielle Monopolstellung des öffentlich-rechtlichen Versicherungswesens in der Schaden- und Unfallversicherung schon seit 1994 nicht mehr besteht, besitzen öffentliche Versicherer bis heute speziell in der Gebäude- und Feuerversicherung sehr hohe Marktanteile, teilweise auch eine Folge ihrer Einbindung in den **öffentlich-rechtlichen Allfinanzverbund** (Abschnitt C.7.4). Würde man mit Rücksicht auf das Territorialprinzip alle öffentlichen und (noch) öffentlich-rechtlichen Versicherer als ein Versicherungsunternehmen auffassen, wäre dieses Unternehmen in der Lebens- bzw. Schaden- und Unfallversicherung jeweils eines der größten deutschen Versicherungsunternehmen nach Bruttobeitragseinnahmen (vgl. Abschnitt D.3.2).

4.2.5 Niederlassungen ausländischer Versicherungsunternehmen

Beabsichtigt ein **ausländisches Versicherungsunternehmen** den Betrieb von Versicherungsgeschäften auf dem deutschen Markt, stehen ihm hierfür generell drei Wege offen: die Gründung eines abhängigen **Tochterunternehmens**, der **freie Dienstleistungsverkehr** und der Vertrieb von Versicherungsprodukten über **Niederlassungen**.

Die **Gründung eines Tochterunternehmens** nach deutschem Recht gemäß § 1 VAG schafft letztlich eine gewöhnliche Versicherungs-Aktiengesellschaft mit ausländischem Alleinaktionär.

Alternativ kann auch eine Aktienmehrheit an einer bestehenden deutschen Versicherungs-Aktiengesellschaft erworben werden. Derartige Tochterunternehmen in Deutschland betreiben insbesondere einige große schweizerische Versicherungsgruppen (Basler, Helvetia-Patria, Zurich) sowie die französische AXA-Gruppe.

Beim **freien Dienstleistungsverkehr** ohne Mittelspersonen schließt ein deutscher Versicherungsnehmer einen Versicherungsvertrag mit einem ausländischen Versicherungsunternehmen, das in Deutschland keinerlei Repräsentanz unterhält (nur möglich für Versicherer aus dem Europäischen Wirtschaftsraum [EWR]). Der Vertragsabschluss basiert in diesem Fall auf dem Recht des Heimatlandes des Versicherungsunternehmens (**Sitzlandprinzip**).

Einige ausländische Versicherer unterhalten in Deutschland gemäß §§ 106(2), 110a(2) VAG rechtlich unselbstständige **Niederlassungen**. Diese **Niederlassungen** ausländischer Versicherungsunternehmen stellen keine separate Rechtsform dar und werden in ihrer rechtlichen Stellung massiv von ihrem jeweiligen Herkunftsland geprägt. Konkret sind folgende Fälle zu unterscheiden:

Fall 1: Das Versicherungsunternehmen hat seinen Sitz in einem anderen **EU-Land**.
→ §§ 110a, 110b und 110d VAG

Fall 2: Das Versicherungsunternehmen hat seinen Sitz in einem **Vertragsstaat des Europäischen Wirtschaftsraumes (EWR), der nicht zur EU gehört** (zum Beispiel EFTA-Staaten; besondere Regeln existieren für die Schweiz).
→ § 110d VAG

Fall 3: Das Versicherungsunternehmen hat seinen Sitz in einem **Drittstaat außerhalb des EWR-Raumes**.
→ §§ 105 bis 110 VAG

Im Kern wird die Niederlassung bei einem Versicherungsunternehmen mit Sitz im EWR (Fälle 1 und 2) von der Aufsichtsbehörde des Herkunftslandes beaufsichtigt (**Sitzlandprinzip**), im Fall 3 obliegt die Versicherungsaufsicht hingegen deutschen Behörden. Hintergrund ist die Angleichung der Aufsichtssysteme innerhalb des EWR im Zuge der **Deregulierung der Versicherungsmärkte**, die einen hinreichenden Schutz hiesiger Versicherungsnehmer in den Fällen 1 und 2 aus Sicht des deutschen Gesetzgebers gewährleisten.

In allen Fällen werden die Niederlassungen von einem **Hauptbevollmächtigten** geleitet, der seinen Wohnsitz in Deutschland haben muss. Seine Funktion entspricht der eines Vorstandsvorsitzenden; einen Aufsichtsrat oder andere Organe gibt es in der Regel nicht. In Steuerfragen gilt für Niederlassungen aller Art deutsches Recht, zur Erstellung und Prüfung eines Jahresabschlusses zu ihrem deutschen Geschäft sind nur Niederlassungen von Versicherungsunternehmen aus Drittstaaten (Staaten außerhalb des EWR) verpflichtet.

Der Marktanteil ausländischer Niederlassungen ist relativ gering, nur wenigen ausländischen Versicherern ist es bisher gelungen, nennenswerte Geschäftsaktivitäten in Deutschland aufzubauen, zum Beispiel der Niederlassung von Standard Life, dem nach Beiträgen zweitgrößten britischen Lebensversicherer. Eine spürbare Marktpräsenz besitzt das Niederlassungsgeschäft in dezidiert internationalen Versicherungszweigen wie der Transportversicherung.

Die Zahl der Mitarbeiter kann sich bei größeren Niederlassungen durchaus im Bereich einiger Hundert bewegen, das Gros der Niederlassungen ist davon jedoch weit entfernt. Um den kostspieligen Aufbau eines eigenen Vertriebsnetzes zu vermeiden, präferieren ausländische Versicherer mit Niederlassungsbetrieb meist den Vertrieb über unabhängige **Makler** und **Mehrfachagenten**, andere Vertriebswege sind eher die Ausnahme. Der Vertrieb im eigentlichen Sinne wird über regional tätige **Maklerbetreuer** bzw. **Maklerbevollmächtigte** organisiert, weitere Geschäftstellen neben der Niederlassung sind unüblich.

4.3 Umwandlung von Rechtsformen in der Versicherungswirtschaft

Veränderungen im gesetzlichen Umfeld, aber auch wirtschaftliche Erwägungen können es im Laufe der Zeit sinnvoll erscheinen lassen, die Rechtsform eines Versicherungsunternehmens zu ändern. Derartige **Umwandlungen** können entweder direkt als **Formwechsel** des Unternehmens oder indirekt im Zuge von größeren Unternehmensveränderungen unter Einbeziehung anderer Versicherungsunternehmen gewissermaßen *„en passant"* vollzogen werden. Hierzu gehören **Verschmelzungen** mit anderen Versicherungsunternehmen, deren Rechtsform dabei übernommen wird sowie **Vermögens- und Bestandsübertragungen**. Nicht alle genannten Umwandlungswege stehen Versicherungsunternehmen aller Rechtsformen in gleichem Maße offen.

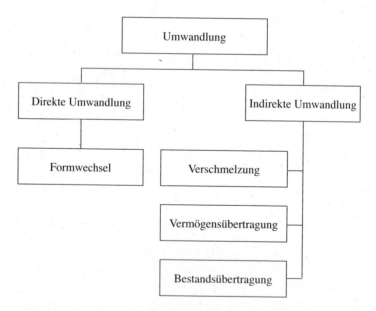

Abbildung 33: Umwandlungsformen bei Versicherungsunternehmen

Im Zuge eines **Formwechsels** nach §§ 291–300 bzw. §§ 301–304 UmwG (Umwandlungsgesetz) können sich VVaG bzw. öffentlich-rechtliche Versicherungsunternehmen in Versicherungs-Aktiengesellschaften umwandeln.

Bei einem **VVaG** bedarf dieser Formwechsel (**Demutualisierung**) einer Zustimmung von Dreivierteln der Mitglieder des Obersten Organs (§ 293 UmwG) und erfordert eine Beteiligung der Mitglieder am Grundkapital der neuen Versicherungs-Aktiengesellschaft. Der Umfang der Beteiligung kann sich dabei nach § 294(3) UmwG orientieren an:

- der Höhe der **Versicherungssumme**,

- der **Beitragshöhe**,

- der Höhe der **Deckungsrückstellung** (in der Lebensversicherung),

- in der **Satzung** explizit genannten **Maßstäben** für die Verteilung von Überschüssen bzw. Vermögen,

- der **Dauer der Mitgliedschaft**.

Es ist möglich, mehrere der genannten Bemessungskriterien miteinander zu kombinieren. In jedem Fall sollen mit einer Beteiligung am Grundkapital die bisherigen Mitgliedschaftsrechte gewahrt werden. Durch die Ausgabe von Aktien an die ehemaligen VVaG-Mitglieder werden diese Mitgliedschaftsrecht nun veräußerbar, wodurch die beim VVaG geltende Einheit von Versicherungsnehmer und Anteilseigner aufgehoben ist. Im Extremfall kann dies dazu führen, dass der VVaG seine Eigenständigkeit als Versicherungs-Aktiengesellschaft einbüßt (Übernahmeangebot eines anderen Unternehmens an die Neuaktionäre), gelegentlich wird dies sogar explizit angestrebt (VVaG mit Finanzierungsproblemen).

Bei **öffentlich-rechtlichen Versicherungsunternehmen** ist ebenfalls nur der Formwechsel in eine Versicherungs-Aktiengesellschaft vorgesehen (in § 301 UmwG heißt es „Kapitalgesellschaft"). Die Trägerschaft verbleibt zunächst bei der bisher tragenden Gebietskörperschaft, kann nun aber ebenfalls veräußert werden (Börsengang). In beiden Fällen, bei VVaG und öffentlich-rechtlichem Versicherungsunternehmen, entsteht bei der Umwandlung nach UmwG damit immer eine **Versicherungs-Aktiengesellschaft**.

Im Rahmen einer **Verschmelzung** kann ein VVaG ebenfalls **demutualisieren**, soweit er diese Verschmelzung mit einer Versicherungs-Aktiengesellschaft vollzieht (Verschmelzung durch Aufnahme nach §§ 110–113 UmwG). Sofern sich kein geeigneter Partner für eine solche Verschmelzung findet, bietet es sich für die Unternehmensträger eventuell an, selbst eine neue Versicherungs-Aktiengesellschaft zu gründen und den VVaG dann mit dieser Neugründung zu verschmelzen (Verschmelzung durch Neugründung, §§ 114–117 UmwG).

In beiden Fällen ist die Zustimmung von mindestens Dreivierteln des Obersten Organs erforderlich, die ehemaligen VVaG-Mitglieder werden für den Verlust ihrer Mitgliedschaftsrechte mit einer entsprechenden Beteiligung am Grundkapital der Versicherungs-Aktiengesellschaft entschädigt (§ 5 UmwG). Der VVaG geht damit in der neuen Versicherungs-Aktiengesellschaft auf, ähnlich wie beim Formwechsel wird das Unternehmen also nicht liquidiert. Andererseits ist klar, dass, speziell bei der Verschmelzung durch Aufnahme, der VVaG je nach Größenverhältnissen der beteiligten Partner einen gewissen Identitätsverlust erleidet.

Die **Vermögensübertragung** nach §§ 178–189 UmwG steht grundsätzlich allen Rechtsformen von Versicherungsunternehmen offen und erfordert, wie die Verschmelzung, ein Partnerunternehmen der angestrebten Rechtsform, dem Bestandteile des Unternehmensvermögens übertragen werden. Im Zuge eines Rechtsformwechsels ist dabei lediglich die **Vollübertragung** von Belang, die das gesamte Unternehmensvermögen einem anderen Versicherer überträgt.

Da den in einer Versicherungsbilanz aufgeführten Vermögenswerten auf der Aktivseite immer Verbindlichkeiten auf der Passivseite entsprechen, folgt die Passivseite gewissermaßen der Aktivseite, das übertragende Versicherungsunternehmen verliert dabei seinen gesamten Versicherungsbestand und kann liquidiert werden. Im Fall eines übertragenden VVaG werden die Mitglieder finanziell für den Verlust ihrer Mitgliedschaftsrechte entschädigt, Anteile an dem übernehmenden Unternehmen werden nicht gewährt (Gegenleistung nach § 181 UmwG).

Als versicherungsspezifisches Gegenstück zur Vermögensübertragung kann die **Bestandsübertragung** nach § 14 VAG verstanden werden, bei der ein Versicherer einem anderen Versicherer seinen Versicherungsbestand teilweise oder vollständig überträgt. In jedem Fall muss die Übertragung von Versicherungsbeständen mit einer Übertragung entsprechender Vermögenswerte einhergehen. Bei vollständiger Bestandsübertragung bleibt ein „leerer Torso" ohne Versicherungsgeschäft zurück, das Unternehmen kann liquidiert werden. Etwaige VVaG-Mitglieder müssen wie bei der Vermögensübertragung für den Verlust ihrer Mitgliedschaftsrechte finanziell entschädigt werden, ihre Versicherungsverträge gehen auf den übernehmenden Versicherer über.

Sowohl bei der Bestands- und Vermögensübertragung als auch bei der Verschmelzung geht der übertragende Versicherer folglich in einem anderen Unternehmen auf und nimmt damit auch dessen Rechtsform an. Derartige „Umwandlungen en passant" treten hinter der augenscheinlicheren Unternehmensveränderung zurück, die im Ergebnis auf eine Fusion der beteiligten Versicherer hinausläuft.

In der Praxis der Versicherungswirtschaft spielten in den vergangenen Jahren nur solche Umwandlungen eine Rolle, aus denen das Versicherungsunternehmen als Versicherungs-Aktiengesellschaft hervorgegangen ist. Hierfür sind vor allem zwei Faktoren verantwortlich:

• Einzelne VVaG haben eine **Demutualisierung** vollzogen, um sich neue Finanzierungswege zu erschließen, teilweise in Zusammenhang mit gravierenden wirtschaftlichen Schwierigkeiten. In den USA und Kanada haben einige Versicherer in der jüngeren Vergangenheit Demutualisierungen vollzogen, um gestärkt durch frisches Eigenkapital größere Investitionsvorhaben anzugehen. In beiden Fällen litten ehemalige VVaG unter den eingeschränkten Finanzierungsmöglichkeiten. Teilweise wurden Demutualisierungen auch mit Blick auf übersichtlichere Konzernstrukturen vollzogen, vgl. Abschnitt C.7.

• Mehr und mehr **öffentlich-rechtliche Versicherer** sind seit Mitte der 90er Jahre in Versicherungs-Aktiengesellschaften umgewandelt worden. Diese Veränderungen sind als Teil eines gewissen Rückzugs staatlicher Träger aus dem öffentlichen Bereich zu sehen, ähnlich wie bei der Bahn, Post oder Telekommunikation. Langfristig ist damit zu rechnen, dass Anteile dieser ehemals öffentlich-rechtlichen Versicherungsunternehmen auch an Börsen frei gehandelt werden, womit öffentlich-rechtliche Träger teilweise oder gar vollständig aus der privaten Versicherungswirtschaft verschwinden würden.

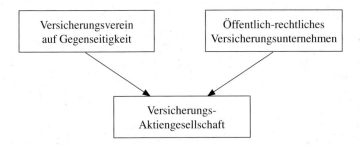

Abbildung 34: Verbreitete Rechtsformwechsel in der jüngeren Vergangenheit

Das beliebteste Instrument der Versicherungsunternehmen bei Umwandlungen ist die **Bestandsübertragung** nach § 14 VAG, die sich mit vergleichsweise geringem Aufwand durchführen lässt. Hinzu kommt, dass Teilbestandsübertragungen von Versicherungsbeständen in der Branche nicht selten sind, die dabei gemachten Erfahrungen fließen bei Gesamtbestandsübertragungen ein. Der Aufsichtsbehörde müssen die beteiligten Unternehmen allerdings nachweisen, dass die betroffenen Versicherungsbestände durch die Übertragung zum Beispiel in Fragen der Überschussbeteiligung in der Lebensversicherung nicht schlechter gestellt werden.

Grundsätzlich ist damit zu rechnen, dass die Rechtsform der Versicherungs-Aktiengesellschaft in Zukunft weiter an Bedeutung gewinnen wird, da sie anderen Rechtsformen in Fragen der Unternehmensfinanzierung überlegen ist. Sollte sich beispielsweise die Finanzierungssituation einer großen Zahl an VVaG spürbar verschlechtern, kann es durchaus zu einer Demutualisierungswelle wie in einigen angelsächsischen Ländern kommen, ebenso dürften dann Überlegungen zur Schaffung einer Mischform aus VVaG und Versicherungs-Aktiengesellschaft („VVaG & Co. KGaA") wieder an Aktualität gewinnen (vgl. *Farny*).

4.4 Angleichungshypothese

Unabhängig von ihrer Rechtsform sehen sich alle Versicherungsunternehmen auf dem deutschen Markt etwa seit Mitte der 90er Jahre einer Reihe wettbewerbsverschärfender externer Herausforderungen gegenüber. Zu diesen Herausforderungen gehören:

• **Deregulierung der Versicherungsmärkte**: Im Zuge der Deregulierung der Versicherungsmärkte (Umsetzung einer EG-Richtlinie in deutsches Recht durch das Dritte Durchführungsgesetz/EWG zum VAG vom 21. Juli 1994) wurden den Versicherungsunternehmen neue Freiheiten bei der Produktgestaltung eingeräumt. Dieses Mehr an Freiheit führte zwangsläufig zu einer Zunahme der Produktinnovation, neuen Produktformen und damit letztlich auch zu einem erhöhten Investitionsbedarf in den Versicherungsunternehmen.

• **Aufkommen von Produkt-Ratings**: Teilweise als Reaktion auf die neue Vielfalt an Produkten ist in den vergangenen Jahren eine Zunahme der Testvergleiche von Versicherungsprodukten in den Medien zu beobachten (**Ratings** oder, soweit nur eine Rangfolge hergestellt wird, **Rankings**). Das Entstehen dieser Rating-Kultur hat nicht unbedingt zu besser aufgeklärten, in jedem Fall aber anspruchsvolleren Verbrauchern geführt, die den Sinn und Zweck einzelner Produkte und Produktbestandteile kritischer hinterfragen.

- **Verstärktes Auftreten ausländischer Versicherer**: Die Deregulierung hat Versicherungsunternehmen aus dem EWR-Ausland den Sprung auf den deutschen Markt erleichtert, vor allem unterliegen Niederlassungen von Versicherern aus EWR-Staaten nicht der Aufsicht durch die BaFin, sondern verbleiben im Verantwortungsbereich der jeweiligen Behörde ihres Heimatlandes (**Sitzlandprinzip**). Durch diese Entwicklung können in Deutschland relativ leicht Versicherungsprodukte erworben werden, die deutsche Versicherer so nicht anbieten dürfen.

- **Aufkommen neuer Medien**: Die erhöhte Präsenz des **Internets** im privaten und beruflichen Umfeld vieler Verbraucher hat der Versicherungsbranche neue Vertriebs- und Werbewege eröffnet, erfordert nun aber eben auch einen durchdachten Umgang mit der neuen Technologie. Obwohl der Internetvertrieb von Versicherungsprodukten bislang keine große Rolle spielt, ist nicht abzusehen, welchen Modus vivendi die Versicherungsbranche letztlich mit dem Internet finden wird.

- **Demografische Veränderungen**: Durch die Zunahme der Lebenserwartung bei gleichzeitig sinkenden Geburtenraten verändert sich der **Altersaufbau der Bevölkerung**. Aus Sicht der Versicherungswirtschaft bedeutet dies einerseits neue Absatzchancen im Bereich der privaten Altersvorsorge, gleichzeitig aber auch eine Schrumpfung der besonders versicherungsrelevanten Altersgruppe der 20- bis 35-Jährigen. Hinzu kommen Belastungen der Bevölkerung durch steigende Sozialabgaben, die das zur Verfügung stehende Einkommen reduzieren.

Alles in allem befindet sich die deutsche Versicherungsbranche damit in einem Umbruchprozess, der das Geschäftsgebaren der Versicherer nach außen, teilweise aber auch das Selbstverständnis der Versicherer im Inneren verändert – und das unabhängig von der jeweiligen Rechtsform. So lassen sich bei Unternehmenszielen, in den Produktprogrammen, bei der Produktgestaltung, beim Absatzverfahren und bei Entscheidungsprozessen immer mehr Ähnlichkeiten zwischen Unternehmen unterschiedlicher Rechtsform konstatieren, die letztlich auf eine Angleichung der Unternehmenskulturen hindeuten. Verstärkt wird dieser Trend durch häufige Wechsel des Arbeitgebers durch die Arbeitnehmerschaft im Innen- und Außendienst, was zwangsläufig zur Herausbildung eines **unternehmensübergreifenden Selbstverständnisses** von Versicherung führt, in dem die Rechtsform an Bedeutung verliert.

Beispiel: Die berufsständische Nischenorientierung vieler VVaG ist zwar immer noch zu erkennen, mittlerweile werden jedoch auch andere Bevölkerungsgruppen angesprochen. Beispielsweise muss ein VVaG mit traditioneller Zielgruppe „öffentlicher Dienst" damit umgehen lernen, dass diese Berufsgruppe im Zuge zahlreicher Privatisierungen ehemals staatlicher Bereiche in Deutschland tendenziell abnimmt (Bahn, Post), das traditionelle Umsatzpotenzial für solche Versicherer also schrumpft. Verschärft wird die Situation durch das gleichzeitige Auftreten neuer Unternehmen, die in der eigenen Zielgruppe „wildern". Eine Lösung dieses Dilemmas kann darin bestehen, den Zielgruppenfokus zugunsten einer breiten Marktansprache aufzugeben und sich neuen Kundengruppen zu öffnen.

Weitere Indizien für eine Angleichung der Rechtsformen sind:

- Vermehrte Verwendung der Bezeichnungen **„Beiträge"** und **„Prämien"** ohne Rücksicht auf die jeweilige Rechtsform,

- Festlegung auf eine grundsätzlich **vorschüssige Beitragszahlweise** (Ausnahme: einige kleinere VVaG),

- Verwendung einheitlicher **Instrumente zur Unternehmenssteuerung** (Asset-Liability-Management, Balanced Scorecard, Deckungsbeitragsrechnung etc. – von Bedeutung ist hier vor allem die verstärkte Betonung des Wertgedankens bei der Unternehmensführung),

- Bildung von **Versicherungskonzernen**, die alle gängigen Sparten abdecken können,

- Fehlen bedeutender und in der Öffentlichkeit bekannter **rechtsformspezifischer Verbände und Organisationen** (es existieren lediglich lockere Vereinigungen, wie die Arbeitsgemeinschaft der Versicherungsvereine auf Gegenseitigkeit e. V.),

- **fehlendes Bewusstsein beim Verbraucher** für die rechtsformspezifischen Unterschiede,

- **Rechtsformneutralität** des gesamten **Wirtschaftsordnungsrechts**, einschließlich des Wettbewerbs- und Steuerrechts (vgl. *Farny*).

Alles in allem ist davon auszugehen, dass die Rechtsform als Erfolgsfaktor im Wettbewerb daher weiter an Bedeutung verlieren wird, an ihre Stelle dürften betriebswirtschaftlich relevante Größen treten, die einen rechtsformunabhängigen Vergleich von Versicherungsunternehmen und deren Produkten gestatten.

5. Aufbau- und Ablauforganisation im Versicherungsunternehmen

Die **statische Aufbauorganisation** beschreibt die innere Struktur eines Unternehmens, die **dynamische Ablauforganisation** die darin stattfindenden Prozesse. Zusammengenommen definieren beide Begriffe die **Organisation** eines Unternehmens, also die Art und Weise, wie die einzelnen Unternehmensteile zueinander stehen und miteinander interagieren (Abschnitt C.5.1).

Der spezifische Charakter des **Versicherungsgeschäftes** hat naturgemäß weitreichende Auswirkungen auf den Aufbau und die im Unternehmen ablaufenden Prozesse. Ein besonderes Problem dabei ist die klare Abgrenzung der **Außendienststrukturen** von den **Innendienststrukturen**, vor allem für den Begriff „Außendienst" existieren in Theorie und Praxis mehrere Modellvorstellungen, die jeweils ein unterschiedliches Selbstverständnis von Außendienst bedingen und sich in der **Aufbauorganisation** des Außendienstes niederschlagen (Abschnitt C.5.2).

Die **Ablauforganisation** in Versicherungsunternehmen wird ebenfalls stark von den Eigenheiten des Versicherungsgeschäftes geprägt und beschäftigt sich primär mit Prozessabläufen zum Abschluss und zur Verwaltung von Versicherungsverträgen sowie mit Fragen der effizienten Schadenregulierung (Abschnitt C.5.3). Die hier zur Anwendung kommenden Prozesse lassen sich grundsätzlich leichter modifizieren als die Aufbauorganisation des Unternehmens, entsprechend häufig kommt es zu Veränderungen in der Ablauforganisation. Hauptantriebskraft dieser Veränderungen ist der Wunsch nach Kostensenkungen, der freilich mit dem Kundenbedürfnis nach umfassendem Service in Einklang gebracht werden muss.

5.1 Grundlagen der Aufbau- und Ablauforganisation

Organisation als betriebswirtschaftlicher Begriff beschreibt den hierarchischen Aufbau und die Funktionsweise betrieblicher Strukturen. Sie bildet damit im Allgemeinen auch hierarchische Anordnungen im Unternehmen ab und ordnet dem einzelnen Mitarbeiter Aufgaben, Weisungsbefugnisse und Verantwortlichkeiten zu.

Als betriebswirtschaftliches Phänomen lässt sich Organisation indirekt erklären als Folge der **Unternehmensziele** bzw. der daraus resultierenden **Gesamtaufgabe** des Unternehmens (nicht wörtlich zu verstehen als eine Aufgabe; gemeint ist die Gesamtheit aller Maßnahmen, die zur Erreichung der Unternehmensziele erforderlich sind). Dabei wird davon ausgegangen, dass zunächst die Gesamtaufgabe in viele **Teilaufgaben** zerlegt wird, die dann wiederum im Zuge einer **Aufgabensynthese** zu Bündeln artverwandter Aufgaben zusammengefasst werden.

Die hierdurch entstehenden **Stellen** sind die kleinsten organisatorischen Aktionseinheiten innerhalb des Unternehmens, ihre Bildung erfolgt zumeist personenunabhängig. Jede Stelle wird – abhängig von ihren Aufgaben – mit einer geeigneten **Stellenbeschreibung** versehen und mit Kompetenzen und Verantwortlichkeiten ausgestattet. Ist eine Stelle gegenüber anderen Stellen im Unternehmen weisungsbefugt, wird die Stelle zu einer **Instanz** und nimmt Führungsaufgaben wahr.

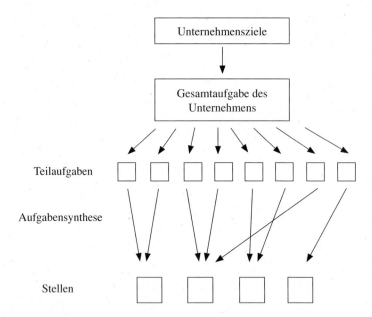

Abbildung 35: Zustandekommen von Stellen

Einzelne Stellen werden zu **Abteilungen** zusammengefasst. Einer Stelle fällt dabei in der Regel die Weisungsbefugnis innerhalb der Abteilung zu, sie wird zu einer Instanz. Mehrere Abteilungen können je nach Größe eines Unternehmens zu **Bereichen** zusammengefasst werden, die wiederum direkt einzelnen **Vorstandsressorts** unterstellt sein können. Daraus ergibt sich eine grobe Untergliederung des Gesamtunternehmens in vier Hierarchieebenen: Unternehmensführung (Vorstand), Bereiche, Abteilungen und Stellen.

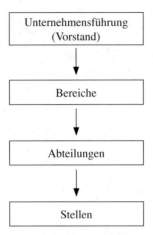

Abbildung 36: Hierarchische Unterstellungssystematik (vier Hierarchieebenen)

Beispiel: Ein Produktmanager in einem Lebensversicherungsunternehmen bildet innerhalb des Marketings eine Stelle. Weitere Stellen innerhalb dieser Abteilung sind: Werbung, Messen & Events und Verkaufsförderung. Zusammen mit zwei weiteren Abteilungen, der Öffentlichkeitsarbeit und der Vertriebsförderung, gehört die Marketingabteilung zum Bereich Kommunikation & Vertrieb, der direkt einem Vorstandsmitglied unterstellt ist.

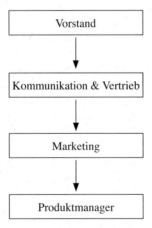

Abbildung 37: Produktmanager und übergeordnete Führungsebenen

Als statisches Konstrukt bilden alle Stellen, Abteilungen und Bereiche zusammengenommen die **Aufbauorganisation** eines Unternehmens. Die zwischen einzelnen Stellen, Abteilungen und Bereichen stattfindenden Prozesse bilden hingegen die **Ablauforganisation**, den dynamischen Aspekt von Organisation. Aufbau- und Ablauforganisation sind damit die zwei Seiten einer Medaille und beschreiben letztlich dasselbe organisationstheoretische Objekt. In der Regel wird der statischen Aufbauorganisation dabei die größere Bedeutung zugeschrieben, da sie im

Gegensatz zu einzelnen Prozessabläufen schwieriger zu modifizieren und damit auch dauerhafter als die Ablauforganisation ist.

Die Kernfragen bei der Ausgestaltung einer **Aufbauorganisation** lauten:

- Inwieweit sollen einzelne Aufgaben zusammengefasst bzw. getrennt werden? (Frage nach der **Zentralisierung** von Aufgaben)

- Welches Maß an Unterschiedlichkeit dürfen Teilaufgaben aufweisen, um im Rahmen der Aufgabensynthese noch sinnvoll zusammengeführt werden zu können? (Frage nach der **Spezialisierung** von Stellen)

Je zentralisierter die Aufgabenerfüllung auf einen bestimmten Mittelpunkt hin vorgenommen wird, umso mehr Teilaufgaben werden letztlich in einer Stelle gebündelt. Umgekehrt bedeutet ein hohes Maß an **Dezentralisierung**, dass sich gleichartige Aufgaben in mehreren, etwa geografisch voneinander separierten Stellen gleichzeitig finden.

Beispiel: Bei einigen Versicherungsunternehmen findet die Antragsbearbeitung zentral in der Hauptverwaltung statt (hohes Maß an Zentralisierung), andere haben derartige Aufgaben in größere Filialbetriebe verlagert (Dezentralisierung). In diesem Falle beschränken sich die Filialbetriebe nicht nur auf den Abschluss und die Betreuung von Versicherungsverträgen, sondern führen auch Aufgaben der Antrags- und Risikoprüfung durch. Im Extremfall kann ein Filialbetrieb durch Herstellung einer vollständigen Absatz- und Kostenverantwortlichkeit viele Wesenszüge eines Versicherungsunternehmens annehmen und zu einem eigenständigen Profit Center werden.

Dezentralisierung geht naturgemäß mit einem hohen Maß an Entscheidungskompetenz vor Ort einher, kann sich jedoch unabhängig von der geografischen Lage auch auf Produktionsfaktoren wie Menschen oder Maschinen beziehen.

Je höher die **Spezialisierung** bei der Aufgabensynthese, umso ähnlicher fallen die Teilaufgaben aus, die in einer Stelle zusammengeführt werden. Eine hochgradig spezialisierte Stelle in einer Aufbauorganisation zeichnet sich folglich durch entsprechend tiefes Fachwissen und weitgehende Erfahrungen mit einer beschränkten Zahl relativ ähnlicher Teilaufgaben aus. Alternativ kann sich der Begriff der Spezialisierung auch auf betreute Kundengruppen, geografische Regionen oder die jeweiligen Objekte der Verrichtung (Schadenbearbeitung, Vertragsverwaltung etc.) beziehen.

Beispiel: In einigen Versicherungsunternehmen wird bei Außendienstmitarbeitern bewusst eine Spartenpräferenz gefördert, die Außendienstmitarbeiter folglich zu Altersvorsorgespezialisten oder Krankenversicherungsspezialisten ausbildet. Der Vorteil bei diesem Organisationskonzept ist vor allem im hohen Spezialwissen der Vermittler zu sehen. Im Gegensatz dazu suchen andere Versicherer bewusst den Generalisten, der über ein breites Fachwissen in allen Sparten verfügt, um eine Rundum-Beratung der Kunden zu gewährleisten.

Sowohl der Grad an Zentralisierung als auch der Grad an Spezialisierung stellen damit grundlegende Entscheidungen im Rahmen der Stellenbildung dar, die weitreichende Auswirkungen auf die Wahrnehmung eines Unternehmens in der Öffentlichkeit haben.

Die nun zu entwickelnde Aufbauorganisation vereinigt naturgemäß unterschiedliche strukturelle Elemente, die wichtigen Bestimmungsparametern der unternehmerischen Tätigkeit entsprechen:

• **Regiobezogene** Aufbauorganisationen werden durch eine Einteilung nach geografischen Aspekten bestimmt.

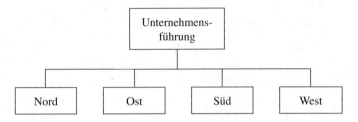

Abbildung 38: Regiobezogene Aufbauorganisation *(schematisch)*

• **Produktbezogene** Aufbauorganisationen stellen einzelne Produkte oder Produktgruppen in den Mittelpunkt, also etwa einzelne Versicherungssparten.

Abbildung 39: Produktbezogene Aufbauorganisation *(schematisch)*

Aufgrund des Spartentrennungsgebotes sind produktbezogene Gestaltungsparameter in der Aufbauorganisation von Versicherungskonzernen vorherrschend.

• Eine **kundengruppenbezogene** Aufbauorganisation wird durch die Unterscheidung in verschiedene Kundengruppen beherrscht, denkbar ist zum Beispiel die Unterscheidung in Firmenkunden und Privatkunden.

Abbildung 40: Kundengruppenbezogene Aufbauorganisation *(schematisch)*

- Eine an betriebswirtschaftlichen Funktionen orientierte Aufbauorganisation wird schließlich als **funktionsbezogen** bezeichnet.

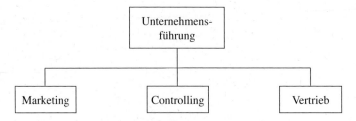

Abbildung 41: Funktionsbezogene Aufbauorganisation *(schematisch)*

In der Praxis auftretende Modelle von Aufbauorganisation weisen normalerweise mehrere der genannten Bestimmungsparameter parallel auf. Der auf oberster Hierarchieebene auftretende Bestimmungsparameter wirkt dabei besonders prägend auf die Aufbauorganisation.

Die weitaus meisten Unternehmen sind in der Form eines **Liniensystems** aufgebaut. Liniensysteme zeichnen sich dadurch aus, dass alle Organisationseinheiten in eine strenge hierarchische Struktur eingebunden sind, die sich in mehrere **Führungsebenen** gliedert. Man unterscheidet Einlinien-, Mehrlinien- und Stabliniensysteme.

Speziell in **Einliniensystemen** erhalten alle Stellen nur von einer übergeordneten Instanz Anweisungen. Einer Instanz können umgekehrt aber mehrere untergeordnete Stellen zugeordnet sein. Informationen werden in Einliniensystemen nur auf dem strengen Dienstweg über die jeweils übergeordnete Stelle ausgetauscht, was einerseits klare Zuständigkeiten und Kommunikationspfade, andererseits aber auch eine gewisse Schwerfälligkeit bedingt.

Beispiel: *In der folgenden Aufbauorganisation bildet S1 die oberste Führungsebene, die Stellen S2 und S3 sind ihr direkt unterstellt:*

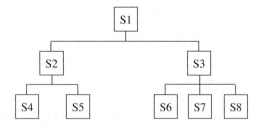

Abbildung 42: Einfaches Einliniensystem

In diesem Beispiel ist eine direkte Kommunikation zwischen S4 und S7 relativ mühsam, da alle übergeordneten Stellen (S1, S2 und S3) mit eingeschaltet werden müssen.

In **Mehrliniensystemen** kann die Führungsverantwortung für eine Stelle von mehreren übergeordneten Stellen geteilt werden (Mehrfachunterstellung). Der strenge Dienstweg ist damit aufgehoben, stattdessen sind nun auch kurze direkte Kommunikationswege zwischen einzelnen

Stellen möglich. Durch Ergänzung zusätzlicher Unterstellungspfade kann ein Einliniensystem zu einem Mehrliniensystem erweitert werden.

Beispiel: Das vorstehende Einliniensystem wird durch Ergänzung einer zusätzlichen Unterstellung zu einem Mehrliniensystem.

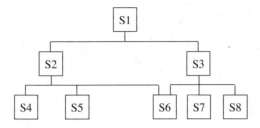

Abbildung 43: Einfaches Mehrliniensystem

Die Stelle S6 untersteht nun gleichzeitig den Instanzen S2 und S3.

Es liegt auf der Hand, dass ein Mehrliniensystem grundsätzlich kommunikationsfördernd auf eine Unternehmenskultur wirkt, ebenso klar ist aber auch, dass die resultierenden Mehrfachzuordnungen in der Führungsstruktur Probleme bei der Durchsetzung von Entscheidungen nach sich ziehen (Kompetenzstreitigkeiten).

Ein Einliniensystem kann alternativ durch Hinzunahme von Stabsstellen zu einem **Stabliniensystem** erweitert werden. In Stabliniensystemen sind einzelne Stellen aus der streng hierarchischen Struktur herausgelöst und arbeiten als autarke Stäbe direkt einer Linienstelle zu.

Beispiel: In folgendem Organigramm ist die Stabsstelle S 9 der Stelle S 1 zugeordnet, S 10 entsprechend der Stelle S 2. In beiden Fällen erbringen die Stabsstellen den ihnen weisungsbefugten Instanzen beratende und unterstützende Dienstleistungen, ohne selbst weisungsbefugt gegenüber anderen Stellen zu sein.

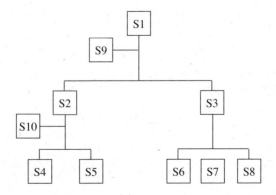

Abbildung 44: Einfaches Stabliniensystem

Stabsstellen existieren neben einer hierarchischen Linienstruktur, gehören dieser aber nicht direkt an. Verbreitet sind Stabsstellen vor allem im mittleren und höheren Management, hier entlasten Stabsstellen ihre übergeordneten Instanzen durch Bereitstellung von Fachwissen und tragen so zu einer rascheren und fundierteren Entscheidungsfindung bei.

Die **Ablauforganisation** bildet den dynamischen Teil der Organisation eines Unternehmens und setzt an einer existierenden Aufbauorganisation an. Sie bildet alle im Rahmen der Aufgabenerfüllung im Unternehmen ablaufenden Prozesse ab und beschreibt den Austausch und die Verarbeitung von materiellen und immateriellen Gütern. Typische Ziele einer Ablauforganisation sind:

- maximale **Kapazitätsauslastung** (Vermeidung von Leer- und Wartezeiten),

- **Kostenreduktion und Beschleunigung** in der Vorgangsbearbeitung,

- **Qualitätsmaximierung** bei der Vorgangsbearbeitung,

- Optimierung der **Arbeitsplatzanordnung**.

Auch die Ablauforganisation lässt sich nach *Kosiol* als Folge der Zerlegung der Gesamtaufgabe des Unternehmens in Teilaufgaben und der anschließenden Aufgabensynthese verstehen. Zu diesem Zweck werden einzelne **Arbeitsstufen** definiert, die die kleinsten zur Erfüllung einer Aufgabe erforderlichen Arbeitseinheiten darstellen. Diese werden zu geeigneten **Arbeitsreihen** zusammengeführt, die die jeweilige Aufbauorganisation des Unternehmens berücksichtigen. Durch Zusammenfassung einzelner Arbeitsreihen entstehen schließlich **Arbeitszyklen**, auf deren Basis die Arbeitsvorgänge auf Arbeitsträger (im Allgemeinen: Stellen) verteilt werden. In diesem Rahmen sind folgende Fragen zu klären:

- Welcher Stelle wird welche Arbeitsreihe bzw. Arbeitsstufe an welchem Arbeitszyklus zugewiesen? (**Zuweisungsproblem**)

- Inwieweit entspricht die Leistungskapazität einer Stelle den ihr zugewiesenen Arbeitsreihen bzw. Arbeitsstufen? (**Kapazitätsproblem**)

- In welcher Reihenfolge und Rangfolge sollen die Arbeitsreihen bzw. Arbeitsstufen erledigt werden? (**Priorisierungsproblem**)

- Wie kann die Arbeitsleistung mehrerer Arbeitsträger optimal aufeinander abgestimmt werden? (**Abstimmungs-, Synchronisierungs- und Transportproblem**)

Die Entwicklung einer effizienten Ablauforganisation stellt damit zwar ebenfalls eine strategische Kernaufgabe der Unternehmensführung dar, bestehende Ablauforganisationen sind in der Praxis aber häufigen Veränderungen unterworfen. Beispielsweise können schon durch geringfügige Modifikationen in einer Stellenbeschreibung existierende Arbeitsabläufe im Unternehmen tiefgreifend verändert werden, ohne dass sich die Aufbauorganisation dabei ähnlich spürbar verändert.

5.2 Aufbauorganisation im Versicherungsunternehmen

Die **Aufbauorganisation** im Versicherungsunternehmen vereinigt allgemeine betriebswirt-schaftliche Aufbauelemente mit versicherungsspezifischen Eigenheiten, die sich aus den Erfordernissen des Versicherungsgeschäftes ergeben. Alle im vorangegangenen Abschnitt vorgestellten aufbauorganisatorischen Grundprinzipien finden sich auch in Versicherungsunternehmen, müssen aber an die Anforderungen des Versicherungsgeschäftes angepasst werden, insbesondere an die Unterteilung in einen **Außendienst** und einen **Innendienst**.

5.2.1 Abgrenzung von Außen- und Innendienststrukturen

Außen- und Innendienststrukturen existieren im Versicherungsunternehmen grundsätzlich nebeneinander, weisen aber auch je nach unternehmensspezifischer Vorstellung von Außen- und Innendienst gewisse Schnittmengen auf. Im Folgenden sollen mit den Begriffen „Außendienst" und „Innendienst" ausschließlich solche Mitarbeiter bezeichnet werden, die im weiteren Sinne zum Unternehmen selbst gehören, also entweder dort fest angestellt oder anderweitig rechtlich und/oder wirtschaftlich mit dem Unternehmen verbunden sind. Selbstständige Makler (Abschnitt C.6.3.3) oder etwa in der Unternehmenskantine zum Einsatz kommende Mitarbeiter eines Catering-Unternehmens werden nicht berücksichtigt.

Farny nennt insgesamt vier Varianten der Trennung von Außendienst- und Innendienststrukturen, die jeweils ein unterschiedliches Selbstverständnis in beiden Bereichen zur Folge haben und damit in engem Zusammenhang mit der Unternehmenskultur stehen: den **Standort**, den **Ort der Aufgabenerfüllung**, die **Aufgabenart** und die **Leistungsprozessart**. Unabhängig vom jeweiligen Kriterium besteht das Versicherungsunternehmen dabei aus einer **Zentrale** (typische Bezeichnungen: Direktion, Hauptverwaltung, Zentralverwaltung etc.) und mehreren dezentralen **Filialbetrieben** (je nach Unternehmen bekannt als Bezirksdirektionen, Bezirksverwaltungen, Direktionsstellen, Filialen, Geschäftsstellen, Zweigniederlassungen etc.), die sich in der Fläche des Geschäftsgebietes verteilen.

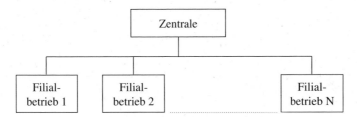

Abbildung 45: Grundstruktur eines Versicherungsunternehmens

Wird der **Standort** zum Unterscheidungskriterium von Außen- und Innendienst erklärt, werden alle Mitarbeiter der Zentrale zu Innendienstmitarbeitern, alle Mitarbeiter der Filialbetriebe entsprechend zu Außendienstmitarbeitern. Diese Definition ist damit unabhängig vom Tätigkeitsbereich; eine Sekretariatskraft mit festem Aufgabenspektrum kann je nach geografischem Standort entweder eine Außen- oder eine Innendienstmitarbeiterin sein.

Eine etwas andere Einteilung ergibt sich, wenn der **Ort der Aufgabenerfüllung** zum Unterscheidungskriterium gemacht wird: Nun werden alle Bürotätigkeiten in der Zentrale und in Filialbetrieben dem Innendienst zugeschlagen, alle auswärtigen Tätigkeiten dem Außendienst (insbesondere Tätigkeiten beim Kunden). Da der Kontakt zu Antragstellern und Versicherungsnehmern häufig außerhalb von Zentrale und Filialbetrieben stattfindet, weist dieses Unterscheidungskriterium eine ausgeprägte Kundenorientierung auf.

Eine in der Unternehmenspraxis sehr verbreitete Sichtweise ist die Unterscheidung nach der **Aufgabenart**, wonach alle absatzgebundenen Tätigkeiten zu Außendiensttätigkeiten werden und umgekehrt. Diese Unterscheidung impliziert eine nicht unbedingt gerechtfertigte Gleichsetzung „Außendienst = Absatz", ist in der Wahrnehmung der Öffentlichkeit aber sehr verbreitet. Ähnlich wie das vorangegangene Unterscheidungskriterium ergibt sich auch hier das Problem, dass einzelne Mitarbeiter sowohl dem Außen- als auch dem Innendienst zugerechnet werden können, beispielsweise werden die Vertriebsmitarbeiter in vielen Versicherungsunternehmen auch mit Aufgaben der Schadenregulierung betraut (keine Absatztätigkeit).

In der Praxis recht selten ist schließlich die Unterscheidung nach der **Leistungsprozessart**, die Innendiensttätigkeiten als solche definiert, die rein innerbetrieblich ablaufen. Alle Formen der Kundenbetreuung (Vertragsabschluss, Risikoprüfung, Schadenbearbeitung), aber beispielsweise auch der Prozess der Kapitalanlage, werden somit zu Außendiensttätigkeiten. Auch dieses Unterscheidungskriterium weist eine starke Kundenorientierung auf, die jedoch über den reinen Vertrieb von Versicherungsprodukten hinausgeht.

Es ist damit nicht a priori klar, was genau in einem Versicherungsunternehmen unter Außendienst zu verstehen ist. Grundsätzlich besteht Einigkeit darüber, dass Außendiensttätigkeit überwiegend mit dem Versicherungskunden befasst ist und meist außerhalb der Zentrale anfällt. Im Folgenden sollen die Aufbauorganisationen von Außen- und Innendienst daher mit Fokus auf den **Standort** beschrieben werden (Außendienst = Filialbetriebe, Innendienst = Zentrale).

5.2.2 Aufbauorganisation des Außendienstes

Die Immaterialität und der hohe Erklärungsbedarf von Versicherungsprodukten bringen es mit sich, dass die meisten Versicherer ein mehr oder weniger dichtes Netz von **Filialbetrieben** innerhalb ihres Geschäftsgebietes unterhalten. Lediglich einige Direktversicherer (Abschnitt C.6.3.1) verzichten bewusst auf solche Filialbetriebe und beschränken den Kontakt zum Versicherungsnehmer auf Kommunikationsmedien wie Internet, Post oder Telefon.

Hauptbestimmungsdeterminante der Aufbauorganisation im Außendienst ist der Grad an **Zentralisierung**. Stark zentralistisch strukturierte Außendienstorganisationen weisen in der Regel nur eine Hierarchieebene auf, das heißt, alle Filialbetriebe sind direkt der **Zentrale** unterstellt. Bei dezentralisierten Außendienstorganisationen finden sich hingegen meist zwei Hierarchieebenen, von denen nur eine Ebene (**übergeordnete Filialbetriebe**) direkt der Zentrale unterstellt ist.

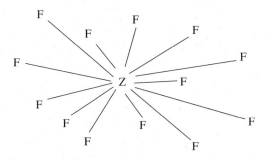

Abbildung 46: Zentralisierte Außendienststruktur (Z = Zentrale, F = Filialbetrieb)

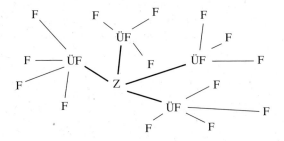

Abbildung 47: Dezentralisierte Außendienststruktur (Z = Zentrale, ÜF = übergeordneter Filialbetrieb, F = Filialbetrieb)

Hinter dem Begriff „Filialbetrieb" verbirgt sich dabei in beiden Fällen ein breites Spektrum an Organisationsformen, das von kleinen Vertriebs- und Kundenbetreuungsbüros (**Agenturen, Generalagenturen, Generalvertretungen, Inspektorate, Schadenregulierungsbüros**) mit einem bis fünf Mitarbeitern und reinen Vertriebsaufgaben bis hin zu größeren Einheiten mit mehr als hundert Mitarbeitern reichen kann. Diese größeren Einheiten verfügen naturgemäß auch über gewisse Innendienststrukturen und können einzelne Teilaufgaben des klassischen Innendienstes (Antragsprüfung, Schadenbearbeitung etc.) übernehmen.

Noch ausgeprägter zeigt sich die Vermischung von Außen- und Innendienstaufgaben bei stark dezentralisierten Außendienstorganisationen. In wenigen übergeordneten Filialbetrieben mit etwa fünfzig bis dreihundert Mitarbeitern werden zahlreiche klassische Aufgaben des Innendienstes verrichtet, was bis hin zu einer vollen **Ergebnisverantwortlichkeit** der zuständigen Führungskräfte gehen kann. Einzelne Versicherungsunternehmen betreiben ihre übergeordneten Filialbetriebe als Profit Center, die eigenständig über Kosten, Werbemaßnahmen, Antragspolitik und andere wichtige Determinanten des Versicherungsgeschäftes entscheiden und die ihnen zugeteilten Filialbetriebe unabhängig von der Zentrale leiten.

Grundsätzlich gilt, dass sich mit steigender Zahl der Führungsebenen zwischen Zentrale und einzelnem Vermittler Außen- und Innendienstaufgaben in den zwischengeschalteten Ebenen immer stärker vermischen. Insbesondere ist dabei eine Abkehr vom tradierten Bild des Außendienstmitarbeiters als reinem Absatzorgan zu erkennen, stattdessen werden mehr und mehr Back Office-Funktionen in Außendienstbereiche verlagert. Dies soll einerseits Kosten in der

Zentrale senken, andererseits aber auch betriebswirtschaftliches Denken im Außendienst fördern. Die Zentrale des Versicherungsunternehmens wird so auf reine Führungsaufgaben eingeschränkt, der Außendienst stellenweise zum Rundum-Betreuer seines Kunden.

Die hierarchischen Strukturen innerhalb von Filialbetrieben sind von Unternehmen zu Unternehmen sehr unterschiedlich. Gemeinsam dürfte allen Modellen die Verwendung **regionaler Führungskräfte** sein (Bezirksdirektoren, Filialleiter, Niederlassungsleiter etc.), die direkt der Unternehmensführung unterstellt sind, zum Beispiel einem Vorstandsmitglied mit Vertriebsressort. Den regionalen Führungskräften sind einige **Organisationsleiter** unterstellt (kurz „Orgaleiter"; auch hier besteht eine regionale Verantwortlichkeit), die wiederum eine geringe Zahl von **Vermittlern** betreuen (Bezirksbeauftragter, Bezirksbetreuer etc.). In der Regel handelt es sich um angestellten Außendienst oder rechtlich selbstständige Einfirmenvertreter, vgl. Abschnitte C.6.3.1 bzw. C.6.3.2. Ergänzt werden diese Strukturen innerhalb eines Filialbetriebes häufig durch so genannte **Agenturberater**, die einzelne Vermittler in betriebswirtschaftlichen Fragen betreuen und als zusätzliches Bindeglied zwischen Zentrale und Filialbetrieb fungieren.

Abbildung 48: Typische Führungsstruktur im Außendienst

In der jüngeren Vergangenheit sind einzelne Tendenzen erkennbar, den Außendienst komplett aus dem Versicherungsunternehmen bzw. -konzern auszugliedern und in eigenständigen **Vertriebsgesellschaften** anzusiedeln. Durch diese Maßnahme soll die Ergebnisverantwortlichkeit im Außendienst gefördert werden, vor allem können so anfallende Kosten für Schulungsmaßnahmen oder Werbung direkter mit dem Vertriebserfolg im Rahmen einer Kosten-/Leistungsrechnung verrechnet werden. Aus Kostengründen werden Außendienstaufgaben teilweise auch externen Dienstleistern übertragen, etwa die Schadenbearbeitung (ausgegliedertes Dienstleistungsgeschäft).

5.2.3 Aufbauorganisation des Innendienstes

Die Aufbauorganisation des Innendienstes unterscheidet sich in einigen wesentlichen Details von vergleichbaren Strukturen in Industriebetrieben:

- Der augenscheinlichste Unterschied ist das **Fehlen klassischer Produktionseinheiten**, die die Organisationsstrukturen in Industriebetrieben bestimmen. Da die Produktion von Versicherungsschutz letztlich die Folge mehrerer immaterieller Vorgänge im Außen- und Innendienst ist (Vertragsabschluss, Verwaltung von Verträgen etc.), finden sich keine eigentlichen Produktionsstätten, ebenso sind Begriffe wie „Forschung und Entwicklung", „Rohstoffe" oder „Supply Chain" in Versicherungsunternehmen zunächst sinnleer.

- An die Stelle klassischer Produktionsbereiche treten **versicherungsspezifische Organisationseinheiten**, die das gesamte Spektrum des Versicherungsgeschäftes mit Ausnahme der Antragstellung (Außendienstaufgabe) abdecken: Antrags- bzw. Risikoprüfung, Vertragsverwaltung, In- und Exkasso, Schadenbearbeitung. Hinzu kommen in der Regel große EDV-Abteilungen sowie ein Aktuariat (versicherungsmathematische Abteilung).

Ansonsten gleicht die Aufbauorganisation des Innendienstes in weiten Teilen entsprechenden Strukturen in Industriebetrieben, typisch ist dabei vor allem ein Grundgerüst auf **Einlinienbasis**, ergänzt durch einzelne **Stabsstellen** (Stabliniensystem). Die Zahl der **Führungs- bzw. Hierarchieebenen** ist stark abhängig von der Zahl der Mitarbeiter in der Zentrale bzw. im Unternehmen insgesamt. Während sehr kleine Versicherungsunternehmen mit zwei Führungsebenen auskommen (Vorstand – Mitarbeiter), kann es bei großen Versicherungsunternehmen mit mehreren tausend Mitarbeitern bis zu fünf derartige Ebenen geben (Vorstand – Bereich – Abteilung – Unterabteilung – Mitarbeiter), ergänzt durch Stabsabteilungen auf verschiedenen Ebenen.

Ein mittelgroßes Versicherungsunternehmen mit vier Führungsebenen und etwa fünfhundert Mitarbeitern in der Zentrale gliedert sich meist in:

> 3-5 Vorstandsressorts,
> 7-12 Bereiche,
> 20-35 Abteilungen,
> 1-5 Stabsabteilungen.

Die angegebenen Zahlen sind dabei stark abhängig von der Unternehmenskultur, etwaigen Konzernstrukturen, in die das Versicherungsunternehmen eingebunden ist, die Breite und Tiefe der angebotenen Produktpalette und andere Faktoren.

Beispiel: *In Versicherungskonzernen eingegliederte Versicherungsunternehmen können spartenunabhängige Bereiche und Abteilungen zentral unter dem Dach der Konzernmutter (Holding) organisieren, um Personalkosten zu senken und einen einheitlichen Auftritt des Konzerns in der Öffentlichkeit sicherzustellen. Im Extremfall verbleiben dann nur noch spartenspezifische Aufgaben und Stellen bei den Versicherungstöchtern, die meisten Mitarbeiter des Konzerns arbeiten in Abteilungen der Konzernmutter.*

Der **Vorstand** selbst gliedert sich neben einem **Vorstandsvorsitzenden** (auch Vorstandssprecher) in mehrere **Vorstandsressorts**, die jeweils einem **Vorstandsmitglied** zugeordnet sind (teilweise auch einem außerordentlichen Vorstandsmitglied; die Bezeichnung impliziert dabei im Allgemeinen keine Rangordnung). Im einfachsten Fall (ein Vorstandsvorsitzender, ein weiteres Vorstandsmitglied) bietet sich zum Beispiel eine Grobeinteilung in ein Außendienst- und ein Innendienstressort an, mit jedem weiteren Vorstandsmitglied kann eine entsprechend feinere Unterteilung vorgenommen werden.

Beispiel: Typische Vorstandsressorts sind Verwaltung (einschließlich Personal), Vertrieb, Finanzen oder Betriebstechnik. Das eigentliche Versicherungsgeschäft findet sich häufig in einem spartenspezifischen Ressort (Versicherungstechnik; alternativ auch nach der jeweiligen Sparte benannt).

Jedem Vorstandsressort sind mehrere **Bereiche** zugeordnet. Typische derartige Bereiche sind:

* Personal (in einem Vorstandsressort Verwaltung),

* Fuhrpark, Gebäude, Kantine (in einem Vorstandsressort Verwaltung),

* Rechnungswesen (in einem Vorstandsressort Finanzen),

* Kapitalanlagen (in einem Vorstandsressort Finanzen),

* In- und Exkasso (in einem Vorstandsressort Finanzen),

* Marketing (in einem Vorstandsressort Vertrieb),

* Vertriebsunterstützung/Back Office (in einem Vorstandsressort Vertrieb),

* DV/IT (in einem Vorstandsressort Betriebstechnik),

* Mathematik/Aktuariat (in einem Vorstandsressort Versicherungstechnik),

* Vertragsverwaltung (in einem Vorstandsressort Versicherungstechnik), etc.

Die genannten Zuordnungen zu einzelnen Vorstandsressorts sind dabei üblich, Abweichungen in der Praxis aber durchaus vorhanden. So wird das Rechnungswesen teilweise auch dem Vorstandsressort Verwaltung zugeschrieben, das Marketing bildet gelegentlich zusammen mit dem Vertrieb ein Vorstandsressort Marketing & Vertrieb. Ebenso kann das Personalwesen in kleineren Versicherungsunternehmen auf Abteilungsebene eingerichtet und direkt einem Vorstandsressort zugeordnet sein (drei Führungsebenen: Vorstand – Abteilung – Stelle). Ist ein Versicherungsunternehmen eine von mehreren Tochtergesellschaften eines **Versicherungskonzernes**, existiert meist ein gemeinsames Personalwesen für alle diese Tochtergesellschaften, im Allgemeinen als Bereich oder Abteilung der Muttergesellschaft (Abschnitt C.7.2).

Auf der Abteilungsebene findet sich in allen Versicherungsunternehmen eine Vielzahl an unterschiedlichen versicherungstechnischen und allgemein betriebswirtschaftlichen **Abteilungen**. Dazu können in hinreichend kleinen Versicherungsunternehmen ohne Bereichsebene alle bereits genannten Bereiche zählen (also etwa eine Marketingabteilung, die direkt einem Vorstandsressort Marketing & Vertrieb unterstellt ist). Weitere denkbare Abteilungen, unabhängig von der Zahl der Hierarchieebenen, sind:

- Antragsprüfung (teilweise auch Risikoprüfung oder Underwriting genannt),

- Schadenbearbeitung (auch Schadenregulierung genannt; Teile dieser Funktion werden auch oft im Außendienst verrichtet),

- Werbung (in einem Bereich Marketing),

- Produktmanagement (in einem Bereich Marketing),

- DV-Systeme (in einem Bereich DV/IT),

- Personalbeschaffung (in einem Bereich Personal),

- Aus- und Weiterbildung (in einem Bereich Personal), etc.

Viele der genannten Abteilungen umfassen nur einige wenige Stellen, andere Abteilungen können je nach Unternehmensgröße auch bis zu hundert oder mehr Stellen enthalten.

Ferner sind einzelne Abteilungen aus der Linienhierarchie herausgelöst und als **Stabsabteilungen** organisiert (Abschnitt C.5.1). Typische Beispiele sind:

- Controlling (Stabsstelle des Vorstandsvorsitzenden oder des Vorstandsressorts Finanzen),

- Recht (Stabsstelle des Vorstandsvorsitzenden; oft aber auch Linienstelle),

- Öffentlichkeitsarbeit (Stabsstelle des Vorstandsvorsitzenden, soweit nicht dem Marketing zugeordnet),

- Betriebsorganisation (zuständig unter anderem für die Koordination unternehmensinterner Projekte),

- Revision.

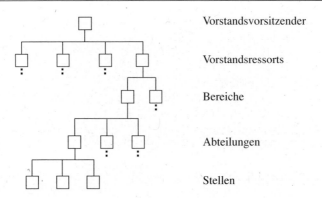

Vorstandsvorsitzender

Vorstandsressorts

Bereiche

Abteilungen

Stellen

Abbildung 49: Hierarchieebenen in der Aufbauorganisation eines Versicherungsunternehmens (ohne Stabsstellen)

Beispiele:

Ebene	Beispiel 1	Beispiel 2	Beispiel 3	Beispiel 4
Vorstands-ressort	Marketing & Vertrieb	Versicherungs-technik	Versicherungs-technik	Verwaltung
Bereich	Marketing	Vertrags-verwaltung	Aktuariat	Personalwesen
Abteilung	Verkaufs-förderung	Antrags-abteilung	Tarife und Bedingungen	Aus- und Weiterbildung
Stelle	Messespezialist	Risikoprüfer	Versicherungs-mathematiker	Trainer

Tabelle IV: Beispiele für hierarchische Zuordnungen in Versicherungsunternehmen

Soweit er nicht einer Stabsstelle zugeordnet ist, findet sich der einzelne **Mitarbeiter** damit je nach Stellenbeschreibung eingebunden in eine charakteristische Führungsstruktur. Den zuständigen Hierarchieebenen entsprechen dabei meist die **Dienstbezeichnungen** der verantwortlichen Führungskräfte. Bereichsleiter werden in der Branche oft als **Direktoren** bezeichnet und haben in der Regel die **Prokura** (Vertretungsmacht gemäß §§ 164 ff. HGB; unterschrieben wird mit „ppa."), auf den unteren Führungsebenen überwiegen hingegen die **Handlungsbevollmächtigten** gemäß § 54 HGB (unterschreiben mit „i. V."). Einzelne Mitarbeiter ohne Führungsverantwortung werden im Gegensatz dazu meist als **Handlungsbeauftragte** bezeichnet (Unterschrift „i. A.").

5.3 Ablauforganisation in Versicherungsunternehmen

Für die **Ablauforganisation** in Versicherungsunternehmen gibt es ähnlich wie für die Aufbauorganisation nur wenige wirklich feste Regeln. Aufgrund der Natur des Versicherungsgeschäftes findet sich jedoch in allen Versicherungsunternehmen eine Reihe analoger Prozesse, die in den Unternehmen zu organisieren sind und zur Herausbildung ähnlicher Ablaufstrukturen über die Unternehmen hinweg führen.

Wird die Darstellung von Versicherungsschutz als **Dienstleistung** des Versicherungsunternehmens aufgefasst, lassen sich die für die **Leistungspolitik** von Dienstleistungsunternehmen bekannten Besonderheiten teilweise auf die Ablauforganisation in Versicherungsunternehmen übertragen (Abschnitt C.5.3.1). Damit sind die einzelnen Prozesse zwar nicht endgültig beschrieben, erhalten aber einen groben äußeren Rahmen.

Typische Beispiele für Prozesse in Versicherungsunternehmen sind die **Antragsprüfung**, etwaige **Vertragsänderungen**, die **Kapitalanlage** oder die **Schadenbearbeitung** (Abschnitt C.5.3.2). Hinzu kommt natürlich eine große Zahl versicherungsunabhängiger Prozesse in klassischen betriebswirtschaftlichen Bereichen und Abteilungen, wie dem Controlling, dem Personalwesen oder dem Rechnungswesen. Auf sie soll im Folgenden nicht eingegangen werden, Details findet der interessierte Leser etwa bei *Steinbuch*.

5.3.1 Besonderheiten der Ablauforganisation in Versicherungsunternehmen

Die **Ablauforganisation in Versicherungsunternehmen** stellt sich als ein kompliziertes System simultan und sukzessive vollzogener Einzelprozesse dar, die teilweise rein innerbetrieblichen Charakter aufweisen, teilweise aber auch eine intensive Kommunikation mit Versicherungsnehmern, Vermittlern und anderen außerbetrieblichen Stellen erfordern (zum Beispiel Kontakt zu Banken und Kapitalanlagegesellschaften im Rahmen der Kapitalanlage). Hinzu kommen Meldepflichten an die Versicherungsaufsicht oder Abstimmungsfragen mit dem Treuhänder bei der Produktentwicklung.

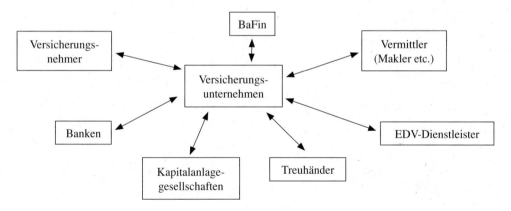

Abbildung 50: Prozessabläufe eines Versicherungsunternehmens mit seiner Umwelt

Nach *Bruhn/Meffert* weist die **Leistungspolitik** in **Dienstleistungsunternehmen** generell einige Besonderheiten auf, die auch Auswirkungen auf die Ausgestaltung einzelner Prozesse im Unternehmen haben:

• Hoher **Automatisierungsgrad** bei Standarddienstleistungen, während andere Dienstleistungen nur ansatzweise automatisierbar sind. Beispielsweise lässt sich das Inkasso von Versicherungsbeständen einschließlich der Mahn- und Regresspolitik in weiten Teilen automatisieren. Anders bei Vertragsänderungen: Hier müssen individuelle Änderungen oftmals manuell vorgenommen werden, entsprechend niedrig ist der Automatisierungsgrad.

• Notwendigkeit einer Berücksichtigung der **Leistungspotenziale der Mitarbeiter**. Die Gesundheitsprüfung in der Lebens- und Krankenversicherung kann zum Beispiel nicht komplett auf den Vermittler abgewälzt werden, da oftmals komplexe Krankheitsvorgeschichten individuell bewertet werden müssen.

• Integration des **externen Faktors** (des Versicherungsnehmers) in den Leistungsprozess. Wie weit einzelne Prozessschritte dabei externalisiert werden können, hängt unter anderem vom Vertriebsweg ab: Während die Versicherungsnehmer bei Direktversicherern zum Beispiel beim Ausfüllen des Antrags und Studium der Versicherungsbedingungen auf sich allein gestellt sind, stehen bei Versicherern mit Außendienstorganisation hierfür Mitarbeiter und Vertriebspartner bereit. Grundsätzlich können durch Externalisierung Kosten gespart werden, andererseits darf aber auch nicht übersehen werden, dass Versicherungsprodukte und die mit ihnen in Zusammenhang stehenden Einzelprozesse sehr erklärungsbedürftig sind.

• Möglichkeit der **Ausgliederung von Prozessen**. Werden einzelne Arbeitsabläufe an externe Dienstleister ausgegliedert, kann dies Kosten sparen, gleichzeitig entsteht aber zusätzlicher Abstimmungsbedarf, entstehen neue Schnittstellen mit anderen Unternehmen. Einige Versicherungskonzerne haben zum Beispiel ihre EDV-Abteilungen in eigenständige Tochtergesellschaften umgewandelt (etwa in der Rechtsform einer GmbH), die allen Konzerntöchtern Dienstleistungen rund um die elektronische Datenverarbeitung erbringen. In Einzelfällen öffnen sich solche Töchter auch auswärtigen Kunden, was die wirtschaftliche Basis des Gesamtkonzerns verbreitert.

• **Möglichkeit zur Leistungsbündelung**. Werden einzelne Prozessschritte geeignet zusammengefasst, lassen sich Dienstleistungsbündel schnüren, die mehrere kundenrelevante Dienstleistungen in einer Hand vereinigen. Ein Beispiel wären die Ansätze mehrerer Versicherer, ihren Versicherungsnehmern eine Rundum-Betreuung durch eigens hierfür abgestellte Mitarbeiter zu gewährleisten. Im Einzelfalle finden sich auch explizite Key Account-Manager, die einzelne Großkunden (Key Accounts) betreuen.

Der Begriff „Leistungspolitik" im Dienstleistungsmanagement entspricht dabei dem in Industrie- oder Konsumgüterunternehmen verbreiteten Begriff „Produktpolitik". Sowohl die Leistungs- als auch die Produktpolitik werden als Teil des **Marketing-Mix** des Unternehmens verstanden und beschreiben sämtliche in Zusammenhang mit der Dienstleistung bzw. dem Produkt stehenden Einzelfragen (vgl. *Bruhn/Meffert* bzw. *Bruhn/Hadwich*).

Hauptaufgabe der **Unternehmensführung** im Rahmen der Ablauforganisation ist in jedem Fall die Definition möglichst einfacher und transparenter Prozessschritte, die eine optimale Aufgabenverteilung zwischen Versicherungsunternehmen, Vermittler, Versicherungsnehmer und anderen externen Stellen gestatten. Die Optimalität ergibt sich dabei aus:

• **Kostenoptimalität** (Zahl der beteiligten Mitarbeiter etc.),

• maximaler **Servicequalität** (Faktor Zeit, Beratungsqualität etc.),

- **Zielorientierung** (Umsetzung von Unternehmenszielen, zum Beispiel Bedarfsdeckungszielen).

Eine Zusammenfassung vieler Einzelprozesse in der Zentrale ermöglicht dem Versicherungsunternehmen oftmals die Realisierung von **Kostensynergien**, gleichzeitig geht dabei aber auch **Kundennähe** verloren (konkurrierende Ziele gemäß Abschnitt C.1.1). In den vergangenen Jahren ist generell eine zunehmende Verlagerung von Einzelaufgaben und -prozessen auf die Vermittler zu beobachten. Je enger die rechtliche und wirtschaftliche Bindung des Vermittlers an den Versicherer dabei ist, umso weitgehender fällt diese Verlagerung aus.

Beispiel: Ausschließlichkeitsagenten (Abschnitt C.6.3.2) sind in der Regel nicht mehr nur für den Absatz von Versicherungsprodukten und die damit in Zusammenhang stehenden Beratungsdienstleistungen zuständig, sondern erbringen immer häufiger auch Dienstleistungen im Bereich der Antragsprüfung oder etwa der Schadenbearbeitung. Um zentrale Antragsabteilungen zu entlasten, bietet moderne Angebotssoftware in vielen Versicherungsunternehmen mittlerweile die Möglichkeit einer vorläufigen Gesundheitsprüfung, die nur noch in Einzelfällen durch weitergehende Untersuchungen ergänzt wird.

Es liegt auf der Hand, dass derartige Aufgaben- und Prozessverlagerungen in den Außendienst eine große zeitliche und personelle Belastung in den Filialbetrieben darstellt (gerade in kleineren Agenturen), was Fragen bezüglich der Vergütung nicht explizit absatzbezogener Einzeldienstleistungen aufwirft. Andererseits wird durch diese Dezentralisierung innerhalb der Ablauforganisation ein hohes Maß an **Kundenorientierung** verwirklicht, ebenso können langwierige Einzelprozesse sinnvoll abgekürzt werden.

Basiert das Vertriebsmodell eines Versicherungsunternehmens hauptsächlich auf **unternehmensfremden Absatzorganen** wie Banken oder Maklern (Abschnitte C.6.1 und C.6.3) sind die Möglichkeiten derartiger Aufgaben- und Prozessverlagerungen naturgemäß sehr eingeschränkt. Hier stellt sich ohnehin das Problem einer möglichst reibungslosen Schnittstellenbetreuung, zumal normalerweise auch eine Harmonisierung von EDV-Systemen erforderlich ist und unterschiedliche Unternehmenskulturen aufeinandertreffen.

5.3.2 Fallbeispiele zur Ablauforganisation in Versicherungsunternehmen

Im Folgenden werden drei wichtige **versicherungstechnische Prozesse** in Versicherungsunternehmen schematisch unter Nennung beteiligter Organisationseinheiten im Außen- und Innendienst vorgestellt. Nicht alle dabei auftretenden Einzelprozesse müssen in der genannten Reihenfolge vorgenommen werden, manche fallen in einzelnen Versicherungsunternehmen mit besonderer Außendienststruktur oder anderweitigen organisatorischen Eigenheiten sogar komplett weg.

a) Abschluss und Erstbearbeitung von Versicherungsverträgen (Antragsmodell)

Dieser Ablaufprozess steht am Beginn jedes Versicherungsverhältnisses. Unter Beteiligung eines Vermittlers wird ein Vertrag zwischen einem Versicherungsnehmer und dem Versicherungsunternehmen abgeschlossen und in das Versichertenkollektiv aufgenommen. Die Einzelprozesse in chronologischer Reihenfolge sind im Allgemeinen:

Einzelprozess	Beteiligte Organisationseinheiten	Bemerkungen
Beratung des Antragstellers	Vermittler	Bei Direktversicherern stark externalisiert (Internet etc.)
Ausfüllen des Antrags	Vermittler	Bei Direktversicherern allein Aufgabe des Antragstellers
Formale Antragsprüfung	Vermittler/ Sachbearbeiter in Filialbetrieb/Antragsabteilung	Prüfung, ob Antrag ordnungs- gemäß ausgefüllt ist
Vertragseingabe in das EDV-Bestandssystem	Sachbearbeiter in Filialbetrieb/ Antragsabteilung/Vertragsabteilung	Datentechnische Aufnahme in den Versicherungsbestand
Materielle Antragsprüfung	Sachbearbeiter in Filialbetrieb/ Antragsabteilung	Eigentliche Risikoprüfung
Tarifierung	Sachbearbeiter in Filialbetrieb/ Antragsabteilung	Festlegung des endgültigen Versicherungsschutzes einschl. Beitragshöhe
Entscheidung über Annahme und damit Vertragsabschluss	Sachbearbeiter in Filialbetrieb/ Antragsabteilung	
Ausfertigung des Versicherungsscheines	Antragsabteilung/Vertragsabteiltung	Wird teilweise auch im Filial- betrieb vorgenommen
Versenden des Versicherungsscheines	Vertragsabteilung/Poststelle	
Einzug des Erstbeitrages	In- und Exkasso	Versicherungsschutz wird wirk- sam/Vertragseinlösung
Ermittlung und Auszahlung der Abschlussprovision	In- und Exkasso/Lohnbuchhaltung	Stark abhängig vom jeweiligen Absatzorgan

Der dargestellte modellhafte Prozess erstreckt sich je nach Unternehmen über etwa zwei bis vier Wochen, vor allem der Einzug des Erstbeitrages (externer Faktor Antragsteller) und die Auszahlung der Provision können dabei verlangsamend wirken.

Wie die Darstellung insgesamt deutlich macht, verlagern sich die Einzelprozesse im Zuge des Abschlusses und der Erstbearbeitung im Laufe der Zeit langsam vom Außendienst in verschiedene Innendienstabteilungen der Zentrale. Je höher der Grad an **Zentralisierung** im Unternehmen, desto früher wird dieser Übergang bei der Antrags- bzw. Vertragsbearbeitung vorgenommen, die Außendienstorganisation bleibt entsprechend eher auf reine Vertriebsaufgaben beschränkt.

Sobald feststeht, dass einem Antragsteller Versicherungsschutz gewährt werden kann, muss der neue Vertrag zusätzlich noch einem **Rückversicherungsabkommen** zugeordnet werden, vgl. Abschnitt A.6.3. Muss nach erfolgter Risikoprüfung im Rahmen der Tarifierung ein **Risikozu- schlag** erhoben oder ein **Leistungsausschluss** gefordert werden, sollte vom Antragsteller vor Eingabe des Vertrages in das Bestandssystem nochmals ein Einverständnis eingeholt werden, da sich der Versicherungsumfang nun gegenüber dem Antrag geändert hat. Ablauftechnisch läuft dies auf eine erneute Kontaktaufnahme durch Vermittler oder Innendienstmitarbeiter hinaus.

b) Kapitalanlage unter Verwendung von Asset-Liability-Techniken

Alle angesammelten Beitragsanteile, die nicht sofort für Provisionszahlungen oder anderweitig benötigt werden (nicht direkt in den Kassenbestand des Versicherers überführt werden), werden auf den internationalen Kapitalmärkten investiert. Hauptziele sind dabei **Rentabilität** und **Sicherheit**, im weiteren Sinne aber auch die **Liquidität** der getätigten Investitionen. Im Idealfall verfügt das Versicherungsunternehmen über ein eigenständiges **Asset-Liability-Management** (kurz **ALM**; Abschnitt C.8.4.4), das die Kapitalanlage an die erwarteten Liquiditätserfordernisse des Unternehmens anpasst. Die Kapitalanlage stellt sich insgesamt als kontinuierlicher Prozess dar, der unter Berücksichtigung der Lage an den Kapitalmärkten sowie unternehmensinterner Anlageziele immer wieder von neuem durchlaufen wird:

Einzelprozess	Beteiligte Organisationseinheiten	Bemerkungen
Analyse des Versicherungsbestandes (Ziel: Bestimmung der Soll-Liquidität)	Aktuariat/Datenverarbeitung/ Vertragsabteilung	Zentrale Frage: Welche Liquidität muss voraussichtlich wann zur Verfügung stehen?
Analyse der Kapitalmärkte	Kapitalanlage/ Vermögensverwaltung	Zentrale Frage: Wie werden sich die Kapitalmärkte entwickeln?
Modellierung des bestehenden Kapitalanlageportfolios unter Verwendung realistischer Annahmen (Ziel: Bestimmung der Ist-Liquidität)	Kapitalanlage/ Vermögensverwaltung	Zentrale Frage: Wie werden sich unsere Kapitalanlagen bzw. unsere Liquidität in Zukunft entwickeln?
Abgleich der Soll-Liquidität mit der Ist-Liquidität	Aktuariat/Kapitalanlage/ Vermögensverwaltung	Zentrale Frage: Wann wird Unter- bzw. Überliquidität auftreten? (Prognose des Liquiditätsverlaufs)
Anpassung des bestehenden Kapitalanlageportfolios	Kapitalanlage/ Vermögensverwaltung	Kauf und Verkauf von Wertpapieren, dabei intensiver Kontakt mit Banken und Kapitalanlagegesellschaften

Der dargestellte Ablaufprozess kann sich aufgrund seines strategischen Charakters über mehrere Wochen bis Monate hinweg erstrecken, die tatsächliche Investition liquider Mittel verläuft parallel dazu (Anpassung des bestehenden Kapitalanlageportfolios auf der Basis vergangener Analysen). Bietet ein Lebensversicherungsunternehmen fondsgebundene Produkte an, muss bei der Kapitalanlage in jedem Fall eine Kapitalanlagegesellschaft hinzugezogen werden, die die angelegten Mittel treuhänderisch verwaltet. Das Kapitalanlagerisiko liegt dann allein beim Versicherungsnehmer, der ALM-Planungszyklus vereinfacht sich entsprechend.

c) Schadenbearbeitung

Meldet ein Versicherungsnehmer einen Schaden, muss der Versicherer zunächst prüfen, ob er überhaupt zu einer Versicherungsleistung verpflichtet ist. Fällt diese Prüfung positiv aus, muss

Schadenersatz in der vertraglich vereinbarten Höhe geleistet werden. In der Folge wird der Versicherungsschutz teilweise angepasst bzw. erlischt ganz (zum Beispiel in der Risikolebensversicherung nach dem Ableben der versicherten Person).

Einzelprozess	Beteiligte Organisationseinheiten	Bemerkungen
Entgegennahme der Schadenmeldung	Vermittler/Sachbearbeiter in Filialbetrieb oder Zentrale	
Detaillierte Schadenanalyse	Schadenregulierer in Filialbetrieb oder Zentrale	Zentrale Frage: Besteht überhaupt Deckung?
Anforderung von Gutachten (falls erforderlich)	Schadenregulierer in Filialbetrieb oder Zentrale	Kontaktaufnahme mit externem Sachverständigen, der Gutachten erstellt
Rückmeldung an Versicherungsnehmer	Schadenregulierer in Filialbetrieb oder Zentrale	Mitteilung über Höhe der Versicherungsleistung
Anweisung an In- und Exkasso	Schadenregulierer in Filialbetrieb oder Zentrale/In- und Exkassoabteilung	Überweisung oder Versenden eines Schecks
Anpassung des Versicherungsschutzes (falls erforderlich)	Vertragsabteilung/In- und Exkassoabteilung	Vornahme etwaiger Beitragsanpassungen (zum Beispiel Änderung der Schadenfreiheitsklasse in der Kfz-Versicherung)

Der genannte Schadenregulierer in einem Filialbetrieb kann dabei durchaus der Vermittler selbst sein (Voraussetzung: starke Dezentralisierung der Aufbauorganisation), der damit neben seinen Vertriebsaufgaben noch weitergehende Dienstleistungen für das Versicherungsunternehmen erbringt. Einzelne Versicherungsunternehmen überlassen die Schadenbearbeitung komplett externen Dienstleistern, verlieren damit aber natürlich an Kundennähe.

Speziell bei diesem Ablaufprozess legt der Versicherungsnehmer großen Wert auf eine möglichst unbürokratische Verfahrensweise; dem gegenüber steht jedoch das Interesse des Versicherers, jeden gemeldeten Schaden vor Erbringung einer Versicherungsleistung genau zu prüfen. Der Versicherer nimmt damit letztlich die Interessen der Versichertengemeinschaft wahr, die beabsichtigte Abwehr ungerechtfertigter Forderungen nimmt umfangreiche personelle Ressourcen im Versicherungsunternehmen in Anspruch. Je nach Ausmaß des Schadens kann sich der Schadenbearbeitungsprozess daher durchaus über mehrere Wochen erstrecken.

Weitere wichtige Ablaufprozesse im Versicherungsunternehmen sind unter anderem:

• Vertragsänderungen,

• Produktentwicklung,

• Meldungen gegenüber der Versicherungsaufsicht,

• Risikoprüfung,

• Abschluss von Rückversicherungsabkommen.

Auch diese Ablaufprozesse können in Versicherungsunternehmen durchaus sehr unterschiedlich organisiert sein, werden jedoch alle stark vom immateriellen und stochastischen Wesen des Versicherungsgeschäftes geprägt.

6. Vertriebswege im Versicherungsunternehmen

Der **Vertrieb** von Versicherungsprodukten wird in der Regel nicht zentral, sondern über dezentral organisierte **Vertriebswege** abgewickelt. Ein Vertriebsweg (auch Vertriebskanal) fasst dabei ihrem Wesen nach gleichartige **Absatzorgane** zusammen, die das eigentliche **Absatzverfahren** vor Ort gestalten. Das einzelne Absatzorgan definiert sich durch ein charakteristisches Bündel aus Produktionsfaktoren sowie durch seine rechtliche und wirtschaftliche Stellung gegenüber Versicherungsunternehmen und Versicherungsnehmer (Abschnitte C.6.1 und C.6.2).

Die Wahl eines unternehmensspezifischen **Vertriebswege-Mix** stellt eine zentrale strategische Aufgabe der Unternehmensführung dar, die mit Blick auf die **Unternehmensziele** (Abschnitt C.1) und externe Anforderungen getroffen wird. Da Versicherungsunternehmen nicht automatisch in der Fläche des Landes vertreten sind, fällt den Vertriebswegen bzw. den ihnen zuzurechnenden Absatzorganen eine wichtige Rolle bei der Außendarstellung des Versicherers zu. Ebenso hat die rechtliche und wirtschaftliche Bindung eines Absatzorgans an ein Versicherungsunternehmen Rückwirkungen auf den Versicherer und wirkt prägend auf die Aufbau- und Ablauforganisation (Abschnitt C.5) sowie die **Unternehmenskultur**.

Die wichtigsten Vertriebswege im Versicherungswesen werden in Abschnitt C.6.3 vergleichend diskutiert, besonderer Wert soll dabei auf die Darstellung der betriebswirtschaftlichen Realität der Absatzorgane gelegt werden. Für weitergehende rechtliche Details zur Versicherungsvermittlung sei auf Abschnitt B.2 verwiesen. Da sich der Vertriebswege-Mix der deutschen Versicherungswirtschaft in einem stetigem Wandel befindet (Stichworte unter anderem: **EU-Vermittlerrichtlinie, Novellierung des VVG, neue Medien**), soll in Abschnitt C.6.4 eine Prognose über die künftige Entwicklung einzelner Vertriebswege abgegeben werden.

6.1 Absatz- und Beschaffungsorgane

Ein **Absatzorgan** in der Versicherungswirtschaft ist generell eine mit dem **Vertrieb** von Versicherungsprodukten betraute **Stelle**, die grundsätzlich keine dauerhafte rechtliche oder wirtschaftliche Beziehung zu einem Versicherungsunternehmen oder Versicherungsnehmer unterhalten muss. Das Absatzorgan bildet ein natürliches Bindeglied zwischen dem Produzenten und dem Käufer von Versicherungsschutz und kann beiden Vertragspartnern unterschiedlich nahe stehen.

Abbildung 51: Stellung des Absatzorgans zwischen Versicherungsunternehmen und Versicherungsnehmer

Nach *Farny* lassen sich generell **vier Formen von Absatzorganen** unterscheiden:

- **Unternehmenseigene Absatzorgane** gehören direkt zum Versicherungsunternehmen, stellen also keine Vermittlung im eigentlichen Sinne dar. Typische unternehmenseigene Absatzorgane sind angestellte Mitarbeiter in der Zentrale (Call Center) oder in Filialbetrieben oder der (recht seltene) Automatenvertrieb.

- **Unternehmensgebundene Absatzorgane** sind im Gegensatz dazu rechtlich selbstständige Wirtschaftseinheiten, die vertraglich oder faktisch an einen Versicherer gebunden sind. Die rechtliche Unabhängigkeit dieser Absatzorgane steht hinter der wirtschaftlichen Abhängigkeit zumeist zurück, entsprechend treten unternehmensgebundene Absatzorgane häufig wie unternehmenseigene Absatzorgane auf. Der Standardtyp des unternehmensgebundenen Absatzorganes ist der Ausschließlichkeitsvertreter nach §§ 84 ff. HGB (Abschnitt C.6.3.2).

- **Unternehmensfremde Absatzorgane** sind rechtlich wie wirtschaftlich selbstständige Wirtschaftseinheiten, die sich als unabhängige Vermittler zwischen Versicherungsunternehmen und Versicherungsnehmer positionieren. Der klassische Makler (Abschnitt C.6.3.3) gehört ebenso in diese Kategorie wie etwa der Vertrieb über den Bankschalter (Bancassurance, vgl. Abschnitt C.6.3.5).

- Nimmt ein unternehmensfremdes Absatzorgan ausschließlich die Interessen des Versicherungsnehmers wahr und ist mit diesem rechtlich und/oder wirtschaftlich eng verbunden, spricht man von einem **Beschaffungsorgan**. Derartige Beschaffungsorgane existieren häufig als Tochtergesellschaften großer internationaler Industriekonzerne und beschaffen für das Mutterhaus Versicherungsschutz (bei der Errichtung neuer Fabrikanlagen etc., vgl. Abschnitt C.6.3.7 zu Captives).

Die genannten Gruppen von Absatzorganen unterscheiden sich damit letztlich durch ihre rechtliche und wirtschaftliche Nähe zu den Vertragsparteien eines Versicherungsvertrages.

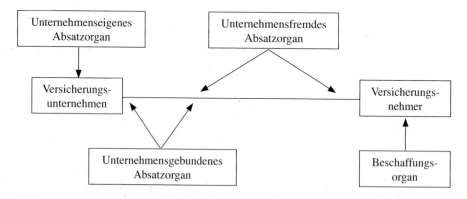

Abbildung 52: Grad an rechtlich-wirtschaftlicher Bindung verschiedener Formen von Absatzorganen an Versicherungsunternehmen und Versicherungsnehmer *(schematisch)*

Obgleich die meisten Absatzorgane nicht a priori auf bestimmte Versicherungsformen beschränkt sind, haben einzelne Versicherungssparten und -produkte im Laufe der Zeit eine gewisse Präferenz für einzelne Absatzorgane entwickelt. Ebenso unterscheiden sich die typischen **Absatzverfahren** von Absatzorgan zu Absatzorgan mitunter recht markant. Allgemein definieren sich Absatzverfahren aus folgenden Fragestellungen:

- Liegt **direkter oder indirekter** Absatz vor? Erfordert der Absatz die Einschaltung eines rechtlich selbstständigen Vermittlers, liegt indirekter Absatz vor, ansonsten direkter Absatz.

- Wird der Absatz **zentral oder dezentral** vorgenommen? Diese Frage bezieht sich auf den Standort des Absatzprozesses und den darin zum Ausdruck kommenden Grad an Zentralisierung.

- Von wem geht die **Absatzinitiative** aus? Hier kommen das Versicherungsunternehmen, der Versicherungsnehmer oder ein zwischengeschalteter Vermittler infrage.

- Welche **Kommunikationsform** herrscht beim Absatzverfahren vor? Hier geht es darum, wie direkt Versicherer und künftiger Versicherungsnehmer miteinander kommunizieren bzw. welche Rolle dem Absatzorgan dabei zukommt.

- Wie **spezialisiert** ist das Absatzverfahren? Absatzorgane können entweder hochgradig spezialisiert sein (zum Beispiel Generalagentur mit Schwerpunkt Krankenversicherung) oder alle Versicherungsprodukte mehr oder minder nebeneinander vertreiben (generalistischer Absatz). Die Spezialisierung kann sich auch darauf beziehen, ob ein gegebenes Absatzorgan nur die Produkte eines Versicherungsunternehmens oder mehrerer Versicherungsunternehmen vertreibt.

- Über welches Maß an **Vertretungsmacht** gegenüber dem potenziellen Antragsteller verfügt das Absatzorgan? Manche Absatzorgane sind hier recht eingeschränkt, andere (vor allem hauptberufliche) Absatzorgane können hingegen mit weitreichenden Vertretungsvollmachten ausgestattet sein.

- Welcher **Teil der Arbeitskraft** des Absatzorganes wird hauptberuflich in das Absatzverfahren investiert? Hauptberufliche Absatzorgane verfügen über keine weiteren Einkommensquellen, bei nebenberuflichen Absatzorganen kann die Vermittlung von Versicherungsverträgen unter Umständen nur einen kleinen Teil des Jahreseinkommens ausmachen.

Sind alle genannten Fragen beantwortet, ist das spezifische Absatzverfahren eines Absatzorganes in wesentlichen Zügen definiert, die Positionierung des Absatzorganes zwischen Versicherer und Versicherungsnehmer weitgehend beschrieben.

6.2 Charakteristika von Vertriebswegen

Gruppen von Absatzorganen, die sich in einer Vielzahl struktureller Eigenschaften weitgehend ähneln, bilden in der Versicherungswirtschaft einen **Vertriebsweg**. Eine entscheidende strategische Aufgabe der Unternehmensführung im Versicherungsunternehmen besteht in der Definition eines geeigneten **Vertriebswege-Mix**, mit dem das Unternehmen an seine Zielgruppe(n) herantritt. Im einfachsten Fall besteht dieser Vertriebswege-Mix aus einem einzigen Vertriebsweg, die Regel ist jedoch der mehr oder weniger ausgeprägte **Multichannelvertrieb** (auch **Mehrwegevertrieb**), der parallel mehrere Vertriebswege bedient, teilweise unter Berücksichtigung unterschiedlicher Produkt- oder Zielgruppen. Es versteht sich von selbst, dass der Multichannelvertrieb immer auch das Risiko einer gegenseitigen Kannibalisierung der einzelnen Vertriebswege bzw. Absatzorgane mit sich bringt.

Vertriebswege werden nach folgenden Einzelkriterien unterschieden:

- **Bindungsstärke** an Versicherer bzw. Versicherungsnehmer (und das damit verbundene Ausmaß an Schnittstellenbetreuung),

- **Produktionsfaktorausrüstung,**

- **Vergütungsform,**

- **Standortwahl.**

Entscheidendes Kriterium ist dabei die **rechtliche und wirtschaftliche Bindung** eines Vertriebsweges an die beiden Vertragsparteien, vor allem das Maß an Abhängigkeit vom Versicherer. Sind die Absatzorgane eines Vertriebsweges relativ eng an das Versicherungsunternehmen gebunden, erfahren sie zumeist auch Unterstützung bei Vertriebsmaßnahmen (Ausrüstung mit Verkaufsmaterialien etc.), sind also in ihrer **Produktionsfaktorausrüstung** weitgehend festgelegt.

Als nachteilig erweist sich bei einer engen Bindung eines Vertriebsweges an ein Versicherungsunternehmen die daraus häufig resultierende Abhängigkeit des Versicherers von diesem Vertriebsweg, die beispielsweise einen aus unternehmensstrategischer Sicht eventuell wünschenswerten **Multichannelvertrieb** unmöglich machen kann.

Beispiel: Ein Versicherungsunternehmen, das seinen Vertrieb überwiegend über Ausschließlichkeitsvertreter organisiert, besitzt gegenüber dieser Vertriebsorganisation zwar weitreichende Weisungsbefugnisse (eine Folge der Ausschließlichkeitsbindung), dürfte aber große Schwierigkeiten haben, zusätzlich noch einen Internetvertrieb im Haus zu installieren. Noch vor Erschließung eines neuen Vertriebsweges könnten viele Ausschließlichkeitsvertreter dem Versicherer aus Furcht vor Einkommenseinbußen den Rücken zukehren, das Neugeschäft würde entsprechend einbrechen.

Die Intensität einer rechtlichen oder wirtschaftlichen Beziehung zwischen einem Versicherungsunternehmen und seinen Vertriebswegen kann soweit gehen, dass die einzelnen Absatzorgane auch mit vertriebsfremden Aufgaben betraut werden. Typische Beispiele wären etwa Teile der Antrags- und Risikoprüfung oder die Schadenregulierung. Ein eng mit dem Versicherungsunternehmen verbundenes Absatzorgan hört insofern stellenweise auf, ein reines Absatzorgan zu sein und wird zu einem allgemeinen **Dienstleistungsorgan** mit Schwerpunkt auf Absatzaufgaben.

Ein weiterer wichtiger Gestaltungsparameter eines Vertriebsweges ist das **Vergütungsmodell**, also die Frage, aus welchen Quellen ein Absatzorgan Vergütungen in welcher Höhe für welche einzelnen Dienstleistungen erwarten kann. Das Spektrum an Vergütungsmodellen auf dem Markt ist recht breit, gemeinsam ist den meisten vorhandenen Modellen lediglich die Aufteilung in einen erfolgsunabhängigen und einen erfolgsabhängigen Vergütungsbestandteil.

Ein **erfolgsunabhängiger** Vergütungsteil wird unabhängig vom Vertriebserfolg gewährt (Garantien, Basisvergütung etc.), **erfolgsabhängige** Vergütungteile hingegen anhand des Vertriebserfolges bemessen (je nach Vertriebsweg **Courtagen** oder **Provisionen** genannt). Problematisch ist dabei häufig eine betriebswirtschaftlich sinnvolle Definition des Erfolgsbegriffes. Während tradierte Erfolgsdefinitionen im Vertrieb allein den Umfang des geschriebenen **Neugeschäfts** berücksichtigen (Leistung von relativ hohen Einmalzahlungen, den **Abschlussprovisionen**), erkennen modernere Ansätze zur erfolgsabhängigen Vergütung mehr und mehr den Wert einer professionellen **Bestandspflege**, die das Fortbestehen eines Versicherungsvertrages während eines Geschäftsjahres gewissermaßen als impliziten Neuabschluss interpretiert und entsprechend mit laufenden Vergütungsbestandteilen honoriert (**laufende Provisionen, Bestandspflegeprovisionen**). Abschlussprovisionen werden im gleichen Atemzug meist gekürzt oder gar ganz gestrichen. Hierdurch soll vor allem hohen **Stornoquoten** vorgebeugt werden. (Abschnitt C.8.3.3).

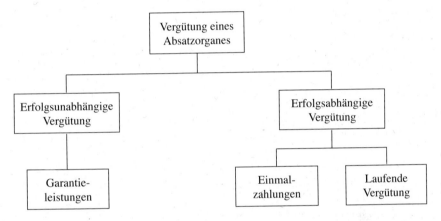

Abbildung 53: Vergütungsformen im Versicherungsvertrieb *(schematisch)*

Der Begriff „Erfolg" bezieht sich dabei meist auf den Umfang des Neugeschäftes oder des betreuten Bestandes, eine **Ertrags- oder Wertorientierung** fließt in der Regel nicht ein. Einen denkbaren Ansatzpunkt hierfür stellt der **Customer Lifetime Value** dar (Abschnitt C.8.4.3), der den zu erwartenden Gesamtertrag eines Versicherungsvertrages ermittelt und grundsätzlich eine Vertriebssteuerung und -vergütung auf Ertragsbasis zulässt.

Der geografische **Standort** eines Absatzorganes kann schließlich weitreichende Auswirkungen auf die Wahrnehmung des Versicherungsnehmers bzw. Antragstellers haben und spielt daher eine große Rolle dafür, wie kundennah das Versicherungsunternehmen erlebt wird. Die Standortwahl ergibt sich stets als Kompromiss aus wünschenswerter Kundennähe und Kostenüberlegungen. Die Unterhaltung eines dichten Netzes aus kleinen Geschäftsstellen verschafft einem Versicherer nicht zuletzt auch ein hohes Maß an optischer Präsenz, die gerade für immaterielle Güter wie Versicherungsprodukte von großer Bedeutung ist.

6.3 Vertriebswege im Überblick

Im Folgenden sollen die betriebswirtschaftlichen Besonderheiten der wichtigsten **Vertriebswege** im Überblick dargestellt werden. Konkret werden diskutiert:

- Direktvertrieb,

- Ausschließlichkeitsorganisationen,

- Makler,

- Mehrfachagenten,

- Bancassurance,

- Strukturvertriebe,

- Captives.

Der Schwerpunkt liegt dabei auf einer Beschreibung der in den vorangegangenen Abschnitten erarbeiteten Unterscheidungskriterien der einzelnen Vertriebswege bzw. Absatzorgane. Für die rechtlichen Grundlagen wird auf Abschnitt B.2 verwiesen.

6.3.1 Direktvertrieb

Der **Direktvertrieb** von Versicherungsprodukten stellt eine Form des unternehmenseigenen Absatzes dar und schließt die Einbeziehung von Vertretern oder unternehmensfremden Absatzorganen komplett aus. Vielmehr wird das Versicherungsunternehmen selbst zum Absatzorgan, der Absatz wird meist zentral über Internet, Post oder Telefon abgewickelt. Speziell durch das Aufkommen des **Internets** haben sich in den vergangenen Jahren die Kommunikationsmöglichkeiten zwischen Direktversicherern und potenziellen Antragstellern bzw. Versicherungsnehmern deutlich erweitert. Dem reinen Internetvertrieb kommt dabei meist nur eine unterstützende Funktion zu, nicht zuletzt müssen Vertragsdokumente und Policen auf postalischem Weg ausgetauscht werden (unter anderem Problem der elektronischen Unterschrift).

In der betriebswirtschaftlichen Realität ist der Begriff „Direktvertrieb" recht weit gefasst, einige meist zu den Direktversicherern gezählte Unternehmen unterhalten beispielsweise **Beratungs- oder Servicezentren**, die in der Regel mit fest angestellten Mitarbeitern besetzt sind. In Einzelfällen dienen diese Zentren auch der Schadenregulierung, die für Direktversicherer ohne eigene Außendienstorganisation grundsätzlich ein großes Problem darstellt. Insgesamt verlaufen die Grenzen zwischen Direktversicherern und Nichtdirektversicherern daher fließend.

Der Direktvertrieb ist aus Sicht des Versicherungsnehmers vergleichsweise kostengünstig (geringere Aufwendungen für den Abschluss von Versicherungsverträgen durch Verzicht auf Courtagen und Provisionen), erfordert aber eine intensive selbstständige Auseinandersetzung mit Versicherungsbedingungen, Beitragsmodellen und anderen Details eines Versicherungsvertrages. Dies schränkt den Spielraum von Direktversicherern bei der Produktgestaltung naturgemäß ein und erfordert häufig eine Beschränkung auf erklärungsarme **Standardprodukte** (Risikolebensversicherung oder die dem Verbraucher recht vertraute Kfz-Haftpflichtversicherung).

Da die **Absatzinitiative** beim Direktvertrieb allein vom potenziellen Versicherungsnehmer ausgehen muss, sind Direktversicherer gezwungen, besonders intensiv durch Werbung auf sich aufmerksam zu machen. Einige Direktversicherer haben zu diesem Zweck enge Kooperationen mit **Versandhäusern** aufgebaut, in den Katalogen der Versandhäuser finden sich zum Beispiel heraustrennbare Postkarten für eine erste unverbindliche Kontaktaufnahme. Diese Werbemaßnahmen haben den großen Vorteil, dass sie primär eine Klientel ansprechen, die durch ihr Interesse am Versandhandel schon eine gewisse Affinität für den Direktvertrieb unter Beweis gestellt hat.

Viele Direktversicherungsunternehmen sind **Tochtergründungen** von Versicherungskonzernen, die bereits andere Versicherungstöchter der gleichen Sparte haben. Hintergrund ist der Wunsch nach einer Verbreiterung des Vertriebswege-Mix (Multichannelvertrieb), ohne tradierte Vertriebswege zu kannibalisieren. In einigen Fällen wird auch versucht, für andere Vertriebswege unattraktive Versicherungsprodukte, wie etwa Auslandsreisekrankenversicherungen (Niedrigbeitragsprodukt mit entsprechend niedriger Abschlussprovision), nur noch direkt zu vertreiben.

6.3.2 Ausschließlichkeitsorganisationen

Der mit Abstand bedeutendste und prägendste Vertriebsweg der deutschen Versicherungswirtschaft ist der **Ausschließlichkeitsvertreter** nach §§ 84 ff. HGB (auch **Einfirmenvertreter** oder **Exklusivagent**; umgangssprachlich gern als „84er" bezeichnet). Hierbei handelt es sich um wirtschaftlich weitgehend selbstständige, aber rechtlich über einen **Agenturvertrag** gebundene **Versicherungsvertreter** (Abschnitt B.2.1), die meist vertragliche Beziehungen zu allen Versicherungstöchtern eines Versicherungskonzerns unterhalten (daher oft auch **Einkonzernvertreter**) und für diese Unternehmen Vertriebsaufgaben wahrnehmen. Zu den klassischen Vertriebsaufgaben treten dabei in der Regel – eine Folge der Abhängigkeit von nur einem Versicherungskonzern bzw. -unternehmen – Aufgaben im Umfeld von Antragsbearbeitung, Vertragsverwaltung oder Schadenregulierung. In der öffentlichen Wahrnehmung wird der Ausschließlichkeitsvertreter daher oftmals als Mitarbeiter des Versicherers wahrgenommen.

Organisiert wird der Ausschließlichkeitsvertrieb meist über kleinere Geschäftsstellen, die gegenüber der Zentrale oder übergeordneten Filialbetrieben weisungsgebunden sind (**Generalagenturen** oder auch **Subdirektionen**) und vor Ort Versicherungsbestände betreuen. Die Generalagentur wird dabei wie ein selbstständiges Unternehmen betrieben, zum Beispiel in der Rechtsform einer GmbH. In den meisten Fällen besitzen Ausschließlichkeitsagenturen nur eine **Vermittlungsvollmacht**, nicht jedoch eine Vollmacht, Versicherungsverträge endgültig abzuschließen (Problem der Risikoprüfung). Mehrere Agenturen in einem Gebiet werden normalerweise unter der Führung eines **Organisationsleiters (Orgaleiter)** des jeweiligen Versicherungsunternehmens zusammengefasst.

Die rechtliche Bindung an einen Versicherer (hier synonym bezogen auf einen Versicherungskonzern) bringt dem Ausschließlichkeitsvertreter einige entscheidende Vorteile:

- **Unterstützung mit Verkaufsmaterialien** (einschl. Angebotssoftware; an den Kosten wird die Agentur jedoch meist beteiligt),

- Nutzen durch allgemeine **Werbemaßnahmen** des Versicherers,

- **teilweise Übernahme des betriebswirtschaftlichen Risikos** (Gewährung von Garantiezahlungen, vor allem in der Anfangszeit),

- Möglichkeit zur Teilnahme an **Schulungsmaßnahmen**,

- Betreuung durch **Agenturberater** des Versicherers, die den Agenten auch in betriebswirtschaftlichen Fragen unterstützen.

Die Vergütung erfolgt meist über eine Mischung aus erfolgsunabhängigen **Garantieleistungen** und erfolgsabhängigen **Provisionszahlungen,** die sich in Abschlussprovisionen und laufende Provisionen (für die **Bestandsbetreuung**) aufteilen. Die wachsende Einsicht vieler Versicherungskonzerne in den Wert einer langfristigen Kundenbindung hat in den vergangenen Jahren zu einer Akzentverschiebung hin zu mehr Bestandspflege geführt, entsprechend haben einige Gesellschaften ihre Abschlussprovisionen zugunsten höherer laufender Provisionen (auch **Bestandspflegeprovisionen**) reduziert.

Aus Sicht des Versicherungskonzerns ermöglicht der Vertrieb über wirtschaftlich selbstständige Ausschließlichkeitsvertreter ein höheres Maß an erfolgsabhängiger Vergütung, als dies mit fest angestellten Vertriebsmitarbeitern denkbar wäre (tarifvertragliche Bindungen bei der Entgeltgestaltung vorherrschend). Hinzu kommt, dass ein dichtes Netz aus wirtschaftlich selbstständigen Ausschließlichkeitsvertreter dem Versicherer auch eine hohe optische Präsenz in der Öffentlichkeit sichert.

6.3.3 Makler

Der selbstständige **(Versicherungs-)Makler** ist nach *Farny* der Prototyp des rechtlich und wirtschaftlich unabhängigen Versicherungsvermittlers und bildet damit ein unternehmensfremdes Absatzorgan (vgl. Abschnitt B.2.1). In gewisser Weise kann der Makler auch als **Beschaffungsorgan** des Versicherungsnehmers verstanden werden, da die Absatzinitiative in der betriebswirtschaftlichen Realität oftmals vom Versicherungsnehmer ausgeht, der dem Makler einen **Maklerauftrag** erteilt.

Gleichzeitig ist es dem Makler jedoch möglich, auch Verträge (**Maklerverträge**) mit einzelnen Versicherungsunternehmen abzuschließen, die ihn zu einem externen Dienstleister des Versicherungsunternehmens machen, zum Beispiel in Fragen der Schadenregulierung oder der Vertragsverwaltung. Die betriebswirtschaftliche Realität des Maklers im Versicherungswesen ist daher teilweise durch einen Grundkonflikt zwischen den Interessen des Versicherungsnehmers und des Versicherungsunternehmens geprägt, der Makler selbst positioniert sich dabei zumeist als Anwalt des Versicherungsnehmers.

Abbildung 54: Maklerauftrag und Maklervertrag

Die gut 7.000 in Deutschland tätigen Maklerunternehmen verteilen sich im Wesentlichen auf drei Standardausprägungen:

- **Große, international tätige Maklerunternehmen** (teilweise auch Niederlassungen ausländischer Großmakler). Viele dieser Makler wenden sich an große gewerbliche Kunden, es gibt jedoch auch große Maklerunternehmen mit Zielgruppen im Privatkundenbereich (Beispiele: AWD, MLP).

- **Mittelständische Maklerunternehmen** mit regionaler Geschäftstätigkeit und breiter Produktpalette.

- **Kleine Spezialmakler** mit ebenfalls regionalem Fokus und eingeschränkter Produktpalette (zum Beispiel Beschränkung auf eine Versicherungssparte).

Einzelne Maklerunternehmen bieten auch versicherungsfremde Finanzdienstleistungsprodukte an, denkbar sind zum Beispiel Investmentprodukte zur Altersvorsorge.

Rechtlich ist der Versicherungsmakler mit dem klassischen **Handelsmakler** in §§ 93 ff. HGB verwandt, die dortigen Vorgaben sind in der Versicherungspraxis jedoch teilweise veraltet (vgl. Abschnitt B.2.2). So ist der Makler schon aus Praktikabilitätsgründen nicht ständig, sondern immer nur fallweise für mehrere Versicherungsunternehmen tätig.

Die Maklervergütung erfolgt über **Courtagezahlungen** des Versicherungsunternehmens, für den Versicherungsnehmer ist die Beratung im Allgemeinen kostenfrei. Diese Courtagezahlungen bilden das Äquivalent zu den Provisionszahlungen an Ausschließlichkeitsvertreter und werden ähnlich wie diese bemessen. In der jüngeren Vergangenheit haben sich auch selbstständige **Versicherungsberater** auf dem Markt etabliert, die gegen eine Gebühr eine unabhängige Beratung anbieten und auf Courtageleistungen der Versicherungsunternehmen verzichten. Häufig sind diese Berater auch als **Finanzberater** bekannt, da sie auch in Nichtversicherungsfragen Beratung anbieten, etwa in Fragen der Fondsanlage.

Organisiert ein Versicherungsunternehmen seinen Vertrieb primär über Makler, hat dies weitreichende Auswirkungen auf die Produktpalette und die Kommunikationspolitik dieses Unternehmens. Der Makler avanciert aus der Sicht des Versicherungsunternehmens zum eigentlichen Kunden; speziell Produktmanagement, Vertriebsunterstützung und Werbung müssen sich hierauf einstellen. In vielen Versicherungsunternehmen mit Maklerfokus ist zu diesem Zweck die Stelle eines **Maklerbeauftragten** im Außendienst geschaffen worden (auch **Maklerbetreuer**), der die Makler in einem Gebiet betreut und für den Absatz über diese Makler aus Sicht des Versicherungsunternehmens verantwortlich zeichnet (vergleichbar den Orgaleitern bei Ausschließlichkeitsvertretern). Diesen Weg sind insbesondere die deutschen Niederlassungen einiger ausländischer Versicherungsgesellschaften gegangen, die auf ein eigenes Vertriebsnetz aus Kostengründen verzichten und stattdessen auf den Maklervertrieb setzen.

6.3.4 Mehrfachagenten

Mehrfachagenten (auch **Mehrfirmenvertreter** oder **Mehrfachvertreter**) sind im Grunde Ausschließlichkeitsvertreter, die parallel vertragliche Beziehungen zu mehreren Versicherungsunternehmen unterhalten und für diese Unternehmen Vertriebsaufgaben wahrnehmen. Sie stehen damit in gewisser Weise zwischen dem Ausschließlichkeitsvertreter und dem Makler, da sie nur die Produkte *einiger* Versicherer anbieten und keinen Makleranspruch erheben. Ihre Vergütung entspricht der eines Ausschließlichkeitsvertreters.

Der Mehrfachagent kommt in zwei Ausprägungen vor. Entweder vertritt der Mehrfachagent für jedes von ihm angebotene Produkt ein anderes Versicherungsunternehmen und agiert in diesem Sinne als Ausschließlichkeitsvertreter. Die von ihm angebotenen Produkte stehen folglich nicht in direkter Konkurrenz zueinander und werden parallel vertrieben.

Alternativ kann der Mehrfachagent auch eine Spezialisierung auf einen Versicherungszweig oder eine Versicherungssparte aufweisen und hier parallel die Produkte verschiedener Versicherer anbieten. In diesem Fall verliert er jeden Ausschließlichkeitsstatus, da die angebotenen Produkte zueinander in Konkurrenz stehen. Diese Form des Mehrfachagenten findet sich vor allem im gewerblichen Bereich, wo der Mehrfachagent ein zu versicherndes Großrisiko auf mehrere Versicherer verteilt (Prinzip der **Mitversicherung**).

Beispiel: Ein Unternehmen der Chemieindustrie möchte eine neue Produktionsanlage errichten und benötigt hierfür Versicherungsschutz. Da der Gesamtschaden etwa bei einem Feuer für einen einzelnen Versicherer zu groß wäre, wendet sich das Unternehmen an einen Mehrfachagenten. Er vermittelt dem Unternehmen Verträge mit mehreren gewerblichen Versicherern, die alle jeweils nur einen Teil des Risikos übernehmen, insgesamt kann so Versicherungsschutz in der gewünschten Höhe dargestellt werden.

Im Privatkundengeschäft ist der Mehrfachagent eher unbekannt, da hier einerseits Großrisiken mit Aufteilungsbedarf wie im gewerblichen Bereich fehlen, andererseits viele Versicherungskonzerne im Privatkundengeschäft Ausschließlichkeitsvertreter mit einer vertraglichen Bindung an alle vom Konzern angebotenen Spartentöchter bevorzugen.

6.3.5 Bancassurance

Bancassurance (teilweise auch **Bankassurance** oder **Assurfinance**) ist ein Oberbegriff für alle Formen des Vertriebs von Versicherungsprodukten in einem bankwirtschaftlichen Umfeld. Eine partnerschaftlich mit einem Versicherer verbundene Bank fungiert als Absatzorgan des Versicherers, häufig sind Bank und Versicherer dabei in einen **Allfinanzkonzern** eingebunden (Abschnitt C.7.4). In einigen Teilen der Literatur beschreibt Bancassurance auch grundsätzlich jedwede Form der Zusammenarbeit von Bankinstituten und Versicherungsunternehmen im Rahmen von **Allfinanzstrategien**. In theoretischen Bancassurance-Ansätzen werden Banken und Versicherungen in der Literatur auch allgemein als abstrakte Finanzintermediäre betrachtet und vergleichend analysiert, siehe etwa *Kaiser*.

Hintergrund der Bancassurance ist, dass Banken aufgrund des **Verbotes versicherungsfremder Geschäfte** (Abschnitt C.3.1) selbst keine Versicherungsgeschäfte betreiben dürfen, eine enge Verflechtung von Bank- und Versicherungsprodukten aber aus Vertriebssicht durchaus wünschenswert ist. Bancassurance kann somit als Teil einer umfassenden Allfinanzstrategie der Banken interpretiert werden, die in der Praxis meist auch Kooperationen mit **Bausparkassen** und **Kapitalanlagegesellschaften** einschließt.

Beispiel: Die genossenschaftlichen Volks- und Raiffeisenbanken kooperieren bundesweit mit der R+V Versicherungsgruppe, die ebenfalls genossenschaftliche Wurzeln aufweist. Ergänzt wird diese Kooperation durch eine Zusammenarbeit mit der Bausparkasse Schwäbisch Hall AG sowie der Kapitalanlagegesellschaft Union Investment. Zusammen definieren diese vier Finanzdienstleistungskonzerne bzw. -unternehmen den genossenschaftlichen Allfinanzverbund, vgl. Abschnitt C.7.4.

Aus Sicht des Versicherungsunternehmens lohnt sich eine Vertriebskooperation mit einer Bank vor allem dann, wenn diese Bank über ein dichtes Filialnetz verfügt und somit dem Versicherer zusätzliche Kundennähe in der Fläche des Landes verschafft. Direktbanken ohne Filialnetz oder Spezialbanken wie etwa Exportbanken mit Schwerpunkt auf der Finanzierung langfristiger Auslandsinvestitionen kommen hierfür eher nicht infrage.

Daneben ist zu bedenken, dass Banken in der Wahrnehmung ihrer Kunden primär der Geldanlage und Finanzierung dienen, weniger der Schadenvorsorge. Vertriebskooperationen mit Banken konzentrieren sich denn auch meist auf den Bereich der **Personenversicherung** und hier speziell auf die Altersvorsorge (kapitalbildende Lebensversicherungen und Rentenversicherungen). Meist beschränkt sich der Bankvertrieb von Versicherungsprodukten meist auf das **Privatkundengeschäft**.

In der Praxis fällt dem Bankmitarbeiter in vielen Fällen nicht die eigentliche Versicherungsberatung, sondern die Kontaktaufnahme zu potenziellen Versicherungskunden zu. Die Beratung findet zwar in einer Bankfiliale statt, wird aber durch Vertreter oder Mitarbeiter des Versicherungsunternehmens vorgenommen (**Bankberater, Bankbetreuer** etc.). In größeren Bankfilialen kann sich auch eine Geschäftsstelle eines kooperierenden Versicherers finden, die von einem Ausschließlichkeitsvertreter oder fest angestellten Mitarbeiter des Versicherungsunternehmens geführt wird (Abschnitte C.6.3.2 bzw. C.6.3.8). Speziell in diesem Fall ist es von großer Bedeutung, dass Bank und Versicherungsunternehmen eine einheitliche Kommunikationspolitik sicherstellen, zum Beispiel durch Entwicklung einer gemeinsamen **Corporate Identity**.

Für den Versicherer bringt eine Bankenkooperation mehrere Vorteile. Neben der schon erwähnten größeren optischen Präsenz des Unternehmens in der Öffentlichkeit gehören hierzu vor allem **Kostensynergien** durch die gemeinsame Nutzung von Produktionsfaktoren sowie die gegenseitige **Erschließung von Kundenpotenzialen**, die den eigentlichen Kern des Allfinanzgedankens bildet (Abschnitt C.7.4).

6.3.6 Strukturvertriebe

Strukturvertriebe sind reine Vertriebsgesellschaften, die entweder rechtlich und wirtschaftlich selbstständig oder als Tochterunternehmen eines Versicherungskonzerns/-unternehmens organisiert sind. Die konkreten Erscheinungsformen dieser Absatzorgane sind recht vielfältig, gemeinsam ist allen Ausprägungen lediglich ein tiefer hierarchischer Aufbau mit bis zu sechs

Hierarchieebenen, die allesamt über ein Provisionssystem gesteuert werden. Hauptakteur in dieser Führungsstruktur ist der Akquisiteur auf der untersten Ebene, dem die eigentlichen Vertriebsaufgaben zufallen, alle übergeordneten Ebenen beschränken sich auf Führungstätigkeiten, sind aber am Vertriebserfolg ihrer Akquisiteure direkt beteiligt.

In der Regel weisen Strukturvertriebe ein **hohes Absatzpotenzial** bei Neukunden auf (eine Folge der meist rein auf Absatz ausgerichteten Vergütungsmodelle), andererseits führt die Betonung des reinen Absatzes häufig zu hohen **Stornoquoten** bei Neukunden. Dies führt gerade in den Anfangsjahren einer Vertragslaufzeit nicht selten zu geringen Erträgen des Versicherers, auch nach dem Ende einer Provisionshaftungszeit. Strukturvertriebe eignen sich daher nur in Ausnahmefällen zum Aufbau langfristiger Kundenbeziehungen, vor allem leidet eine individuelle Kundenansprache stellenweise unter häufigen Personalwechseln.

6.3.7 Captives

Captives (auch **Captive Broker**) sind ein klassisches Beschaffungsorgan des Versicherungsnehmers und finden sich ausschließlich im gewerblichen Bereich. Häufig sind Captives Tochterunternehmen oder Fachabteilungen großer Industriekonzerne, die für ihre Muttergesellschaft und deren Tochterunternehmen Versicherungsschutz auf dem Markt beschaffen. Sie agieren damit im Kern wie ein Makler, der fest an einen Versicherungsnehmer gebunden ist und nur für diesen tätig wird.

Beispiel: Ein großes Unternehmen der chemischen Industrie mit mehreren 10.000 Mitarbeitern in verschiedenen Ländern benötigt im Normalfall umfangreichen Versicherungsschutz für seine Produktionsanlagen (Feuer, Hagel, Sturm, Terrorismus etc.), hinzu kommt Unfallversicherungsbedarf für die Mitarbeiter in Ergänzung des gesetzlichen Schutzes oder etwa die Organisation einer betrieblichen Altersversorgung. In diesem Fall lohnt sich die Einrichtung einer speziellen Versicherungsabteilung oder die Gründung einer Versicherungsvermittlungstochter in der Rechtsform einer GmbH, vor allem vor dem Hintergrund einer internationalen Geschäftstätigkeit.

In Einzelfällen organisieren Captives auch Versicherungsschutz für nicht zum eigenen Unternehmen bzw. Konzern gehörende Versicherungsnehmer. In diesem Fall werden sie zu echten Vermittlern und beziehen von den Versicherern Vergütungen in Form von Provisionen. Ansonsten sind die Mitarbeiter eines Captives Festangestellte mit entsprechendem Fixgehalt.

6.3.8 Sonstige Vertriebswege

Neben den bereits beschriebenen Vertriebswegen gibt es noch eine Vielzahl weiterer Vertriebswege, die von nur geringer wirtschaftlicher Bedeutung sind. Diese Vertriebswege bzw. ihre Absatzorgane zeichnen sich meist durch einen hohen Spezialisierungsgrad aus, der sich auf die vertriebenen Produkte und/oder die damit angesprochenen Zielgruppen bezieht, und sind in der breiten Öffentlichkeit meist relativ unbekannt.

Sonstige unternehmenseigene Absatzorgane	Sonstige unternehmensfremde Absatzorgane

- Automatenvertrieb
- Fest angestellte Vertriebs-
  mitarbeiter
- Sonderorganisationen
	- Vertrieb über Kammern,
	  Verbände und Versorgungs-
	  werke
	- Stille Vermittler

Tabelle V: Sonstige Vertriebswege im Überblick

Nennenswerte unternehmensverbundene Absatzorgane neben den Ausschließlichkeitsvertretern gibt es nicht.

Der **Automatenvertrieb** spielt lediglich in Bereichen eine Rolle, in denen ein hochgradig standardisierter Versicherungsvertrag ohne weitere Risikoprüfung und bei weitgehend einheitlicher Beitragshöhe zustande kommen kann. Typische Beispiele wären Reisegepäckversicherungen bei Flügen, bei denen das Risiko auch ohne explizite Risikoprüfung a priori bekannt ist.

Fest angestellte Vertriebsmitarbeiter (häufig als **Inspektoren** bekannt) können sich sowohl in der Zentrale als auch in Filialbetrieben befinden. Ihre Vergütung setzt sich zumeist aus relativ hohen Garantieleistungen und eher geringen erfolgsabhängigen Bestandteilen (Provisionen) zusammen, der Vertriebsanreiz ist daher oftmals geringer ausgeprägt als bei Ausschließlichkeitsvertretern. Häufig werden fest angestellte Vertriebsmitarbeiter als Führungskräfte im Außendienst eingesetzt, zum Beispiel mit Verantwortlichkeit für ein regionales Netz aus Generalagenturen (**Orgaleiter**). Im weiteren Sinne können Vertriebstätigkeiten auch durch nicht primär mit Vertrieb betraute Mitarbeiter wahrgenommen werden, beispielsweise werden im gewerblichen Bereich umfangreiche Einzelverträge gelegentlich auch durch Vorstandsmitglieder abgeschlossen.

Zur Betreuung spezieller Kundengruppen oder zum Vertrieb besonderer Produkte werden in der Versicherungswirtschaft vereinzelt so genannte **Sonderorganisationen** (kurz auch „**Sonderorgas**", teilweise auch als **Spezialorganisationen** bekannt) gebildet, die sich aus fest angestellten Mitarbeitern oder Vertretern zusammensetzen können. Sie existieren parallel zu anderen Vertriebswegen, stehen zu diesen aber aufgrund ihrer kunden- oder produktspezifischen Ausrichtung im Allgemeinen nicht in Konkurrenz.

Beispiel: Manche Versicherer unterhalten Sonderorganisationen für bestimmte Berufsgruppen wie Mediziner (Ärzteorga) oder Mitarbeiter des öffentlichen Dienstes. Wird etwa eine Sonderorganisation für Ärzte unterhalten, bietet diese eine speziell auf die Bedürfnisse und Finanzierungsprobleme ihrer Zielgruppe zugeschnittene Beratung, also zum Beispiel auch Hilfe bei der Praxisgründung und -finanzierung.

Grundsätzlich ergibt die Bildung von Sonderorganisationen nur in begrenztem Umfang Sinn, wenn etwa die angesprochene Personengruppe relativ klein oder das zu vertreibende Produkt von vornherein nur ein sehr begrenztes Marktpotenzial mit hohen Ertragschancen besitzt. In gewisser Weise sind die im gewerblichen Bereich stellenweise anzutreffenden **Key Account Manager** eine logische Weiterentwicklung der Sonderorganisationen. Hier betreut ein Mitarbeiter einen besonderen Kunden (Key Account) in allen Vertragsbelangen und über alle Sparten hinweg. Eine weitere Spezialform der Sonderorganisationen stellen die in Abschnitt C.6.3.6 beschriebenen **Strukturvertriebe** dar.

Verfügt ein Versicherungsunternehmen über eine berufsständisch eingegrenzte Zielgruppe (Ärzte, Handwerker, Juristen), bietet sich unter Umständen der Abschluss von Rahmenverträgen mit **Kammern, Verbänden oder Versorgungswerken** dieser Berufsgruppe an (**Kollektivrahmenverträge**). Der Vertrieb läuft nun über die jeweilige berufständische Organisation, der Versicherer tritt nur am Rande auf und bietet den Versicherungsnehmern zumeist ein günstigeres Preis-/Leistungsverhältnis (das gegenüber dem Treuhänder natürlich zunächst aktuariell begründet werden muss, vgl. Abschnitt C.3.3).

Beispiel: *Ein Lebensversicherer schließt mit einer Anwaltskammer einen Rahmenvertrag über die Gewährung von Versicherungsschutz für die Mitglieder ab. Da die Versicherungsnehmer einer homogenen (Berufs-)Gruppe mit entsprechend bekanntem homogenen Risikoprofil angehören, verringern sich die Aufwendungen für die Antrags- und Risikoprüfung. Da speziell das Todesfallrisiko bei dieser (akademischen) Personengruppe als eher unterdurchschnittlich angesehen werden kann, können auch beim Risikobeitrag Abschläge hingenommen werden. Die Anwaltskammer bewirbt im Gegenzug die vergünstigten Produkte ihres Kooperationspartners in Mitgliederszeitschriften und übernimmt Teile der Beratung.*

Kammern, Verbände und Versorgungswerke stellen sich freilich im Allgemeinen nur dann Versicherungsunternehmen als Vertriebspartner zur Verfügung, wenn die Vorteile der Kooperation für die Mitglieder klar ersichtlich sind.

Stille Versicherungsvermittler sind in der Regel rein nebenberuflich tätig und stellen Kontakte zwischen Versicherungsunternehmen und potenziellen Versicherungsnehmern her. Ihre Dienstleistung beschränkt sich dabei meist auf die reine Anbahnung sowie einige grundsätzliche Beratungsdienstleistungen, im weiteren Verlauf kommen dann andere (hauptberufliche) Absatzorgane zum Einsatz. Die Vergütung erfolgt dem Charakter der Dienstleistung entsprechend über Einmalprovisionen.

6.4 Bedeutung und Entwicklung der Vertriebswege im Überblick

Im Folgenden sollen die **Marktanteile** und **Entwicklungsperspektiven** der gängigsten Vertriebswege im Vergleich dargestellt werden. Konkret werden betrachtet:

* Direktvertrieb,

* Ausschließlichkeitsorganisationen,

* Makler,

* Bancassurance.

Genaue Zahlen über die auf die einzelnen Vertriebswege entfallenden Marktanteile sind nur schwer zu finden, da es keinen einheitlichen Maßstab gibt, nach dem diese Marktanteile ermittelt werden. Möglich sind Vergleiche auf Basis der in einem Geschäftsjahr geschriebenen **Neuverträge** oder der Zahl der verwalteten **Bestandsverträge**, alternativ kann auch die **Beitragshöhe** oder die **versicherte Summe** als Maßstab herangezogen werden. Zusätzlich erschwert werden Vergleiche durch gewisse Affinitäten einzelner Vertriebswege für bestimmte Versicherungssparten.

Dennoch lässt sich aus der Vielzahl an statistischen Erhebungen herauslesen, dass Ausschließlichkeitsorganisationen einen Marktanteil von etwa 50 % haben, jeweils 20 % entfallen auf Makler und Bancassurance, 5 % auf den Direktvertrieb und weitere 5 % auf alle übrigen Vertriebswege. Dabei gilt:

- Der Marktanteil des **Direktvertriebs** ist stark abhängig von der Versicherungssparte bzw. dem Versicherungsprodukt. Einen deutlich über 5 % liegenden Marktanteil erzielt der Direktvertrieb nur bei einfachen Standardprodukten, wie der Risikolebensversicherung, der Auslandsreisekrankenversicherung oder der Kfz-Haftpflichtversicherung. In anderen Bereichen spielt er hingegen kaum eine Rolle, wie etwa bei Krankheitskostenvollversicherungen oder im gewerblichen Bereich.

- Im **Direktvertrieb** hat das Internet in den vergangenen Jahren an Bedeutung gewonnen, der Marktanteil insgesamt ist davon jedoch fast unberührt geblieben. Entgegen vielen Voraussagen bleibt der Direktvertrieb damit bislang eher eine Randerscheinung.

- Die **Ausschließlichkeitsorganisationen** beherrschen vor allem das Privatkundengeschäft im Personenversicherungsbereich, insbesondere bei komplizierten Krankheitskostenvollversicherungen oder kapitalbildenden Lebensversicherungen. Dies lässt sich weitgehend auf den immateriellen Charakter und den hohen Erklärungsbedarf von Versicherungsprodukten aus Sicht vieler Privatkunden zurückführen, der eine persönliche Beratung durch einen vertrauenswürdigen Vertreter des Versicherungsunternehmens erfordert.

- Unabhängige **Makler** haben ihre Hauptstärken im anspruchsvollen Privatkundengeschäft sowie im gewerblichen Bereich. Standardprodukte der Schaden- und Unfallversicherung im Privatkundenbereich (Haftpflicht, Hausrat etc.) erscheinen aus Vergütungssicht häufig unattraktiv.

- Problematisch, speziell bei der **Bancassurance**, erweist sich die oftmals zu beobachtende Konkurrenz zu vergleichbaren Vorsorgeprodukten des eigenen Hauses. Altersvorsorge kann beispielsweise mit einer privaten Rentenversicherung, alternativ aber auch über Banksparpläne oder Investmentprodukte bewerkstelligt werden. Kooperiert die Bank zusätzlich noch mit Bausparkassen oder Kapitalanlagegesellschaften, wird der Interessenkonflikt weiter verschärft.

Aufbauend auf **Trends** der jüngeren Vergangenheit und den allgemeinen Stärke- und Schwächeprofilen der einzelnen Vertriebswege lassen sich grobe Prognosen für die weitere Entwicklung gewinnen. Inwieweit diese Prognosen die tatsächliche Entwicklung vorhersagen, hängt dabei freilich immer von unvorhersehbaren Einzelentwicklungen im gesetzlichen Umfeld ab, etwa in Fragen der Rechtsverbindlichkeit elektronischer Unterschriften oder der langfristigen Auswirkungen der EU-Vermittlerrichtlinie.

Vertriebsweg	Hauptstärken aus Sicht des Versicherungsnehmers	Hauptschwächen aus Sicht des Versicherungsnehmers
Direktvertrieb	Niedrige Kosten	Geringe Beratungsintensität
Ausschließlichkeits-organisationen	Hohe Fachkompetenz, Möglichkeit des persönlichen Kontaktes	Beschränkung auf Produkte eines Versicherungsunternehmens (Glaubwürdigkeit)
Makler	Marktüberblick und Beschaffungscharakter, dadurch hohe Glaubwürdigkeit	Abhängigkeit von Versicherern durch Courtagevergütung
Bancassurance	Allfinanzcharakter, teilweise auch Kostenvorteile	Interessenkonflikte mit Bankprodukten

Tabelle VI: Hauptstärken und -schwächen einzelner Vertriebswege aus Sicht des Versicherungsnehmers

Folgende Thesen zur weiteren Entwicklung des Vertriebswegemix der deutschen Versicherungswirtschaft finden sich daher in der Literatur:

- **Direktvertrieb**: Leichte Zunahme des Marktanteils, der große Durchbruch bleibt aber weiterhin versagt. Hauptgründe: zunehmendes Preisbewusstsein beim Verbraucher, gutes Abschneiden vieler Direktversicherer bei Testvergleichen (Produktratings).

- **Ausschließlichkeitsorganisationen**: Leichte Abnahme des Marktanteils, die Ausschließlichkeit bleibt aber dominierend. Hauptgründe: persönliche Beratung, komplizierter und immaterieller Produktcharakter und daraus resultierende Ratlosigkeit vieler Verbraucher.

- **Makler**: Leichte Zunahme des Marktanteils. Hauptgründe: Glaubwürdigkeitsproblem der Ausschließlichkeit, breitere Produktauswahl, Trend hin zu umfassenden Finanzberatern.

- **Bancassurance**: Eher stagnierender Marktanteil. Hauptgründe: Trotz ihres an sich attraktiven Allfinanzcharakters nehmen Bankkunden die Bank eher als Geldverwalter und -anleger und weniger als Risikovorsorgeinstrument wahr.

7. Zusammenschlüsse von Versicherungsunternehmen

Aus unterschiedlichen rechtlichen und wirtschaftlichen Gründen streben Versicherungsunternehmen in der betriebswirtschaftlichen Praxis häufig bestimmte Formen von **Zusammenschlüssen** an. Eine besonders wichtige und verbreitete Form des Zusammenschlusses von Unternehmen ist der **Konzern**, der mehrere wirtschaftlich unabhängige Unternehmen unter einheitlicher Führung zusammenfasst und auf dem Markt als wirtschaftliche Einheit agiert (Abschnitt C.7.1).

Neben den für alle Branchen gültigen Ursachen der Konzernbildung gibt es einige speziell für Versicherungsunternehmen relevante Gründe, die Bildung von **Versicherungskonzernen** anzustreben (Abschnitt C.7.2). Versicherungskonzerne sind die eigentlichen Hauptakteure auf dem Versicherungsmarkt und stellen einen einheitlichen Auftritt aller Versicherungstöchter sicher. Insbesondere bilden Versicherungskonzerne eine Möglichkeit zur Umgehung des Spartentrennungsgebotes, erlauben sie doch letztlich den Vertrieb aller Versicherungssparten aus einer Hand.

Andere Formen des Zusammenschlusses von Versicherungsunternehmen unterhalb der Konzernschwelle sind **Versicherungsgruppen** und **Versicherungspools** (Abschnitt C.7.3). Diese eher lockeren Formen der Kooperation werden meist mit Blick auf bestimmte Einzelziele gebildet und müssen anders als der Versicherungskonzern keinen dauerhaften Charakter haben.

Werden Versicherungskonzerne durch Unternehmen anderer Finanzdienstleistungsbranchen ergänzt, entstehen **Finanzdienstleistungskonzerne** (Abschnitt C.7.4). Diese betriebswirtschaftlichen Gebilde gestatten eine Versorgung mit Produkten unterschiedlicher Finanzdienstleistungsanbieter, leiden aber stellenweise unter Interessenkonflikten zwischen einzelnen Konzerntöchtern. Im Extremfall fassen derartige Finanzdienstleistungskonzerne Tochterunternehmen aus dem Bank- und Bausparwesen, der Kapitalanlage und dem Versicherungswesen zusammen (**Allfinanzkonzerne**).

7.1 Konzerne als betriebswirtschaftliche Gebilde

In diesem Abschnitt werden die versicherungsunabhängigen Grundlagen des Konzernwesens im Überblick dargestellt. Hierzu gehören vor allem die allgemeinen betriebswirtschaftlichen **Ursachen der Konzernbildung** (Abschnitt C.7.1.1) sowie die unterschiedlichen rechtlichen und wirtschaftlichen **Instrumente**, derer sich Unternehmen bedienen, um Konzerne zu bilden (Abschnitt C.7.1.2). Die beiden wichtigsten Grundformen von Konzernen, der Gleichordnungskonzern und der Unterordnungskonzern, werden in Abschnitt C.7.1.2 vorgestellt. Beide Varianten finden sich zusammen mit Mischformen auch in der Versicherungswirtschaft.

7.1.1 Ursachen der Konzernbildung

Nach § 18 AktG ist ein **Konzern** ein Zusammenschluss mehrerer rechtlich selbstständiger Unternehmen unter einheitlicher Führung. Einheitliche Führung bedeutet in diesem Zusammenhang, dass die Geschäftspolitik der beteiligten Unternehmen zentral koordiniert wird; in der betriebswirtschaftlichen Praxis wird der Konzern damit von seiner Umwelt als einheitliches Gebilde wahrgenommen. Nach *Döring/Wöhe* steht der Konzern bezüglich seiner Bindungsintensität zwischen der vollständigen **Fusion** (Unternehmenszusammenschluss unter Aufgabe der rechtlichen und wirtschaftlichen Unabhängigkeit) und dem **Kartell** (Abschnitte C.7.3 bzw. D.1.3), das lediglich ein abgestimmtes Verhalten rechtlich und wirtschaftlich unabhängiger Unternehmen beschreibt.

Wachsender Grad an Integration

Zunehmender Verlust der Selbstständigkeit

Abbildung 55: Konzern in Abgrenzung zum Kartell und zur Fusion

Mit der Bildung von Konzernen verfolgen Unternehmen verschiedene betriebswirtschaftliche Ziele, darunter vor allem:

- **Kostenziele**: Durch Zusammenfassung gleichartiger Aufgaben, Stellen und Abteilungen, die sich parallel in mehreren beteiligten Unternehmen finden, lassen sich in der Regel erhebliche **Kostensynergien** realisieren. Diese **Skalenerträge (Economies of Scale)** ergeben sich häufig aus einer effizienteren Nutzung des Produktionsfaktors Arbeit, der in einem Konzern stärker zentralisiert werden kann. Typische Beispiele wären die Einrichtung einer gemeinsamen Personalabteilung, Marketingabteilung oder Vermögensverwaltung mit Verantwortung für den Gesamtkonzern und alle beteiligten Unternehmen. Daneben kann die Produktion verschiedenartiger Güter in einem Konzern auch kostensenkende **Verbundvorteile**, so genannte **Economies of Scope**, zur Folge haben.

- **Wachstumsziele**: Der Zusammenschluss unterschiedlicher Unternehmen unter einem Konzerndach ermöglicht meist ein effektives **Cross-Selling** zwischen den einzelnen Unternehmen. Die Hauptvoraussetzungen hierfür sind zueinander passende Zielgruppen sowie unterschiedliche Produktpaletten der einzelnen Konzernunternehmen (Vermeidung von Kannibalisierungseffekten). Sind beide Bedingungen erfüllt, bieten sich beispielsweise Direktmarketing-Aktionen (vgl. *Weis*) unter den Kunden eines anderen Konzernunternehmens an.

- **Erhaltungs- und Sicherheitsziele**: Da Konzerne mehrere Unternehmen unter einheitlicher Führung zusammenfassen, verfügen sie in der Regel über größere Zielgruppen und breitere Produktpaletten als einzelne Unternehmen. Wirtschaftliche Krisensituationen in einem Konzernunternehmen können so häufig durch andere Konzernunternehmen gemildert werden, sei es durch (begrenzt mögliche) Finanztransfers, den Austausch von Personal oder die Entwicklung gemeinsamer Markt- und Vertriebsstrategien.

Die Kombination aus Kosten- und Wachstumszielen im Rahmen einer Konzernbildung läuft in der betriebswirtschaftlichen Praxis letztlich auf eine **Gewinnerzielung** und eine **Unternehmenswertsteigerung** hinaus, vgl. Abschnitt C.1.2. Der Begriff Unternehmenswertsteigerung bezieht sich dabei in der Regel auf börsennotierte Muttergesellschaften von Konzernen, die das Erscheinungsbild von Konzernen in der Öffentlichkeit prägen. Die Unternehmenswertsteigerung schlägt sich bei diesen Muttergesellschaften in steigenden Börsenkursen (steigende

Aktienpreise, die letztlich steigende Gewinnerwartungen ausdrücken) im Zuge eines weiteren Konzernausbaus nieder.

Weitere Motive der Konzernbildung sind die Erzielung von **Konditionsvorteilen** (Rabatte beim Erwerb größerer Kontingente auf Investitionsgütermärkten oder Erzielung besserer Konditionen bei der Kapitalbeschaffung), **Forschungs- und Entwicklungsziele** (Wissenstransfer zwischen Konzernunternehmen), **steuerliche Vorteile** und nicht zuletzt auch bessere Einflussmöglichkeiten auf Politik und Gesetzgebung (**Machtziele**).

7.1.2 Gleichordnungs- und Unterordnungskonzerne

Das Aktiengesetz unterscheidet zwei Hauptformen von Konzernen, Gleichordnungs- und Unterordnungskonzerne.

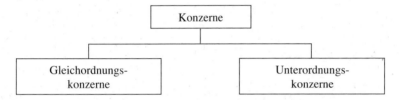

Abbildung 56: Konzernformen

Gleichordnungskonzerne zeichnen sich nach § 18 (2) AktG dadurch aus, dass mehrere voneinander unabhängige Unternehmen unter einheitlicher Führung zusammengefasst werden. Die einheitliche Führung wird in diesem Fall nicht durch eine Muttergesellschaft an der Konzernspitze ausgeübt (Mutter-Tochter-Verhältnis), stattdessen bestehen häufig vertragliche Bindungen zwischen den einzelnen Unternehmen. Sehr verbreitet ist bei Gleichordnungskonzernen auch die Personalunion der einzelnen Vorstände und/oder Aufsichtsräte; sie ist letztlich der physische Ausdruck der geforderten einheitlichen Führung.

Gleichordnungskonzerne sind in der Wirtschaftspraxis insgesamt relativ selten und treten im Wesentlichen dort auf, wo die Beherrschung eines Unternehmens durch ein anderes Unternehmen rechtsformbedingt nicht möglich ist. Typische Beispiele sind genossenschaftlich orientierte Rechtsformen, wie die eingetragene Genossenschaft (e. G.) im Bankenwesen oder der Versicherungsverein auf Gegenseitigkeit (VVaG). Bei beiden Unternehmensformen ist der Erwerb einer Mehrheitsbeteiligung ausgeschlossen, folglich können sie in einer Konzernstruktur immer nur nebeneinander auf der obersten Führungsebene auftreten.

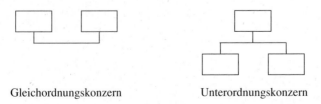

Gleichordnungskonzern   Unterordnungskonzern

Abbildung 57: Grundstruktur von Gleichordnungs- und Unterordnungskonzernen

Obwohl sie weniger hierarchisch strukturiert sind, können Gleichordnungskonzerne normalerweise die gleichen betriebswirtschaftlichen Vorteile für sich geltend machen wie Unterordnungskonzerne (vor allem Kostensynergien und Cross-Selling-Effekte).

Unterordnungskonzerne nach § 18 (1) AktG bestehen aus einem beherrschenden und mindestens einem abhängigen Unternehmen (**Muttergesellschaft** bzw. **Tochtergesellschaft**). Es lassen sich drei Formen von Unterordnungskonzernen unterscheiden:

- **Faktische Konzerne** entstehen durch die Ausübung einer einheitlichen Leitung durch die Muttergesellschaft, der Begriff der „einheitlichen Leitung" wird dabei im Gesetz nicht konkretisiert. Besteht eine Mehrheitsbeteiligung der Muttergesellschaft an ihren Tochtergesellschaften, gilt jedoch die **Konzernvermutung** des § 17 (2) AktG bzw. § 18 (1) AktG, das heißt, der Gesetzgeber geht davon aus, dass eine Mehrheitsbeteiligung eine einheitliche Führung begründet. Die Interessen der Muttergesellschaft werden dabei meist über eine entsprechende Besetzung von Aufsichtsräten und Vorständen gewährleistet. Beispielsweise können Vorstandsmitglieder der Muttergesellschaft Aufsichtsratsmandate bei Tochtergesellschaften ausüben.

- In **Vertragskonzernen** nach § 18 (1) AktG besteht zwischen Muttergesellschaft und Tochtergesellschaft ein Beherrschungsvertrag, der die Tochtergesellschaft der Muttergesellschaft unterstellt. Die Muttergesellschaft erlangt infolge des Beherrschungsvertrages das Weisungsrecht über die Tochtergesellschaft. Derartige Beherrschungsverträge werden häufig aus steuerlichen Gründen zusammen mit einem Gewinnabführungsvertrag geschlossen.

- **Eingliederungskonzerne** basieren auf einer Beteiligung von mindestens 95 % am Grundkapital der Tochtergesellschaft. In diesem Fall kann die Hauptversammlung die Eingliederung in die Muttergesellschaft bei gleichzeitiger Abfindung der Minderheitsgesellschafter beschließen. Das eingegliederte Unternehmen bleibt rechtlich selbstständig, obwohl die Muttergesellschaft nun die uneingeschränkte Leitungsmacht ausübt.

In der betriebswirtschaftlichen Praxis ist der faktische Konzern die Regel bei den Unterordnungskonzernen; er kann speziell unter Aktiengesellschaften relativ einfach durch den Erwerb entsprechender Mehrheiten am Grundkapital gebildet werden.

An der Spitze eines Unterordnungskonzerns steht häufig kein operatives Unternehmen, sondern eine **Holding-Gesellschaft**. Ihre Hauptaufgabe besteht in der Darstellung der geforderten einheitlichen Führung des Gesamtkonzerns.

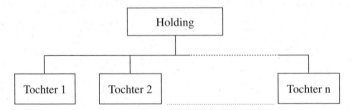

Abbildung 58: Unterordnungskonzern mit Holding als Muttergesellschaft

Nimmt die Holding lediglich Aufgaben der strategischen Konzernführung wahr, spricht man von einer **Management-Holding**, bei Fokussierung auf Aufgaben der finanziellen Konzernsteuerung von einer **Finanz-Holding**. Im Gegensatz zum Unterordnungskonzern mit Holding-Struktur vereint die Muttergesellschaft in einem **Stammhauskonzern** das gesamte operative Geschäft auf sich (Beschaffung, Produktion, Absatz etc.).

7.2 Versicherungskonzerne

Unter **Versicherungskonzernen** sollen im Folgenden Konzerne verstanden werden, deren Geschäftstätigkeit sich im Wesentlichen auf Versicherungsgeschäfte beschränkt. Sie fassen mehrere Versicherungsunternehmen zumeist unterschiedlicher Sparte unter einheitlicher Führung zusammen und bieten so eine indirekte Möglichkeit, das Spartentrennungsgebot abzuschwächen. Die Gründe für die Bildung von Versicherungskonzernen gehen jedoch über die bloße Umgehung des Spartentrennungsgebotes hinaus (Abschnitt C.7.2.1).

Der organisatorische Aufbau von Versicherungskonzernen orientiert sich stark an der Rechtsform der Gründungsunternehmen. Während Versicherungs-Aktiengesellschaften Unterordnungskonzerne mit Holding-Strukturen bilden, neigen Versicherungsvereine auf Gegenseitigkeit zur Bildung von Gleichordnungskonzernen (Abschnitt C.7.2.2).

7.2.1 Spezielle Ursachen der Konzernbildung bei Versicherungsunternehmen

Neben den in Abschnitt C.7.1.1 bereits genannten allgemeinen betriebswirtschaftlichen Ursachen für die Bildung von Konzernen (Kostenziele, Wachstumsziele, Sicherungs- und Erhaltungsziele etc.) treten bei Versicherungskonzernen einige branchenspezifische Ursachen auf. Hierzu gehören:

- **Bedarfsdeckungsziele**: Aus vertriebstechnischer Sicht wäre es grundsätzlich wünschenswert, wenn Versicherungsunternehmen alle Versicherungssparten parallel anbieten können; dem steht das Spartentrennungsgebot des VAG entgegen (Abschnitt C.3.2). Werden in einem Konzern jedoch Versicherungsunternehmen unterschiedlicher Sparten zusammengefasst, kann der Konzern als Ganzes alle Sparten parallel vertreiben, die Ausschließlichkeitsagenten der Vertriebsorganisation werden in diesem Fall zu **Einkonzernvertretern** (anstelle von Einfirmenvertretern). Versicherungskonzerne werden deshalb gerne als „verhinderte Allspartenversicherer" bezeichnet, da sie letztlich eine Abschwächung des Spartentrennungsgebotes ermöglichen, wenn auch nur unter Zuhilfenahme mehrerer Versicherungsunternehmen, die sich unter einer einheitlichen Führung zusammenfinden müssen.

- **Vorteile bei der Kapitalanlage**: Da Versicherungskonzerne die Kapitalanlagetätigkeiten ihrer Tochterunternehmen zusammenfassen können (zum Beispiel durch Einrichtung einer konzerneinheitlichen Kapitalanlage und -verwaltung), erzielen sie auf den internationalen Kapitalmärkten in der Regel bessere Anlagekonditionen als einzelne Versicherer mit kleineren Anlagebeträgen. Aufgrund der Bedeutung des Produktionsfaktors Kapital für das Versicherungsgeschäft ist die Konzerngröße damit ein relevanter strategischer Erfolgsparameter.

- **Erhöhtes Kundenbindungspotenzial**: Speziell durch seine Fähigkeit, Versicherungsschutz über alle Sparten darstellen zu können, erlangt der Versicherungskonzern ein Maß an Kundenbindung, das ein einzelnes Versicherungsunternehmen mit Spartenbindung nicht darstellen könnte. Hierdurch wird das Abwanderungsrisiko der Versicherungsnehmer reduziert, die Dauer der Kundenbindung insgesamt erhöht und die Kundenbindung damit ertragreicher für die einzelnen Konzerntöchter.

Die Konzernbildung ist vor allem für Versicherungsunternehmen mit Schwerpunkt im Privatkundengeschäft von großer Bedeutung, da nur ein Versicherungskonzern aus mindestens je einem Lebens-, Kranken- und Schaden- und Unfallversicherungsunternehmen das volle Spektrum an Versicherungsprodukten für Privatkunden anbieten kann. Anders im gewerblichen Bereich: Viele hier spezialisierte Schaden- und Unfallversicherer (zum Beispiel Transportversicherer) sehen nur geringe Veranlassung, in das Privatkundengeschäft einzusteigen, entsprechend schwächer ist das Bestreben, Konzernstrukturen zu bilden.

7.2.2 Ausprägungen von Versicherungskonzernen

Der Versicherungskonzern kann als Interessengemeinschaft von Versicherungsunternehmen verstanden werden, die durch Verzicht auf ihre Führungsgewalt und Unabhängigkeit sowie Zusammenfassung gleichartiger Aufgaben Wettbewerbsvorteile erlangen. Die Stärken des Versicherungskonzerns kommen besonders dann zum Tragen, wenn innerhalb des Konzerns eine klare Abgrenzung der Unternehmen voneinander möglich ist. Dies wird meist dadurch erreicht, dass jede Sparte in den meisten Versicherungskonzernen nur einmal vorkommt, einer gegenseitigen Kannibalisierung von Versicherungsbeständen also vorgebeugt wird.

Dennoch kann es in Einzelfällen sinnvoll sein, Versicherungsunternehmen gleicher Sparte nebeneinander in einer Konzernstruktur anzuordnen. In diesen Fällen sind die Versicherungsunternehmen dann in der Regel entweder auf unterschiedliche Zielgruppen oder Vertriebswege fokussiert und stehen daher nicht unmittelbar zueinander in Konkurrenz.

Der Aufbau eines Versicherungskonzerns wird durch die vorherrschende **Rechtsform** der konstituierenden Versicherungsunternehmen geprägt. Während Versicherungs-Aktiengesellschaften sowohl als Mutter- als auch als Tochtergesellschaften auftreten können, sind öffentlich-rechtliche Versicherungsunternehmen und VVaG darauf beschränkt, als Muttergesellschaften zu fungieren, da sie rechtsformbedingt keine frei veräußerbaren Besitzanteile (wie etwa Aktien) emittieren.

Versicherungs-Aktiengesellschaften bilden normalerweise **Unterordnungskonzerne**, in denen die Spartentöchter einer **Management-Holding** untergeordnet sind, die meist auch Aufgaben einer Finanz-Holding wahrnimmt. Die Management-Holding tritt dabei nicht selten als Alleinaktionär ihrer Tochtergesellschaften auf, die folglich auch gar nicht börsennotiert sind (anders als die Muttergesellschaft). Das Standardmodell des Unterordnungskonzerns aus Versicherungs-Aktiengesellschaften umfasst die drei Kernsparten Leben, Kranken sowie Schaden und Unfall unter der Führung einer Management-Holding in der Rechtsform einer Aktiengesellschaft.

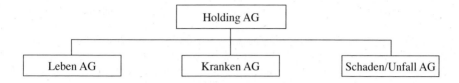

Abbildung 59: Standardmodell eines Unterordnungskonzerns aus Versicherungs-Aktiengesellschaften

Die Vorstandsmitglieder der Holding AG fungieren häufig parallel als Aufsichtsräte der Spartentöchter, die meist nur über kleine Vorstände mit starker Spartenausrichtung verfügen. Die Management-Holding nimmt alle relevanten Führungsaufgaben innerhalb des Konzerns wahr und zentralisiert meist alle nicht spartengebundenen Stellen und Abteilungen des Konzerns. Hierzu gehört das Personalwesen, die allgemeine Verwaltung, das Marketing, das Controlling, die Kapitalanlage und nicht zuletzt auch die in Versicherungsunternehmen sehr personalintensive EDV.

Bei den Spartentöchtern verbleiben hingegen alle rein spartenorientierten Abteilungen wie die Antrags- und Risikoprüfung, die Vertragsverwaltung und die Schadenbearbeitung (Kundendienst). In der Praxis kann es daher vorkommen, dass die meisten Innendienstmitarbeiter einen Arbeitsvertrag mit der Holding AG haben, Gleiches gilt für die konzerngebundenen Ausschließlichkeitsvertreter, die Produkte aller Konzerntöchter vertreiben (**Einkonzernvertreter**).

Die theoretisch ebenfalls denkbaren Konzernstrukturen mit einer operativen Versicherungs-Aktiengesellschaft als Muttergesellschaft an der Konzernspitze und mehreren Versicherungstöchtern sind in der Praxis eher selten. Hauptnachteile einer solchen Struktur sind neben der impliziten Spartenfokussierung durch die Muttergesellschaft vor allem die erschwerte Zentralisierung aller nicht spartengebundenen Aufgaben sowie die fehlende Einheitlichkeit des Außenauftritts des Konzerns (fehlende **Corporate Identity**, ungenügende Herausbildung einer gemeinsamen Unternehmenskultur im Konzern).

Versicherungsvereine auf Gegenseitigkeit streben im Gegensatz zu Versicherungs-Aktiengesellschaften die Bildung von **Gleichordnungskonzernen** an, die in der Regel aber auch Elemente von Unterordnungskonzernen beinhalten. An der Spitze solcher Versicherungskonzerne finden sich häufig zwei oder mehr VVaG, die zusammen eine oder mehrere Versicherungs-Aktiengesellschaften beherrschen. Theoretisch denkbar, in der Praxis jedoch nicht vorhanden, sind solche Gleichordnungskonzerne auch für **öffentlich-rechtliche Versicherungsunternehmen**.

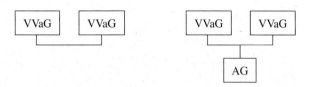

Abbildung 60: Einfache Gleichordnungskonzerne unter Führung von VVaG (rechts mit Unterordnungselementen)

Ein in der Praxis sehr häufig auftretendes Modell besteht aus zwei VVaG der Sparten Leben und Kranken, die zusammen alle Anteile einer Schaden- und Unfallversicherungstochter in der Rechtsform einer Versicherungs-Aktiengesellschaft halten. Das Zustandekommen dieser speziellen **Mischform aus Gleichordnungs- und Unterordnungskonzern** hat historische Gründe: Die historischen Wurzeln der VVaG liegen eher in der Personenversicherung. Bestehende Gleichordnungskonzerne aus zwei VVaG der Sparten Leben und Kranken haben häufig nachträglich Schaden- und Unfallversicherungstöchter gegründet (besonders in den 70er und 80er Jahren), um das gesamte Spektrum der Privatversicherungsprodukte anbieten zu können.

Beispiel: Der Debeka Konzern in Koblenz besteht im Wesentlichen aus drei Spartenunternehmen: der Debeka Krankenversicherung a.G. (gegründet 1905), der Debeka Lebensversicherung a.G. (gegründet 1947) und der 1981 gegründeten Debeka Allgemeine Versicherung AG, die das gesamte Schaden- und Unfallspektrum abdeckt und eine alleinige Tochtergesellschaft der Debeka Krankenversicherung a.G. ist. Dazu kommen weitere Nichtversicherungstöchter wie die Debeka Bausparkasse AG. Die Führungsunternehmen im Konzern bilden damit zwei VVaG (Gleichordnungsstruktur), denen mehrere Nicht-VVaG (AG bzw. GmbH) untergeordnet sind.

Unabhängig von der Zahl der an einem VVaG-geführten Versicherungskonzern beteiligten VVaG sind in den vergangenen Jahren Konzernstrukturen mit einer **Zwischen-Holding** immer beliebter geworden. Die Zwischen-Holding in der Rechtsform einer Aktiengesellschaft kann dabei unterschiedliche betriebswirtschaftliche Fach- und Führungsaufgaben auf sich vereinigen, dient aber vor allem dem Zweck, dem Konzern externes Eigenkapital zuzuführen (Möglichkeit der Veräußerung von Aktienanteilen an externe Investoren).

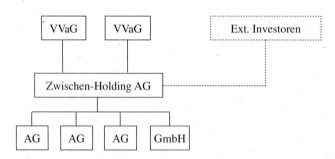

Abbildung 61: VVaG-geführter Versicherungskonzern mit Zwischen-Holding

Die Anteile an der Zwischen-Holding werden in der Regel mehrheitlich von den VVaG der Konzernführungsebene gehalten, der Konzern insgesamt verbleibt damit unter der Kontrolle der Gründungsgesellschaften. Ein VVaG-geführter Versicherungskonzern mit Zwischen-Holding kann im weiteren Sinne als eine **Quasi-Demutualisierung** eines VVaG-Konzerns interpretiert werden (vgl. Abschnitt C.4.3), da er trotz Gegenseitigkeitscharakters einen gewissen Zugang zu frischem Eigenkapital auf Aktienbasis besitzt. Problematisch ist dabei allerdings, dass externen Investoren eine Mehrheitsbeteiligung an dem Konzern verwehrt bleibt, was eine Investition für viele institutionelle Investoren eher unattraktiv erscheinen lässt.

Zur Sicherstellung einer einheitlichen Führung ist es in Gleichordnungskonzernen generell üblich, dass die Vorstände und Aufsichtsräte der führenden Unternehmen in **Personalunion** besetzt werden, jedes Unternehmen also die gleichen Vorstands- bzw. Aufsichtsratsmitglieder hat.

Bei **öffentlich-rechtlichen Versicherungsunternehmen** ist der Drang nach umfassenden Konzernstrukturen aufgrund des territorialen Charakters nur schwach ausgeprägt. Der öffentlich-rechtliche Versicherungskonzern entsteht faktisch dadurch, dass die in einem Territorium tätigen öffentlich-rechtlichen Versicherer (in der Regel ein Lebens- sowie ein Schaden- und Unfallversicherer) die gleichen Träger aufweisen, sich also über ihre Anteilseigner einer einheitlichen Führung untergeordnet sehen. Der Konzernbegriff wird in diesem Zusammenhang wegen der stark eingeschränkten Gestaltungsmöglichkeiten bei Beachtung der Rechtsform und des **Territorialprinzips** nur selten gebraucht. In Versicherungs-Aktiengesellschaften umgewandelte ehemalige öffentlich-rechtliche Versicherer bilden zumeist die für diese Rechtsform typischen Holdingstrukturen aus, wobei die Holding normalerweise eine hundertprozentige Tochter der öffentlich-rechtlichen Träger (vgl. Abschnitt C.4.2.4) ist.

Unabhängig von der jeweiligen Konzernstruktur und der Rechtsform der beherrschenden Unternehmen finden sich in fast allen Versicherungskonzernen auch Konzerntöchter, die keine Versicherungsunternehmen sind. Die wichtigsten hierbei auftretenden Beispiele in der Praxis sind (meist in der Rechtsform einer GmbH):

- **Ehemalige EDV-Fachabteilungen**, die ausgegliedert worden sind und nun auch externe Aufträge annehmen können. Derartige Funktionsausgliederungen sind nicht beliebig möglich, das versicherungsrelevante Kerngeschäft muss beispielsweise bei einem Versicherungsunternehmen verbleiben.

- **Kapitalvermittlungsgesellschaften**, die die Kapitalanlage der Versicherungsunternehmen im Konzern zentral organisieren und daneben auch andere Finanzanlagen (Fonds etc.) vermitteln.

- **Maklerunternehmen**, die jedoch in der Regel nur solche Produkte vermitteln, die der Konzern selbst nicht bereitstellen kann. Verfügt ein Versicherungskonzern beispielsweise über einzelne Produkte der Schaden- und Unfallversicherung nicht, können diese über die Maklertochter anderweitig auf dem Versicherungsmarkt beschafft werden. Der Vorteil für den Versicherungskonzern besteht darin, dass er so das volle Spektrum an Versicherungsdienstleistungen anbieten kann und der Abwanderung von Versicherungsnehmern vorgebeugt wird.

Die genannten Nichtversicherungstöchter sollen damit teilweise eine stärkere Zentralisierung einzelner Funktionsbereiche innerhalb des Versicherungskonzerns sicherstellen, dienen aber auch dem Zweck, dem Versicherungskonzern versicherungsfremde Geschäftsmöglichkeiten zu erschließen. Treten andere Anbieter von Finanzdienstleistungen, wie Banken oder Kapitalanlagegesellschaften hinzu, wird aus dem Versicherungskonzern ein **Finanzdienstleistungskonzern** (vgl. Abschnitt C.7.4).

7.3 Weitere Formen des Zusammenschlusses von Versicherungsunternehmen

Zwischen den Extremfällen völlig unabhängig voneinander agierender Versicherungsunternehmen einerseits und dem Versicherungskonzern andererseits existiert ein breites Spektrum an Möglichkeiten gemeinsamer wirtschaftlicher Aktivitäten von Versicherungsunternehmen, bei denen die einzelnen Unternehmen mehr oder weniger enge vertragliche Beziehungen unterhalten. Hierzu gehören Kartelle, Versicherungsgruppen, Kooperationen und Versicherungspools.

- **Kartelle** zielen darauf ab, das Marktverhalten der beteiligten Unternehmen in Einzelfragen aufeinander abzustimmen. Die Unternehmen bleiben dabei rechtlich und wirtschaftlich unabhängig, verzichten aber auf einen begrenzten Teil ihrer Entscheidungsautonomie zugunsten kollektiver Entscheidungen. Beispiele sind **Bedingungskartelle**, bei denen unterschiedliche Versicherungsunternehmen identische Versicherungsbedingungen zugrunde legen, **Provisionskartelle** zur Vereinheitlichung der Außendienstvergütung oder **Beitragskartelle** zur Sanierung verlustintensiver Teilmärkte. Letztere werden stellenweise sogar von der Versicherungsaufsicht explizit gefordert, um die finanziellen Interessen der Gläubiger zu wahren, obwohl sie streng genommen den freien Wettbewerb unterlaufen.

- Dem Konzern im weiteren Sinne verwandt sind die **Versicherungsgruppen**, die eine lockere Form der Zusammenarbeit von Versicherungsunternehmen bzw. -konzernen darstellen. Insbesondere liegt bei Versicherungsgruppen keine einheitliche Führung vor, stattdessen kann sich die Zusammenarbeit auf Teilgebiete erstrecken, zum Beispiel:

    - gemeinsame Nutzung von Produktionsfaktoren wie Gebäuden oder Schulungseinrichtungen,

    - wechselseitige Rückversicherung,

    - gemeinsame Mitversicherung von Großrisiken,

    - Zusammenarbeit im Nichtversicherungsgeschäft, etwa in Form von Joint Ventures,

    - Gründung gemeinsamer Tochterunternehmen.

    Die Beziehungen zwischen den beteiligten Unternehmen werden dabei häufig durch wechselseitige Minderheitsbeteiligungen, wechselseitige Vertretung in Aufsichtsräten oder Beiräten oder durch Verträge festgeschrieben. Versicherungsgruppen stellen damit eine besonders langfristig ausgelegte Zusammenarbeit „befreundeter" Unternehmen dar.

- Eine **Kooperation** von Versicherungsunternehmen bzw. -konzernen ist allgemein eine sich auf einzelne Gebiete beschränkende zwischen- oder überbetriebliche Zusammenarbeit, bei der die kooperierenden Partner rechtlich und wirtschaftlich unabhängig bleiben und keinerlei einheitliche Führung existiert. Oft laufen Kooperationen auf einen laufenden Gedankenaustausch und Wissenstransfer der beteiligten Unternehmen und Konzerne hinaus, in diesem Fall kann sich die Kooperation in der Gründung eines gemeinsamen **Verbandes** oder **Vereins** manifestieren (Abschnitt D.3.4). Kooperationen schließen im Gegensatz zu Versicherungsgruppen häufig auch Nichtversicherungsunternehmen mit ein. Zum Beispiel kann zwischen einem Versicherungskonzern und einer Bank eine Vertriebskooperation bestehen, bei der Versicherungsprodukte am Bankschalter vertrieben werden (**Bancassurance**, vgl. Abschnitt C.6.3.5).

- Ein **Versicherungspool** ist ein Zusammenschluss mehrerer rechtlich und wirtschaftlich selbstständiger Versicherungsunternehmen zum Zweck der gemeinsamen Versicherung von Großrisiken im Rahmen der **Mitversicherung** oder **Rückversicherung**. Den Poolmitgliedern wird es so ermöglicht, auch solche Großrisiken zu versichern, die einzelne Poolmitglieder aus Potenzialgründen nicht übernehmen könnten. Der Pool – in der Regel als Gesellschaft bürgerlichen Rechts (GbR) organisiert – ist damit kein Versicherer, sondern stellt eine unternehmensübergreifende Form der Zusammenarbeit in Einzelfällen dar. Typische Versicherungspools bestehen in der Bundesrepublik Deutschland für die Versicherung von Atomrisiken, Luftfahrtrisiken (Luftpool) oder im Bereich der Haftpflichtversicherung von Personenschäden durch Arzneimittel (Pharmapool). Versicherungspools werden in manchen Ländern auch zur Deckung von Terrorrisiken herangezogen.

Alle genannten Formen der Zusammenarbeit von Versicherungsunternehmen bzw. -konzernen zeichnen sich dadurch aus, dass keine einheitliche Führung besteht und die Zusammenarbeit auf einzelne Bereiche beschränkt bleibt.

7.4 Finanzdienstleistungskonzerne

Finanzdienstleistungskonzerne stellen eine Verallgemeinerung von Versicherungskonzernen unter Hinzunahme anderer **Finanzdienstleistungsunternehmen** dar (Abschnitt C.7.4.1). Unternehmen aller Finanzdienstleistungsbranchen können dabei nebeneinander als Mutter- und Tochtergesellschaften auftreten, dazu kommt meist noch eine Reihe von Tochtergesellschaften anderer Bereiche (EDV-Dienstleister etc.). Die Ursachen für die Bildung derartiger Konzerne ähneln im Wesentlichen denen für die Bildung von Versicherungskonzernen, gehen aber teilweise noch darüber hinaus (Abschnitt C.7.4.2). Die aus der Zusammenführung verschiedener Finanzdienstleistungsunternehmen unterschiedlicher Rechtsform und Unternehmenskultur resultierenden Konzernstrukturen können sehr kompliziert sein und sollen nur exemplarisch beschrieben werden (Abschnitt C.7.4.3).

7.4.1 Formen der Finanzdienstleistung

Der Begriff **Finanzdienstleistungen** beschreibt zusammenfassend alle Dienstleistungen im Umfeld von Finanzierungs- und Investitionsgeschäften. Eine Finanzdienstleistung zeichnet sich durch eine Kombination von Spar- und Entsparkomponenten aus, die in der Regel zeitlich

versetzt sind. Im Kern laufen Finanzdienstleistungen damit auf eine Abfolge von Zahlungs-
strömen zwischen Finanzdienstleister und Kunden hinaus, die bezüglich eines beiden Parteien
zur Verfügung stehenden langfristigen Kalkulationszinssatzes äquivalent zueinander sind (vgl.
Äquivalenzprinzip der Versicherungsmathematik in Abschnitt A.7.1).

Die wichtigsten Anbieter von Finanzdienstleistungen neben den Versicherungsunternehmen
sind:

- **Banken**: Die Geschäfte von Banken erstrecken sich nach *Becker/Peppmeier* auf Finanzie-
  rungen, Geld- und Kapitalanlagen, Zahlungsabwicklungen und sonstige Leistungen (Beratung, Risikoübernahme, Vermittlung und Verwaltung). Im Kern laufen diese Tätigkeiten auf
  komplizierte Spar- und Entsparprozesse hinaus, bei denen entweder anvertraute Geldmittel
  rentierlich investiert oder Investitionsprojekte finanziert werden.

- **Bausparkassen**: Der Geschäftszweck von Bausparkassen besteht darin, Einlagen von Bau-
  sparern entgegenzunehmen und daraus Darlehen für andere Bausparer zu finanzieren (Bildung eines Bausparkollektivs). Sowohl der Ansparzins als auch der Darlehenszins werden
  dabei niedrig gehalten, das Bausparkollektiv erhält dadurch im weiteren Sinne einen genossenschaftlichen Charakter. Bausparkassen sind damit Spezialbanken, deren Existenz der
  Förderung wohnungswirtschaftlicher Maßnahmen dient.

- **Kapitalanlagegesellschaften** (auch **Investmentgesellschaften**): Nach § 2 InvG (**Invest-
  mentgesetz**) besteht der Geschäftszweck von Kapitalanlagegesellschaften in der Verwaltung
  von Sondervermögen und der individuellen Vermögensverwaltung. Kapitalanlagegesellschaften investieren die ihnen anvertrauten Geldmittel auf den internationalen Kapitalmärkten und gelten ebenfalls als Spezialbanken mit eingeschränktem Leistungsangebot.

Zwischen den Geschäftszwecken aller genannten Anbieter von Finanzdienstleistungen (Banken, Bausparkassen, Kapitalanlagegesellschaften und Versicherungsunternehmen) bestehen
gewisse Überschneidungen, die ein Konkurrenzverhältnis begründen. Hierzu gehören unter
anderem:

- **Altersvorsorgeprodukte** finden sich in weiterem Sinne bei allen Finanzdienstleistern. In
  direkter Konkurrenz zu kapitalbildenden Lebensversicherungen und Rentenversicherungen
  stehen hier vor allem Banksparpläne mit fester Verzinsung sowie Investmentprodukte der
  Kapitalanlagegesellschaften (Aktienfonds, Rentenfonds etc.). Hinzu kommt die Möglichkeit, den Altersruhestand mithilfe einer eigenen Immobilie zu finanzieren (Bausparvertrag;
  auch als reines Sparprodukt verbreitet) sowie die direkte Anlage in Aktien und andere Wertpapiere.

- Die **Immobilienfinanzierung** wird häufig über einen Bausparvertrag vorgenommen, kann
  alternativ aber auch über ein Hypothekendarlehen bewerkstelligt werden. Stellenweise werden Immobilien auch über kapitalbildende Lebensversicherungen finanziert: Die Ablaufleistung wird dazu genutzt, eine ausstehende Bankfälligkeit in einem Schritt zu tilgen; die bis
  zu diesem Zeitpunkt künstlich hoch gehaltenen Schulden eröffnen Möglichkeiten, Steuern
  zu sparen.

Ergänzt werden die einzelnen Finanzdienstleistungsarten in einem Finanzdienstleistungskonzern häufig durch **Vermittlungsunternehmen** wie etwa **Kapitalvermittlungsunternehmen** oder eigenständige **Maklerunternehmen**. Die Aufgabe solcher Vermittlungsunternehmen besteht meist darin, Neukunden innerhalb des Konzerns weitere Finanzdienstleistungen zu vermitteln, teilweise vermitteln sie auch Finanzdienstleistungsprodukte anderer Konzerne, die der eigene Konzern nicht anbietet (Abschnitt C.7.2.2). Im weiteren Sinne gehören diese Vermittlungsunternehmen damit auch zu den Finanzdienstleistern, obwohl sie keine eigenen Produkte vertreiben.

7.4.2 Spezielle Ursachen der Konzernbildung bei Finanzdienstleistungskonzernen

Trotz der in Abschnitt C.7.4.1 genannten Konkurrenzsituation zwischen den Anbietern von Finanzdienstleistungen suchen diese Unternehmen häufig die Zusammenarbeit in Form von branchenübergreifenden **Finanzdienstleistungskonzernen**. Ein Finanzdienstleistungskonzern ist dabei definiert als ein Konzern, der mindestens zwei der vier klassischen Formen von Finanzdienstleistungen unter einheitlicher Führung zusammenfasst. Finden sich alle vier Formen von Finanzdienstleistungen unter einem Konzerndach, spricht man von einem **Allfinanzkonzern**. Solche Konzerne können ihren Kunden das volle Spektrum an Finanzdienstleistungen nebeneinander anbieten.

Die Hauptursachen der Bildung von Finanzdienstleistungskonzernen sind neben den schon in den Abschnitten C.7.1.1 und C.7.2.1 genannten Gründen:

- Finanzdienstleistungskonzerne können ihre **Kundenbindungen** durch Abdeckung gleich mehrerer Finanzdienstleistungen besonders intensiv gestalten. Da speziell der Allfinanzkonzern alle Formen von Finanzdienstleistungen anbietet, lassen sich sehr intensive Bindungen zu den Kunden aufbauen, die Wechselneigung vieler Kunden ist entsprechend reduziert.

- Durch Zusammenführung verschiedener Finanzdienstleistungen lassen sich vielfältige **Kombiprodukte** bilden, die beispielsweise ein Versicherungskonzern allein nicht darstellen könnte. Typische Beispiele für solche Kombiprodukte sind:

  - Kombination eines Hypothekendarlehens mit einer Restschuldversicherung (Ziel: Absicherung der über das Hypothekendarlehen finanzierten Immobilie für den Fall, dass der Darlehensnehmer [häufig der Alleinverdiener einer Familie] verstirbt),

  - Kombination eines Bauspardarlehens mit einer Restschuldversicherung,

  - Darstellung einer kombinierten Altersversorgung aus Fondssparplan mit hohem Aktienanteil und Rentenversicherung (Kombination aus renditeträchtiger und eher konservativer Geldanlage),

  - Kombination einer privaten Krankheitskostenvollversicherung mit einem Fondsprodukt (die in der Krankenversicherung anfallenden Überschüsse fließen in einen Fonds zum Aufbau einer zusätzlichen Altersversorgung).

In allen Fällen bedeutet die Kombination verschiedener Finanzdienstleistungsprodukte zusätzliches **Cross-Selling-Potenzial** für die einzelnen Konzernunternehmen.

- Speziell Versicherungsunternehmen und ihre Vermittler können im Rahmen eines Finanzdienstleistungskonzerns auch Nichtversicherungsprodukte anbieten (**Umgehung des Verbots versicherungsfremder Geschäfte** [Abschnitt C.3.1]). Eine an sich wünschenswerte, aber aufgrund aufsichtsrechtlicher Hemmnisse nicht mögliche Abrundung der eigenen Produktpalette wird so möglich.

- Schließlich ermöglicht die Bildung umfassender Finanzdienstleistungskonzerne den beteiligten Konzernunternehmen auch die **Erschließung neuer Vertriebswege und Kundengruppen**. Ein typisches Beispiel hierfür ist der Vertrieb von Versicherungsprodukten am Bankschalter (**Bancassurance**, vgl. Abschnitt C.6.3.5); die für eine solche Kooperation erforderliche vertragliche Basis lässt sich innerhalb eines Konzerns leichter finden, entsprechend langlebiger sind in der Regel die geschäftlichen Beziehungen.

Kostensynergien (Abschnitt C.7.1.1) lassen sich bei Finanzdienstleistungskonzernen grundsätzlich auch realisieren, teilweise wird dies aber durch unterschiedliche Produktstrukturen, EDV-Systeme etc. erschwert, weshalb Kosteneinsparungen nicht als vornehmliches Ziel der Bildung von Finanzdienstleistungskonzernen gelten. Viel wichtiger sind hier die durch die Zusammenführung unterschiedlicher Produktformen erzielbaren zusätzlichen **Wachstumseffekte** durch Cross Selling.

Als problematisch erweist sich bei Finanzdienstleistungskonzernen stellenweise die **Konkurrenzsituation**, in der die einzelnen Konzernunternehmen zueinander stehen (Abschnitt C.7.4.1). Eine der Hauptherausforderungen der Konzernführung in Finanzdienstleistungskonzernen besteht denn auch darin, solchen Konflikten durch eine entsprechend abgestimmte Produktpolitik der Konzerntöchter vorzubeugen, um eine gegenseitige Kannibalisierung zu verhindern. Dies kann unter anderem durch eine Differenzierung bei den **Vetriebswegen** (Abschnitt C.6) geschehen.

Weitere Probleme stellen die oftmals fehlende **Corporate Identity** sowie inkompatible **Unternehmenskulturen** innerhalb eines Finanzdienstleistungskonzerns dar. Beide Probleme erschweren einen einheitlichen Auftritt des Konzerns nach außen und damit die Realisierung von Wachstumspotenzialen durch Cross Selling innerhalb des Konzerns. Viele Finanzdienstleistungskonzerne versuchen, diesen Problemen durch bewusste Betonung der Unterschiedlichkeit bei gleichzeitiger Hervorhebung des partnerschaftlichen Verhältnisses zu begegnen. Der Finanzdienstleistungskonzern erhält hierdurch in der öffentlichen Wahrnehmung teilweise den Charakter einer **Kooperation**, vgl. Abschnitt C.7.3.

7.4.3 Ausprägungen von Finanzdienstleistungskonzernen

Finanzdienstleistungskonzerne unter Beteiligung von Versicherungsunternehmen (nur solche sollen im Folgenden exemplarisch betrachtet werden) ähneln in ihren Struktureigenschaften weitgehend Versicherungskonzernen, insbesondere kommen beim Aufbau der Konzernstrukturen die gleichen Instrumente zum Tragen. Entscheidend geprägt wird der Aufbau eines Finanzdienstleistungskonzerns meist durch die im Konzern beherrschende Finanzdienstleistung (soweit vorhanden), die einen starken Einfluss auf die im Konzern gelebte **Konzernkultur** hat. Eine Finanzdienstleistung wird zur beherrschenden Finanzdienstleistung im Konzern, wenn die sie vertretenden Konzernunternehmen entweder maßgeblich an der Gründung des Konzerns beteiligt gewesen sind und/oder ein Großteil des Konzernumsatzes auf diese Unternehmen entfällt.

Bei Finanzdienstleistungskonzernen unter Einbeziehung von **Versicherungs-Aktiengesellschaften** hält zumeist eine **Holding** Mehrheitsbeteiligungen an allen Konzernunternehmen, nicht selten von 100 %. In diesem Fall werden die für Versicherungskonzerne unter Einbeziehung von Versicherungs-Aktiengesellschaften typischen Strukturen lediglich um andere Finanzdienstleistungsunternehmen erweitert, die als weitere Töchter neben den Versicherungstöchtern stehen (vgl. Abschnitt C.7.2.2).

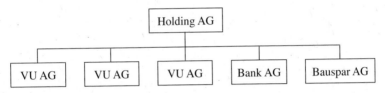

Abbildung 62: Standardmodell eines einfachen Finanzdienstleistungskonzerns mit drei Versicherungstöchtern (VU) und je einer Bank- und Bauspartochter

Der so geschaffene **Unterordnungskonzern** nach § 18 (1) AktG ist in der Regel ein **faktischer Konzern**, teilweise finden sich aber auch vertragliche Bindungen zwischen einzelnen Konzernunternehmen (**Vertragskonzern**, vgl. Abschnitt C.7.1.2).

Konzernstrukturen ohne Holding, bei denen ein oder mehrere Aktiengesellschaften eines operativen Unternehmens als Führungsgesellschaft(en) auftreten, sind in der Praxis eher selten.

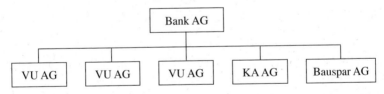

Abbildung 63: Modell eines Finanzdienstleistungskonzerns unter Leitung einer Bank mit drei Versicherungstöchtern (VU) und je einer Kapitalanlage-(KA) und Bauspartochter

Durch Positionierung eines operativen Unternehmens als Muttergesellschaft erhält der Finanzdienstleistungskonzern häufig eine entsprechend ausgerichtete Konzernkultur, was einen einheitlichen Auftritt erschwert und die Muttergesellschaft mit zusätzlichen Managementaufgaben für den Gesamtkonzern belastet.

Versicherungsvereine auf Gegenseitigkeit (VVaG) können in Finanzdienstleistungskonzernen nur auf der obersten Führungsebene auftreten, entsprechend eingeschränkt sind hier die Gestaltungsmöglichkeiten. Insbesondere werden derartige Finanzdienstleistungskonzerne hierarchisch durch die VVaG beherrscht und besitzen eine mehr oder minder klare Ausrichtung auf

das Versicherungsgeschäft. Steht mehr als ein VVaG an der Spitze eines Finanzdienstleistungskonzerns, kombiniert dieser Konzern Elemente aus **Gleichordnungs- und Unterordnungskonzernen** (Abschnitt C.7.1.2).

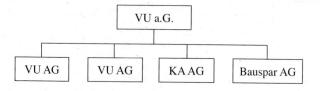

Abbildung 64: VVaG-geführter Finanzdienstleistungskonzern (Unterordnungskonzern)

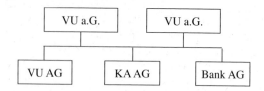

**Abbildung 65: VVaG-geführter Finanzdienstleistungskonzern mit Gleichordnungs- und Unterordnungs-
elementen**

Wie schon bei den Versicherungskonzernen unter VVaG-Führung finden sich auch hier Konzernstrukturen mit **Zwischen-Holding**, was dem Konzern Möglichkeiten zur Aufnahme von
neuem Eigenkapital eröffnet, daneben aber auch einzelne betriebswirtschaftliche Funktionen
bündelt (vgl. Abschnitt C.7.2.2). In allen Fällen finden sich dabei normalerweise noch Tochterunternehmen aus anderen Bereichen (EDV, Vermittlungsgesellschaften etc.) sowie etwaige
Auslandsbeteiligungen, sodass Finanzdienstleistungskonzerne leicht 40 und mehr Einzelunter-
nehmen umfassen können.

Den Finanzdienstleistungskonzernen eng verwandt sind die aus Unternehmen verschiedener
Finanzdienstleistungsbereiche bestehenden **Verbünde** (vergleichbar den Kooperationen in Abschnitt C.7.3). Derartige Verbünde führen rechtlich und wirtschaftlich unabhängige Unternehmen mit gleicher Zielsetzung zusammen und sind langfristig ausgelegt. Die gleiche Zielsetzung
hängt dabei eng mit den jeweiligen Unternehmenszielen zusammen und kann sich zum Beispiel
auf gleiche Zielgruppen oder eine gleiche regionale Ausrichtung beziehen. Die in Verbünden
ansatzweise zu erkennenden Konzernstrukturen entstehen meist durch einheitliche Trägerschaft
oder wechselseitige Beteiligungen zwischen den Unternehmen.

*Beispiel: Ein bekannter Verbund ist die **Sparkassenorganisation** in öffentlich-rechtlicher Trägerschaft.
Sie setzt sich aus regional operierenden Sparkassen, ihren zugehörigen Landesbanken und Girozentra-
len, der DekaBank (Kapitalanlage), den Landesbausparkassen, den öffentlich-rechtlichen und ehemals
öffentlich-rechtlichen Versicherern (vgl. Abschnitt C.4.2.4) und weiteren Verbundpartnern zusammen.
Die Bindungen zwischen den einzelnen Partnern dieses Allfinanzverbundes sind dabei sehr eng, beispielsweise treten Sparkassen- und Giroverbände häufig als Träger anderer Verbundpartner auf. Besonders deutlich wird die enge Zusammenarbeit der Verbundpartner im weitgehend einheitlichen **Corporate
Design**, das zwar von Region zu Region schwankt, innerhalb einer Region aber von allen Verbundpartnern umgesetzt wird (etwa beherrschende Konzernfarbe rot in vielen Regionen).*

Beispiel: *Ein weiterer Verbund mit Allfinanzcharakter findet sich im* **genossenschaftlichen Bereich.** *Zu diesem Verbund gehören unter anderem:*

- *die Versicherungsunternehmen des R+V Konzerns,*

- *die Union Investment (Kapitalanlagegesellschaft),*

- *die Volks- und Raiffeisenbanken einschließlich ihrer Zentralbanken (DZ Bank AG und WGZ Bank AG),*

- *die Bausparkasse Schwäbisch Hall AG.*

Das genossenschaftliche Element wird dabei primär von den als eingetragene Genossenschaften betriebenen Volks- und Raiffeisenbanken dargestellt, im R+V Konzern finden sich noch drei VVaG neben einer Reihe von Versicherungs-Aktiengesellschaften; die übrigen Verbundmitglieder sind Aktiengesellschaften oder Gesellschaften mit beschränkter Haftung (Stand 31. Dezember 2007).

Die voranschreitende Globalisierung der Finanzmärkte dürfte die Entwicklung großer, **multinationaler Finanzdienstleistungskonzerne** fördern, die parallel in mehreren Ländern verschiedene Finanzdienstleistungsprodukte vertreiben. Als Beispiele für diese Entwicklung seien die Allianz Gruppe, der französische AXA Konzern oder der italienische Generali Konzern genannt.

8. Rechnungslegung im Versicherungsunternehmen

Rechnungslegung als betriebswirtschaftlicher Begriff umfasst die Gesamtheit aller Aktivitäten im Umfeld der Dokumentation betrieblicher Abläufe für externe oder interne Zwecke. Organisatorisch ist die Rechnungslegung im **Rechnungswesen** angesiedelt, das alle relevanten betriebswirtschaftlichen Aktivitäten im Unternehmen erfasst, verdichtet und in regelmäßigen Zeitabständen unterschiedlichen Stakeholdern zugänglich macht. Dies geschieht hauptsächlich im Rahmen des **Jahresabschlusses,** dessen Struktur durch zahlreiche gesetzliche Vorschriften in engen Grenzen vorgegeben ist (Abschnitte C.8.1, C.8.2 und C.8.5).

Der Jahresabschluss dient nicht nur der Beschreibung des abgelaufenen Geschäftsjahres, sondern bildet im Rahmen der **Jahresabschlussanalyse** auch eine wesentliche Grundlage der künftigen Unternehmenssteuerung. Zu diesem Zweck greift die Unternehmensführung in der Regel auf **Kennzahlen** zurück, die das Unternehmen aus unterschiedlichen Perspektiven beleuchten, Stärken und Schwächen aufzeigen und so Impulse für die weitere Planung geben (Abschnitt C.8.3). Auch moderne Instrumente der **wertorientierten Unternehmenssteuerung** in der Versicherungswirtschaft greifen auf solche Kennzahlen zurück, messen aber im Gegensatz zu vielen traditionellen Instrumenten der Unternehmensgröße und dem Wachstum nur sekundäre Bedeutung zu (Abschnitt C.8.4).

Die Rechnungslegung von Versicherungsunternehmen und Versicherungskonzernen wird sich im Zuge von **Solvency II** in den kommenden Jahren grundlegend ändern, ebenso wird sich die Versicherungsbranche steigenden Anforderungen an das Risikomanagement und die Unternehmensführung gegenübersehen (Abschnitt C.8.6). Die wachsenden aufsichtsrechtlichen

Vorgaben stellen in weiten Teilen aber auch eine Chance für die Versicherungswirtschaft dar, erhöhen sie doch das Risikobewusstsein in den Unternehmen und unterstützen die Versicherer in der Erreichung ihrer Erhaltungsziele.

8.1 Rechtliche Grundlagen der Rechnungslegung im Versicherungswesen

Die **Rechnungslegung** in Versicherungsunternehmen unterteilt sich in eine **externe** und eine **interne Rechnungslegung**. Die externe Rechnungslegung bezeichnet die handelsrechtliche Rechnungslegung (bestehend aus Bilanz sowie Gewinn- und Verlustrechnung, vgl. Abschnitte C.8.2.1 bzw. C.8.2.2) gegenüber Anteilseignern, Öffentlichkeit, Unternehmensführung, Versicherungsaufsicht und Versicherungsnehmern. Die interne Rechnungslegung wendet sich hingegen ausschließlich an die Versicherungsaufsicht und besteht im Kern aus einer Vielzahl standardisierter Formblätter, die zusammengenommen eine kontinuierliche **Solvenzkontrolle** ermöglichen (vgl. **Solvabilitätsbegriff** in Abschnitt C.8.3.4).

Die wichtigste rechtliche Grundlage des externen Rechnungswesens von Versicherungsunternehmen in Deutschland bildet das **Handelsgesetzbuch (HGB)**. Speziell sind hier von Bedeutung:

- das allgemeine **Bilanzrecht aller Kaufleute** (§§ 238 – 263 HGB),

- die ergänzenden **Vorschriften für Kapitalgesellschaften** (§§ 264 – 289 HGB),

- die ergänzenden **Vorschriften für Versicherungsunternehmen** (§§ 341 – 341 o HGB).

Ergänzt werden die Vorschriften des HGB durch die **Verordnung über die Rechnungslegung von Versicherungsunternehmen (RechVersV)**, die Details zum Aufbau von Bilanz und Gewinn- und Verlustrechnung zum Gegenstand hat (Abschnitte C.8.2.1 und C.8.2.2). Ebenso sind einzelne Regelungen des **Versicherungsaufsichtsgesetzes (VAG)** zu beachten, die stellenweise auf Verordnungen verweisen.

*Beispiel: Die in § 65 VAG erwähnte **Deckungsrückstellung** stellt in der Regel den größten Einzelposten auf der **Passivseite** der Bilanz eines Lebensversicherungsunternehmens dar. Details zur Deckungsrückstellung, insbesondere zu ihrer Berechnung, finden sich in der **Verordnung über Rechnungsgrundlagen für die Deckungsrückstellungen (DeckRV)**. Sie regelt insbesondere die Höhe des dabei zu verwendenden Höchstrechnungszinses und hat somit weitreichende Auswirkungen auf die Höhe künftiger versicherungstechnischer Verbindlichkeiten.*

Weitere Bestandteile des VAG mit Auswirkungen auf die externe Rechnungslegung sind beispielsweise §§ 53 c – 54 d VAG (Kapitalausstattung, Vermögensanlage) sowie §§ 55 – 64 (Rechnungslegung, Prüfung). Speziell § 54 VAG regelt in Verbindung mit der **Verordnung über die Anlage des gebundenen Vermögens von Versicherungsunternehmen (AnlV)** den zentralen Grundsatz der **Mischung und Streuung** bei der Kapitalanlage, der seinen Niederschlag auf der **Aktivseite** der Bilanz findet.

Grundlage der internen Rechnungslegung ist die **Verordnung über die Berichterstattung von Versicherungsunternehmen gegenüber dem BAV** (**BerVersV**; das ehemalige BAV ist mittlerweile in der **BaFin** aufgegangen, vgl. Abschnitt D.2.3). Diese Verordnung regelt vor allem die Struktur diverser Formblätter (Nachweise), die das Unternehmen in jährlichem, halbjährlichem, vierteljährlichem oder monatlichem Rhythmus bei der Versicherungsaufsicht vorlegen muss. Die interne Rechnungslegung geht damit in ihrer Detailschärfe über die Anforderungen eines gewöhnlichen Jahresabschlusses weit hinaus und stellt ein wichtiges Instrument der Versicherungsaufsicht dar.

8.2 Jahresabschluss im Versicherungsunternehmen

Der **Jahresabschluss** im Versicherungsunternehmen dient hauptsächlich der Erfüllung gesetzlicher **Offenlegungspflichten**, hat im weiteren Sinne aber auch die Aufgabe einer **Erfolgsrechnung**. Er richtet sich generell an alle **Stakeholder** des Versicherungsunternehmens, primär an die **Anteilseigner** (vor allem, wenn diese direkt am Unternehmenserfolg beteiligt sind wie in Versicherungs-Aktiengesellschaften), die **Öffentlichkeit**, die **Unternehmensführung**, die **Versicherungsaufsicht** und natürlich auch die **Versicherungsnehmer**, da das Preis-/Leistungsverhältnis ihrer Versicherungsverträge in wesentlichen Teilen vom wirtschaftlichen Erfolg des Versicherungsunternehmens abhängt (zum Beispiel auf dem Weg der **Überschussbeteiligung** in der Lebens- und Krankenversicherung, siehe etwa *Führer / Grimmer*).

In seiner Gesamtheit liefert der Jahresabschluss eine vergangenheitsbezogene Abbildung der **Versicherungsproduktion**, die durch unterschiedliche Zu- und Abflüsse von Kapital geprägt wird und zahlreichen gesetzlichen Einzelbestimmungen unterliegt. Die Hauptaufgabe der Unternehmensführung in diesem Zusammenhang besteht darin, die (teilweise konträren) **Unternehmensziele** bei Beachtung aller rechtlichen Vorgaben und kapazitätsbedingter Einschränkungen des Unternehmens möglichst optimal zu erreichen.

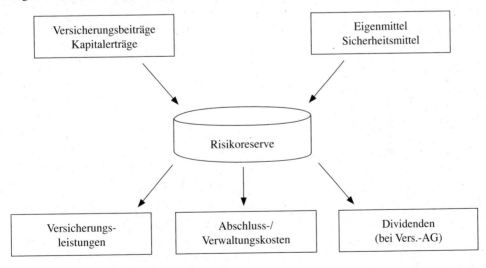

Abbildung 66: Versicherungsproduktion im Überblick

Während eines Geschäftsjahres verbucht das Versicherungsunternehmen Kapitalzuflüsse in Form von **Beitragseinnahmen** und **Kapitalerträgen**, vonseiten der Anteilseigner werden zusätzlich **Eigen- und Sicherheitsmittel** zur Verfügung gestellt. Neben den **Produktionsfaktoren Arbeit** und **Wissen** avanciert damit der Produktionsfaktor **Kapital** zum zentralen **Inputfaktor** der Versicherungsproduktion. Den übrigen klassischen Produktionsfaktoren **Boden** und **Rohstoffe** kommt in der Versicherungswirtschaft hingegen nur eine verminderte Bedeutung zu.

Die zentrale **Outputgröße** der Versicherungsproduktion ist die Darstellung von Versicherungsschutz, die sich in **Versicherungsleistungen** manifestiert. Daneben muss das Versicherungsunternehmen auch in der Lage sein, seine eigenen laufenden **Kosten** für den **Abschluss** und die **Verwaltung** von Versicherungsverträgen zu decken und etwaige Gewinninteressen der Anteilseigner zu befriedigen (**Dividendenzahlungen** an Aktionäre bei Versicherungs-Aktiengesellschaften).

Zur Beschreibung der wirtschaftlichen Verhältnisse eines Unternehmens gliedert sich der Jahresabschluss in **zeitpunkt- und zeitraumbezogene Bestandteile**. Die **Bilanz** als zeitpunktbezogener Bestandteil stellt das Vermögen und die Schulden des Unternehmens in Kontenform zu einem Bilanzstichtag dar, während die **Gewinn- und Verlustrechnung (GuV)** sämtliche während eines Zeitraums (in der Regel ein Geschäftsjahr) angefallenen Erträge und Aufwendungen einander gegenüberstellt und zu einer Erfolgsrechnung vereint (Abschnitte C.8.2.1 und C.8.2.2). Ergänzt werden beide Bestandteile durch einen **Lagebericht** (Abschnitt C.8.2.3), wobei der Lagebericht nicht explizit zum Jahresabschluss gehört. Ein umfassender Überblick zum Bilanzwesen findet sich etwa bei *Grefe*.

Auf die Spezifika neuerer international vereinheitlichter Rechnungslegungsgrundsätze wie **IAS/IFRS (International Accounting Standards** bzw. **International Financial Reporting Standards)** oder **US-GAAP (United States – Generally Accepted Accounting Principles)** soll im Folgenden nicht gesondert eingegangen werden. Sowohl IAS/IFRS als auch US-GAAP zielen langfristig auf eine stärkere internationale Vereinheitlichung der Rechnungslegung und finden bislang vor allem in multinational tätigen **Versicherungskonzernen** Anwendung (Abschnitt C.8.5).

8.2.1 Bilanz

Die **Bilanz** eines Unternehmens gibt Auskunft über die **Mittelherkunft (Kapitalstruktur:** „Woher kommt das im Unternehmen verwendete Kapital?") und die **Mittelverwendung (Vermögensstruktur:** „Wie ist das Kapital angelegt?"), stellt also im weiteren Sinne einen Rechenschaftsbericht des Unternehmens über Kapitalquellen und den Umgang mit Kapital dar. Die Bilanz gliedert sich zu diesem Zweck in zwei Bestandteile, die **Aktivseite** (Mittelverwendung, die **Aktiva**) und die **Passivseite** (Mittelherkunft, die **Passiva**). Eine Bilanz ist stets eine Stichtagsbetrachtung, bezogen auf das Ende eines **Geschäftsjahres**, normalerweise den 31. Dezember.

Die Aktivseite einer Bilanz untergliedert sich in das langfristig eingesetzte **Anlagevermögen** und das **Umlaufvermögen**, das alle Vermögenswerte zusammenfasst, die nicht dauerhaft dem Geschäftsbetrieb dienen und kurzfristig veräußert werden können. Die Bilanz besitzt insgesamt einen kontenartigen Aufbau. Auf der Passivseite einer Bilanz finden sich das **Eigenkapital** der Anteilseigner sowie diverse Formen des lang- und kurzfristigen **Fremdkapitals**.

Aktiva	Passiva
Anlagevermögen	Eigenkapital
Umlaufvermögen	Fremdkapital

Abbildung 67: Grundstruktur einer Bilanz

Die Bilanz eines Versicherungsunternehmens wird in starkem Maße vom spezifischen Charakter des Versicherungsgeschäftes geprägt, das seinen Niederschlag in zahlreichen Bilanzpositionen findet. Insbesondere sind die Begriffe „Anlagevermögen" und „Umlaufvermögen" für eine Versicherungsbilanz nur begrenzt sinnvoll, da die Hauptproduktionsfaktoren in der Versicherungswirtschaft ohnehin Arbeit, Kapital und Wissen sind (Fehlen von Fabrikanlagen, großen Fuhrparks etc.). Den rechtlichen Rahmen für den Aufbau einer Versicherungsbilanz geben §§ 6–35 RechVersV vor, Formblatt 1 der RechVersV regelt die genaue Struktur.

Aktiva	Passiva
A. Ausstehende Einlagen	A. Eigenkapital
B. Immaterielle Vermögensgegenstände	B. Genussrechtskapital
C. Kapitalanlagen	C. Nachrangige Verbindlichkeiten
D. Kapitalanlagen für Rechnung VN	D. Sonderposten mit Rücklagenanteil
E. Forderungen	E. Versicherungstechnische Rückstellungen
F. Sonstige Vermögensgegenstände	F. Versicherungstechnische Rückstellungen im Bereich der Lebensversicherung, soweit das Anlagerisiko von den VN getragen wird
G. Rechnungsabgrenzungsposten	G. Andere Rückstellungen
H. Nicht durch Eigenkapital gedeckter Fehlbetrag	H. Depotverbindlichkeiten
	I. Andere Verbindlichkeiten
	K. Rechnungsabgrenzungsposten

Abbildung 68: Grundstruktur einer Versicherungsbilanz nach Formblatt 1 der RechVersV

Der beherrschende Aktivposten ist bei Versicherungsunternehmen aller Sparten der Posten **Kapitalanlagen**, auf den in der Regel mehr als 90 % der **Bilanzsumme** entfallen. Im Jahr 2006 betrug die Bilanzsumme aller im Jahresbericht der BaFin erfassten Lebensversicherungsunternehmen rund 733 Mrd. €, davon entfielen 666 Mrd. € auf die Kapitalanlagen.

Die Kapitalanlage spielt dabei vor allem bei Versicherungsprodukten mit hohem **Sparanteil** eine wichtige Rolle (kapitalbildende Lebensversicherung, Rentenversicherung). Dieser Sparanteil tritt auch bei solchen Versicherungsprodukten auf, bei denen über lange Zeiträume eine

konstante Beitragszahlung erfolgt, obwohl die Eintrittswahrscheinlichkeit und/oder Schadenhöhe des versicherten Risikos kontinuierlich schwankt. Typische Beispiele sind die **Deckungsrückstellung** in der Lebensversicherung oder die **Alterungsrückstellung** in der Krankenversicherung. Beide Rückstellungen finden sich auf der Passivseite der Bilanz und werden durch
entsprechende Kapitalanlagen auf der Aktivseite unterlegt. Der Teil der Kapitalanlagen, der
speziell zur Bedeckung solcher Verbindlichkeiten gegenüber Versicherungsnehmern benötigt
wird, muss generell getrennt vom übrigen Vermögen verwaltet werden und wird in der Haft-
pflicht-, Kranken-, Lebens- und Unfallversicherung als **Sicherungsvermögen** bezeichnet (bis
2003 als Deckungsstock bezeichnet).

Bei der Kapitalanlage verfolgt das Versicherungsunternehmen grundsätzlich mehrere konkurrierende **finanzwirtschaftliche Ziele** parallel. Einerseits werden hohe Kapitalerträge angepeilt,
andererseits muss die Kapitalanlage aber auch hinreichend sicher sein und den Versicherer in
die Lage versetzen, seinen **Verbindlichkeiten** jederzeit nachzukommen (Bereitstellung einer
ausreichenden **Liquidität**). Erschwert wird die Kapitalanlage durch strenge aufsichtsrechtliche
Vorgaben, die in § 54 VAG in Verbindung mit der **Verordnung über die Anlage des gebundenen Vermögens von Versicherungsunternehmen** (kurz: **Anlageverordnung, AnlV**) dargestellt sind. Im Kern fordern beide Texte eine hinreichende **Mischung und Streuung**, das heißt,
eine Verteilung der anzulegenden Kapitalmittel auf unterschiedliche Anlageklassen (Mischung)
und auf unterschiedliche Schuldner innerhalb jeder Anlageklasse (Streuung).

Die wichtigsten Anlageklassen für die Versicherungswirtschaft sind:

• Grundstücke, grundstücksgleiche Rechte und Bauten,

• Kapitalanlagen in verbundenen Unternehmen,

• Aktien, Investmentanteile und andere nicht festverzinsliche Wertpapiere,

• Inhaberschuldverschreibungen und andere festverzinsliche Wertpapiere,

• Hypotheken-, Grundschuld- und Rentenschuldforderungen,

• Namensschuldverschreibungen,

• Schuldscheinforderungen und Darlehen.

Das Gros der Kapitalanlagen verteilt sich in der Regel auf Aktien, Investmentanteile, Namensschuldverschreibungen, Schuldscheinforderungen und Darlehen. Dabei muss das Versicherungsunternehmen unter anderem die in der Anlageverordnung genannten Obergrenze für Aktien (**Aktienquote**) von 35 % beachten. Sie soll sicherstellen, dass das Kapitalanlageportfolio
insgesamt nicht zu riskant gestaltet wird, stellt also den Schutz der Versicherungsnehmer vor
unerwarteten finanziellen Einbußen über das Gewinnstreben.

Ebenfalls aus Sicherheitsgründen werden alle Kapitalanlagen nach dem **Niederstwertprinzip**
aktiviert, das eine grundsätzlich vorsichtige Bewertung fordert und die eigentlichen wirtschaftlichen Verhältnisse daher normalerweise zu pessimistisch abbildet. Konkret werden unterschieden:

- **Einfaches Niederstwertprinzip**: Die Kapitalanlage wird mit ihrem Anschaffungswert in der Bilanz ausgewiesen.

- **Strenges Niederstwertprinzip**: Der Bilanzwert der Kapitalanlage ist gleich dem Minimum aus Anschaffungswert und Kurswert zum Bilanzstichtag.

- **Verschärftes strenges Niederstwertprinzip**: Der Bilanzwert der Kapitalanlage ist gleich dem Minimum aus Anschaffungswert, Bilanzwert des Vorjahres und Kurswert zum Bilanzstichtag.

Beispielsweise findet das verschärfte strenge Niederstwertprinzip Anwendung bei Inhaberaktien und stellt so eine relativ pessimistische Darstellung des tatsächlichen Wertes einer Inhaberaktie in der Bilanz sicher. Oder anders ausgedrückt: Der tatsächliche **Zeitwert** des Vermögens eines Versicherungsunternehmens liegt normalerweise oberhalb des auf der Aktivseite ausgewiesenen **Buchwertes**. Die in diesem Fall bestehenden **stillen Reserven** können in finanziellen Notsituationen zum Ausgleich etwaiger Verluste verwendet werden (treten dann als **außerordentliche Kapitalerträge** in der Gewinn- und Verlustrechnung auf), was freilich eine Veräußerung der betreffenden Kapitalanlagen erfordert.

Liegt der Zeitwert der Kapitalanlagen hingegen trotz Niederstwertprinzip unterhalb des Buchwertes, bestehen **stille Lasten**. In diesem kritischen Fall ist der Wertverlust der Kapitalanlagen auf der Aktivseite derart massiv, dass das Versicherungsunternehmen bei unveränderten Verbindlichkeiten mittelfristig in ernste Zahlungsschwierigkeiten geraten kann, im Extremfall droht ein Konkurs.

*Beispiel: Bis zum Jahr 2000 verfügten viele deutsche Versicherungsunternehmen aufgrund hoher Aktienanteile an ihren Kapitalanlageportfolios und gleichzeitig stetig steigender Aktienkurse über hohe stille Reserven. Durch die nach dem März 2000 einsetzenden massiven Kurseinbrüche an den internationalen Aktienmärkten änderte sich das Bild. Nun lag der Zeitwert vieler Kapitalanlagen unterhalb des ausgewiesenen Buchwertes, die Versicherer hatten entsprechend hohe stille Lasten. Da sich gleichzeitig an den Verbindlichkeiten auf der Passivseite der Bilanzen dieser Versicherer nichts Wesentliches änderte, gerieten speziell einige Lebensversicherer in wirtschaftlich kritisches Fahrwasser, was die Branche letztlich zur Gründung der Auffanggesellschaft **Protektor** animierte (Abschnitt D.2.3).*

In einzelnen Fällen wird die Anlage der Versichertenbeiträge nicht direkt durch das Versicherungsunternehmen vorgenommen, ein typisches Beispiel sind fondsgebundene Lebens- und Rentenversicherungen. Bei diesen Produkten trägt der Versicherungsnehmer selbst das Anlagerisiko, die Kapitalanlage wird über eine separate **Kapitalanlagegesellschaft** getätigt. Der so gebildete **Anlagestock** taucht auf der Aktivseite in der Position **Kapitalanlagen für Rechnung VN** auf. Die Kapitalanlage unterliegt in diesem Fall folglich nicht den strengen Bestimmungen des § 54 b VAG.

Auffallend auf der **Passivseite** einer Versicherungsbilanz ist der zumeist recht niedrige Anteil des **Eigenkapitals** an der Bilanzsumme (unabhängig von der Rechtsform). Während das Eigenkapital bei klassischen Industriebetrieben oftmals in der Größenordnung von 30 % der Bilanzsumme liegt, macht es bei Versicherungsunternehmen nur wenige Prozent aus.

Beispiel: Im Jahr 2006 betrug die Bilanzsumme aller im Jahresbericht der BaFin erfassten Lebensver-
sicherungsunternehmen rund 733 Mrd. €, davon entfielen nur 11 Mrd. € auf das Eigenkapital. Auch auf
das dem Eigenkapital verwandte Genussrechtskapital (von Bedeutung speziell für Versicherungsvereine
auf Gegenseitigkeit) entfiel ein Betrag von nur gut 1,4 Mrd €.

Folglich entfällt das Gros der Bilanzsumme auf der Passivseite auf diverse **Fremdkapitalpo-sitionen**, die eine direkte Konsequenz des spezifischen Charakters des Versicherungsgeschäfts sind. Dabei handelt es sich überwiegend um **Rückstellungen** aus dem Versicherungsgeschäft, je nach Versicherungssparte sind dabei unterschiedliche Rückstellungen von Bedeutung:

- In der **Lebensversicherung** entfällt der Passivposten **Versicherungstechnische Rück-stellungen** im Wesentlichen auf die **Deckungsrückstellung**. Sie ist die Summe sämtlicher einzelvertraglicher Deckungsrückstellungen, die in der Lebensversicherung beispielsweise anfallen, wenn ein Ansparprozess Teil eines Versicherungsproduktes ist (kapitalbildende Lebensversicherung, Rentenversicherung). Hinzu kommen Produkte wie die Risikolebens-versicherung, die bei zeitlich konstanter Beitragshöhe ein mit zunehmendem Alter der versicherten Person steigendes Todesfallrisiko absichert, wofür ebenfalls Rückstellungen gebildet werden müssen.

  Eine weitere wichtige versicherungstechnische Rückstellung in der Lebensversicherung ist die **Rückstellung für Beitragsrückerstattungen (RfB)**, die ihre Ursache in dem Bestreben nach einer möglichst gleichmäßigen Höhe der **Überschussbeteiligung** hat. Teile der anfallenden Kosten-, Risiko- und Zinsüberschüsse werden in dieser Rückstellung angesammelt und fließen nicht direkt an die überschussberechtigten Versicherungsnehmer. Etwaige jährliche Schwankungen in der Überschusshöhe können so aufgefangen, die Höhe der gewährten Überschüsse weitgehend konstant gehalten werden. Erst wenn die erwirtschafteten Rohüber-schüsse zwei oder mehr Jahre hintereinander signifikant oberhalb oder unterhalb des bislang gewährten Niveaus liegen, machen sich diese Abweichungen in der **Überschussdeklaration** der Lebensversicherer bemerkbar.

- Bei Unternehmen der privaten **Krankenversicherung** wird die Passivseite von den **Alterungsrückstellungen** beherrscht (in der Bilanz selbst als Teil der Deckungsrückstellung ausgewiesen). Auch hier zahlen die Versicherungsnehmer einen konstanten Beitrag, der ein mit dem Alter zunehmendes Krankheitsrisiko absichern soll. Deshalb zahlen junge Versicherte einen erhöhten Beitrag; die nicht zur Risikodeckung benötigten Beitragsbestandteile werden dabei in die Alterungsrückstellung überführt. Diese wird dann im hohen Alter allmählich aufgelöst, da die Beitragszahlungen nun nicht mehr ausreichen, um die anfallenden Krankheitskosten zu decken.

  Daneben spielt bei Krankenversicherern auch die **Rückstellung für erfolgsabhängige und erfolgsunabhängige Beitragsrückerstattung** eine wichtige Rolle (eine derartige bilanzielle Aufteilung der **RfB** findet bei Lebensversicherern nicht statt). Speziell die Rückstellung für erfolgsabhängige Beitragsrückerstattung fungiert als Sammelbecken für große Teile der während eines Geschäftsjahres anfallenden Rohüberschüsse und ermöglicht ein zeitlich weitgehend konstantes Niveau der Überschussbeteiligung.

- In der **Schaden- und Unfallversicherung** können die Schadenhöhen bei einigen Produktformen von Jahr zu Jahr stark schwanken, weshalb hier eine **Schwankungsrückstellung** gebildet wird. Fallen die versicherten Schäden in einem Geschäftsjahr aufgrund eines Großschadens (Erdbeben, Sturm, Überschwemmung etc.) so hoch aus, dass die Beitragszahlungen, Kapitalerträge und Rückversicherungsvereinbarungen sie allein nicht decken können, kann der Versicherer auf diese Rückstellung zurückgreifen. Sie bildet damit im weiteren Sinne einen Puffer zwischen unregelmäßig auftretenden Versicherungsschäden und den regelmäßigen Beitragszahlungen der Versicherungsnehmer.

Grundsätzlich können auch auf der Passivseite eines Versicherungsunternehmens **stille Reserven** und **stille Lasten** entstehen.

Beispiel: Führt der medizinische Fortschritt zu einem starken Anstieg der Lebenserwartung, bilden die bilanziell ausgewiesenen Verbindlichkeiten eines Lebensversicherers, der einen Bestand privater Rentenversicherungen verwaltet, die wahren künftigen Liquiditätsforderungen an diesen Versicherer nicht mehr ab, es entstehen stille Lasten. Die in der Bilanz ausgewiesenen Rückstellungen müssen in solchen Fällen nachträglich aufgefüllt werden, was im Rahmen einer Nachreservierung geschieht.

Für alle genannten versicherungstechnischen Rückstellungen gelten die allgemeinen Ansatz- und Bewertungsvorschriften (§§ 246–256 HGB). Hierzu gehört insbesondere das **Einzelbewertungsgebot** (eine Schätzung auf kollektiver Basis ist nur in begründeten Ausnahmefällen möglich), das **Imparitätsprinzip**, das **Realisationsprinzip**, das **Stetigkeitsgebot** und das **Vorsichtsprinzip** (siehe *Buchner*). Nach § 341 e (1) HGB sind versicherungstechnische Rückstellungen grundsätzlich so zu bilden, dass die dauerhafte Erfüllbarkeit der Verpflichtungen aus den Versicherungsverträgen sichergestellt ist. Daneben sind die komplizierten aufsichtsrechtlichen Regelungen über die verwendeten Rechnungsgrundlagen (einkalkulierte Kostensätze, Rechnungszins etc.) und die Überschussbeteiligung der Versicherungsnehmer zu beachten.

8.2.2 Gewinn- und Verlustrechnung

Im Gegensatz zur Bilanz ist die **Gewinn- und Verlustrechnung (GuV)** eine **Zeitraumbetrachtung**, ergänzt die statische Perspektive der Bilanz also um eine dynamische Perspektive. Die GuV stellt die während des Betrachtungszeitraums (im Allgemeinen ein Geschäftsjahr) angefallenen **Erträge** und **Aufwendungen** einander gegenüber und ist das Kernstück der periodenbezogenen **Erfolgsrechnung** im Unternehmen. Die GuV hat bei Kapitalgesellschaften grundsätzlich eine **Staffelform** (§ 275 (1) HGB), bei der schrittweise alle angefallenen Erträge und Aufwendungen miteinander verrechnet werden; als Ergebnis wird ein **Periodengewinn oder -verlust** ausgewiesen.

Die GuV einer Kapitalgesellschaft kann nach § 275 (2) bzw. (3) HGB auf zwei Arten und Weisen strukturiert werden. Beim **Umsatzkostenverfahren** werden die Aufwendungen primär nach Bereichen bzw. Funktionen wie Produktion, Vertrieb und Verwaltung unterteilt, beim **Gesamtkostenverfahren** hingegen nach den Aufwandsarten Materialaufwand, Personalaufwand und Abschreibungen. Für Versicherungsunternehmen sind beide Verfahren in dieser Form eher ungeeignet, da versicherungsspezifische Ertrags- und Aufwandsarten wie etwa das Rückversicherungsgeschäft zu berücksichtigen sind. Das in der Versicherungspraxis verwendete Verfahren unterscheidet eine **versicherungstechnische** und eine **nichtversicherungstechnische Rechnung** und ähnelt dem Umsatzverfahren.

Die genaue Struktur der GuV im Versicherungsunternehmen ist in den Formblättern 2 und 3 der **RechVersV** beschrieben. Die RechVersV unterscheidet zwischen Lebens- und Krankenversicherern einerseits und Schaden- und Unfallversicherern andererseits. Beispielsweise spielt die **Rückstellung für Beitragsrückerstattungen (RfB)** nur in der Lebens- und Krankenversicherung eine Rolle, die **Schwankungsrückstellung** nur in der Schaden- und Unfallversicherung.

Lebens- und Krankenversicherung	Schaden- und Unfallversicherung
I. Versicherungstechnische Rechnung	**I. Versicherungstechnische Rechnung**
1. Beitragseinnahmen	1. Beitragseinnahmen
2. Beiträge aus der RfB	
3. Erträge aus Kapitalanlagen	
4. Nicht realisierte Gewinne aus Kapitalanlagen	
	2. Technischer Zinsertrag für eigene Rechnung
5. Sonstige versicherungstechnische Erträge f.e.R.	3. Sonstige versicherungstechnische Erträge f.e.R.
6. Aufwendungen für Versicherungsfälle	4. Aufwendungen für Versicherungsfälle
7. Veränderung der versicherungstechnischen Netto-Rückstellungen	5. Veränderung der versicherungstechnischen Netto-Rückstellungen
8. Aufwendungen für Beitragsrückerstattungen	6. Aufwendungen für Beitragsrückerstattungen
9. Aufwendungen für den Versicherungsbetrieb	7. Aufwendungen für den Versicherungsbetrieb
10. Aufwendungen für Kapitalanlagen	
11. Nicht realisierte Verluste aus Kapitalanlagen	
12. Sonstige versicherungstechnische Aufwendungen f.e.R.	8. Sonstige versicherungstechnische Aufwendungen f.e.R.
	9. Zwischensumme
	10. Veränderung der Schwankungsrückstellung
13. Versicherungstechnisches Ergebnis	11. Versicherungstechnisches Ergebnis
II. Nichtversicherungstechnische Rechnung	**II. Nichtversicherungstechnische Rechnung**
	1. Erträge aus Kapitalanlagen
	2. Aufwendungen für Kapitalanlagen
	3. Technischer Zinsertrag
1. Sonstige Erträge	4. Sonstige Erträge
2. Sonstige Aufwendungen	5. Sonstige Aufwendungen
3. Ergebnis der normalen Geschäftstätigkeit	6. Ergebnis der normalen Geschäftstätigkeit
4. Außerordentliche Erträge	7. Außerordentliche Erträge
5. Außerordentliche Aufwendungen	8. Außerordentliche Aufwendungen
6. Außerordentliches Ergebnis	9. Außerordentliches Ergebnis
7. Steuern vom Einkommen und vom Ertrag	10. Steuern vom Einkommen und vom Ertrag
8. Sonstige Steuern	11. Sonstige Steuern
9. Erträge aus Verlustübernahmen	12. Erträge aus Verlustübernahmen
10. Aufgrund einer Gewinngemeinschaft, eines Gewinnabführungs- oder eines Teilgewinnabführungsvertrages abgeführte Gewinne	13. Aufgrund einer Gewinngemeinschaft, eines Gewinnabführungs- oder eines Teilgewinnabführungsvertrages abgeführte Gewinne
11. Jahresüberschuss/Jahresfehlbetrag	14. Jahresüberschuss/Jahresfehlbetrag

Tabelle VII: Schematischer Aufbau der Gewinn- und Verlustrechnung von Versicherungsunternehmen nach Sparten *(Quelle: Formblätter 2 bzw. 3 der RechVersV)*

Die **Beitragseinnahmen** am oberen Ende der GuV sind die **verdienten Beiträge für eigene Rechnung (f.e.R.)**; sie ergeben sich aus den **gebuchten Bruttobeiträgen** nach Abzug der abgegebenen **Rückversicherungsbeiträge** und Berücksichtigung etwaiger **Beitragsüberträge** aus benachbarten Geschäftsjahren. Die Beitragseinnahmen entsprechen dem Umsatzbegriff der allgemeinen Betriebswirtschaftslehre, sind also ein Maß für die Größe eines Versicherungsunternehmens, nicht jedoch für dessen Ertragsstärke. Die weitere Struktur der GuV dient vor allem dem Zweck, aus dieser Umsatzgröße den letztlich erwirtschafteten **Jahresüberschuss** zu ermitteln, der die zentrale Erfolgsgröße des Jahresabschlusses darstellt.

Wichtigster Einzelertrag neben den Beitragseinnahmen sind normalerweise die **Erträge aus Kapitalanlagen,** die je nach Sparte zur versicherungstechnischen Rechnung (Lebens- und Krankenversicherung) oder zur nichtversicherungstechnischen Rechnung (Schaden- und Unfallversicherung) gezählt werden (§ 45 (1) RechVersV). Sie setzen sich aus Erträgen aus Beteiligungen (Dividenden), Zinserträgen aus anderen Kapitalanlagen (Miet- und Pachtverträge, Fondsbeteiligungen, festverzinsliche Wertpapieren), Erträgen aus Zuschreibungen (Wertaufholung), Erträgen aus Gewinngemeinschaften, Gewinnabführungs- und Teilgewinnabführungsverträgen sowie Erträgen aus dem Abgang von Kapitalanlagen (zum Beispiel aus Veräußerungen von Aktien) zusammen.

Der zusätzlich in der versicherungstechnischen Rechnung von Schaden- und Unfallversicherern auftretende Posten **Technischer Zinsertrag für eigene Rechnung** ist in § 38 RechVersV geregelt und beschreibt im Wesentlichen Kapitalerträge für nach Art der Lebensversicherung angebotene Produkte und ist nur von geringer Bedeutung.

Die unterschiedliche Verbuchung der Kapitalerträge je nach Versicherungssparte ist eine Folge des ausgeprägten Sparcharakters vieler Produkte der Lebens- und Krankenversicherung. Bei kapitalbildenden Lebensversicherungen und Rentenversicherungen ist dieser Sparcharakter ein offensichtlicher Bestandteil der Versicherungsleistung, bei Krankheitskostenvollversicherungen und Risikolebensversicherungen werden über die Alterungsrückstellung bzw. Deckungsrückstellung in frühen Jahren der Vertragslaufzeit Rückstellungen für spätere Jahre gebildet. In beiden Fällen hängt die letztlich gewährte Versicherungsleistung entscheidend von Kapitalerträgen ab, da große Teile der eingezahlten Beiträge auf den Kapitalmärkten für längere Zeit investiert werden.

Eine weitere Ertragsform speziell der Lebens- und Krankenversicherung sind die **Beiträge aus der Rückstellung für Beitragsrückerstattungen (RfB)**. Hierbei handelt es sich um Mittel, die der RfB entnommen werden und zum Beispiel in Form von Beitragsentlastungen an die Versichertengemeinschaft fließen (speziell in der Krankenversicherung etwa zur Dämpfung von Beitragserhöhungen).

Unter den **Aufwendungen** stehen die **Aufwendungen für Versicherungsfälle** naturgemäß im Mittelpunkt. Bei Lebens- und Krankenversicherern ist diese Größe im zeitlichen Verlauf nur relativ geringen Schwankungen ausgesetzt und in der Regel gut vorhersagbar. Anders in der Schaden- und Unfallversicherung: Hier ist gerade in der Folge von Naturkatastrophen mit großen Einzelschäden oder **Kumulschäden** (etwa Häufung von Schäden nach einem Hagelsturm) zu rechnen, die den Jahresüberschuss trotz Rückversicherung massiv beeinträchtigen können.

Aufgrund des **Vorsichtsprinzips** (Abschnitt A.7) liegen die tatsächlichen Schäden normalerweise deutlich unter den bei der Beitragskalkulation verwendeten Schätzwerten, weshalb **Überschüsse** anfallen. Diese Überschüsse werden entweder mit einer zeitlichen Verzögerung oder direkt an die Versichertengemeinschaft zurücktransferiert, was seinen Niederschlag in den **Aufwendungen für Beitragsrückerstattungen** findet. Die hier an die Versichertengemeinschaft zurückfließenden Mittel werden häufig bei der Beitragskalkulation direkt berücksichtigt (zum Beispiel Sofortrabatt bzw. Beitragsverrechnung in der Lebensversicherung).

Ein weiterer wichtiger Aufwandsposten sind die **Aufwendungen für den Versicherungsbetrieb**, die sich in der Lebens- und Krankenversicherung noch in **Abschluss- und Verwaltungsaufwendungen** unterteilen. Die genannten Zahlenwerte in der GuV geben an, welche Beträge das Versicherungsunternehmen zur Unterhaltung seiner Abschluss- und Verwaltungstätigkeiten während des Betrachtungszeitraums aufgewendet hat und stellen im Verhältnis zu den Beitragseinnahmen einen wichtigen Effizienzparameter für das Wirtschaften im Versicherungsunternehmen dar, vgl. Abschnitt C.8.3.2.

Die **Veränderungen der versicherungstechnischen Netto-Rückstellungen** können als Ertrag oder als Aufwand in der GuV auftreten. Gemeint sind jeweils Entnahmen oder Zuführungen aus der **Deckungsrückstellung** (Leben und Kranken) bzw. der **Schwankungsrückstellung** (Schaden und Unfall).

Die **sonstigen Erträge** bzw. **sonstigen Aufwendungen** in der nichtversicherungstechnischen Rechnung sind ein Sammelbecken für unter anderem:

*   Erträge aus Dienstleistungen für Dritte (Vermittlung an andere Versicherungsunternehmen),

*   Erträge als Einlagen bei Kreditinstituten,

*   Personal- und Sachaufwendungen, die nicht näher zugeordnet werden können,

*   Zinsaufwendungen einschließlich der Zinszuführung zur Pensionsrückstellung (keine Depotzinsen).

Alles in allem bildet die GuV damit eine **Erfolgsrechnung** auf der Ebene des Gesamtunternehmens, die aufsichtsrechtlichen Melde- und Offenlegungspflichten genügt. Speziell zur Unternehmenssteuerung ist die GuV jedoch zu grob und muss durch eine detaillierte Erfolgsrechnung wie etwa die **Deckungsbeitragsrechnung** (Abschnitt C.8.4.2) oder weitergehende Auswertungen auf **Kennzahlenbasis** (Abschnitt C.8.3) ergänzt werden.

8.2.3 Anhang und Lagebericht

Dritter Bestandteil des Jahresabschlusses neben Bilanz und GuV ist der **Anhang**, der tiefer gehende Einblicke in die wirtschaftliche Lage des Unternehmens gestattet. Der genaue Inhalt des Anhangs wird in zahlreichen Einzelregelungen des HGB beschrieben. Die wichtigsten Funktionen des Anhangs sind:

- **Entlastungsfunktion**: Durch Verlagerung von Detailinformationen von der Bilanz bzw. GuV in den Anhang werden beide Dokumente deutlich übersichtlicher. Zum Beispiel kann eine Entwicklung einzelner Aktivposten (etwa Zu- und Abgänge von Kapitalanlagen) dargelegt werden.

- **Ergänzungsfunktion**: Der Anhang liefert zusätzliche Informationen, die nicht unmittelbar Positionen in Bilanz oder GuV zugeordnet werden können, etwa Informationen zu Haftungsverhältnissen. Wichtig, speziell bei Versicherungsunternehmen, ist beispielsweise die Angabe des **Zeitwertes** für zum Anschaffungswert ausgewiesene Kapitalanlagen. Auf dieser Basis kann der Umfang etwaiger **stiller Reserven** oder **stiller Lasten** berechnet werden (Abschnitt C.8.2.1). Ebenso werden im Anhang gesonderte Angaben zu personenbezogenen Aufwendungen wie Provisionen, Löhnen und Gehältern, Altersversorgungen etc. gemacht.

- **Erläuterungsfunktion**: Hierzu gehört zum Beispiel die Nennung und Begründung eventuell verwendeter Näherungs- und Vereinfachungsverfahren gemäß § 27 (4) RechVersV.

- **Korrekturfunktion**: Bereitstellung zusätzlicher Informationen, falls Bilanz und GuV kein den tatsächlichen wirtschaftlichen Verhältnissen entsprechendes Bild vermitteln.

Anhänge gemäß **IAS / IFRS** bzw. **US-GAAP** (so genannte **Notes**) sind deutlicher umfangreicher als Anhänge nach HGB / RechVersV und liefern zusätzliche Informationen unter anderem zu Finanzinstrumenten, latenten und effektiven Steuern, Leasingaktivitäten und Pensionsverpflichtungen.

Im Gegensatz zum Anhang ist der **Lagebericht** kein Bestandteil des Jahresabschlusses, wird diesem aber im **Geschäftsbericht** vorangestellt. Die Pflicht zur Erstellung eines Lageberichtes leitet sich aus §§ 289 und 341 a (1) HGB ab. Ziel des Lageberichtes ist eine umfassende Darstellung des Geschäftsverlaufs vor dem Hintergrund der volkswirtschaftlichen Gesamtsituation.

Inhalte des Lageberichtes nach § 289 HGB sind:

- ein Überblick zur **allgemeinen Lage** des Unternehmens am Bilanzstichtag (häufig dargestellt mithilfe von Kennzahlen zur finanzwirtschaftlichen Situation und Bestandsentwicklung, Abschnitte C.8.3.2 und C.8.3.3),

- Informationen zur **Risikosituation** des Unternehmens (**Risikomanagement** nach **KonTraG**; gefordert werden Informationen zu Risikomanagementzielen und -methoden, zu Preisänderungs-, Ausfall- und Liquiditätsrisiken sowie zu Risiken infolge von Schwankungen des Zahlungsstroms),

- Informationen zu Forschung und Entwicklung,

- Informationen zu Zweigniederlassungen,

- Informationen zu den Grundzügen des Vergütungssystems,

- ein Überblick zum Geschäftsverlauf in den betriebenen Versicherungsarten.

Alles in allem ist der Lagebericht damit nicht nur ein Rechenschaftsbericht, sondern auch ein Instrument der **Kommunikationspolitik** des Versicherungsunternehmens (vgl. *Görgen*), das sich vornehmlich an die Anteilseigner richtet.

8.3 Jahresabschlussanalyse im Versicherungsunternehmen

Die **Jahresabschlussanalyse** dient dem Zweck, einem Unternehmen vertiefte Einblicke in seine gegenwärtige und zukünftige **Ertrags-, Finanz- und Vermögenslage** zu gewähren. Sie generiert damit sekundäre Informationen aus den primären Informationen des Jahresabschlusses und beinhaltet im Gegensatz zum Jahresabschluss immer auch eine interpretierende Kompetenz. Teilweise greift eine Jahresabschlussanalyse auch auf Rohdaten zurück, die im Jahresabschluss selbst gar nicht oder nur teilweise enthalten sind (zum Beispiel aus der **internen Rechnungslegung**). Ebenso trägt die Jahresabschlussanalyse im Gegensatz zum Jahresabschluss eher Züge einer Erfolgsrechnung, die Impulse für die Unternehmenssteuerung liefern soll. Aus diesem Grund basiert die Jahresabschlussanalyse in weiten Teilen auf **Kennzahlen**, die auf unterschiedliche Art und Weise im Sinne einer Erfolgsrechnung interpretiert und instrumentalisiert werden können.

Unter einer Kennzahl soll eine quantitative Größe zur Bewertung der Ertrags-, Finanz- oder Vermögenslage oder anderer branchen- oder unternehmensindividueller Erfolgsgrößen verstanden werden. In der Regel werden dabei relative Größen bevorzugt, die eine Erfolgsgröße A in Relation zu einer Kapazitätsgröße B betrachten, also letztlich der Quotient A/B. In Einzelfällen werden auch Absolutgrößen als Kennzahlen bezeichnet, hier sind jedoch **Vergleichbarkeit** und **Interpretierbarkeit** stark eingeschränkt.

Bei einem reinen **Soll-/Ist-Abgleich** werden die gefundenen Kennzahlenwerte (Istwerte) mit zuvor gesteckten Zielen (Sollwerte) verglichen. Alternativ können auch Vergleiche mit **Vergangenheitswerten** oder – soweit möglich – entsprechenden Zahlenwerten anderer Unternehmen (**Konkurrenzvergleich**) vorgenommen werden. In allen Fällen erhält die Unternehmensführung eine Möglichkeit zur Identifizierung und Analyse eigener Stärken und Schwächen, was wiederum Impulse für die künftige Unternehmensplanung liefert.

Abbildung 69: Möglichkeiten der Interpretation von Kennzahlen

Die Kennzahlendarstellung in den folgenden Abschnitten C.8.3.1 – C.8.3.3 unterscheidet drei Arten von Kennzahlen, die sich in der Regel aus Bilanz, GuV, Anhang und Lagebericht ermitteln lassen. Von zentraler Bedeutung sind dabei die **Sicherheits- und Erfolgskennzahlen**, erlauben sie doch eine mehr oder minder direkte Abbildung zentraler finanzwirtschaftlicher

Unternehmensziele im Versicherungsunternehmen. Der Erreichungsgrad bei Wachstumszielen wird durch **Wachstumskennzahlen** abgebildet; auch diese Kennzahlen geben indirekt Auskunft über die Sicherheitslage, da größere Unternehmen in der Versicherungswirtschaft grundsätzlich von einer breiteren Risikostreuung profitieren.

Die beschriebenen Kennzahlen können zu geeigneten **Kennzahlenkatalogen** zusammengeführt werden, die das Versicherungsunternehmen in seiner Gesamtheit darstellen. Beispiele für solche Kennzahlenkataloge sind der PKV-Kennzahlenkatalog des **PKV-Verbandes** oder der Kennzahlenkatalog des **GDV** (Abschnitt D.3) zur Lebensversicherung. Einige Kennzahlen, die speziell eine **Wertorientierung** der Unternehmensführung im Rahmen eines **Shareholder Value-Ansatzes** ermöglichen, werden separat in Abschnitt C.8.4.1 beschrieben. Diese Kennzahlen zielen im Gegensatz zu den Kennzahlen der Abschnitte C.8.3.1 – C.8.3.3 bewusst auf eine Abbildung des Gesamtunternehmenserfolges in *einem* Zahlenwert, der eine wertorientierte Unternehmenssteuerung ermöglichen soll.

In jüngerer Vergangenheit wird die Jahresabschlussanalyse auch vermehrt als Instrument des Risikomanagements angesehen. Eine zentrale Größe spielt hierbei der **Solvabilitätsbegriff**, der eine ausreichende Reservenbildung bei Versicherungsunternehmen fordert (Abschnitt C.8.3.4). Dieses wichtige Instrument der **Versicherungsaufsicht** ist eine direkte Folge der Angleichung der europäischen Aufsichtssysteme.

8.3.1 Kennzahlen zur Sicherheitslage

Die **Sicherheitslage** eines Versicherungsunternehmens beschreibt, welchen **Zielerreichungsgrad** das Unternehmen bei seinen Sicherheitszielen erlangt hat bzw. in näherer Zukunft erlangen wird (Abschnitt C.1.2). Für ein Versicherungsunternehmen bedeutet dies, dass das Unternehmen langfristig in der Lage sein muss, allen Verbindlichkeiten in der zugesagten Höhe nachzukommen. Die Verbindlichkeiten auf der Passivseite der Bilanz entsprechen dabei überwiegend **versicherungstechnischen Verbindlichkeiten** (Rückstellungen für künftige Ablaufleistungen, Rentenzahlungen, Schadenzahlungen etc.), denen **Kapitalanlagen** auf der Aktivseite gegenüberstehen.

Um die so charakterisierte langfristige Sicherheitslage zu verbessern, kann ein Versicherer grundsätzlich folgende Maßnahmen ergreifen:

- Abschluss umfassender **Rückversicherungsabkommen,**

- Bildung von **Reserven**, um unerwartet hohen Liquiditätsanforderungen (zum Beispiel infolge eines Kumulschadens) kurzfristig begegnen zu können,

- Umsetzung einer eher konservativen **Kapitalanlagestrategie** zur Verminderung des Kapitalanlagerisikos,

- Einleitung von Maßnahmen zur **Kostenreduktion** und zur **Verminderung der Versicherungsschäden.**

Aus diesen Maßnahmen lassen sich direkt **Kennzahlen** zur Beschreibung der Sicherheitslage im Versicherungsunternehmen ableiten:

- Die **Rückversicherungsquote RVQ** ist definiert gemäß

  RVQ = 100 % · (Abgegebene Rückversicherungsbeiträge) / (Gebuchte Bruttobeiträge)

  und gibt an, in welchem Maße ein Versicherer die Risikoteilung mithilfe von Rückversicherern in Anspruch nimmt. Eine niedrige RVQ deutet darauf hin, dass der Versicherer bei größeren Einzelschäden oder Kumulschäden für große Teile des Schadens selbst aufkommen muss, was im Extremfall zu Liquiditätsproblemen führen kann.

- Die **Eigenkapitalquote EKQ** betrachtet das Eigenkapital in Relation zu den verdienten Beiträgen für eigene Rechnung:

  EKQ = 100 % · (Eigenkapital) / (Verdiente Beiträge f. e. R.)

  Die verdienten Beiträge f.e.R. fungieren dabei als Größenparameter für den Gesamtgeschäftsumfang des Versicherungsunternehmens. Eine hohe EKQ deutet darauf hin, dass unerwartet hohe Liquiditätsanforderungen gegebenenfalls durch einen Rückgriff auf das Eigenkapital aufgefangen werden können. Da der Rückversicherer Teile des versicherten Risikos trägt, wird die EKQ meist auf die verdienten Beiträge für eigene Rechnung bezogen (vgl. etwa Kennzahlenkatalog des **PKV-Verbandes**).

- Speziell in der Lebens- und Krankenversicherung spielt die **RfB-Quote (RQ)** eine wichtige Rolle:

  RQ = 100 % · (RfB) / (Verdiente Beiträge f. e. R.)

  RQ ist ein Maß für die langfristige Überschusskraft des Versicherungsunternehmens, gibt also insbesondere an, inwieweit ein Lebens- bzw. Krankenversicherer in der Lage ist, eine einmal gewährte Überschussbeteiligung auch längerfristig zu bieten.

- Die **Quote stiller Reserven QSR** gibt an, in welchem Umfang das Versicherungsunternehmen über stille Reserven relativ zu seinen bilanziell ausgewiesenen Kapitalanlagen verfügt (KA := Kapitalanlagen zum Bilanzstichtag):

  QSR = 100 % · (Zeitwert KA – Buchwert KA) / (Buchwert KA)

  Ein negativer Zahlenwert von QSR zeigt stille Lasten an, ein Zahlenwert von etwa 100 % bedeutet, dass

  Zeitwert KA $\approx$ 2 · (Buchwert KA) ,

  die Kapitalanlagen des Versicherers zum Bilanzstichtag also gut doppelt so viel wert sind wie in der Bilanz ausgewiesen.

- Im weiteren Sinne kann auch die **Aktienquote AQ** als Sicherheitskennzahl interpretiert werden, da sie letztlich die Volatilität des Kapitalanlageportfolios des Versicherungsunternehmens misst:

$$AQ = 100\,\% \cdot \text{(Buchwert Aktien)} / \text{(Buchwert KA)}$$

Eine hohe Aktienquote nahe der gesetzlichen Höchstgrenze (Abschnitt C.8.2.1) deutet darauf hin, dass sich der Zeitwert der Kapitalanlagen kurzfristig stark ändern kann (bilanziell gesprochen: der Zeitwert der Aktivseite ist erheblichen Schwankungen unterworfen). Hierdurch kann das Versicherungsunternehmen bei unveränderten Verbindlichkeiten (sprich: der Zeitwert der Passivseite bleibt unverändert) in finanzielle Schwierigkeiten geraten.

- Die **Combined Ratio CR** (kombinierte Schadenkostenquote) wird vor allem in der Schaden- und Unfallversicherung betrachtet und stellt den während des Geschäftsjahres angefallenen Aufwendungen für Versicherungsschäden die für den Versicherungsbetrieb gebuchten Bruttobeiträge gegenüber:

$$CR = 100\,\% \cdot \text{(Aufw. f. Versicherungsschäden und Versicherungsbetrieb)} / \text{(Gebuchte Bruttobeiträge)}$$

Ein Zahlenwert CR > 100 % impliziert, dass die gebuchten Bruttobeiträge allein nicht ausreichen, um die Aufwendungen für Versicherungsschäden und den Versicherungsbetrieb zu decken. Aufgrund der nicht in CR berücksichtigten **Kapitalerträge** befindet sich das Versicherungsunternehmen damit nicht notwendigerweise in Zahlungsschwierigkeiten, dennoch deutet CR > 100 % mittelfristig auf ein gewisses Missverhältnis zwischen Erträgen und Aufwendungen hin. Die Combined Ratio kann im Rahmen einer wirtschaftlichen Erfolgsrechnung weiter differenziert werden, siehe Abschnitt C.8.3.2.

Ein weiterer wichtiger Indikator für die Sicherheitslage im Versicherungsunternehmen ist der recht komplizierte **Solvabilitätsbegriff**. Aufgrund seiner aufsichtsrechtlichen Bedeutung wird dieser Begriff separat in Abschnitt C.8.3.4 diskutiert.

8.3.2 Kennzahlen zum wirtschaftlichen Erfolg

Unter dem **wirtschaftlichen Erfolg** (genauer: finanzwirtschaftlichen Erfolg) eines Versicherungsunternehmens soll im Folgenden die Fähigkeit des Unternehmens verstanden werden, seine **Gewinnziele** zu erreichen (Abschnitt C.1.2). Alle vorgestellten Kennzahlen sind Instrumente zur Messung eines relativen finanzwirtschaftlichen Erfolges, bei dem eine finanzwirtschaftliche Absolutgröße des Erfolges in Relation zur Gesamtgröße des Unternehmens betrachtet wird. Hierdurch sind insbesondere objektive Vergleiche mit anderen Versicherungsunternehmen der gleichen Sparte möglich. Im Gegensatz zu den eher bilanzorientierten Kennzahlen zur Sicherheitslage basieren die Kennzahlen zum wirtschaftlichen Erfolg primär auf GuV-Größen.

Die Haupteinflussparameter des wirtschaftlichen Erfolgs eines Versicherungsunternehmens sind neben den **Beitragseinnahmen** als Umsatzgröße die während eines Geschäftsjahres anfallenden Aufwendungen für **Versicherungsschäden** sowie für den **Abschluss** und die **Verwaltung** von Versicherungsverträgen. Eine wichtige Ertragsquelle sind die aus Kapitalanlagen erwirtschafteten **Kapitalerträge**, die die parallel anfallenden Aufwendungen für Kapitalanlagen meist übersteigen. Generell sind Versicherungsunternehmen verpflichtet, ihre Versicherungsnehmer am unternehmerischen Erfolg zu beteiligen (**Überschussbeteiligung**, zum Beispiel über eine **Beitragsrückgewähr**), was der Ertragsstärke eines Versicherungsunternehmens eine natürliche Grenze setzt.

Viele verbreitete Indikatoren für den wirtschaftlichen Erfolg eines Versicherungsunternehmens beleuchten nur einen Teilaspekt dieses wirtschaftlichen Erfolges, beispielsweise die **Kosteneffizienz** oder den **Kapitalanlageerfolg**. Beispielhaft seien genannt:

- In der Schaden- und Unfallversicherung wird häufig eine allgemeine **Kostenquote KQ** berechnet, die den Aufwendungen für den Versicherungsbetrieb die gebuchten Bruttobeiträge gegenüberstellt:

$$KQ = 100\,\% \cdot (\text{Aufwendungen für den Versicherungsbetrieb}) / (\text{Geb. Bruttobeiträge})$$

Eine hohe Kostenquote legt eine geringe Effizienz bei Abschluss und Verwaltung von Versicherungsverträgen nahe, Versicherern mit verhältnismäßig niedrigen Kostenquoten gelingt es hingegen, einen relativ hohen Anteil der Versichertenbeiträge in die Darstellung des vereinbarten Versicherungsschutzes zu investieren.

In der Lebens- und Krankenversicherung werden die Aufwendungen für den Versicherungsbetrieb weiter unterschieden in Aufwendungen für den Abschluss und die Verwaltung von Versicherungsverträgen, was eine verfeinerte Betrachtung auf Basis einer **Abschlusskostenquote AKQ** und einer **Verwaltungskostenquote VKQ** erlaubt:

$$AKQ = 100\,\% \cdot (\text{Aufwendungen f. d. Abschluss v. Versicherungsverträgen}) / (\text{Geb. Bruttobeiträge}) \,,$$

$$VKQ = 100\,\% \cdot (\text{Aufwendungen f. d. Verwaltung v. Versicherungsverträgen}) / (\text{Geb. Bruttobeiträge}) \,.$$

Grob gesprochen wird mit diesen Kennzahlen die Kosteneffizienz von Außen- und Innendienst abgebildet.

- Der Kapitalanlageerfolg lässt sich über die **laufende Verzinsung LVZ** darstellen:

$$LVZ = 100\,\% \cdot (\text{Erträge aus KA}) / (\text{Mittlerer KA-Bestand})$$

Der mittlere KA-Bestand ist dabei definiert als das arithmetische Mittel aus dem KA-Bestand zu Geschäftsjahresbeginn und zu Geschäftsjahresende. LVZ berücksichtigt weder Erträge aus Zuschreibungen noch Erträge aus dem Abgang von Kapitalanlagen (daher laufende Verzinsung) und misst den Erfolg des Versicherungsunternehmens bei der Gestaltung seines Kapitalanlageportfolios.

- Werden zusätzlich noch die Aufwendungen für Kapitalanlagen berücksichtigt, ergibt sich die **Reinverzinsung RVZ** (auch **Nettoverzinsung**):

RVZ = 100 % · (Erträge aus KA–Aufwendungen für KA) / (Mittlerer KA-Bestand)

RVZ bezieht damit zum Beispiel etwaige Verluste aus dem Abgang von Kapitalanlagen und Aufwendungen für die Verwaltung von Kapitalanlagen mit ein. Für ein realistisches Bild des Kapitalanlageerfolges empfiehlt sich eine parallele Betrachtung von LVZ und RVZ.

- Die **Schadenquote SQ** gibt Auskunft über die Schadenanfälligkeit des versicherten Bestandes:

SQ = 100 % · (Aufwendungen für Versicherungsschäden) / (Gebuchte Bruttobeiträge)

Eine relativ hohe Schadenquote (zum Beispiel im Vergleich zu anderen Versicherungsunternehmen der gleichen Sparte) deutet auf eine niedrige Bestandsqualität hin, was entsprechende Auswirkungen auf den wirtschaftlichen Erfolg des Versicherers hat.

Zusammen mit der schon erwähnten Kostenquote lässt sich die Schadenquote zur **Combined Ratio** zusammenführen (vgl. Abschnitt C.8.3.1):

KQ + SQ = CR

Die Combined Ratio kann damit auch als Erfolgskennzahl verstanden werden.

Alle vorgestellten Kennzahlen betrachten eine Absolutgröße des wirtschaftlichen Erfolges relativ zu einer Umsatzgröße oder anderen Maßzahl des verwalteten Versicherungsbestandes (etwa mittlerer Kapitalanlagenbestand). Daneben gibt es in der Literatur noch eine Reihe **investororientierter Kennzahlen** zum wirtschaftlichen Erfolg, die den wirtschaftlichen Absoluterfolg relativ zu den eingesetzten Mitteln der Anteilseigner betrachten. Eine Übersicht hierzu findet der Leser in Abschnitt C.8.4.1 zum **Shareholder Value-Ansatz**.

8.3.3 Kennzahlen zum Versicherungsbestand

Veränderungen im **Versicherungsbestand** eines Versicherungsunternehmens ergeben sich durch **Neuzugänge** (auch **Neugeschäft** genannt) und **Abgänge von Versicherungsverträgen** (Messung auf Basis von **Vertragszahlen**). Der Begriff „Vertrag" wird dabei teilweise durch den Begriff „Versicherungsnehmer" ersetzt. Im weiteren Sinne kann die Größe eines Versicherungsbestandes auch über die **Beitragseinnahmen** abgebildet werden, in diesem Falle ergeben sich noch weitere Formen des Neuzugangs bzw. Abgangs.

Abbildung 70: Bestandsbewegungen bei Versicherungsunternehmen

Wird der Neuzugang während eines Geschäftsjahres auf Basis der Beitragseinnahmen gemessen, setzt sich dieser Neuzugang zusammen aus:

- **echtem Neuzugang** in Form von neu abgeschlossenen Versicherungsverträgen,

- **Beitragserhöhungen** bei bestehenden Vertragsverhältnissen; zum Beispiel im Rahmen einer Beitragserhöhung in der Krankheitskostenvollversicherung. Ein anderes Beispiel wären Verträge mit automatisch steigenden Beiträgen (**Dynamik**), die in der kapitalbildenden Lebensversicherung verbreitet sind; Beitragserhöhungen ergeben sich ferner als natürliche Folge einer Erhöhung der versicherten Summe (**Summenerhöhung**).

Ebenso gibt es unterschiedliche Gründe für einen **Abgang** von Versicherungsverträgen:

- **Normaler Abgang**: Die Vertragsdauer ist abgelaufen, das Versicherungsverhältnis damit beendet. Ein typisches Beispiel für einen normalen Abgang wäre eine kapitalbildende Lebensversicherung, deren Erlebensfallsumme nach Ablauf zur Auszahlung kommt.

- **Anomaler Abgang**: Beendigung des Vertrages durch **Anfechtung, Kündigung** oder **Rücktritt** (Abschnitt B.3.2). Vor allem in der Lebensversicherung ist auch der Begriff „**vorzeitiger Abgang**" verbreitet. Sowohl normaler als auch anomaler Abgang bezeichnen damit einen realen Abgang von Verträgen.

- **Beitragssenkungen**: Die Ursachen für eine Beitragssenkung können vielfältig sein (Herabsetzung der versicherten Summe, Neubewertung des versicherten Risikos etc.).

Beitragserhöhungen und Beitragssenkungen beschreiben damit Bestandsveränderungen auf der Basis von Beitragseinnahmen, bewirken jedoch keine Veränderungen der Vertragszahlen.

Die folgenden Kennzahlen betrachten den Versicherungsbestand auf Basis von Beitragseinnahmen oder versicherter Summen:

- Die relative Größe eines Versicherungsunternehmens zum Markt als Ganzes beschreibt der **Marktanteil MA**:

    $$MA = 100\,\% \cdot (\text{Geb. Bruttobeiträge}) / (\text{Geb. Bruttobeiträge aller VU der gleichen Sparte})$$

    MA wird auf eine Versicherungssparte bezogen, da nur die Unternehmen dieser Sparte zueinander in direkter Konkurrenz stehen. Teilweise werden auch Marktanteile von Konzernen über alle Sparten hinweg angegeben.

- Das **Bestandswachstum BW** beschreibt die Veränderung der gebuchten Bruttobeitragseinnahmen eines Geschäftsjahres (Gj.) im Vergleich zum Vorjahr (Vj):

    $$BW = 100\,\% \cdot (\text{Geb. Bruttobeiträge Gj.} - \text{Geb. Bruttobeiträge Vj.}) / (\text{Geb. Bruttobeiträge Vj.})$$

    Der Zahlenwert von BW sagt nichts über die Zahl der Vertragsverhältnisse aus, da etwa ein hoher normaler und anomaler Abgang durch Beitragserhöhungen bei anderen Verträgen kompensiert werden kann. Das Bestandswachstum fasst alle Bestandsveränderungen infolge von Neuzugängen und Abgängen zusammen. Ein hohes Bestandswachstum bei gleichzeitig hoher Stornoquote deutet zum Beispiel auf einen besonders hohen Neuzugang hin.

- Speziell in der Lebensversicherung wird häufig auch eine **Stornoquote STQ** berechnet, die den anomalen Abgang (vorzeitigen Abgang) ins Verhältnis zum durchschnittlichen Versicherungsbestand während eines Geschäftsjahres setzt. Als Maßstab wird hierbei häufig die versicherte Summe genommen:

STQ = 100 % · (Versicherte Summe [anomaler Abgang]) / (Versicherte Summe [durchschnittlicher Jahresbestand])

Eine gewisse Korrelation der versicherten Summe mit den Beitragseinnahmen ist offensichtlich. Eine hohe Stornoquote deutet auf Mängel bei der Kundenbetreuung hin und ist auch unter Ertragsgesichtspunkten kritisch zu sehen.

Alle in diesem Abschnitt genannten Kennzahlen zum Versicherungsbestand können im weiteren Sinne auch als Sicherheitskennzahlen interpretiert werden, da die Risikoanfälligkeit eines Versicherungsbestandes mit seiner Größe abnimmt. Auf die Ertragslage und den wirtschaftlichen Erfolg haben die genannten Kennzahlen ebenfalls einen allerdings relativ schwachen Einfluss.

8.3.4 Solvabilitätsbegriff

Die **Solvabilität** eines Versicherungsunternehmens beschreibt die Eigenmittelausstattung und wird im Rahmen der Versicherungsaufsicht überwacht. Hintergrund ist die Forderung, dass ein Versicherungsunternehmen in regelmäßigen Zeitabständen einen Nachweis darüber führen soll, dass es voraussichtlich in der Lage sein wird, seinen künftigen finanziellen Verpflichtungen nachzukommen (Sicherstellung der **Solvenz**, das heißt der Zahlungsfähigkeit). Der Solvabilitätsgedanke stellt grundsätzlich einen zentralen Bestandteil der Versicherungsaufsicht dar, ist aber erst im Zuge der Angleichung der europäischen Aufsichtssysteme rechtlich genauer umrissen worden. Die im Folgenden dargestellten Solvabilitätsvorgaben fußen weitgehend auf EU-Richtlinien aus dem Jahr 2002, die im Jahr 2004 in deutsches Recht umgesetzt worden sind und unter dem Namen „**Solvency I**" bekannt sind. Weitergehende Solvabilitätsanforderungen, die unter dem Namen „**Solvency II**" bekannt sind, sollen bis 2012 verabschiedet und danach in deutsches Recht übernommen werden (Abschnitt C.8.6).

Nach § 53 c VAG sind Versicherungsunternehmen verpflichtet, zur Sicherstellung der dauernden Erfüllbarkeit ihrer Verträge stets über *„freie unbelastete Eigenmittel mindestens in Höhe der geforderten Solvabilitätsspanne zu verfügen, die sich nach dem gesamten Geschäftsumfang bemisst"*. Die Solvabilität ist damit ein Oberbegriff für eine Vielzahl finanzwirtschaftlicher und versicherungstechnischer Einzelprozesse des Versicherungsgeschäftes, die ihren Niederschlag in Zu- und Abflüssen von Kapital im Versicherungsunternehmen finden und von grundsätzlich stochastischer Natur sind (Abschnitt A.3). Unterschreiten die **Solvabilitätsmittel** die gesetzlich geforderte **Mindestausstattung**, können nach § 81 b (1) VAG aufsichtsrechtliche Maßnahmen zur *„Wiederherstellung gesunder Finanzverhältnisse"* ergriffen werden (Abschnitt D.2.3).

Damit ein Versicherungsunternehmen seinen künftigen finanziellen Verpflichtungen voraussichtlich nachkommen kann, muss die gemessene **Ist-Solvabilität** größer oder gleich einer geforderten **Soll-Solvabilität** sein. Die Soll-Solvabilität bildet dabei die Risikolage des Versicherungsunternehmens ab und setzt sich aus drei Bestandteilen zusammen:

- der schon zitierten **Solvabilitätsspanne**, die aus verschiedenen quantitativen Größen abgeleitet wird (Beitragseinnahmen, Gesamtschäden, versicherungstechnische Passivposten); die genaue Berechnung ist recht kompliziert und erfolgt über spartenspezifische Beitrags- und Schadenindices,

- einem **Garantiefonds** in Höhe von einem Drittel der Solvabilitätsspanne (zusätzlicher Sicherheitspuffer aufgrund des stochastischen Charakters der Solvabilitätsspanne),

- einem **Mindestgarantiefonds**, der ebenfalls spartenabhängig berechnet wird und nicht von der Unternehmensgröße abhängt.

Grob gesprochen ist die Solvabilitätsspanne eine stückweise lineare Funktion der Unternehmensgröße, die zunächst steil ansteigt, bei größeren Unternehmen aber abflacht (Ursache: verbesserter Risikoausgleich in größeren Versicherungsbeständen). Der Mindestgarantiefonds bildet eine konstante untere Schranke der Soll-Solvabilität.

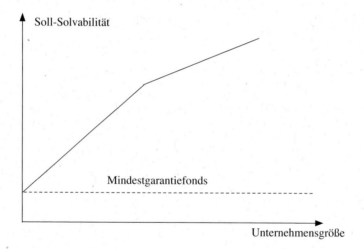

Abbildung 71: Soll-Solvabilität als Funktion der Unternehmensgröße *(schematisch; die Unternehmensgröße wird dabei über die Beitragseinnahmen abgebildet)*

Die **Ist-Solvabilität** beschreibt im Gegensatz dazu die tatsächliche finanzielle Situation des Versicherungsunternehmens in Form von freien unbelasteten Eigenmitteln und setzt sich ebenfalls aus mehreren Bestandteilen zusammen:

- dem in der Bilanz ausgewiesenen **Eigenkapital** zuzüglich einzelner Teile des **Fremdkapitals mit Eigenkapitalcharakter** (Hybridkapital) abzüglich aktivierter immaterieller Vermögenswerte,

- einzelnen Bestandteilen der **stillen Reserven** (Abschnitt C.8.2.1),

- dem **Nachschusspotenzial** (bei Schaden- und Unfallversicherungsvereinen auf Gegenseitigkeit),

- bei Lebensversicherern daneben noch in gewissen Grenzen aus **zukünftigen Gewinnen** sowie weiteren **Teilen des Fremdkapitals** (Voraussetzung: die Fremdkapitalanteile können zur Verlustdeckung herangezogen werden).

Alles in allem besteht die Ist-Solvabilität damit aus Mitteln, die grundsätzlich zur Deckung unerwarteter Verluste vor allem versicherungstechnischer Natur herangezogen werden können. Sind diese Mittel in ihrer Summe mindestens so groß wie die geforderte Soll-Solvabilität, kann dem Versicherungsunternehmen eine ausreichende Ausstattung an freien unbelasteten Eigenmitteln bescheinigt werden. Versicherungsunternehmen müssen diesen Nachweis gegenüber der Aufsichtsbehörde im Rahmen einer jährlichen **Solvabilitätsberechnung** führen.

Ergibt sich bei dieser Solvabilitätsberechnung, dass die Soll-Solvabilität größer ist als die Ist-Solvabilität, gilt also

$$\frac{\text{Ist-Solvabilität}}{\text{Soll-Sollvabilität}} < 1 \, ,$$

besteht bei diesem Versicherungsunternehmen die Notwendigkeit eines aufsichtsrechtlichen Eingriffs. Je nachdem, welcher Teil der Ist-Solvabilität relativ zur Soll-Solvabilität besonders niedrig ausfällt, kann dies für das Versicherungsunternehmen entweder auf die Erstellung eines Solvabilitätsplanes oder eines Finanzierungsplanes hinauslaufen. Konkret gilt:

Ist-Solvabilität < Solvabilitätsspanne	→ Solvabilitätsplan
Ist-Solvabilität < Garantiefonds	→ Finanzierungsplan
Ist-Solvabilität < Mindestgarantiefonds	→ Finanzierungsplan

Der **Finanzierungsplan** soll dabei darstellen, wie das Versicherungsunternehmen seine Eigenmittelausstattung kurzfristig zu konsolidieren gedenkt, der **Solvabilitätsplan** zielt hingegen auf eine langfristige Verbesserung der Eigenmittelausstattung und kann auch Einzelmaßnahmen zur Beeinflussung der Soll-Solvabilität beinhalten (Verbesserung der Risikostruktur des Versicherungsbestandes, verstärkter Rückgriff auf Rückversicherungsabkommen etc.). Liegt die Ist-Solvabilität nur geringfügig unterhalb der Soll-Solvabilität, muss das Unternehmen daher einen Solvabilitätsplan vorlegen. Liegt die Ist-Solvabilität hingegen gar unterhalb des Garantiefonds (ein Drittel der Solvabilitätsspanne), ist bereits in der nächsten Zukunft mit ernsten finanziellen Problemen zu rechnen, entsprechend wird nun eine kurzfristige Sanierung der Eigenmittelausstattung gefordert (Finanzierungsplan).

Der Solvabilitätsbegriff findet auch auf **Konzernebene** Anwendung und bezieht hier alle am Konzern beteiligten Versicherungsunternehmen mit ein. Nichtversicherungsunternehmen wie einer Holding-Gesellschaft wird dabei eine Soll-Solvabilität von null zugeschrieben. Die Verantwortung für die Darstellung der geforderten Solvabilität liegt jeweils bei der im Konzern führenden Gesellschaft, unabhängig davon, ob es sich dabei um ein Versicherungsunternehmen handelt oder nicht. Problematisch ist in diesem Zusammenhang, dass nicht alle Konzerntöchter im alleinigen Besitz der führenden Gesellschaft(en) sein müssen; zusätzlich erschwerend wirken die vielfältigen Gestaltungsmöglichkeiten bei der Rechnungslegung von Versicherungskonzernen (Einfluss der **IAS / IFRS** und der amerikanischen **US-GAAP** – in beiden Fällen geht es um die Entwicklung internationaler Rechnungslegungsstandards).

8.4 Wertorientierte Unternehmenssteuerung im Versicherungsunternehmen

Hauptaufgabe der **Unternehmensführung** ist die Erreichung der **Unternehmensziele** durch geeignete strategische und operative Maßnahmen. Im Wettstreit der Unternehmensziele sind dabei in den vergangenen Jahren in der Versicherungswirtschaft verstärkt die **Gewinnerzielung** und die **Wertsteigerung** in den Fokus gerückt (Abschnitt C.1.2), entsprechend legen moderne Führungs- und Steuerungsansätze in Versicherungsunternehmen meist besonderes Gewicht auf die Befriedigung der monetären Interessen der Anteilseigner.

Der **Shareholder Value-Ansatz** fordert diese Ausrichtung an den Interessen der Unternehmenseigentümer bzw. Investoren explizit (Abschnitt C.8.4.1), andere Ansätze, wie die **Deckungsbeitragsrechnung** oder das **Customer Value Management**, orientieren sich in ihrer Wertausrichtung am Produkt bzw. Kunden (Abschnitte C.8.4.2 bzw. C.8.4.3) und können somit in eine Shareholder Value-Ausrichtung integriert werden. Keiner der genannten Ansätze ist speziell für Versicherungsunternehmen entwickelt worden, lässt sich jedoch auf die Besonderheiten des Versicherungsgeschäftes übertragen.

Das **Asset-Liability-Management** (**ALM**, Abschnitt C.8.4.4) ist ebenfalls kein versicherungsspezifisches Führungs- und Steuerungsinstrument, für die Versicherungspraxis aber in besonderer Weise geeignet, da alle wesentlichen Parameter des Versicherungsgeschäftes berücksichtigt werden. Obwohl eher auf **Erhaltungsziele** des Versicherungsunternehmens ausgerichtet, gestattet ALM auch eine Optimierung von Ertragsgrößen, weshalb es hier als wertorientiertes Instrument der Unternehmensführung betrachtet werden soll.

8.4.1 Shareholder Value-Ansatz

Der **Shareholder Value** bezeichnet allgemein den Wert eines Unternehmens aus Sicht seiner Anteilseigner, insbesondere den Wert einer Aktiengesellschaft aus Sicht ihrer Aktionäre. Der Begriff „Wert" bezieht sich dabei auf den tatsächlichen Zeitwert des Unternehmens, nicht auf das nominal in der Bilanz ausgewiesene Eigenkapital, und berücksichtigt auch die künftige Wertschöpfung des Unternehmens.

Die konkrete Berechnung des Shareholder Value erfolgt häufig über **Discounted Cashflow-Modelle** (DCF-Modelle), die die Erwartungswerte künftiger auszahlungswirksamer Erträge und Aufwendungen (Cashflow) diskontieren. Der **Shareholder Value SH** ergibt sich in der Folge als die Summe der Barwerte aller künftigen Zahlungsströme CF_k:

$$SH = \sum_{k=1}^{\infty} \frac{CF_k}{(1+i)^k}$$

Aufwendigere DCF-Modelle berücksichtigen zusätzlich noch den Fremdkapitalwert (zum Beispiel Bankverbindlichkeiten), der von der Summe der diskontierten Cashflows subtrahiert wird (erst so gibt SH den tatsächlichen Wert des Unternehmens aus Sicht der Anteilseigner [Eigenkapitalgeber] an).

Alternativ kann der Shareholder-Value auch nach dem **Ertragswertverfahren** als die diskontierte Summe der künftigen Gewinne definiert werden:

$$SH = \sum_{k=1}^{\infty} \frac{G_k}{(1+i)^k}$$

Der in beiden Verfahren verwendete **Diskontierungszins** i wird dabei häufig über den **WACC-Ansatz** berechnet (**Weighted Average Cost of Capital**, gewichtete durchschnittliche Kapitalkosten):

$$WACC = i_{EK} \cdot \frac{EK}{GK} + i_{FK} \cdot \frac{FK}{GK}$$

EK bzw. FK geben dabei das Eigen- bzw. Fremdkapital an, GK das Gesamtkapital und i_{EK} bzw. i_{FK} die Eigenkapital- bzw. Fremdkapitelrendite.

Wird ein so ermittelter Shareholder Value zur primären Steuerungsgröße der Unternehmensführung erhoben (**Shareholder Value-Ansatz**), zielen alle Entscheidungen der Unternehmensführung auf eine nachhaltige Steigerung dieses Shareholder-Values. Die Anteilseigner können hiervon auf zweierlei Weise profitieren. Einerseits erwirtschaftet das Unternehmen langfristig hohe Erträge, die sich in hohen Ausschüttungen (Dividenden) manifestieren, andererseits erfahren die Besitzanteile am Unternehmen hierdurch eine nachhaltige Wertsteigerung, was zu höheren Veräußerungsgewinnen führt.

Als kurzfristige **Steuerungsgrößen** der Unternehmensführung im Rahmen eines Shareholder Value-Ansatzes werden neben dem (praktisch kaum bestimmbaren) Shareholder Value SH in der Versicherungswirtschaft auch folgende Größen diskutiert:

- **Return on Risk-Adjusted Capital (RORAC)**: RORAC (bezogen auf einen Zeitpunkt) errechnet sich gemäß

$$RORAC = 100\% \cdot \frac{E(CF)}{RAC} ,$$

wobei E(CF) den Erwartungswert des Cash Flows und RAC das risikogerechte Kapital darstellt (**Risk-Adjusted Capital**), das bei Berücksichtigung eines gewünschten Sicherheitsniveaus zur Unterlegung aller versicherungs- und finanzmarkttechnischen Risiken benötigt wird. RORAC gibt damit die im Unternehmen erwirtschaftete Verzinsung auf das Risikokapital an.

- **Risk-Adjusted Return on Capital (RAROC)**: RAROC setzt den Erwartungswert des risikobereinigten Gewinnes E(RG) ins Verhältnis zum Eigenkapital EK:

$$RAROC = 100\% \cdot \frac{E(RG)}{EK}$$

Die Einbeziehung des Risikos erfolgt hier also im Gegensatz zu RORAC in der Erfolgsgröße im Zähler.

- **Economic Value Added (EVA)**: Der periodenbezogene EVA-Wert ist definiert als die Differenz aus erwartetem Cashflow E(CF) und Kapitalkosten:

$$EVA = E(CF) - RAC \cdot i$$

Die Kapitalkosten ergeben sich dabei als Produkt aus dem Risk-Adjusted Capital RAC und einem geeigneten Kapitalmarktzins i.

- **Embedded Value (EV)**: Der Embedded Value wird ähnlich wie der reine Shareholder Value über ein DCF-Modell ermittelt, berücksichtigt aber neben zu erwartenden künftigen Gewinnen auch die Wertentwicklung des Eigenkapitals:

$$EV = \sum_{k=1}^{\infty} \frac{G_k}{(1+i)^k} + ANAV$$

Der **Adjusted Net Asset Value (ANAV)** errechnet sich als Summe aus dem Wert des Eigenkapitals, anteiligen Bewertungsreserven und etwaigen Zinsverlusten auf das gebundene Eigenkapital. Wird zum Embedded Value noch der **Goodwill** hinzugerechnet (GW; gemeint sind künftige Gewinne aus dem zu erwartenden Neugeschäft), ergibt sich der **Appraisal Value (AV)**:

$$AV = EV + GW$$

Die früher verbreiteten Steuerungsgrößen **Return on Equity (ROE)** oder **Return on Investment (ROI)** finden in der praktischen Unternehmenssteuerung heutzutage eher selten Anwendung, da beide Größen keine Risikobereinigung vornehmen.

Alle genannten Steuerungsgrößen zeigen die für Shareholder-Value-Ansätze charakteristische Fokussierung auf die monetären Interessen der Anteilseigner und eignen sich damit in besonderer Weise zur wertorientierten Steuerung von Versicherungs-Aktiengesellschaften. Ein ganz grundsätzliches Problem ist dabei, dass die Versicherungsnehmer speziell in der Lebens- und Krankenversicherung an erwirtschafteten Überschüssen des Versicherungsunternehmens beteiligt werden müssen, was dem Shareholder Value-Prinzip ein **Policyholder Value-Prinzip** entgegenstellt.

Beispiel: Seit dem 12. April 2008 wird von der Versicherungsaufsicht in der Lebensversicherung eine Mindestzuführung zur RfB gefordert, was cum grano salis darauf hinausläuft, dass ein Großteil der durch Risiko-, Kosten- und Zinsüberschüsse erwirtschafteten Rohüberschüsse an die Versichertenge-

*meinschaft fließen muss (geregelt in der **Mindestzuführungsverordnung, MindZV**). Hintergrund ist die Überlegung, dass zum Beispiel die Zinsüberschüsse mit dem Kapital der Versichertengemeinschaft erwirtschaftet worden sind und daher auch primär der Versichertengemeinschaft zustehen. Niedrige Zuführungen zur RfB würden letztlich zu einem schlechten Preis-/Leistungsverhältnis der angebotenen Produkte führen, was seinen Niederschlag in Testvergleichen (**Produktratings**) in den Medien findet und die Nachfrage nach diesen Produkten negativ beeinflusst.*

Partizipiert der Träger eines Versicherungsunternehmens nur indirekt am betriebswirtschaftlichen Erfolg des Versicherungsunternehmens (Mitglieder eines VVaG), ist nicht unmittelbar ersichtlich, wie der Shareholder Value-Ansatz zur Steuerung sinnvoll eingesetzt werden kann. Insbesondere zeigen Versicherungsvereine eine stärkere Fokussierung auf Bedarfsdeckungsziele, was einer reinen Wertorientierung entgegensteht. Ähnlich sieht es in öffentlich-rechtlichen Versicherungsunternehmen aus, deren Träger nicht auf Gewinnerzielung und Wertsteigerung fixiert sind (Abschnitt C.4.2.4).

Andererseits sieht sich speziell der Versicherungsverein auf Gegenseitigkeit dem Grundproblem gegenüber, kein frisches Eigenkapital durch Ausgabe von Anteilspapieren generieren zu können und so in weiten Teilen auf die Selbstfinanzierung mittels **Gewinnthesaurierung** (Einbehaltung erwirtschafteter Gewinne und Überführung ins Eigenkapital) angewiesen zu sein. Hinzu kommt, dass die Mitglieder eines VVaG in ihrer Funktion als Versicherungsnehmer direkt am Unternehmenserfolg partizipieren und insofern auch an einer Ertrags- und Wertorientierung ihres Versicherers interessiert sind. Mithin kann dem Shareholder Value-Ansatz eine rechtsformübergreifende Bedeutung für die Unternehmensführung in Versicherungsunternehmen unterstellt werden.

8.4.2 Deckungsbeitragsrechnung

Die **Deckungsbeitragsrechnung** ist ein Rechenverfahren im Rahmen der Kostenrechnung, genauer der Kostenträgerrechnung (*Olfert*). Als Kostenträger fungieren dabei in der Regel einzelne Produkte, teilweise auch ganze Produktgruppen. Üblicherweise werden bei der Deckungsbeitragsrechnung dabei von den erzielten Produktumsätzen schrittweise so lange einzelne Kostenblöcke (variable Kosten, Produktfixkosten, Produktgruppenfixkosten, Unternehmensfixkosten) subtrahiert, bis der eigentliche Produktertrag (meist „kalkulatorischer Periodenerfolg" genannt) sichtbar wird. Als Zwischenergebnisse entstehen dabei so genannte **Deckungsbeiträge**, die Einblick in produktbasierte Kostenstrukturen geben. Die Deckungsbeitragsrechnung kann damit als eine Gewinn- und Verlustrechnung auf Produktebene interpretiert werden.

Der Grad an Ausführlichkeit wird in der Regel durch die im Versicherungsunternehmen sinnvoll erhebbaren Daten bestimmt: Je mehr Ausführlichkeit bei den Daten vorhanden ist, umso genauer kann die Deckungsbeitragsrechnung durchgeführt werden. Die Deckungsbeitragsrechnung ist aufgrund ihrer Ertragsorientierung rein umsatzorientierten Steuerungsinstrumenten vorzuziehen, steht allerdings in Konkurrenz zu eher kundenbasierten Steuerungsinstrumenten wie dem **Customer Lifetime Value** (Abschnitt C.8.4.3).

Schematisch stellt sich die Deckungsbeitragsrechnung wie folgt dar:

Produkterlös (= Bruttobeitragseinnahmen)

./. Variable Kosten

= Deckungsbeitrag I

./. Produktfixkosten

= Deckungsbeitrag II

./. Produktgruppenfixkosten

= Deckungsbeitrag III

./. Unternehmensfixkosten

= Kalkulatorischer Periodenerfolg

Abbildung 72: Deckungsbeitragsrechnung *(schematisch)*

Die Deckungsbeitragsrechnung schafft ein hohes Maß an Kostentransparenz. Insbesondere durch die Aufteilung der Fixkosten in Produktfixkosten, Produktgruppenfixkosten und Unternehmensfixkosten wird deutlich, wie ein Einzelprodukt zum letztendlichen Unternehmenserfolg beiträgt.

Hauptschwierigkeit bei der Deckungsbeitragsrechnung ist die Ermittlung der einzelnen Kostenblöcke. Während die variablen Kosten weitgehend den **Abschlusskosten** bei Vertragsabschluss (Provisionen, Courtagen) entsprechen, ist eine einwandfreie Zuordnung der Fixkostenblöcke in der Regel nicht möglich. Zum Beispiel muss zunächst ein Schlüssel dafür gefunden werden, welchen Teil der Arbeitskraft ein Mitarbeiter für ein Produkt aufwendet, um dann die entsprechenden Gehaltsanteile diesem Produkt zuweisen zu können. Es liegt auf der Hand, dass dies nur ansatzweise möglich ist, für ein strategisches Vertriebsmanagement in der betrieblichen Praxis genügt dies jedoch meistens.

8.4.3 Customer Value Management

Im Gegensatz zur produktorientierten Deckungsbeitragsrechnung sieht das **Customer Value Management** vor allem den Kunden und die Kundenbeziehung als ursächlich für den Unternehmenserfolg an und richtet wesentliche Teile der unternehmensinternen Erfolgsrechnung am Versicherungskunden (hier synonym für Versicherungsnehmer und das versicherte Risiko stehend) aus.

Grundgedanke ist die Vorstellung, einem Versicherungsnehmer einen zumindest theoretisch berechenbaren **Kundenwert** zuzuordnen, der den vom Versicherungsnehmer über die gesamte Laufzeit im Versicherungsunternehmen induzierten betriebswirtschaftlichen Gesamtertrag quantifiziert (auch **Customer Lifetime Value**, kurz **CLV**). Werden die von einem Versicherungsnehmer im Jahre k der Vertragslaufzeit verursachten Erträge bzw. Aufwendungen mit E_k bzw. A_k bezeichnet, errechnet sich der CLV zu

$$CLV = \sum_{k=1}^{N} \frac{(E_k - A_k)}{(1+i)^k},$$

der Zins i ist dabei ein über die Vertragslaufzeit von N Jahren verfügbarer Kalkulationszins, der nicht notwendigerweise mit dem Rechnungszins der Beitragskalkulation übereinstimmen muss (Abschnitt A.7). Der CLV ist damit die Summe der diskontierten Differenzen aus Erträgen und Aufwendungen während der Vertragslaufzeit.

Die nur stochastisch schätzbaren Erträge E_k und Aufwendungen A_k werden dabei maßgeblich von folgenden Faktoren bestimmt:

- Tatsächlich erbrachte **Versicherungsleistungen**: Diese hängen zum Beispiel in der Personenversicherung nicht nur von den bei der Tarifierung berücksichtigten objektiven Risikomerkmalen des versicherten Risikos, sondern auch von nicht näher bekannten subjektiven Risikomerkmalen ab. Berücksichtigt ein Lebensversicherer das Rauchverhalten seiner Antragsteller bei der Tarifierung nicht, werden Raucher und Nichtraucher gleich behandelt, tatsächlich ist die Sterblichkeit von Rauchern aber signifikant erhöht. Gleiches gilt in der Risikolebensversicherung etwa für das Alkoholkonsumverhalten, das Betreiben von Extremsportarten etc.

- Vom Versicherungsnehmer gezahlte **Versicherungsbeiträge**: Auch die Beitragszahlungen weisen in gewissen Grenzen einen stochastischer Charakter auf, beispielsweise kann ein Versicherungsnehmer arbeitslos werden und um Beitragsstundung nachsuchen oder sein Versicherungsverhältnis gar kündigen.

- **Cross-Selling-Potenzial** des Versicherungsnehmers: Beispielsweise wird ein eher wohlhabender Versicherungsnehmer im statistischen Mittelwert ein höheres Cross-Selling-Potenzial besitzen als ein weniger wohlhabender. Eng verwandt mit dem Cross-Selling-Potenzial ist das Up-Selling-Potenzial, bei dem es um eine Aufstockung schon vorhandenen Versicherungsschutzes geht. Ein hohes Up-Selling-Potenzial liegt zum Beispiel in der Risikolebensversicherung bei Jungverheirateten vor, die ihren anfänglich vereinbarten Todesfallschutz nach der Geburt von Kindern erhöhen wollen.

- **Weiterempfehlungspotenzial** eines Versicherungsnehmers: Diese mathematisch nicht befriedigend bestimmbare Größe gibt an, in welchem Maße ein Versicherungsnehmer indirekt an der Gewinnung neuer Kunden beteiligt ist (Mund-zu-Mund-Propaganda). Ein zufriedener Versicherungsnehmer kann unter Umständen positive Empfehlungen aussprechen, ein unzufriedener entsprechend negative Empfehlungen, das Weiterempfehlungspotenzial besitzt also zwei Wirkungsrichtungen.

- Aufwendungen im Umfeld der **allgemeinen Kundenbetreuung** durch Mailing-Aktionen, Newsletter etc.

- Aufwendungen im Umfeld der **speziellen Kundenbetreuung** im Zuge der Bearbeitung individueller Kundenanfragen in Agenturen, Call-Centern etc. Hierzu gehören zum Beispiel Maßnahmen zur Stornoabwehr, aber auch Aufwendungen, die bei Rechtsstreitigkeiten anfallen.

Alle genannten Einflussgrößen sind nicht oder nur ansatzweise berechenbar, die genaue Ermittlung eines CLV-Wertes für einen Versicherungsnehmer daher unmöglich. In der Praxis wird deshalb häufig nach (messbaren) Parametern gesucht, die mit den genannten Einflussgrößen korrelieren und wenigstens eine grobe CLV-Abschätzung gestatten.

Beispiel: Die tatsächliche Sterbewahrscheinlichkeit einer versicherten Person in der Risikolebensversicherung und damit die Höhe der zu erwartenden Versicherungsleistungen ist eng an sozio-ökonomische Eigenschaften wie Ausbildungsgrad, Beruf, Einkommen, Familienstand oder Wohnort geknüpft. Ebenso hängt das Weiterempfehlungspotenzial eng mit charakterlichen Eigenschaften des Versicherungsnehmers wie seiner Geselligkeit oder seinem Gemüt zusammen.

Da die Abbildung sämtlicher denkbarer Parameter und Einflussgrößen die Kapazitäten auch großer Versicherungskonzerne bei Weitem übersteigt, beschränkt sich die CLV-Bestimmung meist auf einige markante Einflussgrößen, die teilweise direkt aus dem Antragsformular erschlossen werden können. Der hieraus gewonnene CLV-Schätzwert ist häufig nicht metrischer Natur, sondern ordinal skaliert. Üblich sind beispielsweise Einteilungen der Versicherungsnehmer in A-, B- und C-Kunden, wobei den A-Kunden das höchste Wertschöpfungspotenzial nachgesagt wird, den C-Kunden das niedrigste.

Wird eine CLV-basierte Erfolgsrechnung im Versicherungsunternehmen in strategische und operative Maßnahmen umgesetzt, wird hieraus ein **Customer Value Management (CVM)**. CVM ist damit ein natürlicher Bestandteil eines betriebswirtschaftlich sinnvollen **Customer Relationship Managements (CRM**, auch **Kundenbeziehungsmanagement**, vgl. *Bruhn / Meffert*), das die Steuerung der Kundenbeziehung unter Ertragsgesichtspunkten optimiert.

Die wichtigsten Voraussetzungen eines umfassenden Customer Value Managements sind:

- **EDV-technische Voraussetzungen**: Das Versicherungsunternehmen muss über ein Data-Warehouse-System verfügen, in dem alle wesentlichen Kundendaten hinterlegt sind und relativ einfach abgefragt und verknüpft werden können (Auswertungen auf Basis von Data Mining oder Online Analytical Processing (OLAP), vgl. *Holey / Welter / Wiedemann*).

- **Aktuarielle Voraussetzungen**: Für die Einteilung der Versicherungsnehmer in ertragsstarke A-Kunden, durchschnittliche B-Kunden und ertragsschwache C-Kunden muss im Haus ein allen Beteiligten zugänglicher und transparenter Mechanismus (etwa auf Basis weniger, gezielter Einzelfragen) vorliegen.

- **Strukturelle Voraussetzungen**: Eine Steuerung sämtlicher Absatzorgane auf CLV-Basis ist möglich und zuvor auch entsprechend kommuniziert worden. Hauptsteuerungsinstrument ist eine erfolgsabhängige Vergütung in Form von Provisionen und Courtagen. Es liegt auf der Hand, dass diese Voraussetzungen bei Versicherungsunternehmen mit starkem Maklervertrieb nur schwer durchsetzbar sind, Versicherer mit Direktvertrieb haben es hingegen relativ einfach.

Die **strategischen und operativen Einzelmaßnahmen** eines Customer Value Managements sind vielfältig und zielen in allen Details auf eine Betonung des Wertgedankens. Typische Bestandteile dieser Einzelmaßnahmen sind neben der schon genannten Steuerung der erfolgsabhängigen Vergütung im Vertrieb:

- Kürzung von Abschlussprovisionen zugunsten höherer Bestandspflegeprovisionen,

- Marktsegmentierungen auf CLV-Basis,

- eine wertorientierte Kündigungsrücknahmepolitik (Einleitung von Stornoabwehr nur bei A- und B-Kunden),

- gezielte Direktmarketingmaßnahmen,

- Neugestaltung der Annahmerichtlinien im Rahmen der Risikoprüfung.

Ziel aller Maßnahmen ist die Ausrichtung des Versicherungsunternehmens auf ein wertorientiertes Wachstum, was speziell in der Versicherungswirtschaft einem gewissen Paradigmenwechsel gleichkommt. Die Fokussierung auf den Versicherungsnehmer (= den Kunden) als den zentralen Wertschöpfer im Unternehmen findet sich dabei durchaus auch in älteren Marketingansätzen, etwa im **Relationship Marketing**, vgl. *Bruhn / Meffert*.

8.4.4 Asset-Liability-Management

Asset-Liability-Management (kurz **ALM**) ist ein Oberbegriff für eine Vielzahl von Strategien und Methoden zur mehr oder minder simultanen Steuerung der Aktiv- und Passivseite einer Bilanz (auch **Aktiv-Passiv-Steuerung**) und damit des ganzen Unternehmens. Obwohl ALM nicht speziell für die Belange der Versicherungswirtschaft entwickelt worden ist, eignet es sich in besonderer Weise zur Unternehmensführung in Versicherungsunternehmen, da es alle relevanten Parameter der Finanzintermediation durch Versicherungsunternehmen abdeckt (vor allem die Bildung von Versicherungskollektiven und einem Kapitalanlageportfolio) und eine ganzheitliche Steuerung dieser Parameter anstrebt. ALM kann auf einzelne Unternehmensziele hin ausgerichtet werden, in der Regel stehen dabei die langfristige Ertrags-, Liquiditäts- und Sicherheitslage im Vordergrund.

Ausgangspunkt von ALM ist die an sich banale Feststellung, dass die Passivseite der Bilanz eines Versicherungsunternehmens (Liabilities, Verbindlichkeiten) überwiegend die künftigen Forderungen der Versicherungsnehmer darstellt (versicherungstechnische Rückstellungen; große Positionen in der Lebensversicherung sind zum Beispiel die Deckungsrückstellung und die Rückstellung für Beitragsrückerstattungen [RfB]), die Aktivseite hingegen angibt, mit welchen Kapitalanlagen (Assets, Vermögenswerte) diese Forderungen bedeckt werden. Traditionell werden die Aktiv- und Passivseite der Bilanz von unterschiedlichen Fachabteilungen im Versicherungsunternehmen gestaltet und gesteuert, entsprechend unabhängig voneinander können sich beide Teile entwickeln.

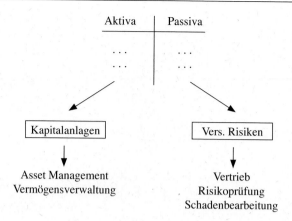

Abbildung 73: Getrenntes Management von Aktiv- und Passivseite der Bilanz in einem Versicherungsunternehmen

Der grundsätzlich stochastische Charakter der Aktiv- und Passivseite (ungewisse Wertentwicklung der Kapitalanlagen, ungewisse Schadenhöhen etc.) führt dazu, dass die Bedeckung aller Forderungen der Passivseite durch die Kapitalanlagen der Aktivseite nicht automatisch sichergestellt ist.

Beispiel: Ein Lebensversicherer verfügt über einen Versicherungsbestand aus Rentenversicherungen, die mit einem garantierten Rechnungszins von 3 % kalkuliert worden sind. Der Lebensversicherer geht folglich davon aus, dass nach Abzug der Abschluss- und Verwaltungskosten eine Kapitalanlagenverzinsung von mindestens 3 % dauerhaft gewährleistet werden kann, um die in Zukunft anstehenden Verbindlichkeiten (sprich: Rentenzahlungen) zu erfüllen. Brechen die auf den Kapitalmärkten erzielbaren Kapitalerträge nun längerfristig ein, vermindert sich gewissermaßen die Aktivseite der Bilanz, während die Verbindlichkeiten auf der Passivseite in etwa stagnieren. Früher oder später drohen damit Liquiditätsprobleme oder gar ein Konkurs. Steigt zusätzlich die Lebenserwartung der Rentenempfänger, verschlimmert sich das Problem weiter, da ein verlängerter Rentenbezug ebenfalls erhöhte Verbindlichkeiten nach sich zieht.

Asset-Liability-Management fordert deshalb eine **simultane Steuerung** von Aktiv- und Passivseite und der jeweils dahinter stehenden finanz- und versicherungstechnischen Transaktionen. Wird diese Steuerung auf den Gesamtbestand bezogen, spricht man von einem **Makro-ALM**, ein ALM auf der Ebene eines einzelnen Versicherungsprodukts oder Teilbestands wird hingegen als **Mikro-ALM** bezeichnet.

Viele ALM-Techniken verstehen ALM nicht als eine wirklich simultane Steuerung von Aktiv- und Passivseite, sondern implizieren eine Wirkungsrichtung der Verbindlichkeiten auf die Kapitalanlagen. Dies ist unter anderem darauf zurückzuführen, dass ein Kapitalanlageportfolio im Vergleich zu einem Versicherungsbestand relativ schnell umgeschichtet werden kann. Eine aktive Steuerung der Verbindlichkeiten ist hingegen von deutlich längerfristigerer Natur und erfordert zum Beispiel eine Änderung der Risikoprüfung (etwa Verschärfung der Annahmerichtlinien zur Verbesserung der versicherungstechnischen Risikosituation) oder der Vertriebssteuerung (Hauptsteuerungsparameter: Provisionierung, Schulungen).

ALM stellt sich in der Praxis meist als ein Prozess dar, der mit einer Simulation der künftigen Entwicklung der Verbindlichkeiten beginnt und darauf aufbauend eine Kapitalanlagestrategie entwirft, die eine geforderte Mindestliquidität bei gleichzeitig hohen Kapitalerträgen und unter Beachtung der Erhaltungsziele des Versicherungsunternehmens sicherstellt.

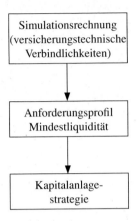

Abbildung 74: ALM-Prozess *(schematisch)*

Aus der Simulation der künftigen Entwicklung der Kapitalanlagen werden naturgemäß Anhaltspunkte für die Steuerung der Verbindlichkeiten des Versicherungsunternehmens gewonnen. Wichtige Steuerungsparameter neben der reinen Risikosituation sind dabei das Neugeschäft (Produkte, Umfang und Risikopotenzial), das Rückversicherungsgeschäft, das Storno und die Überschussbeteiligung. Die Buch- und Marktwerte der Aktiv- bzw. Passivseite können dabei deterministisch oder stochastisch simuliert werden. In der Praxis übliche Einzeltechniken sind das Cashflow Matching, Shortfall-Analysen, Stresstests, Szenarioanalysen oder auch rein versicherungsmathematische Prognosen, vgl. *Cottin / Kurz* oder *Jost*).

ALM kann als Weiterentwicklung älterer Steuerungsinstrumente im Versicherungsunternehmen interpretiert werden (zum Beispiel **Finanzierbarkeitsnachweis** und **Profit Testing**, vgl. *Führer / Grimmer*) und ist in einigen Ländern integraler Bestandteil der Versicherungsaufsicht. Auch wenn damit vor allem Liquiditäts- und Sicherheitsaspekte im Mittelpunkt stehen, hat sich in der jüngeren Literatur mittlerweile die Meinung durchgesetzt, dass ALM aufgrund seines ganzheitlichen Ansatzes auch als Mittel zur langfristigen Gewinnerzielung und Unternehmenswertsteigerung verstanden werden kann (vgl. Übersicht in *Cottin / Kurz*).

8.5 Jahresabschluss im Versicherungskonzern

Neben den Unternehmensabschlüssen kommt in der Versicherungswirtschaft auch den Jahresabschlüssen von **Versicherungskonzernen (Konzernabschlüsse)** eine wachsende Bedeutung zu. Unter einem Konzernabschluss ist ein konsolidierter Jahresabschluss im Sinne von Abschnitt C.8.2 zu verstehen, der die Einzelabschlüsse aller Konzernunternehmen zusammenfasst und damit ein realistisches Gesamtbild der wirtschaftlichen Lage des Konzerns liefert.

Die Hauptursachen für die wachsende Bedeutung solcher Konzernabschlüsse in der Versicherungswirtschaft sind:

- **Charakter des Versicherungskonzerns als wirtschaftlicher Einheit**: Praktisch alle relevanten Versicherungsunternehmen gehören einem Konzern an; diese Versicherungskonzerne als „verhinderte Allspartenversicherer" sind mittlerweile zu den eigentlichen Akteuren auf den Versicherungsmärkten geworden. Hintergrund dieser Entwicklung ist das Spartentrennungsgebot des VAG.

- **Shareholder-Interessen**: Da sich die Tochterunternehmen eines Versicherungskonzerns häufig im Alleinbesitz der Muttergesellschaft befinden, tritt allein diese Muttergesellschaft auf den Kapitalmärkten auf; ihr gilt folglich das Hauptinteresse der Analysten, Anteilseigner und Rating-Agenturen. Verstärkt wird dieser Effekt durch die zunehmende Internationalisierung vieler Versicherungskonzerne. Anders die Versicherungsnehmer: Ihr Augenmerk richtet sich primär auf die Spartenunternehmen, mit denen sie Vertragsverhältnisse unterhalten.

- **Genereller Paradigmenwechsel in der Rechnungslegung**: Speziell infolge der Bildung globaler Märkte sind auch in Deutschland Tendenzen zu beobachten, die in anderen Ländern übliche Betonung von Konzernabschlüssen gegenüber Einzelunternehmensabschlüssen zu übernehmen. Kernstück dieses Paradigmenwechsels ist ein wachsendes Informationsinteresse an Konzernen als Ganzes, Detailinformationen über Tochterunternehmen treten in den Hintergrund. Verstärkt wird dieser Trend durch die zunehmende Konsolidierung innerhalb der Versicherungswirtschaft.

Die Konzernrechnungslegungspflichten deutscher Versicherungskonzerne sind relativ kompliziert, was vor allem auf die unterschiedlichen Konzernstrukturen in der Branche (Abschnitt C.7.2.2) und rechtsformspezifische Probleme zurückzuführen ist (vor allem mit Blick auf VVaG-geführte Konzerne und Konzerne mit einem oder mehreren öffentlich-rechtlichen Versicherern als Muttergesellschaften). Bei Versicherungskonzernen mit Sitz in Deutschland lassen sich folgende Fälle unterscheiden:

- Die Muttergesellschaft ist eine **(Versicherungs-)Aktiengesellschaft** (reine Holding oder Versicherungsunternehmen mit zusätzlicher Holding-Funktion). In diesem Fall ist nach §§ 290 ff. HGB, §§ 341 i ff. HGB bzw. §§ 58–60 RechVersV ein Konzernabschluss aufzustellen. Dieser Konzernabschluss muss bei börsennotierten Muttergesellschaften zusätzlich eine so genannte **Kapitalflussrechnung** und **Segmentberichterstattung** zu den einzelnen Versicherungssparten enthalten.

- Die Muttergesellschaft ist ein **VVaG oder ein öffentlich-rechtliches Versicherungsunternehmen**. Auch in diesen Fällen ist ein Konzernabschluss aufzustellen, obwohl die Muttergesellschaft rechtsformbedingt nicht an der Börse notiert ist.

- Der Konzern verfügt über **zwei oder mehr VVaG bzw. öffentlich-rechtliche Muttergesellschaften**. Bei solchen **Gleichordnungskonzernen** (vgl. Abschnitt C.7.1.2) entfällt die Konzernrechnungslegungspflicht. Ausnahmen bilden lediglich Konzerne mit einer **Zwischen-Holding**, die ihrerseits mehrere Tochterunternehmen unter einheitlicher Führung zusammenfasst. Dieser Konzernabschluss bildet jedoch nur einen Teil des Gesamtkonzerns ab und ist nur wenig aussagekräftig.

Inwieweit ein Konzernunternehmen letztlich in den Konzernabschluss aufgenommen wird, hängt von den Beteiligungsverhältnissen im Konzern ab. Während Mutter- und Tochtergesellschaften stets voll konsolidiert werden, gehen **Gemeinschaftsunternehmen (Joint Ventures)** mit anderen Konzernen oder Unternehmen nur anteilig in den Konzernabschluss ein. Bei der **Quotenkonsolidierung** werden die Aktiva und Passiva, Erträge und Aufwendungen des Gemeinschaftsunternehmens entsprechend dem Kapitalanteil des Konzerns konsolidiert, bei der **Equity-Methode** bildet das konzernanteilige Eigenkapital die Bemessungsgrundlage. Bei **assoziierten Unternehmen**, an denen der Konzern eine Beteiligung besitzt und einen maßgeblichen, aber keinen beherrschenden Einfluss ausübt (wird bei einer Beteiligung von 20–50 % unterstellt), findet ebenfalls die Equity-Methode Anwendung. Liegt die Beteiligung gar unter 20 %, sodass auch kein maßgeblicher Einfluss mehr ausgeübt wird (**Beteiligungsunternehmen**), wird nicht konsolidiert. In diesem Fall werden lediglich Anschaffungswerte in der Konzernbilanz ausgewiesen. Die genannten Konsolidierungsvorgaben haben naturgemäß maßgeblichen Einfluss auf die Berechnung einer **Konzernsolvabilität**, die seit dem Jahr 2001 vorgeschrieben ist.

Seit 2005 sind Versicherungskonzerne mit Sitz in den Staaten der EU zur Aufstellung von **Konzernabschlüssen nach IAS/IFRS** verpflichtet. Lediglich für Konzerne mit nicht kapitalmarktorientierten Muttergesellschaften (zum Beispiel VVaG-geführten Unterordnungskonzernen) sieht der Gesetzgeber seither noch einige Wahlrechte vor. Im Ergebnis äußert sich der damit erzeugte Dualismus von IAS/IFRS und HGB/RechVersV vor allem in unterschiedlichen **Ansatz- und Bewertungsmaßstäben** in der Bilanz. Weitere Unterschiede zwischen Konzernabschlüssen nach IAS/IFRS und HGB/RechVersV betreffen beispielsweise die Gliederung der Kapitalanlagen, die Aktivierung von Abschlusskosten oder die Ermittlung von Schadenrückstellungen.

Konzernabschlüsse sind deshalb nur bedingt aussagekräftig und müssen im Licht der jeweils zugrunde gelegten Rechnungslegungsvorschriften gesehen werden. Hinzu kommen Probleme infolge der Zusammenführung unterschiedlicher Versicherungssparten sowie – speziell bei allgemeineren **Finanzdienstleistungskonzernen** nach Abschnitt C.7.4 – das Problem einer Vermischung versicherungsspezifischer Daten mit versicherungsfremden Daten. Vergrößert werden diese Probleme, wenn der Versicherungskonzern grenzüberschreitende Geschäftstätigkeiten unterhält, da eine einheitliche geographische Segmentberichterstattung zum Beispiel nicht existiert.

Die Konzernrechnungslegung kann daher die wirtschaftliche Realität eines Versicherungskonzerns nur bedingt abbilden. Mit dem Fortschreiten der Arbeiten an IAS/IFRS sind weitere Änderungen in der Konzernrechnungslegung von Versicherungskonzernen zu erwarten.

8.6 Solvency II

Die in Abschnitt C.8.3.4 vorgestellten **Solvabilitätsvorgaben** gehen auf EU-Richtlinien zurück, die nach mehrjährigen Beratungen im Jahre 2002 veröffentlicht und seither in nationales Recht umgesetzt worden sind (**Solvency I**). Die wirtschaftlichen Entwicklungen seit der Jahrtausendwende legten jedoch schon vor der endgültigen Verabschiedung von Solvency I eine Fortsetzung dieses Projekts nahe (**Solvency II**).

Kernpunkt ist, wie schon bei Solvency I, die Ausarbeitung eines aufsichtsrechtlichen Anforderungskataloges zur Eigenmittelhinterlegung, ergänzt um Vorgaben zum Umgang mit nicht-versicherungstechnischen Risiken und zu Offenlegungs- und Publizitätspflichten. Solvency II bildet damit das versicherungstechnische Analogon zu **Basel II** (vom Baseler Ausschuss für Bankenaufsicht erarbeitetes Regelwerk für eine international einheitliche Beaufsichtigung von Banken; Kernstück sind Eigenkapitalanforderungen an Banken); das Kreditportfolio einer Bank findet seine Entsprechung dabei im Versicherungsbestand eines Versicherungsunternehmens. Ziel sowohl von Basel II als auch von Solvency II ist die langfristige Sicherstellung der Zahlungsfähigkeit von Banken bzw. Versicherungsunternehmen vor dem Hintergrund eines härter werdenden Wettbewerbs auf den internationalen Kapitalmärkten. In Anlehnung an Basel II gliedert sich auch Solvency II in **drei Säulen**.

Säule I beschäftigt sich mit Bestimmungen zur Finanzausstattung von Versicherungsunternehmen, vor allem mit Fragen der Hinterlegung von Risiken mit Eigenmitteln. Der Begriff „Risiko" wird dabei sehr weit gefasst und beinhaltet:

- das **versicherungstechnische Risiko**,

- das **Ausfallrisiko** (bei Forderungen gegenüber Rückversicherern oder bei Kapitalanlagen),

- **Marktrisiken** (Absatzrisiken, Währungsrisiken, Zinsänderungsrisiken sowie Risiken durch unsichere Kursverläufe an Aktienbörsen),

- **operationelle Risiken** (ergeben sich aus Geschäftsprozessen; besonders wichtig sind die Produktionsfaktoren, die Faktorkombination bei der Erstellung von Versicherungsschutz und die Informationstechnik),

- das **Liquiditätsrisiko**,

- Risiken aus der Nichtübereinstimmung von Aktiva und Passiva (**Asset-Liability-Mismatch Risiko**).

Die unternehmensweite Erfassung und Quantifizierung aller genannten Risiken ist mit einem enormen personellen und zeitlichen Aufwand verbunden, nicht zuletzt muss auch die Möglichkeit eines statistischen Zusammenhangs zwischen einzelnen Risiken berücksichtigt werden. Speziell bei der Quantifizierung ist zu beachten, dass jedes Risiko grundsätzlich zwei Dimensionen aufweist, eine **Eintrittswahrscheinlichkeit** und die im Eintrittsfall drohende **Schadenhöhe**. Beide Dimensionen sind stochastisch verteilt und müssen für eine Gesamtbeurteilung des Risikos zusammengeführt werden.

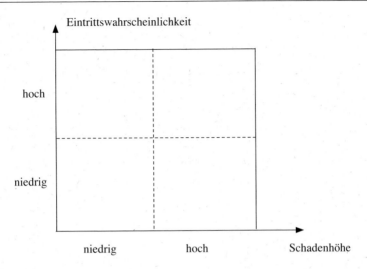

Abbildung 75: Dimensionen von Risiken

In der Praxis wird hierfür meist auf klassische **Value-at-Risk-Ansätze** zurückgegriffen, die angeben, mit welcher Wahrscheinlichkeit ein drohender Verlust einen bestimmten Geldbetrag nicht übersteigen wird. Der so ermittelte Betrag muss dann in Form unbelasteter Eigenmittel vorgehalten werden (in Anlehnung an so genannte **Risk-Based-Capital-Modelle**).

Säule II ergänzt die Eigenmittelunterlegungspflichten von Säule I um ein **aufsichtsrechtliches Überprüfungsverfahren** für interne Risikomodelle, das im Wesentlichen auf eine Qualitätsprüfung bestehender Risikomanagementprozesse im Versicherungsunternehmen hinausläuft. Nach Umsetzung in deutsches Aufsichtsrecht wird diese Säule bereits bestehende Risikomanagementvorgaben im Rahmen des **Gesetzes zur Kontrolle und Transparenz im Unternehmensbereich** (**KonTraG**) weiter ausgestalten.

Daneben bezieht Säule II die Bonität und Liquidität des **Rückversicherers** mit ein; auch sollen Erstversicherer grundsätzlich nur solche Risiken zeichnen dürfen, für die ausreichender Rückversicherungsschutz auf dem Markt zu erhalten ist.

Säule III stellt die Begriffe der **Marktdisziplin** und **Markttransparenz** in den Mittelpunkt und fordert von Versicherungsunternehmen weitgehende **Offenlegungs- und Publizitätspflichten**, die es Anteilseignern und Öffentlichkeit ermöglichen sollen, zusätzliche Einblicke in die finanzielle Situation eines Versicherungsunternehmens zu erhalten. Diese Säule stellt damit einen direkten Zusammenhang zwischen bestehenden und künftig angedachten Rechnungslegungsvorschriften her.

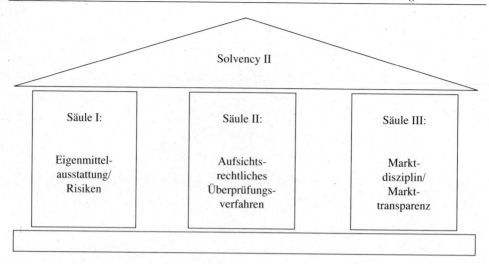

Abbildung 76: Drei-Säulen-Modell von Solvency II

Alles in allem stellt sich Solvency II damit als Mischung aus qualitativen und quantitativen Ansätzen dar, die deutsches Aufsichtsrecht teilweise ergänzen und konkretisieren, insbesondere aber eine Basis für ein künftiges europäisches Aufsichtsrecht bilden sollen. Durch die enge Beziehung zu Basel II (ebenfalls ein Drei-Säulen-Modell mit vergleichbaren Inhalten) wird ferner eine gewisse Angleichung der Aufsichtssysteme im Finanzdienstleistungsbereich erreicht. Die endgültigen Ergebnisse von Solvency II sollen bis zum Jahre 2012 in deutsches Recht übertragen werden.

9. Kontrollfragen

1. Was ist ein Unternehmensziel?

2. Welche Unternehmensziele in der Versicherungswirtschaft kennen Sie?

3. Welche Unternehmensziele von Versicherungsunternehmen sind versicherungstypisch?

4. Was ist der Unterschied zwischen antinomischen und indifferenten Unternehmenszielen?

5. In welcher Beziehung stehen Bedarfsdeckungsziele und Wertsteigerungsziele im Versicherungsunternehmen zueinander?

6. Welche einzelwirtschaftlichen Aufgaben hat das Versicherungsunternehmen?

7. Welche gesamtwirtschaftlichen Aufgaben hat das Versicherungsunternehmen?

8. Was besagt das Verbot versicherungsfremder Geschäfte?

9. Warum gibt es das Spartentrennungsgebot des VAG?

10. Was ist der Unterschied zwischen einem Treuhänder und einem Verantwortlichen Aktuar?

11. Kann ein Verantwortlicher Aktuar Mitarbeiter eines Versicherungsunternehmens sein? Falls ja, welche Komplikationen können sich daraus ergeben?

12. Warum werden Treuhänder und Verantwortlicher Aktuar auch als „Vorposten der Versicherungsaufsicht" bezeichnet?

13. Welche Rechtsformen sind bei Versicherungsunternehmen zugelassen?

14. Nennen Sie die wichtigsten Rechtsgrundlagen von Versicherungsunternehmen.

15. Welche Organe kennzeichnen die Versicherungs-Aktiengesellschaft?

16. Grenzen Sie die Aufgaben von Vorstand und Aufsichtsrat in einer Versicherungs-Aktiengesellschaft voneinander ab.

17. Wie kann sich die Trägerschaft einer Versicherungs-Aktiengesellschaft zusammensetzen?

18. Welche Aufgaben hat eine Hauptversammlung?

19. Was unterscheidet den Versicherungsverein auf Gegenseitigkeit ideengeschichtlich von einer Versicherungs-Aktiengesellschaft?

20. Was besagt der Gleichbehandlungsgrundsatz, was das Personalitätsprinzip?

21. Was ist Kooptation und wo wird Kooptation aus welchen Gründen verwendet?

22. Inwieweit lassen sich Versicherungsvereine auf Gegenseitigkeit in Konzernstrukturen integrieren?

23. Was ist ein kleinerer Versicherungsverein?

24. Welche Ziele verfolgen öffentlich-rechtliche Versicherungsunternehmen?

25. Welche Aufgaben hat der Verwaltungsrat bei einem öffentlich-rechtlichen Versicherungsunternehmen?

26. Was besagt das Territorialprinzip?

27. Welche grundsätzliche Entwicklung lässt sich mit Blick auf öffentlich-rechtliche Versicherungsunternehmen beobachten?

28. Wie können ausländische Versicherungsunternehmen auf dem deutschen Markt tätig werden?

29. Was besagt das Sitzlandprinzip?

30. Was ist ein Formwechsel?

31. Was ist Demutualisierung? Aus welchen Gründen werden Demutualisierungen vollzogen?

32. Was unterscheidet eine Bestandsübertragung von einer Vermögensübertragung bei Versicherungsunternehmen?

33. Was besagt die Angleichungshypothese?

34. Was ist der Unterschied zwischen Aufbau- und Ablauforganisation?

35. Wie kommen Stellen im Unternehmen zustande?

36. Nennen Sie Beispiele für Zentralisierung in der Aufbauorganisation von Versicherungsunternehmen.

37. Nennen Sie Beispiele für Spezialisierung in der Aufbauorganisation von Versicherungsunternehmen.

38. Was ist eine regiobezogene Aufbauorganisation?

39. Was unterscheidet eine produktbezogene von einer kundengruppenbezogenen Aufbauorganisation?

40. Grenzen Sie voneinander ab: Einliniensystem, Mehrliniensystem, Stabliniensystem.

41. Wie können Außen- und Innendienst im Versicherungsunternehmen voneinander abgegrenzt werden?

42. Welche primären Aufgaben fallen Filialbetrieben in Versicherungsunternehmen zu?

43. Beschreiben Sie eine typische Führungsstruktur im Außendienst eines Versicherungsunternehmens.

44. Welche Aufgaben haben Agenturberater?

45. Was ist ein Organisationsleiter?

46. Welche Führungsebenen im Innendienst eines Versicherungsunternehmens kennen Sie?

47. Nennen Sie einige typische Abteilungen im Innendienst von Versicherungsunternehmen.

48. Welche Besonderheiten bei der Ablauforganisation in Versicherungsunternehmen sind zu beachten?

49. Welche Vertriebswege im Versicherungsunternehmen kennen Sie?

50. Was ist der Unterschied zwischen einem Absatzorgan und einem Vertriebsweg?

51. Was ist der Unterschied zwischen einem Absatzorgan und einem Beschaffungsorgan?

52. Was charakterisiert unternehmensgebundene Absatzorgane?

53. Welche Struktureigenschaften charakterisieren ein Absatzverfahren?

54. Welche Vergütungsformen sind im Versicherungsvertrieb üblich? Warum?

55. Was ist Multichannelvertrieb?

56. Welche Formen von Versicherungsprodukten eignen sich besonders gut für den Direktvertrieb?

57. Was ist ein Ausschließlichkeitsvertreter?

58. Beschreiben Sie die rechtliche und wirtschaftliche Situation eines Ausschließlichkeitsvertreters.

59. Grenzen Sie den Ausschließlichkeitsvertreter vom Versicherungsmakler ab.

60. Inwieweit ist der Versicherungsmakler Absatzorgan, inwieweit Beschaffungsorgan?

61. Was ist der Unterschied zwischen einem Maklerauftrag und einem Maklervertrag?

62. Was ist der Unterschied zwischen Courtagen und Provisionen?

63. Was unterscheidet den Mehrfachagenten vom Versicherungsmakler?

64. Welchen Ausprägungen des Mehrfachagenten gibt es?

65. Was ist Mitversicherung?

66. Was ist Bancassurance?

67. Welche Vorteile von Bancassurance kennen Sie?

68. Was ist Strukturvertrieb, was sind Captives?

69. Welche Vertriebswege im deutschen Versicherungswesen halten Sie für die bedeutendsten? Welche künftige Entwicklung für diese Vertriebswege erwarten Sie?

70. Grenzen Sie folgende Begriffe voneinander ab: Kartell, Konzern, Fusion.

71. Welche Ziele werden mit einer Konzerngründung allgemein verfolgt? Welche speziellen Ziele kommen bei Versicherungs- und Finanzdienstleistungskonzernen jeweils hinzu?

72. Welche Konzernformen kennen Sie?

73. Zu welcher Konzernform neigen Versicherungsvereine auf Gegenseitigkeit und warum?

74. Was ist eine Zwischen-Holding und welche Aufgaben hat sie?

75. Was ist eine Versicherungsgruppe?

76. Was ist ein Versicherungspool? Nennen Sie Beispiele.

77. Was ist ein Finanzdienstleistungskonzern?

78. Welche Formen der Finanzdienstleistung gibt es?

79. Welche Probleme sind bei der Bildung von Finanzdienstleistungskonzernen zu lösen?

80. Was beschreibt der Begriff „Allfinanz"?

81. Was ist ein Jahresabschluss? Aus welchen Bestandteilen setzt sich ein Jahresabschluss zusammen?

82. Nennen Sie die wichtigsten gesetzlichen Grundlagen des Jahresabschlusses im Versicherungsunternehmen.

83. Beschreiben Sie den Grobaufbau einer Versicherungsbilanz. Welche Posten dominieren jeweils die Aktiv- und die Passivseite?

84. Welche Grundregeln sind bei der Aktivierung von Kapitalanlagen im Versicherungsunternehmen zu beachten?

85. Was besagt das Niederstwertprinzip?

86. Was sind stille Reserven und wo treten sie auf?

87. Aus welchem Grund gibt es eine Aktienquote bei Versicherungsunternehmen?

88. Welche wichtigen versicherungstechnischen Rückstellungen kennen Sie und wo treten diese Rückstellungen in der Bilanz auf?

89. Was ist eine Rückstellung für Beitragsrückerstattungen?

90. Beschreiben Sie den Grobaufbau einer Gewinn- und Verlustrechnung für ein Versicherungsunternehmen.

91. Was ist der Unterschied zwischen der versicherungstechnischen und der nichtversicherungstechnischen Rechnung?

92. Was ist der Unterschied zwischen verdienten Beiträgen für eigene Rechnung und gebuchten Bruttobeiträgen?

93. Welche wichtigen Aufwandsformen treten in Versicherungsunternehmen auf?

94. Warum sind Kapitalerträge speziell für das Geschäft der Lebens- und Krankenversicherer von großer Bedeutung?

95. Was ist die Aufgabe des Anhangs im Jahresabschluss?

96. Welche Ziele verfolgt der Lagebericht?

97. Was ist eine Kennzahl, was ein Kennzahlenkatalog?

98. Wie können Kennzahlen sinnvoll miteinander verglichen werden?

99. Welche Kennzahlen zur Sicherheitslage im Versicherungsunternehmen kennen Sie?

100. Was ist eine Combined Ratio?

101. Welche Kennzahlen zum wirtschaftlichen Erfolg im Versicherungsunternehmen kennen Sie?

102. Was ist der Unterschied zwischen der laufenden Verzinsung und der Reinverzinsung?

103. Welche Kennzahlen zum Versicherungsbestand im Versicherungsunternehmen kennen Sie?

104. Was besagt der Solvabilitätsbegriff?

105. Was ist der Unterschied zwischen einem Finanzierungs- und einem Solvabilitätsplan?

106. Was besagt der Shareholder Value-Ansatz?

107. Wie kann der Shareholder Value gemessen werden?

108. Welche Ziele verfolgt eine Deckungsbeitragsrechnung?

109. Was ist ein Customer Lifetime Value und wie kann er im Versicherungsunternehmen gemessen werden?

110. Was ist Asset-Liability-Management?

111. Was ist der Unterschied zwischen Makro- und Mikro-ALM?

112. Was ist bei der Konzernrechnungslegung im Versicherungskonzern zu beachten?

113. Inwieweit sind Konzernjahresabschlüsse speziell bei Versicherungskonzernen problematisch?

114. Was ist Solvency II und welche Zielsetzung wird damit verfolgt?

D. Versicherungswirtschaft

Dieses Kapitel beschäftigt sich mit der **Versicherungswirtschaft** in ihrer Gesamtheit und beschreibt wesentliche Strukturmerkmale des Versicherungsmarktes. Die eher mikroökonomische Betrachtung des vorangegangenen Kapitels wird damit ergänzt durch eine makroökonomische Untersuchung der ganzen Branche und ihrer Wechselwirkung mit anderen Wirtschaftseinheiten und staatlichen Stellen.

Kernstück der Untersuchung ist eine Analyse des **Wettbewerbs** zwischen Versicherungsunternehmen, der in weiten Teilen allgemeingültigen Regeln der Betriebs- und Volkswirtschaftslehre folgt, stellenweise aber auch versicherungsspezifische Züge aufweist. Zu diesem Zweck werden die wettbewerbstheoretischen Modelle von *Porter* auf die besonderen Gegebenheiten der Versicherungswirtschaft übertragen und entsprechende Modelltypen von Versicherungsunternehmen bzw. -konzernen entwickelt (Anschnitt D.1). Grundsätzlich bringt ein intensiver Wettbewerb unter den Anbietern von Versicherungsprodukten den Versicherungsnehmern und der Gesellschaft als Ganzes viele Vorteile, birgt aber auch Risiken. Deshalb hat der Gesetzgeber ein vielschichtiges Wettbewerbsrecht geschaffen, das letztlich einen Kompromiss aus betriebswirtschaftlichen Zielvorstellungen und sozialstaatlichen Prinzipien sicherstellen soll.

Aufgrund der immensen Bedeutung der Versicherungswirtschaft für eine soziale Marktwirtschaft hat der Gesetzgeber die **Versicherungsaufsicht** mit weitreichenden Befugnissen und Kontrollmöglichkeiten ausgestattet. Hauptziele der Versicherungsaufsicht sind der Schutz des Versicherungsnehmers und die Sicherstellung eines Ausgleichs aller am Versicherungsgeschäft beteiligten Parteien, der privatwirtschaftlich organisierten Versicherungsschutz zwar streng reglementiert, ihn oft aber auch erst dadurch für den Versicherungsnehmer attraktiv macht (Abschnitt D.2).

Die Bedeutung der Versicherungswirtschaft für die Volkswirtschaft soll schließlich anhand einiger wichtiger Eckwerte der Branche aufgezeigt werden (Abschnitt D.3). Teilweise wird für diesen **Branchenüberblick** auf Zeitreihen zurückgegriffen, um bedeutende Entwicklungslinien offenzulegen. Ebenso werden einige wichtige Zahlenwerte auch auf der Ebene einzelner Versicherungssparten betrachtet, um diese Sparten und ihre wirtschaftliche Bedeutung zu beleuchten. Ergänzt wird der Branchenüberblick durch eine tabellarische Darstellung der **Geschichte des Versicherungswesens** in Deutschland und darüber hinaus (Abschnitt D.4).

1. Wettbewerb in der Versicherungswirtschaft

Wichtiges Merkmal einer Branche wie der Versicherungswirtschaft ist der **Wettbewerb** zwischen den Unternehmen. Wettbewerb lässt sich allgemein definieren als Leistungskampf zwischen Wirtschaftseinheiten und erfüllt in einem **marktwirtschaftlichen System** mehrere zentrale Funktionen (Abschnitt D.1.1). Er ergibt sich als Resultat einer Vielzahl brancheninterner und -externer Einflussfaktoren und zwingt Unternehmen zu einer langfristigen Reaktion in Form einer klaren strategischen Positionierung auf dem Markt. Ein gängiges Modell zur theoretischen Beschreibung dieses Phänomens sind die **Wettbewerbsstrategien** nach *Porter*, die den Erfolg von Unternehmen als das Ergebnis einer gezielten strategischen Ausrichtung und Abgrenzung erklären (Abschnitt D.1.2).

Die wettbewerbsstrategischen Modelle der *Porter*'schen Schule finden sich auch in der **Versi-cherungswirtschaft**; das Hauptinstrument zur Umsetzung einer Wettbewerbsstrategie bildet dabei neben den Produkten der Vertrieb (Abschnitt D.1.2). Dass eine stark regulierte und auf Verlässlichkeit ausgerichtete Branche wie die Versicherungswirtschaft überhaupt einen spürba-ren Wettbewerb kennt, ist eine Folge der 1994 eingeleiteten Deregulierung der Versicherungs-märkte, die auf eine Angleichung der Aufsichtssysteme in Europa abzielt.

Aus der Perspektive der Versicherungsaufsicht ist der freie marktwirtschaftliche Wettbewerb ein zweischneidiges Schwert: Einerseits sollen die Versicherungsnehmer von einem intensiven Konkurrenzkampf unter den Versicherungsunternehmen profitieren, müssen aber andererseits vor zu negativen Folgen dieses Wettbewerbs geschützt werden. Zu diesem Zweck hat der Ge-setzgeber ein kompliziertes **Wettbewerbsrecht** geschaffen, das sowohl wettbewerbsfördernde als auch wettbewerbshemmende Bestandteile enthält (Abschnitt D.1.3).

1.1 Wettbewerb in einem marktwirtschaftlichen System

Der Begriff „**Markt**" beschreibt in den Wirtschaftswissenschaften die Gesamtheit aller ökono-mischen Beziehungen zwischen den Anbietern und Nachfragern eines Gutes oder einer Dienst-leistung. Je nach Zahl der Marktteilnehmer herrscht auf einem Güter- bzw. Dienstleistungs-markt ein mehr oder weniger intensiver **Wettbewerb** unter den Anbietern um die Gunst der Nachfrager. Wettbewerb lässt sich folglich allgemein definieren als **Leistungskampf** zwischen Wirtschaftseinheiten auf einem grenzüberschreitenden Markt, meist bezieht man sich dabei auf den Leistungskampf unter den Anbietern.

Damit es auf einem Markt zur Herausbildung von Wettbewerbsstrukturen kommt, müssen eini-ge zentrale Voraussetzungen erfüllt sein. Hierzu gehören in erster Linie:

- **Ökonomische Rechtsstaatlichkeit**: Diese beinhaltet zum Beispiel das Eigentumsrecht, die Vertragsfreiheit und die Gewerbefreiheit. Der Gesetzgeber stellt den groben rechtlichen Rah-men aller wirtschaftlichen Aktivitäten dar und mischt sich in diese nur ein, um größeren Schaden von der Gemeinschaft abzuwenden.

- Hinreichend **polypolistische Marktstrukturen**: Ein Markt mit vielen Anbietern (Polypol auf der Anbieterseite) ist grundsätzlich wettbewerbsfördernd, ein Anbietermonopol (nur ein Anbieter auf dem Markt) unterbindet Wettbewerb hingegen. Einen Grenzfall stellt der oligopolistische Markt einiger weniger großer Anbieter dar. Hier ist einerseits das direkte Konkurrenzdenken untereinander stark ausgeprägt, andererseits besteht aber die Gefahr von Absprachen (zum Beispiel Preisabsprachen), was den Wettbewerb einschränkt.

- **Funktionierendes Währungssystem**: Der Verrechnungswert der eigenen Währung gegen-über Fremdwährungen muss sinnvoll ermittelbar und hinreichend stabil sein.

Liegen alle Voraussetzungen für einen freien Wettbewerb vor, wird die Intensität dieses Wett-bewerbs zu einer wichtigen Kenngröße eines Marktes bzw. einer Branche (hier grob definiert als die Gesamtheit aller Anbieter auf einem Markt). Wettbewerb erfüllt dabei im Wesentlichen drei **Funktionen**:

- Wettbewerb fördert den technischen Fortschritt, besitzt also eine **Anreizfunktion**. Diese Anreizfunktion ergibt sich aus dem Wunsch des einzelnen Anbieters nach Erzielung eines Wettbewerbsvorteils gegenüber seinen Konkurrenten.

- Der freie Wettbewerb bildet in gewissen Grenzen ein Instrument zur Darstellung eines Güterangebotes nach den Präferenzen der Nachfrager und stellt gleichzeitig eine betriebswirtschaftlich sinnvolle Verwendung vorhandener Produktionsfaktoren sicher, besitzt also eine volkswirtschaftliche **Steuerungsfunktion**. Zeigt sich aufseiten der Nachfrager etwa eine neue Nachfrage nach einem bestimmten Gut, sorgt die Konkurrenz unter den Anbietern dafür, dass sich auch Anbieter finden werden, die mit diesem Gut aufwarten.

- Schließlich spielt der Wettbewerb auch eine wichtige Rolle bei der Herstellung einer gerechten Einkommensverteilung sowie einer Erhöhung des allgemeinen Wohlstandes (**Verteilungsfunktion**). Dies zeigt sich beispielsweise an den breiten Preisspannen einzelner Produkte, die es sowohl in preisgünstigen Standardausführungen als auch in teuren Sonderausführungen für den anspruchsvollen Kunden gibt.

Der Wettbewerb unter den Anbietern eines Gutes oder einer Dienstleistung ist damit sowohl für die Nachfrager als auch für die Volkswirtschaft als Ganzes mit Vorteilen verbunden. Die Anbieter in einer wettbewerbsintensiven Branche müssen hingegen um Marktanteile und Erträge fürchten und den Herausforderungen des Wettbewerbs strategisch begegnen.

1.2 Wettbewerbsstrategien in der Versicherungswirtschaft

Ein einfaches Erklärungsmodell für das Zustandekommen von Wettbewerb ist das **Five Forces-Modell** von *Porter*, das alle wettbewerbsrelevanten Einflussfaktoren auf fünf grundlegende Ursachen zurückführt. Die Einflussstärke der Five Forces schwankt dabei naturgemäß von Branche zu Branche, grundsätzlich lassen sich jedoch jeder Branche derartige Einflussfaktoren zuordnen.

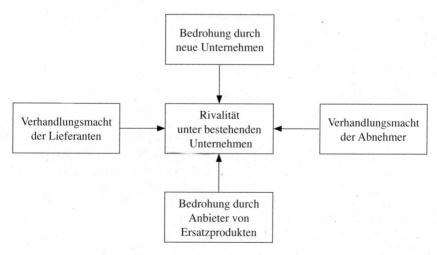

Abbildung 77: Five Forces-Modell nach *Porter*

Die direkte **Rivalität der Unternehmen** einer Branche untereinander wird auf dem Markt in der Regel am intensivsten wahrgenommen und äußert sich zum Beispiel an der in vielen Unternehmen aktiv betriebenen Konkurrenz- und Marktbeobachtung, die Produkte, Preise und Strategien anderer Anbieter erfasst und analysiert.

Beispiel: In der Versicherungsbranche sind die Ausprägungen des brancheninternen Wettbewerbs etwas eingeschränkt, da zum Beispiel Beitragshöhen (Preise) und manche Produktmerkmale nicht frei festgelegt werden können. Hier orientiert sich die Rivalität unter den Unternehmen entsprechend stärker an veränderbaren Produktmerkmalen, wie Details der AVB, Zusatzdienstleistungen (Assistance-Leistungen) oder etwa Besonderheiten des Vertriebs.

Der Konkurrenzkampf unter bestehenden Unternehmen wird durch **neue Unternehmen** zusätzlich verschärft, zumal diese häufig mit neuen Produktideen oder Vertriebskonzepten die Aufmerksamkeit der Nachfrager erregen. Hier spielt vor allem die fortschreitende Angleichung der europäischen Volkswirtschaften eine große Rolle, da sie die Einstiegshürden für ausländische Versicherer auf dem deutschen Markt erheblich gesenkt hat (Abschnitt C.4.2.5).

Ersatzprodukte zu den Produkten der Versicherungswirtschaft existieren hauptsächlich in der Lebensversicherung, und hier speziell für solche Produkte, die im Wesentlichen auf einem kombinierten Spar- und Entspargeschäft beruhen. Die Hauptkonkurrenzprodukte zu kapitalbildenden Lebensversicherungen und privaten Rentenversicherungen sind:

• Banksparpläne mit fester Verzinsung,

• Bausparverträge,

• Fondssparpläne aller Art,

• Aktien oder festverzinsliche Wertpapiere (Renten).

Die **Verhandlungsmacht der Abnehmer** basiert in der Versicherungswirtschaft vor allem auf einer relativ gut informierten Öffentlichkeit, die das Preis-/Leistungsverhältnis von Versicherungsprodukten kritisch hinterfragt. Durch das Aufkommen von Produkt-Ratings in den Medien ist diese Verhandlungsmacht in den letzten Jahren gewachsen, insbesondere sind viele Verbraucher preisbewusster geworden und fordern verstärkt Rabatte (klassisches Beispiel: Kraftfahrzeug-Haftpflichtversicherung).

Auch eine **Verhandlungsmacht der Lieferanten** lässt sich für ein Versicherungsunternehmen angeben, zum Beispiel können Rückversicherer und die internationalen Kapitalmärkte als Lieferanten des Versicherers interpretiert werden. Ohne Rückversicherungsschutz könnten gerade größere Einzelrisiken nicht versichert werden, während die internationalen Kapitalmärkte die in allen Versicherungssparten relevante Verzinsung der eingezahlten Versicherungsbeiträge ermöglichen. Beide Bereiche – Rückversicherung und internationale Kapitalmärkte – versetzen ein Versicherungsunternehmen damit letztlich in die Lage, Versicherungsgeschäfte zu betreiben, verfügen in diesem Zusammenhang aber eben auch über entsprechende Verhandlungsmacht, die sich auf den Wettbewerb in der Versicherungswirtschaft auswirkt.

Durch das Zusammenwirken aller fünf Einflussfaktoren hat sich der Wettbewerb in der deutschen Versicherungswirtschaft seit Mitte der 90er Jahre massiv verschärft, Hauptauslöser war die 1994 vollzogene **Deregulierung** der Versicherungsmärkte, die letztlich eine weitgehende Anpassung an europäische Aufsichtsnormen vollzog. Weitere Faktoren waren unter anderem:

• Popularität der Aktienanlage in den späten 90er Jahren,

• Hervorhebung des Shareholder Value-Gedankens in der Unternehmensführung,

• Aufkommen des Internets als neuem Vertriebskanal,

• sinkende Kapitalerträge in den Jahren 2000 – 2003 (Aktienbaisse),

• Verschärfung der Regulierung in Teilbereichen (Solvency II),

• Popularität von Produkt-Ratings in den Medien.

Als Reaktion auf ein derart verschärftes Wettbewerbsumfeld müssen Unternehmen nach *Porter* eine klare strategische Positionierung in Form einer **Wettbewerbsstrategie** entwickeln. Wettbewerbsstrategien bezeichnen all jene langfristig ausgerichteten Verhaltensweisen von Marktteilnehmern, die eine optimale Anpassung an ein gegebenes wettbewerbliches Umfeld ermöglichen. Ziel ist dabei die Erlangung von Wettbewerbsvorteilen, die das Unternehmen seinen Unternehmenszielen (Abschnitt C.1) näher bringen.

Abbildung 78: Zustandekommen von Wettbewerbsstrategien nach *Porter*

Eine explizit oder implizit definierte Wettbewerbsstrategie wirkt prägend auf alle operativen Einzelmaßnahmen im Unternehmen, insbesondere werden die Instrumente des **Marketing-Mix** durch wettbewerbsstrategische Vorgaben in bestimmte Bahnen gelenkt. Zu diesen Instrumenten gehören im Management von Dienstleistungen (vgl. *Bruhn/Meffert*):

• **Leistungspolitik** (im Konsumgütermarketing auch **Produktpolitik**),

• **Kommunikationspolitik**,

• **Vertriebspolitik**,

• **Preispolitik**,

• **Personalpolitik**,

- **Ausstattungspolitik**,

- **Prozesspolitik**.

Diese „**sieben P's**" (abgeleitet aus dem Englischen: **p**roduct [Produkt], **p**romotion [Kommuni-kation], **p**lace [Distribution], **p**rice [Preis], **p**ersonnel [Personen], **p**hysical facilities [Physische Erscheinungsmerkmale], **p**rocess management [Prozesse]) definieren in ihrer Gesamtheit das Marketing eines Dienstleistungsunternehmens und damit seine Marktpositionierung. Im wei-teren Sinne sind sie auch Ausdruck der verfolgten Wettbewerbsstrategie und bilden eine Art marktstrategischen „Fingerabdruck" des Unternehmens.

Porter unterscheidet in seinen Untersuchungen ursprünglich drei Wettbewerbsstrategien, die **Kostenführerschaft**, die **Differenzierungsstrategie** und die **Nischenstrategie**. Mittlerweile wird in der Literatur meist noch eine vierte Wettbewerbsstrategie genannt, die **Wachstums-strategie**. Allen Wettbewerbsstrategien ist gemeinsam, dass sie sich zumindest teilweise aus der historischen Entwicklung eines Unternehmens ableiten lassen, mitunter also nicht nur Aus-druck einer bewußten Entscheidung der Unternehmensführung sind.

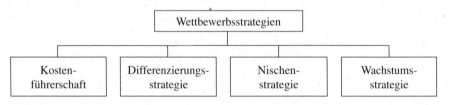

Abbildung 79: Wettbewerbsstrategien

Kostenführer streben vor allem ein niedriges Preisniveau an, um so zu einem präferierten Anbieter unter besonders preisbewussten Nachfragern zu werden. Die Produkte von Kosten-führern zeichnen sich folglich durch eine geringe Komplexität aus, häufig beschränkt sich das Unternehmen auch ganz bewusst auf eine sehr eingeschränkte Produktpalette weit verbreiteter Standardprodukte. In der Versicherungswirtschaft lässt sich eine auf Kostenführerschaft ausge-richtete Strategie hauptsächlich durch folgende Maßnahmen umsetzen:

- **Direktvertrieb**, das heißt bewusster Verzicht auf eine mitarbeiterintensive Außendienstorga-nisation (Abschnitt C.6.3.1),

- **Vertriebskooperationen**, zum Beispiel mit Banken (Bancassurance, Abschnitt C.6.3.5) oder Versandhäusern,

- **Verzicht auf individuelle Wahlmöglichkeiten** bei der Gestaltung von Versicherungsschutz (zum Beispiel Vorgabe fester Versicherungssummen in der Risikolebensversicherung, stel-lenweise sogar Vorgabe der Laufzeit); dies schließt gegebenenfalls den Verzicht auf einzelne Versicherungszweige bzw. -produkte mit ein,

- möglichst weitgehende **Automatisierung** von Geschäftsprozessen (hierzu kann auch eine Beschränkung auf Produkte mit hohem Automatisierungspotenzial gehören; beispielsweise erfordert der Abschluss einer privaten Rentenversicherung keine Gesundheitsprüfung),

- möglichst weitgehende **Externalisierung** bei der Erbringung von einzelnen Dienstleistungen, das heißt Abwälzung einzelner Geschäftsprozesse auf den Versicherungsnehmer.

Dabei darf nicht übersehen werden, dass gerade der an sich kostengünstige Direktvertrieb und die Automatisierung bzw. Externalisierung von Geschäftsprozessen auch einen gewissen Investitionsbedarf erfordern. Beispielsweise verfügen Direktversicherer häufig über große und fachlich gut besetzte Call Center, um Kundenanfragen sicher und zuverlässig beantworten zu können. Das Fehlen einer personellen Präsenz in der Fläche des Landes verlangt Direktversicherern darüber hinaus zusätzliche Werbemaßnahmen ab, da die Absatzinitiative vom Antragsteller ausgehen muss (Abschnitt C.6.1).

Differenzierungsstrategien definieren sich in weiten Teilen als natürliche Gegenstücke zu einer Kostenstrategie. Hier geht es darum, sich durch qualitativ hochwertige Produkte bzw. Dienstleistungen von etwaigen Wettbewerbern abzuheben. Zielgruppe einer Differenzierungsstrategie sind daher primär zahlungskräftige Kunden mit individuellen Wünschen. Trotz des immateriellen und hochgradig regulierten Charakters von Versicherungsprodukten lassen sich auch in der Versicherungswirtschaft Differenzierungsstrategien beobachten.

Beispiel: Einige Kfz-Versicherer ersetzen auch nach einigen Jahren noch bei Schäden am Kraftfahrzeug den Neuwert, verzichten also – gegen einen entsprechend höheren Beitrag – auf die eigentlich übliche Annahme einer Wertminderung. Besonders leicht lässt sich eine auf Qualität fixierte Differenzierungsstrategie in der Krankheitskostenvollversicherung darstellen, indem das Leistungsspektrum beispielsweise um alternative Heilverfahren oder eine medizinische Beratungs-Hotline erweitert wird.

Differenzierungsstrategien finden ihren Niederschlag auch häufig in Zusatzdienstleistungen des Versicherers, so genannten **Assistance-Leistungen**. Hierzu gehören zum Beispiel der Pannendienst eines Kfz-Versicherers oder der Handwerkernotdienst mancher Hausratversicherer. Assistance-Leistungen müssen stets an das Versicherungsprodukt gekoppelt sein, damit nicht der Charakter versicherungsfremder Geschäfte entsteht.

Nischenstrategien sind vor allem vielen Versicherungsvereinen auf Gegenseitigkeit (VVaG) auf den Leib geschrieben, da sie aus historischen Gründen meist ohnehin auf bestimmte, in der Regel berufsständisch definierte Zielgruppen fokussiert sind. Nischenstrategien zeichnen sich allgemein dadurch aus, dass sich die gesamte Produktpalette, aber auch der Vertrieb und die Außendarstellung des Versicherungsunternehmens konsequent an den Bedürfnissen einer kleinen, klar umrissenen Klientel orientieren. Versicherer mit Nischenstrategien neigen daher auch dazu, ihren Kunden spezifische Assistance-Leistungen zur Verfügung zu stellen.

Beispiel: Ein Versicherer mit der Zielgruppe Mediziner könnte seinen Kunden spezielle Finanzierungsangebote eines Kooperationspartners für die Praxisgründung vermitteln. Ebenso könnte dieser Versicherer Kombiprodukte speziell für niedergelassene Ärzte entwickeln, die alle für diese Personengruppe relevanten Versicherungsformen beinhalten und zum Beispiel die besonderen Haftpflichtbedürfnisse von Ärzten berücksichtigen.

Mit seiner Beschränkung auf eine Marktnische verzichtet der Nischenversicherer bewusst auf eine Ansprache des Gesamtmarktes, strebt also im Allgemeinen auch nicht nach Marktmacht und Wachstum. Charakteristisch für Nischenversicherer ist hingegen die Betonung von **Bedarfsdeckungszielen** (Abschnitt C.1.2), die in der Außendarstellung auch entsprechend kommuniziert werden.

Ein natürliches Gegenstück zu einer Nischenstrategie stellen **Wachstumsstrategien** dar, die grundsätzlich alle Nachfrager als potenzielle Neukunden ansehen und mithilfe einer hohen Sortimentsbreite und -tiefe den Gesamtmarkt ansprechen. Hintergrund dieser Wettbewerbsstrategie sind häufig **Erhaltungsziele** (Abschnitt C.1.2), die durch hohe Marktanteile in möglichst vielen Marktsegmenten erreicht werden sollen. Versicherer mit expliziter Wachstumsstrategie suchen dieses Wachstum häufig über Verschmelzungen mit anderen Versicherern und durch Übernahmen (**Mergers & Acquisitions**) zu realisieren. Daneben bietet sich zum Beispiel eine Einbindung in einen Finanzdienstleistungskonzern (Abschnitt C.7.4) zur Ausschöpfung von Cross-Selling-Potenzialen sowie die Entwicklung von Bausteinprodukten mit hoher Flexibilität an.

Mit Blick auf die charakteristischen Eigenschaften der **Produktpalette** einzelner Versicherungsunternehmen in Abhängigkeit von der Wettbewerbsstrategie gilt damit:

Wettbewerbsstrategie	Produktpalette
Kostenführerschaft	Beschränkung auf einfache Standardprodukte
Differenzierungsstrategie	Anspruchsvolle Kombiprodukte mit hohem Beratungsbedarf
Nischenstrategie	Auf Zielgruppe zugeschnittene Spezialprodukte
Wachstumsstrategie	Hohe Sortimentsbreite und -tiefe

Tabelle VIII: Wettbewerbsstrategie und Produktpalette

Inwieweit die angegebenen Eigenschaften wirklich in der Produktpalette hervorstechen, ist davon abhängig, wie konsequent eine explizit oder implizit verfolgte Wettbewerbsstrategie auch operativ vom Versicherungsunternehmen umgesetzt wird.

Nach *Farny* können die vier genannten Wettbewerbsstrategien auch als **Polarisierungsstrategien** interpretiert werden, da sie letztlich eine Abkehr von der Marktmitte darstellen und einem Versicherungsunternehmen ein klares Profil verleihen. Jeweils zwei der vier beschriebenen Wettbewerbsstrategien bilden dabei natürliche Gegenstücke zueinander.

Werden zum Beispiel besondere Produkteigenschaften sowie die Beratungsintensität im Vertrieb der Einfachheit halber mit dem Begriff „Qualität" gleichgesetzt und dieser Parameter dem Parameter „Kosten" gegenübergestellt (Kosten, die sich in einem entsprechend hohen Beitragsniveau niederschlagen), lassen sich zwei Wettbewerbsstrategien als Polarisierungsstrategien zueinander interpretieren und grafisch darstellen.

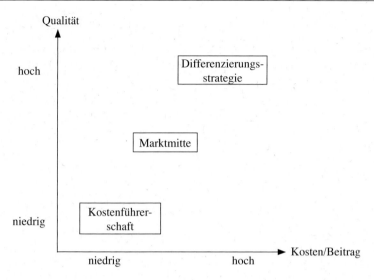

Abbildung 80: Kostenführerschaft und Differenzierungsstrategie als Polarisierungsstrategien (in Anlehnung an *Farny*)

Die Differenzierungsstrategie bietet hohe Qualität zu hohen Kosten, die Kostenführerschaft hingegen niedrigere Qualität zu entsprechend niedrigeren Kosten. Eine Wettbewerbsstrategie „hohe Qualität zu niedrigen Kosten" wäre zwar erstrebenswert, lässt sich betriebswirtschaftlich aber kaum realisieren, ein Modell „niedrige Qualität zu hohen Kosten" wäre auf dem Markt kaum durchsetzungsfähig.

In ähnlicher Weise können die Nischen- und die Wachstumsstrategie einander gegenübergestellt werden, hier können die Sortimentsbreite bzw. -tiefe sowie die Unternehmensgröße als Parameter verwendet werden.

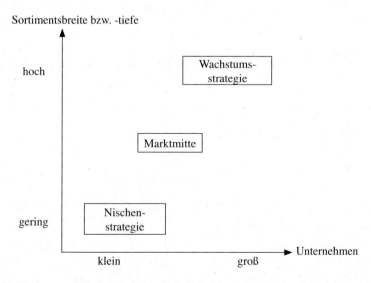

Abbildung 81: Nischen- und Wachstumsstrategie als Polarisierungsstrategien (in Anlehnung an *Farny*)

Die Nischenstrategie ergibt sich damit als logische Konsequenz einer geringen Sortimentsbreite bzw. -tiefe eines kleinen Versicherungsunternehmens. Das Unternehmen positioniert sich als **Spezialist** für eine klar umrissene Zielgruppe. Anders die Wachstumsstrategie: Sie erfordert einen großen **Generalisten** mit breitem und tiefem Sortiment, der den Markt als Ganzes anspricht. „Große Spezialisten" und „kleine Generalisten" sind auf dem Markt hingegen Ausnahmeerscheinungen.

Keine der genannten Wettbewerbsstrategien ist einer anderen per se überlegen, wichtig ist vor allem die konsequente Umsetzung auf operativer Ebene. Verschärfter Wettbewerb kann gerade Unternehmen ohne erkennbare wettbewerbsstrategische Positionierung in wirtschaftliche Schwierigkeiten bringen, dies gilt in besonderem Maße für Unternehmen der Marktmitte.

In Teilen der Literatur werden mittlerweile auch Mischformen von Wettbewerbsstrategien diskutiert, ein Beispiel wäre der **Mass Customization**-Ansatz nach *Davis*. Mass Customization-Strategien streben eine Zusammenführung von Kostenführerschaft und Differenzierungsstrategien an, meist über Bausteinprodukte aus einfachen, standardisierten Bausteinen, die der Versicherungsnehmer nach seinen Bedürfnissen und Vorstellungen individuell kombinieren kann.

Beispiel: In der Krankheitskostenvollversicherung finden sich viele Produkte, die dem Versicherungsnehmer innerhalb der Grundbausteine „Ambulant", „Stationär" und „Zahn" verschiedene Wahlmöglichkeiten einräumen und so die Darstellung eines individuellen Versicherungsschutzes ermöglichen, ohne dabei zu kompliziert (und damit auch kostenintensiv) zu werden. Ergänzt werden die Basisbausteine durch Wahloptionen für alternative Behandlungsformen, Kuren und andere Extras. Zur Erhöhung der Übersichtlichkeit bieten manche Krankenversicherer ihren Kunden auch feste Pakete aus vorgegebenen Bausteinen an, verbreitet ist eine Dreiteilung in einen Basistarif, einen gehobenen Tarif und eine Luxusvariante. Insgesamt stellen diese Bausteinprodukte damit einen Versuch dar, hohe Flexibilität und Ausbaufähigkeit (im weiteren Sinne der Kern der Produktqualität) mit niedrigen Kosten zu verknüpfen.

1.3 Instrumente des Wettbewerbsrechts

Das **Wettbewerbsrecht** bildet das zentrale Steuerungsinstrument des Gesetzgebers zur Gestaltung des Wettbewerbs in einer Branche. Speziell in der privaten Versicherungswirtschaft verfolgt das Wettbewerbsrecht zwei zentrale Ziele:

- **Förderung des Wettbewerbs** in der Versicherungswirtschaft: Hier geht es primär um eine möglichst umfassende Nutzung der Vorteile, die ein lebhafter Wettbewerb für eine Branche bzw. die Volkswirtschaft mit sich bringt (Abschnitt D.1.1).

- Schutz der Versicherungsnehmer und der Gesellschaft als Ganzes vor den negativen Folgen des Wettbewerbs (Abschnitt D.2.1). Im Kern läuft dies auf eine **Beschränkung des Wettbewerbs** hinaus.

Beide Ziele besitzen auch außerhalb der Versicherungswirtschaft große Bedeutung, speziell beim zweiten Ziel tritt jedoch der besondere Schutz des Versicherungsnehmers in den Vordergrund (**Schutztheorie** der Versicherungsaufsicht, vgl. Abschnitt D.2.1).

Die Versicherungsaufsicht sieht sich mit Blick auf den Wettbewerb in der Versicherungswirtschaft damit vor der Herausforderung, zwei grundsätzlich konkurrierende Ziele parallel verfolgen zu müssen. In der Tagesarbeit der Versicherungsaufsicht läuft dies auf einen kontinuierlichen Wettstreit zwischen beiden Zielen hinaus, der einem Nebeneinander gegensätzlicher gesetzlicher Grundlagen entspricht.

Die wichtigste wettbewerbsfördernde Rechtsquelle ist das **Gesetz gegen Wettbewerbsbeschränkungen (GWB)**, das den Kern des deutschen **Kartellrechts** bildet. Hauptintention des GWB ist die Vermeidung von **Kartellen** (daher auch als „**Kartellgesetz**" bekannt), also von vertraglichen Vereinbarungen zwischen Unternehmen, deren Zweck die weitgehende Beherrschung des Marktes ist (vgl. Abschnitt C.7.3). Das GWB bildet die gesetzliche Grundlage für die Arbeit des **Bundeskartellamtes**, dessen Aufgaben sich im Wesentlichen um die Erhaltung hinreichend polypolistischer Marktstrukturen und die Vermeidung wettbewerbsschädigender Absprachen unter den Marktteilnehmern drehen.

Die auf europäischem Kartellrecht fußende **Gruppenfreistellungsverordnung** erlaubt Versicherungsverbänden lediglich in einigen Ausnahmefällen eine Umgehung des Kartellverbots, etwa in Fragen der Erstellung von Musterbedingungen für Versicherungsprodukte oder der Nutzung identischer Sterbetafeln durch alle Lebens- und Krankenversicherer. Diese Sterbetafeln werden in Deutschland in der Regel von der **Deutschen Aktuarsvereinigung e. V. (DAV)** erarbeitet und veröffentlicht.

Dem wettbewerbsfördernden GWB stehen mehrere, eher wettbewerbsbeschränkende, Rechtsquellen gegenüber. Hierzu zählt neben dem **Versicherungsaufsichtsgesetz (VAG)** mit seinen zahlreichen versicherungsspezifischen Vorgaben in erster Linie das **Gesetz gegen den unlauteren Wettbewerb (UWG)**. Das UWG gibt eine Reihe von Verhaltensweisen vor, die in ihrer Gesamtheit einer Legaldefinition „guter Sitten" gleichkommen und einen fairen Wettbewerb sicherstellen sollen. Die zentralen Tatbestände des UWG sind:

- **Wahrheitsgebot**, wonach ein Verbraucher nicht durch falsche Informationen zum Erwerb eines Produkts animiert werden darf,

- **Verbot der Behinderung** von Mitbewerbern,

- **Verbot der Nachahmung** von Patenten oder Gebrauchsmustern anderer Wettbewerber,

- **Verbot der Lockvogelwerbung**,

- **Bestechungsverbot** (bezogen auf Mitarbeiter eines Wettbewerbers),

- **Verbot des Geheimnisverrats**.

Alles in allem schafft das UWG damit einen **Normenkatalog** zur Vermeidung unlauteren Wettbewerbs. Das UWG unterstützt in diesem Sinne die Schutzfunktion der Versicherungsaufsicht. Ergänzt wird das UWG durch **Wettbewerbsrichtlinien der Versicherungswirtschaft**, die auf Verbandsebene verabschiedet worden sind und ebenfalls einen fairen Wettbewerb zwischen Versicherungsunternehmen und ihren Vertretern zum Ziel haben.

Das Wettbewerbsrecht in der deutschen Versicherungswirtschaft definiert sich insgesamt damit als ein Nebeneinander verschiedener Rechtsquellen unterschiedlicher Intention. Wettbewerb soll einerseits gefördert werden, negativen Folgen eines exzessiven Wettbewerbs aber vorgebeugt werden. Dies stellt keinen Widerspruch dar, sondern begründet letztlich die in der Versicherungswirtschaft beobachtbare Koexistenz unterschiedlicher Unternehmensziele wie der **Gewinnerzielung** und der **Bedarfsdeckung** (Abschnitt C.1.2).

Abbildung 82: Wettbewerbsrecht der Versicherungswirtschaft im Überblick

2. Versicherungsaufsicht

Die Versicherungswirtschaft in Deutschland unterliegt einer relativ strengen staatlichen **Versicherungsaufsicht**, die vor allem die unbedingte Verlässlichkeit des Gutes Versicherung in den Mittelpunkt stellt. Versicherungsrecht wird in weiten Teilen als ein Schutzrecht des Versicherungsnehmers interpretiert, dessen langfristige finanzielle Ansprüche den besonderen Schutz des Gesetzgebers genießen. Daneben spielen auch makroökonomische Überlegungen eine wichtige Rolle bei der Definition der **Ziele der Versicherungsaufsicht** (Abschnitt D.2.1).

Der **Geltungsbereich der Versicherungsaufsicht** in Deutschland (Abschnitt D.2.2) erstreckt sich denn auch nicht nur auf Erst- und Rückversicherungsunternehmen, sondern berücksichtigt ebenso etwaige Konzernstrukturen, in die Versicherungsunternehmen eingebunden sind. Etwas komplizierter liegen die Dinge bei ausländischen Versicherungsunternehmen mit Niederlassungs- oder Dienstleistungsgeschäften auf dem deutschen Markt; hier greifen in weiten Teilen Richtlinien und Vorschriften des EU-Rechts oder des Herkunftslandes.

Bei der Erfüllung ihrer Aufgaben bedient sich die Versicherungsaufsicht eines umfangreichen **Instrumentariums,** das der zuständigen Behörde tiefe Einblicke in einzelne Versicherungsunternehmen verschafft, um etwaige Missstände frühzeitig zu erkennen und abzuwenden (Abschnitt D.2.3). Im Krisenfall geht die Versicherungsaufsicht dabei sehr umsichtig vor, um den Ruf eines angeschlagenen Unternehmens und der Versicherungsbranche insgesamt nicht unnötig zu schädigen.

2.1 Ziele der Versicherungsaufsicht

Die Versicherungsaufsicht ermöglicht dem Gesetzgeber die Umsetzung ordnungspolitischer

Vorstellungen und grundlegender gesellschaftlicher Normen in der Versicherungswirtschaft. Die **Ziele von Versicherungsaufsicht** artikulieren demzufolge die generellen Absichten und Auffassungen, die eine Gesellschaft mit der Einrichtung einer privaten Versicherungswirtschaft verfolgt und können entsprechend vielfältig sein. In der wissenschaftlichen Literatur existieren unterschiedliche theoretische Erklärungsansätze von Versicherungsaufsicht, die jeweils unterschiedliche Ziele implizieren. Werden diese Erklärungsansätze um ein Instrumentarium ordnungspolitischer Mittel der Versicherungsaufsicht erweitert, entstehen **Aufsichtstheorien**, die den Sinn und Zweck von Versicherungsaufsicht aus verschiedenen Blickwinkeln beleuchten.

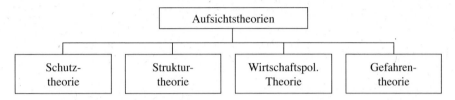

Abbildung 83: Aufsichtstheorien in der Versicherungswirtschaft

Die wohl wichtigste und in der Praxis der Versicherungswirtschaft auch augenscheinlichste Aufsichtstheorie sieht die Hauptaufgabe der Versicherungsaufsicht im **Schutz des Versicherungsnehmers** und seiner finanziellen Interessen (**Schutztheorie**). Die Schutztheorie möchte den Versicherungsnehmer vor den negativen Folgen des marktwirtschaftlichen Wettbewerbs in der Versicherungswirtschaft bewahren (Abschnitt D.1), insbesondere soll die langfristige Erfüllbarkeit aller durch Versicherungsunternehmen gemachten Leistungszusagen gewährleistet werden. Hierdurch wird die besondere Rolle des Versicherungsnehmers als Gläubiger des Versicherungsunternehmens hervorgehoben (Beitragsvorauszahlung), dessen langfristige Lebensplanung letztlich vom wirtschaftlichen Gesamtzustand des Versicherungsunternehmens abhängig ist.

Beispiel: *Die private Rentenversicherung bildet für Selbstständige häufig das Hauptstandbein der Altersversorgung. Würde ein Versicherungsunternehmen in Konkurs gehen, müsste die Versichertengemeinschaft einen Teil ihrer eingezahlten Beiträge abschreiben, die Altersversorgung vieler Versicherter wäre infrage gestellt.*

Ebenso problematisch könnte sich der Konkurs eines Lebensversicherungsunternehmens auf Versicherte mit einer Berufsunfähigkeitsversicherung auswirken. Da viele Versicherungsnehmer in den Jahren nach ihrem Vertragsabschluss unweigerlich eine Verschlechterung ihres allgemeinen körperlichen Zustandes erfahren (ohne berufsunfähig zu werden), hätten sie bei einem Konkurs ihres Versicherers extreme Schwierigkeiten, einen vergleichbaren Versicherungsschutz auf dem Markt zu finden (Risikoprüfung). Hinzu käme, dass sie nun aufgrund ihres höheren Alters bei einem Neuabschluss deutlich höhere Beiträge entrichten müssten.

Die Schutztheorie steht damit vor dem Dilemma, den grundsätzlich freien Wettbewerb in der Versicherungsbranche durch ordnungspolitische Eingriffe regulieren zu müssen, ohne den Wettbewerb selbst dabei zu sehr einzuschränken, da auch dies letztlich negative Auswirkungen auf den Versicherungsnehmer hätte. Beispielsweise verursachen Aufsichtsmaßnahmen in den Versicherungsunternehmen Kosten, die letztlich an die Versicherungsnehmer weitergegeben werden (im Wesentlichen verborgen in der Position „Aufwendungen für den Versicherungsbetrieb" der GuV, siehe Abschnitt C.8.2.2).

Beispiel: Für Versicherungsunternehmen bestehen weit über den reinen Jahresabschluss hinausgehende Meldepflichten an die Aufsichtsbehörde. In den Unternehmen führt dieses Meldewesen zu einer personellen Aufblähung des Rechnungswesens mit entsprechend höheren EDV- und Personalkosten. Häufig wird versucht, aus der Notwendigkeit zu regelmäßigen Meldungen an die Versicherungsaufsicht dahingehend einen wirtschaftlichen Nutzen zu ziehen, dass die gemeldeten Zahlenwerte auch zur unternehmensinternen Steuerung verwendet werden.

Da die Schutztheorie die wirtschaftliche Lage des Versicherungsnehmers in den Mittelpunkt stellt, hat sie auch den Charakter einer **sozialen Theorie**. Die Schutztheorie betont so gesehen in besonderer Weise die gesellschaftliche Verantwortung des privatwirtschaftlichen Versicherungswesens.

Anders als die Schutztheorie sieht die **Strukturtheorie** die Begründung der Versicherungsaufsicht primär darin, dass der Staat durch regulatorische Vorgaben brancheninterne Strukturschwächen ausgleichen muss, um die **Funktionsfähigkeit der Versicherungswirtschaft** dauerhaft zu gewährleisten. Nach der Strukturtheorie zielt Versicherungsaufsicht vornehmlich darauf ab, die besondere Struktur des Versicherungsgeschäfts durch gezielte regulatorische Eingriffe so zu ergänzen, dass ein für alle Marktteilnehmer möglichst optimales Ergebnis entsteht.

Die Strukturtheorie ist eng verwandt mit der **wirtschaftspolitischen Theorie** der Versicherungswirtschaft, die aufsichtsrechtliche Maßnahmen primär als Mittel makroökonomischer Steuerungsmaßnahmen interpretiert. Versicherungsaufsicht wird in diesem Zusammenhang als ein finanz- oder konjunkturpolitisches Instrument verstanden, das der Gesetzgeber zur Unterstützung wirtschaftspolitischer Ziele einsetzt. Ähnlich wie bei der Strukturtheorie weist auch dieser Ansatz eine gewisse Schnittmenge mit der Schutztheorie auf, geht es doch letztlich um wirtschaftspolitische Steuerungsmaßnahmen in einer sozialen Marktwirtschaft.

Ganz allgemein kann Versicherungsaufsicht auch als Teil der gewöhnlichen Beaufsichtigung gewerblicher Prozesse durch den Staat gesehen werden (**Verhinderung bzw. Beseitigung etwaiger Missstände im Unternehmen**). Diese **Gefahrentheorie** würde den besonderen Bedingungen des Versicherungswesens jedoch nur teilweise gerecht werden (stochastischer Charakter des Versicherungsgeschäftes, Langfristigkeit vieler Vertragsverhältnisse etc.). Der rein gefahrentheoretische Ansatz bietet zwar eine Erklärung für aufsichtsrechtliche Maßnahmen im Versicherungswesen, ist jedoch der Schutztheorie – ähnlich wie schon die Strukturtheorie oder die wirtschaftspolitische Theorie – klar unterzuordnen.

Alle genannten Aufsichtstheorien verfolgen grundsätzlich unterschiedliche Ziele, die stellenweise den **Erhaltungszielen** von Versicherungsunternehmen entsprechen bzw. diese Erhaltungsziele überhaupt erst in den Fokus der Versicherungswirtschaft rücken. Nach *Eisen/Zweifel* kann Versicherungsaufsicht denn auch generell als aktive Krisenabwehr in der Versicherungswirtschaft verstanden werden, die vornehmlich zwei Ziele verfolgt:

• Die Insolvenz von Versicherungsunternehmen zu verhindern, um die dadurch den Versicherten und der Allgemeinheit verursachten Kosten erst gar nicht entstehen zu lassen (**Insolvenzabwehr**).

• Die mit einer Insolvenz eines Versicherungsunternehmens verursachten Kosten der Versicherungsnehmer und der Allgemeinheit zu minimieren (**Schadenbegrenzung**).

Beide Ziele weisen einen starken Bezug zur **Schutztheorie** auf, implizieren jedoch auch strukturelle und wirtschaftspolitische Vorstellungen.

2.2 Geltungsbereich der Versicherungsaufsicht

Nach § 1 (1) VAG unterliegen solche Unternehmen der Versicherungsaufsicht, die den „*Betrieb von Versicherungsgeschäften zum Gegenstand haben und nicht Träger der Sozialversicherung sind (Versicherungsunternehmen) sowie Pensionsfonds.*" Die Versicherungsaufsicht nach VAG wird damit als objektorientiert (**Versicherungsunternehmen**) – nicht jedoch prozessorientiert (**Versicherungsgeschäft**) – definiert und erstreckt sich nicht auf die Träger staatlicher Sozialversicherungssysteme wie die gesetzlichen Krankenkassen oder die Deutsche Rentenversicherung Bund.

Genauer unterliegen der Versicherungsaufsicht neben den hier nicht näher betrachteten Pensionsfonds damit:

*   **Erstversicherungsunternehmen** aller Sparten (lediglich kleinere Versicherungsvereine [Abschnitt C.4.2.3] können nach § 157 a VAG von der laufenden Aufsicht auf Antrag befreit werden; alternativ können auch Erleichterungen beim Geschäftsplan und bei der Rechnungslegung nach § 175 (1) VAG gewährt werden),

*   **Rückversicherungsunternehmen**,

*   **Versicherungskonzerne** (zusätzliche Solo-Plus-Aufsicht von Erstversicherungsunternehmen, die einer Versicherungsgruppe angehören sowie unmittelbare Beaufsichtigung von Holding-Muttergesellschaften nach §§ 104 a bis 104 i VAG bzw. § 1 b VAG),

*   **Finanzkonglomerate** nach §§ 104 k bis 104 w VAG; hier geht es um eine zusätzliche Beaufsichtigung der zu einem Finanzkonglomerat gehörenden Versicherungsunternehmen sowie des Konglomerats selbst.

Speziell die Aufsicht über Versicherungskonzerne und Finanzkonglomerate ist in den letzten Jahren verschärft worden, Hintergrund ist die Möglichkeit schädlicher Einflüsse auf Versicherungsunternehmen durch wirtschaftliche Probleme anderer Tochterunternehmen bzw. der Muttergesellschaften.

Die Beaufsichtigung von Rückversicherungsunternehmen ist in den Jahren 2002 und 2004 neu geregelt und dabei ebenfalls verschärft worden (unter anderem **4. Finanzmarktförderungsgesetz**). Die bis dahin relativ schwach ausgeprägte Aufsichtskultur in diesem Bereich war hauptsächlich auf den (zumindest in der Wahrnehmung des Gesetzgebers) generell fehlenden Schutzbedarf der Erstversicherungsunternehmen zurückzuführen. Erst in jüngerer Vergangenheit hat sich auch hier ein schutztheoretisches Denken durchgesetzt, gegründet vor allem auf dem Schutz der Versicherungsnehmer des Erstversicherers, der auch Eingriffe bei einem Rückversicherer erforderlich machen kann. Hinzu kommt, dass strenge aufsichtsrechtliche Grundsätze im Sitzland des Rückversicherungsunternehmens durchaus als Qualitätsausweis in anderen Ländern gelten können, der Rückversicherer hierdurch also einen Wettbewerbsvorteil erlangt.

Besonders problematisch gestaltet sich die Beaufsichtigung von Rückversicherungsunternehmen mit Blick auf den individuellen und internationalen Charakter des Rückversicherungsgeschäftes. Gerade große internationale Rückversicherungsunternehmen betreiben einen Großteil ihrer wirtschaftlichen Aktivitäten im Ausland, was eine statistische Erfassung vergleichbarer Kennzahlen erschwert.

Nicht aufsichtspflichtig sind nach § 1 (3) VAG grundsätzlich folgende Einrichtungen, obgleich auch sie im weiteren Sinne Versicherungsgeschäfte betreiben:

- **Unterstützungskassen**, die ihren Mitgliedern keinen Rechtsanspruch auf Leistungen gewähren, also zum Beispiel Unterstützungsvereine einzelner Berufsverbände oder Innungen,

- **rechtsfähige Umlagekassen** für Versorgungen durch Kammern oder Verbände,

- **nicht rechtsfähige kommunale Schadenausgleiche**,

- einzelne **örtlich begrenzte Versicherungseinrichtungen**, die Naturalersatz gegen ein pauschales Entgelt leisten (zum Beispiel im Rahmen der Wartung von Geräten),

- **Versicherungspools**; sie organisieren zwar Versicherungsschutz, betreiben jedoch nicht unmittelbar das Versicherungsgeschäft; die am Pool beteiligten Versicherer unterliegen natürlich der vollen Aufsicht.

Daneben existieren innerhalb der Versicherungswirtschaft noch einzelne Einrichtungen, für die **individuelle Regelungen** gelten (vgl. *Farny*):

- Unterhält ein großes Unternehmen oder ein Konzern einen eigenen **Captive Versicherer** (vgl. Captive als Vermittler in Abschnitt C.6.3.7), ist dieses Tochterunternehmen voll aufsichtspflichtig. Zwar wäre im Fall einer wirtschaftlichen Schieflage des Captive Versicherers nur das tragende Unternehmen bzw. der tragende Konzern von diesem Problem unmittelbar betroffen, bei mehreren zehntausend Mitarbeitern können solche Krisen aber durchaus größeren wirtschaftlichen Schaden anrichten.

- **Selbstständige Vermittlungsunternehmen** (etwa Makler) unterliegen nicht der Versicherungsaufsicht, allerdings sind sie gegenüber der Aufsichtsbehörde teilweise auskunftspflichtig (§ 83 (5) VAG) und können für Verstöße gegen das VAG strafrechtlich verfolgt werden.

- Gliedert ein Versicherungsunternehmen einzelne betriebswirtschaftliche Funktionsbereiche aus (zum Beispiel die EDV-Abteilung, die in eine abhängige Tochtergesellschaft umgewandelt wird), unterstehen diese externen **Dienstleistungsunternehmen** ebenfalls nicht der Aufsicht, sind aber gegenüber der Behörde in bestimmten Bereichen auskunftspflichtig.

Unternehmen, die im weiteren Sinne mit Versicherungsunternehmen kooperieren und ihnen einzelne Prozessabläufe abnehmen (Vermittlung, Vertragsverwaltung, Schadenregulierung etc.), unterstehen damit zwar grundsätzlich nicht der Versicherungsaufsicht, müssen diese aber bei der Erfüllung ihrer Aufgaben unterstützen.

Im Zuge der Angleichung der europäischen Aufsichtssysteme (EU- bzw. EWR-Raum) ist in den letzten Jahren eine weitgehende Vereinheitlichung in der Frage der **Beaufsichtigung ausländischer Versicherungsunternehmen** erreicht worden. Hier wird teilweise das so genannte **Sitzlandprinzip** angewendet, das die Aufsicht im Herkunftsland des Versicherers belässt. Im Einzelnen gilt (vgl. auch die Aussagen in Abschnitt C.4.2.5):

- Hat ein deutsches Versicherungsunternehmen eine **Muttergesellschaft mit Sitz im Ausland**, unterliegt das Versicherungsunternehmen vollständig der deutschen Aufsicht. Dies betrifft beispielsweise die deutschen Tochtergesellschaften einiger schweizerischer Versicherungskonzerne (Baloîse, Helvetia, Zürich etc.).

- Betreibt ein **Versicherer mit Sitz in einem Staat der EU bzw. des EWR** in Deutschland das Versicherungsgeschäft über Niederlassungen oder im Dienstleistungsverkehr, verbleibt die Aufsicht bei der zuständigen Behörde des Sitzlandes (**Sitzlandprinzip**). Hierin tritt die Angleichung europäischer Aufsichtsnormen besonders deutlich zu Tage. Lediglich in Einzelfällen (wenn das rechtlich nicht näher definierte Allgemeininteresse des deutschen Versicherungsnehmers tangiert ist), bestehen eingeschränkte Befugnisse der deutschen Aufsicht.

- Betreibt ein **Versicherer mit Sitz außerhalb der EU bzw. des EWR** in Deutschland das Versicherungsgeschäft über Niederlassungen oder im Dienstleistungsverkehr, unterliegt diese Geschäftstätigkeit der deutschen Versicherungsaufsicht. Die hierbei praktizierte laufende Aufsicht orientiert sich an den Maßstäben, die für deutsche Versicherungsunternehmen gelten.

2.3 Instrumente der Versicherungsaufsicht

Alle **Instrumente der Versicherungsaufsicht** in Deutschland benötigen eine rechtliche Grundlage. Die wichtigsten rechtlichen Grundlagen neben dem **Handelsgesetzbuch (HGB)** und dem **Aktiengesetz (AktG)** sind:

- das **Versicherungsaufsichtsgesetz** (**VAG**; genauer: **Gesetz über die Beaufsichtigung der Versicherungsunternehmen**,

- das **Finanzdienstleistungsaufsichtsgesetz** (**FinDAG**; genauer: **Gesetz über die Bundesanstalt für Finanzdienstleistungsaufsicht**.

Der wichtigste Träger der Versicherungsaufsicht nach FinDAG ist die **Bundesanstalt für Finanzdienstleistungsaufsicht (BaFin)** mit Sitz in Bonn und Frankfurt/Main (Nachfolgebehörde des **Bundesaufsichtsamts für das Versicherungswesen**, kurz: **BAV**, und entsprechender ehemaliger Aufsichtsbehörden für das Bankwesen und den Wertpapierhandel). Sie ist speziell für alle überregional tätigen Versicherungsunternehmen zuständig und untersteht dem Bundesminister der Finanzen. Kleinere Versicherungsunternehmen mit regional auf ein Bundesland beschränktem Geschäftsgebiet unterstehen in der Regel separaten **Aufsichtsbehörden der Länder**. Diese Unternehmen besitzen jedoch selbst in ihrer Gesamtheit eine derart geringe wirtschaftliche Bedeutung, dass in der Versicherungswirtschaft allein die BaFin als Durchführungsorgan der Versicherungsaufsicht wahrgenommen wird.

Die durch Zusammenfassung der Aufsichtbehörden für das Bankwesen, das Wertpapierwesen und das Versicherungswesen zum 1. Mai 2002 gebildete BaFin hat sämtliche Aufgaben des ehemaligen BAV übernommen, bildet jedoch keine **Allfinanzaufsicht** im Sinne einer einheitlichen Beaufsichtigung der drei Branchen. Vielmehr ist die BaFin in drei Organisationseinheiten für die Bankenaufsicht, den Bereich Wertpapieraufsicht/Asset Management und die Versicherungsaufsicht unterteilt, die weitgehend unabhängig voneinander operieren und eine branchenspezifische Aufsicht gewährleisten.

Abbildung 84: Grobstruktur der Bundesanstalt für Finanzdienstleistungsaufsicht

Die Aufsichtsbehörde greift bei der Ausübung ihrer Aufgaben in der Versicherungsaufsicht im Wesentlichen auf drei **verwaltungsrechtliche Instrumente** zurück:

- **Rechtsverordnungen** auf Basis des VAG (etwa: die **Verordnung über die Kapitalausstattung von Versicherungsunternehmen**, die europäische Richtlinien zur **Solvabilität** konkretisiert),

- **Verwaltungsakte** in Einzelfällen (meist im Zuge einer konkreten Gefahrenabwehr bei Unternehmen),

- eine Reihe **verwaltender Maßnahmen**, wie zum Beispiel die Erfassung von Kennzahlen, die Durchführung von Prüfungen etc.

In der verwaltungsrechtlichen Praxis tritt die Aufsichtsbehörde damit auf mehreren Ebenen parallel an die von ihr beaufsichtigten Versicherungsunternehmen heran. Den groben äußeren Rahmen aller Beaufsichtigungsaktivitäten bilden neben den **gesetzlichen Vorgaben** des HGB, AktG, VAG und FinDAG die von der Aufsichtsbehörde erlassenen **Rechtsverordnungen**. In (kritischen) Einzelfällen liefern **Verwaltungsakte** Konkretisierungen dieses äußeren Rahmens, eine Vielzahl **verwaltender Maßnahmen** zur Überwachung und Gefahrenabwehr bildet schließlich die unterste Ebene. In ihrer Summe laufen alle Maßnahmen auf ein Netzwerk an **Normvorgaben** und **Publizitätsvorschriften** hinaus.

Von zentraler Bedeutung ist hierbei der **Solvabilitätsbegriff**, der letztlich eine ausreichende Ausstattung eines Versicherungsunternehmens mit Eigenmitteln fordert und im Zuge der Harmonisierung europäischer Aufsichtsnormen in den vergangenen Jahren neu gefasst worden ist (Abschnitt C.8.3.4). Er dient als ein Qualitätskriterium zur Beurteilung der langfristigen Liquidität eines Versicherungsunternehmens und damit seiner Fähigkeit, allen Verbindlichkeiten langfristig nachzukommen.

Die in der Aufsichtspraxis zur Anwendung kommenden **Aufsichtsmittel** dienen primär dem Zweck, wirtschaftliche Schieflagen von Versicherungsunternehmen frühzeitig zu erkennen, ermöglichen der Aufsichtsbehörde gleichzeitig aber auch ein schnelles und effektives Eingreifen im Krisenfall. Alle Aufsichtsmittel basieren auf den dargestellten verwaltungsrechtlichen Instrumenten der Versicherungsaufsicht.

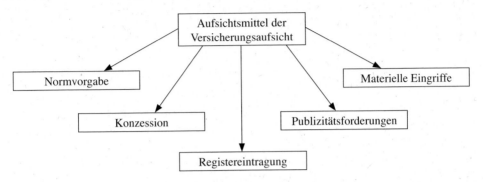

Abbildung 85: Aufsichtsmittel der Versicherungsaufsicht in Deutschland

Mit Beginn der Geschäftstätigkeit unterliegt das Versicherungsunternehmen einem umfangreichen Katalog aus **Normen** (Normativsystem). Dieses Normativsystem betrifft unter anderem die Rechtsformwahl, die Eigenkapitalausstattung, die Kapitalanlagepolitik und die externe und interne Rechnungslegung (Abschnitt C.8). Die Einhaltung der Normen wird dabei von der Aufsichtsbehörde in regelmäßigen Zeitabständen überprüft. Wichtige Aufsichtsinstrumente sind hier die **Verordnung über die Rechnungslegung von Versicherungsunternehmen (RechVersV)** sowie die **Verordnung über die Berichterstattung von Versicherungsunternehmen gegenüber dem BAV (BerVersV)**.

Beispiel: Alle der BaFin gegenüber aufsichtspflichtigen Versicherungsunternehmen müssen der Behörde in jährlichen, halbjährlichen, vierteljährlichen oder monatlichen Meldungen (so genannten Nachweisen) bestimmte Kennzahlen zu ihren Versicherungsbeständen, Kapitalanlagestrukturen und anderen Bereichen liefern. Hierfür sind von der BaFin vorgegebene Standardformulare zu verwenden.

Bereits vor Beginn der Geschäftstätigkeit eines Versicherungsunternehmens stellt der Zwang zur **Konzession** (Erteilung der Geschäftserlaubnis) sicher, dass das künftige Versicherungsunternehmen bestimmte Mindestnormen erfüllt. Hierzu gehören das Vorhandensein eines Geschäftsplanes, die Satzung und der Nachweis einer finanziellen Mindestausstattung, im weiteren Sinne aber auch Angaben über Geschäftsleiter und deren persönliche und fachliche Eignung oder etwa Angaben zum Verantwortlichen Aktuar und zum Treuhänder (Abschnitt C.3.3). Die Erteilung der Erlaubnis zum Geschäftsbetrieb ist damit an ein Normativsystem gebunden, das hohe aufsichtsrechtliche Standards sicherstellt.

Mit der Erteilung der Konzession ist die **Eintragung in ein öffentliches Register** verbunden, das das neue Versicherungsunternehmen ebenfalls zur Erfüllung einzelner Mindeststandards zwingt. Darüber hinaus stellt diese Eintragungspflicht ein allgemeines Instrument der öffentlichen Kontrolle des neuen Unternehmens dar.

Unterstützt wird das von der Aufsicht vorgegebene Normativsystem durch weitreichende **Publizitätspflichten**. Hierzu gehören nicht nur die üblichen Publizitätsanforderungen gegenüber den Anteilseignern, sondern auch einzelne Anforderungen im Umfeld der Rechnungslegung (RechVersV), die ihren Niederschlag im Jahresabschluss finden, siehe Abschnitt C.8.

Zeigen sich gravierende Abweichungen von vorgegebenen Normen oder lassen allgemeine Entwicklungen im Unternehmen wirtschaftliche Probleme in naher Zukunft befürchten, kann die Behörde zum stärksten Aufsichtsmittel greifen, dem **materiellen Eingriff** in den laufenden Geschäftsbetrieb. Durch einen solchen Eingriff kann das Versicherungsunternehmen beispielsweise zu einer Änderung in seinen betrieblichen Abläufen gezwungen werden, ebenso sind personelle Veränderungen auf höchster Führungsebene im Unternehmen möglich.

Beispiel: *Bei einem Versicherungsunternehmen, das unter einer schlechten Ertragslage aufgrund steigender Schäden bei gleichzeitig einbrechenden Beitragseinnahmen und Kapitalerträgen leidet, kann die BaFin in einem ersten Schritt einzelne Entscheidungen der Unternehmensführung erzwingen. Reichen diese Maßnahmen nicht aus und verschlechtert sich die Lage weiter, kann dem Versicherungsunternehmen der weitere Geschäftsbetrieb untersagt werden, daneben kann die Geschäftsführung bis auf Weiteres auch einem Treuhänder der Behörde übertragen werden.*

Weitgehende materielle Eingriffe in den laufenden Geschäftsbetrieb kommen in der Aufsichtspraxis nur in wirtschaftlichen Notsituationen zum Einsatz, hier schlägt sich vor allem der Grundgedanke des **Schutzes der Versichertengemeinschaft** vor finanziellen Einbußen nieder. Die Behörde geht dabei erfahrungsgemäß sehr diskret vor, um einem Imageschaden für das betroffene Unternehmen und die Branche als Ganzes vorzubeugen. Je nach Natur und Umfang des Problems kann die Behörde auch versuchen, die betroffenen Versicherungsbestände auf ein anderes Versicherungsunternehmen zu übertragen (**Bestandsübertragung** nach § 14 VAG; das übernehmende Versicherungsunternehmen muss hierzu natürlich bereit und wirtschaftlich in der Lage sein). In extremen Fällen kann es auch sinnvoll sein, auf speziell für diese Zwecke geschaffene Auffanggesellschaften der Versicherungswirtschaft zurückzugreifen.

Beispiel: *Die Protektor Lebensversicherungs-AG ist eine Sicherungseinrichtung der Lebensversicherer in Deutschland und schützt Versicherte vor den Folgen einer Insolvenz ihres Versicherungsunternehmens. Werden Versicherungsbestände zum Beispiel im Rahmen einer Bestandsübertragung nach § 14 VAG auf Protektor übertragen, werden den Versicherungsnehmern die ihnen bisher gewährten Versicherungsleistungen im gleichen Umfang gewährt (einschließlich der Überschussbeteiligung). Protektor ist speziell zu diesem Zweck von den im GDV organisierten Lebensversicherungsunternehmen geschaffen worden und betreibt kein eigenes Versicherungsgeschäft. Die private Krankenversicherung in Deutschland hat mit der Medicator AG eine ähnliche Auffanggesellschaft gegründet.*

Obwohl derartige Auffanggesellschaften die Möglichkeit einer Insolvenz eines Versicherungsunternehmens stärker in das Bewusstsein der breiten Öffentlichkeit rücken, stellen sie ein wichtiges Sicherungsinstrument der Versicherungswirtschaft dar, auf das die Aufsicht im Zuge materieller Eingriffe zurückgreifen kann.

3. Branchenüberblick

In diesem Abschnitt soll dem Leser ein Überblick über die Gesamtstruktur der deutschen **Versicherungswirtschaft** gegeben werden, um die theoretischen Inhalte der vorangegangenen Abschnitte mit Leben zu erfüllen. Ausgangspunkt ist eine Übersicht über wichtige ökonomische **Eckdaten der deutschen Versicherungswirtschaft** (Abschnitt D.3.1), insbesondere zu erwirtschafteten Umsätzen, der Zahl der Unternehmen und der in ihnen beschäftigten Mitarbeiter. Zusätzlich werden einige Kennzahlen zur Bedeutung des Versicherungswesens untersucht, die Auskunft über die jüngste Entwicklung und das vorhandene wirtschaftliche Potenzial der Branche geben.

Die **Versicherungsunternehmen** werden nach Sparten getrennt untersucht, das Hauptaugenmerk soll auf einer Darstellung der jeweils größten Unternehmen einer Sparte liegen (Abschnitt D.3.2). Die Rangfolgen der größten Versicherer ändern sich zwar von Zeit zu Zeit (natürliches Wachstum, Fusionen von Versicherern), geben aber dennoch einen groben Eindruck von der Konzentration in Versicherungsmärkten und dem jeweiligen Markteinfluss großer Gesellschaften. Aufbauend auf diesen Zahlen und anderen gesetzlichen, ökonomischen und sozialen Entwicklungen lassen sich gewisse Rückschlüsse auf künftige **Trends** der Versicherungswirtschaft ableiten (Abschnitt D.3.3), insbesondere auf die künftige wirtschaftliche Bedeutung einzelner Versicherungssparten.

Die wichtigsten **Verbände** der Versicherungswirtschaft werden in Abschnitt D.3.4 diskutiert. Diese Verbände vertreten entweder die Interessen der Versicherungsnehmer, der Vermittler von Versicherungsprodukten oder der Versicherungsunternehmen selbst und spielen eine wichtige Rolle bei der Meinungsbildung der Öffentlichkeit zu Fragen der privaten Versicherungswirtschaft. Nicht zuletzt besitzen Verbände die Möglichkeit der Einflussnahme auf politische Entscheidungsträger und damit auf die gesetzlichen Rahmenbedingungen der Branche.

3.1 Eckdaten der deutschen Versicherungswirtschaft

Eine Branche wie die **deutsche Versicherungswirtschaft** kann durch eine Reihe zentraler ökonomischer **Eckdaten** beschrieben werden, die dem Betrachter einen Eindruck von der Bedeutung der Branche für die Volkswirtschaft verschaffen. Zusätzlich vermitteln diese Zahlen das für ein Verständnis praktischer Sachfragen oftmals erforderliche Wissen um die Tragweite unternehmerischer Entscheidungen und brancheninterner Veränderungen. Im Folgenden sollen zu diesem Zweck einige Bereiche im Überblick untersucht werden, teilweise auch in Form von Zeitreihen:

- Zahl der **Versicherungsunternehmen** (insgesamt sowie unterteilt nach Sparten und Rechtsformen),

- Zahl der **Beschäftigten** (unter besonderer Berücksichtigung des Vertriebs),

- **Bruttobeitragseinnahmen** der Branche als Ganzes (unterteilt nach Sparten),

- Umfang der durch Versicherungsunternehmen erbrachten **Versicherungsleistungen,**

- Art und Umfang der verwalteten **Kapitalanlagen** (besonders in der Lebens- und Kranken-versicherung mit ihren Ansparvorgängen von großer Bedeutung),

- Umfang der verwalteten **Versicherungsbestände,**

- Kennzahlen zum Grad der Versorgung der Bevölkerung mit Versicherungsprodukten, insbe-sondere die **Vorsorgequote.**

Die meisten genannten Zahlenwerte dienen dabei primär der **Größenmessung,** speziell die Vorsorgequote eignet sich jedoch auch zur Abschätzung des bislang nicht realisierten **Versiche-rungspotenzials** in der Bevölkerung.

Im Jahr 2006 waren in Deutschland insgesamt 643 **Versicherungsunternehmen** unter Bun-desaufsicht gemeldet, in der Mehrzahl kleine Schaden- und Unfallversicherungsunternehmen sowie Pensions- und Sterbekassen.

	1980	**1990**	**2000**	**2006**
Lebensversicherungs-unternehmen	108	122	134	112
Pensions- und Sterbekassen	273	229	197	198
Krankenversicherungs-unternehmen	51	57	56	53
Schaden- und Unfall-versicherungsunternehmen	344	346	271	231
Rückversicherungs-unternehmen	33	31	48	49
Insgesamt	809	785	706	643

Tabelle IX: Zahl der Versicherungsunternehmen nach Sparte unter Bundesaufsicht zwischen 1980 und 2006; Quelle: GDV

Insgesamt hat die Zahl der Versicherungsunternehmen in den vergangenen Jahren abgenom-men, besonders ausgeprägt ist diese Abnahme bei Pensions- und Sterbekassen sowie im Scha-den- und Unfallversicherungsbereich. In beiden Fällen ist der Rückgang auf das Verschwinden vieler kleiner Versicherungsunternehmen zurückzuführen (Verschmelzungen, Bestandsübertra-gungen, siehe Abschnitt C.4.3).

Zwischen den **Rechtsformen** kam es im gleichen Zeitraum zu tief greifenden Verschiebungen, insbesondere wurde die Versicherungs-Aktiengesellschaft zur beherrschenden Rechtsform auf dem Markt:

	1990	2000	2005
Versicherungs-Aktiengesellschaften	279	324	333
Versicherungsvereine auf Gegenseitigkeit*	357	299	270
Öffentlich-rechtliche Versicherungsunternehmen	47	27	18

Tabelle X: Zahl der Versicherungsunternehmen nach Rechtsform unter Bundesaufsicht zwischen 1990 und 2005; Quelle: GDV

Neugründungen wurden in dem besagten Zeitraum nur noch in der Rechtsform einer Versicherungs-Aktiengesellschaft vorgenommen. Die Abnahme der öffentlich-rechtlichen Versicherungsunternehmen ist vor allem auf Umwandlungen in Versicherungs-Aktiengesellschaften und Verschmelzungen zurückzuführen, unter den VVaG kam es zu zahlreichen Fusionen durch Bestandsübertragungen bzw. Verschmelzungen (dabei teilweise auch zu Demutualisierungen, vgl. Abschnitt C.4.3).

Bemerkung: Die Summen der Versicherungsunternehmen in den beiden letzten Tabellen stimmen teilweise nicht überein. Dies liegt hauptsächlich am Fehlen der Rückversicherungsunternehmen in der zweiten Tabelle, ist teilweise aber auch auf unterschiedliche Zählweisen zurückzuführen. Die BaFin erfasst alle Versicherungsunternehmen unter Bundesaufsicht, der GDV seine Mitgliedsunternehmen.

Parallel zur Abnahme der Zahl der hiesigen Versicherungsunternehmen hat die Zahl **ausländischer Versicherungsunternehmen** mit Dienstleistungsgeschäft auf dem deutschen Markt stark zugenommen (Stand 30. September 2007: 821, drei Jahre zuvor noch 690; Quelle: BaFin), die Zahl der Niederlassungen leicht abgenommen (Stand 30. September 2007: 88, drei Jahre zuvor noch 98). Zwar sind die Marktanteile des Dienstleistungs- und Niederlassungsgeschäfts ausländischer Versicherer weiterhin vernachlässigbar gering, doch deutet die wachsende zahlenmäßige Präsenz auf eine voranschreitende Internationalisierung der Versicherungsmärkte hin.

Die Bedeutung der Versicherungswirtschaft für die Volkswirtschaft lässt sich an der Zahl der **Beschäftigten** ablesen, die als zentraler Inputfaktor des Produktionsprozesses im Versicherungsunternehmen interpretiert werden können (Bereitstellung von Dienstleistungspotenzial im Sinne von *Bruhn / Meffert*). Neben den Beschäftigten der Versicherungsunternehmen selbst (sowohl in Zentralen als auch in Filialbetrieben) ist natürlich auch die große Zahl an selbstständigen Versicherungsvermittlern zu berücksichtigen.

	1980	1990	2000	2007
Innendienstangestellte	140,2	162,5	171,5	161,4
Gewerbliches Personal	11,9	4,7	2,8	1,5
Auszubildende	10,5	15,9	15,4	11,7
Außendienstangestellte	39,7	50,1	50,5	44,3
Insgesamt	202,3	233,2	240,2	218,9

Tabelle XI: Beschäftigte in Versicherungsunternehmen nach Bereichen zwischen 1980 und 2007, Angaben in Tausend; Quelle: GDV

Auffallend ist der relativ hohe Anteil an Beschäftigten in (vertriebsfernen) Innendienstbereichen. Er hat in den vergangenen Jahren dazu geführt, dass viele Versicherungskonzerne Filialbetriebe zusammengelegt und Zentralen „verschlankt" haben – eine Entwicklung, die durch den vergleichsweise hohen Automatisierungsgrad einzelner Tätigkeiten begünstigt wird.

Über die Zahl der selbstständigen Versicherungsvermittler liegen keine exakten Zahlen vor, die Schätzung speziell für das Jahr 2006 zeigt jedoch die große Bedeutung dieser Personengruppe für die Versicherungswirtschaft. Insgesamt wird von etwa 400.000 selbstständigen Vermittlern ausgegangen, darunter ca. 77.000 hauptberufliche und ca. 300.000 nebenberufliche Vertreter sowie gut 20.000 Makler und 3.000 Mehrfachagenten.

Die **Bruttobeitragseinnahmen** der deutschen Erstversicherungsunternehmen beliefen sich im Jahre 2007 auf ca. 162,1 Mrd. €, was etwa 5,7 % des Weltbeitragsvolumens entspricht. Zur dominierenden Sparte ist in den vergangenen Jahrzehnten mehr und mehr die Lebensversicherung geworden, ihr Marktanteil beträgt mittlerweile fast 50 %.

	1980	1990	2000	2007
Lebensversicherung	13,2	27,4	61,2	78,1
Krankenversicherung	4,8	9,5	20,7	29,2
Schaden- und Unfallversicherung	17,7	32,2	48,4	54,8
Insgesamt	35,7	69,1	130,3	162,1

Tabelle XII: Bruttobeitragseinnahmen deutscher Erstversicherungsunternehmen nach Sparten zwischen 1980 und 2007, Angaben in Mrd. € (Zahlenwerte für 2007 geschätzt); Quelle: GDV

Das Wachstum aller Sparten erhielt in den Jahren unmittelbar nach 1990 gewisse Impulse durch die Wiedervereinigung. Gleichzeitig zeigt sich der gewachsene Vorsorgebedarf für die private Altersvorsorge (Absenkung des gesetzlichen Rentenniveaus infolge mehrerer Rentenreformen) sowie ein spürbares Wachstum in der privaten Krankenversicherung, das teilweise natürlich auch auf Beitragsanpassungen zurückzuführen ist. Speziell der gewerbliche Sachversicherungsbereich innerhalb der Schaden- und Unfallversicherung leidet dagegen seit einigen Jahren unter einem stagnierenden Beitragsniveau, die Ursachen hierfür sind vielfältig (Rabattmöglichkeiten, internationaler Charakter des Geschäfts und dadurch verschärfter Wettbewerb, zeitweise konjunkturelle Stagnation etc.).

Im Einzelnen verteilen sich die Bruttobeitragseinnahmen der Schaden- und Unfallversicherung sehr ungleichmäßig auf die einzelnen Versicherungszweige, dominant sind dabei die Kraftfahrtversicherung sowie in ihrer Summe die diversen Arten der Sachversicherung.

Versicherungszweig der Schaden- und Unfallversicherung	Bruttobeitragseinnahmen 2007 in Mrd. €
Kraftfahrtversicherung	20,8
Allgemeine Haftpflichtversicherung	6,9
Unfallversicherung	6,4
Rechtsschutzversicherung	3,1

Industrielle Sachversicherung	3,9
Gewerbliche Sachversicherung	2,6
Landwirtschaftl. Sachversicherung	0,5
Private Sachversicherung	7,1
Transportversicherung	1,9
Kredit-, Kautions- und Vertrauensschadenversicherung	1,4

Tabelle XIII: Bruttobeitragseinnahmen deutscher Schaden- und Unfallversicherungsunternehmen nach einzelnen Versicherungszweigen 2007, Angaben in Mrd. €; Quelle: GDV

Die von den Versicherungsunternehmen erbrachten **Versicherungsleistungen** zeigen ein ähnliches Wachstum wie die Bruttobeitragseinnahmen. In einzelnen Jahren können die Leistungen dabei auch oberhalb der Bruttobeitragseinnahmen liegen, da die Versicherungsunternehmen im Allgemeinen hohe Erträge aus ihren Kapitalanlagen erzielen (siehe Abschnitte C.8.2.1 und C.8.2.2). In der Lebens- und Krankenversicherung sind diese Kapitalerträge integraler Bestandteil der Beitragskalkulation, spielen aber auch in der Schaden- und Unfallversicherung eine wichtige Rolle. Hinzu kommt, dass sich der Begriff „Versicherungsleistungen" speziell in der Lebensversicherung nicht nur auf tatsächliche Auszahlungen an Versicherungsnehmer, sondern auch auf Erhöhungen der Rückstellungen und Überschussguthaben für künftige Leistungsauszahlungen bezieht.

	1980	1990	2000	2006
Lebensversicherung	15,1	34,9	88,1	94,9
Krankenversicherung	4,6	9,5	24,1	31,8
Schaden- und Unfallversicherung	14,2	26,5	39,9	42,9
Insgesamt	33,9	70,9	152,1	169,6

Tabelle XIV: Versicherungsleistungen deutscher Erstversicherungsunternehmen nach Sparten zwischen 1980 und 2006, Angaben in Mrd. €; Quelle: GDV

Die Diskrepanz zwischen Bruttobeitragseinnahmen und Versicherungsleistungen tritt in der Lebensversicherung besonders deutlich zutage, stellt für die Unternehmen aus den oben genannten Gründen jedoch in der Regel keine existenzielle Bedrohung dar. Beispielsweise betrugen die im Jahr 2006 tatsächlich an Versicherungsnehmer in der Lebensversicherung ausgezahlten Versicherungsleistungen nur 66,4 Mrd. €.

Anders in einzelnen Zweigen der Schaden- und Unfallversicherung: Hier ist es in jüngerer Vergangenheit in manchen Versicherungsunternehmen zu Situationen gekommen, in denen die Auszahlungen leicht oberhalb der Summe aus erwirtschafteten Bruttobeitragseinnahmen und Kapitalerträgen lagen. Ein Beispiel hierfür ist die Kraftfahrzeug-Haftpflichtversicherung mit ihren zahlreichen Rabattmöglichkeiten, ein viel größeres Problem stellen jedoch Großschäden infolge extremer Wetterphänomene dar (Hagel, Starkregen, Sturm etc.).

Von entscheidender Bedeutung für die langfristige Erfüllbarkeit von Versicherungsverträgen durch die Versicherungsunternehmen sind denn auch die verwalteten **Kapitalanlagen** und die aus ihnen erwirtschafteten Kapitalerträge. Die Kapitalanlagen müssen den umfangreichen Vorgaben des § 54 VAG genügen, was den Gestaltungsspielraum der Versicherer erheblich einschränkt und zu einer gewissen Ähnlichkeit der Kapitalanlageportefeuilles führt. Von besonderem Interesse ist dabei der Anteil eher riskanter Anlageformen wie Aktien oder Investmentanteile.

	Bilanzwerte Lebens- versicherer	Bilanzwerte Kranken- versicherer	Bilanzwerte Schaden- und Unfallvers.
Gesamtwert in Mrd. €	684,22	130,32	131,10
davon: Aktien und Investmentanteile	24,3 %	20,3 %	35,5 %

Tabelle XV: Bilanzwerte der Kapitalanlagen deutscher Versicherungsunternehmen im Geschäftsjahr 2006; Quelle: GDV

Es überrascht nicht, dass das Gros der Kapitalanlagen auf die Lebensversicherung entfällt; dies liegt vor allem am langfristigen Sparcharakter vieler Lebensversicherungsprodukte.

Die Verbreitung einzelner Versicherungsprodukte lässt sich teilweise an den **Versicherungsbeständen** ablesen (Zahl der bestehenden Versicherungsverträge). Dabei ist freilich zu beachten, dass für manche Versicherungsprodukte Kontrahierungszwang besteht (Kraftfahrzeug-Haftpflichtversicherung), andere Produkte hingegen nur eingeschränkten Personengruppen offen stehen (Krankheitskostenvollversicherung). Die insgesamt 431,27 Mio. Versicherungsverträge im Jahr 2006 verteilten sich wie folgt auf die einzelnen Versicherungssparten (Angaben in Mio. Verträge; Quelle: GDV):

Lebensversicherung:	97,07 Mio. (+0,1 % gegenüber 2005)
Krankenversicherung:	56,90 Mio. (+6,0 % gegenüber 2005)
Schaden- und Unfallversicherung:	277,30 Mio. (+1,0 % gegenüber 2005)

Die meisten Verträge in der privaten Krankenversicherung entfallen auf die Auslandsreisekrankenversicherung und Krankheitskostenzusatzversicherungen, nur 8,49 Mio. Verträge über eine Krankheitskostenvollversicherung gehen in die Statistik ein. In der Schaden- und Unfallversicherung bestehen in der Regel mehrere Verträge pro Haushalt, verbreitete Zweige sind hier die Haftpflicht-, Hausrat-, Kraftfahrzeug-Haftpflicht-, Rechtsschutz- und Unfallversicherung.

Einen guten Eindruck vom Ausmaß der versicherungsbasierten Vorsorge in der Gesamtbevölkerung verschafft die so genannte **Vorsorgequote**, die als Quotient aus verdienten Bruttobeiträgen der Erstversicherer und dem verfügbaren Einkommen der Privathaushalte definiert ist. Sie gibt an, welchen Anteil des Einkommens der durchschnittliche Haushalt für private Versicherungsprodukte aufwendet.

	1980	1990	2000	2006
Vorsorgequote in %	7,8	9,5	10,2	11,6

Tabelle XVI: Vorsorgequote zwischen 1980 und 2006; Quelle: GDV

Der generelle Anstieg der Vorsorgequote zwischen 1980 und 2006 ist einerseits auf den gestiegenen Wohlstand in der Bevölkerung zurückzuführen (erhöhter Versicherungsbedarf), spiegelt aber mehr und mehr auch die steigende Notwendigkeit privater Vorsorge wider, speziell in der Altersvorsorge und der Krankenversicherung (Rückzug des Sozialstaates).

Die mit privaten Versicherungsprodukten betriebene Vorsorge verteilt sich grundsätzlich recht ungleichmäßig über die einzelnen Sparten bzw. Zweige, was teilweise mit der wirtschaftlichen Situation der Verbraucher, teilweise aber auch mit dem Zwangscharakter einzelner Produkte zusammenhängt.

Versicherungsprodukt	Anteil der Haushalte in Deutschland, in denen eine solche Versicherung existiert
Private Krankenversicherung	12,3 %
Berufs-/Erwerbsunfähigkeitsvers.	23,8 %
Private Rentenversicherung	24,5 %
Vollkaskoversicherung	35,2 %
Lebensversicherung (o. Sterbegeld)	39,6 %
Private Unfallversicherung	41,9 %
Rechtsschutzversicherung	42,2 %
Private Haftpflichtversicherung	70,8 %
Hausratversicherung	77,0 %

Tabelle XVII: Verbreitung einzelner Versicherungsprodukte in deutschen Haushalten im Jahr 2006; Quelle: GDV

Die Zahlen zeigen ein relativ hohes Potenzial in einzelnen Bereichen, dürfen jedoch nicht überbewertet werden. Besonders hohes Wachstumspotenzial darf wohl der privaten Rentenversicherung bescheinigt werden, vor allem vor dem Hintergrund einer steigenden Zahl an Single-Haushalten ohne Notwendigkeit einer Absicherung von Hinterbliebenen. Das tatsächliche Wachstumspotenzial eines Versicherungsunternehmens ergibt sich jedoch immer aus der Verbindung von vorhandenen Wachstumschancen des Marktes und unternehmensinternen Stärken.

3.2 Versicherungsunternehmen im Überblick

In diesem Abschnitt soll es darum gehen, die **größten Versicherungsunternehmen** der Sparten Leben, Kranken bzw. Schaden und Unfall sowie der Rückversicherung im Vergleich darzustellen, um einen Eindruck von der **Konzentration** in den einzelnen Sparten zu vermitteln. Die Größe der Unternehmen wird dabei über die Bruttobeitragseinnahmen gemessen (Umsatz), alternative Parameter der Größenmessung sind der versicherte Bestand (gesamte Versicherungssumme), der Kapitalanlagebestand oder etwa die Zahl der Mitarbeiter. Alle diese Parameter implizieren unterschiedliche Größenrangfolgen, beispielsweise kann ein Lebensversicherer mit Direktvertrieb und Vertriebsschwerpunkt Risikolebensversicherung eine recht hohe Gesamtversicherungssumme bei gleichzeitig vergleichsweise geringen Beitragseinnahmen aufweisen.

Beispiel: Nach dem Jahresbericht der BaFin war die CosmosDirekt Lebensversicherungs-AG im Jahr 2006 die Nr. 23 der Branche nach Bruttobeitragseinnahmen. Da die CosmosDirekt als Direktversicherer aber einen relativ hohen Marktanteil in der Risikolebensversicherung aufweist, meldete sie für das Ende des gleichen Geschäftsjahres einen versicherten Bestand in Höhe von 84,9 Mrd. €, womit sie nach diesem Größenkriterium der viertgrößte deutsche Lebensversicherer war.

Auf die 102 bei der BaFin im Jahr 2006 gemeldeten **Lebensversicherungsunternehmen** entfielen Bruttobeitragseinnahmen von 75,2 Mrd. €, was für die fünf größten Unternehmen folgende Marktanteile bedeutete:

Unternehmen	Bruttobeitrags-einnahmen in Mio. €	Marktanteil	Kumulierter Marktanteil
Allianz LV AG	12.583	16,7%	16,7%
AachenMünchener LV AG	3.694	4,9%	21,6%
Zurich Dt. Herold LV AG	3.667	4,9%	26,5%
R+V LV AG	3.376	4,5%	31,0%
Hamburg-Mannheimer LV AG	3.145	4,2%	35,2%

Tabelle XVIII: Die fünf größten deutschen Lebensversicherungsunternehmen 2006; Quelle: BaFin

Wie aus der Tabelle ersichtlich wird, vereinigten die fünf größten Lebensversicherer des Jahres 2006 etwa ein Drittel aller Bruttobeitragseinnahmen auf sich, außer der Allianz Lebensversicherung AG bringt es jedoch kein Unternehmen auf einen Marktanteil von über 5 %, womit der Markt insgesamt noch eine recht geringe Konzentration aufweist. In manchen Statistiken werden die öffentlich-rechtlichen bzw. ehemals öffentlich-rechtlichen Versicherer als *ein* Versicherungsunternehmen gezählt (eine Folge des Territorialprinzips und der engen Verflechtungen dieser Unternehmen), dieser fiktive öffentliche Gesamtversicherer würde in der Lebensversicherung einen Marktanteil von 13,1 % aufweisen. Das größte Lebensversicherungsunternehmen in der Rechtsform eines VVaG ist die Debeka Lebensversicherung a. G. mit einem Marktanteil von 3,6 %, unter den zwanzig größten Lebensversicherern finden sich insgesamt nur drei VVaG.

In der privaten **Krankenversicherung** waren 2006 insgesamt 52 Unternehmen mit Bruttobeitragseinnahmen in Höhe von 28,6 Mrd. € bei der BaFin gemeldet. Gut die Hälfte der Bruttobeitragseinnahmen entfällt hier auf VVaG, alleine unter den zwanzig größten Unternehmen finden sich acht VVaG.

Unternehmen	Bruttobeitrags-einnahmen in Mio. €	Marktanteil	Kumulierter Marktanteil
Debeka KV a. G.	4.047	14,2%	14,2%
DKV AG	3.656	12,8%	27,0%
Allianz Private KV AG	3.091	10,8%	37,8%
Signal KV a. G.	1.988	7,0%	44,8%
Central KV AG	1.649	5,8%	50,6%

Tabelle XIX: Die fünf größten deutschen Krankenversicherungsunternehmen 2006; Quelle: BaFin

Die Krankenversicherungssparte weist eine deutlich höhere Konzentration als die Lebensversicherungssparte auf, allein die fünf größten Versicherer vereinigen die Hälfte der gesamten Bruttobeitragseinnahmen auf sich. Dies hängt einerseits mit der geringeren Zahl an Unternehmen zusammen, ist teilweise aber auch auf die hohen Wachstumsraten speziell einiger großer Versicherungsunternehmen in den vergangenen Jahren zurückzuführen.

Im Gegensatz dazu ist die **Schaden- und Unfallsparte** durch eine geringe Marktkonzentration geprägt, hier teilten sich im Jahr 2006 die 227 bei der BaFin gemeldeten Unternehmen Bruttobeitragseinnahmen von 62,4 Mrd. €.

Unternehmen	Bruttobeitrags-einnahmen in Mio. €	Marktanteil	Kumulierter Marktanteil
Allianz Versicherungs-AG	9.461	15,2 %	15,2 %
AXA Versicherung AG	2.646	4,2 %	19,4 %
Gerling Allg. Versicherungs-AG	2.476	4,0 %	23,4 %
R + V Allg. Versicherung AG	2.337	3,7 %	27,1 %
Zurich Versicherung AG	2.312	43,7 %	30,8 %

Tabelle XX: Die fünf größten deutschen Schaden- und Unfallversicherungsunternehmen 2006; Quelle: BaFin

Die Marktkonzentration ähnelt der Marktkonzentration in der Lebensversicherung, ebenso auffällig ist das Übergewicht der Allianz Versicherungs-AG, auf die gut ein Siebtel des Marktes entfällt. Die insgesamt hohe Zahl der Unternehmen erklärt sich aus der Vielzahl an Versicherungszweigen innerhalb der Schaden- und Unfallversicherung sowie aus der grundlegenden Zweiteilung der Sparte in das gewerbliche Geschäft und das Privatkundengeschäft.

Die **Rückversicherungssparte** neigt naturgemäß zu einer hohen Marktkonzentration, da Rückversicherer ausschließlich Erstversicherungsunternehmen zum Kunden haben und damit auch nur ein beschränkter Bedarf an Rückversicherern besteht (abgesehen von einer Reihe kleiner Rückversicherer mit hohem Spezialisierungsgrad). Anders als die Erstversicherungssparten ist die Rückversicherung traditionell ein sehr international ausgerichtetes Geschäft, da nur so eine hinreichende Streuung der versicherten Risiken erreicht werden kann.

Unternehmen	Bruttobeitrags-einnahmen in Mio. €	Marktanteil	Kumulierter Marktanteil
Münchener Rück	19.018	42,3 %	42,3 %
Hannover Rück	7.729	17,2 %	59,5 %
Allianz SE	4.450	9,9 %	69,4 %
E+S Rück	2.461	5,5 %	74,9 %
Kölnische Rück	1.931	4,3 %	79,2 %

Tabelle XXI: Die fünf größten deutschen Rückversicherungsunternehmen 2006; Quelle: BaFin

Mit Blick auf die gesamten Bruttobeitragseinnahmen in Höhe von 44,9 Mrd. € vereinigen die größten fünf Rückversicherungsunternehmen damit gut vier Fünftel des Marktes auf sich.

3.3 Trends in der Versicherungswirtschaft

Die beiden vorangegangenen Abschnitte deuten einige **langfristige Trends** in der Versicherungswirtschaft an. Inwieweit diese Trends die Geschäftstätigkeit eines einzelnen Versicherungsunternehmens letztlich mitprägen werden, hängt von der Größe, Marktstellung, strategischen Ausrichtung und Unternehmenskultur des Unternehmens ab.

Die wichtigsten Trends der jüngeren Vergangenheit, die sich auch in den kommenden Jahren fortsetzen dürften, sind:

* Die zu beobachtende **Konsolidierung in der Branche** wird anhalten, die Zahl der Versicherungsunternehmen und -konzerne entsprechend weiter abnehmen. Dieser Trend dürfte vor allem die Schaden- und Unfallversicherer betreffen (viele Kleinunternehmen), in weiten Teilen aber auch kleinere Pensions- und Sterbekassen. Weitere Zusammenschlüsse innerhalb der Gruppe der öffentlich-rechtlichen bzw. öffentlichen Versicherer sind ebenfalls zu erwarten, Gleiches gilt für die Gruppe der VVaG.

* Weitere Verschiebungen bei den **Marktanteilen der einzelnen Rechtsformen** sind zu erwarten. Die Versicherungs-Aktiengesellschaft dürfte mehr und mehr zur beherrschenden Rechtsform auf dem Versicherungsmarkt werden (Ausnahme: Krankenversicherung), öffentlich-rechtliche Unternehmen hingegen fast vollständig verschwinden. Durch weitere Fusionstätigkeit, speziell unter kleineren Vereinen, wird auch die Zahl der VVaG weiter zurückgehen.

* Die **Verschiebungen zwischen den Sparten** dürften sich fortsetzen, der Marktanteil der Lebensversicherung dabei zunehmen. Das Beitragsvolumen der Schaden- und Unfallsparte dürfte eher stagnieren. Relativ schwer ist die künftige Entwicklung der privaten Krankenversicherung zu prognostizieren, da hier einerseits ein erhöhter Bedarf besteht, andererseits aber der Zugang gerade zur Krankheitskostenvollversicherung durch den Gesetzgeber in der Vergangenheit immer wieder erschwert worden ist (Erhöhungen der Versicherungspflichtgrenze).

* Ein weiterer **Anstieg der Vorsorgequote** der Bevölkerung ist zu erwarten, dürfte aber eher moderat ausfallen. Einerseits ist zwar ein erhöhter privater Vorsorgebedarf in praktisch allen Bereichen gegeben (vor allem in der Lebens- und Krankenversicherung), andererseits ist aber in Zukunft nicht mit steigenden Reallöhnen zur Finanzierung dieser Vorsorge zu rechnen.

Bei alledem ist zu beachten, dass die Versicherungswirtschaft auch weiterhin externen Einflussfaktoren unterworfen bleibt, die einzelne Entwicklungen wieder umkehren können. Zu diesen Einflussfaktoren gehören:

* Veränderungen in den **gesetzlichen Rahmenbedingungen** der Branche, vor allem im VAG und VVG,

* Veränderungen des **ökonomischen Umfelds** (konjunkturelle Zyklen),

* Veränderungen **gesellschaftlicher Strukturen** (demografischer Wandel, Risikoverhalten),

* **Entwicklungen in benachbarten Bereichen** wie der Bank- und Investmentbranche.

Die genannten Einflussfaktoren ergeben sich dabei wiederum teilweise aus Entwicklungen im Zuge der **Globalisierung**, längerfristig können auch Faktoren wie der **Klimawandel** und **internationale politische Entwicklungen** eine wichtige Rolle spielen.

3.4 Verbandswesen in der Versicherungswirtschaft

Wirtschaftsverbände können allgemein als Zusammenschlüsse von juristischen und natürlichen Personen definiert werden, die die gemeinsamen Interessen ihrer Mitglieder bündeln und nach außen vertreten. Sie werden zumeist in der Rechtsform eines eingetragenen Vereins (e. V.) geführt und finanzieren sich überwiegend aus Mitgliedsbeiträgen. Als freie Interessensvertretungen ihrer Mitglieder streben Wirtschaftsverbände im Allgemeinen nach politischem Einfluss (Lobbyarbeit), können aber auch Ziele im Bereich der Weiterbildung oder Öffentlichkeitsarbeit verfolgen.

Das Verbandswesen in der deutschen Versicherungswirtschaft gliedert sich in Verbände der **Versicherungsunternehmen**, der **Versicherungsvermittler** und der **Versicherungsnehmer**, die aufgrund ihrer unterschiedlichen Zielgruppen naturgemäß auch unterschiedliche Ziele verfolgen.

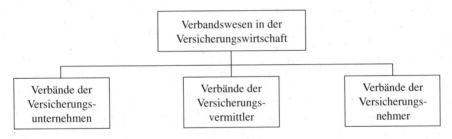

Abbildung 86: Verbandsformen in der Versicherungswirtschaft

Der wichtigste Spitzenverband der **Versicherungsunternehmen** ist der **Gesamtverband der Deutschen Versicherungswirtschaft e.V. (GDV)** mit Sitz in Berlin. Ihm obliegt die Gesamtvertretung der Versicherungswirtschaft gegenüber Öffentlichkeit und Politik, entsprechend sind praktisch alle Versicherungsunternehmen mit Hauptsitz in Deutschland Mitglied. Der GDV gliedert sich in zahlreiche Organisationseinheiten, die alle Fragen des Versicherungswesens abdecken, dazu kommen Forschungs- und Dokumentationseinrichtungen wie das Betriebswirtschaftliche Institut oder die Volkswirtschaftliche Abteilung. Aufgrund der wachsenden Bedeutung europäischer Richtlinien für deutsches Versicherungsrecht unterhält der GDV auch ein Europabüro in Brüssel.

Eine wichtige Einrichtung des GDV ist der **Ombudsmann**, der im Jahr 2001 auf Initiative der Versicherungswirtschaft durch die Mitglieder des GDV-Präsidiums in der Rechtsform eines eingetragenen Vereins (e. V.) gegründet worden ist. Der Ombudsmann ist eine unabhängige Schlichtungsstelle und soll zur außergerichtlichen Streitbeilegung zwischen Verbrauchern und Versicherungsunternehmen beitragen; eine Ausnahme bildet lediglich die Krankenversicherung, die einen eigenen Ombudsmann unterhält. Im Wesentlichen stellt der Ombudsmann eine

Anlaufstelle für Verbraucher unterhalb der Schwelle einer offiziellen Beschwerde bei der BaFin oder bei Verbraucherschutzorganisationen dar und kann Streitfälle in gewissen Grenzen selbstständig entscheiden.

Speziell für die Belange der Krankenversicherungsunternehmen ist der **Verband der privaten Krankenversicherung e.V. (PKV-Verband)** gegründet geworden (Sitz in Köln). Er sieht seine Hauptaufgabe in der Vertretung der Interessen der privaten Krankenversicherungsunternehmen gegenüber Gesellschaft und Politik. Nicht zuletzt aufgrund der immer wieder aufflammenden Diskussion um die Rolle der privaten Krankenversicherung in der Gesellschaft sind 48 Krankenversicherungsunternehmen mit einem aggregierten Marktanteil von über 99 % im PKV-Verband zusammengeschlossen. Ähnlich wie der GDV gibt auch der PKV-Verband in unregelmäßigen Abständen Gutachten zu aktuellen Fragestellungen heraus. Auch der PKV-Verband unterhält einen Ombudsmann, seine Aufgaben und Befugnisse entsprechen denen des Ombudsmannes beim GDV.

Die besonderen Interessen der Versicherungsunternehmen gegenüber ihren Arbeitnehmern wahrt der **Arbeitgeberverband der Versicherungsunternehmen in Deutschland e.V. (AGV)** mit Sitz in München. Er bietet seinen Mitgliedern eine einheitliche Interessenvertretung in Fragen der Tarifpolitik (als Gegenstück zur **Gewerkschaft ver.di**), bietet darüber hinaus aber auch ein umfangreiches Seminar- und Weiterbildungswesen, vor allem über die **Deutsche Versicherungsakademie GmbH (DVA)** und das **Berufsbildungswerk der Deutschen Versicherungswirtschaft e.V. (BWV)**.

Die **Kölner Arbeitsgemeinschaft der Versicherungsvereine auf Gegenseitigkeit e.V. (ARGE VVaG)** ist eine spezielle Interessenvertretung der VVaG, die den Gegenseitigkeitsgedanken des klassischen VVaG in der Öffentlichkeit verbreiten will. Ihr Fokus richtet sich folglich auf eine offensive Förderung des VVaG-Konzepts gegenüber anderen Rechtsformen, insbesondere der Versicherungs-Aktiengesellschaft.

Die Verbände der **Versicherungsvermittler** sind in der breiten Öffentlichkeit eher weniger bekannt und wenden sich in der Regel nur an bestimmte Gruppen von Vermittlern.

Der **Bundesverband für deutsche Versicherungskaufleute e.V. (BVK)** mit Sitz in Bonn ist die Berufsvertretung bzw. der Unternehmensverband der selbstständigen Versicherungs- und Bausparkaufleute, spricht also überwiegend die Interessen von Ausschließlichkeitsagenten nach § 84 HGB an. Er bietet seinen Mitgliedern neben der reinen Interessenvertretung auch Weiterbildungsmöglichkeiten an und hat mit der Verabschiedung einheitlicher Berufsregeln für seine Mitglieder einen umfassenden berufsständischen Verhaltenskodex definiert.

Der in Köln ansässige **Bundesverband Assekuranzführungskräfte e.V. (VGA)** versteht sich als Interessenvertretung aller Führungskräfte der Versicherungswirtschaft. Hervorgegangen ist der VGA aus dem Bundesverband der Geschäftsstellenleiter in der Assekuranz, ein gewisser Fokus auf Außendienstführungskräfte ist entsprechend bis heute spürbar. Durch seine Ausrichtung auf Führungskräfte besitzt der VGA teilweise den Charakter eines Arbeitgeberverbandes.

Der **Verband Deutscher Versicherungsmakler e.V. (VDVM)** ist eine berufständische Interessenvertretung deutscher Versicherungsmakler mit Sitz in Hamburg. Der VDVM wirbt in der Öffentlichkeit für die Vorteile speziell des Maklervertriebs und hat, ähnlich wie der BVK, einen berufsständischen Verhaltenskodex für seine Mitglieder erarbeitet. Insbesondere setzt die Mitgliedschaft im VDVM den Nachweis fachlicher Eignung voraus.

Ein weiterer Berufsverband der unabhängigen Versicherungsvermittler ist der 2008 durch eine Fusion ins Leben gerufene **Bundesverband mittelständischer Versicherungs- und Finanzmakler e.V. (BMVF)** mit Sitz in Hagen. Der BMVF wendet sich mit seiner Verbandsarbeit an die breite Öffentlichkeit und steht damit in gewisser Konkurrenz zum VDVM.

Alle Verbände der Versicherungsvermittler haben damit einen ausgeprägt berufsständischen Charakter, Ziele sind vornehmlich die Definition und Pflege klarer Berufsbilder sowie die Außendarstellung der vertretenen Berufsgruppen. Daneben gibt es im Versicherungswesen noch einige berufsständische Interessenvertretungen einzelner Berufsgruppen außerhalb des Vertriebs wie etwa die **Deutsche Aktuarsvereinigung e.V. (DAV)** als Vertretung der Versicherungsmathematiker (Aktuare).

Der bekannteste Verband der **Versicherungsnehmer** dürfte der 1982 gegründete **Bund der Versicherten e.V. (BdV)** mit Sitz in Henstedt-Ulzburg sein. Diese Verbraucherschutzorganisation sieht ihre Schwerpunkte vor allem in Fragen der Verbraucherinformation sowie der fachlichen und juristischen Beratung ihrer Mitglieder in Versicherungsfragen. Ähnlich wie die Verbände der Versicherungsunternehmen strebt der BdV nach politischem Einfluss, etwa in Fragen der Offenlegungspflichten von Versicherungsunternehmen.

Das Analogon zum BdV aufseiten gewerblicher Kunden ist der **Deutsche Versicherungs-Schutzverband e.V. (DVS)** in Bonn. Seine Mitgliedschaft setzt sich aus Unternehmensvertretern zusammen und sucht im DVS vor allem eine Interessenvertretung gegenüber Versicherungsunternehmen. Der DVS bietet seinen Mitgliedern eine Prüfung bestehender Versicherungsverträge, Beratung im Vorfeld eines Vertragsabschlusses und Unterstützung bei der Schadenregulierung.

Insgesamt ergibt sich für die Versicherungswirtschaft damit eine überaus vielfältige Verbandslandschaft. Macht und Einfluss der einzelnen Verbände in der Gesellschaft hängen dabei stark von der Mitgliederzahl, dem Beitrags- und Spendenaufkommen und der Intensität der politischen **Lobbyarbeit** ab. Grundsätzlich muss davon ausgegangen werden, dass einzelne Verbände im Vorfeld wichtiger gesetzlicher Entscheidungen von Vertretern politischer Parteien angehört werden. Inwieweit diese Anhörungen dann den politischen Entscheidungsprozess tatsächlich beeinflussen, hängt vom Einzelfall ab.

Verbände in der deutschen Versicherungswirtschaft		
Verbände der Versicherungsunternehmen	**Verbände der Versicherungsvermittler**	**Verbände der Versicherungsnehmer**
AGV, ARGE, GDV, PKV	BMVF, BVK, VDVM VGA	BdV, DVS

Tabelle XXII: Verbandswesen der deutschen Versicherungswirtschaft im Überblick

4. Geschichte des Versicherungswesens

Die Versicherungswirtschaft kann einschließlich ihrer Vorläufer mittlerweile auf eine **Geschichte** von einigen Jahrtausenden zurückblicken, der folgende tabellarische Überblick soll dem Leser eine Reihe besonders wichtiger historischer Meilensteine vergegenwärtigen. Das Hauptaugenmerk liegt dabei auf der Entwicklung des privaten Versicherungswesens in Deutschland, ein Anspruch auf Vollständigkeit wird nicht erhoben.

18. Jh. v. Chr.	Im Codex Hammurabi findet sich eine Bestimmung, die den Geschäftsherrn eines Karawanentransportes verpflichtet, die Verluste bei Raubüberfällen zu tragen.
um 200 v. Chr.	*„Lex Rhodia de iactu"*: Gerät ein Schiff in Seenot, wird der Schaden reduziert und verteilt, indem alle Eigner der Ladung anteilig Waren über Bord werfen.
um 140 n. Chr.	Aus der Nähe von Rom stammt die älteste überlieferte Satzung einer Sterbekasse, wie sie für Militärangehörige und unfreie Landbewohner gebildet werden.
seit 1150	Genossenschaftlich organisierte Handwerkerzünfte bieten Unterstützung bei Invalidität und für Hinterbliebene.
um 1350	Der erste überlieferte Seeversicherungsvertrag verspricht einem Genueser Kaufmann den geschätzten Kaufpreis, falls die Schiffsfracht verloren geht.
um 1370	Ebenfalls in Genua wird der erste Rückversicherungsvertrag geschlossen. Dem Versicherer wird ein Teil seiner Aufwendungen erstattet, wenn ein Seetransportschaden eintritt.
um 1540	Ausgehend von Schleswig-Holstein entstehen in Norddeutschland die ersten Feuerversicherungsvereine in Gestalt der Brandgilden.
um 1650	Die Mathematiker *Blaise Pascal* und *Pierre de Fermat* formulieren aufgrund von Beobachtungen beim Würfelspiel erste Gesetze der Wahrscheinlichkeitsrechnung.
1662	*John Graunt* veröffentlicht im Rahmen seiner Schrift *„Natural and Political Observations made upon the Bills of Mortality"* die erste Sterbetafel, die er auf Basis von Beobachtungsmaterial aus London erstellt.
1666	Der große Londoner Stadtbrand zerstört vier Fünftel des Stadtgebiets, insgesamt mehr als 13.000 Gebäude.
1681	Mit der Gründung der ersten Versicherungsgesellschaft in Venedig beginnt der Wandel vom Einzelversicherer zum professionellen Versicherungsunternehmen.
um 1700	Im Kaffeehaus Lloyd entwickelt sich in London ein Treffpunkt für Kaufleute. Die zunächst losen Zusammenkünfte erweitern sich zu einer Korporation von Einzelversicherern, die bis heute eines der weltgrößten Versicherungszentren darstellt.
1713	Der Mathematiker *Jakob Bernoulli* formuliert in seinem Buch *„Ars conjectandi"* ein Gesetz der großen Zahlen, das die Bedeutung großer Bestände für die Glättung von Zufallseinflüssen hervorhebt.
1741	Der evangelische Probst *Johann Peter Süßmilch* veröffentlicht die erste systematische Untersuchung zur Bevölkerungsentwicklung.
1762	Die *„Society for Equitable Assurances on Lives and Survivorship"* nimmt ihren Betrieb als erster Lebensversicherer auf, der seine Beiträge auf mathematisch-statistischer Grundlage kalkuliert.

1842	Infolge des Hamburger Großbrandes gehen mehrere Feuerversicherer in Konkurs. Daraufhin wird 1846 die weltweit erste professionelle Rückversicherungsgesellschaft in Köln gegründet.
1871	Das Reichshaftpflichtgesetz erlegt Unternehmern einzelner Industriebranchen die Haftung für Arbeitsunfälle auf, was zur Schaffung einer Berufsunfallversicherung für Arbeiter führt.
1881	*Kaiser Wilhelm I.* erlässt eine Botschaft, auf deren Grundlage die gesetzliche Kranken-, Invaliden- und Unfallversicherung für Arbeiter in Kraft tritt.
1895	In Göttingen wird das erste versicherungswissenschaftliche Seminar an einer Universität gegründet.
1898	Bereits wenige Jahre nach Konstruktion des ersten Automobils werden in Deutschland Karambolage-Versicherungen zum Schutz gegen Verkehrsunfallfolgen angeboten.
1901	Das Reichsaufsichtsamt für Privatversicherung (Vorläufer der heutigen BaFin) nimmt in Berlin seine Arbeit auf. Ebenso tritt das Reichsaufsichtsgesetz in Kraft.
1906	Auf Empfehlung deutscher Handwerkskammern werden die ersten privaten Krankenversicherungsunternehmen in Deutschland gegründet.
1908	Das Versicherungsvertragsgesetz (VVG) tritt in Kraft.
1922	In Deutschland wird ein Gesetz über die Einführung einer Versicherungssteuer wirksam.
1931	Das Versicherungsaufsichtsgesetz (VAG) tritt in Kraft. Das VAG ersetzt das Reichsaufsichtsgesetz von 1901.
1939	Kraftfahrzeughalter werden in Deutschland zum Abschluss einer Haftpflichtversicherung für ihr Fahrzeug verpflichtet.
1945	Die sowjetischen Besatzungsbehörden untersagen den Betrieb privater Versicherungsgeschäfte in ihrer Zone, woraufhin viele Versicherungsunternehmen ihren Sitz nach Westdeutschland verlegen.
1948	In Köln findet die konstituierende Sitzung des Gesamtverbandes der Deutschen Versicherungswirtschaft e. V. (GDV) statt.
1951	Das Gesetz über die Errichtung eines Bundesaufsichtsamtes für das Versicherungs- und Bausparwesen (BAV) tritt in Kraft. Die Behörde konstituiert sich zum 1. April 1952 als erste Bundesbehörde in Berlin.
1957	Die gesetzliche Rentenversicherung wird reformiert, indem man sie an die Lohnentwicklung koppelt und ein Umlagefinanzierungsverfahren einführt.
1965	Beim Wirbelsturm Betsy in den USA tritt zum ersten Mal ein versicherter Gesamtschaden von über 1 Mrd. US-Dollar ein.
1969	Das erste fondsgebundene Lebensversicherungsprodukt wird in Deutschland zugelassen.
1973	Das BAV wird in Bundesaufsichtsamt für das Versicherungswesen umbenannt, nachdem die Aufsicht über das Bausparwesen der Bankenaufsicht zugeschlagen worden ist.
1994	Mit der Umsetzung des EU-Binnenmarktes wird die staatliche Regulierung in Deutschland weitgehend aufgehoben (Deregulierung) und durch ein überwiegend an Sicherheitsanforderungen bei der Kapitalausstattung ausgerichtetes Aufsichtswesen ersetzt.

2001	Bei den Terroranschlägen vom 11. September entsteht der Versicherungswirtschaft weltweit ein versicherter Gesamtschaden in Höhe von über 35 Mrd. US-Dollar, der tatsächliche Schaden liegt weitaus höher.
2002	Das bisherige Bundesaufsichtsamt für das Versicherungswesen (BAV) wird zusammen mit den Aufsichtsbehörden für das Kreditwesen und den Wertpapierhandel zur Bundesanstalt für Finanzdienstleistungsaufsicht (BaFin) vereinigt.
2004	Umsetzung von Solvency I in deutsches Recht.
2005	Hurrikan Katrina verursacht im amerikanischen Süden einen versicherten Gesamtschaden in Höhe von ca. 45 Mrd. US-Dollar. Im gleichen Jahr verursachen die Wirbelstürme Rita und Wilma zusätzliche versicherte Schäden von jeweils ca. 10 Mrd. US-Dollar.

Tabelle XXIII: Historische Entwicklung des privaten Versicherungswesens

5. Kontrollfragen

1. Was ist Wettbewerb in einem marktwirtschaftlichen System, welche Funktionen erfüllt der Wettbewerb hier?

2. Was ist eine Wettbewerbsstrategie?

3. Welche Wettbewerbsstrategien kennen Sie?

4. Was besagt das Five-Forces-Modell nach *Porter*?

5. Wodurch ist eine Nischenstrategie bei Versicherungsunternehmen charakterisiert?

6. Wie kann ein Versicherungsunternehmen eine Kostenführerschaftsstrategie umsetzen?

7. Was sind Polarisierungsstrategien?

8. Welche Instrumente des Wettbewerbsrechts kennen Sie? Welche Ziele verfolgen diese Instrumente jeweils?

9. Welche Aufsichtstheorien kennen Sie? Was bezwecken Aufsichtstheorien?

10. Welche Unternehmen unterliegen grundsätzlich der Versicherungsaufsicht?

11. Inwieweit unterliegen ausländische Versicherungsunternehmen mit Geschäftstätigkeit in Deutschland der deutschen Aufsicht?

12. Was ist die BaFin und welche zentralen Aufgaben hat sie?

13. Inwieweit ist die BaFin eine Allfinanzaufsicht?

14. Welche verwaltungsrechtlichen Instrumente stehen der BaFin zur Verfügung?

15. Über welche Aufsichtsmittel verfügt die Versicherungsaufsicht in Deutschland?

16. Wie viele Versicherungsunternehmen gibt es in Deutschland in etwa?

17. Welche Rechtsform von Versicherungsunternehmen ist auf dem Markt dominierend? Warum?

18. Welcher Anteil der gesamten Bruttobeitragseinnahmen entfällt in etwa auf die Lebens- und Kranken- bzw. Schaden- und Unfallversicherung?

19. Was ist eine Vorsorgequote?

20. In welcher Sparte sind die Versicherungsmärkte besonders konzentriert? Warum?

21. Welche groben Trends prägen die Versicherungswirtschaft in Deutschland gegenwärtig?

22. Welche Arten von Verbänden gibt es in der Versicherungswirtschaft? Welche spezifischen Ziele verfolgen diese Verbände?

23. Was ist ein Ombudsmann? Wo in der Versicherungswirtschaft kommen Ombudsmänner zum Einsatz?

Übungsteil

Die folgenden Aufgaben sollen dazu anregen, sich eingehender mit einigen typischen Frage-stellungen zu beschäftigen, die über den Inhalt der vorherigen Kapitel hinausführen. Sie sind daher auch nicht in jedem Falle allein anhand dieser Kapitel zu lösen, sondern sollen zur Aus-einandersetzung mit weiterführender Literatur motivieren. Folglich gibt es meistens auch nicht „die" richtige Lösung; die im Anschluss skizzierten Lösungen sind vielmehr als Vorschläge zu verstehen.

1: Umgang mit Risiken

Untersuchen Sie die verschiedenen Arten des Umgangs mit Risiken anhand der Beispiele

a) Kein Getränkevorrat im Kühlschrank
b) Wohnungseinbruch / Einbruchdiebstahl
c) Erdbeben

2: Schadenverteilung

Am 9. Oktober 2007 beobachtet ein kleiner Schadenversicherer die nachfolgenden Schaden-summen in einer fiktiven Währung (Geldeinheiten, kurz GE). Stellen Sie die Schadenverteilung geeignet grafisch dar und schätzen oder berechnen Sie die Parameter Mittelwert und Streuung (siehe etwa *Kohn*).

129 – 1.471 – 244 – 351 – 227 – 1.119 – 472 – 254 – 167 – 243 – 311 – 174 – 154 – 839 – 336 – 250 – 85 – 203 – 212 – 328 – 155 – 217 – 156 – 294 – 88 – 260 – 102 – 284 – 368 – 47

3: Risikokategorien

Eine Möglichkeit, die Risiken zu klassifizieren, denen ein Versicherungsunternehmen ausge-setzt ist, orientiert sich am Entwurf der Internationalen Aktuarvereinigung, einer länderüber-greifenden Standesorganisation der Versicherungsmathematiker. Danach unterscheidet man die fünf Hauptrisikokategorien

- Operationelle Risiken (Betriebsrisiken und äußere Risikoeinflüsse auf den Unternehmens-ablauf),

- Versicherungstechnische Risiken (Risiken durch Abweichungen von kalkulierten Beiträgen und Schadenaufkommen),

- Marktrisiken (Zufallsrisiko von Finanzgrößen),

- Kreditrisiken (Risiken aufgrund unzulänglichen Zahlungsverhaltens von Geschäftspart-nern),

- Liquiditätsrisiken (Verlustrisiko aufgrund unzureichender Verfügbarkeit liquider Mittel).

Ordnen Sie die folgenden Risikoereignisse diesen Hauptkategorien zu:

a) Falsche Leistungsbarwertformel (führt zu unzureichend kalkulierten Risikobeiträgen)
b) Vorzeitiger Veräußerungsbedarf bei Zinstiteln zur Regulierung eines Großfeuerschadens
c) Ausfall der Telefonanlage
d) Anhäufung schlechter Risiken in der Kaskoversicherung
e) Zu hoher Kassenbestand
f) Hoher Anteil von Aktienanlagen in südostasiatischen Unternehmen
g) Schadhafte Antennenanlage durch Gewittersturm
h) Erhöhte Todesfallrate in der Lebensversicherung durch Grippeepidemie
i) Unzureichende Rückstellungen für die Zahlung von Unfallrenten
j) Starker Zinsanstieg am Anleihenmarkt
k) Fingierte Schadenabrechnung im Innendienst
l) Wertverlust von Dollaranleihen durch Kursanstieg des Euro
m) Fälligkeit von Hochzinsanlagen in einer Niedrigzinsphase (Wiederanlageproblem)
n) Falsche Kontonummer bei der Vertragsdatenerfassung
o) Ausfall einer Unternehmensanleihe infolge Insolvenz des Emittenten
p) Rückstufung der Kreditwürdigkeit durch eine Ratingagentur
q) Fehlerhafte Buchung von Inkassobeiträgen
r) Kumulschaden in der Hagelversicherung
s) Diebstahl von Hardwarekomponenten

4: Operationelle Risiken

Unter operationellen Risiken versteht man nach einer verbreiteten Definition die „Gefahr von Verlusten, die infolge der Unangemessenheit oder des Versagens von internen Prozessen, Personen und Systemen oder von externen Ereignissen auftreten". Diskutieren Sie die Vor- und Nachteile einer solchen Definition. Geben Sie für jede der genannten Teilkategorien Beispiele operationeller Risiken an, die in einem Versicherungsunternehmen bestehen können.

5: Finanzierung der Sozialversicherung

Welche Maßnahmen sind denkbar, um Finanzierungsrisiken in der gesetzlichen Sozialversicherung zu begegnen, und wie lassen sich diese bewerten?

6: Schadentarifierung

Ein kleiner Kraftfahrzeugversicherer hat 50 Fahrzeuge vom Wagentyp A und 100 Fahrzeuge vom Wagentyp B versichert. Im Verlauf eines Jahres werden folgende Schadenhöhen (in Euro) beobachtet:

A: 1.100   1.500   2.200   3.200
B: 800   900   1.100   1.200   1.700   3.300

Berechnen Sie für die beiden Teilbestände und den Gesamtbestand die jeweiligen Bruttobeiträge unter Einschluss eines Schwankungszuschlags, indem Sie sich folgender Berechnungsregeln bedienen. Für die Berechnung werden auch die schadenfreien Autos berücksichtigt, indem für sie die Schadenhöhe null angesetzt wird.

Mittelwert der Einzelschäden $\overline{S}$
= Summe aller im jeweiligen Bestand beobachteten Schäden, geteilt durch die Anzahl der Fahrzeuge im jeweiligen Bestand

Absolutabweichung des Einzelschadens D(S)
= Summe der Differenzen aller Einzelschäden im jeweiligen Bestand und des Mittelwertes $\overline{S}$, geteilt durch die Anzahl der Fahrzeuge im jeweiligen Bestand; Differenzen kleiner als null werden dabei positiv gewertet

Bruttobeitrag BB
= $\overline{S} + 0{,}5 * D(S)$, das heißt, der Schwankungszuschlag entspricht gerade der halben Absolutabweichung

7: Vertriebsvergütungen

Für den erfolgreichen Verkauf von Versicherungsprodukten mit längerer Laufzeit werden den Vermittlern Vergütungen in Gestalt von Provisionen oder Courtagen (bei Maklern) gezahlt. Am meisten verbreitet sind dabei die einmalige Abschlussvergütung (zum Beispiel Abschlussprovisionen) und laufende Vergütung (Bestandspflegeprovisionen). Die einmalige Abschlussvergütung wird als vertraglich vereinbarter Promilleanteil der vom Kunden insgesamt zu zahlenden Beiträge (Beitragssumme) errechnet und dem Vermittler unmittelbar nach Vertragsabschluss ausgezahlt. Die laufende Vergütung erfolgt dagegen als gleichbleibender Prozentanteil des jeweiligen Periodenbeitrags mit jeder Beitragszahlung.

Welche Schwierigkeit besteht beim direkten Vergleich der beiden Vergütungsmodelle? Welche Vor- und Nachteile lassen sich erkennen? Welche Anreizwirkung lässt sich mit den beiden Modellen erzielen?

8: Rechnungsgrundlagen der Lebensversicherung

Berechnen Sie den Risikobeitrag für eine einjährige Risikolebensversicherung nach dem Beispiel in Abschnitt A.7.3.2, indem Sie einmal von einer kalkulatorischen Sterblichkeit $q_{40} = 0{,}00283$ bei unverändertem Rechnungszins (i = 2,25 %), einmal von einem Rechnungszins i = 2,75 % bei unveränderter Sterblichkeit ($q_{40} = 0{,}00257$) ausgehen. Vergleichen Sie jeweils die prozentuale Abweichung der Beiträge.

9: Äquivalenzprinzip

Kalkulieren Sie den konstanten jährlichen Risikobeitrag für eine zweijährige Risikolebensversicherung zunächst allgemein, dann für folgende Datenkonstellation:

Eintrittsalter:	x	$= 40$
Sterblichkeit im Alter 40:	q_{40}	$= 0{,}00257$
Sterblichkeit im Alter 41:	q_{41}	$= 0{,}00283$
Rechnungszins:	i	$= 2{,}25\ \%$
Versicherungssumme:	VS	$= 200.000\ €$

Vergleichen Sie diesen Beitrag mit dem der einjährigen Risikolebensversicherungen zu den Eintrittsaltern 40 und 41.

10: Vertragsdatenhaltung

Die Bestandsführungssysteme eines Versicherers speichern und verarbeiten die Daten, die mit den Verträgen des Versicherungsbestandes im Zusammenhang stehen. Als Beispiele seien genannt die Adressdaten der Kunden, ihre Bankverbindungen oder der für die Kundenbetreuung jeweils zuständige Versicherungsvermittler. Alle diese Daten können sich im Lauf der Zeit ändern. Welche Gründe sprechen dafür, nicht nur den jeweils aktuellen Datenstand zu speichern, sondern auch die historischen Datenstände aufzubewahren? Welche Probleme ergeben sich daraus? Skizzieren Sie die Grundidee eines Verfahrens, das sich für die Historisierung der Daten eignet.

11: Vertragsbeendigung

Auf welche Arten kann ein rechtskräftig geschlossener Versicherungsvertrag nach dem neuen VVG enden? Unterscheiden Sie reguläre Vertragsabläufe, Beendigungen auf Initiative des Versicherungsnehmers und Beendigungen auf Initiative des Versicherungsunternehmens. Welche Voraussetzungen müssen dafür jeweils erfüllt werden?

12: Unfallversicherung

Legen Sie anhand von Beispielen dar, welche Sachverhalte in der Unfallversicherung Leistungsansprüche auslösen und welche nicht.

13: Demutualisierung

Welche Gründe sprechen generell für eine Demutualisierung von Versicherungsvereinen auf Gegenseitigkeit, welche dagegen?

14: Stille Lasten

Wie können stille Lasten auf der Aktiv- bzw. Passivseite einer Versicherungsbilanz entstehen?

15: Nischenstrategie

Was könnte ein Versicherungsunternehmen konkret unternehmen, um sich auf dem Markt erfolgreich als Nischenversicherer zu positionieren?

16: Stabsstellen im Versicherungsinnendienst

Welche Vor- und Nachteile bringen Stabsstellen im Versicherungsinnendienst mit sich?

17: Öffentlich-rechtliche Versicherungsunternehmen

Warum sind in den vergangenen Jahren immer mehr öffentlich-rechtliche Versicherungsunternehmen „verschwunden"?

18: Mitarbeiterstruktur im Versicherungsunternehmen

Mitarbeiter welcher Berufsgruppen finden sich wohl primär im Innen- und Außendienst von Versicherungsunternehmen?

19: Rechtliche Grundsätze für Versicherungsunternehmen

Grenzen Sie das Spartentrennungsgebot und das Verbot versicherungsfremder Geschäfte voneinander ab. Mit welcher Intention wurden diese rechtlichen Grundsätze für Versicherungsunternehmen vom Gesetzgeber formuliert?

20: Dezentralisierung im Außendienst

Welche Vor- und Nachteile bringt eine starke Dezentralisierung bei der Organisation des Versicherungsaußendienstes mit sich?

21: Kapitalanlage im Versicherungsunternehmen

Wie würde sich ein deutlich sinkendes Zinsniveau auf den internationalen Kapitalmärkten auf den Jahresabschluss eines Lebensversicherungsunternehmens auswirken?

22: Gesundheitsprüfung

Welche Folgen hätte ein Verzicht auf jedwede Form der vorvertraglichen Gesundheitsprüfung in der privaten Krankenversicherung?

23: Multichannelvertrieb

Welche betriebswirtschaftlichen Probleme bringt ein Multichannelvertrieb im Versicherungswesen mit sich? Wie können diese Probleme gelöst werden?

24: Direktvertrieb

Warum läuft der Direktvertrieb von Versicherungsprodukten in Deutschland über das Internet bislang relativ schleppend? Unter welchen Voraussetzungen kann es dennoch lohnend sein, Versicherungsprodukte über das Internet zu vertreiben?

25: Customer Lifetime Value

Welche Einflussgrößen könnten allgemein herangezogen werden, um den Customer Lifetime Value einer aufgeschobenen Rentenversicherung abzuschätzen?

26: Bancassurance

Welche Probleme bringt der Vertrieb von Versicherungsprodukten über den Bankschalter (Bancassurance) grundsätzlich mit sich?

Lösungen

1: Umgang mit Risiken

a) Subjektiver und immaterieller Schaden, die Eintrittswahrscheinlichkeit korreliert mit der Fähigkeit zu angemessener Vorsorge.

Inkaufnahme:	Unproblematisch
Vorsorge:	Tägliche Inspektion von Kühlschrank und Getränkekeller
Vermeidung:	Ausreichende Vorräte anlegen
Verminderung:	Einkaufsgemeinschaft mit Nachbarn, kann das Risiko bei schwacher Disziplin aber auch erhöhen
Versicherung:	Unsinnig

b)
Inkaufnahme:	Bei geringwertigem Hausrat akzeptabel
Vorsorge:	Alarmanlage, Sicherungsanlagen an Türen und Fenstern, Safe
Vermeidung:	Vollständig nur durch Verzicht auf Hausrat und Wohnung zu erreichen, ansonsten Intensivierung der Verfahren zur Vorsorge
Verminderung:	Siehe Vorsorge
Versicherung:	Meistens sinnvoll, wenn man sich dagegen entschieden hat, das Risiko in Kauf zu nehmen

c) Typisches Elementarrisiko, Eintrittswahrscheinlichkeit regional sehr verschieden, Schadenhöhe korreliert vielfach mit Eintrittswahrscheinlichkeit.

Inkaufnahme:	Gerade in unterentwickelten Weltgegenden oft einzige Option
Vorsorge:	Maßnahmen in der Baustatik, Entwicklung von Frühwarnsystemen
Vermeidung:	Individuell durch Wohnsitzwechsel
Verminderung:	Siehe Vorsorge
Versicherung:	In Risikogebieten sinnvoll, gerade dort aber auch teuer

2: Schadenverteilung

In derartigen Fällen (viele verschiedene Einzeldaten) ist eine Zusammenfassung der Daten in Klassen sinnvoll, deren Häufigkeiten tabelliert und zum Beispiel in einem Histogramm dargestellt werden. Bei sehr vielen verschiedenen Daten (ab ~100) kann man die diskrete Schadenverteilung oft durch eine Dichtefunktion annähern. Die Klasseneinteilung stellt immer einen Kompromiss zwischen Informationsverlust und Übersichtlichkeit dar, möglich ist beispielsweise dies:

Klassennr.	Schadenhöhe von ... bis unter ... GE	Anzahl Schadenfälle
1	0 – 100	3
2	100 – 200	7
3	200 – 300	11
4	300 – 400	5
5	400 – 500	1
6	500 – 1.000	1
7	1.000 – 1.500	2

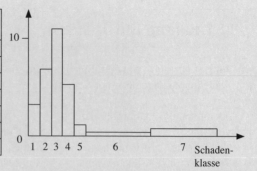

Die Fläche der einzelnen Rechtecke ist proportional zur Anzahl der jeweiligen Repräsentanten, die der Klasse angehören, deshalb ist Klasse 6 zugleich breiter und flacher als Klasse 5 dargestellt. Es zeigt sich die größte Häufung bei Schäden zwischen 200 und 300 GE.

Als Mittelwert eignet sich beispielsweise der arithmetische Mittelwert, der dem Schadenwert entspricht, der bei Einzelschäden identischer Höhe zur gleichen Schadensumme führt wie die gegebene Schadenverteilung. Dies entspricht, auf Basis der Einzelschäden, dem Wert $\overline{S} = (S_1 + S_2 + ... + S_n) / n = (129 + 1.471 + ... + 47) / 30 = 9.540 / 30 = 318$. Infolge der beiden hohen Schadenwerte fällt nicht in Klasse 3, die Klasse mit der größten Zahl an Repräsentanten, sondern ist größer. Der Median, der die Daten in die Hälfte kleinerer und größerer Werte teilt, wäre als Mittelwert weniger geeignet: er berücksichtigt die großen Schäden kaum.

Die Streuung (Standardabweichung) kann laut Histogramm auf eine Größenordnung von etwa 200 GE geschätzt werden, wobei noch ein deutlicher Aufschlag für die hohen Schadenwerte hinzuzurechnen ist. Die formale Berechnung liefert den Wert

$$\sigma = \sqrt{\frac{1}{n} \sum (S_i - \overline{S})^2} \approx 301 .$$

Die Verteilung ist unsymmetrisch und, typischen Schadenverläufen vergleichbar, rechtsschief (linkssteil).

3: Risikokategorien

Operationelle Risiken:

- Falsche Kontonummer bei der Vertragsdatenerfassung
- Fehlerhafte Buchung von Inkassobeiträgen
- Diebstahl von Hardwarekomponenten
- Fingierte Schadenabrechnung im Innendienst
- Ausfall der Telefonanlage
- Schadhafte Antennenanlage durch Gewittersturm

Versicherungstechnische Risiken:

- Falsche Leistungsbarwertformel (führt zu unzureichend kalkuliertem Risikobeitrag)
- Erhöhte Todesfallrate in der Lebensversicherung durch Grippeepidemie
- Kumulschaden in der Hagelversicherung
- Unzureichende Rückstellungen für die Zahlung von Unfallrenten
- Anhäufung schlechter Risiken in der Kaskoversicherung

Marktrisiken:

- Starker Zinsanstieg am Anleihenmarkt
- Wertverlust von Dollaranleihen durch Kursanstieg des Euro
- Fälligkeit von Hochzinsanlagen in einer Niedrigzinsphase (Wiederanlageproblem)
- Hoher Anteil von Aktienanlagen in südostasiatischen Unternehmen

Kreditrisiken:

- Ausfall einer Unternehmensanleihe infolge Insolvenz des Emittenten
- Rückstufung der Kreditwürdigkeit durch eine Ratingagentur

Liquiditätsrisiken:

- Vorzeitiger Veräußerungsbedarf bei Zinstiteln zur Regulierung eines Großfeuerschadens
- Zu hoher Kassenbestand

4: Operationelle Risiken

Vorteile:

- Ursachenbezogene Definition
- Positivdefinition durch Festlegung konkreter Risikofelder
- Berücksichtigung der herausragenden Bedeutung von EDV-Aspekten
- Explizite Trennung interner und externer Risikofelder

Nachteile:

- Großer Interpretationsspielraum
- Mangelnde Spezifizierung nach Auswirkungen operationeller Risiken
- Keine explizite Unterscheidung finanzieller und nicht-finanzieller Risikofolgen
- Keine Abgrenzung kalkulatorisch berücksichtigter (erwarteter) Risiken von außerordentlichen Verlusten

Die nachfolgenden Beispiele können infolge unscharfer Abgrenzung der Risikofelder teilweise auch anders zugeordnet werden. Eine fingierte Schadenabrechnung deutet beispielsweise auch auf unzureichende Kontrollprozesse hin. Wichtig ist aber in jedem Fall eine konsistente Einordnung, damit ähnlich gelagerte Risiken gleich eingeordnet werden.

Prozessrisiken:

* Falsche Kundendaten im Antragsformular
* Fehlerhafte Buchung von Inkassobeiträgen
* Einreichung unvollständiger Antragsdaten durch die Vermittler
* Unzureichende Harmonisierung von Geschäftsabläufen nach Fusionen
* Engpässe in der Zusammenarbeit mit Outsourcing-Partnern

Personenabhängige Risiken:

* Diebstahl von Hardwarekomponenten
* Fingierte Schadenabrechnung im Innendienst
* Mobbing gegen eine Mitarbeiterin in Erziehungsteilzeit
* Bestechung
* Sabotage

Systemrisiken:

* Stromausfall
* Schwelbrand in der Pförtnerloge
* Systemabsturz durch Datenbankfehler
* Ausfall der Telefonanlage
* Ausfall des firmeninternen Netzwerks
* Komplexitätsrisiko von EDV-Anwendungen

Externe Risiken:

* Hackerangriff auf das Firmencomputernetz
* Versicherungsbetrug
* Schadhafte Antennenanlage durch Gewittersturm
* Terroristischer Angriff
* Änderung versicherungsspezifischer Gesetzesvorschriften

5: Finanzierung der Sozialversicherung

Einnahmensituation:

* Erhöhung der Beitragssätze oder Beitragsbemessungsgrenzen
* Erweiterung der Bemessungsgrundlagen (zum Beispiel durch Erhebung von Krankenversicherungsbeiträgen auf Kapitalerträge)
* Konjunkturpolitik
* Aus- und Weiterbildungsmaßnahmen für Arbeitsplatzsuchende
* Beitragspflicht auch für nicht erwerbstätige Personen (etwa Abschaffung der Familienmitversicherung in der Krankenversicherung)
* Erhöhte Zuwanderung

Ausgabensituation:

- Leistungskürzungen (vor allem Kranken- und Pflegeversicherung), Änderung der Renten-formel
- Erhöhung des Renteneintrittsalters in der gesetzlichen Rentenversicherung
- Erhöhung der Abschläge bei vorzeitigem Renteneintritt in der gesetzlichen Rentenversiche-rung
- Streichung von Zurechnungszeiten in der gesetzlichen Rentenversicherung
- Reduzierte Zuwanderung

Bewertung: Generell ist – mehr aus politischen als aus versicherungstechnischen Gründen – auf Ausgewogenheit bei den Auswirkungen auf Leistungsfinanzierer und Leistungsempfänger zu achten, besonders in der gesetzlichen Rentenversicherung, in der beide Personengruppen überschneidungsfrei sind. Manche Maßnahmen (zum Beispiel Beitragserhöhungen) betreffen die Einnahmen- oder Ausgabenseite direkt; andere wie etwa Aus- und Weiterbildungsmaßnah-men für Arbeitsplatzsuchende nur indirekt, was die Messung der Wirksamkeit erschwert. Wie-der andere Maßnahmen sind in ihrer Wirkung ambivalent. Sozioökonomische Parameter von Zuwanderern (Ausbildungsstand, soziale Folgekosten etc.) entscheiden zum Beispiel maßgeb-lich darüber, ob die Finanzierungssituation der Sozialversicherung dadurch tendenziell verbes-sert oder verschlechtert wird.

6: Schadentarifierung

$\overline{S}_A = (1.100 + 1.500 + 2.200 + 3.200) / 50 = 160$

$\overline{S}_B = (800 + ... + 3.300) / 100 = 90$

$\overline{S}_{AB} = (1.100 + ... + 3.200 + 800 + ... + 3.300) / 150 = 113,33$

$D(S_A) = [(1.100 - 160) + (1.500 - 160) + (2.200 - 160) + (3.200 - 160) + 46 \cdot (160 - 0)] / 50 = 294,40$

$D(S_B) = [(800 - 90) + ... + (3.300 - 90) + 94 \cdot (90 - 0)] / 100 = 169,20$

$D(S_{AB}) = [(1.100 - 113,33) + ... + (3.200 - 113,33) + (800 - 113,33) + ... + (3.300 - 113,33) + (46 + 94) \cdot (113,33 - 0)] / 150 = 211,55$

$BB_A = 160 + 0,5 \cdot 294,40 = 307,20 \ €$

$BB_B = 90 + 0,5 \cdot 169,20 = 174,60 \ €$

$BB_{AB} = 113,33 + 0,5 \cdot 211,55 = 219,11 \ €$

Bei getrennter Tarifierung orientiert sich der Bruttobeitrag entsprechend an der unterschiedli-chen Schadenerwartung (hier: Mittelwert der beobachteten Schäden). Bei Gesamttarifierung wird die unterschiedliche Schadensituation der Teilbestände geglättet und es ergibt sich ein zwischen BB_A und BB_B liegender Einheitsbeitrag BB_{AB}. Bei realen Beständen eines Kraftfahr-zeugversicherers reduziert sich der Sicherheitszuschlag durch die Größe des Kollektivs, dafür kommen Kosten- und Rückversicherungsanteile zum Beitrag hinzu.

7: Vertriebsvergütungen

Grundsätzlich sind die nominalen Größen zu verschiedenen Zeitpunkten fälliger Zahlungen nicht direkt miteinander vergleichbar, sondern nur die auf einen Referenzzeitpunkt bezogenen Barwerte. Die Barwertbestimmung hängt vor allem vom verwendeten Diskontierungszinssatz ab. Kalkulatorisch wird der (konstante) Rechnungszins verwendet, der in der Regel unterhalb der (variablen) Marktzinssätze liegt.

Einmalige Abschlussvergütung: aus Sicht des Unternehmens Sicherheiten erforderlich, solange Beitragszahlungen geringer sind als gezahlte Vergütung; Auswirkungen auf Tarifkalkulation und Bilanz (keine Aktivierung noch nicht durch Beiträge gedeckter Abschlusskosten nach VVG-Reform); Förderung des Neugeschäfts, demgegenüber geringer Anreiz für Vermittler zu langfristiger Bestandspflege und daher erhöhte Stornoquoten; aus Vermittlersicht wirtschaftlich vorteilhafter, da die Vergütung bereits nach wenigen Jahren (so genannte Haftungszeit) verdient ist und dann bei Vertragsstorno keine Rückzahlungen an das Unternehmen mehr erforderlich sind.

Laufende Abschlussvergütung: aus Sicht des Versicherungsunternehmens in gleichem Maße anfallend wie die Beitragseingänge, daher kein Bedarf an Sicherheiten; Vermittler werden zu intensiverer Bestandspflege motiviert, da die gesamte Vergütung erst nach Zahlung aller Beiträge verdient ist, daher stabile Bestände und reduzierte Stornoquoten; wegen weiter Verbreitung einmaliger Abschlussvergütung bedeutet die Umstellung auf laufende Vergütung in der Übergangsphase häufig Einkommensverluste für den Vermittler.

8: Rechnungsgrundlagen in der Lebensversicherung

a) Die Sterblichkeit erhöht sich um 9,7 %, der neue Risikobeitrag RB ($q_{40} = 0{,}00283$) ist bei unverändertem Rechnungszins gleich $(200.000 : 1{,}0225) \cdot 0{,}00283 = 553{,}55$ €. Der einjährige Risikobeitrag ändert sich im gleichen Verhältnis wie die Sterblichkeit, diese einfache Beziehung gilt jedoch bei mehrjährigen Versicherungen nicht mehr.

b) Der Rechnungszins erhöht sich um einen halben Prozentpunkt, das entspricht 22,2 %. Der Risikobeitrag sinkt auf $(200.000 : 1{,}0275) \cdot 0{,}00257 = 500{,}24$ €, also um knapp ein halbes Prozent. Ein Anstieg des Rechnungszinses wirkt sich demnach in entgegengesetzter Richtung wie ein Anstieg der Sterblichkeit aus. Bei Verträgen mit langer Laufzeit wirken Zinsveränderungen allerdings deutlich stärker.

9: Äquivalenzprinzip

Nach dem versicherungsmathematischen Äquivalenzprinzip muss der Beitragsbarwert mit dem Leistungsbarwert übereinstimmen.

Beiträge: Der erste Jahresbeitrag der Höhe B wird sicher gezahlt. Der zweite Jahresbeitrag wird nur gezahlt, wenn die versicherte Person zu Beginn des zweiten Jahres noch lebt; die Wahrscheinlichkeit hierfür ist gerade $1 - q_{40}$. Zudem ist noch mit dem Rechnungszins zu diskontieren. Insgesamt ergibt sich für den Beitragsbarwert

$$BBW = B + B \cdot \frac{(1 - q_{40})}{1 + i} = B \cdot \left[1 + \frac{(1 - q_{40})}{1 + i}\right].$$

Leistung: Bei Tod im ersten Jahr gilt genau wie bei der Kalkulation der einjährigen Risikoversicherung, dass die Versicherungssumme am Ende des ersten Jahres fällig ist; für den Barwert ist also über ein Jahr zu diskontieren:

$$LBW(\text{Tod im 1. Jahr}) = VS \cdot \frac{q_{40}}{1 + i}$$

Die Leistung wird zum Ende des zweiten Jahres fällig, wenn die versicherte Person das erste Jahr überlebt hat und während des zweiten Jahres stirbt; die Wahrscheinlichkeit hierfür beträgt $(1 - q_{40}) \cdot q_{41}$. Die Diskontierung muss nun aber über zwei Jahre hinweg erfolgen:

$$LBW(\text{Tod im 2. Jahr}) = VS \cdot \frac{(1 - q_{40}) \cdot q_{41}}{(1 + i)^2}$$

Das Äquivalenzprinzip lautet damit

$$BBW = LBW(\text{Tod im 1. Jahr}) + LBW(\text{Tod im 2. Jahr}).$$

Setzt man obige Formeln ein und löst nach dem Jahresbeitrag B auf, ergibt sich zusammenfassend

$$B = \frac{VS \cdot \left[\dfrac{q_{40}}{1 + i} + \dfrac{(1 - q_{40}) \cdot q_{41}}{(1 + i)^2}\right]}{1 + \dfrac{(1 - q_{40})}{1 + i}}$$

Einsetzen der gegebenen Werte liefert:

$$B = \frac{200.000 \cdot \left[\dfrac{0,00257}{1,0225} + \dfrac{(1 - 0,00257) \cdot 0,00283}{1,0225^2}\right]}{\left[1 + \dfrac{(1 - 0,00257)}{1,0225}\right]}$$

$$= \frac{200.000 \cdot [0,0025134 + 0,0026999]}{1,9754817} = 527,80 \ €$$

Demgegenüber beträgt der Beitrag B_{40} der einjährigen Versicherung zum Eintrittsalter 40 gemäß Abschnitt A.7.2.3 502,69 €, der Beitrag B_{41} zum Eintrittsalter 41 gemäß Aufgabe 8 a) dagegen 553,55 €. Der Beitrag der zweijährigen Versicherung liegt also zwischen diesen beiden Werten, was man auch so erwartet.

10: Vertragsdatenhaltung

Gründe für die Historisierung von Daten: Wiederherstellbarkeit früherer Vertragszustände, zum Beispiel bei Bearbeitungsfehlern oder wenn der Kunde automatischen Vertragsänderungen widerspricht (etwa Dynamikerhöhungen in der Lebensversicherung); Nachweispflichten, zum Beispiel bei Beschwerden über die Bundesanstalt für Finanzdienstleistungsaufsicht (BaFin); Provisionsabrechnungen für Verträge, deren betreuender Vermittler gewechselt hat, usw.

Mindestens drei Arten der Terminabgrenzung sollten vorgenommen werden: Erstens ein technisches Bearbeitungsdatum, das bei der Erzeugung eines neuen Vertragszustandes vergeben wird, und zweitens ein Wirkungsdatum, das den Beginn der fachlichen Gültigkeit des geänderten Vertragszustandes festlegt. Beide Daten können natürlich übereinstimmen. Dritte Abgrenzung ist der Termin, zu dem die fachliche Gültigkeit eines Vertragszustandes endet. Er liegt beim aktuellen Vertragszustand nicht fest und wird gesetzt, wenn ein neuer Vertragszustand in Kraft tritt.

Beispiel: Betreuender Vermittler zu einem Vertrag

Vermittler	Bearbeitungsdatum	gültig ab	gültig bis
K. Müller	23.07.2006, 10:43	01.08.2006	31.12.2006
W. Schmidt	03.01.2007, 14:37	01.01.2007	-

Vermittler	Bearbeitungsdatum	gültig ab	gültig bis
K. Müller	23.07.2006, 10:43	01.08.2006	31.12.2006
W. Schmidt	03.01.2007, 14:37	01.01.2007	31.12.2007
J. Klein	27.12.2007, 10:45	01.01.2008	-

Die obere Tabelle zeigt in einem Ausschnitt aus der Vertragsvermittlerdatenbank an, dass der betrachtete Vertrag zwischen dem 1. August und dem 31. Dezember 2006 von K. Müller betreut wurde. Am 3. Januar 2007 erfolgte eine Änderung, durch die die Vertragsbetreuung ab 1. Januar 2007 auf W. Schmidt überging. Die Tabelle dokumentiert den Vertragszustand vor der nächsten Änderung, die am 27. Dezember 2007 vorgenommen wurde.

Die untere Tabelle zeigt den Zustand nach dieser erneuten Änderung, durch die der betreuende Vermittler erneut gewechselt hat (ab 1. Januar 2008 J. Klein). Dabei wurde der Gültigkeitszeitraum des zu W. Schmidt gehörenden Eintrags mit dem Vortag, dem 31. Dezember 2007, abgegrenzt.

11: Vertragsbeendigung

Wichtige Punkte finden sich im Abschnitt B.3, lohnend ist bei dieser Aufgabe auch ein Blick in den Text des VVG. Die folgende Aufzählung beschränkt sich daher auf die wichtigsten Aspekte und erhebt keinen Anspruch auf Vollständigkeit.

- Befristete Versicherungsverträge enden mit Ablauf des letzten Tages der vereinbarten Vertragslaufzeit (§ 10 VVG). Befristete Verträge mit vereinbarter Laufzeit von mehr als drei Jahren können vom Versicherungsnehmer zum Ende des dritten oder jedes folgenden Jahres gekündigt werden (§ 11 (4) VVG).

- Unbefristete Verträge können zum Ende der Versicherungsperiode vom Versicherungsnehmer wie auch vom Versicherungsunternehmen mit einer für beide Parteien gleich langen Frist von mindestens einem Monat und höchstens drei Monaten gekündigt werden (§ 11 (2) und (3) VVG).

- Verletzung vorvertraglicher Anzeigepflichten:

  - Hat der Kunde seine vorvertragliche Anzeigepflicht verletzt und hätte der Versicherer den Vertrag bei Kenntnis der dadurch verborgen gebliebenen Umstände nicht abgeschlossen, kann der Versicherer bei Vorsatz und grober Fahrlässigkeit vom Vertrag zurücktreten, andernfalls mit einer Frist von einem Monat den Vertrag kündigen (§ 19 (2) und (3) VVG); er muss aber den Kunden auf diese Rechtsfolgen in geeigneter Textform hingewiesen haben und durfte bei Vertragsabschluss nicht anderweitig Kenntnis von den nicht angezeigten Umständen erlangt haben (§ 19 (5) VVG).

  - Hätte der Versicherer den Vertrag hingegen trotzdem abgeschlossen und setzt dafür gemäß § 19 (4) VVG einen Gefahrenausschluss oder eine deutlich erhöhte Prämie fest, kann der Kunde seinerseits innerhalb eines Monats fristlos kündigen (§ 19 (6) VVG).

  - § 21 (1) und (3) VVG regeln, dass der Versicherer seine Rechte innerhalb eines Monats geltend machen muss, und setzen Verjährungsfristen fest.

- Gefahrerhöhung:

  - Im Falle der Gefahrerhöhung kann der Versicherer den Vertrag mit nach Grad des Verschuldens seitens des Versicherungsnehmers unterschiedlichen Fristen kündigen (§ 24 (1) und (2) VVG), eine Beitragserhöhung vornehmen oder die höhere Gefahr von der Absicherung ausschließen (§ 25 (1) VVG).

  - In den beiden letztgenannten Fällen hat wiederum der Versicherungsnehmer innerhalb eines Monats ein fristloses Kündigungsrecht (§ 25 (2) VVG).

  - Das Kündigungsrecht des Versicherers nach § 24 VVG gilt nicht für die Transportversicherung (§ 132 (3) VVG).

- Zahlt der Versicherungsnehmer durch eigenes Verschulden den Einlösebeitrag nicht rechtzeitig, kann der Versicherer vom Vertrag zurücktreten (§ 37 (1) VVG). Wird ein Folgebeitrag nicht gezahlt, darf der Versicherer nach einer Zahlungsfrist von mindestens zwei Wochen kündigen (§ 38 (1) und (3) VVG); in der Krankenversicherung ist eine Frist von mindestens zwei Monaten einzuhalten (§ 194 (2) VVG).

• Der Versicherungsnehmer hat ein auf einen Monat befristetes Kündigungsrecht, wenn der Versicherer aufgrund einer Anpassungsklausel bei gleichbleibender Leistung den Beitrag erhöht oder bei gleichbleibendem Beitrag den Versicherungsschutz reduziert (§ 40 VVG).

• In der Sachversicherung steht beiden Seiten nach Eintritt des Versicherungsfalls das Recht zur Vertragskündigung zu, das aber innerhalb eines Monats nach Ende der Entschädigungsverhandlungen ausgeübt werden muss. Der Versicherer hat dabei eine Frist von einem Monat einzuhalten (§ 92 VVG).

• In der Haftpflichtversicherung besteht innerhalb eines Monats nach Anerkennung oder zu Unrecht erfolgter Ablehnung des Freistellungsanspruchs für beide Seiten ein Kündigungsrecht mit sofortiger Wirkung (§ 111 VVG).

• In der Lebensversicherung endet das Versicherungsverhältnis üblicherweise mit dem Tod der versicherten Person während der Laufzeit, es sei denn, die Versicherung wurde auf mehrere Personen abgeschlossen (verbundene Leben) oder mit einer Hinterbliebenenversicherung verknüpft.

• Vorzeitige Vertragsbeendigung in der Lebensversicherung:

  - In der Lebensversicherung endet der Vertrag mit der Zahlung des Rückkaufswertes, wenn der Kunde die Beitragsfreistellung verlangt hat, die beitragsfreie Mindestversicherungssumme aber nicht erreicht ist (§ 165 (1) VVG).

  - Kündigung durch den Versicherer führt normalerweise zur Umwandlung in eine beitragsfreie Versicherung und nur bei Nichterreichen der beitragsfreien Mindestsumme oder, wenn während des Zahlungsverzugs von Folgebeiträgen der Leistungsfall eintritt, zur Beendigung des Vertrages und zur Zahlung des Rückkaufswertes (§ 166 (1) und (2) VVG).

  - Der Versicherungsnehmer darf nach § 168 (1) und (2) VVG jederzeit zum Ende der laufenden Versicherungsperiode kündigen, wenn der Vertrag gegen laufende Beitragszahlung geschlossen wurde oder wenn, bei Einmalbeiträgen, der Eintritt der Verpflichtung zur Leistung gewiss ist (zum Beispiel bei einer kapitalbildenden Lebensversicherung).

• Kündigungsrechte in der privaten Krankenversicherung vor dem 1. Januar 2009:

  - In der Krankenversicherung gilt das Kündigungsrecht des Versicherers bei einer (weder vorsätzlichen noch grob fahrlässigen) Anzeigepflichtverletzung nur, wenn der Versicherungsnehmer die Pflichtverletzung auch selbst zu vertreten hat (§ 194 (1) VVG).

  - Zum Ende eines Versicherungsjahres kann der Versicherungsnehmer ein Krankenversicherungsverhältnis mit einer Frist von drei Monaten ganz oder für einzelne Personen kündigen (§ 205 (1) VVG).

- Bei nachgewiesenem Eintritt einer gesetzlichen Versicherungspflicht für eine versicherte Person ist innerhalb von drei Monaten auch eine rückwirkende Kündigung durch den Versicherungsnehmer zulässig (§ 205 (2) VVG).

- Beitragserhöhungen und Leistungskürzungen aufgrund einer Anpassungsklausel eröffnen dem Versicherungsnehmer ein Kündigungsrecht für die betroffene versicherte Person innerhalb eines Monats, nachdem er über die Änderung informiert wurde (§ 205 (4) VVG).

- Durch den Tod des Versicherungsnehmers endet ein Krankenversicherungsverhältnis.

- Kündigungsrechte in der privaten Krankenversicherung ab dem 1. Januar 2009:

  - Unter anderem können private Krankheitskostenversicherungen auf Grundlage der allgemeinen gesetzlichen Versicherungspflicht seitens des Versicherungsnehmer nur noch gekündigt werden, wenn er gleichzeitig den Neuabschluss einer entsprechenden Versicherung bei einem anderen Versicherer nachweist (§ 205 (6) VVG).

  - Der Versicherer darf derartige Krankheitskostenversicherungen überhaupt nicht mehr kündigen (§ 206 (1) VVG); bei Zahlungsverzug des Versicherungsnehmers darf er den Vertrag lediglich in ein ruhendes Versicherungsverhältnis überführen (§ 193 (6) VVG).

12: Unfallversicherung

Nach § 178 VVG liegt ein Unfall vor, wenn die versicherte Person durch ein *„plötzlich von außen auf ihren Körper einwirkendes Ereignis unfreiwillig eine Gesundheitsschädigung"* erleidet.

- „plötzlich": zum Beispiel bei Schnittverletzungen erfüllt, nicht aber bei Verletzungen infolge von Abnutzung oder Ermüdung

- „von außen auf den Körper": zum Beispiel Knochenbruch durch einen Sturz, nicht aber Verletzungen des Verdauungstraktes durch Einnahme ätzender Flüssigkeiten (diese müssen daher ausdrücklich durch AVB Unfallereignissen gleichgestellt werden)

- „unfreiwillig": bezieht sich auf das die Gesundheitsschädigung auslösende Ereignis; zum Beispiel erfüllt bei Verletzungen durch Steinschlag oder bei einer Schnittverletzung durch unsachgemäßen Gebrauch von Werkzeugen (Fahrlässigkeit), nicht aber bei Selbstverstümmelung (Vorsatz)

- „Gesundheitsschädigung": zum Beispiel Verletzungen durch Hagelschlag, nicht aber durch den selben Hagelschlag verursachte Sachschäden

13: Demutualisierung

Argumente, die für Demutualisierungen von VVaG sprechen:

• Verbesserter Zugang zum Kapitalmarkt (Möglichkeit einer Erhöhung der Eigenkapitalbasis durch Aktienemissionen; dieser Vorteil ist vor allem dann von Bedeutung, wenn der VVaG größere Investitionen tätigen möchte)

• Verbesserung der Konzernbildungsmöglichkeiten (VVaG können in der Organisationsstruktur von Konzernen nur auf der obersten Führungsebene auftreten)

• Probleme mit der praktischen Umsetzbarkeit des Gegenseitigkeitsgedankens, speziell in überregional agierenden VVaG mit hohen Mitgliederzahlen

Argumente, die gegen Demutualisierungen sprechen:

• Möglicher Verlust der VVaG-typischen Identität (vor allem bei berufsständisch ausgerichteten VVaG mit Nischenstrategie)

• Möglicher Verlust der Eigenständigkeit (Gefahr einer feindlichen Übernahme durch Erwerb einer Aktienmehrheit)

• Neu aufkommende Interessenskonflikte zwischen Anteilseignern und Versicherungsnehmern (soweit die neue Versicherungs-Aktiengesellschaft nicht mehrheitlich im Besitz der ehemaligen VVaG-Mitglieder verbleibt)

14: Stille Lasten

Aktivseite: Der Zeitwert der Kapitalanlagen fällt unter den Buchwert. In diesem Falle wären die Kapitalanlagen bei einer Veräußerung weniger wert, als in der Bilanz ausgewiesen, und häufig nicht mehr in der Lage, bestehende Verbindlichkeiten auf der Passivseite zu bedecken. Die Ursachen für einen Werteinbruch der Kapitalanlagen können vielfältig sein. Besonders hervorzuheben sind Kurseinbrüche an den Aktienbörsen, die vor allem Versicherer mit hohen Aktienquoten treffen, oder starke Änderungen des internationalen Zinsniveaus. Ebenso können Zahlungsschwierigkeiten bei den Emittenten festverzinslicher Wertpapiere stille Lasten auf der Aktivseite einer Versicherungsbilanz nach sich ziehen.

Passivseite: Hier wäre hauptsächlich eine Erhöhung der versicherungstechnischen Verbindlichkeiten zu nennen, wie sie zum Beispiel in der Rentenversicherung durch einen Anstieg der allgemeinen Lebenserwartung entstehen kann. Die in der Bilanz dargestellten Verbindlichkeiten (vor allem die Deckungsrückstellung bei einem Lebensversicherer oder einem Krankenversicherer (Alterungsrückstellung)) würden die wahren künftigen Verbindlichkeiten dann nicht mehr abbilden, die Aktivwerte könnten diese Verbindlichkeiten nicht mehr vollständig bedecken.

15: Nischenstrategie

Nischenversicherer zeichnen sich durch eine hochgradig spezialisierte Produktpalette aus, die auf die besonderen Bedürfnisse einer begrenzten, meist homogenen Personengruppe zugeschnitten ist. Denkbar wäre zum Beispiel:

- Beschränkung auf eine Berufsgruppe. Diese Wettbewerbsstrategie findet sich vor allem bei VVaG mit historisch bedingter berufsständischer Ausrichtung (Beamte, Handwerker, Kaufleute, Künstler, Landwirte etc.).

- Beschränkung auf eine bestimmte soziale Gruppe in der Gesellschaft. Besonders beliebt sind hier Gruppen mit hohem Einkommen oder hohem Einkommenspotenzial wie etwa (angehende) Akademiker oder Selbstständige. Denkbar ist auch eine Spezialisierung auf ältere Menschen und deren Versicherungsbedarf.

- Beschränkung auf eine Region. Diese Strategie findet sich besonders bei öffentlichen bzw. öffentlich-rechtlichen Versicherern (Territorialprinzip).

- Im weiteren Sinne kann speziell in der Schaden- und Unfallversicherung eine Spezialisierung auf Privatkunden oder gewerbliche Kunden ansatzweise als Nischenstrategie interpretiert werden.

Es liegt nahe, sich auf eine relativ kleine Marktnische zu spezialisieren. Je größer eine anvisierte Marktnische ausfällt, umso schwerer fällt es dem Versicherer naturgemäß, dieser Marktnische den individuellen Mehrwert der eigenen Produkte glaubhaft zu vermitteln.

16: Stabsstellen im Versicherungsinnendienst

Vorteile von Stabsstellen im Versicherungsinnendienst:

- Stabsstellen profitieren von ihrer räumlichen Nähe zu relevanten Entscheidungsträgern im Unternehmen. Durch die Zusammenführung der Legitimationsmacht dieser Entscheidungsträger mit der Expertenmacht einer Stabsstelle können sinnvolle Entscheidungen effizient gefällt und umgesetzt werden.

- Stabsstellen sind selbst nicht mit Führungsaufgaben betraut, können sich daher vollständig der Sacharbeit widmen.

- Die räumliche Ferne von Stabsstellen zu Linienstellen im Haus schafft Möglichkeiten einer unparteiischen Perspektive in Sachfragen.

Nachteile von Stabsstellen im Versicherungsinnendienst:

*   Die räumliche Ferne zu anderen Abteilungen im Unternehmen kann Stabsstellen schaden, sich zum Beispiel in sachlich falschen Entscheidungen niederschlagen.

*   Stabsstellen leiden oftmals unter einem Mangel an Eigenautorität, da für die Durchsetzung eigener Ideen immer die Legitimationsmacht der übergeordneten Stelle benötigt wird.

*   Schließlich stellen Stabsstellen auch eine Zusatzbelastung der übergeordneten Stelle mit personellen Führungsaufgaben dar.

17: Öffentlich-rechtliche Versicherungsunternehmen

Viele öffentlich-rechtliche Versicherungsunternehmen haben sich in Versicherungs-Aktiengesellschaften umgewandelt, die Aktien werden dabei in der Regel von öffentlich-rechtlichen Trägern gehalten (Sparkassenverbände etc.). Langfristig ist ein vollständiges Verschwinden der öffentlich-rechtlichen Rechtsform in der deutschen Versicherungswirtschaft wahrscheinlich.

18: Mitarbeiterstruktur im Versicherungsunternehmen

Innendienst: Betriebswirte (in allen Bereichen anzutreffen), Juristen (Rechtsabteilung, teilweise auch Schadenbearbeitung und Risikoprüfung), Mathematiker (Aktuariat, Produktentwicklung, Tarifierung, stellenweise auch im Controlling, Marketing und der DV-/IT-Abteilung anzutreffen), Informatiker sowie eine große Zahl an Versicherungskaufleuten (seit 2007 gibt es den Ausbildungsberuf des/der Kaufmanns/Kauffrau für Versicherungen und Finanzen, zuvor Versicherungskaufmann/-kauffrau).

Außendienst: Überwiegend Versicherungskaufleute, daneben einzelne Quereinsteiger (vor allem in Sonderorganisationen anzutreffen; etwa Mediziner in einer Ärzte-Sonderorganisation [„Ärzteorga"]). Hinzu kommen nebenberufliche Vertreter, die zumeist Mitglieder ihrer eigenen Berufsgruppe betreuen (verbreitet zum Beispiel bei einigen Versicherern mit Zielgruppe öffentlicher Dienst)

19: Rechtliche Grundsätze für Versicherungsunternehmen

Das Spartentrennungsgebot des § 8 (1a) VAG besagt im Wesentlichen, dass die wichtigsten Versicherungssparten nur von separaten Unternehmen betrieben werden dürfen. Besonders wichtig ist dabei die Trennung der Versicherungssparten Leben, Kranken und Schaden/Unfall. In der Folge kommt es zur Bildung von Versicherungskonzernen, die mehrere Sparten nebeneinander in getrennten Unternehmen betreiben.

Das Verbot versicherungsfremder Geschäfte in § 7 (2) VAG untersagt Versicherungsunter-nehmen das Betreiben geschäftlicher Aktivitäten, die nicht in unmittelbarem Zusammenhang mit Versicherungsgeschäften stehen. Beispielsweise darf ein Versicherungsunternehmen neben seinem Versicherungsgeschäft selbst keine Bankdienstleistungen oder Fondsprodukte anbieten. Die Bildung von Finanzdienstleistungskonzernen ist eine direkte Folge des Verbots versicherungsfremder Geschäfte, da nur so Versicherungs- und Nichtversicherungsgeschäfte „aus einer Hand" angeboten werden können.

Aufgrund beider Regelungen können Versicherungsunternehmen immer nur als reine Versicherer auf dem Markt auftreten und müssen sich darüber hinaus auf eine Versicherungssparte spezialisieren. Der Gesetzgeber möchte damit sicherstellen, dass die von einem Versicherer gemachten langfristigen Deckungszusagen nicht durch anderweitige Geschäfte gefährdet werden und Quersubventionierungen unterbleiben. Vielmehr sollen sich Versicherungsbestände langfristig selbst finanzieren können.

Beide Regelungen sind somit im weiteren Sinne Ausprägungen eines schutztheoretischen Verständnisses von Versicherungsaufsicht, das Versicherungsrecht primär als ein Schutzrecht des Versicherungsnehmers und seiner wirtschaftlichen Interessen ansieht.

20: Dezentralisierung im Außendienst

Vorteile einer starken Dezentralisierung im Versicherungsaußendienst:

- Mehr Entscheidungskompetenz auf lokaler Ebene, dadurch in der Regel höhere Mitarbeiterzufriedenheit.

- Mehr Kundennähe durch kurze Entscheidungswege. Insbesondere bedeutet eine Dezentralisierung von Aufgaben meist auch, dass dem Kunden vor Ort eine breitere Palette an Dienstleistungen angeboten werden kann, zum Beispiel im Bereich der Risikovermeidung oder der Schadenbearbeitung.

- Bessere Möglichkeit einer ertragsorientierten Vertriebssteuerung durch Herstellung einer nahezu vollständigen Ergebnisverantwortlichkeit (Einrichtung regionaler Profit Center).

Nachteile einer starken Dezentralisierung im Versicherungsaußendienst:

- Häufig Einführung zusätzlicher Hierarchieebenen, was zentrale Entscheidungsprozesse und deren operative Umsetzung im Außendienst verlangsamt.

- Gefahr einer „Verselbstständigung" einzelner Filialbetriebe zu Lasten des allgemeinen Erscheinungsbildes des Unternehmens in der Öffentlichkeit (Unterlaufen der Corporate Identity oder regional unterschiedliche Annahmerichtlinien in der Risikoprüfung etc.).

Eine klare Wirkungsrichtung bei den Kosten ist schwer anzugeben. Einerseits erschwert eine Dezentralisierung die unternehmensweite Umsetzung zentraler Vorgaben der Unternehmensführung (kostensteigernd), andererseits kann eine stärkere Ergebnisverantwortlichkeit vor Ort auch kostensenkende Wirkung haben.

21: Kapitalanlage im Versicherungsunternehmen

Ein sinkendes Zinsniveau würde zunächst die Kapitalerträge reduzieren, was sich direkt in der Gewinn- und Verlustrechnung niederschlagen würde. Bei weitgehend unveränderten Beitrags-einnahmen und Versicherungsleistungen würde sich ein geringerer Jahresüberschuss oder ein Verlust ergeben. Um dem vorzubeugen, würde ein betroffener Lebensversicherer zum Beispiel seine Überschussbeteiligung absenken. Ebenso könnte der Lebensversicherer notgedrungen Teile seiner Kapitalanlagen auf den Finanzmärkten veräußern, um kurz- und mittelfristig liqui-de zu bleiben.

Hält die Niedrigzinsphase länger an, droht folglich ein Missverhältnis zwischen Aktiv- und Passivseite in der Bilanz, da unverändert hohen Verbindlichkeiten auf der Passivseite nun eine „schrumpfende" Aktivseite gegenübersteht. Da eine anhaltende Niedrigzinsphase jedoch die ganze Branche betreffen würde, ist in einem solchen Falle mit einer Absenkung der Garantie-verzinsung für Neuverträge durch das Bundesfinanzministerium zu rechnen (wie in der Lebens-versicherung zwischen 2000 und 2007 mehrmals geschehen).

22: Gesundheitsprüfung

Durch einen generellen Verzicht auf vorvertragliche Gesundheitsprüfungen in der privaten Krankenversicherung würden auch zahlreiche schlechte Risiken in die Versichertenkollektive gelangen, was zu steigenden Versicherungsleistungen und damit langfristig zu Beitragssteige-rungen führen würde. Dies würde die Wettbewerbssituation der privaten Krankenversicherer gegenüber der gesetzlichen Krankenversicherung verschlechtern. Daneben könnte ein Verzicht auf jedwede vorvertragliche Gesundheitsprüfung auch die gesundheitliche Eigenvorsorge der Versicherten negativ beeinträchtigen. Dieser Entwicklung könnten die privaten Krankenver-sicherungsunternehmen zum Beispiel mit Hilfe von Karenzzeiten entgegenwirken. Wird eine solche Karenzzeit vertraglich vereinbart, bleibt ein Versicherungsvertrag trotz Eintreten eines Versicherungsfalls zunächst leistungsfrei, was Antragsteller mit schlechtem gesundheitlichen Allgemeinzustand von einem Vertragsabschluss abhalten würde.

23: Multichannelvertrieb

Werden im Rahmen einer Multichannelstrategie eines Versicherers Produkte parallel über meh-rere Vertriebswege angeboten (etwa über Ausschließlichkeitsagenten, Makler und das Internet), stehen diese Vertriebswege naturgemäß miteinander im Wettbewerb, was die Marktposition des Versicherers nachhaltig schwächen kann. Beispielsweise könnten Antragsteller zunächst die

Beratungsdienstleistungen von Ausschließlichkeitsagenten oder Maklern nutzen, den Vertragsabschluss dann aber kostengünstiger über das Internet tätigen („Kannibalisierung" der Vertriebswege). Unabhängige Vermittler würden in diesem Falle mittelfristig von einer weiteren
Zusammenarbeit mit diesem Versicherer absehen.

Daneben kann eine Multichannelstrategie in der Vertriebsunterstützung zu einer Belastung werden, da gleichzeitig mehrere konkurrierende Vertriebswege mit strategischen Vertriebskonzepten und den zugehörigen Verkaufshilfen versorgt werden müssen.

Um solchen Problemen vorzubeugen, bietet sich generell eine Beschränkung der einzelnen
Vertriebswege auf klar voneinander abgegrenzte Produkte oder Kundengruppen (Marktseg-
mente) an. Beispielsweise könnte der Internetvertrieb auf preisgünstige Standardprodukte eingeschränkt werden (Auslandsreisekrankenversicherung, Haftpflichtversicherung, Reisegepäckversicherung etc.), die für Ausschließlichkeitsagenten oder Makler ohnehin nur wenig attraktiv
sind (niedrige Provision bzw. Courtage). Bei einer Aufteilung der Vertriebswege nach Marktsegmenten könnte der Maklervertrieb zum Beispiel bei anspruchsvollen Kunden mit hohem
Einkommen oder im gewerblichen Bereich zum Einsatz kommen, die Ausschließlichkeitsorganisation hingegen im übrigen Privatkundengeschäft.

24: Direktvertrieb

Versicherungsprodukte sind immaterielle Güter und hochgradig erklärungsbedürftig, weshalb
viele Antragsteller den direkten Kontakt zu einem Ansprechpartner (Agent, Bankmitarbeiter,
Makler) suchen. Weitere Gründe, die den schleppenden Internetabsatz von Versicherungsprodukten zumindest teilweise erklären, sind Unsicherheiten im Umgang mit dem Medium Internet, speziell in Fragen der Datensicherheit. Besonders deutlich dürften diese Probleme in der
Lebens- und Krankenversicherung auftreten, wenn die Beitragshöhe gewisse psychologische
Schwellenwerte überschreitet.

Für den Direktvertrieb von Versicherungsprodukten legen diese Probleme eine Beschränkung
auf einfache Standardprodukte mit hohem Verbreitungsgrad und eher niedrigem Beitragsniveau nahe. Damit sind beispielsweise die Auslandsreisekrankenversicherung, die gewöhnliche
Hausratversicherung oder die Risikolebensversicherung für den Vertrieb über das Internet wie
auch den Direktvertrieb allgemein geeignet. Hinzu kommt, dass das relativ niedrige Beitragsniveau diese Produkte für Ausschließlichkeitsagenten oder Makler ohnehin verhältnismäßig
uninteressant macht.

25: Customer Lifetime Value

Die private Rentenversicherung versichert das Langlebigkeitsrisiko, folglich sind vor allem
Einflussgrößen interessant, die über die Lebenserwartung des Versicherten Auskunft geben,
wie etwa:

- Rauch- und Alkoholkonsumverhalten

- Betreiben von (Extrem-)Sportarten

- Body-Mass-Index

- Blutdruck und Blutfettwerte

- Beruf

- Einkommen

- Wohnort

Eine Einflussgröße erhöht dabei den Customer Lifetime Value in der Rentenversicherung, wenn sie die Lebenserwartung des Versicherten verkürzt. Beispielsweise haben Raucher eine verkürzte Lebenserwartung, folglich besitzen sie aus Sicht des Rentenversicherers ein erhöhtes Ertragspotenzial (in der Risikolebensversicherung wäre dies genau umgekehrt). Die sozio-ökonomischen Einflussfaktoren Beruf, Einkommen und Wohnort korrelieren meist stark miteinander: Je „besser" der Beruf, desto höher ist tendenziell das Einkommen und desto „besser" auch die Wohngegend. In allen Fällen erhöht sich dadurch statistisch gesehen die Lebenserwartung.

Besonders komplex kann sich die Situation bei Sportarten gestalten: Während eine gute körperliche Konstitution die Lebenserwartung erhöht, wird sie durch das Betreiben gefährlicher Extremsportarten wie Bungee-Jumping eher verkürzt. Da „Sportlichkeit" als solche ohnehin kaum quantifizierbar ist, wird daher zum Beispiel in der Praxis bei Risikolebensversicherungen manchmal lediglich danach gefragt, ob der Antragsteller Extremsportarten betreibt.

26: Bancassurance

Probleme des Vertriebs von Versicherungsprodukten über den Bankschalter sind:

- Kannibalisierungseffekte zwischen Bank- und Versicherungsprodukten, vor allem bei Versicherungsprodukten mit Sparanteil wie kapitalbildenden Lebensversicherungen und Rentenversicherungen. Beide stehen in direkter Konkurrenz zu Banksparplänen und etwa Investmentfonds, die ebenfalls häufig von Banken vertrieben werden. Diese Problematik kann zum Beispiel bei Fragen der Altersvorsorge und der Immobilienfinanzierung auftreten.

- Die Außendarstellung von Bank und Versicherung muss normalerweise aufeinander abgestimmt werden, das heißt, die Corporate Identity beider Partner sollte einen erkennbaren gemeinsamen Kern aufweisen. Dies zeigt sich insbesondere in einem gemeinsamen Corporate Design, das die enge Verbindung beider Partner betont.

- Die Beratung am Bankschalter kann darunter leiden, dass Bankangestellte generell die ihnen vertrauteren Bankprodukte bevorzugen. Einige Versicherer versuchen, diesem Problem mit Hilfe spezieller Agenturen in den Bankfilialen zu begegnen, in denen angestellte Vertriebsmitarbeiter oder Ausschließlichkeitsagenten des Versicherers arbeiten.

Literaturverzeichnis

Becker, H. P.; Peppmeier, A.: Bankbetriebslehre, 6. Auflage, Kiehl Verlag, Ludwigshafen am Rhein, 2006

Bittl, A.; Helten, E.; Liebwein, P.: Versicherung von Risiken, in: Dörner, D.; Horváth, P.; Kagermann, H. (Hrsg.): Praxis des Risikomanagements, Schäffer-Poeschel, Stuttgart, 2000

Bleymüller, J.; Gehlert, G.; Gülicher, H.: Statistik für Wirtschaftswissenschaftler, 14. Auflage, Verlag Vahlen, München, 2004

Bruhn, M.; Hadwich, K.: Produkt- und Servicemanagement, Vahlens Handbücher der Wirtschafts- und Sozialwissenschaften, Verlag Vahlen, München, 2006

Bruhn, M.; Meffert, H.: Dienstleistungsmarketing: Grundlagen – Konzepte – Methoden, Gabler Verlag, Wiesbaden, 2006

Buchner, R.: Buchführung und Jahresabschluss, 7. Auflage, Verlag Vahlen, München, 2005

Cottin, C.; Kurz, A.: Asset-Liability-Management in der Lebensversicherung, Berichte aus Lehre und Forschung Nr. 16, FB Mathematik und Technik, FH Bielefeld, 2003

Davis, S.: Future Perfect, 2. Auflage, Perseus Books, Jackson (USA), 1997

Döring, U.; Wöhe, G.: Einführung in die Allgemeine Betriebswirtschaftslehre, 23. Auflage, Verlag Vahlen, München, 2008

Eisen, R.; Zweifel, P.: Versicherungsökonomie, 2. Auflage, Springer Verlag, Berlin / Heidelberg, 2003

Farny, D.: Versicherungsbetriebslehre, 4. Auflage, Verlag Versicherungswirtschaft, Karlsruhe, 2006

Führer, C.; Grimmer, A.: Einführung in die Lebensversicherungsmathematik, Verlag Versicherungswirtschaft, Karlsruhe, 2006

Görgen, F.: Versicherungsmarketing, 2. Auflage, Kohlhammer Verlag, Stuttgart, 2007

Grefe, C.: Kompakt-Training Bilanzen, 5. Auflage, Kiehl Verlag, Ludwigshafen am Rhein, 2007

Jost, C.: Asset-Liability-Management bei Versicherungen – Organisation und Techniken, Gabler Verlag, Wiesbaden, 1995

Heilmann, W.-R.: Grundbegriffe der Risikotheorie, Verlag Versicherungswirtschaft, Karlsruhe, 1987

Hipp, C.; Michel, R. (Hrsg.): Risikotheorie: Stochastische Modelle und statistische Methoden, DGVM-Schriftenreihe Angewandte Versicherungsmathematik, Heft 24, Verlag Versicherungswirtschaft, Karlsruhe, 1990

Holey, T.; Welter, G.; Wiedemann, A.: Wirtschaftsinformatik, Kompendium der praktischen Betriebswirtschaft, 2. Auflage, Kiehl Verlag, Ludwigshafen am Rhein, 2007

Kaiser, D.: Finanzintermediation durch Banken und Versicherungen, Gabler Verlag, Wiesbaden, 2006

Käßer-Pawelka, G.; Kühlmann, K.; Wengert, H.: Marketing für Finanzdienstleistungen, Knapp Verlag, Frankfurt, 2002

Kassing, D.; Staudinger, A.: Das neue VVG: eine synoptische Gegenüberstellung mit der alten Gesetzeslage, Verlag Versicherungswirtschaft, Karlsruhe, 2008

Koch, P.: Versicherungswirtschaft – Ein einführender Überblick, 6. Auflage, Verlag Versicherungswirtschaft, Karlsruhe, 2005

Kohn, W.: Statistik, Datenanalyse und Wahrscheinlichkeitsrechnung, Springer Verlag, Berlin / Heidelberg, 2005

Korndörfer, W.: Allgemeine Betriebswirtschaftslehre, 13. Auflage, Gabler Verlag, Wiesbaden, 2003

Kosiol, E.: Organisation der Unternehmung, 2. Auflage, Gabler Verlag, Wiesbaden, 1976

Kurzendörfer, V.: Einführung in die Lebensversicherung, 3. Auflage, Verlag Versicherungs-wirtschaft, Karlsruhe, 2000

Liebwein, P.: Klassische und moderne Formen der Rückversicherung, Verlag Versicherungs-wirtschaft, Karlsruhe, 2000

Mack, T.: Schadenversicherungsmathematik, 2. Auflage, DGVM-Schriftenreihe Angewandte Versicherungsmathematik, Heft 28, Verlag Versicherungswirtschaft, Karlsruhe, 2002

Milbrodt, H.: Aktuarielle Methoden der deutschen Privaten Krankenversicherung, DGVFM-Schriftenreihe Angewandte Versicherungsmathematik, Heft 34, Verlag Versicherungswirt-schaft, Karlsruhe, 2005

Müller-Reichart, M.; Romeike, F.: Risikomanagement in Versicherungsunternehmen – Grund-lagen, Methoden, Checklisten und Implementierung, 2. Auflage, Wiley-VCH, Weinheim, 2008

Olfert, K.: Kostenrechnung, Kompendium der praktischen Betriebswirtschaft, 15. Auflage, Kiehl Verlag, Ludwigshafen am Rhein, 2008

Olfert, K.; Pischulti, H.: Kompakt-Training Unternehmensführung, 2. Auflage, Kiehl Verlag, Ludwigshafen am Rhein, 2007

Olfert, K.; Reichel, C.: Finanzierung, Kompendium der praktischen Betriebswirtschaft, 14. Auflage, Kiehl Verlag, Ludwigshafen am Rhein, 2008

Porter, M. E.: Wettbewerbsstrategie. Methoden zur Analyse von Branchen und Konkurrenten, Campus Verlag, Frankfurt / New York, 1983

Schimikowski, P.: Versicherungsvertragsrecht, 3. Auflage, Beck-Texte, München, 2004

Schneck, O.: Betriebswirtschaftslehre, Campus Verlag, Frankfurt / New York, 1997

Steinbuch, P.: Organisation, Kompendium der praktischen Betriebswirtschaft, 11. Auflage, Kiehl Verlag, Ludwigshafen am Rhein, 2000

Von Fürstenwerth, F.; Weiß, A.: Versicherungsalphabet (VA), 10. Auflage, Verlag Versiche-rungswirtschaft, Karlsruhe, 2001

Weis, H. C.: Kompakt-Training Marketing, 5. Auflage, Kiehl Verlag, Ludwigshafen am Rhein, 2007

Verwendete Gesetze, Verordnungen und Richtlinien

AGBG – Gesetz zur Regelung des Rechts der Allgemeinen Geschäftsbedingungen, Fassung vom 09.12.1976, aufgehoben zum 31.12.2001 durch Schuldrechtsmodernisierungsgesetz vom 26.11.2001

AGG – Allgemeines Gleichbehandlungsgesetz, Fassung vom 14.08.2006, zuletzt geändert am 02.12.2006

AktG – Aktiengesetz, Fassung vom 01.01.1966, zuletzt geändert am 11.07.2007

AMG – Arzneimittelgesetz, Fassung vom 12.12.2005, zuletzt geändert am 23.11.2007

AtG – Gesetz über die friedliche Verwendung der Kernenergie und den Schutz gegen ihre Ge-fahren (Atomgesetz), Fassung vom 15.07.1985, zuletzt geändert am 23.11.2007

BGB – Bürgerliches Gesetzbuch, Fassung vom 02.01.2002, zuletzt geändert am 13.03.2008

BJagdG – Bundesjagdgesetz, Fassung vom 29.09.1976, zuletzt geändert am 28.03.2008

GewO – Gewerbeordnung, Fassung vom 22.02.1999, zuletzt geändert am 19.12.2007

GWB – Gesetz gegen Wettbewerbsbeschränkungen, Fassung vom 26.08.1998, zuletzt geändert am 01.06.2007

HGB – Handelsgesetzbuch, Fassung vom 10.05.1897, zuletzt geändert am 10.12.2007

PflVG – Gesetz über die Pflichtversicherung für Kraftfahrtzeughalter, Fassung vom 05.04.1965, zuletzt geändert am 10.12.2007

StBerG – Steuerberatungsgesetz, Fassung vom 04.11.1975, zuletzt geändert am 08.04.2008

UmwG – Umwandlungsgesetz, Fassung vom 25.04.2007

UWG – Gesetz gegen den unlauteren Wettbewerb, Fassung vom 08.07.2004, zuletzt geändert am 21.12.2006

VAG – Versicherungsaufsichtsgesetz, Fassung vom 17.12.1992, zuletzt geändert am 28.05.2007

VVG – Versicherungsvertragsgesetz, Fassung vom 23.11.2007, zuletzt geändert am 17.12.2007

AnlV – Verordnung über die Anlage des gebundenen Vermögens von Versicherungsunter-nehmen, Fassung vom 01.01.2002, zuletzt geändert am 21.12.2007

BerVersV – Verordnung über die Berichterstattung von Versicherungsunternehmen gegenüber der Bundesanstalt für Finanzdienstleistungsaufsicht, Fassung vom 29.03.2006

DeckRV – Verordnung über Rechnungsgrundlagen für die Deckungsrückstellungen, Fassung vom 06.05.1996, zuletzt geändert am 11.12.2007

MindZV – Verordnung über die Mindestbeitragsrückerstattung in der Lebensversicherung, Fassung vom 04.04.2008

RechVersV – Verordnung über die Rechnungslegung von Versicherungsunternehmen, Fassung vom 08.11.1994, zuletzt geändert am 23.11.2007

VersVermV – Verordnung über die Versicherungsvermittlung und -beratung, Fassung vom 22.05.2007

VVG-InfoV – Verordnung über die Informationspflichten bei Versicherungsverträgen (VVG-InfoV), Fassung vom 18.12.2007

WRL – Wettbewerbsrichtlinien der Versicherungswirtschaft, Fassung vom 01.09.2006, Gesamtverband der Deutschen Versicherungswirtschaft e.V. (GDV)

Jahrbücher

BaFin Jahresbericht 2006, Bundesanstalt für die Finanzdienstleistungsaufsicht, Bonn und Frankfurt, 2007

Jahrbuch 2007 – Die deutsche Versicherungswirtschaft, Gesamtverband der Deutschen Versicherungswirtschaft e.V. (GDV) (Hrsg.), Berlin, 2008

Stichwortverzeichnis

Abgang...................................262
Ablauforganisation...............189, 196, 204
-, Fallbeispiele..............................207
Absatzorgan 211
Absatzverfahren 213
Abschlusskosten.............................78
Abschlusskostenquote......................260
Abschlussvertreter...........................98
Abzugsfranchise, absolute 44
-, relative 45
Adjusted Net Asset Value...................268
Agentur..199
Aktienquote............................248, 259
Aktionäre.....................................170
Aktionärskontrolle 166
Aktiv-Passiv-Steuerung 273
Aktuar 164
Allfinanzaufsicht............................304
Allfinanzkonzern............................220
Allgemeine Geschäftsbedingungen 103
Allgemeine Versicherungsbedingungen..103
Alterseinkünftegesetz........................48
Altersvorsorgeprodukte....................238
Alterungsrückstellung.................51, 86
Änderungsrisiko..............................27
Angleichungshypothese 187
Anhang zur Bilanz 254
Anlagevermögen............................246
Antrag 106
Antragsmodell...............................106
Äquivalenzprinzip.....................33, 238
-, kollektives...................................77
-, versicherungstechnisches.................76
Arbeitslosengeld 36
Arbeitslosengeld II...........................37
Arbeitslosenhilfe.............................36
Arbeitslosenversicherung..............32, 36
Asset-Liability-Management 273
Asset-Liability-Techniken...................209
Assurfinance..................................220
Aufbauorganisation.........................189
-, Versicherungsunternehmen...............197
Aufsichtsmittel...............................305

Aufsichtsrat..............................172, 176
Aufsichtstheorie.............................299
Auslandsreisekrankenversicherung..........53
Ausschließlichkeitsorganisation 217, 225
Ausschließlichkeitsvertreter.................100
Außendienst 198
Außendienststruktur.........................197
Automatenvertrieb 223

Bancassurance........................220, 225
Banken 238
Barwert...84
Bauleistungsversicherung 59
Bausparkassen...............................238
Bedarfsdeckungsziele 231
Bedingungskartell...........................236
Befreiungsfunktion .... 62 f.
Beitragsbemessung 34
Beitragsbemessungsgrenze .... 34 f.
Beitragserhöhungen 262
Beitragsfreistellung.........................114
Beitragskalkulation, Individualver-
  sicherung.....................................75
-, Krankenversicherung......................86
-, Lebensversicherung........................84
-, Sach- und Vermögensversicherung 82
-, Sparten......................................80
Beitragskartell...............................236
Beitragsrückgewähr 69
Beitragssenkung.............................262
Beitragszahlung.............................114
Beratungspflichten 99
Bereicherungsverbot 127
Berufsgenossenschaft........................37
Berufshaftpflichtversicherung..............64
Berufsunfähigkeitsversicherung 49, 137
Beschaffungsorgan..........................212
Bestandsübertragung.................... 186 f.
Bestandswachstum..........................262
Betriebshaftpflichtversicherung 64
Betriebskrankenkassen......................35
Betriebsunterbrechungsversicherung........61
Bilanz...246

Billigungsklausel...................................108
Bindefrist..108
Blitzschlag..55
Branchenüberblick...............................307
Bruchteilversicherung............................44
Bruttobeitrag..80
Bruttobeitragseinnahmen.....................310

Captives...222
Combined Ratio............................259, 261
Corporate Identity................................240
Courtage...99
Cross-Selling-Potenzial.........................271
Customer Lifetime Value.......................270
Customer Relationship Management......272
Customer Value Management.................270

Deckung, vorläufige..............................110
Deckungsbeitragsrechnung....................269
Deckungskapital.....................................79
Deckungslücke......................................134
Deckungsrückstellung.....................51, 248
Deckungszusage......................................65
Demutualisierung.............................185 f.
Deregulierung................................187, 291
Dezentralisierung..................................192
Differenzierungsstrategie......................293
Direktvertrieb................................216, 225
Discounted Cashflow-Modelle...............266
Dokumentationspflichten........................99
Dread Disease-Versicherung....................50

Economic Value Added..........................268
Eigenkapitalquote.................................258
Einbruchdiebstahlversicherung...............54
Einfirmenvertreter................................217
Eingliederungskonzern.........................230
Einliniensystem....................................194
Elektronikversicherung...........................59
Elementarschadenversicherung...............55
Embedded Value...................................268
Emerging Risks.......................................26
Erfahrungstarifierung.............................23
Erhaltungsziele.....................................228
Ermächtigungserklärungen...................107
Ersatzanspruch.....................................129
Ersatzkassen...35
Erstversicherung...............................30, 38

Ertragswertverfahren............................267
Erwartungswert......................................17
Erwartungswertprinzip...........................83
Erwerbsminderungsrente........................50
Erwerbsunfähigkeitsversicherung...........49
EU-Vermittlerrichtlinie.....................93, 96
Exklusivagent.......................................217

Fahrlässigkeit.......................................119
Fahrzeugteilversicherung........................66
Familienversicherung.......................35, 57
Feuerversicherung............................41, 55
Filialbetrieb..199
Finanzdienstleistungen.........................237
Finanzdienstleistungskonzern...............237
Finanzierungsplan................................265
Five Forces-Modell...............................289

Garantiefonds.......................................264
Gefahr..14
-, versicherte..40
Gefahrentheorie....................................300
Gefahrerhöhung...................................120
Gefahrtragung...95
Gegenseitigkeitsprinzip.........................175
Generalagentur.....................................199
Gesamtkostenverfahren.........................251
Gesamtschadenerwartung.......................25
Gesetz gegen Wettbewerbsbeschrän-
   kungen..297
Gesundheitsfonds...................................35
Gesundheitsprüfung...............................47
Gewinn- und Verlustrechnung...............251
Gewinnziele...259
GKV-Wettbewerbsstärkungs-
   gesetz....................................35, 51, 141
Glasversicherung....................................56
Gleichbehandlungsgrundsatz..........165, 175
Gleichordnungskonzern........................229
Grenzwertsatz...22
Großschadenverteilung...........................19
GuV...251

Haftpflichtversicherung..............62 f., 130
Haftung..99
Hagelversicherung..................................56
Handelsmakler.....................................219
Hauptversammlung...............................171

Hausratversicherung 42, 56
Heilbehandlung, stationäre 52
Hierarchieebene 191
Höchstzillmersatz..................................136
Holding 241
Holding AG..233
Holding-Gesellschaft 230
HUK-Versicherung 30, 61

Immobilienfinanzierung.........................238
Industrieversicherung............................130
Informationspflichten............................105
Inkassokosten...78
Innendienst...201
Innendienststruktur 197
Innungskrankenkassen .... 35 f.
Insassenunfallversicherung......................66
Integralfranchise 45
Interessenversicherung, begrenzte 43
-, unbegrenzte..43
Invaliditätsgrad 68
Invaliditätsversicherung...........................49
Investmentgesellschaft............................238
Invitatiomodell......................................106
Irrtumrisiko..26
Ist-Solvabilität......................................263

Jagdhaftpflichtversicherung.....................64
Jahresabschluss 243, 245
-, Versicherungskonzern..........................275
Jahresabschlussanalyse 256

Kapitalanlagegesellschaft 238
Kapitaldeckung 34
Kartell 236
Kartellgesetz 297
Kennzahlen 256
Klauseln, überraschende 103
Kombiprodukte 239
Komplementärwahrscheinlichkeit 16
Kompositversicherung.............................31
Konsortialverträge...................................70
Konzern..227
-, faktischer 230
Konzernbildung.....................................227
-, Ursachen 231
Kooperation..236
Kostenführer 292

Kostenquote 260
Kostensynergien....................................240
Kostenziele...228
Kraftfahrtversicherung.............................64
Kraftfahrzeugkaskoversicherung 65
Kraftfahrzeugunfallversicherung 66
Krankenhauskostenversicherung 53
Krankenhaustagegeldversicherung 53
Krankentagegeldversicherung...........53, 140
Krankenversicherung.....................30, 35 139
-, Beitragskalkulation...............................86
-, private 50
-, Sonderregelungen 166
Krankenversicherungspflicht 35
Krankenversicherungsunternehmen........314
Krankheitskostenvollversicherung...........52
Krankheitskostenversicherung...............140
Kreditversicherung..................................66
Kumulrisiko 25
Kundenbetreuung..................................271
Kundenbindungspotenzial.....................232
Kundenwert..270
Kündigungsrecht...................................112

Lagebericht 254
Lasten, stille 249
Lebensversicherung 30, 41, 46, 132
-, Beitragshöhe.......................................84
-, fondsgebundene...................................48
-, kapitalbildende....................................48
Lebensversicherungsunternehmen 314
Leibrentenversicherung.......................41, 49
Leistungsbarwert....................................87
Leistungspflicht....................................125
Leistungspolitik....................................206
Leitungswasserversicherung 57
Liniensystem 194
Luftfahrtversicherung 67

Makler....................................218, 225
Maklervertrag.......................................219
Makro-ALM..274
Mallorca-Policen.....................................65
Managementhaftpflicht 62
Marketing-Mix................................206, 291
Marktanteil...262
Maschinengarantieversicherung 59
Maschinenversicherung 58

Mehrfachagent 220
Mehrfachversicherung 128
Mehrfirmenvertreter...............................220
Mehrliniensystem....................................194
Mehrwegevertrieb 214
Mikro-ALM 274
Mindestgarantiefonds.............................264
Montagegarantieversicherung...................59
Multichannelvertrieb...............................214

Nettobeitrag...80
Nettoverzinsung 260
Neuzugang 262
Nichtpersonenversicherung.......................30
Niederlassung..182
Niederstwertprinzip................................248
Nischenstrategie......................................293

Obliegenheiten..116
-, Versicherungsfall 122
-, vertragliche 120
-, vorvertragliche....................................118
Offenlegungspflichten............................166
Ombudsmann 317
Organe, öffentlich-rechtliches
    Versicherungsunternehmen.................180
-, Versicherungs-Aktiengesellschaft 173
-, VVaG 177
Organisation..190
Ortskrankenkassen 35

Pensionsversicherung 49
Personalitätsprinzip................................175
Personenversicherung 30
Pflegekostenversicherung 53
Pflegekrankenversicherung 53
Pflegeleistungen 37
Pflegerentenversicherung..........................50
Pflegetagegeldversicherung 54
Pflegeversicherung...................................37
Pflichtversicherung 33, 131
Phantomrisiko 29
Polarisierungsstrategie 294
Policyholder Value-Prinzip.....................268
Prämie...20
Privathaftpflichtversicherung.............42, 64
Produkthaftpflicht 62
Produktpolitik 206

Produkt-Rating.......................................187
Provisionskartell 236

Quoten-Rückversicherung 73

Ratenzuschlag...80
Rating..187
Raubversicherung 54
Rechnungslegung....................................243
Rechtsformwahl......................................167
Rechtsgrundsätze 165
Rechtsschutzversicherung..................42, 67
Reinverzinsung 260
Rentenversicherung...................................36
Repräsentant..124
Repräsentantenhaftung............................124
Reserven, stille.......................................249
Retrozedent 71
Retrozession..71
Retrozessionar...71
Return on Equity 268
Return on Investment..............................268
Return on Risk-Adjusted Capital 267
RfB..253
Risiko, Begriff..13
-, Dimensionen 279
-, Quantifizierung 15
-, reines...14
-, spekulatives 14
-, Umgang 14
-, versicherungtechnisches........................25
-, Wahrscheinlichkeitsverteilung..............15
Risikoakkumulation 19
Risikoausgleich...21
Risikoausschlüsse 116
Risikobeitrag.......................................77, 79
Risikodefinition 126
Risikolebensversicherung..........................47
Risikomodell 17
Risikostruktur..23
Risikostrukturausgleich.............................35
Risikotheorie...17
Risikotransfer..20
Risikozuschläge 28
Risk-Adjusted Return on Capital 268
Rückkaufswert 132, 135
Rückstellungen..250
-, Beitragsrückerstattung.........................253

Rücktrittsfiktion 115
Rücktrittsrecht...108
Rückversicherung 15, 30, 69
-, Formen..72
-, nicht-proportionale 74
-, proportionale......................................73
Rückversicherungsquote 258
Rückversicherungsunternehmen 315
Rückwärtsversicherung..........................110

Sachversicherung 30
Satzung...170
Schaden...15
Schadenbearbeitung 209
Schadenerwartungswert 22
Schadenhäufigkeit.................................16
Schadenhöhe 19
Schadenprävention.................................23
Schadenquote 261
Schadenrisiko...15
Schadenursachen....................................24
Schadenversicherung 30, 43, 81
Schadenverteilung.............................16, 82
Schadenwahrscheinlichkeit....................16
Schadenzahl 19
Schiefe..18
Schlachttierversicherung.......................59
Schutztheorie..299
Schwankungsreserven............................34
Schwankungsrisiko 26
Scoringverfahren....................................83
See- und Flusskaskoversicherung 60
Seeversicherung.....................................42
Selbstbeteiligung....................................43
Selbstbeteiligungsform 44
Shareholder Value-Ansatz.....................266
Shareholder Value-Prinzip 155
Sicherheitsziele 228
Sitzlandprinzip.......................................183
Soll-Solvabilität 264
Solvabilität 166
Solvabilitätsanforderungen 70
Solvabilitätsbegriff.....................259, 263
Solvabilitätsspanne 264
Solvency II...277
Solvenzkontrolle 244
Sozialgesetzbuch....................................32
Sozialversicherung.................................31

-, Finanzierung 33
-, Gliederung 35
Sparbeitrag 79
Spartentrennungsgebot.....................39, 163
Spezialisierung.......................................192
Stabliniensystem 195
Stabsabteilungen 203
Standardabweichung 18
Standardabweichungsprinzip 83
Stellen 190
Stellenbeschreibung...............................190
Sterbegeldversicherung..........................48
Stornoabschlag.......................................136
Stornogewinne 51
Stornoquote 263
Streubesitz..171
Streukoeffizient......................................18
Streuung..18
Strukturtheorie.......................................300
Strukturvertrieb......................................221
Sturmversicherung.................................58
Summenrisiko...15
Summenversicherung...................30, 43, 81

Tagegeldtarife 52
Täuschung, arglistige.............................120
Territorialprinzip....................................235
Tierkrankenversicherung 59
Tierversicherung 59
Todesfallversicherung............................41
Transportversicherung 41, 59
Treuhänder 164

Überschadenrisiko...................................25
Überschussbeteiligung...........................133
Überschüsse..132
Überversicherung....................................128
Umlageverfahren...............................34, 176
Umlaufvermögen 246
Umsatzkostenverfahren..........................251
Umwandlung...184
Umwelthaftpflicht...................................62
Unfallversicherung..............30, 37, 68, 138
Unsicherheit 14
Unternehmensführung............................206
Unternehmensziel 150, 153, 190
Unterordnungskonzern...........................229
Unterversicherung..................................128

Value-at-Risk-Ansätze 279
Varianzprinzip 83
Variationskoeffizient 18
Veränderungen, biometrische 28
-, rechtliche 28
-, soziale 28
-, technische 29
-, wirtschaftliche 29
Verbandswesen 317
Verbund 242
Verein, kleinerer 178
Vergütungsformen 215
Vergütungsmodell 214
Verhandlungsmacht 290
Verkehrshaftungsversicherung 60
Verkehrsrechtsschutzversicherung 67
Vermittler, produktakzessorischer 100
Vermittlerverordnung 96
Vermittlungsvertreter 98
Vermögensschadenhaftpflicht-
  versicherung 64
Vermögensübertragung 186
Vermögensversicherung 30
Versicherbarkeit 24
Versicherung, Begriff 19
-, technische 58
-, Typisierung 29
Versicherungs-Aktiengesellschaften 169
Versicherungsaufsicht 287, 298
-, Geltungsbereich 301
-, Instrumente 303
Versicherungsaufsichtsgesetz 39
Versicherungsbeitrag 20, 24
-, Komponenten 77
Versicherungsbestand 312
-, Kennzahlen 261
Versicherungsbetriebslehre 149
Versicherungsbilanz 247
Versicherungsdoppelkarte 65
Versicherungsfall 40
-, Eintritt 122
Versicherungsform 43
Versicherungsgeschäft, Rechtsgrund-
  lagen 95
Versicherungsgruppen 236
Versicherungskonzern 231
-, Ausprägungen 232
Versicherungsleistung 311

-, Formen 42
Versicherungsmakler 98
Versicherungsnehmer 20, 94
Versicherungspflichtgrenze 35, 51
Versicherungspool 237
Versicherungsschein 109
Versicherungsschutz 20
Versicherungssumme 43
Versicherungsunternehmen 13, 94, 149
-, Ablauforganisation 204
-, Aufbauorganisation 197
-, Aufgaben 159
-, ausländisches 182
-, Rechnungslegung 243
-, Rechtsformen 169
-, Umwandlungsformen 184
-, Zahl 308
-, Zusammenschlüsse 226
Versicherungsverein auf
  Gegenseitigkeit 174, 233, 241
Versicherungsverein, kleinerer 178
Versicherungsvermittler, stille 224
Versicherungsvermittlung 97
Versicherungsvertrag 93
-, Abschluss 207
-, Beginn 109
-, Ende 112
-, Zustandekommen 104
Versicherungsvertragsgesetz 93, 102
Versicherungsvertreter 97
Versicherungswert 43
Versicherungswirtschaft 287
-, Trends 316
Versicherungszweige 39, 46, 130
Vertragsänderungen 113
Vertragsbeteiligte 94
Vertragsgestaltung 101
Vertragskonzern 230
Vertragskündigung 135
Vertragsunterbrechung 114
Vertrieb 211
Vertriebswege 211
-, Bedeutung 224
-, sonstige 222
Vertriebswege-Mix 213
Verwaltungskosten 78
Verwaltungskostenquote 260
Verweisungsrecht 137

Verzinsung, laufende.............................260
Vollwertversicherung..............................43
Vorerstreckungstheorie.........................123
Vorschriften, halbzwingende.................143
-, zwingende......................................143
Vorsorgequote.....................................312
Vorstand.............................172, 176, 201
-, Bereiche..202
VT-Äquivalenzprinzip.......................76, 82

Wachstumsziele...................................228
Wagnis..13
Wahrscheinlichkeitstheorie....................15
Warenversicherung................................60
Weiterempfehlungspotenzial................271
Wettbewerb...287
Wettbewerbsrecht.................................296

Wettbewerbsstrategie...........................289
Widerrufsrecht.....................................108
Wiederherstellungsklausel.....................127
Wissenserklärungsvertreter...................125
Wissensvertreter..................................125
Wohngebäudeversicherung...............42, 60

Zahlbeitrag..79
Zahnbehandlung.....................................52
Zedent...71
Zeitfranchise..45
Zentralisierung.....................................192
Zession..71
Zessionar...71
Zielbeziehungen...................................152
Zielbildung...151
Zwischen-Holding.........................234, 242